清代巡臺御史巡臺文獻

臺灣文獻

全國高等院校古籍整理研究工作委員會直接資助項目（0747）終期成果
教育部人文社會科學研究項目（08JA770031）中期研究成果之一

尹全海 張元勛 李志堅 孫煒 黃治國 李軍輝 整理

九州出版社
JIUZHOUPRESS

自　序

清政府為加強對臺灣的有效治理，以閩臺合治將臺灣納入福建地方治理之同時，自康熙六十年每年欽差滿、漢御史各一名到臺灣巡察，推行朝廷政令，反映臺灣地方輿情。至乾隆五十二年，共有 47 位御史先後巡臺，並留下了反映清政府直接管轄與有效治理臺灣的歷史文獻。本書以巡臺御史的巡臺文獻為整理與研究對象；從散見於清代官方檔案、地方誌書，以及巡臺御史的文集中，搜集整理巡臺御史在巡臺期間留下的重要文獻。為研究者引用之便，我們按照文獻體裁分為四編：

第一編 巡臺奏摺。1980 年代臺灣東海大學何孟興撰寫《清初巡臺御史制度之研究》時，在附錄"宮中檔巡臺御史奏摺分類表"中，共列出巡臺御史奏摺一百七十五份，並認為"其他多已佚散"。本編共收錄巡臺御史巡臺奏摺二百三十八份。按奏摺之功能分為三卷：第一卷奏事摺，二百一十九份；第二卷請安摺，四份；第三卷謝恩摺，七份；另有八份奏摺因無法辨清，暫列為存目。需特別指出的是，以上所列二百三十八份奏摺，其中九十份是從九州出版社剛剛出版的《明清宮藏臺灣檔案彙編》中整理而成，僅此窺見《明清宮藏臺灣檔案彙編》的出版，為如實追記中央政府對臺灣的有效管轄，提供了更為系統完整的史料依據。為讀者閱讀之便，我們將莊吉發《清代奏摺制度・緒論》附列于后。

第二編 巡臺著述。收錄黃叔璥《臺海使槎錄》和六十七等人《番社采風圖考》兩部。第一卷爲黃叔璥《臺海使槎録》，第二卷爲六十七等人《番社采風圖考》。考慮到巡臺御史的詩集大部分並非巡臺期間所作，故未能作為巡臺著述收錄。

第三編 文獻輯錄。本編即對六十七《使署閑情》的整理。其中包括六十七本人的作品，如詩文、序文等。爲了後世學者運用之便，按照文獻題材和內容，對原輯錄編目調整爲：卷一賦，兩篇。卷二詩，约五百首。爲保持其完整性，有巡臺御史范咸等十首詩文與第四編“詩文雜記”部分重複。卷三政論，收錄疏、論、議、書、示、檄十三篇。卷四雜著，收錄序文七篇、跋五篇、記九篇和諜兩篇。

第四編 詩文雜記。本編資料來源比較廣泛，或可說較爲零散。既有各類方志之“藝文志”、巡臺御史之個人文集，還有相關著述中的序、跋、記，以及已發現並整理的碑刻文獻等。我們將之分爲詩文、雜記兩卷。

最後，附錄《清代巡臺御史年表》，意在減少對文獻著者的重複介紹，且能對巡臺御史有一整體性瞭解與認知。

總之，從散見於清代官方擋案（集中在康、雍、乾三朝）、臺灣地方誌（以“藝文志”為中心）、碑傳史料和巡臺御史文集中收集整理清代巡臺御史的巡臺文獻，並編輯出版，為清代臺灣史和海峽兩岸關係史研究者提供文獻檢索之便。

編　者

2009 年 9 月

整理說明

作為文化、文明的重要載體，文獻在中國傳統文化語境中，具有十分特殊而重要的地位。重視文獻是中華文化的傳統，孔子云："鬱鬱乎文哉，吾從周。"文獻不僅是時代歷史的重要證明，也是時代歷史的重要內容，臺灣文獻就是如此。通過對臺灣文獻的整理和解讀，可以進一步明晰臺灣自古就是中國的一部分，深刻認識臺灣歷史和社會。

在眾多的臺灣文獻中，清代巡臺文獻具有十分重要的意義。此部文獻是歷任巡臺御史在巡臺過程中根據自己的所見、所聞、所感而寫成的，是瞭解清代臺灣社會和記錄清政府對臺灣直接管轄的原始資料。其中，既有巡臺御史與中央政府及地方政府之間的來往公文，也有巡臺御史對臺灣風土人情的詳細描述，不僅是巡臺御史活動的真實記載，同時也是中央政府對臺灣進行有效管轄的直接證明。

本書所選文獻，凡《臺灣文獻叢刊》已有收錄者，均以其爲底本，並結合其他版本進行校勘整理。由於我們整理的目的在於爲讀者提供一個內容詳實、文字可靠的讀本，既要有利於學者的學術研究，同時也使一般讀者易於瞭解巡臺御史的巡臺活動。所以我們的整理包括對文本進行考訂和對文獻內容進行適度的說明。文獻的編排，根據文獻類型分爲著述、奏摺、輯錄和雜著等類別，類別內根據時間先後進行排列。

文本的考訂方面：我們對底本給予充分的尊重，不任意增刪改動，對於底本的訛、脫、衍、倒等文字錯誤，直接加以更正，並注明相應的類型；避諱字直接改回。缺筆字及版刻誤字均予以更正。原始文獻中缺字的以"■"示之；因模糊不清、無法辨認的字，不妄加猜測，一律用□代之。對於不同的記載，根據史料學的原則，以較爲原始的記載爲依據。根據古籍整理的習慣，我們採用繁體，橫排。根據現代漢語規範格式對原文獻標點；對表示尊敬而空格、頂格者，正文和注文等進行相應改變。原始文獻中一律依文意按現行文方式處理。正文為小四號宋體，原注改為單行五號仿宋體。原文獻中的數位以及計量單位，照錄。

整理古文獻需要較高的史學素養和文字校勘、考證能力，由於我們水準的限制，儘管在整理過程中，已經小心謹慎，但錯誤在所難免，希望讀者給予批評指正。

目　録

第三編 文獻輯錄

第四編 詩文雜記

第一編

巡臺奏摺

1980年代臺灣東海大學何孟興撰寫《清初巡臺御史制度之研究》時，在附錄“宫中檔巡臺御史奏摺分類表”中，共列出巡臺御史奏摺一百七十五份，並認為“其他多已佚散”。本編共收錄巡臺御史巡臺奏摺二百三十八份。按奏摺之功能分為三卷：第一卷奏事摺，二百一十九份；第二卷請安摺，四份；第三卷謝恩摺，七份；另有八份奏摺因無法辨清，暫列為存目。需特别指出的是，以上所列二百三十八份奏摺，其中九十份是從九州出版社剛剛出版的《明清宫藏臺灣檔案彙編》中整理而成，僅此窺見《明清宫藏臺灣檔案彙編》的出版，為如實追記中央政府對臺灣的有效管轄，提供了更為系統完整的史料依據。為讀者閲讀之便，我們將莊吉發《清代奏摺制度·緒論》附列于后。

第一卷

奏事摺

一、巡臺御史吴达礼等臺灣諸罗縣北請增設一縣摺

［雍正元年五月二十日］，巡視臺灣監察御史臣吳達禮等謹奏：為請增邑治事。

查諸羅縣為臺郡北路，南北延袤千有餘裹，東倚層巒，西臨大海，其中山林叢茂，港口繁多，在在皆屬險要。現今縣尉以及北路營弁駐紮諸羅山，去府僅百數十里，自縣治以北溪深道遠，往返動經浹旬逾月，若遇夏秋水漲更稽時日。伏思北路戶口日增，田疇日辟，縣令為親民之官，相隔遼闊耳目不能遍及，檢屍驗傷則日久潰變；輸糧聽訟則跋涉維艱，且山深水阻宵小易潛，一旦竊發，斷難即時緝捕，诸事不能不委之保長、通事而擾累欺隱，其弊有不可勝言者。查諸縣北二百八十里為半線地方，臣等曾親身巡曆，見其平原沃野民番錯處，實為居中扼要之地，請另立一縣於半線，增設知縣一員，典史一員，分轄民社以虎尾溪為界，近防三林鹿仔，遠控淡水雞籠，人命盜案就近料理，庶可早為歸結。北至淡水數百里，再設巡檢一員，專司稽察附近民番並海岸要口。半線現有守備一員駐紮防守，但額兵一百七十名不足以資彈壓，請將道標裁歸鎮營，兵弁移駐於此，同為防禦，其有裨於地方民番洵非淺鮮也。伏祈聖上勅議覆施行，為此謹奏請旨。

二、巡臺御史吴达礼等纠参臺灣府同知杨毓健失职摺

［雍正元年八月初六日］，巡視臺灣監察御史臣吳達禮等謹奏：為據實糾參事。

竊查臺灣民番錯處，全在地方官調劑得宜，方於海疆有濟。而鳳山縣近山一帶地方為傀儡土番出沒之所，文武官弁尤宜拊循察防。今雍正元年七月初九日，有心武里番社女土官蘭雷帶番婦四人至新東勢莊，被莊民龔海奇、余義文等將蘭雷殺死，餘番婦負傷逃回，通事具報到該署縣。臺灣府同知楊毓健總不相驗亦不安撫番眾，及拘到起釁兇犯又不速行究審，致使土番不服，數百為群前來索命。至七月三十日黎明，潛伏莊側，殺死莊民謝尚廷、郭日輝、郭日職三人，將頭顱割去，又鏢傷黃

漢岐、余定然二人。附近里民驚駭奔避，現在道府遣官慰諭，飭查兇手。鎮臣遣守備趙國柱帶兵二百名前往防护。似此該署縣臺灣府同知楊毓健廢弛玩延，以致連斃數命，實負我聖主綏輯遠方至意，不職已甚，理合糾參，為此繕摺謹奏。

三、巡臺御史禪濟布、丁士一奏聞事摺

[雍正二年六月初四日]，巡臺御史禪濟布、丁士一謹奏：為奏聞事。

竊據臺灣府知府高鐸報稱：本年閏四月二十七日，有琉球國番子小船一只，內番子一十六人，被風飄至澎湖，業經澎湖副將陳倫炯解送提督，轉遞到省等因。臣等隨飭該地方官加意撫恤去後。又據臺灣府報稱：據諸羅縣申稱：五月初七日，外海有雙桅船一隻被颶風飄泊至八里岔地方，係中山國琉球番船。內番男、番婦共二十八人奔投上岸，船即擊碎飄散無存，解遞來府，轉報到臣衙門。臣等會同鎮臣及該府，當令臺協弁員伴送廈門，交提督轉遞到省，聽督、撫二臣撫恤安插在案。臣等隨捐給銀米，併飭該地方官沿途保護，毋致失所，以仰副我皇上懷柔遠人之至意。謹奏。

[硃批]：荒外遠人，理應加意存撫，以示中華廣大之仁。

四、巡臺御史濟布、丁士一恭報雨水田禾地方情形摺

[雍正二年六月十五日]，巡臺御史禪濟布、丁士一謹奏：為恭報雨水田禾地方情形事。

臺灣氣候、物產與內地不同，種早稻者少，雜植菁、麻、豆、蔗，栽插晚稻在五、六月之交。於閏四月二十八、九等日連得大雨，五月及今，甘霖疊沛，所種早稻、菁、麻、豆、蔗，俱極茂盛，晚稻悉得及時栽插。現今穀價每石三錢五、六分，米價每石八錢二、三分，全郡大概相似，地方安靜，民番樂業，文武各官悉皆和衷辦事，合併奏聞。謹奏。

[硃批]：“和衷”二字，最為官箴之要，倘有意見不同處，秉公據

實密奏，不可匿爾友，尤不可徇友誤公。

五、巡臺御史禪濟布、丁士一奏報颶風情形摺

[雍正二年八月初四日]，巡臺御史禪濟布、丁士一謹奏：為奏報颶風情形事。

臺灣於本年七月二十三、四等日，大風雨非常迅烈，臣等親身查勘附近里、莊，草房間有倒塌，雖早稻吹損，幸臺邑布插無多，晚稻出水二三寸許，並未摧摺。臣等隨差員分頭星往南、北二路查勘。鳳山縣屬早稻被風之處，與臺邑相同，晚稻無損；自諸邑北至彰化縣，風雨俱不甚迅烈。至於被風兵民房屋及各港口擊壞商哨船隻，臣等飛飭各該地方官弁逐一確查，詳報督、撫題達外，所有颶風情形，理合具摺奏報以聞。謹奏。

[硃批]：往返萬里，惟憑一紙之奏，總宜據實為務。

六、巡臺御史禪濟布奏聞事摺

[雍正三年三月十六日]，巡臺御史禪濟布謹奏：為奏聞事。

竊臣一介庸愚，蒙皇上天恩，特命巡視臺灣海疆要地，時切冰兢，惟思勉竭駑鈍，仰報皇上高厚之恩於萬一。

茲臣查閱郡治自荷國恩休養至今，生聚日繁，閭閻稠密，而背山面海，一望曠遙，既為四方雜處之區，乃無一尺藩籬之衛，姦良來往，不易稽防；倉庫、監獄更關重大。臣再四思維，與陞任御史臣丁士一、鎮臣林亮、臺廈道臣吳昌祚等籌酌樹以木柵。其基三面環山；周經一千八百丈，每丈木植、釘鐵、灰土、人工、料估用銀四兩。木長一丈六尺，下栽四尺，用石灰沙泥填築，木杪上頂釘以鉤釘，用木板上、中、下橫連三道釘固，每隔四十丈蓋小望樓一座，上安礮位，撥兵支守，於要衝之處開關四門，各築門樓，安設礮位。木柵之西，兩頭俱抵海邊，各設礮位，千、把總輪值以司啟閉，以固屏障。臣與丁士一、林亮、吳昌祚暨各文武弁員，皆協力公捐。復據闔郡紳衿士庶人等相率環署籲請捐輸，又據臺灣縣知縣周鍾瑄詳同前由，士民皆歡欣踴躍，自一、二尺

起，以至一、二丈不等，樂願捐備，並無抑派。今據臺廈道吳昌祚擬於本月二十七日興工，仍經報明督、撫，轉委臺灣縣知縣周種瑄親董其事，經理收支，召匠購料，工完造冊報銷外，所有建築木柵情由，理合繕摺奏聞。謹奏。

［硃批］：兩年以來，臺郡文武官弁與禪濟布等，俱能實心任事，即此建築木柵一事，籌畫甚屬允妥，深為可嘉。將摺內有名官弁，該部議敘具奏。

七、巡臺御史禪濟布奏生番歸化日衆摺

同日又奏：為聖德覃被無疆，生番歸化日衆事。

前據陞任臺灣知府高鐸招徠北路山前巴荖遠社等四社，又據臺廈道吳昌祚招徠捌里罔、卑南覓等六十六社歸誠，俱經題報在案。

今據該道報稱：又招徠南路生番貓仔等社土官妹羅裙、新蟯老務等三十五名，經地方營縣差員伴送來府，并賫獻戶口冊，內開貓仔社、紹顙羞社等一十九社前來歸化等情到臣。隨會同鎮、道暨各文武弁員宣布皇恩，遍加獎賞，令通事人等伴送各番回社，飭令地方官加意撫綏，嚴禁擾累，俾各安居樂業外，其戶口冊籍聽督、撫臣會疏題報。所有生番歸化情由，理合具摺奏聞。謹奏。

［硃批］：覽奏。生番歸化已悉，更聞生番有傷人之事，為何不行奏聞？

八、巡臺御史禪濟布報得雨日期摺

同日又奏：為恭報得雨日期事。

竊據臺廈道吳昌祚報稱：臺灣府屬四縣地方，於二月十二、十九、二十一等日俱得雨八、九寸不等。本月初二、初三、十三等日又雨，四野霑足，各處芒蔗、芝麻、雜糧、早稻，已經及時栽種，春花、黃豆、大小麥等項，俱各豐收到臣。臣覆查無異，此皆仰賴我皇上洪福，民番樂業，文武和協，地方安靜。理合具摺奏聞。謹奏。

［硃批］：據奏，臺郡雨足麥熟，深慰朕之遠懷。

九、巡臺御史禪濟布、景考祥恭報雨水田禾情形摺

同日又奏：為恭報雨水、田禾情形事。

竊今歲臺灣自春月即有雨澤，入夏以及七、八月以來，雨水連綿，四境霑足，所以田禾之盛逾於往歲。民間早稻已登，雜植菁、麻、豆、蔗俱獲豐收，皆我皇上深仁至德感召天和，因而雨暘時若，百姓盈寧也。理合據實奏聞。謹奏。

［硃批］：據奏收穫情形，深慰朕懷。

一〇、巡臺御史禪濟布、景考祥為海神效靈懇頒宸翰以昭崇報摺

同日又奏：為海神效靈，懇頒宸翰，以昭崇報事。

臣等聞前靖海將軍臣施琅征服臺灣之時，舟師戰於澎湖，隱隱有神兵助陣。是日，海神天妃廟中見神像皆有汗下。大軍既集，島中乏甜水，臣施琅禱於天妃廟，移時水泉溢出，足供數萬人飲。及至臺灣之鹿耳門，乃全臺鎖鑰，僅容一舟，止可魚貫而進，乃潮水驟長五尺，益以順風，舟師聯帆直入，遂定臺灣。經臣施琅恭疏具題，聖祖仁皇帝敕建天妃神祠，其原籍興化府莆田縣湄洲勒有敕文以紀功德。隨又加封“天后”。康熙六十年，臺匪竊發，其時水師臣藍廷珍、林亮等率師至鹿耳門，水亦驟長，舟師揚帆並進，七日克復全臺。此“天后”屢顯靈異，以勷耆定之績者也。臣等竊見復臺以來，凡大小臣工片績微勞，俱蒙寵賚，況“天后”之靈感，昭昭在人耳目。臣等仰懇聖恩親灑宸翰，制成匾額，臣等恭摹為三，一奏於天后原籍聖祖敕建之祠，一懸於廈門鎮祠中，一懸於臺灣府祠中。不特海神增光，俎豆翼戴無疆，且使梯山航海、負氣含生之衆，無不就日瞻雲，共仰天顔於咫尺矣。為此，恭懇聖恩，伏乞睿鑑施行。謹奏。

［硃批］：國家崇德報功，人神一理，該部查議具奏。

一一、巡臺御史景考祥敬宣敕旨據實回奏摺

［雍正三年五月初四日］，巡視臺灣監察御史景考祥謹奏：為敬宣敕旨，據實回奏事。

竊臣面聆聖訓，著臣宣諭總兵林亮。臣於四月二十七日至臺之時，因敬宣皇上諭旨，諭臺灣總兵官林亮："皇上念爾（［硃批］：立）功（［硃批］：勤）勞甚大，知爾實心辦事，地方安靜，居官聲名亦好，聖心甚是注念。爾後更要加意做好官，凡爾所屬大小將官以及兵丁人等，爾當著實教訓。伊等倘有不是處，爾係將主，當時時存公忠之心，不可稍徇情面；伊等能遵爾之約束，乃是守朝廷之法度。務要人人小心謹慎、安分盡職，方不負皇上委任封疆大臣、體恤遠方將士之至意。欽此"。該總兵隨叩頭領旨訖。臣又向林亮云："總鎮當即傳知各營將官，以便回覆聖旨"。至五月初二日，隨據總兵來文，內開：據本標各大小將官等呈稱：職等蒙傳宣聖諭，跪聽之下，咸知凜惕，益加黽勉，小心謹慎，安分盡職，守朝廷之法度，聽將主之約束。俱各實心遵行，不敢違犯，合具欽遵呈覆。臣謹備述緣由，繕摺覆旨。謹奏。

［硃批］：知道了。但務文武和衷安輯地方，爾等果實力任事，朕之耳目自能周悉。

一二、巡臺御史禪濟布、景考祥恭報地方收成穀價摺

［雍正三年十月十六日］，巡視臺灣御史禪濟布、景考祥謹奏：為恭報地方收成、穀價，仰慰聖懷事。

竊臺灣自二月初旬至九月將盡，雨澤從未欠缺。十月內禾稼盡登，十分收足，誠為大有之年。目下臺灣府治穀價每石三錢三、四分不等，鳳山、彰化二縣每石三錢，諸羅縣每石二錢六、七分。商民人等無不歡欣鼓舞，理合據實奏聞。

至於建築木柵之事，於十一月初旬必能完工，俟工竣之日，另行摺奏。合併聲明。謹奏。

［硃批］：據奏，全臺年豐穀賤，大慰朕懷！

一三、巡臺御史禪濟布、景考祥據實陳情摺

同日又奏：為據實陳情，仰邀天鑑事。

竊臣禪濟布前奏生番歸化一摺，奉到硃批："聞生番有傷人之事，為何不行奏聞。欽此"。臣等查得本年二月十九日，臺灣之羅漢門地方，有汛兵林觀、董廣、楊捷、賴雲、齊歡等五名，奉差至坑口伏路。林觀、董廣夜遇生番鏢傷斃命，楊捷等三人執械相持，幸有巡夜兵丁接應，殺死生番二名，餘番逃竄。拾得鏢箭，具報諸羅縣，立即差押通事拿獲凶番四名通報在案。臣等即欲奏聞，緣查閱舊案，生番傷人，前任御史臣吳達禮、黃叔璥皆未陳奏，俱由地方官照人命例審擬題結。臣等一介庸愚，蒙皇上委任，其有利弊所關，督、撫、提、鎮未及奏陳者，敢不據實奏聞？至於人命盜案等事，地方官自當照例具題，臣等何敢冒昧輕瀆聖聰？臣等已與鎮臣、道臣並府、廳、縣公同商酌，務將就近一帶生番之為民害者，或用招撫，或用勦捕，必審時度勢，謀出萬全，尚未敢輕動也。今蒙皇上天語垂問，謹將生番傷人情節，及臣等愚悃，據實陳明，伏祈聖鑑。謹奏。

[硃批]：生番乃未沾王化之人，爾等相機隨宜招撫則可；勦捕必致戕害生命，有傷天和，不可輕舉妄動也。

一四、巡臺御史禪濟布奏聞事摺

[雍正三年十二月初二日]，巡視臺灣御史禪濟布謹奏：為奏聞事。

竊臣去歲閱視臺灣鎮協水陸操演，半係新換兵丁，俱屬平常；隨飭訓練。至本年十一月十六日，鎮臣林亮知會臣暨道、府、縣驗閱陸師大操。計三營額設馬、步戰守兵二千七百名，除分防各塘汛、撥守各營盤及各官隨丁，並先到馬兵除分撥南、北二營外，現在馬兵一百二十名、步兵一千六百名。本日合操，馬、步各兵，軍火器械頗皆諳熟，步伐整齊，俱各有方。時即嚴飭臺協將領悉照陸師勤加操演，俾其平地熟習，則戰艦施演自無倉皇失措之虞。其澎湖協營，向例臺屬文官一員看操，兩載未有具報。臣並商鎮臣飭行澎協按期操演，至明春大操，照例報

知，合將臺鎮陸師情形據實奏聞。

至於臣前奏請酌撥内地四十三營馬兵三百名防臺，經商鎮臣委員到廈看驗，如有廣馬、騍馬以及不堪者，發回更換，務要膘壯足額，以濟實用。現在催趲前來，俟齊足之日，另行具奏。合併聲明。謹奏。

［硃批］：覽奏，朕深為嘉悦。三年以來，聞爾聲名頗好，所以兩次留爾巡臺。近日景考祥參奏爾之過咎，爾今又參伊之款跡。事難臆斷，只得令爾赴省與景考祥對質，自然水落石出，皂白判然矣。

一五、巡臺御史汪继爆奏臺灣彰化縣現已派兵分駐口隘防堵摺

［雍正四年四月十六日］，巡視臺灣吏科給事中臣汪繼爆謹奏：為奏聞事。

據彰化縣知縣張鎬稟稱，東螺□社通事陳靖、土官乞芝、鄉保皇解、謝唐等具報，三月二十二夜三更時分不知被何處生番逞兇焚燒草厝八座，殺死黃賢亮、呂生保、胡應開、陳二、古日祥、古依章、黃道先、黃羨先、林大九人，被傷謝英賢、古日山二人，又有三人現尋未見，並燒死耕牛，遺下番鏢三枝，番米糍數塊，屍親收去在案。續於四月初二日，據彰化縣稟稱，帶同仵作前往相驗，於灰燼山圳内尋出古蓮生、張子德二屍，又撿得番鏢一枝，番刀一口。除現在嚴緝外，先將相驗情形通報等因。肆月拾貳日又據彰化縣稟稱，東羅□社鄉保黃解、謝唐等具報，肆月初肆日有大五郡保鎮平莊佃民早往牛相觸口疏通圳道，突遭凶番殺死，江長久一人被傷，江仁山、景軒二人等因前後到臣衙門。事關人命，除令該縣嚴緝凶番務獲審解院司定擬具題外，緣系凶番殺傷民人不敢隱匿，理合奏聞。

臣伏查臺灣雖僻處海外，抑賴皇上洪福米谷價值賤於内地，即今歲自春徂夏亦複雨澤均匀，早稻雜糧現今陸續收穫，百姓家給戶足，正含哺鼓腹歌詠太平之日，各縣歸化熟番安分守法久已盡作良民。惟彰化縣往北地名水沙連一帶為向時屢招屢叛之頑番，人形雖具實類豺狼，本不貪圖錢財米粟惟以幽暗殺人為快，逞兇焚殺慘毒頻聞。臣蒙簡命巡視臺

灣日夜籌躇，必欲永杜其患以仰副皇上好生之大德，屢同鎮臣林亮、道臣吳昌祚等細加商酌，今准覆稱轉據署北路營參將臣陳汝鍵、臺灣府知府范廷謀擬詳水沙連内一十余社，從前曾受招撫，屢招屢叛，依恃水深山險，恣逞兇毒。今當春夏之交，山水泛溢，難於搜捕，一時權宜惟禁禦其出入。似為先務查生番必由路逕，一從新莊牛相觸地方，一從石榴班斗六東地方。今議於此兩處各撥兵六十名，令把總各一員帶領駐紮其地。再竹腳寮、南投崎等處，亦系生番可走之路，除竹腳寮向有練總鄉壯堵禦已久，今南投崎等處亦招選練總鄉壯配給槍牌，令其互相守禦，倘有生番潛出，即可協同莊眾並力擒捕，飭令淡水同知不時稽察等語。臣查此數處地界逼近生番，但歷經墾熟已成沃土，佃民依戀安居，勢難遷移委棄，今既發兵分防，又複招選鄉壯，平時聯絡聲援，遇事協力擒捕。凶番聞風自當斂跡而進山，居民可享安寧之福矣。倘凶番始終怙惡仍敢伺隙逞肆焚杀，萬不得已必須剿撫兼行，當與督撫諸臣會商具題，恭候乾斷方敢遵行。為此繕摺一併奏聞。臣謹奏。

[硃批]：知道了。

一六、巡臺御史索琳恭報到任日期摺

[雍正四年七月初六日]，巡視臺灣監察御史索琳謹奏：為恭報微臣到任日期事。

竊臣蒙皇上隆恩，令臣巡察臺灣地方，於雍正四年三月十九日恭領聖訓，隨於二十二日起身，於七月初二日抵署，望闕叩頭謝恩任事訖。

臣所過山東、江南、浙江等處，二麥豐茂，米價亦平。五月十一日至福建浦城縣地方，上米價值每石一兩，較之舊冬、今春實減四、五錢之數。然農田望雨甚殷，幸於十二、三、四等日，連沛甘霖，閭閻歡悅，俱得盡力南畝。而灘河雨後水漲，臣亦得放舟南下也，十九日抵省城。一路雖見田禾徧插，衹以福建民稠田少，今當青黃不接之時，商販偶稀，米價遂長至一兩七、八錢不等。聞地方大吏斟酌時宜，先將存倉穀石出糶，一面遣員往浙江、江西買米平糶，故市價稍平。從省至臺，所經興、泉二府，雖早稻俱已將實，其米價亦如省城之貴，惟廈門米價止一兩三、四錢。

今臺地早稻已收，且又播種。於六月二十八，及七月初一、初四、初五等日，甘雨連沛，田疇霑足。目下上米每石價值一兩一、二錢，小麥每石一兩三、四錢。其奉旨運濟漳、泉二府之米五萬石，經臣查案，已於正、二、三、四、五等月如數運足矣。

除驗看臺、澎兩協大操及臺郡雨水情形，並六月內臣未到任之前彰化縣水沙連生番傷害諸羅縣治收麥民人一案，俱經巡察給事中臣汪繼燝同臣另摺具奏外，所有微臣到任日期，並自京至臺，經過地方所見年景、米價，緣前奉有諸事留心之諭旨，理合一併奏聞。謹奏。

［硃批］：覽奏，知道了。勉為之！汪繼燝，朕頗信伊不及，似欠誠實，爾與之共事，宜時時留心，但亦毋致乖異，蹈禪濟布之前轍，而貽笑於人也。

一七、巡臺御史索琳、汪繼燝恭報臺澎兩協操期驗閱已竣摺

［雍正四年七月初六日］，巡視臺灣監察御史索琳、吏科給事中汪繼燝謹奏：為恭報臺、澎兩協操期驗閱已竣事。

竊查臺灣鎮標陸路營大操，於去年十一月內經前任滿御史臣禪濟布公同道、府驗閱，先行具摺奏聞；並聲明臺、澎兩協已飭水師將領勤加演習，俟臣汪繼燝到日會同簡閱。嗣臣汪繼燝於二月初四日蒞任，准臺協副將陳倫炯定於三月初八日先演陸路，十九日次演水操。臣汪繼燝隨與禪濟布並鎮、道等公同臨閱。陸操則步伍整齊，水操則進退合度，施演鎗礮、籐牌等藝，頗稱嫻熟。其澎湖一協，先因副將董方稟稱：時當巡哨，且值撥護餉銀，在澎船隻無幾，另期具文申請。今於六月十六日，新任滿御史臣索琳路經澎島候風之暇，該協即請留閱視。隨於十九日看演陸操，鳥鎗、籐牌俱各精熟，又於二十二日看演水操，開合攻擊，人船便利。此皆我皇上聖武宣昭，恩加海外，所以士卒歡騰，咸思自奮也。所有兩協大操，俱經驗閱已竣，理合繕摺奏聞。謹奏。

［硃批］：凡事務實為要，從來君臣之間惟貴忠誠無隱；一切粉飾

迎合、贊頌虛文，皆屬陋習，不可效法。勉之！

一八、巡臺御史索琳、汪繼𤇆恭報地方米價雨水情形摺

［雍正四年七月初六日］，巡視臺灣監察御史索琳、吏科給事中汪繼𤇆奏：為恭報地方米價、雨水情形，仰慰聖懷事。

竊查臺灣米價向來賤於內地；頃於五月間，因福建省城及泉、漳等府米價高昂，俱向臺灣採買辦運，以致有粟之家居奇觀望，價亦漸長。今內地已經豐收，赴臺採買者漸少，價仍平減，每米一石約值銀一兩一、二錢不等，海外黎民可免穀貴之虞矣！再查臺郡四邑田禾，仰賴皇上福庇，今歲自春徂夏，雨暘時若，早稻已盡登場，稍遲者俱暢茂堅實，最晚者亦乘時樹藝。民情歡躍，比戶盈寧。此皆我皇上體恤民隱，感召天和，致此豐亨豫順之象（硃批：爾等巡視諸臣及守土各官，身在其地，刑政攸關，實居大半，何得盡歸功於朕耶?）。臣等叨蒙簡命，巡視茲土，見此及時之雨澤，欣逢盛世之休徵，不勝歡忭之至。理合據實奏聞，謹奏。

［硃批］：覽奏，曷勝欣慰！

一九、巡臺御史索琳、汪繼𤇆奏聞事摺

同日又奏：為奏聞事。

雍正四年六月二十三日，據諸羅縣稟稱：六月十八日，據柴裏社通事高歉、土官皆知里等，轉據莊民劉日魁報稱：伊夥計陳登攀、劉尚伯、劉士鐸、劉連清、劉應遠等五人，本月十七日早，因往斗六東埔地方採收芝麻，被生番殺死等情，報明到縣。隨帶同仵作前往相驗，俱稱被殺死是實。即著各屍親收殮看守。復據甲頭廖士乾稟稱：拾有番弓一把、箭五枝、番牌一面呈驗，隨令通事、土官等看認，僉稱是水沙連內山生番所用等供。除一面訪緝兇犯，務獲究審外，先將驗訊緣由，通報到臣衙門。

臣查兇番肆橫，大概在彰化縣地方，然與諸羅縣僅隔虎尾一溪，而內山之路逕實綿亙相接，今據諸羅縣稟報驗看番遺兇器，並□明來往蹤

跡，亦屬水沙連内生番攀越大山，邁虎尾溪而南，遂至斗六東埔地界，則是因彰邑既經守禦，不能逞兇於彼，復又流毒於此。除飭諭該地方文武嚴緝務獲，並令兵役、土官、鄉保等加謹巡防守禦外，事關生番殺人，理合繕摺奏聞。謹奏。

[硃批]：知道了。地方上凡遇此等案件，當加意察理，尤宜與督、撫大僚和衷共濟。高其倬非滿保可比，乃朕所委信股肱之臣。爾等所聞所見，一面奏聞，一面就近行知，伊未有不秉公推究，悉心商辦之理，遵諭而行可也。

二〇、巡臺御史索琳奏聞事摺

[雍正四年十月二十四日]，巡視臺灣監察御史索琳謹奏：為奏聞事。

據鳳山縣知縣並南路營參將稟報，據港西里新東勢莊管事等稟報：新東勢莊佃民邱連發家傭工人邱雲麟，於八月二十二日往埔種作，被生番殺害等情。十月十九日，據彰化縣知縣並淡水同知稟報，據堋山通事具稟：本月初二日，南日社熟番大宇加六歇等共十一名，同往東勢山邊砍木，被山内生番五十餘人突出，殺死甘仔歇老鬱等四名，又箭傷二名等情。十月二十二日，又據彰化縣知縣稟報，據貓羅社阿密里莊管事具報：本月初八日初更時分，生番二十餘人，各帶弓箭、鏢鎗、木牌到莊，殺死佃人邱未，又鏢傷佃人林福等情。十月二十三日，又據北路營參將並彰化縣知縣稟（報），據半線汛千總報稱：南北投鎮番寨守禦竹脚寮民壯朱八，於本月之十五日，在水沙連河邊被生番殺死，並奪去所執七十二號鳥鎗一桿等情。先後各到臣衙門。除飛飭各該文武加意防禦外，伏查臣到任後，自七月以至十月，南路計一案，傷佃民一人，北路計三案，傷民番共六人。似此光天化日之下，蠢爾醜類乃敢橫行無忌，若不勦捕以彰天威，何以懲創各番，使知歸化！正擬一面繕摺奏明，一面咨商鎮臣林亮發兵勦捕（硃批：斯乃不得已之舉，所謂應兵也。申之以討罰，自當畏威斂迹，然終非長策。全在地方文武大吏，秉公執法，約束兵民，不與之啟釁結怨，彼此相安，方為妥協。且生番亦人也，加此一番懲創之後，必令其知恩戴德，徐生向化之心。若但使其怵威而不懷德，則失撫馭之宜矣）；隨據臺廈道吳昌祚先於八月間奉督臣高其倬調赴省城，今回至廈門島，先遣家人於本月二十二日到臺密稟：伊主吳昌祚業蒙督臣委交令箭三枝，令統臺兵，並調淡水同知王汧一同進勦。臣擬俟吳昌祚到臺之日，星即同至水沙連一帶番境，相機勦撫，則南路兇番自必聞風膽落，可不討而歸誠矣。

再，臺灣全郡，今年海颶不作，雨順風調，稻穀十分收成，理合一併奏聞。謹奏。

[硃批]：欣聞臺郡年歲止有八分收成，為何奏稱十分？百凡惟當據實，不宜粉飾。

二一、巡臺御史索琳勦捕生番摺

[雍正五年正月十二日]，巡視臺灣監察御史索琳謹奏：為勦捕生番以保民命事。

雍正四年十一月初二日，道臣吳昌祚自省回任，帶督臣高其倬咨文一角，內開："為兇番戕殺民命，特委臺廈道吳副使為總統，兼委淡水同知王汧、北路營參將何勉、淡水守備鍾日陞等，帶兵分路進勦，專委以知州管彰化縣事知縣張縞辦運軍糧"等因到臣。

本月十六日道臣吳昌祚等調領官兵、番壯，自府治先發，臣於十八日選帶丁役，自備行糧，亦從臣署起行。至二十六日，入牛相觸番境，渡阿勃泉溪而抵竹脚簝，與道臣吳昌祚官兵會劄於虎尾溪陽。預令曾歷番地社丁林三招引水沙連內決里社土官阿龍等十八名來歸，詢明路徑，又令社丁陳蒲同決里社順番先至北港蛤里難等社曉諭：能歸化者即免誅戮去後。臣與吳昌祚隨撥同知王汧帶領熟番、民壯，由北港南投崎抄入番巢之後，候令進發，仍調參將何勉帶兵接應；一撥守備鍾日陞等帶兵由南港水沙連之前路竹脚簝，候令進發，仍撥千總蔡彬帶兵接應；一撥守備楊鈐帶兵駐劄於兇番之戚屬樸仔籬社傍，以覘動靜，仍撥把總任林帶兵駐劄於鄰近之貓霧捒社，以備應援。

臣與吳昌祚率領員、弁、兵、番，由南港竹脚簝督兵前進，其前後兩路官兵統令於十二月初三日進攻。仰賴聖主天威，及督臣高其倬知人善任、道臣吳昌祚盡心竭力，調遣合宜；同知王汧等不避艱險，招撫有方；知縣張縞運濟四路，軍糧各足，並隨征官、將、兵、番同心協力，故自十二月初三日進兵，計十有四日，兵不血刃，而兇番已獲，各社歸誠，北路俱已平定。臣等帶領官兵，於今年正月初九日已回府城。

所有臣與道臣吳昌祚等，勦撫過水沙連一帶二十五社番人凱旋緣由，理由繕摺奏聞。謹奏。

［硃批］：觀一切調撥機宜，殊屬有方，所以奏效迅速，甚為可嘉。蠢夷經此番振作之後，自當安靜數時，然終非久長良策也。要在文武官弁撫恤得法，使百姓總不干犯熟番，熟番永不欺凌生番，各安生理，兩不相涉，自不至生事。設或文員貪黷，武弁懈弛，百姓侵擾熟番，熟番又復虐用生番，遂爾激成禍端，以彼冥頑無知、近於禽獸之人，何事不可為也！雖如此勦撫兼施，兇犯就獲，未免多致殺傷矣！今既平定，嗣後當徐徐開導，令其感恩向化，漸知人理，方為柔遠之道，若專逞兵威，朕甚不取，爾等協力共勉之！

二二、巡臺御史索琳、尹秦奏聞事摺

［雍正五年閏三月二十一日］，巡視臺灣監察御史索琳、尹秦謹奏：為奏聞事。

臣索琳於水沙連內武滑納埔軍次，據南路營參將暨鳳山縣知縣並報：風聞謠言阿猴林黃基崙地方，有匪類聚集，現在搜捕等因。除臣飛飭南路文武，立即協同細心訪拏外，臣以事屬風聞謠言，未敢輕易摺奏。

今年正月初九日，北路事竣回署之後，據鳳山縣稟報：差役於赤山莊地方訪拏得匪類黃萬等四人，又於行劫臺邑陳日隆家內獲到盜犯陳三奇等四人，亦係匪黨。其時尚未審取確供，雖未敢遽行奏聞，臣以兇犯肆橫，亟宜懲創，已經飛咨督、撫，請其仍委道臣吳昌祚等，以得勝之兵移勦南路兇番，況阿猴林亦係南路地方，並可藉此潛消姦民不軌之心。隨據督臣高其倬行，據道臣吳昌祚以方春雨水溪漲，地濕上蒸，恐染瘴患，請俟冬間水涸再議勦懲等因詳覆在案。

三月二十一日，據南路營參將暨鳳山縣知縣並報：熟番阿猴社本月十七日三更時分，被山豬毛、北葉二社傀儡番焚殺等因。閏三月十七日，又據該營、縣稟報：本月初十日，傀儡番殺死加走莊砍柴民人陳義；十三日，懷忠里東勢莊塘（糖）被兇番放火，殺死民人蘇厚等因各到臣衙門。除臣等飛飭該管文武官弁，分布兵壯加意偵防外，隨經臺灣府知府孫魯，以山豬毛、北葉二社離山口不遠，若不即加懲創，恐殺害之事將接踵而至，詳請道臣裁酌杜害。當據移會鎮臣陳倫炯飛調南路營守備協同鳳山縣知縣帶領兵、番駐劄武洛地方，相機勦捕在案。

至於阿猴林謀匪各犯，據鎮、道咨報：並奉督臣照會令牌，以臺地事勢與內疆不同，似此匪徒若照常審題處決，為時遲久，不足示儆，仰親審確情，將倡謀為首及為從情重之犯，請出該鎮王命，當眾曉諭，梟斬以儆姦宄。一面舉行，一面飛報，以憑奏聞等因。業經審取確供，於閏三月十六日，恭請王命，傳集府、廳、縣各官，將先行強劫陳日隆家分贓正盜復聚眾謀匪之陳三奇當眾斬首梟示，並將為從情重之林居、黃允、黃萬，亦當眾杖斃示儆。又匪黨徐寧為行劫陳日隆家盜案首犯，應歸彼案完結。各等因到臣衙門。理合一併奏聞，謹奏。

[硃批]：覽奏，已悉。事事直陳，纖毫不可隱瞞，地方諸務悉聽高其倬指揮而行。

二三、巡臺御史索琳、尹秦奏聞事摺

[雍正五年四月初二日]，巡視臺灣監察御史索琳、尹秦謹奏：為奏聞事。

據南路營參將並鳳山縣知縣報稱：本月十五日二更時分，傀儡兇番至新東勢莊殺死民人謝文奇等等因。二十六日，據鳳山縣知縣暨南路營守備稟報：本月十八日，從武洛社帶領兵、番移駐於番仔崙，經遣通事訪知行兇傀儡乃係七齒岸社、大文里社之番，因山裏留社歹番勾引而出。隨於十九日早，帶領兵、番至山裏留社，該社男婦業已逃遁，遂焚□□寮而還。二十一日，有傀儡加者惹也社土官遣番謝巳卯、小貴到營，稱伊土官聞大兵勦捕歹番，令伊等下山聽候吩咐。據稱：東勢莊行兇，係七齒岸社、大文里社、山裏留社之番；其阿猴社行兇，係北葉社之巴思立辛武里，亦有山豬毛社番在內；至於篤佳莊行兇之番，則稱遠而不知。當經給賞，令伊回諭土官，傳諭行兇各社獻出兇番去後。二十二日帶領兵、番抵山豬毛社山口，於二十三日上山，直逼番巢，攻開社門，番眾逃竄，鎗傷傀儡四名，仍回番仔崙駐劄。當據港東里通事稟稱：港東里傀儡勃朗錫干社土官咸稱：港西歹番原該征勦，我們港東各社從不下山作歹等語。二十五日，據加者惹也社番謝巳卯等到營稟覆：小番土官遵至七齒岸、大文里等社傳諭，奈各番在逃未歸，容伊等回社後叫他獻出等情。隨經給賞，令其回諭土官：速飭七齒岸等社將兇番獻出等因，先後到臣衙門。除俟七齒岸等社番人就撫，獻出兇番，另摺具奏外，所有南路文武稟報兇犯傷人，並勦捕港西里傀儡情形，理合奏聞，謹奏。

[硃批]：所奏知道了。凡事以治本為要，不宜專務末節。爾等身在其地，當廣諮博詢，遇事則詳悉講求，共相籌劃，必得一久遠可行之良策方好；似此隨事支吾，逐案整理，不過小績微勞耳，何足深取？勉之！然若見不透、信不及，又不可逞臆妄言，惑朕耳目，並回地方大吏之心思也。

二四、巡臺御史索琳、尹秦訪陳臺郡田糧利弊摺

[雍正五年八月十二日]，巡視臺灣監察御史索琳、尹秦謹奏：為訪陳臺郡田糧利弊，仰請聖裁事。

竊查臺灣全郡盡屬沙壤，地氣長升不降，所有平原總名“草地”，有力之家視其勢高，而近溪澗淡水者，赴縣呈明四至，請給墾單，召佃開墾。其所開田園，總以甲計，每田一甲約抵內地之田十一畝有零。鄭氏當日，分上、中、下三則取租。開臺之後，地方有司即照租徵糧，而業戶以租交糧，致無餘粒，勢不得不將成熟之田園，以多報少，欺隱之田竟倍於報墾之數。臣等細訪向來任其欺隱、不行清查之故，則其說有五：現徵科則，計畝分算，數倍於內地之糧額，若非以多報少，不能完

納正供，此其說一也。臺灣沙地，每歲夏、秋大雨，山水奔瀉，田園衝為澗壑，而流沙壅積，熟田亦變荒壤，若非以多報少，將何補苴虧缺？此其說二也。臺地依山臨海，所有田園並無堤岸保障，海風稍大，鹹水湧入，田園鹵浸，必俟數年鹹味盡去之後，方可耕種，若非以多報少，何以抵納官糧？此其說三也。臺郡土脈炎熱，不宜用肥，兩三年後，力薄寡收，便須荒棄兩年，然後耕種，若非以多報少，焉能轉換辦公？此其說四也。佃丁悉係漳、泉、潮、惠客民，因貪地寬可以私墾，故冒險渡臺，設使按畝清查，以租作糧，伊等力不能支，勢必各回原籍，以致田園荒廢，賦額虛懸，此其說五也。夫田糧之欺隱若此，其所以致此欺隱而難以清釐者又若此，今宜作何變通，以除欺隱之弊？海疆重地，與內地不同，臣等愚昧，不敢輕議，謹據實奏請聖裁（硃批：清查田糧，非現今治臺急務，何必汲汲奏及於此）。

至於北路彰化一帶，縣係新設，地稍偏遠，臣等見多未闢之土，亦宜召民開墾。案查淡水同知王汧，曾經具詳稱北路虎尾溪以上，閒原寬曠，其召民開墾之法：毋許以一人而包數里地面，止許農民自行領墾，一夫不得過五甲，十夫連環互保，定限三年，比照內地糧額起科。再如熟番場地，向有姦棍認餉包墾、久假不歸之弊，若任其日被侵削，番眾無業可依，必至退處山內，漸漸變為生番。宜令大社留給水、旱地五百甲，中社留給水、旱地四百甲，小社留給水、旱地三百甲，號為“社田”，以為社番耕種、牧獵之所，各立界牌，將田場甲數、四至刊載“全書”，使日後勢豪不得侵占；其餘“草地”，悉行召墾，並限三年起科等因。臣等細加尋繹，事屬當行。惟召墾農民，似宜照臣等前摺所陳，亦令歸莊併甲，務使匪類、姦徒無處托足，以靖盜源（硃批：事係創始，與更張之舉不同，諒在可行；即王汧亦必見其可為，而後獻此議也）。除一面移咨督臣高其倬外，理合逐一陳奏，伏乞［皇］上睿鑒施行。謹奏。

［硃批］：覽。

二五、巡臺御史索琳、尹秦奏臺郡收成分數摺

［雍正五年十月十三日］，巡視臺灣監察御史索琳、尹秦謹奏：為臺郡農功已畢，恭報收成分數事。

竊查臺郡早、晚二稻收成分數，行據臺灣、鳳山、諸羅、彰化四縣申報：本年春、夏以來，雨水調勻，早、晚二稻收成俱有九分、八分、七分不等；米價每石一兩一錢五、六分至七、八分不等；穀價每石五錢四、五分至六、七分不等，各等因前來，與臣等訪聞無異。再臺郡農民因今歲颶風不作，雨澤頻施，將向日缺水難耕棄地，亦皆開墾，是以今年所收之穀多於往歲。現在地方寧靜，閭閻樂業，理合繕摺奏聞。謹奏。

［硃批］：覽。收成、米價情形，朕懷深慰。

二六、巡臺御史索琳、尹秦特參虛冒兵糧濫役滋擾摺

［雍正五年十一月初八日］，巡視臺灣監察御史索琳、尹秦謹奏：為特參虛冒兵糧、濫役滋擾事。

竊臣等訪得臺灣縣所屬新港司巡檢衙門，額設書識一名、皂役二名之外；另有弓兵一十八名，原為巡緝地方姦匪而設，乃署新港巡檢事臺灣縣典史徐履謙，敢於額設書識之外多設書識陳吉等三名，又私設貼寫陳達等十一名，俱在鹿耳門汛口掛驗船隻、抄寫報單，並無弓兵名色。及臣等行令臺灣府知府俞存仁、臺灣縣知縣張廷琰查取弓兵名冊，則該署巡檢即以貼寫陳達等十一人姓名造報，又捏開吳齊等假名七名，以足十八名之數，仍於各名下或註“退役”，或註“革逐”、“現在召補”字樣。夫設兵原以緝暴衛民，若果革退，自應立時召補，豈可任其懸缺！再者，貼寫係刀筆之徒，巡兵有防緝之責，奚容假借影射？明係虛冒兵糧、濫役滋擾。今據臺灣府、縣查報前來，與臣等訪聞無異，所當特參以儆劣員者也。為此繕摺具奏，伏乞皇上睿鑒施行。謹奏。

［硃批］：朕不解爾等此奏所參者何人，該府、縣既經查報則不應參，若巡檢虛冒，則止應咨革，殊屬可笑之極！

二七、巡臺御史赫碩色、夏之芳恭報受事日期摺

［雍正六年二月十五日］，巡視臺灣吏科給事中赫碩色、兼理學政監察御史夏之芳謹奏：為恭報微臣受事日期，仰祈睿鑑事。

竊臣等一介庸愚，荷蒙皇恩，欽命巡視臺灣。於雍正五年十一月初二日恭請聖訓，初四日自京起程。臣夏之芳復遵旨領齊部鑄學政關防，均於雍正六年二月十二日到臺，循例於駐紮公所恭設香案，望闕叩頭謝恩受事訖。

伏念臺灣遠隔海洋，地方緊要，臣等入境受事，自當親歷巡查，小心體察。其應行事宜，容臣等次第料理外，所有受事日期，理合繕摺奏明、伏乞皇上睿鑑。謹奏。

［硃批］：覽奏，知道了。勉力和衷盡職，莫效禪濟布等寡廉鮮恥、無知妄為，虛負朕之委任也！

二八、巡臺御史赫碩色、夏之芳恭報臺灣雨水情形米穀價值摺

［雍正六年五月初六日］，巡視臺灣吏科給事中赫碩色、兼理學政監察御史夏之芳謹奏：為恭報臺灣雨水情形、米穀價值，仰慰睿懷事。

竊查臺灣地方，地廣人稠，歷年風雨調和，收成豐稔，地方相安無事。臣等於到任後，凡係天時風雨、民間種植一切事務，飭令地方官十日一報，以資見聞。茲據各該縣報到：三春雨水調勻，麥收約八分有餘；目下插秧之時，甘霖疊沛，四野霑足。農民歡呼，正在及時耕種。至各處米價，每石一兩至一兩二、三錢不等，民食充足，地方安靜。理合奏報，上慰睿懷。謹奏。

［硃批］：據奏，臺郡麥已收穫，雨水及時，米價平減；朕懷曷勝慰悅！

二九、巡臺御史赫碩色、夏之芳敬陳臺地事宜摺

同日又奏：為敬陳臺地事宜，仰祈睿鑑事。

竊臣等奉命巡視臺灣，欽遵訓旨，於到福建省城之日，向督臣高其倬請出欽交條奏臺灣諸摺，敬謹詳看。隨於到任之後，悉心體察，逐一採訪。查得臺灣負山面海，地方遼遠，形勢險要，實屬閩、廣、江、浙諸省之屏障。其間番民雜處，而外來之民尤紛雜難齊，奸良不一，最易生事。巡防兵丁亦不盡守法，文武官弁祗循故例，就事完結，不能杜絕弊端。臣等以為法不嚴密，積弊不能盡除，謹將愚見所及，臚列四條，敬為我皇上陳之：

一、宜嚴定處分以重稽查也。查內地渡海，例給印照，從廈門出口，至鹿耳門入口，皆由同知查驗，已經例有處分。近有一等棍徒，不雇客船，並不從廈門、鹿耳門出入，賄約多人，置買船隻出沿海小口，偷渡到臺。各口汛亦有拏解者，亦有賄縱反為指引者。及犯事逐水，或有故回籍，亦並不問其渡臺來歷，是根本不清，終難查核。臣等請嗣後給照來臺者，令海防同知並各地方官注明冊內，其從前來臺者，亦於保甲牌內注明來臺年月。遇有事故，先查從前來歷，如牌、冊無名，即係偷渡，訊出情由，將該犯所經由各口汛官弁照失察例處分，庶各知顧忌，自能實心查拏矣！（硃批：此條為理臺第一要著，但若不實力奉行，徒以空文取悅朕目，於事仍屬無濟也。）

一、宜嚴定條例以懲奸匪也。臺民刁健，每多冒險為非，近來嚴禁偷渡、賭博、奸竊、結盟等事，而犯者不少，總因臺民犯事，不過枷責逐水。該犯狡猾性成，逐水未及數月，又頂替夾帶過臺，仍然為害。再犯再逐，循環不已，弊終不絕。臣等請嗣後初犯法者，重責枷號，將該犯面上刺字，解回本籍收管。面上有字難以偷渡竄藏，如再潛身來臺及生事干法者，一經發覺，即議以徒流之罪，另籍安插，庶各犯知警，亦驅匪安良之一法也。（硃批：嚴例懲奸甚是，所慮者未必肯任怨，一一執法也，不過聲言事關奉旨，反借此以為市恩行惠之地也。）

一、宜互相查察以肅軍紀也。臺地兵丁，皆三年更換，而內地各營撥遣換班之兵不盡過臺，每有半途賄買頂替者。凡熟習臺灣、積慣生事之兵，前期換回，轉眼復來，到臺查點，不無容隱。臣等請嗣後凡換班兵丁到臺，皆令臺灣道會同該總兵、副將對冊查點，如有一名頂替，先將押送武弁議處，再將兵丁重責刺字逐水，並咨回本營，革除本兵及頂替兵名糧。至在營兵丁生事擾民者，亦著該地方官審出真情，咨本營革糧，照平民一例刺字逐水，庶兵丁知所畏懼，各守法度矣。（硃批：此一條更屬難行，何也？有礙於各營將弁，孰肯破面而為之耶?）

一、宜添設官員以密防守也。查臺灣一府內，臺灣、鳳山、諸羅三縣，開墾已久，人民湊集，文武員弁駐紮相近，耳目易周；惟彰化一縣，地方空闊，穀邃山深，奸民易匿。其地文官止同知、知縣、典史各一員，知縣有刑名、錢穀之責，典史力微，不能遠巡，止靠同知一員巡查七、八百里崎嶇之地，實難遍及。臣等請於彰化縣之東南沿山一帶，並彰化縣之西北沿海一路適中地方，添設巡檢各一員，帶領民壯，專司巡緝，總令同知管轄，庶南北呼應靈通，而稽查亦易遍矣。（硃批：與該督、撫商酌具題請旨。）以上四條芻蕘之見，是否有當？伏乞皇上睿鑑施行。謹奏。

［硃批］：前三條果能照所奏實力奉行，朕不為臺郡顧慮矣！但可保必不能，而亦必不肯也，所以不批“嘉”、“是”二字。

三〇、巡臺御史赫碩色、夏之芳敬陳臺地雨水穀價摺

［雍正六年八月十八日］，巡視臺灣吏科給事中赫碩色、兼理學政監察御史夏之芳謹奏：為敬陳臺地雨水、穀價，仰慰聖懷事。

竊查臺灣各屬地方，自春入夏，雨水調勻，早禾已經收穫；惟七月望後，雨澤稀少。晚禾正在需雨之時，臣等率同該地方官設壇祈禱，屢次得雨，而未能普偏。及八月十三、四日，大沛甘霖，四野霑足。據各該縣飛報前來：全臺俱經得雨，晚禾秀茂，農民稱慶，秋成已在望矣！至近來米穀價值，據各該縣稟報：米價每石一兩五分至一兩二、三錢不等，穀價每石四錢一、二分至五錢不等，民食充足，地方安靜，理合繕摺奏聞，上慰聖懷。謹奏。

［硃批］：晚禾得雨，朕懷深慰。但一切奏聞，惟以無欺隱、不粉飾為要！

三一、巡臺御史赫碩色、夏之芳敬陳臺地事宜摺

同日又奏：為敬陳臺地事宜，仰祈睿鑑事。

竊臣等奉命巡視臺灣，到任以來，日夕冰兢，凡遇關係地方事務，時加訪察，今有愚見所及三條，不揣冒昧，敬為我皇上陳之：一、清查奸匪宜責成業主也；一、操練兵丁宜嚴查器械也；一、澎湖兵米宜就近存貯也。以上三條，皆因臺地孤懸海外，素屬巖疆，必令有備無患，永為保固之計。臣等受恩深重，日思報效，敬將芻蕘之見直陳君父之前，如有可採，伏乞皇上飭下督、撫詳議施行，為比繕摺奏聞。謹奏。

［硃批］：覽。所奏三條，甚屬可嘉，候另有諭旨。

三二、巡臺御史赫碩色、夏之芳恭報臺地收成分數米穀價值摺

［雍正六年十一月初四日］，巡視臺灣吏科給事中赫碩色、兼理學政監察御史夏之芳謹奏：為恭報臺地收成分數、米穀價值，仰慰聖懷事。

竊查臺灣所屬地方，自春及夏，雨水調勻，惟七月間雨水稍覺愆期，至八月即連得大雨，田禾霑潤，各種稻穀以及麻豆、芒蔗、一切雜糧，俱已成熟。今值收穫之時，據臺灣縣詳稱：收成計有七分，米價每石一兩三錢零，穀價五錢零。鳳山縣詳稱：收成計有七分，米價二兩二錢零，穀價四錢零。諸羅縣詳稱：收成計有八分，米價一兩二錢零，穀價四錢零。彰化縣詳稱：收成計有八分，米價一兩零，穀價三錢零各等因到臣等。查田地有近山近水之別，故收成分數不等；米、穀有運費多寡之分，故價值亦復不一。然就通臺合算，俱屬豐稔，米價亦平。所有臺灣全郡收成分數及米、穀價值，理合具褶奏聞，仰慰聖懷。謹奏。

［硃批］：據奏，通臺豐稔，則米價應即大減，今每石至一兩二、三錢，仍屬昂貴，是何故耶？

三三、巡臺御史赫碩色、夏之芳奏聞事摺

［雍正六年十二月初六日］，巡視臺灣吏科給事中赫碩色、兼理學政監察御史夏之芳謹奏：為奏聞事。

雍正六年十二月初一日，據臺灣縣詳稱：該縣東安坊糧長報稱：本坊居民魏連妻陳氏，於本年十一月十四日一產四男，經該縣取結詳報到臣衙門。又於本月初五日，據該縣詳稱：本縣東安坊士民等報稱：本坊居民楊紹芳壽登一百七歲，例應舉報，隨經該縣確查取結，亦詳報到臣衙門。臣等查臺灣久沐國家養育深恩，歷年海不揚波，時和歲豐，人民皆安居樂業。今添丁則一產四男，養老則年逾百歲，皆由聖朝久道化成、太和洋溢之所致也。臣等目睹太平嘉瑞，理合繕摺奏聞，伏乞皇上睿鑑。謹奏。

［硃批］：類斯例應題奏之事，何必多此一番瀆陳耶！

三四、巡臺御史赫碩色、夏之芳奏聞事摺

同日又奏：為奏聞事。

本年正月初三日，臣等訪得臺灣府屬之鳳山縣地方，有傀儡生番殺人一事，隨即行文該府，並該營弁確查去後。續據該府詳稱：番民舊有一定界限，因雍正六年十二月二十八日，鳳山縣長興莊管事邱仁山等，領本莊佃民越界侵入傀儡山開水灌田，致被傀儡生番潛伏殺傷邱仁山等一十二人，復追入竹葉莊殺傷佃民張子仁等二人。當經該縣勘明舊定番界，並親行相驗。據稱：長興莊開水之處，並竹葉一莊實係界外番地，莊民擅入番界，以致被殺等因到臣衙門。

臣等查番民地界久立定限，不許民人侵入番界，已經屢行嚴禁。茲愚民貪開水利，擅入番界被殺，與生番出山擾害不同，但殺傷人命至一十四人之多，亦漸不可長。除一面飭令該地方文武官弁設法緝捕兇番，並移知該督、撫查參失察職名外，所有生番殺人緣由，理合繕摺奏聞。謹奏。

［硃批］：此事係內地佃民有以自取其禍，率因地方官平時不行實

力嚴查之所致，即爾等亦安能辭疏慢之咎？業既生出事端，飭令設法緝捕，究有何益？前於汝等出京時，朕諄諄訓誨，但當劃清界限，使生、熟番夷及內地百姓各安生理，兩不相侵，始可免意外之虞。爾等豈遺忘此諭耶！明者遠見於未萌，智者防患於無形，若似此逐案推求，隨時整飭，皆屬事後之補救，亦恐不勝其煩。總之，汝輩庸流，因循不振者多，實心任事者少，奈何！

三五、巡臺御史赫碩色、夏之芳奏聞事摺

［雍正七年三月十六日］，巡視臺灣吏科給事中赫碩色、兼理學政監察御史夏之芳謹奏：為奏聞事。

竊查鳳山縣長興莊民邱仁山等被生番潛出殺傷一十四人，已經臣等據實摺奏，正在移知督、撫，並經鎮臣王郡、道臣孫國璽酌量勦捕間，又據鳳山縣報稱：本年二月初一日，生番又行潛出，殺傷熟番七命等因前來。隨經該鎮、道一面申報該督、撫，一面撥遣官兵並番丁民壯，於二月十六日前往山豬毛、山里目等社搜捕兇番去後。今據領兵文武各員陸續報稱：進山搜捕數次，殺死生番七人，擒獲生番二十人，即於三月十四日將兵丁、番壯撤回各等因，具報到臣衙門。臣等除飭令該地方官將所擒生番是否殺人兇犯，分別審擬詳報該督、撫定案外，所有勦捕生番緣由，理合繕摺奏聞。

再，臣等查海疆重地，知縣一官必得勤謹廉幹、實心辦事之員，方能勝任。今署鳳山縣知縣彭之曇，到任月餘，不能嚴加防禦，竟致生番屢出傷人，及至撥兵勦捕。在該縣境內，而該縣置若罔聞，全不料理，反乘此時通詳告病，借以謝過，似此怠玩推諉，殊為溺職，若仍姑留，海疆官員從此效尤，何以整理地方？除一面移知該督、撫另委賢員署理外，所有溺職知縣彭之曇，理合一併附參，伏乞皇上睿鑒施行。謹奏。

［硃批］：所奏是。此等劣員豈可姑容？況臺郡險遠，非內地可比，官弁尤為切要，但須平情處之，毋得過苛！

三六、巡臺御史赫碩色、夏之芳敬陳臺地事宜摺

同日又奏：為敬陳臺地事宜，仰祈睿鑒事。

竊臣奉命出巡，一年以來，悉心採訪，凡關地方事務，皆思斟酌調劑，隨時措置，保護海疆。茲有臺地尚須斟酌事宜，謹據愚見所及，為我皇上陳之：

一、番民界限宜定例嚴禁也。查臺地番、民共處，止可令其各安本分，不可令其互相固結。在熟番納餉、當差，甚屬醇良；獨生番性極蠢頑，好以殺人為事，從前雖經畫界，禁止民人出入，而生番之害不能盡絕。臣等細察情形，聞向來內地姦民，間有學習番語，娶其番婦，認為親戚，居住生番界內，並將鹽、鐵、火藥等物販賣與番。及今不為嚴禁，將來關係不淺。臣等愚見，請嗣後更定嚴例，畫定生番界址，不許番民出入販賣物件，一切火藥、鹽、鐵，尤宜查禁；將生番社內通事一概革逐，如有擅入生番界內，並販賣違禁物件者，定例置以重典，其地方官弁縱容、失察者，亦定議加倍治罪，如此庶生番不致為害，而地方可相安無事矣。（硃批：嚴禁內外交通為第一善策。）

一、試用人員宜量發海疆也。查臺灣遠隔重洋，所有道、府、縣以及佐貳等官，遇有陞遷事故離任者，委員署理；海上風信靡常，一時不能驟到，每致人缺虛懸，似此海疆重地，恐有貽誤。臣等已移知該督、撫，必令署事與離任之員人文一齊並到，以免員缺久懸之患。但臣等細思：地屬巖疆，非得歷練之員，難以勝任，與其臨時委署，不若預使練習。可否於本省揀發人員內，令該督、撫選其老成廉幹者，預發一、二人，令其先駐臺郡，給以本職額俸，平常無事，凡地方人情、風土既可親切見聞，或有要緊公務，聽道、府委派協辦。一遇有陞遷事故離任之缺，即奢署理，試看果能勝任，該道、府申詳督、撫，酌量題請實授，其不稱職者令回內地，或竟行揭參。該員委署之後，再詳明督、撫揀發，以便將來遴委。如此庶可免海上羈遲之弊，而該員練習既久，人地相宜，於地方公務，或可無誤矣。（硃批：此條亦是，與督、撫商行可也。）

以上二條，臣等因海疆重大起見，如果芻蕘可採，伏乞皇上敕下督、撫詳議施行。謹奏。

［硃批］：覽。

三七、巡臺御史赫碩色、御史夏之芳奏聞事摺

［雍正七年閏七月二十九日］，巡視臺灣吏科給事中赫碩色、兼理學政監察御史夏之芳謹奏：為奏聞事。

竊照臺灣地方，於本年七月二十六日，海風大作，飄失船隻人口，吹倒房屋，經臣等飛飭詳查去後。茲據臺灣府彙報內稱：各處倉廒完固，禾苗茂盛無損；查得南北一帶海口，擊破民船一百餘隻，溺死船戶、水手二百餘名，又府治木城吹倒一百三十餘丈，臺灣縣各坊里吹倒瓦房二百餘間，溺死二人，餘者俱無傷損；鳳山縣吹倒草、瓦房七十五間；諸羅縣吹倒房屋三十八間，人口無損，擊碎民船一十隻，飄去塭丁六人，已經將被風窮黎設法賑濟，加意撫恤；其彰化一縣、澎湖一島，風小無損各等因到臣。又據臺灣鎮臣王郡咨開：安平鎮水師各營，擊碎營船三隻、大壞二隻、微損一十五隻、溺失兵丁一十一名，並砲位、軍器等物，又南北陸路墩臺、營房，倒壞十有五、六，各造清冊細數到臣衙門。

臣等正在具奏間，又於閏七月二十三日，海風復起，府城以南，風勢尚小，據淡水同知報稱：府城外海邊擊破民船三隻，溺死水手十二名；北路海豐等港共損壞民船一十七隻，溺死十一人，各處吹倒房屋數十間，正在確查。又諸羅縣報稱：該縣禾苗無損，臨海地方吹倒房屋三十四間，壓死一人，擊碎民船十一隻，溺死水手三名。又彰化縣報稱：該縣禾苗、倉廒並無傷損，倒壞番房二十八座，壓死番婦二口，又城內外草房共吹倒八十餘間，人口無損。又澎湖通判報稱：本月十三日，風勢狂烈，民間房屋吹塌甚多，人口幸俱無損，商、哨等船灣泊澳內者，多被風擊壞，並飄出各處，正在查驗。又澎湖水師副將報稱：營船多飄散打壞，拖擱案山，並營房、兵丁飄損之處，正在確查等因各到臣。

臣隨飭令各該管衙門加謹料理安插，並一面移知督、撫外，所有兩

次被風情形，理合具摺奏聞。謹奏。

［硃批］：覽奏，知道了。臺郡被風情形，已據署督史貽直備悉奏聞矣！

三八、巡臺御史赫碩色、夏之芳報明臺地收成分數米穀價值摺

［雍正七年十月十五日］，巡視臺灣吏科給事中赫碩色、兼理學政監察御史夏之芳謹奏：為報明臺地收成分數、米穀價值，仰慰聖懷事。

竊查臺郡收成分數，據該府詳，據臺灣縣報稱：該縣收成，東、北俱八分五釐，縣南九分，西臨大海，並無田畝；鳳山縣報稱：該縣收成，縣東八分五釐，縣北八分，縣西七分五釐，南臨大海，並無耕種；諸羅縣報稱：該縣收成，縣東八分五釐，縣南九分，縣西、北九分；彰化縣報稱：該縣收成，東、南俱八分，縣西七分，縣北六分。就通臺合算，共有八分五釐各等因到臣，與臣等訪察無異。

至米穀價值、臺灣縣現今每米一石，銀一百一錢，穀價四錢二、三分；鳳山縣每米一石，銀八錢二、三分，穀價四錢；諸羅縣每米一石，銀八錢四分，穀價四錢；彰化縣每米一石，銀七錢八、九分，穀價二錢二、三分。通臺民食充足，地方安靜。理合具摺奏聞，仰慰聖懷。謹奏。

［硃批］：覽。奏報收成分數，而算至毫釐，從未經人道過，果皆分析的確無差謬乎？殊可謂誑誕之極。想因思家念切，以致心神昏亂耳！將此諭與新任觀之。

三九、巡臺御史赫碩色、夏之芳報明看操日期摺

同日又奏：為報明看操日期，仰祈睿鑒事。

竊查臺灣地屬海疆，水陸軍務關係甚重，每年舊例於秋冬間，閱看水陸兩操。茲據安平鎮副將祁進忠移送該鎮三營兵弁、船只清冊到臣，臣等隨於九月初九日，公同閱看水師兵丁操演。又據臺灣鎮臣王郡移送該鎮三營將弁、兵丁清冊到臣，臣等隨於九月十一日，公同閱看陸路兵

丁操演。水陸軍務尚屬整齊嫻熟；其盔甲、器械，現今奉旨另行修理更換，已據提臣藍廷珍委員遍將各營清查，另造補換；俟換齊之日，臣等再細行查看。至澎湖水師二營，前據該副將陳勇報稱：閏七月大風，船隻多受損傷，現經設法修理等因前來。臣等正在行查，並委澎湖通判王仁，協同該副將查閱確報，俟船隻修完冊報到日，另期閱操，合併聲明。為此具摺奏聞。謹奏。

［硃批］：日前據稱營船多被海風損壞，果如所言，一介武弁將設何法以修理耶？所奏朕殊不解。

四〇、巡臺御史奚德慎题本：接任日期并收到钦差巡查臺灣关防

［雍正八年十一月二十七日］，巡視臺灣工科掌印給事中加一級臣奚德慎等謹題：為恭報□到印信並任事日期事。

雍正八年十一月二十七日，巡視臺灣兵科掌印給事中臣高山親□到雍字一千一百七十五號欽差巡查臺灣關防一顆，臣奚德慎隨跪迎至署，一同恭設香案望闕叩頭謝恩，臣高山即於本日任事訖。伏念臣等庸才陋質，迺荷蒙天恩，畀以巡臺重任，複荫恩准領給印信以嚴關防。臣等祇受之余，惟有凜遵聖訓，共相砥礪，勉盡職守，一切事宜勤慎辦理，務期稽查適中，無負皇上簡任之至意，所有□到印信並臣高山任事日期理合題報，伏乞皇上睿鑒施行，謹具題聞。

奉旨：該部知道。雍正九年正月二十八日

四一、巡臺御史柏修题本：到臺接任日期

［雍正十年三月初八日］，巡視臺灣陝西道監察御史加二級臣覺羅柏修謹題：為恭報微臣接印到任期事。

竊臣于雍正九年十一月十四日蒙皇上天恩，命臣巡視臺灣，祇遵諭旨於雍正九年十二月初三日起程，今於雍正十年三月初八日到臺接親交欽頒雍字一千一百七十五號巡察關防一顆，《大義覺迷錄》一部，臣隨恭設香案望闕叩頭謝恩，與巡查臣高山同任事訖。伏念臣至愚極陋，屢

荷聖恩毫無報稱，茲複畀以巡視海疆重任，不勝惶悚，臣惟有矢公矢慎，和衷協力，奮勉供職寧謐地方，仰報皇上高厚隆恩於萬一耳。其巡察應行事宜，容臣次第辦理外，所有微臣接印到任日期，理合恭疏題報，伏乞皇上睿鑒施行謹題。

奉旨：該部知道。雍正十年四月二十八日。

四二、巡臺御史柏修等奏片：请豁免臺灣难民旧欠耗羡谷石

［雍正十年五月］，巡臺御史覺羅柏修請免臺灣難民舊欠事。

竊查臺灣府彰化縣凶番擾害之處北自牛馬沙轆，南至貓霧東柳樹南莊，沿山五十餘裏，慘遭凶番焚燒房屋二千七百九十餘間，殺死民人共計一百五十餘名。所有慘黎悉皆逃散四方，無家可成，無室可棲，顛沛流離殊堪憫惻，臣等飭令地方官加意撫恤，無致失所，已經具奏在案。但粟穀廬舍盡遭焚毀，牛馬農器盡被搶擄，今當冬作方具，田地尚屬荒蕪，雖地方官現在給稻招耕，□□凶番不時潛行出沒，傷弓之鳥未敢遽理舊巢，春耕既已失時，秋成安所有望。今據彰化縣知縣陳同善詳稱被難之處逐戶造冊，查算尚欠雍正八年分未完穀一十五石五斗五升零，雍正九年分未完穀六千五百三十七石七斗五升零，雍正九年分未完耗羨銀一百二兩一錢二分零。茲值應徵之期，其未完穀石及耗羨銀兩委無可追，臣等受命巡察而體我皇上軫念元元至意，閭閻疾苦不敢壅于上聞，所有未完穀石耗羨等項，可否邀恩豁免，伏乞皇上睿鑒，特降御旨施行，臣等未敢擅便，謹具奏聞。

四三、巡臺御史图尔泰等奏摺：臺灣北路大甲溪等社番不究叛乱之罪

［雍正十三年四月二十四日］，巡視臺灣禮科給事中臣圖爾泰、巡視臺灣兼理學政兵科掌印給事中臣林天木謹奏：為奏聞臺灣北路大甲西等社番屬感戴皇仁叩謝天恩以征聖化以昭盛治事。

竊臣等於本年二月二十日接准督咨欽奉上諭，從前臺灣北路大甲西

社頑番不法，官兵已經剿滅，餘黨亦已就擒。論叛犯之律所有屬産一併緣坐無可宥貸。朕念此等愚番冥頑無知，究非旗民可比，從前妄行不法，罪在正犯，其眷屬散處各社，未必知情。今當平定之時若一一搜查，不無牽累警擾，用是格外恩宥，免其根究，該督撫提鎮可仰體朕心，妥協辦理，以安番眾。並將朕諭明白宣示，咸使聞知。倘朕如此開恩，而愚番等仍不知感激，再有干犯法紀者，則是蠢頑不靈之輩，不可以恩惠化導，朕必加以重懲，欽此。欽遵除飭令地方官遵行外，相應移咨等因到臣，臣等隨即飭令地方官作速奉行，親將奉到聖諭明白宣揚，務使愚番眷屬男婦老幼無不知悉，以仰副聖主恩施溥博格外矜全之至意。嗣據臺灣道張嗣昌詳據知府尹士俍詳稱據北路同知暨彰化縣詳報，該同知等欽奉上諭，敬謹遵行，隨即親為宣示，所有番愚眷屬無不家喻戶曉。茲據大甲西等社番屬六觀蒲氏悅等呈，稱群番性本愚蠢，幸生盛世，中外一統，隸入版圖，九沐皇恩，輕徭薄賦，理應守分遵法，共用升平之樂，孰意一時凶頑致煩剿除，所遺眷屬即連坐罪不足蔽辜，安望眾命再獲生全。乃蒙皇仁普被，德廣好生，俾三社數百生靈即免斧鉞之誅，複開自新之路，男婦老幼盡沾再造，從此彌加感激□乞，詳報情詞懇切等因，臣等竊思天威遠播，聖德弘深，是以海外遐區愚蠢之儔莫不歡愉感激頂戴洪慈，相率叩謝洵昭聖主恩膏之普，益征聖朝德化之盛。該道府等備有通報詳請代達前來，臣等何敢壅于上聞，理合繕摺奏聞，為此謹奏。

［硃批］：覽。

四四、巡臺御史严瑞龙题本：抵臺接印日期

［雍正十三年五月初八日］，巡視學政兼理學政吏科掌印給事中加二級記錄二次臣嚴瑞龍瑾題：為恭報微臣接印任事日期仰祈睿鑒事。

竊臣奉命巡視臺灣，遵于雍正十三年三月十二日自京起程，于本年五月初八日抵臺，接受前任巡查臣林天木送交親頒雍字五百二十九號學政關防一顆，並《大義覺迷錄》一部、《驳吕留良四书讲义》一部。臣隨恭設香案，望闕叩頭，即日任事訖，伏念巡察職司風紀，臺灣尤地屬

海疆，臣以庸才荷兹重任，撫衷自問寔切悚惶，惟有勉竭愚誠，與現任巡察臣圖爾泰協恭辦理，務期地方寧謐，職守無虚，以仰副我皇上簡任之至意。除巡察學政事宜容臣次第辦理外，所有微臣接印任事日期，理合恭疏題報，伏乞皇上睿鑒施行，為此謹題。

奉旨：該部知道。雍正十三年七月初七日。

四五、巡臺御史圖爾泰奏摺：臺灣本年收成分數及米價

［雍正十三年十二月初四日］，巡視臺灣禮科給事中臣圖爾泰、巡視臺灣兼理學政兵科掌印給事中臣嚴瑞龍謹奏：為據實報明收成分數、米穀價值，仰慰聖懷事。

查得臺灣地方本年春夏雨水調勻，禾苗秀實，早稻已經收穫，晚稻陸續登場。臣等將實在收成分數並米穀價值檄行該府，敕令所屬各廳縣確察詳報去後。兹據臺灣府知府尹士俍詳據臺灣縣知縣林興泗報稱，該縣地方早晚二稻以及糖蔗收成共有八分。鳳山縣知縣錢洙報稱該縣地方早晚二稻以及糖蔗收成八、九分不等。諸羅縣知縣陸鶴報稱該縣地方早晚二稻以及糖蔗收成共有八分。彰化縣知縣秦士望報稱該縣地方早稻收成九分，晚稻收成八分，糖蔗收成計有六分。又據淡水同知徐治民報稱淡屬早稻收成九分，晚稻收成七分，雜糧芝麻收成共有九分。澎湖通判周于仁報稱該地斥鹵，不產稻禾，所種高粱芝麻等項收成共有八分，各等因詳報到。臣等伏思每歲收成分數實為民命攸關，臣等身在地方敢不據實陳奏。捧讀上諭令奏報各地方收穫分數不得絲毫假飾，臣等益加詳慎察訪，該廳縣所報分數委無揑飾，統計全臺收成實在八分有餘，至現在米穀價值據臺灣縣報稱，上米每石價值一兩一錢五分，谷每石價銀四錢七分；鳳山縣報稱，上米每石價銀八錢四分，谷每石價銀四錢三分；諸羅縣報稱，上米價銀每石四錢六分；彰化縣報稱，上米每石價銀一兩零七分，谷每石價銀四錢零二分；淡水同知報稱，上米每石價銀七錢，谷每石價銀三錢四分；澎湖通判報稱，民間食米系往臺屬買運糶賣，每石時價銀九錢五分各等因。臣等綜合臺灣地方米穀價值現在均平，海宇安豐，民番樂業，理合據實奏聞，為此謹奏。

［硃批］：覽。臺灣乃極外海疆，汝等應巡察之任，於此海宇安豐，民番樂業之時，亦當整飭地方，和輯兵民，暇則興廣讓之風為久遠之計，不可視為五日京兆，偷容苟安而已。

四六、巡臺御史白起圖等奏摺：臺灣地方雨澤霑足

［乾隆元年五月初六日］，巡視臺灣掌陝西道監察御史臣白起圖、巡視臺灣兼理學政吏科掌印給事中臣嚴瑞龍謹奏：為報明雨澤霑足仰慰聖懷事。

竊查臺灣地方每年播種早晚二稻均需雨澤霑潤，今歲入春以來雨水調勻，至四月初十四、五及二十七、八等日，甘霖疊沛，四野均霑。臣等欣睹，民番共樂，不敢遂生怠忽，益飭地方官勸導農民，乘時耕作，俾得秋成豐稔以仰副皇上重農足民之至意。所有雨澤霑足情形，理合繕摺奏聞，伏祈皇上睿鑒，為此謹奏。

［硃批］：欣悅覽之。

四七、巡臺御史白起圖等奏摺：確查臺灣番民放火射殺莊民

［乾隆元年九月二十八日］，巡視臺灣掌陝西道監察御史臣白起圖、巡視臺灣兼理學政吏科掌印給事中臣嚴瑞龍謹奏：為奏聞事。

竊查臺灣地方路分南北，番有生熟，自雍正十年熟番作歹仰賴盛朝恩威遠播剿撫重施，凡屬番黎無不輸誠向化，惟北路淡水所屬之後壠、中港等處，地逼生番，附近莊民多有思越番界輒被殺傷，又或僻處荒村遭其焚劫，屢經臣等檄行地方員弁多設兵役遊巡，並立界牌嚴禁，而茂林深草，時有生番潛出殺人，所賴熟番抗拒不致肆以逞兇。茲于本年七月初九日，據北路副將靳光瀚稟報，中港汛南海漢塘房一座被番燒燼，射死塘兵一名，帶傷一名等情。又於本月二十日五日稟報，後壟汛霾裏莊被番射死民人九名，帶傷六名。細查新港社逃走熟番十名，加志閣逃走熟番七名等情，俱經臣等飛飭該副將會向淡水同知確查起釁實情，並逃番十七名是否正兇，速即擒歸究□，仍將現在民番加意撫綏，毋致驚

惶失所去後。續於九月初四日，據淡水同知趙奇芳以二社逃走凶番業經招撫歸社，查明在山尚有五十餘人，其起釁確情俟訊明另稟，惟是番氛未斂，莊民晝夜驚惶等情詳報前來。臣等查所報逃番與副將靳光瀚原報十七名之之處，數目不符，且因何起釁日久未據查覆，顯有別情。况莊民晝夜驚惶，尤堪憫惻，適因臺灣府知府徐治民九月十一日查勘北路地方隨飭就近撫恤莊民，俾各安業，仍令將二案起釁情由及逃番確數詳查飛報，並檄以副將靳光瀚、同知趙親芳將歸社各番留心防範，未歸之番設法撫歸去後。茲據知府徐治民於九月二十五日稟稱，莊民俱各安堵，惟凶番十七名歸而複逃，連眷屬實有數十餘人，現在中港又有殺人之事等語，而副將靳光瀚、同知趙奇芳亦報稱逃番已經歸社，至九月二十日複遁入山，二十二日勾引生番到南莊後莊燒毁草房十三座，燒死一人，射死十一人等情各到。臣等除飛飭該將該廳，一面將緊要隘口嚴加防範，並將零星莊民移置一处，撥兵調護，仍速緝凶番獲究外，伏查北路後壠等處時有生番放火殺人，誠為貽累地方。茲逃番複行入夥，肆其焚殺，若不及早剪除，恐致釀成事端，且凶番確因何事起釁並歸社後何以任其複逃，非臣等視臨確查，地方官未免支飾遷延。現今出巡屆期，臣等即日前往確查，應察究者即以參究。其逃走各番作何擒捕，務在會同文武悉心辦理，以期計出萬全，並如何善後不致生番為累，一併俟斟酌妥協另以具奏外，所有凶番逃走、臣等前往確查情由，理合繕摺奏聞，伏祈聖明睿鑒，臣等謹奏。

［硃批］：覽，欽此。乾隆二年正月初九日。

四八、巡臺御史白起圖等奏摺：擒獲凶番數名

［乾隆元年十月二十一日］，巡視臺灣臣白起圖、臣嚴瑞龍謹奏：為報明擒捕凶番情形事。

本年九月二十六日经臣等將北路南海漢塘兵並霾里莊民人被番射死及凶番歸社複逃勾引生番焚殺多人各緣由繕摺具奏，並聲明臣等前往確查起釁實情及作何擒捕凶番，務在會同文武悉心辦理，以期萬全等因在案。續於十月初一日臺灣知府徐治民自北路回郡，據稟莊民良番俱各安

堵，訪得九月十六日淡防廳詳報香山厝射死民人三名，系逃番作歹，伊等現有番親在社，深恐貽累，願同通事土官等誘令各番歸社夥新暫緩前往，以免驚惶等語。臣等現擬先往南路遊巡，次及北路查訪各種情節悉心辨理。但思番性難馴，不可不預加防範。隨會商臺灣總兵臣馬驥、臺灣道臣尹士俍飛飭北路副將靳光瀚、淡防同知趙奇芳相機籌畫，倘凶番果皆悔罪歸歸，祇將元兇究罪，不得罪行株累。如其執迷不悟，或應調兵追捕，或即以番攻番。一面酌量調撥，一面具文呈報，並令將緊要隘口密加防範。凶番出入處所，添兵駐防，以絕糧道。仍將在山之悠吾乃生番密遣通事土官前往勾通，令其内外堵截去後。兹於十月二十日據副將靳光瀚、同知趙奇芳各報稱二社歹番前往撫歸複遁入山□等詳細籌畫，非大加懲創難使懾服，但□探路徑十分險惡，隊伍難進，因調岸里各社番壯並會悠吾乃生番内外合捕。靳光瀚於本月十一日先率中營把總康、盛火器，外委把總莊、王征番，外委把總王明兵丁一百名，左營把總洪慶火器，外委把郭欽、黄大榮兵丁一百三十名，右營千總王登兵丁五十名，淡水營火器，外委把總範□兵丁五十名，直抵加志閣山邊要口駐劄，絕其糧道，仍留右營把總王廷梁，中營外委千總潘朝佐領兵一百五十名防守後壠。十六日霾裏社土官十班社丁劉解帶出悠吾乃生番九十名，岸裏社通事張達京帶到本社土番一百七十六名，德化社通事林秀俊帶到本社及雙蓁南日各社土番二百四十名，並後壠社土官烏牌加己等聚集酌□，議令悠吾乃生番由山后搜出，德化社土番由山南北上，其岸裏社派番四十名協同，後壠、中港、新港等番由山北南下。靳光瀚帶同千、把總，外委王登康、盛洪慶、範傜兵丁二百二十名，並岸裏、後壠二社土番由山前攻入，於十七日寅刻領兵進芨，山路陡險，僅究單行，歹番狡黠沿途草際密佈枯簽，砍倒大樹，□横攔截。被枯刺傷兵丁三名、土番四名，土官烏牌率番嚮導，收枯官兵魚貫馳入，至已刻始抵巢穴，歹番猝見隊伍進山，奔入樹林，其糧食、小米、鍋釜什物盡行遺棄，靳光瀚指麾兵番分路追捕，雙蓁土番射死歹番一名，割下首級。茂林密蔽遍地枯刺，追趕不及，將其糧食一概焚燒，什物僅番收取。歹番往東逃竄，適遇悠吾乃生番搜至，相拒射殺歹番二名，悠吾乃生番亦被傷三名，均不致命。解到首級著令土官烏牌識認，系加志閣歹番加已右武踏何東生番打老曰大、□□、下勝務三人頭顱。時已午後，暫且出山，而北路番壯亦至會合，遂全師還營。查歹番所恃者山路險要，敢於負隅盤踞，今已直搗巢穴，糧食盡燒，膽落心驚，不難撲滅，合將情形報明等情。前來除飛飭該副將即將出力各番一一獎賞，受傷兵番傷醫調治，仍將逃竄凶番乘機追捕，務期全獲，以淨根株。並嚴飭各處隘口加意防守，毋致□虞外，所有擒捕凶番情形，理合繕摺奏聞，仰祈睿鑒，臣等謹奏。

奉硃批：覽，欽此。乾隆二年正月初九日。

四九、巡臺御史白起圖等奏摺：臺灣諸羅縣地震。被壓人口房屋及賑濟災民用銀數目

［乾隆元年十月二十一日］，巡視臺灣掌陝西道監察御史臣白起圖、巡視臺灣兼理學政吏科掌印給事中臣嚴瑞龍謹奏：為據實奏聞，恭慰聖懷事。

查臺灣上年十二月二十日醜時地動，所有被壓人口房屋情形經臣嚴瑞龍同前任巡查臣圖爾泰繕摺具奏，奉硃批諭旨，令將地方官辨理如何隨便奏問欽此。欽遵仰見我皇上仁育萬民，務令各得其所之至意。臣等細加查訪臺灣縣原報被壓人口一百一十五名，房屋一百五十四間。諸羅縣原報被壓人口大小三百八十六名，房屋七百九十一間。經臣等於再行飛飭事案內行令將有無遺漏未報再加確查去後。據臺灣縣續查出被壓人口大小四十五名，房間八十三間。諸羅縣續查出被壓人口大小一百五十七名，房間五百九十六間等因詳報到臣等，隨飭通報督、撫在案。嗣准督臣郝玉麟、撫臣盧焯知照動支庫銀兩千兩委員賑給。經臣等檄委臺灣府知府徐治民督同臺、諸而縣親身散給，毋許假手吏胥致滋侵冒。酌定大口每名給銀二兩，小口每名給銀一兩，瓦厝每間給銀八錢，草厝每間給銀四錢。查臺灣縣被壓人口通共一百六十名，內大口八十一名，小口七十九名，共給過銀二百四十一兩，被壓房屋通共二百三十七間，內瓦厝一百一十七間，草厝二百二十間，共給過銀一百四十二兩六錢。諸羅

縣被壓人口通共五百四十三名，內大口二百五十四名，小口二百八十九名，共給過銀七百九十七兩，被壓房屋通共一千三百八十七間，內瓦厝七百六十一間，草厝六百二十六間，共給過銀八百五十九兩二錢。統計二縣給過銀共二千零三十八兩八錢，除動支庫銀二千兩外，其餘銀三十八兩八錢，查係公項補給。茲據該府縣造報散賑清冊並出具，並無侵冒遺漏印結。前來臣等複加遍訪災民，果皆均沾實惠，房屋俱經整理。除賑過花名清冊并用過銀兩細數應聽督撫核銷外，合將辨理地動情節繕摺奏聞，伏祈聖明睿鑒，為此謹奏。

［硃批］：知道了。

五〇、巡臺御史白起圖等奏摺：澎糧淡防兩廳額編人丁征糧照臺灣四縣例一體減

［乾隆元年十一月初三日］，巡視臺灣掌陝西道監察御史臣白起圖、巡視臺灣兼理學政吏科掌印給事中臣嚴瑞龍奏：為皇仁覆冒已周，番黎仰望彌切，據實陳奏恭請聖裁事。

竊惟臺灣丁銀一項仰荷恩綸，著照內地之例酌中減則，每丁征銀二錢以舒民力，欽此。臣等遵即轉飭地方官遍行示諭當。據蕭壟社番黎于銅四吧來茅老于螺等呈稱，銅等感沐聖朝隆恩，豢养五十餘年，淪肌洽髓，凡有公務無不勤勞，逐年每丁征銀二兩，合社共納銀四百五十二兩二錢八分九厘，又加火耗銀二百一十七兩七錢一分，每年通共納銀六百七十二两。雖番餉加倍，民丁俱竭力完納，不敢抗延。茲蒙天恩浩大，將臺灣丁銀酌定二錢，伏祈出榜示諭，銅等世世歌誦等情。臣等以減丁關係特恩，自應民番普被，檄行臺灣府遵照減征去後。據該府徐治民覆稱，民間完納錢糧，除地糧外另有額征丁銀，自應遵照減則。至番黎耕田捕鹿等年止輸番餉並無完納丁銀，不在應減之列等語，臣等複飭該府，將所屬番黎社分應納餉銀數目，并每年番餉作何征收之處，逐一分晰查報。續據該府查明四縣一廳番黎大小計九十六社，年納餉銀共八千零十四兩五錢五分四厘二毫，另征拆色番粟銀二千零十六兩九錢三分六厘，本色糯米二十三石，俱系按社分之大小之定額完糧等因詳報前來。

查詳內開載每年番餉有按番黎名數派征者，亦有照男婦人口定額者。查其究竟，各番占定地界設立圍場，每年捕鹿為生，間或播植口糧，與民間載地承糧，動至數拾甲或以百畝計者，原自不同，所有應納番餉惟娶婦成丁者酌派之，其未經娶婦之番例不加派，是番餉一項即民間所謂丁銀也。但民間每丁連火耗不過征銀五錢，而番丁多則二兩至一兩有餘，少亦五錢、六錢不等，再加火耗雜費實為加倍民丁，即如蕭壠一社額征銀四百五十餘兩，火耗輒加銀二百一十七兩有□，其大較也。我皇上愛養元元，民番原無歧視，若謂番黎人等向無丁銀名目，不應在減則之列，似非仰體我皇上一視同仁之盛心。且現今四川、貴州苗民番眾均叨特典薄賦輕徭，而海外番民捕鹿之外別無土產，交納課餉較之他處苗番竭蹶為難，應否加恩以廣皇仁。臣等冒昧□陳，恭懇聖明裁斷。再查臺灣四縣丁銀仰荷□恩，給每丁定則二錢，而所屬三廳內除一防廳專司稽察船隻外，其澎糧廳向有額編人丁六百七十二丁，淡防廳向有額編人丁一十一丁，俱系每丁征銀四錢七分有零。有司官因未經奉旨未便擅減，合無仰懇天恩，准照四縣之例，敕下督、撫，轉飭該地方官一體減則，將普天之下莫非厚澤之汪洋遵海而南共沐太和之翔洽矣。臣等見聞所及理合一並奏聞，伏祈聖慈訓誨施行，為此謹奏。

[硃批]：知道了，有旨諭部。

五一、巡臺御史白起圖等奏摺：臺灣四縣丁稅照內地例酌減

[乾隆元年十一月初三日]，巡視臺灣掌陝西道監察御史臣白起圖、巡視臺灣兼理學政吏科掌印給事中臣嚴瑞龍奏：為臺民感恩實深公□題達輿情據實奏聞，仰祈睿鑒事。

乾隆元年九月二十日，閩浙總督郝玉麟、福建巡撫盧焯咨准戶部咨開福建司案呈乾隆元年八月初八日內閣奉上諭，朕愛養元元，凡內地百姓與海外番民皆一視同仁，輕徭薄賦使之各得其所。聞福建臺灣丁銀一項每年征銀四錢七分，再加火耗至五錢有零矣。查內地每丁征銀一錢至一錢參不等，臺灣則加倍有餘，民間未免竭蹶。著將臺灣四縣丁銀悉照

内地之例酌中減則，每丁征銀二錢以舒民力，從乾隆元年為始永著為例。該督撫可速行曉諭，實力奉行。若因地隔海洋官吏等有多索攬征等弊，著該督撫不時訪察嚴參治罪，欽此。欽遵抄出到部，相應行文福建督撫欽遵可也等因，移咨該督撫轉咨到臣等，當經轉飭地方官遍行示諭，並實力奉行，毋得多所濫征，致幹嚴忝去後。玆于本年十二月十五日，據臺灣道尹士俍呈據臺灣府知府徐治民詳據臺、鳳、諸、彰四縣士民王世恩、黃恩溥、陳國輝、施士安、張方高、潘俊、吳振綸、祝萬年等僉呈微臺民感恩實深，公□詳題以達輿情事，内稱我皇上仁恩廣播，已遍及於九州，聖澤覃敷，彌加意於海甸，發帑賑恤，民番共沐生成，薄賦輕徭，遠而群沾雨露世恩等，海氓頂祝固已如天如地矣。玆荷皇恩垂念臺地每丁征銀四錢七分，較之内地稍重，特沛綸音酌中減，則每丁只征銀二錢，以舒民力。聞命自天，歡呼遍地，男婦老幼用是各執瓣香，相率北望叩謝皇恩，伏祈詳請題達，俾展草野蟻忱等情到府。卑府職司民牧，不敢雍於上聞，合就據情詳情賜詳題達等由道，據此本道查看得額編丁賦本屬力役之征，續奉恩旨永不加增，普天久已沾戴。玆蒙皇恩軫念臺灣隸在海表，額載丁糧每丁征銀四錢七分六厘，較之内地稍重，特頒諭旨一視同仁，酌中減則每丁只征銀二錢，此誠千古未有之盛典。恩綸下賁，萬姓歡呼，據士民王世恩等公□題達等情，由府詳報到道，合就轉呈等因到臣等欽惟我皇上孝思纘緒，元德重華。念民力之艱，膏雨□來天上，頒輕徭之詔，春風吹到寰瀛；惠澤與江海同深，鹿耳門前處處恩流慶洽，聲名偕日月，俱照鳳山城裏，人人巷舞衢歌；白叟黃童鹹稱有道，雕題鑾齒共祝無疆。玆據該道府呈詳士民公□題達輿情前來。臣等身在地方，目擊情形懇切，理合繕摺奏聞，伏祈睿鑒，為此謹奏。

［硃批］：覽 。

五二、巡臺御史白起圖等奏摺：臺灣彰化縣登臺等莊被蒙面凶番擾害擬查辦

［乾隆元年十二月初四日］，巡視臺灣掌陝西道監察御史臣白起圖、

巡視臺灣兼理學政吏科掌印給事中臣嚴瑞龍謹奏：為奏聞事。

本年十一月二十七日，臣等北巡至彰化縣屬，據登臺柳樹吳厝等莊民人魏廷標、謝昌文、利日旬等呈稱，本月十六日有凶番數十余，蒙首戴布巾，身穿布衣，夜入登臺莊，喊殺陳成宗等參命，焚居百餘間，蒙縣勘驗在案。泣思凶以眾聚，衣人之衣，解漢之語，必非生番所能獨成。況現有木牌鏢箭出自何社原有定式，似宜深究，叩准行縣查實掃除等情。查向例生番殺人俱系地方官驗明，詳報督、撫於命案內歸結，勒限緝凶，逾即題參。但查登臺等莊自上年十月至今，據報生番殺人六案，共殺莊民二十人，茲又被殺參人，地方官徒有緝凶之名，實未見其緝獲一凶，致使凶番肆行無忌，深屬未便。查生番殺人原賴土番堵禦，今登臺等莊介在貓羅、阿里史二社之間，該社土番如果聞聲應援，何致生番疊次殺戮？況據民人呈稱，現有木牌鏢箭出自何社無難識認，亦未便指為生番，不行深究伏思。登臺等莊勢雖倚山地，實臨縣，實難因循貽悞，以致釀成事端。臣等現在移行鎮道，飛飭地方官弁，泒撥良番目兵嚴行防範，毋致□虞，仍將被害莊民加意撫綏，務俾得所，並令嚴飭通事土官等確認木牌鏢箭委系何社器械，一面設法緝捕外，查副將靳光瀚久任北路，熟悉番情，前于雍正十年間曾經征番出力，茲辦理淡屬歹番一將次告竣，俟事平之日，臣等會商鎮臣馬驥另行遣員前往彈壓，將靳光瀚調回彰化確查登臺等莊系何凶番滋擾，商同相機辦理，務期掃除以靖地方，並訊明起釁情由，應參奏者仍照例參奏外，理合繕摺奏明，伏祈皇上睿鑒。為此謹奏。

［硃批］：知道了。地方官均不盡力，何不告之督撫？今汝參奏即□等識司巡察查參奏亦可。

五三、巡臺御史白起圖、嚴瑞龍奏新港加志閣两社歹番恣行不法事由摺

［乾隆元年十二月初四日］，巡視臺灣掌陝西道監察御史臣白起圖、巡視臺灣兼理學政吏科掌印給事中臣嚴瑞龍謹奏：為查明參奏事。

竊照新港、加志閣两社歹番恣行不法，業經臣等將情由摺奏，並聲

明確因何事起釁，及歸社后何以任其復逃，臣等前往確查，應參奏者即行參奏等因在案。茲臣等細加查訪，緣後壠通事張方楷任意作威，遇事苛索，番人含怨已久，焚殺南海汊塘兵，係因嫁禍張方楷而起。而奸民陳文生又倡為官兵勦滅之說，煽惑眾番，致令挈眷潛逃，肆行猖獗，均屬罪魁。除現在商同鎮道飭拿拘禁俟研訊確情移會督撫題結外，伏查海外土番，生性難馴，惟在地方官查於先事，防於臨時，庶使兇頑斂跡，地方肅清。今專管竹塹等處巡檢王心棠、兼管該地方署淡水同知事彰化縣知縣秦士望、並專管中港汛右營把總周詩、專管後壠汛右營千總王登、兼管該營守備袁鈇一、任張、高楷等構怨搖惑，播弄番民，既不能查察於前，及至眾番逃竄，擾累村莊，又不能防禦於後，所有玩愒□誤之咎，不能為該員弁等寬也，相應指參，請勅該部議處。至現任淡水同知趙齊芳，雖到任在各番既逃之後，但於歸社後不行防範，以致複遁入山勾引生番作歹，咎實難辭。再查北路協副將靳光瀚、臺灣府知府徐治民有督率稽查之責，似此歹番恣行不法，不能预先查出，督令早為擒捕，均干定例，理合一並參奏，交與該部察議。臣等未敢擅便，為此詳奏請旨。

［硃批］：這所參情節，該部分別察議具奏。

五四、巡臺御史白起圖等奏摺：臺灣各屬乾隆元年收成分數及米穀時價

［乾隆元年十二月十一日］，巡視臺灣掌陝西道監察御史臣白起圖、巡視臺灣兼理學政吏科掌印給事中臣嚴瑞龍謹奏：為據實報明收成分數、米穀價值，仰慰聖懷事。

竊照臺灣各屬收成分數並米穀價值，臣等例應於每年歲底奏報。查雍正十三年十月初七日欽奉諭旨，嗣後奏報各地方收穫分數不得絲毫假飾以幹重戾，欽此。欽遵在案。今乾隆元年各屬收成分數及米穀價值，臣等檄行臺灣府，飭令各廳縣確查詳報去後。茲據該府徐治民詳據臺灣縣知縣林興泗報稱，該縣新禮、新化、依仁等處收成實有八分；永寧、永禮、長興等處收成實有七分；仁和里、大穆降等處收成俱有六分。鳳

山縣知縣方邦基報稱，該縣港東、港西等處收成實有九分；長治裏、鳳山莊等處收成實有八分；仁壽裏、觀音山、文賢裏等處收成七分、六分不等。諸羅縣知縣戴大冕報稱，該縣開化、善化等處收成實有八分；新化、開定等處收成實有七分。彰化縣知縣秦士望報稱，該縣東螺、半線、大武郡等處收成實有八分；馬芝遴、深耕仔等處收成俱有六分。其淡水同知趙奇芳據報，所屬地方收成實有七分。澎湖通判曹顯庚據報，該地斥鹵不產稻禾，所種高粱、芝麻等項收成七分、六分不等，地瓜收成實有十分，各等因前來。臣等細加查訪無異，統計全臺收成實在七分有余。至各屬米穀價值，據臺灣縣報稱，白米每石價銀一兩一錢二分；谷每石價銀四錢八分。鳳山縣報稱，白米每石價銀九錢四分；谷每石價銀四錢二分。諸羅縣報稱，白米每石價銀九錢八分二厘；谷每石價銀四錢一分八厘。彰化縣報稱，白米每石價銀一兩零七分；谷每石價銀三錢六分。又淡水同知報稱，白米每石價銀六錢；谷每石價銀三錢。澎湖通判報稱，民間食用糙米系往臺屬買運，每石價銀八錢四分各等因。臣等總核臺灣地方米穀價值現在均平，年歲豐登，民人樂業，理合繕摺奏報，伏祈聖明睿鑒。臣等謹奏。

［硃批］：知道了。

五五、巡臺御史白起圖等清單：擒獲臺灣新港等社首凶並斬首凶

［乾隆元年十二月十一日］，新港社首凶二名：烏麼抵抵、搭蘗烏麼。加志閣社首凶九名：茅老尉、加已打老曰、馬馬毛毛、老仔已狗骨、武葛毛毛、胆馬轄勝務、買葛氏老尉、末仔末士甲、末仔末夷劉。以上首凶共十一名。斬示首凶二名：新港社番茅遠下勝務，加志閣土官合番九歪。

五六、巡臺御史白起圖等奏摺

［乾隆二年三月十一日］，巡臺御史白起圖、嚴瑞龍謹奏：爲請免查驗箕斗、以便商民、以除弊竇事。

“伏查臺灣遠處海濱，插田收稻，以及挑運造作，在在需用人工，內地貧民，競趨就食。祇緣奸良錯出，地方□□□□無照遊民，輒多頂冒水手，偷渡過臺。雍正□□□□臣高其倬檄令商船舵水填注箕斗，出□□□□□相符，始准放行。續經管理海關事泉□□□府張無咎力陳不便，請免填注在案。雍正八年，督臣高其倬複飭填注箕斗，又經商船戶黃長興等以商民未便呈請免填，經府廳縣詳覆仍照舊免填在案。凡以查驗箕斗，原以防範頂冒，而奉行不善，每致爲累商民也。玆本年九月內，複准部文，令汛口文武官盤查舵水箕斗。現經總理海關稅務興泉道朱淑權以商船填照後，舵水或因事故不能同往，另行雇募，多與原照不符。若俟回籍改填，往返需時，議令就地稟請給單填注，是□□□□民之一法。但臣等細加訪問，查驗箕斗，□□□□□商船出口，動以百計，少亦不下五、六□□□□舵水或十餘人至二十餘人不等。以千□□□之手指，汛口各官豈能逐一親驗？不得不假手胥役。此輩藉端需索，稍有不遂，則指羅爲箕，以箕爲羅，勢所不免。且渡海船只，全憑風信。若俟挨驗畢始准放行，則風信已逾，守候動羈時日。況舵水衆多，保無吉凶事故，口角微嫌，勢必另行雇募。若令回籍改填原照，往返誠多未便；就所在地方稟請給單注，而經過各汛口仍須挨次查驗，需索守候，弊適相同。現今臺地物價日昂，詢其究竟，蓋因商船以箕斗爲累，觀望不前之故。是查□□□不惟有累於商船，亦且不便於臺民也。我□□□□□□不周，至今查驗箕斗種種未便，若非□□□□□□□□□時行時止，弊難永除。應請飭令地方官，嗣後商船過臺，祇令原籍縣將舵水年貌、鄉貫填明照中，或因有事另雇，就地稟請給單填注，仍取具船戶行保甘結，不許頂冒。汛口官弁驗明放行。並令臺地各官，務照內地之例，設立十家牌，將各家實在籍貫、人口確數並作何生理，逐一注明牌內。遇有玆生病故等事，一體開除，責令坊長保甲不时稽察，每月出具並無招攬遊民甘結，報所司查核。如有違礙，一並嚴究。如此則奸宄其藏，而南民均稱便益矣。臣等淺陋之□□□□□□□。

五七、巡臺御史白起圖等奏摺：臺灣生番鹿餉銀兩圖為虛名實為重累令寬減

［乾隆二年三月十二日］，巡視臺灣掌陝西道監察御史臣白起圖、巡視臺灣兼理學政吏科掌印給事中臣嚴瑞謹奏：為據實奏聞仰祈聖裁事。

竊查臺灣北路一帶與生番境界毗連，伊等在山別無活計，惟設圍捕鹿藉以資生，且其地多產藤條可為繩纜之用，或采與通事熟番換易鹽斤糯粟，而不法民人利其所有，輒多潛入內山抽藤吊鹿以致含憤被殺，屢經臣等嚴飭地方官弁勘立界碑，不許民人私越，違即重懲，並將□防之員查究在案。茲于本年三月初三日據北路副將靳光瀚詳據南北投外委把總沈然稟稱：巡遊至水沙連萬丹坑內有棍徒搭蓋草寮，集眾數百人越界抽藤吊鹿等情職，光瀚隨飭把總鄭成龍前赴查緝，果有抽藤草寮十間，吊鹿草寮三間，拿獲棍首餘才、高就等及車夫陳遺等，送縣訊究。據覆高就等系該縣給照抽藤吊鹿完納水沙連年納餉銀四百餘兩，所有藤斤准其運賣完餉等情職。光瀚查水沙連社餉原令通事與番交易輸納，非令民人入山採捕完餉也。今通事藉口完餉勾引棍徒深入內山，汛弁緝拿送縣，而該縣又以餉之所出瞻顧開脫，設有意外之虞，咎將誰諉。請將該社餉銀題免，庶奸徒無自藉口，足跡不許入山，則稽查易而邊界清，等情詳報前來。臣等查彰化縣屬水沙連生番自雍正四年歸化，即有每年認納鹿餉銀四百余兩，何得稱系通事人等招引民人抽取藤斤變賣完納等因檄行臺灣府，將是否該番願納抑或通事代輸之處確查詳報。據該府徐治民稟稱：水沙連、北港生番計十社，南港、中港生番計五十社，年納鹿餉銀共四百二十五兩五錢八分，另征糯米二十三石。歸化之時，系通事施贊賴敬認完。歷年以來系通事陳蒲催納等語，臣等複加細訪，該番等名雖歸化，實則斂跡深山，不知服役奉公為何事，所有應徵鹿餉銀兩，曆系通事代納，而通事苦於賠墊，不得不招引民人吊鹿抽藤借完公事，以致殺戮。時聞受累安窮在有司，因課餉攸關，姑為容隱以清帑項而汛弁恐□，防幹咎必欲嚴禁以顧考成，因之彼此掣肘尤多，未便我皇上加

意海疆。現在各屬民丁社餉俱荷覃恩減免，似此生番鹿餉銀兩徒為虛名，實貽重累合無，仰請天恩飭令寬減，庶棍徒不致藉口輸將番境任其私越，汛弁得以實力稽查，地方因之肅清矣。再查鳳山縣屬之大竹橋舊有官地一所，向系民人佃種，因康熙六十年埤頭汛兵移駐鳳彈，將此地建築營盤教場所有，年征餉銀四十四兩，地方官因其無着，歷年系泒佃戶完墊。臣等廵曆所至，據佃戶洪酉等以課累民輸等情嗚控，隨經行縣查明屬實。伏思課餉原從地泒，今地已改建營盤，而課仍佃民輸納，雖數目亦屬無幾，歷年之賠累何堪。應否一體豁除，以廣皇仁？臣等訪聞確實，理合一並奏聞，伏祈聖明裁斷，為此謹奏。

［硃批］：着交与總督郝玉麟，□共酌議。

五八、巡臺御史白起圖等奏摺：遵旨裁減臺灣丁銀民番呈謝天恩

［乾隆二年三月十二日］，巡視臺灣掌陝西道監察御史臣白起圖、巡視臺灣兼理學政吏科掌印給事中臣嚴瑞龍謹奏：為欽奉上諭事。

乾隆二年三月初七日准閩浙總督郝玉麟、福建巡撫盧焯咨准戶部咨開乾隆二年正月初五日內閣抄出奉上諭，“向來臺灣丁銀重於內地，朕已加恩仿照內地之例，酌中減則每丁征銀二錢以紓民力，今聞臺灣番黎大小計九十六社，有每年輸納之項名曰番餉，按丁徵收有多至二兩、一兩有餘及五六錢不等者，朕思民番皆吾赤子，原無歧視，所輸番餉即百姓之丁銀也，著照民丁之例，每丁征銀二錢，其餘悉行裁減，該督撫可轉飭地方官出示曉諭，實力奉行，務令番民均沾實惠。又聞澎糧廳、淡防廳均有額編人丁每丁征銀四錢有零，從前未曾裁減，亦著照臺灣四縣之例行。欽此。”欽遵抄出到部行文，該督撫轉咨到臣等准此當經檄行臺灣府飛飭各該廳縣遍行示諭，務實力奉行，毋得私征苛累去後。續據該府徐治民詳據淡防廳、臺、鳳、諸、彰四縣，詳據所屬番黎烏牌羅甯哦阿老梦大臘臘愛箸等呈為，呈請詳達、代謝皇仁事。詞稱烏牌等島服匑蕘久沾聖朝雨露，陬鯫鮒重沭盛世恩波，念自累世得入版圖，深蒙列憲，時加撫字歡欣有日，愛戴朝天，伏思率土之濱，莫非王土，光天之

下，共惟帝臣。丁糧原為朝廷維正之供，減則實乃亙古希逢之典。今我皇上心涵兩大，德遍遐方，一視同仁，番民盡屬赤子，推心置腹，臺海悉系蒼生，舊餉減征，既以二錢番民丁糧均照一則，聞命自天而下歡聲遍地而來，俯仰皇恩，惟效嵩呼於海外，服膺聖德，共深黿戴乎寰中。用是相率匍呈，伏祈詳請題達烏牌等曷勝望光引領等情。又據淡防、澎糧二廳，詳據民人黃恩浦、蔡俊等呈為沾沭隆恩，呈詳題達事，內稱我皇上堯天浩蕩，舜日舒長，至德覃敷，化及雕題黑齒，深仁普被，澤施蔀屋茅簷，丁銀悉照一則減征，輸納既以二錢為定，開千載未逢之盛典，慶萬年有道之昌期，相率匍呈詳請入告恩溥等。曷勝踴躍歡忭激切之至等情各到府。據此該卑府徐治民謹查，得各廳、縣民丁番餉原系維正之供，每名兩錢亦屬相沿舊例。欽蒙皇恩，同天地澤遍遐陬，念淡、澎皆屬赤子雨露，應溥雕題特沛綸音，一例寬減民丁番餉，悉照二錢，蔀屋社寮均為一則。恩命自天而下，山陬同切高呼，群心捧日而來，海噬並深鼇戴，僉詞懇切，眾志歡欣，理合詳請轉達天聽等由到。臣等伏思則壤成賦，禹貢著有常經，賜複蠲租，漢代遂傳令典。今我皇上太和育物，元善統天。處高聽卑，沛茅簷之陰雨；發邇見遠，佈暖谷之陽春。自群黎以逮番黎，務期德洋而恩溥。由已減而推未減，必使賦薄而徭輕。從此僻壤遐陬同遊化日光天之下，快睹蓬首堆髻盡成含哺鼓腹之休。茲據該府詳據民番呈請代謝皇仁前來臣等，不敢壅于上聞，理合繕摺恭奏，伏祈聖明睿鑒。臣等謹奏。

［硃批］：覽。

五九、巡臺御史白起圖等奏摺：臺灣府知府徐治民等員玩忽疏縱議處

［乾隆二年四月初二日］，巡視臺灣掌陝西道監察御史臣白起圖、巡視臺灣兼理學政吏科掌印給事中臣嚴瑞龍謹奏：為據實恭奏事。

竊照彰化縣屬之登臺柳樹湳等處莊民屢被生番殺戮，誠恐釀成事端，經臣等於上年十二月初四日奏明，俟副將靳光瀚後壠事平調回彰化確查是何社番滋擾，相機剪除，並聲明應參奏者仍照例參奏等因在案。

茲臣等於本年正月十八日因往後壟籌畫搜捕餘孽，途接彰化縣知縣秦士望據稟，登臺等處被害莊民查系內山梅加臘生番，每于秋冬水涸之際，輒乘月夜突出傷人，取其頭顱以誇□，誠為貽累，而副將靳光瀚亦稱梅加臘生番殺人，現擬設法剪除等語。臣等隨調岸裏社屢次征番出力之通事張達京、土官敦仔等面加獎賞，令其協同靳光瀚查緝凶番獲究，俟擒獲之日研訊起釁確情，會核題結外，查登臺等處被害民人，臣等於具報之日，即嚴飭各該員弁加意防範，毋致疏虞，並勒緝凶番務獲究治在案，乃該地文武一任凶番肆行滋擾，既不能防範於前，又不能緝拿於後，玩忽疏縱，難以寬容。查文職專防□□□、巡檢吳文龍、兼轄彰化縣知縣武職專汛□□□、把總康盛、接任把總鄭成龍、協防把總林降春、兼轄係北路中軍都司今升湖廣提標前營遊擊朱虎也相應指參，請敕部議處，以肅功令。至臺灣府知府徐治民、北路副將靳光瀚職司統率，不能督令屬員上緊查拏，使凶番斂跡，均難辭咎，理合一並參奏，統聽部議。再查知府徐治民辨理一切刑名並前在淡水同知任內開墾事宜種種未協，現據民番互控，已飭臺灣道逐一確查，照例通詳督撫題參合併陳明，臣等未敢擅便，為此謹奏請旨。

［硃批］：□□參情，該部分別查議具奏。

六〇、巡臺御史白起圖等奏摺：臺灣地方本年入春至四月雨水苗情

［乾隆二年四月十二日］，巡視臺灣掌陝西道監察御史臣白起圖，巡視臺灣兼理學政吏科掌印給事中臣嚴瑞龍謹奏：為報明雨水霑足，仰慰聖懷事。

伏查臺灣地方每年春夏播種稻禾需雨恒殷。今歲入春以來雨水無缺，至四月初三，初七、八等日，甘霖疊沛，早禾現在穎實，晚稻陸續插秧，黎庶歡呼，秋成可望。仰惟聖德覃敷，統遐邇而普被，是以天和感召沛雨露以滋生，臣等目睹田禾豐稔，不勝歡欣，合將霑足情形繕摺恭奏，伏祈聖明睿鑒，為此謹奏。

［硃批］：覽。

六一、巡臺御史白起圖等奏摺：臺灣合番社生番情願輸誠歸化

［乾隆二年四月十二日］，巡視臺灣掌陝西道監察御史臣白起圖，巡視臺灣兼理學政吏科掌印給事中臣嚴瑞龍謹奏：為奏聞事。

乾隆二年四月初九日，據臺灣道尹士俍詳據臺灣府知府徐治民詳准淡水同知趙奇芳牒稱，本年三月十三日據岸裏等社通事張達京等土目烏牌等帶到，合番社生番、土目把老北斗□末仔帶因，並番眾抹末等前來呈為輸誠歸化事，詞稱切惟聖朝德威無遠不屆，皇恩浩蕩率土均沾，把老等野處穴居，同具血氣，草衣木食，戴高、深近見、後壠等社番群識大義，踴躍用命，把老等聞風感激，不敢自外聖化，願率合屬三社男婦老幼共二百八十五名口附入版圖，年貢鹿皮、獐皮各八張，長為良民，永輸貢賦，謹由後壠土目烏牌等通事張達京等譯傳，呈懇詳題歸化等情。據此，卑職看得合番社生番僻處內山，附近中港未歸服王化，近因加志閣頑番竄逃，潛依勾引結連該社生番，始雖被惑容留，旋即畏威用命，屢次擒堵，具見實心合屬輸誠爭先向化，情願年貢鹿皮、獐皮一十六張，計值銀三兩二錢，敬為據情上請，伏乞恩准詳題，俾得附入版圖等由。並繳合番三社丁口名冊到府。卑府看得三社男婦老幼二百八十五名口願附丁冊，年貢鹿皮、獐皮各八張，實惟聖恩浩蕩，草木亦解向榮，帝德淵深蠢動，咸知鼓舞，合就具文，轉詳察奪等由到道。據此，初飭該府轉飭淡水同知照例賞賚，以示撫綏外，理合據由轉詳等由到。臣等伏思聖王禦宇月□之俗悉皆冠帶而朝；晢後當陽日出之鄉亦必梯航而至，凡以荒陬之遠原屬列土宇而隸王民，既居涵蓋之中，誰不奉正朔而尊帝制？茲合番三社番眾因加志閣歹番逃竄依棲，經臣等飭遣通事人等前往指陳利害，並為宣揚德化，該番等奮勇爭先，凶首藉以斬擒，脅從招令歸社，近又斬獲餘孽二名。前經臣等親臨獎賞，複經督、撫、鎮、道疊次賚予，伊等願率合屬隸籍版圖。先據淡水同知詳請題達，臣等恐系通事撰造，駁令詳慎確查。茲據道府僉詞請題歸化。臣等細按情形肫切，仰惟聖澤之覃，敷遐邇一體，是以海隅之率俾中外同風，除飭

該同知會同北路副將加意撫綏，仍飭通事人等不得往來滋擾，並通報督、撫查核具題外，合將生番輸誠緣由繕摺奏聞，並將丁口清單恭呈御覽，伏祈聖慈睿鑒，臣等謹奏。

［硃批］：知道了。

六二、巡臺御史白起圖等奏摺：剿捕臺灣新港、加志閣兩社頑番事竣

［乾隆二年五月十一日］，巡視臺灣掌陝西道監察御史臣白起圖、巡視臺灣兼理學政吏科掌印給事中臣嚴瑞龍謹奏：為敬陳臺地善後事宜事。

竊照新港、加志閣貳社頑番不法，經臣等將會同文武辦理情由繕摺具奏，並聲明如何善後，不致番人為累，一併俟斟酌妥協另行具奏在案。茲荷天威遠震，番眾同心，妖氛蕩平，地方寧謐，所有善後事宜臣等悉心察訪，除職分所得為者隨即照例辦理外，惟是關係重，務有必須請旨更定者，謹列數條為我皇上敬陳之。

一、分別歸還番地，以安民生也。查臺灣全系番人土地，自歸版籍以來，民人生聚日繁，或向番人賒地貼餉，或番人契賣民人管業。只緣番性愚拙，民人多於契外越占，又或貼餉日久漸且據為已業，甚至勢豪土棍串同通事、牙胥借開墾為名，將番人熟地任意混耕，屢經番人鳴控，俱經飭發勘審。茲奉部文番人土地不許民人賒買，並令將賒買漢人地畝議還歸結，誠為體恤番黎。但查內地民人携眷來臺者不下數十萬眾，所有賒買番地久經墾熟陞科，若一概令其歸還，不但熟地拋荒課餉缺額，且以數十萬民人無地可耕，憑何資生，保無別生事端，況漳泉一帶食米全系臺地採買，茲地畝既令歸番，勢必米石無出，漳泉何所依賴？關係尤覺匪輕。臣等愚見，應飭地方官嚴禁嗣後番地不許暗賒私賣，並將逼近生番界址之地畫清示禁，以絕侵越滋擾之端。仍將貼餉日久占為已業及豪棍指稱開墾混耕地畝逐一勘丈，歸番管業，其民人久經契買，墾熟田土只應照契清厘，立定四至，不許界外越種。至地土歸番伊等未必有力耕種，向來原有舊佃應仍聽其向番承賒以便收租完餉，如

此則民番相安，而地方不致滋擾矣。

一、停止班兵派車，以恤番黎也。查臺地汛兵俱由內地調換，向因分防寫遠，且有什物行囊需車馱載，是以定有每兵十人用車一輛之例。詎日久弊生，竟有三四人一輛或每人一輛者，且經過番社勒令供給酒食，甚至強行借宿淩辱番婦，雖經地方示禁，終屬陽奉陰違。伏查班兵過臺既給口糧以恤勤勞，又加銀米養贍家屬，體恤不為不至。伊等自內地來臺不聞沿途應付夫役，何獨於抵臺後轉行派車，致滋擾累。況每年班兵絡繹，調換舊者方去而新者旋來，番黎終歲供應車輛，動輒誤農廢業，誠堪憫惻。請嗣後班兵需用車輛令其自行雇募，應停止派車以杜滋擾番黎之漸。再伊等過臺之日，雖派有千把押送，但均屬微員，不足以資彈壓而嚴約束，並請於到臺分汛時，令鎮臣酌派遊守大員沿途鈐束，毋許任意需索，抵汛後仍飭該管官不時訓誡，嚴禁入社滋擾，違即按律究懲。倘徇隱不究，並治該管官以縱容之咎。庶班兵咸遵法紀而番社得以寧帖矣。

一、嚴禁民人私娶番婦，以防煽惑也。查番人婚姻多不以正，有能餽以財物者即興作合成耦，而不法奸民潛入其社，互相贈遺，久遂成為夫婦，迨至生育子女認為番親，往來輒多利其所有，故為愚弄以圖謀占產業，而番性愚騃往往墮其術中，有因一言一事之微漸至釀成巨創者。即如後壟頑番作歹，皆緣番婦之子陳天生搖惑所致，其彰明較著者。其他唆番爭控地畝妄生覬覦，聳番擾累民人，希圖泄忿者不可勝數。若非嚴行禁止，實為重累地方，應請飭令有司官，嚴飭通事土官等，嗣後不許番婦牽手漢民，違者即行離異，仍將漢民重責逐水，並將通事土官照不行首告律究治，地方官以失察徇隱分別參處。其從前娶有番婦生子者，查明即行安置為民，不許往來番社。庶煽惑之弊可除，而社務藉以肅清矣。

一、民壯一役宜照舊設立，以昭武備也。查臺灣道、府、廳、縣有稽查地方之責，向例設有民壯出入護衛並巡查一切匪類賭博。只因此項人役多系無賴流寓投充，每致生事滋擾，是以雍正十一年議令裁革，將附近營兵酌量撥給。道員撥兵二十四名，知府撥兵二十四名，臺同知撥兵十五名，淡同知撥兵二十四名，臺、鳳、諸、彰四縣各撥兵二十五名，以資護衛巡查。但營兵身列戎行，多以文員非其該管不服約束，而文員亦每礙於情面，遇有生事不行深究，於地方未見裨益。伏查內地官員尚且設立民壯，臺灣為海疆重地，顧將民壯裁革，未免偏枯。且現在臺府經歷暨四縣縣丞等官俱有民壯供役，而道、府、廳、縣職任稽查，轉系營兵撥給，亦未妥協，現今登臺等莊生番滋擾，據副將靳光瀚會同彰令秦士望議設鄉勇防範堵禦，是民壯一役於臺地實為切要，應請將道、府、廳、縣撥給營兵悉令歸伍差操，仍按撥兵名數設立民壯，務飭於本籍民人內遴選有身家、誠實可信者，取具的保充當，不得濫收無賴流寓致滋擾累，所需工食器械一併照舊支給，以便□演供役。如此則調撥匀，而海疆愈重，亦稽查便，而匪類潛消矣。

一、請飭文武互相稽察，以重海防也。地方事務全在文武協和，庶幾兵民相得，況海疆重地尤當□念相從，以期道一風同。乃臺地向來積習文員遇有兵丁滋事，則以為事隸營伍漫不經心；武職遇有民人不法又以為責任地方，視同膜外，迨至釀成事體又往往互相推諉，既非所以慎重海防，尤非仰體我皇上和衷共濟之訓旨。伏思文武雖職有專司，而兵民則事同一體，請嗣後飭令地方文武，務須互相稽察。如有民人不法等事，許令武職移送地方究治，其兵丁生事滋擾，亦許文員關會營伍責懲。如有仍往前推諉者，即行照例參處。並飭各該汛防員弁於所轄番社內，彼此按月稽查取具並無兵民滋擾、社棍容留印结，呈報該管上司查核。倘奉行不力或有意徇縱，查出分别指參，庶稽查嚴而兵民得以相安，亦協和著而彼此不致推諉，或亦慎重海防之一法也。

一、府治城桓宜增築土牆，以資防範也。查臺灣孤縣海外且有地動之事，是以從前停建磚城，議令栽插莿竹以固藩籬原有深意，但地勢高阜之處風力稍勁既難發生，而平坦處所巡防未周又有牲畜踐食隨長隨即乾枯，實不足以資防範而重地方。伏思府治為五省藩籬，民番雜處，城桓未建，無論監獄防閑勢難嚴謹，且恐奸匪乘機竊發。番性易於煽惑，倘有叵測，憑何捍禦？關係尤匪淺鮮。現今動帑萬餘兩修建府治城門，若不增設城基，則城門徒為虛設，臣等再四思維，磚城既不可建，防範必不可少。查諸羅縣治之土築城桓猶為嚴禁，謹請將府治城桓飭令地方官一體建築土牆，衛以莿竹務期加厚謹密，仍飭營汛多撥兵丁不時巡防，遇有坍塌之處立即報明，地方官隨時粘補。其有民間牲畜踐食莿竹者，查明責令賠栽，倘兵丁不行查報，經地方官查出一併著落賠補，如此則用力少而成功最易。藩籬固而防範愈嚴，未始非善後之一策也。

以上數條臣等實為地方起見，如果可采，伏祈聖慈敕下九卿議覆施行，臣等謹奏。

［硃批］：□理事務王大臣會同九卿□議具奏。

六三、巡臺御史白起圖等奏摺：全獲臺灣新港加志閣等社凶番情形

［乾隆二年七月二十五日］，巡視臺灣掌陝西道監察御史臣白起圖、巡視臺灣兼理學政工科給事中臣單德謨謹奏：為奏報全獲不法兇番仰祈聖鑒事。

竊查臺灣北路、新港、加誌閣等社兇番不法肆行焚殺。業調兵番圍捕，嗣□具報陸續擒斬，經臣等奏明在案。緣有余孽武葛貓□等三名未獲，時屆東作，恐番黎失業，且春霖泛漲，糧運維艱，暫令回軍，臣等於參月拾貳日繕摺具奏，仍飭該副將等設法防範，伺間誘擒務盡余孽去後。茲北路副將靳光瀚署淡水同知徐林等各報稱：本年七月十五日革職員弁王登、周詩、王心棠，通事林秀俊、張方楷等拿獲余孽武葛貓□、干交臘奇毋胆、馬轄奇毋等叁名理合呈報等情前來，該臣等查此案兇番已經盡獲，除飭該地方研訊起釁確情，按律究擬統歸督臣核題完結外，所有全獲兇番情形，理合繕摺奏聞。伏乞皇上睿鑒，臣等謹奏。

［硃批］：知道了。

六四、巡臺御史白起圖等奏摺：巡曆南路鳳山縣屬地方閱驗營武情形

［乾隆二年七月二十五日］，巡視臺灣掌陝西道監察御史臣白起圖、巡視臺灣兼理學政工科給事中臣單德謨謹奏：為奏明事。

竊惟臺灣孤懸海外，武備最關緊要，臣等荷蒙聖恩，巡察重任，惟有夙夜兢兢，畱［留］心地方，勸勉文武和衷，期以輯兵安民，鞏固海疆為務。茲臣等於本年十月初一日看閱臺協水師一操。初肆日，復閱臺鎮標四營一操，俱各隊伍整齊，技藝嫻熟，器械鮮利。均量捐給賞，以示鼓勵。至澎湖，遠隔海洋，檄飭澎糧通判曹顯庾就近會同副將顧元亮看閱詳覆嗣□具申稱，本年十月初九日會閱澎協兩營操演，軍伍整齊，船隻噐［器］械堅利等情形前來，臣等即於十月十八日自府治起程，前往南路巡歷，鳳山縣屬之埤頭、新園等地方。沿途訪察民間情形，吊集各社番黎、土目、勸導、撫綏並讀書識字之番童加意獎勵，分別賞以紙筆布煙等物。二十二日再閱南路營一操。隊伍操練純熟，噐［器］械、技藝客觀，亦經獎賞，復自臺灣縣屬之羅漢門崗山各處巡查，凡經過大小營汛皆查驗［验］兵丁噐［器］械、技藝，仍嚴飭勤加訓練，守法奉公。到處村莊市鎮喚集耆民，宣布皇仁，悉皆歡忻鼓舞。臣等例應再往諸羅、彰化各地方巡視，緣本年春間往北路籌酌後壠番社事宜，已經順途查閱，各處兵伍亦皆整飭有方，俯容來年再往巡查，臣等即於貳拾壹日回府治，所有巡歷地方閱驗［验］营伍情形，理合繕摺奏明。伏乞皇上睿鑒，为此謹奏。

［硃批］：知道了，海疆武備尤與內地不同，所留時訓以期有濟于意外者也。

六五、巡臺御史白起圖等奏摺：彰化縣通事陳浦等押同土官罩龍仔前往眉加臘查辦凶番

［乾隆二年閏九月初四日］，巡視臺灣掌陝西道監察御史臣白起圖、巡視臺灣兼理學政工科給事中臣單德謨謹奏：為奏明辦理兇番情形事。

竊查臺灣彰化縣屬之柳樹湳等莊被番戕害，業已查明，系眉加臘生番肆殺。緣春夏溪流泛漲，俟秋晴水涸辦理。經臣等奏明在案，續查眉加臘地方，離縣窵遠，山路崎嶇，兵糧難進，若遽行進剿，恐驚擾各社良番，滋事未便。一面檄飭地方文武分布嚴防，遣吊該社通事、土官開諭禍福，賞賚優恤，令其自獻兇手；一面吊到熟識番情之通事張達京，

面令帶撥土官、社番入山查探，協同緝捕。去後，兹據臺灣府知府劉良璧詳□彰化縣知縣劉埥詳稱：本年九月十六日 通事陳蒲賴敬等帶同眉加臘社土官□籠仔一名，白番鴨密巴淵貳名到縣隨訊，□供是小番們要做好漢，出來殺人，是有的共有六七次。今年因社番不做好菽子被蟲吃了，聞內裡番子都是快樂，又有吃的，小番們心裡也想為善了，若肯饒小番們回社去，計較將所殺首級並兇手解來，求通事保小的們進去等，供除飭令進山擒獻外，合就申報、轉報。并□北路副將靳光瀚報：同前由各等情前來，該臣等查眉加臘生番屢次戕殺莊民，若不嚴究，無以示儆，除批速飭陳蒲等押同土官□籠仔前往眉加臘，查明確實兇手，會同各通事、土官設法擒捕，並將頭顱解獻，一面安頓各社良番毋致驚惶滋事外，合將辦理兇番情形繕摺奏明，伏乞皇上睿鑒，為此謹奏。

［硃批］：覽。

六六、巡臺御史白起圖等奏摺：臺灣本年收成分數米穀價值

［乾隆二年十月二十七日］，巡視臺灣掌陝西道監察御史臣白起圖、巡視臺灣兼理學政工科給事中臣單德謨奏：為據實奏報，收成分數、米穀價值，仰慰聖懷事。

竊查臺灣地土有早晚二禾，早種沙地，約居三分；晚禾種水田，約居七分。每年收成分數、米谷價值例應臣等於歲底奏報。查雍正拾叁年拾月初柒日，奉諭旨：“嗣後奏報各地方收獲分數不得絲毫假飾，以幹重戾，欽此。”欽遵在案。今乾隆貳年臺屬二禾收成將屆，臣等檄行該府，轉飭各屬確查，據實開報去後。續因閏玖月初七、八等日，颶風連作，晚稻正當登場，未免少損，亦經諭令勘覆，兹據臺灣府知府劉良璧報，據臺灣縣知縣林興泗協辦知縣馮紹立等報稱：查邑屬今歲早禾收成俱有八分，其晚稻查新豐、崇德貳里收成實有九分；永康等十二莊收成實有八分；廣儲東等二里收成七分；大穆降莊收成六分；新化、永寧二里收成四分；新昌、仁和二里收成三分；據鳳山縣知縣方邦基報稱：查邑屬今歲早稻港東里收成實有八分；港西里收成實有九分；其晚稻查港

東西里收成實有九分；興隆、鳳山等莊實有八分；觀音、赤山等莊收成七分；仁壽等里收成六分；文贤等里收成五分；據諸羅縣知縣戴大冕報稱：查邑屬早稻新化等叁里收成七分；開化、下加冬等陆里收成實有八分；大坵田等庄收成實有九分。至晚稻查開化、下加冬等里庄收成實有八分；新化、善化等里庄收成七分；安定等里收成六分；據彰化縣知縣刘靖申稱：查縣屬早稻半線等陆保收成七分；馬芝遴等肆保收成六分。其晚稻查半線等保收成六分；馬芝遴等保收成五分。又准淡防同知趙竒［奇］芳報稱：查廳屬早稻淡水保等莊收成實有八分；竹塹保等莊收成七分。其晚稻淡水保等莊收成實有七分；竹塹保收成六分。准澎糧通判曹顯庾報稱：查澎屬地鹵，不種二禾，惟有高粱、蔴［麻］荳［豆］等雜糧，今歲被風，收成有四、五分不等。各等情前來，臣等覆加訪查無異，統計今歲早晚二禾收成實有七分有余，至各屬米穀價值據臺灣縣報：白米每石時價一兩一錢三分，穀每石時價五錢五分；據鳳山縣報：白米每石時價一兩，穀每石時價五錢五分；據諸羅縣報稱：白米每石時價一兩一錢四分，穀每石時價五錢六分；據彰化縣報：白米每石時價一兩五、六分，穀每石時價四錢五、六分；又淡水同知報：白米每石時價六錢三分，穀每石時價三錢六分；澎湖通判報該地食米係就臺買運，白米每石時價壹兩一錢五分。各等情該臣等查：臺灣地廣土沃，禾穗倍大。每年所收早稻已足民食，其晚稻則資内地（搬）運，又有二麥、蔴［麻］荳［豆］、地瓜、芒蔗等雜糧收成甚多，現在米價均平，民情安樂，地方寧靜，臣等仰體聖懷廑念海疆至意，理合據實繕摺奏明，伏乞皇上睿鑒，臣等謹奏。

六七、巡臺御史單德謨奏摺：臺灣人文日盛請建考棚

［乾隆二年十月二十七日］，巡視臺灣兼理學政工科給事中臣單德謨謹奏：為海疆人文日盛郡治宜建考棚以隆聖化以肅宮墻事。

竊臣奉命同監察御史臣白起圖巡視臺灣，臣兼理學政，本年應當科試。臣隨行臺灣府考錄臺灣、鳳山、諸羅、彰化四縣童生，並冊送各學生員考試，但臺灣向未建有考棚，歲科兩試俱在海東書院，其地湫隘，

不足以容。緣毗鄰府學，即於堂下别開一門，轉至聖廟戟門外搭蓋棚廠，以為考試之所，臣伏思戟門内即係大成殿，此地理宜敬謹肅靜，今生童數百，每逢考期，雜沓踞坐，殊屬慢褻，且查内地各府，俱建考棚，堂下甬道兩旁，生童列坐學，臣一目瞭然，便於稽查。今臺郡因考棚未建，在戟門外搭蓋棚廠，其南門外，係櫺星門一帶短垣，垣外即行人來往之大路，關防不密，易滋弊竇，況今又文教覃敷海外，人文日盛，臺灣一縣童生多至七百余人。戟門外週［周］廣數十步，一場考此一縣童生已覺擁擠，將來與考生童歲有增加，其勢更不能容，我皇上尊崇至聖先師孔子備極誠敬，凡屬臣工俱宜仰體，豈得因考試無地遷就，在戟門外踞坐慢褻，臣不揣冒昧，仰懇聖恩，敕令臺郡照内地一體建造考棚，相地度材，經營告竣，從此宫墻肅靜，考試謹嚴，聖天子棫樸作人之休，□之億萬斯年永賴矣，臣芻蕘之見，是否有當，伏乞皇上睿鑒謹奏。

［硃批］：知道了，有旨諭部。

六八、巡臺御史白起圖等奏摺：臺灣城守營兵與民人爭鬥兵王長壽被毆身亡

［乾隆三年正月初九日］，巡視臺灣掌陜西道監察御史臣白起圖、巡視臺灣兼理學政工科給事中臣單德謨謹奏：為奏明事。

本年正月初八日，據臺灣縣知縣馮紹立奔赴面稟稱：本月初七日晚有城守營兵丁在東安坊鳳山倉地方與爭角打，降兵丁王長壽被毆身死。該縣即於初八日早到該地相驗，甫經到地，有兵丁擁眾喧鬧，推到公案，不容相驗。復擁喊，毆尚該縣跟役等語。時臺灣鎮臣馬驥到署，臣等會令中營遊擊範容、臺灣府知府劉良璧同到該地彈壓，該馮令相驗明白，兵眾復諠［喧］譁［嘩］擁迫立要兇手。緣地近臣署，該馮令奔稟。兵丁復擁聚轅門，抛擲磚石，扯壞柵欄，直入大門，推到鼓架，打破乘轎、堂具等物。鎮臣馬驥在臣署内，目覩［睹］不能喝退兵丁，至晚始散。毆斃兵丁兇犯于初九日據該縣稟稱：拿獲二名，内一名係臣衙門從前革役。除命案應聽該縣審詳外，臣等伏思戍臺兵丁蒙皇上天

恩，加給賞米，自當竭力報效，守法奉公于海疆要地，方為有益。似此諠［喧］譟［噪］不法，該鎮臣無能鈐束，一面告知督臣，嚴查參究，理合繕摺奏明。伏乞皇上睿鑒，为此謹奏。

［硃批］：已據郝玉麟奏報矣。不能約束兵丁，固屬鎮臣之罪；至縱容蠹役，又豈非汝等之罪邪！

六九、巡臺御史諾穆布等奏摺：臺灣地方雨水田禾

［乾隆三年五月二十五日］，巡視臺灣江南道監察御史臣諾穆布、巡視臺灣兼理學政工科給事中臣單德謨謹奏：為恭報雨水情形仰慰聖懷事。

伏查臺灣地方每年春夏播種，禾稻需水甚殷。本年自春入夏，雖時得有雨澤，各處不齊至。五月初八、九、十、十一、二等日連夜得雨；十七、八等夜，甘霖下沛。現在蚤禾秀茂，晚稻陸續播插，秋成有望，民番樂業。臣等率同地方官勸導農民乘時耕作，俾得收成豐稔，以仰副聖天子重農足食之至意。所有雨水情形事，理合繕摺奏明。伏乞皇上睿鑒，为此謹奏。

［硃批］：覽。

七〇、巡臺御史白起圖奏摺：臺灣濱海要地請專差大員前往兼轄

［乾隆三年七月二十日］，掌山西道事監察御史臣白起圖謹奏：為臺灣要疆請專職守以收實效事。

竊臣於乾隆元年巡視臺灣，二年之內，夙夜兢惕，事無大小，皆詳加咨訪，盡心籌劃，以期無負皇上之委任之至意。是以苟有所見，莫不繕摺奏聞，多蒙恩準施行。然事必先求其原，治尤貴得其本。臣身歷其境，深知其故，一得之愚敢為我皇上敬陳之。查臺灣地方孤懸海外，番民雜處，甚為緊要，皇上特簡科道前往巡視，誠所以慎重其地也。臣到任後歷查前案，不二三年必有釁端，雖亦番性獷悍獪詐叵測，總由於職守不專，所以鮮獲實效。蓋臣等職司稽察，非地方長吏，雖命盜案件亦

皆咨稟，不過照例批發，仍以督撫為主。至其余案件，並不得與知。夫事莫不由小而漸至於大，能於其小時而彌縫之，自可化為烏有。大《易》所以嚴履霜也。乃臣等於地方事務有所見聞，交該地方文武員弁辦理，伊等雖面尊臣言而奉行不力。瑣屑之事又未有實據，難於參奏。即督撫亦知臺灣係濱海要地，甚為懸心，不時差員探察，但所差不過千把微職，其言豈能盡確。且文職庇民，武職庇兵，不能和衷，相沿成風。臣諄諄開示，陽尊陰否，徃徃同報一事，而高下其手，情節互異。復致督撫行查兼之相寫遠，中隔大海，徃返動輒一月，一遇風濤即數月為計。幸賴皇上洪福，地方無事。倘一旦事出意外，豈可耽延片時，此所謂鞭長不及馬腹也。臣請嗣後專差大員前往，兼轄文武，一應事務就近辦理，或即專任巡視科道。如此則事權歸一。在督撫既免兼顧之虞，在彼處官員亦皆知所尊，依實力奉行。而所差之員考成攸關，自矢公矢慎，竭蹶整理，凡事必能消弭於未然，不致釀成釁端，庶臺灣人民得以永行安枕矣。此臣二年以來所身歷深知者，不敢容隱，敬陳愚見，伏乞皇上睿鑒施行。謹奏。

[硃批]：九卿詳議具奏。

七一、巡臺御史白起圖奏摺：臺灣依山臨海番民錯雜管理甚難不宜頻更官員

[乾隆三年七月二十日]，掌山西道事監察御史臣白起圖謹奏：為官員不宜頻更以肅吏治以重要疆事。

竊惟臺灣依山臨海，番民錯雜，文武員弁必熟悉其形勢、習俗，實心任事，始不致貽悞[誤]地方。從前以臺地險遠，是以道、府、鎮、協定為二年一易，其余官員俱定為三年一易，所以體恤臣工恩至厚也。臣歷任二年，細心體察，文武弁員涖任之初，於地方諸事未免生疎，至半年一年後，方漸次諳練，而滿期已屆。夫人一有將滿之見，在其意中，未免一切事件皆草率辦理，且徃徃借稟報督撫為名，輾轉支吾，動經數月，以求卸責，下任惟恐有幹罪譴，而此往彼來，終日交代交代或有不清，遂致牽留彼處，臣思開臺有五十余年，承平已久，業經設立府

縣倉庫，與內地無異，非從前可比，若文武員弁仍二三年更換，恐伊等未必盡心辦事，有［誤］地方。嗣後請亦照內地，停止更換，除平常供職者，照例較俸陞遷外，其不職之員，該管上司即行參處，其卓異之員於大計時，將該員任內政績據實聲明，出具考語，送部引見。祈聖恩從優遷擢，以示鼓勵，如此，則文武員弁皆知責無旁貸，一應事務，自實心辦理；而歷任既久，熟悉風土，措置必皆合宜於地方，實有裨益臣不揣管蠡，冒昧陳言，伏乞皇上睿鑒訓示施行。謹奏。

［硃批］：九卿詳議具奏。

七二、巡臺御史諾穆布等奏摺：臺灣官莊賦重宜減照民則徵收

［乾隆三年九月十三日］，巡視臺灣江南道監察御史臣諾穆布、巡視臺灣兼理學政工科給事中臣單德謨為敬陳管見仰祈睿鑒事。

竊臣等奉命巡視臺灣，才識庸愚，夙夜惶悚，一切地方事宜無不悉心體察，謹就見聞所及，似有裨益民生鼓舞弁兵振興士氣者，不揣冒昧，為我皇上陳之。一、官庄賦重，宜減照民則征收也。臺屬各縣有官庄田園，向係業戶私墾不報，投寄文武衙門蔭，免徭役、田畝、完納、馬料，粟石園地折徵青白糖銀，更有另發采買糖粟，或令佃戶另納小糖，名色不一。各佃情願輸納者，緣有額外余地可資耕種，至康熙陸拾壹年奏報：歸公各衙門將各項私收糖粟名色報出，又徹底清丈，凡牛埔、牧場一概丈入無遺，並不查照民莊，科則定額，升科竟造，為養佃給種開墾，或造為雇民領資開墾。從前交納糖租料粟及額外采買糖粟等項，一例造入，正供按額追徵。雍正五年復加增耗羨，徵收紋庫，較之從前民戥番銀更重，又於田園內原有豎廍硤糖者，復加廍餉。各佃力不能支，有逃徃他邑關提比追者，緣糧浮賦重。捨原佃之外，無人頂種，子孫世受其苦。臺灣縣官庄田園共二百八十六甲零。年徵正供粟石，又納糖粟租、糖廍餉等項共一千三十四兩六錢零。每甲攤筭該銀參兩陸錢零，比照民莊則例應徵粟一千一百四十八石九斗零。每石照采買價肆錢科筭，每甲徵收銀一兩六錢零。官莊每甲實多徵銀一兩九钱九分零；鳳

山縣官庄四十二所，共田園二千三百三十三甲零，年納馬科粟、青白糖及糖廍餉等項共折銀六千五百六十九兩零。比照民莊中則田園，該完粟九千九百九石九斗零，每石肆錢科筭共三千九百六十三兩零。各莊輕重不一，難以攤筭。實多徵銀二千六百五兩零。諸羅縣官莊十二所，年徵糖粟廍餉每甲攤筭徵銀三兩一錢零。民莊田園徵粟折價，每甲徵銀一兩二錢零。官莊每甲實多徵銀一兩八錢零。彰化縣原係諸邑分出，官莊參所共多完銀一百七十八兩零，俱現在督撫行查。臣等伏思各省浮糧俱蒙皇上天恩分别寬免酌減。今臺郡官庄倘荷聖恩與民莊則例一體徵收，海外黎庶永享樂利於億萬斯年矣。

一、臺兵餉銀用度不敷，宜量為增給也。臺灣孤懸海外，地方緊要，設立營制，調兵戍守，三年為期。由內地各營派撥輪換。通共戰兵陸千三百九十五名；守兵六千二百七十五名。查戰兵餉銀，月給一兩四錢五分，小建月減去五分。守兵餉銀月給九錢七分，小建月減去三分。查臺灣惟米糧比內地價賤，兵丁月給餉米無庸買食，其余火柴食物無不比內地昂貴。從前錢價每兩充臺一千六七百文，通臺行使四十余載。今錢文日用日少，生齒日繁，每兩銀只充錢一千余文，俱係小錢，從無大制錢行使。臺地以內地大錢之數計筭，每兩不過得錢五百余文。市易諸物不因錢貴減價，更無差操汛防靴帽鞋襪易於敝壞，時需制辦更換，價值比內地加倍。查康熙六十年以前，原部分戰守一例給餉，後經議裁，由內地調換，始照內地營制有戰守多寡之殊。戰兵月餉一兩四錢零，已不免於拮據，守兵所辦事務與戰兵實同一體，並無重輕勞逸之分，而每月餉銀較減四錢有零，似為偏枯，且尤覺其艱難。臣等目覩［睹］情形，不敢壅於上聞，倘得仰邀聖主格外施恩，調臺戰兵每月加給至一兩六錢，守兵每月加給至一兩四錢，小建照例扣筭，不與內地兵丁一例，匪特臺地各丁歡聲雷動，益思報效，全省兵丁陸續調臺者無不踴躍，咸思用命海疆矣。

一、武職俸滿宜與文員一例陞轉也。臺地遠隔重樣，民番交錯，武職之操防與文員之撫字同其勞瘁。查定例：知府、同知、通判、知縣貳年俸滿，俟調補充之員到任，協辦半年，期滿離任，回至內地，督撫以本省應陞之缺即行題補道員，叁年俸滿送部引見，候旨陞用。蓋以海疆勞吏，陞遷迅速，庶幾群思感奮，鼓勵人才。其武職俸滿人員，除把總由督提咨補內地千總，千總即赴部推陞。守備毋庸議外，守備都司、遊擊、參將亦如文員府、廳、縣貳年俸滿，但其中有大銜者，則陞缺壹等，其小銜者則祇虛銜調轉，並不陞缺。海外重地，揀選賢員，調補在臺所辦原係參、遊、都、守之事，及至俸滿，或仍補參、遊、都、守之官，以視文員之即行陞用者，似屬偏枯。臣等伏思文武員弁同屬一體，可否仰祈聖恩將臺灣武職業援照文員之例，俸滿守備即以都、遊兼陞，遊擊即以參將陞補，參將即以副將陞補，不必歸入部選。以閩省邊海重地，必得熟悉風土之員方為有益。此項武職俸滿人員既在臺疆供職勝任，或用之閩省內地，或仍陞任臺地，更得駕輕就熟。似應與文員一體，通令督臣於本省應陞之缺即行題補。至副將俸滿補放總兵，恭候皇上簡用。則弁員益加感激，操防撫字同其鼓勵矣。

一、會試取中宜另編臺字號也。查臺灣一郡原屬海外邊隅，自隸入版圖陸拾年來，文教覃敷，人文日興。世宗憲皇帝憫其重洋赴試往返維艱，特頒諭旨鄉試另編臺字號，每科取中貳名。仰見我國家鼓勵人才無微不至，以致臺地文風丕變，倍於曩時。但臣等竊查臺郡數年以來，中鄉試者有人，入會選者未覩［睹］。蓋伊等既經鄉薦，誰不樂於上進，而會場為天下文人之藪。海外僻遠，豈能與內郡士子一體較量。且自臺抵都經萬里之遙，歷重洋之險，盤費辛苦十倍。尋常追至，不第歸來，徒勞跋涉。在有力者難免觀望不前，而單寒之輩更覺畏難裹足。是臺疆士子僅有賢書之登，並無南宮之選，殊為可憫。臣等伏思□文取士固屬大典攸關，破格登庸亦為鼓舞善政。查現在舉人已有八名，請嗣後會試之期，臺郡士子亦照鄉試之例於福省名額內另編臺字號，取中壹名，不致虛其往返。俟數科之後，臺郡舉人增添，數目再為酌改。將有誌取者見定額有中，無不踴躍赴試，而讀書生童士類鹹思奮興，海外文風益加振作矣。以上肆條臣等芻蕘之見，是否有當，伏乞皇上睿鑒。為此謹奏。

［硃批］：知道了，俟朕覆之酌量。

七三、巡臺御史諸穆布等奏摺：臺灣被旱情形

［乾隆三年九月十三日］，巡視臺灣江南道監察御史臣諸穆布、巡視臺灣兼理學政工科給事中臣單德謨謹奏：為彙報被旱情形事。

竊查臺灣各屬每年播種，晚禾必於五、六、七等得有雨水霑［沾］足，乘時播插，可望有秋。本年五月內連次得雨，經臣等摺奏在案。不意六七月以來，天時亢旱，雨澤衍期，有時得雨，各處多寡不齊，不能溥遍。查北路諸羅縣、彰化縣、上淡水以及南路鳳山縣之下淡水、港東西里；臺灣縣之羅漢門各地方俱時常得雨，併有埤圳可資灌溉，晚禾栽插秀茂。惟臺灣、鳳山兩縣沿海一帶，高燥田區雨水缺少，並無埤圳難以插播。又有已插而無水蔭註，禾苗現多枯槁。成災之處，臣等據報檄行該府縣確查去後，玆據臺灣府知府劉良璧轉據臺灣縣知縣殷鳳梧、鳳山縣知縣方邦基詳報，各里莊併官莊未插田園，已插枯槁田園數目，隨經該府劉良璧親歷臺、鳳兩邑逐一查勘。已插未插田畝，除成熟田園外，總計臺灣縣各里莊被旱田園七千五百十六甲八分零；鳳山縣各里莊被旱田園六千百一十六甲六分零。官莊被旱田園五百七十三分零。各偏災有五、六、七、八、九、十分不等，造具分數冊結前來。臣等一面咨明督臣撫臣查核具題；一面飭令地方官分別加意賑恤，毋致失所，所有臺屬地方被旱情形繕摺奏聞，伏乞皇上睿鑒。為此謹奏。

［硃批］：知道了。賑恤之事，雖地方官之責，汝等不可不用心查察，使災黎有不受實惠之嘆也。

七四、巡臺御史諸穆布等奏摺：臺灣本年早晚二稻收成分數米穀價值

［乾隆三年十一月二十日］，巡視臺灣江南道監察御史臣諸穆布、巡視臺灣兼理學政工科給事中臣單德謨謹奏：為據實奏報收成分數米穀價值仰祈睿鑒事。

竊查臺灣早晚二禾，每年收成分數米穀價值例應臣等於歲底奏報。又雍正十三年十月初七日奉有諭旨，嗣後奏報各地方收獲分數不得絲毫

假飾，以干重戾。欽此，欽遵在案。除據臺灣、鳳山兩縣詳報各里莊偏灾之外，業經臣等恭摺奏聞，併咨明督撫臣飭行地方官查明賑恤外，其餘臺屬早晚二禾收成分數，臣等檄行該府確查去後。茲據臺灣府知府劉良璧詳稱，據臺灣縣知縣殷鳳梧申稱各里莊早禾收成確有七分；其晚稻羅漢門莊收成十分；新豐等四里俱收成五分；武定等陸里及大穆降莊俱收成四分；永康等九里俱收成三分，通匀計算共有四分收成。所有米穀價值上米每石银一兩二錢八分；中米每石銀一兩一錢六分；穀每石銀五錢六分。又據鳳山縣知縣程芳申稱：查縣屬之文賢等里莊，地處高燥，從無栽種早稻。惟有港東、港西貳里傍溪近水之處，早稻收成計有七分。所有晚稻因秋間雨澤愆期，縣屬之文賢等三里莊并无栽种，俱未收成。至維新里通計匀算收成不及一分，仁壽裏通計匀算收成不及四分。觀音山等三莊通計匀算收成不及三分；小竹橋庄通計匀算收成不及四分；赤山、半屏山莊通計匀算收成不及二分；嘉祥里通計匀算收成不及五分。惟有港東西二里頼有溪水灌溉，收成计有七分。通計匀算共有三分收成。所有米穀價值上米每石銀一兩一分，中米每石銀五錢五分。又據諸羅縣知縣戴大冕申稱，查邑屬地方四五月間雨水霑［沾］足，各莊早稻俱有八九分收成。至入秋以來，雨澤稀少，所有水田及低窪田園俱經播種，各庄收成查勘有七八分不等。惟接壤臺邑之新善、定安等里田少園多，早稻已有收成，水田亦經播種收獲。間有高埠未種田園，現在俱各改種雜糧。匀算亦有六分收成。通縣匀算確有七分收成。所有米穀價值上米每石銀一兩二錢四分；中米每石銀一兩一錢四分；穀每石銀六錢二分。又據彰化縣知縣劉埥申稱，自春及夏雨水充足，所有依山之半線等五保，早禾收成九分，晚禾收成八分。沿海之馬芝麟等五保，早禾收成八分，晚禾收成七分。匀算早禾收成實有八分半；晚禾收成實有七分。所有米穀價值上米每石銀一兩二錢五、六分；中米每石銀一兩一錢五、六分；穀每石銀五錢二、三分。又據淡水同知趙竒［奇］芳牒稱：淡、塹貳保早稻收成有十分九分不等，晚稻均有七分收成。又據署澎湖通判胡格牒稱：澎地斥鹵，不種二禾，惟可播種高粱雜糧等物，收成有十分、七分、五分不等。至於米價每石銀一兩一錢一分。統計匀算臺屬今歲早晚二稻收成六分六釐。各等情臣等復加訪查無異。現在米價勻平，災戶賑恤，民番安緒，地方寧靜，臣等仰體聖懷廑［廑］念海疆至意。理合據實繕摺奏明，伏乞皇上睿鑒。為此謹奏。

［硃批］：知道了。

七五、巡臺御史諾穆布等奏摺：臺灣會試取中宜另編臺字型大小以鼓士氣

［乾隆三年十一月二十一日］，巡視臺灣江南道監察御史臣諾穆布、巡視臺灣兼理學政工科給事中臣單德謨奏：為敬陳管見仰祈圣鑒事。

竊臣等看得臺灣會試取中宜另編臺字號也。查臺灣一郡原屬海外邊隅。自隸入版圖六十年來，文教覃教人文日兴。世宗憲皇帝憫其重洋赴試往返维艰，特頒諭旨鄉試，另編臺字號，每科取中貳名。仰見我國家鼓勵人才無微不至，以致臺地文風丕變，倍於曩時。但臣等竊查一郡數年以來，中鄉試者有人，入會選者未覩［睹］。蓋伊等既經鄉薦，誰不樂於上進，而會場為天下文人之藪。海外僻遠，豈能與內郡士子一體較量。且自臺抵都經萬里之遙，歷重洋之險，盤費辛苦十倍。尋常迨至，不第歸來，徒勞跋涉。在有力者難免觀望不前，而單寒之輩更覺畏難裹足。是臺疆士子僅有賢書之登，並無南宮之選，殊為可憫。臣等伏思□文文取士固屬大典攸關，破格登庸亦為鼓舞善政。查現在舉人已有八名，請嗣後會試之期，臺郡士子亦照鄉試之例於福省名額內另編臺字號，取中一名，不致虛其往返。俟數科之後，臺郡舉人增添，數目再為酌改。將有志進取者見定額有中，無不踴躍赴試，而讀書生童士類咸思奮興，海外文風益加振作矣。謹奏。

［硃批］：該部議奏。

七六、巡臺御史諾穆布等奏摺：臺灣官莊糧賦偏重酌減徵收

［乾隆三年十一月二十二日］，諾穆布、單德謨謹奏：為敬陳管見仰祈睿鑒事。

竊臣等看得臺灣官莊賦重，宜減照民則征收也。臺屬各縣有官莊田園，向係業戶私墾不報，投寄文武衙門蔭，免徭役、田畝、完納、馬料、粟石、園地折徵青白糖銀，更有另發采買糖粟，或令佃戶另納小糖，名色不一。各佃情願輸納者，緣有額外余地可資耕種，至康熙六十一年奏報：歸公各衙門將各項私收糖粟名色報出，又徹底清丈，凡牛埔、牧場一概丈入無遺，並不查照民莊科則定額升科，竟造為養佃給種開墾，或造為雇民領資開墾。從前交納糖租料粟及額外采買糖粟等項，一例造入正供，額追徵。雍正五年復加增耗羨，徵收紋庫，較之從前民戥番銀更重；又於田園內原有豎廍硤糖者，復加廍餉。各佃力不能支，有逃徃他邑關提比追者，緣糧浮賦重。捨原佃之外，無人頂種，子孫世受其苦。臺灣縣官莊田園共二百八十六甲零。年徵正供粟石，又納糖粟租、糖廍餉等項共一千三十四两六錢零。每甲攤筭該銀三兩六錢零，比照民莊則例應徵粟一千一百四十八石九斗零。每石照采買價四錢科筭，每甲徵銀一两六錢零。官莊每甲實多徵銀一兩九錢九分零；鳳山縣官莊四十二所，共田園二千三百三十三甲零，年納馬科、粟、青白糖及糖廍餉等項共折銀六千五百六十九兩零。比照民莊中，則田園該完粟九千九百九石九斗零，每石肆錢科筭共三千九百六十三兩零。各莊輕重不一，難以攤筭。實多徵銀二千六百五兩零。諸羅縣官莊十二所，年徵糖粟廍餉每甲攤筭徵銀三兩一錢零。民莊田園徵粟折價，每甲徵銀一兩二錢零。官莊每甲实多徵银一两八钱零。彰化縣原係諸邑分出，官莊三所共多完銀一百七十八兩零，俱現在督撫行查。臣等伏思各省浮糧俱蒙皇上天恩分別寬免酌減。今臺郡官莊倘荷聖恩與民莊則例一體徵收，海外黎庶永享樂利於億萬斯年矣。謹奏。

［硃批］：該部密議具奏。

七七、巡臺御史諾穆布等奏摺：增加調臺戰兵餉銀

［乾隆三年十一月二十二日］，巡視臺灣江南道監察御史臣諾穆布、工科給事中臣單德謨奏：為敬陳管見仰祈聖鑒事。

竊臣等看得臺兵餉銀用度不敷，宜量為增給。臺灣孤懸海外，地方

緊要，設立營制，調兵戍守，三年為期。由內地各各營泒撥輪換。通共戰兵六千三百九十五名，守兵六千二百七十五名。查戰兵餉銀，月給一兩四錢五分，小建月減去五分。守兵餉銀月給九錢七分，小建月減去三分。查臺灣惟米糧比內地價賤，兵丁月給餉米無庸買食，其餘火柴食物無不比內地昂貴。從前錢價每兩兑臺一千六七百文，通臺行使四十餘載。今錢文日用日少，生齒日繁，每兩銀只兑錢一千餘文，俱係小錢，從無大制錢行使。臺地以內地大錢之數計筭，每兩不過得錢五百餘文。市易諸物不因錢貴減價，更無差。操汛防靴、帽、鞋、襪易於敝壞，時需制辦更換。價值比內地加倍。查康熙六十年以前，原不分戰守一例給餉，後經議裁，由內地調換，始照內地營制有戰守多寡之殊。戰兵月餉一兩肆錢零，已不免於拮據，守兵所辦事務與戰兵實同一體，並無重輕勞逸之分，而每月餉銀較減四錢有零，似為偏枯，且尤覺其艱難。臣等目覩［睹］情形，不敢壅於上聞，倘得仰邀聖主格外施恩，調臺戰兵每月加給至一兩六錢，守兵每月加給至一兩四錢，小建照例扣筭，不與內地兵丁一例，匪特臺地各丁歡聲雷動，益思報效，而全省兵丁陸續調臺者無不踴躍，感恩用命海疆矣。謹奏。

［硃批］：該部密議具奏。

七八、巡臺御史諾穆布、楊二酉恭繳硃批摺

［乾隆四年五月二十一日］，巡視臺灣江南道監察御史臣諾穆布、巡視臺灣兼理學政監察御史臣楊二酉謹奏：為恭繳硃批奏摺事。

乾隆四年正月初七日又乾隆四年三月初七日，颁到硃批奏摺共七道，臣等谨恭设香案跪迎进署，伏读谕旨讫。所有硃批柒摺理合恭繳。为此谨奏。

［硃批］：覽。

七九、巡臺御史諾穆布、楊二酉恭報雨水情形摺

［乾隆四年五月二十一日］，巡視臺灣江南道監察御史臣諾穆布、巡視臺灣兼理學政監察御史臣楊二酉謹奏：爲恭報雨水霑足情形、仰慰

聖懷事。

伏查臺灣一郡每年春夏播種禾稻需雨甚殷，今荷皇上鴻庥，甘霖疊沛。本年正二三月雨水調勻，四月初九、初十、十三連日得雨；十九、二十、二十一等日大雨；五月初三日大雨，十六、七、八等日又雨。臺、鳳、諸、彰四邑俱各霑足，早禾播種得時，現俱暢茂。二麥收獲足有九分，晚禾漸次下種插秧。現在民番樂業，秋成可望。臣等仍督率地方有司加意勸諭，俾得乘時力作，以期大有外，所有雨水霑足情形，理合善摺奏聞，伏祈皇上睿鑒。爲此謹奏。

［硃批］：欣欣覽之。

八〇、巡臺御史諸穆布等奏摺：臺灣雨水足早稻豐收

［乾隆四年七月十六日］，巡視臺灣江南道監察御史臣諸穆布、巡視臺灣兼理學政貴州道監察御史臣楊二酉謹奏：為據情奏聞仰祈聖鑒事。

臣等於本年七月初一日據臺灣府知府劉良璧申稱，臺屬各廳縣所轄番社土目、肆老、眉壽等呈稱，海表愚番自入版圖以來，歷荷聖朝豢養，耕食鑿飲，含餔鼓腹，并令讀書識字，習知倫理。又蒙聖主隆恩減免社餉，薄納丁糧，綿力日蘇。近又勘立社田界址，永杜侵耕，種種鴻仁，天高地厚。番等雖屬蠢蝼，具有良心，感激日深，報酬念切。今歲更沐聖主鴻福，四野雨水通足，早稻業已豐收，晚冬可占大有。茲於八月十三日恭逢萬壽聖節，正普天同慶之時。番等地去神京遙遠不獲，匍叩闕門處，欲赴省嵩以展蟻忱，乞為上達等情。該府以番黎愛戴情切，除具詳督撫提臣照給各番，着令通事王恩等官，約渡載赴省外，一面申報報到臣，臣等不敢壅於上聞理合繕摺具奏，伏乞聖鑒。為此謹奏。

［硃批］：督撫處有降諭旨矣。

八一、巡臺御史楊二酉奏摺：細察臺灣地方情形

［乾隆四年十一月初十日］，巡視臺灣兼理學政貴州道監察御史臣楊二酉謹奏：為奏聞事。

竊臣一介庸愚，蒙皇上簡任廵臺，訓諭：臺灣緊地方要。汝去當以鎮靜為主，凡事與督撫商量，不可多事。向來臺地文武不和，竟成習氣。汝去要時加勸諭。至爾等滿漢御史更要和氣，乃於地方有益。官員中有不好者，汝不得不奏朕知道。然亦祗可與督撫商酌，從內地更換，不要輕易參奏。天語諄切，臣跪聆之下，鏤骨銘心。抵臺以來，細察地方情形俱在聖明洞鑒之中。從前地方屢屢多事者，原因滿漢御史性情多不相投，遇事則挾執偏私，彼此參商，因而文武員弁亦遂各立崖岸，漸至諸事掣肘，貽誤地方。臣仰承聖訓，身體力行。滿洲御史臣諾穆布為人明白謙謹，事無鉅細必和衷商辦，臣受益實多。其文武員弁臣等每一接見，必宣悉聖意，勸勉交至。而督撫兩臣亦念切海疆重地，臣等每有劄商，俱極能照應。所有現在年歲收成，兵民安帖，及文武各員情形，臣等另摺具奏外。臣思臺地遠隔重洋，為數省鎖鑰，每年養廉、兵餉之費俱取資於內地，朝廷設官設兵之意，良以固臺灣者內地也。雖其地兵悍民刁，素稱難治。然惟在善撫番黎，約束兵丁，嚴緝遊匪數者。地方員弁果能實力同心，奉行不倦，久安長治之道，無踰於此。若有意更張，或以多事為能，且恐激而成變；若一味因循，或以無事為福，又不能防患於未然。均與臺灣不大相宜，非徒無益矣。蓋番黎不識不知，自歸化以來，傾心服役，甚可矜憫。從前偶有跳梁，實因不法通事等侵剝已甚，地方有司又不善撫綏，以致情急使然，究無他志。生番隔居內山，不敢輕出，間有戕殺民命者，亦由奸民貪其材木、藤、鹿竊取無厭所致。故設官以撫番，惟禁民之賊番者，而番不足患也。兵三年從內地更換，以示戍守之義，伊等因身在海外，動輒恃眾淩人，約束稍不得法，必至兵氣驕而商民擾矣。故兵民皆皇上赤子，不容歧視。治兵即以安民，無二道也。臺民有家室者，十不及三四，士農工賈尚各安其業而易治。惟有一種遊民多係內地無賴之徒頂充水手，私渡來臺。海口既難清辦，又無職業以安其身，勢至朝南暮北，鼠竊、訟棍率係此輩。故保甲之法行於臺地為更宜。此數者臣等將切諭地方員弁，現在行之，頗有成效。然不可謂無竒［奇］也，而或事紛更不可謂已治也。而或至踈防則番漢兵民常得相安，盜賊不至竊發。臺地雖孤懸海外，安如磐石矣。臣仰體聖訓“鎮靜”二字之義。確見地方情形誠有毋庸多事者，故不敢冒昧別陳事宜。伏祈皇上睿鑒，訓示遵行。臣謹奏。

［硃批］：所奏俱悉。

八二、巡臺御史諾穆布等奏摺：閱看臺灣鎮協各營官兵演及巡曆南路地方情形

［乾隆四年十一月初十日］，巡視臺灣江南道監察御史臣諾穆布、巡視臺灣兼理學政貴州道監察御史臣楊二酉謹奏：為奏報閱操情形仰祈睿鑒事。

竊查臺灣鎮協各營官兵及地方情形，例應臣等每年閱看巡查，茲臣等遵於本年十月初三、初六等日，會同鎮臣章隆閱看鎮標及臺協水師各營官兵操演盔甲、噐［器］械、船隻［只］、隊伍等項，各整齊配足，技藝亦皆嫻熟。臣等俱量捐給賞以示鼓勵。隨於本月二十四日，自府治起程，前赴南路一帶地方巡視。先由鳳邑所屬之大湖、二濫、阿公店等處至縣治查閱南路營汛官兵操演。其盔甲、器械、漢仗、技藝俱各鮮明整肅、熟練可觀。亦經捐資獎賞，并傳集各社番黎土目及讀書識字之番童等開誡撫諭。以布疋、鹽、煙、紙筆等物分別賞給訖。復自淡水、鳳弹、新園、萬丹山、猪毛各汛社，轉入臺灣縣界內所屬羅漢門、崗山等處地方訪察，經過營汛官兵俱稱恪守紀律。檢查噐［器］械、試演、技藝實有可觀。而到處村莊、市鎮、社落民番亦各相安无事。先經臣等俱經召集耆民、土目宣揚聖諭，廣布皇仁。期各勉為良姓，樂此豐年。并勸諭各營汛將備弁目，兵丁善为约束，勤謹操防，務使兵民綏輯，共享清寧之福，無不歡忻鼓舞。臣等巡視已畢，即於十一月初一日回署訖。至澎湖一協，遠隔大洋。臣等遵例檄委署理澎湖通判胡格就近會同署澎湖副將高地看閱，去後。茲據該署通判胡格申覆稱，於本年十月十六日會閱澎協兩營兵丁水陸各操。隊伍整齊，旗甲鮮明，船隻、［器］械俱各配足等情形前來，臣等訪察無異。所有臣等閱看各營操演及巡歷南路地方情形，理合繕摺奏報。其北路諸、彰、淡水一帶地方，臣等訪察亦甚安靜，今歲係鎮臣章隆前往巡查，應聽該鎮另摺奏報。合併聲明

伏乞皇上睿鑒。為此謹奏。

［硃批］：知道了。

八三、巡臺御史諾穆布等奏摺：臺灣本年早晚二禾收成分數

［乾隆四年十一月初十日］，巡視臺灣江南道監察御史臣諾穆布、巡視臺灣兼理學政貴州道監察御史臣楊二酉謹奏：為據實奏報收成分數仰慰聖懷事。

竊查臺灣地土有早晚二禾，每年收成分數例應臣等於歲底奏報。今歲自春徂秋雨澤調勻。臺屬四邑早稻通計有九分收成。經臣等於五月內恭報雨水摺內奏明在案。至晚稻將登，臣等檄行該府，轉敕各屬確查據實開報去後，玆據臺灣府知府劉良璧報准淡水同知戴大冕報稱，查廳屬大佳臘、八芝蓮、■笠、芝巴里、里南比等莊晚稻收成八分；北投、萃豐二莊收成七分，扈尾、中港二莊收成九分，又據臺灣縣知縣袁本濂報稱遵查邑屬永康、歸仁、比長興永豐等里，大目一莊晚稻收成各有玖分；武定、廣儲西、仁德、文賢、新昌、永寧、依仁、歸仁、仁和等里收成八分；新化、保大東、西新豐、崇德、廣儲東等里，羅漢門一莊收成足有十分。據鳳山縣知縣程芳報稱，遵查縣屬唯文賢一里晚稻收成八分，其長治、嘉祥、維新、仁壽、觀音山等里莊收成俱有玖分，半屏山、興隆赤山、鳳山、大竹橋、小竹橋等莊，港東西二里收成足有十分。據諸羅縣知縣何衢報稱，查轄屬開化、諸羅山、打猫、下加冬等里莊晚稻收成九分；善化、安定、他里霧、斗六門、大槺榔、大坵田、塩水港等里莊收成八分；新化一里收成足有十分。據彰化縣知縣劉埥報稱，查縣屬半線、猫霧捒、大武郡、東螺等保，晚稻晚稻收成十分；西螺、馬芝遴、二林、深耕、仔布、嶼稟等保收成九分。通計臺灣府屬勻算晚稻收成足有九分。其澎湖地方向無栽種禾稻，唯有雜糧，俱各豐熟。各等情形前來，臣等查臺灣地廣土沃，禾苗、二麥、蔴［麻］荳［豆］、地瓜、芒、蔗等物原屬易長，但連年天時稍歉，是以微艱。今歲雨水霑足，各項豐收，民間囤積充滿。通郡米價減平，誠數年來惟有

之豐象。現在民番安樂，地方寧靜，皆由我皇上聖德感召所致。臣等身在地方，目覩［睹］盈寧，無任慶幸，用是仰體聖懷廑念海疆至意，合將收成分數據實繕摺奏明。伏乞皇上睿鑒。為此謹奏。

［硃批］：欣悅覽之。

八四、巡臺御史楊二酉奏摺：臺灣諸羅縣貢生施士安請捐置水田千畝

［乾隆四年］，巡視臺灣兼理學政貴州道監察御史臣楊二酉謹奏：為奏聞事。

臣於本年十一月二十七日據諸羅縣貢生施士安呈稱竊惟我朝文教覃敷薄海内外咸成鄒魯。本省會城向設鰲峰書院，歷荷皇恩栽培，異至多士奮興，於今尤盛。臺地士子深切引領，無如重洋險阻，艱於就學，獨致向隅。伏查臺郡舊有海東書院，内計房三十餘間，現在空閑，似可仿照福省之例，選擇各學中有志之士，延師指授，以成一道同風。仰慰聖天子化隆作育，無遠弗屆之至意。但士子溫寒不一，膏火勢所必需。士安世居臺地深沐聖朝教養，報效有誠，鄉誼念切，情願捐置水田一千畝，交官充書院束脩膏火之費。如蒙批准，士安出貲置田足數交割，但置田必須相擇，未免稍需時日，請另交淨穀五百石上倉，以副乾隆五年先為舉行撥給。容一面交割田畝到官，其乾隆六年分聽官就田收息接濟。伏懇俯鑒誠恩准批示，庶書院可垂永久，而海外人文亦得駸駸日盛矣等情到臣。臣查臺郡雖隸閩省，實隔遠洋，是以省會書院罕有臺人肄業。本郡雖設有義學，薪水原屬無幾，不過延本地文理稍優之士為童子師，終究於文風無補。臣蒙皇上天恩，簡任巡臺兼理學政。本年九月間舉行歲試，親校文武生童，定次去取。武則弓馬技藝，猶有科客觀；文則理路行文，實無講究。僅就短中求長，姑置前等數名，究不足為金科玉律之選。書院之設誠為緊要。查海東書院在郡治學宮右側，向為歲科兩試校士之所。今已奉旨別建考棚，此地現在空閑，正可循名責實以造就多士。但膏火諸費年需數百金，無項可動，若欲捐俸倡行，不惟無力，且難永久，故未敢冒昧奏請。茲據該貢生施士安具呈前情，原捐置

水田千畝，永充書院膏火，並請另交穀石，先副舉行。經臣等面詢該生，實出至原，並無別情。臣再細訪，該生果係安分好義，輿論頗服。緣事關捐項歸公，除批諭臺灣府知府劉良璧查議通詳，俟該府詳覆到日，咨會督撫，兩臣具奏外，臣請自乾隆五年為始，令每學各保送數人，臣等遍加考驗［验］，果係文堪造就者，准入書院肄業，不得濫送。再臺地素乏良師，若赴內地延聘，未免又艱躍涉。查府學教授一官多由進士出身，該學衙齋，即在學宮左側，與書院接連，即令該教授兼司其事，朝夕認真訓迪，定期課文。臣等與道府各官，凡係科甲出身者，俱得輪流校閱。臣仍間時親往查考，以示鼓勵。其本年先捐穀石收貯府倉，量撥四分之一為該教授束脩，其余酌給士子，按季瓴發，先為舉行，俟施士安置田交割到官，以次就田內收息多寡，照項分給，毋許官吏絲毫侵削，仍將該田原買價值、畝數、坵段、租額先行逐一造報，并每年收成分數及撥給過數目年底造冊報銷，更請行令督臣嗣後遇臺灣教授缺出，務詳加考驗［验］，係進士出身而文理優長者方可題膺。斯職仍於該員報滿時將如何課士，勤惰及書院文風有無成效之處，確具考語，一並聲明。倘該教授不實心訓課，虛糜廩粟，即行嚴參。如此，庶士氣奮興而文風一振矣。是否允協，伏祈皇上睿鑒，訓示遵行。臣謹奏。

［硃批］：該部議奏。

八五、巡臺御史諾穆布等奏摺：臺鎮章隆辦理佃民寮房過於草率

［乾隆五年正月初三日］，巡視臺灣御史臣諾穆布、巡視臺灣御史臣楊二酉謹奏：為密奏事。

臣等蒙皇上天恩，簡用巡臺重任，一應事宜俱必悉心商酌，惟以保固疆國為重，毫不敢越外。莅至日與地方文武員弁勸勵，務期和衷共濟，仰慰聖懷。督臣郝玉麟、撫臣王士任俱能留心海疆。臣等凡省劄商事件，無不遵時照應。故諸事不致掣肘。知府劉良璧熟谙臺地事宜，萬民感悅。向來文武偶有參商，俱極賴之調停，其壹廳四縣及各營將備雖

未可稱一體同心，然現在兵民撫安已有成效。又天庥滋膺雨暘■■，年丰大有。臺屬士民稱，自開臺以來，未有如今歲景象者。此皆我皇上之鴻福，而臣等深藉以享太平于海外者也。但覆安且危，又必防患未然，而復可保無患。鎮臣章隆辦事認真，敢作敢為，可謂鎮臣中佼佼者矣。惟賦性過于剛執，凡事不容商確。如臺地南北各路沿山一帶，向有農民報墾，日漸一日，侵出界外，搭卷草寮竟成莊落，所在多有。本年七月內，督臣郝玉麟念惜民命，恐被生番戕殺，檄飭地方文武加意防範。知府劉良璧酌定條規，具摺通■■示，並請俟秋成後，親往各處，會同武員，因地制宜，詳■次第辦理，■■妥協，而鎮臣章隆忽于八月初八日出擊，令各處界外佃民寮房通限十日內拆移，如違，遣兵並禾稻盡行焚燬。一時民心惶惶。臣等缘民召購耕，卷寮已然一日事，況此等皆無籍窮民，一旦盡行焚逐，將來作為安插，恐生番當未又戕殺也。而兵火先為之殘賊矣。因總向伊婉勸勵，數次文劄數致，俟秋成後而行。以往不肯從情，提督臣必飛飭令交與地方文員從容辦理，俱置之若罔，官差守備馬龍圖帶兵前往焚逐，知府劉良璧見其勢不可，但飛饬諸羅知縣何衢星往各处，豫行安頓，而何衢必新措置事法，然查兵民之艱于搬移者分別捐賞，深夜安插各莊，衆心感激，及馬龍圖至彼俱已騰空。八月二十三、九月十五等日，次燒去大武壠等各莊，瓦舍草寮共三百三十四間，以保安無事，臣等現在飭縣行府縣連籌善後，毋使前項窮佃怆惶。先所在臺鎮標營，設有採丁一項，此等原非善愿，往往藉端挾私擾害平民。鎮臣章隆雖行其事，以為確鑿，妄致妄拏，妄報發文。交地方文員審理嚴辦，督撫一往審處便怫重臺任情咨揭，或在公前■罵府县，雖不致曲徇，然礙難措辦矣。兵中何有■悮，又未免處之■刻。兵丁逃去者頗多。臣等屢次諷勸，毫不介意。在鎮臣勇往辦事，非不■地方起見，然似此等■■情終恐於海疆無益。伏思皇上密議，新任督臣另其嚴切誡饬，果能悔改，地方幸甚。臣等航海來臺，看門■里，祇期地方寧謐，以仰慰我皇上簡任至意。臣等閱訪原有巡視臺灣員弁字樣，故不能不據實直陳，伏祈皇上睿鑒訓示，遵行，臣等謹奏。

［硃批］：早已更換矣，欽此。

八六、巡臺御史舒輅奏摺：江蘇浙江等處瑞雪及閩省雨水糧價

［乾隆五年三月初三日］，巡視臺灣監察御史兼批本處行走臣舒輅謹奏：為奏聞事。

竊臣樗櫟庸材，智識淺陋，荷蒙皇上天恩，擢授御史兼在內廷行走。正思勉圖報稱，上年十月十四日又蒙特恩，命臣巡視臺灣。膺茲重任，倍加兢惕，十二月初九日恭請聖訓，蒙恩策勵勉臣上進。聞命之下，感激愈深，即於十二日出京，經過直隸、山東、江蘇、浙江、福建等省，其上年偶被偏災之山東、淮安所屬州縣、村莊已蒙皇恩賑恤，又被格外加賑之恩，蔀屋窮簷［檐］俱已安定。米價亦漸平減，地方老幼感戴皇仁，巷祝衢歌頂頌不朽。而江蘇、浙江上年五穀豐收，米價更平。且本年正月初一日至初四日，自山東至江蘇、浙江等處，俱得大雪，約有一尺餘深、二尺餘深不等。沿途父老歡欣鼓舞，以謂今歲得此瑞雪不但禾麥可望豐收，兼可屏除蝗蝻之害。二月二十四日抵閩，其閩省上年亦係豐收，今歲雨水霑［沾］足，現在米價較之上年愈見平減，地方寧謐。臣謹就所經省分民風和樂之處，具摺奏聞，上慰宸衷。至於臺地年成風景，容臣過臺之後有所見聞，另行奏聞。伏乞睿鑒。謹奏。

［硃批］：知道了。

八七、巡臺御史舒輅奏摺：查明臺役王文等確系漢御史衙役

［乾隆五年三月十一日］，巡視臺灣江南道監察御史臣諾穆布、巡視臺灣兼理學政貴州道監察御史臣楊二酉謹奏：為奏明事。

乾隆五年二月十六日承准吏部劄，開考功清吏司稟呈，乾隆四年十二月十二日內閣抄出刑科給事中白起圖奏稱，本月十一日臣科接出署福建巡撫王士任題，為特參玩公債事之劣員，以重海疆事等因。奉旨該部核議具奏欽此。查本內開王文等毆死王長壽一案，除王文業經監斃，莊藍、黃力俱依餘人律杖責革役。現在抄□聽候部議。再奏內開王文原役

名王生誤舛，革役改名，復充與莊藍、黄力俱係前任巡臺御史臣白起圖衙役，前有失察，職名合併開報，聽候部議等語。查巡臺滿漢御史衙門原設有衙役書辦，□各分隸滿漢御史承辦，此巡臺衙門之舊規也。現在滿漢御史衙門各有著役印簿可查，並有現在兩處之衙門可詢。今王文莊藍、黄力俱係漢御史衙役，該縣取供時，王文業已監斃，莊藍、黄力見臣差滿回京，遂任意捏供認為滿御史衙役，該縣並不確查，竟以漢御史專愛衙役，指為臣專管衙役，即行據供詳報，其中原有朦混規避等情，仰懇皇上敕下吏部行文現任巡臺滿御史確查，著役印簿，並將現在衙役細加訊問，監斃之王文並革役之莊藍、黄力果否係滿御史衙役取其確供，據實奏聞，請旨議處等因。具奏奉旨該部議奏，欽此，欽遵。臣等查此業監斃之王文，並革役之莊藍、黄力，該撫原疏內聲明，俱係前任巡臺御史白起圖衙役，將失察職名開報，聽候部議等因。臣部現俟刑部，帝主稿會議具題。今原任巡臺御史已陞刑科給事中白起圖奏稱，王文、莊藍、黄力俱係漢御史衙役，該縣取供時，王文業已監斃，莊藍、黄力見臣差滿回京，遂任意捏供，該縣並不確查。據供詳報，其中明有蒙混規避等情，仰懇皇上敕下吏部行文現任滿漢巡臺御史確查，著役印簿，並將現在衙役細加訊問。王文、莊藍、黄力果否係滿御史衙役，取具確供，據實奏聞，請旨議處等語。是王文等或係滿御史衙役，或係漢御史衙役。臣部難以懸定。應行令該撫，並現任滿漢巡臺御史確查王文等果係何衙門，專受著役，據實奏明。到日再議等因。乾隆四年十二月二十日奏，本日奉旨知道了，欽此，欽遵。劄行到臣，臣等隨傳集現在臣等衙門滿漢兩邊辦事書役，並吊歷任巡役印簿公同查閱，查得前任滿御史白起圖任內止有滿役印冊一本，係乾隆三年三月開造。漢御史臣單德謨任內止有漢役印簿一本，係乾隆三年四月開造，俱在王生、黄力、莊藍三役，緣革之後，而三役未革以前，並無印簿存留可查。再查白起圖、單得謨以前歷任印簿內，雖有黄力、莊藍役名，而滿漢兩邊衙役俱係合造合點，未曾分□滿漢字樣。無從分别且冊內止。凡有黄升並無王生之名，隨訊據書辦陳許振、朱□□、蔡清、李纵業、蘇琰、傳長瑞等佥供王文與原役名黄陞來，文開為王陞，想因土音黄王陞生俱同一音，係取供時誤寫字樣，其實即係黃陞，係雍正十年充役至乾隆二年八月二十九日退印原□，現存黃力係雍正十年充頭役，莊藍係乾隆元年充役，俱係漢官處衙役。黃力係門役，林彩保充黃升係黃力，保充莊藍林黃力、林新保充林彩現在可訊，並林彩結狀，在卷可查，其印薄係退书陳輝經手，向陳輝即知等語。隨吊陳輝到案質訊。據陳輝供革役王陞，即黃陞與黃力莊藍俱係漢官衙役，從前，滿漢兩邊衙役，俱係合造印薄，滿漢官同堂合點，其實各因各役。此例相沿已久，至白、單兩御史到任點役印薄、亦係滿漢合造合點，自因奏裁冗役之後，白御史於乾隆三年三月著另行分選，滿役印冊一本；單御史於乾隆三年四月亦著另行分選，漢役名冊一本，其未裁冗役，以前合選合點之原印薄兩邊俱未蒙在房，但以前歷任俱有合選點印册簿在房開裁，黃陞力莊藍役名雖無分滿漢處役字樣，其實三人俱係漢官衙役，黃力還是頭役，係伊同班，漢門役林彩保充，黃陞係黃力保充莊藍係林彩黃力保充。現有原保林彩並伊等同班，各役及滿御史人役可訊，又有投充原□保□在案，可查。又據漢御史門役林彩供，黃力于雍正十年係彩保□充頭役，莊藍于乾隆元年係彩同頭役，黃力保□充役，並已革。黃陞即王文，俱係漢官衙役，並充滿官衙役是實又據各役供同並各具結在案。據此臣等覆加詳查王生即黃升，並黃力莊藍三役雖前任外簿，內無經分別滿漢但據現在各役衆口一詞並同班保結，確係御史衙役無異。除王文已經監斃，黃力莊藍業已解回內地原籍。該犯從前如何吐供之處，應聽撫臣就近著落原審各官查訊另奏，所有臣等查訊逐各情由理合據實奏聞，伏祈皇上睿鑒施行。為此謹奏。

［硃批］：該部知道。欽此。

八八、巡臺御史舒輅、楊二酉奏報雨水情形摺

乾隆五年六月十九日，巡視臺灣協理山西道監察御史蕪批本處行走臣舒輅、巡視臺灣兼理學政貴州道監察御史臣楊二酉謹奏：為恭報雨水霑足情形、仰慰宸衆事。

竊臺灣壹府幅員千余裹，田有水旱之不同，穀有早晚之各異，全賴

春夏二季雨水調勻秋成始大有望，去歲仰荷皇上鴻庥，雨水霑足，禾稻豐收。現今米價平減今歲春夏之交，三肆伍等月雨澤無缺，陸月初伍陸柒並拾伍陸等日又得甘霖疊沛。臣等職任巡方親與鎮道府縣，各官前往郊外巡行勸勞以仰副皇上務本足民至意。見各處早禾秀穎，將次收割，晚禾盡已蒔種土融水足無任懽忭，因道裏遙遠仍恐有偏雨偏晴之處，隨飛檄臺灣府通查去後茲據匯報前來查得臺、鳳、諸、彰四縣淡澎二廳，今歲春夏以來雨水時降，田疇霑足，早禾秀實，將收晚禾，現在播種秋成有望等語，臣等謹據實奏聞仰慰，辰眾俯祈睿鑒謹奏。

［硃批］：欣欣覽之。

八九、巡臺御史舒輅等奏摺：臺灣府屬被風情形

［乾隆五年七月十二日］，巡視臺灣協理山西道監察御史兼批本處行走臣舒輅、巡視臺灣兼理學政貴州道監察御史臣楊二酉謹奏：為奏聞事。

竊臺地雨水霑［沾］足，米價平減。經臣等具摺於六月十九日奏明。後茲於閏六月二十二、二十三兩日風雨交作。臣等即行飭查據臺灣府臺灣縣報稱，郡城內外吹倒房屋大、小共五十七間，營房七間，經府縣查明賑恤。又據諸羅縣報稱自二十二日起至二十五日止，颱風連作，縣城內外官舍軍民房屋均有損壞，其鹽水港、笨港二處山水驟下，溪流漲漫，浸倒房屋二百餘家。鹽水港倉廒盡行倒壞，被浸倉穀現在極力曬晾，幸人民無甚傷損。現在起蓋修理，仍可安業等語。經臣等飭行臺道委海防同知魏素，即帶存公銀兩星馳前往查勘賑恤，毋致失所。又據彰化縣報稱，自二十二日起，至二十五日止，亦遭風雨，城垣衙署軍民房屋均有損壞。亦經飭臺道行令查勘。其鳳山一縣未聞被風，無容查報外，臣等細查風雨雖大，幸臺灣、諸羅二縣早禾均已收獲，彰化一縣十收八九，間有一二未收者，損亦無多。晚禾暢茂，尚未胎甲，將來尚望有秋。至倉穀曾否黴爛，並賑恤過緣由俟該府縣詳悉具報，應聽督撫辦理。臣等謹將被風情形具摺奏聞，伏祈睿鑒，謹奏。

［硃批］：所奏俱悉。

九〇、巡臺御史楊二酉奏摺：臺灣吏治、民儲略加變通

［乾隆五年七月十二日］，巡視臺灣兼理學政貴州道監察御史臣楊二酉謹奏：為敬陳一得仰祈睿鑒事。

臣承命巡視臺灣兩年來，荷皇上鴻庥，雨水調勻，年穀豐稔。本年閏六月間雖有颶風偶發，幸不為災。臣等另摺奏聞外，現在地方寧靜，文武協和，差堪仰慰聖懷，所有一二事，宜似當略加變通者，敬為我皇上陳之。

一、臺屬政府、同知、通判、知縣等官定例二年報滿，俟協辦人員到臺半年後交代清楚離任，誠以海疆綦重，恐新員未諳，便於商同辦理，且可免其籍端諉延交盤之弊。立法至善，但查臺員報滿之後，督撫始就內地人員內揀選題補，俟部文到日，該員任內交代清楚，然後渡臺，其間正需時日，而臺員緣已經報滿，惟望新員一至便可渡海有期，雖不至諸事懈馳，未免觀望拖延，亦情勢之必有。及新員到臺，錢穀刑名原與內地無異，實不難接辦，即偶有不盡一處，亦可比案辦理，故舊員惟得優遊數月，期滿而去，協辦之義僅存其名。臣愚謂不慮新任者之未習海疆而慮報滿者之或廢事，請嗣後報滿各員於新員抵臺之日，除命盜及接輯追催關提等案，任內實難歸結者，俱照常交代接辦外其餘一切詞訟移事件原係舊員經手，仍著落本員自行清理，於辦竣之日，令該官上司及接任官查明出具並無未清事件，印結至期，準其離臺。果係實心任事始終，勤幹之員督撫加具考語，給咨送部引見，以示鼓勵，倘至期尚有未清事件，仍著留臺，俟新員代辦完日結報，方許渡回內地，如該管上司及接任官不據實查報，扶同捏結者，察出並行參處，如此庶報滿者，不複萌拖延之弊，而新任者亦得符協辦之實矣。

一、向例臺屬文武員弁年逾四十無子息者，督撫據實奏明，準帶妻妾過臺，仰見我皇上體恤海外臣工無微不至。但查調臺人員俱由通省現任屬員內題補，多係帶有眷口在任所，其間或有有力送眷回籍者，或有親屬照管者，均屬易處或衹有一二婢妾隨身，並無親丁至戚，既不合例帶赴新任，又不能遣歸原籍，該員抵臺至去臺，動經三四年不等。更有

因諳練才能，即就地節次題陞，臺缺者至七八年十餘年始得調回，雖國爾忌家臣子之分，而萍踪寄托未免關情。臣請嗣後調臺員弁年逾四十無子，仍照例奏請帶眷；其已經有子，家口衆多，及有親屬照管者，概不準帶外，如本員雖經有子而隨任僅有妻妾一兩人，並無親屬者，許督撫於題請調臺之日，確查一並聲明，仰邀皇上格外天恩，准其帶赴臺任。捏飾者，即炤規避例參處。如此，庶海外臣工毫無內顧之憂，愈得專心任事於地方，亦有裨益矣。

一、閩省捐收本色以備積儲。臺灣遠屬海外，議俊秀自赴內地泉防同知衙門投捐數年以來，捐者寥寥無幾。臣細詢其故，實緣重洋遠涉，民運維艱，兼之交收守候更需時日，間有一二報捐者，亦係就內地買穀上倉，甚屬於無益。查臺地每年應運內地平糶民食等項，米穀至數十萬石。值此兩年，連獲豐收，有餘之家蓄藏甚多，與其令赴內地買穀投捐，不若酌加運脚盤耗等費，令其就近在臺府報捐，該府出具倉收，每年彙報藩司，給發實收，咨部換照到日，仍發交該府，給本人親領庶稟時易舉，既無運載守候之艱，又免包攬詐騙之弊，捐者踴躍，自多實於積貯，有益至此項穀石或即備儲臺倉，或仍撥運內地之處，並請敕諭督撫酌量辦理。以上數條，臣目擊現在情形，敬參末議，似於吏治民儲均有實濟，伏祈皇上睿鑒施行。臣謹奏。

[硃批]：該部議奏。

九一、巡臺御史舒輅奏摺：蘇祿國王遣使入貢並送回遭風內地難民

[乾隆五年七月十二日]，巡視臺灣協理山西道監察御史兼批本處行走臣舒輅、巡視臺灣道監察御史臣楊二酉謹奏：為奏聞外夷嚮化趨義事。

竊照海外蘇祿一國，自雍正四年遣使入貢後，茲本年閏六月二十七日據鳳山縣報稱，該縣海界岐後地方泊有外海夷舟一隻，正在查訊，間隨有該船夥長馬燦上岸稟明，伊等番夷一十二名，系蘇祿國差船送回遭風失水之難民。楊興發、蔡長茂等二十五人往廈門投交，自六月初三日

在本國開洋，半道遭風布帆破裂，不堪駕駛，隨風漂泊至地，現乏夥食等。由臣等隨飭該縣備辦量米食物，星往接濟撫恤。又購給帆布。去後，續據起送該船番目烏人，皆色爹等夥長馬燦，並難民楊興發等抵郡，臣等面加獎諭，捐資賞給綢布吃食等物。又據該番目夥長出伊國王蘇老丹麻喊未呵稟勝寧帶水師提督並興泉永道二書內稱，伊祖父蘇老丹，母漢水母律粒林蒙世宗憲皇帝皇恩德澤，波及海表，因遣使職貢刀蒙寵，錫應為賜龍物加以慰悔，今欲效伊祖父朝貢，伏祈奏明皇上，並送回難民等語。臣等一面咨移督撫提鎮並檄行臺道將，該番目等加意撫綏，並伊原船遴員護送赴廈，應聽督撫提臣奏明，請旨施行。伏思外夷趨義，自古罕聞，今蘇祿國能遠冒風濤，誠請入貢，並送難民此皆世宗憲皇帝仁恩遐暢，暨我皇上御極以來，盛德大業，化行無外之所致也。事關外夷嚮化趨義，遭風來臺，理合奏聞伏乞睿鑒。謹奏。

［硃批］：知道了。

九二、巡臺御史舒輅奏摺：臺灣各邑本年收成分數及糧價

［乾隆五年十一月初十日］，巡視臺灣協理山西道監察御史兼批本處行走臣舒輅、巡視臺灣兼理學政貴州道監察御史臣楊二酉謹奏：奏報臺屬各邑收成分數仰慰聖懷事。

竊惟臺郡年產米穀，除本處倉儲兵民食用之外，又供內地各處採買接濟，需項實多。今歲春夏雨澤調勻，早禾幸獲有收。閏六月間偶被颶風田稼查傷損俱經臣等恭摺奏聞。唯捌、玖月內，雨水較稀，高低田禾秀實，間有不齊分數，未免稍減。臣等檄令臺灣府轉行各廳縣確實開報去後，據該府攝理知府劉良璧同協辦知府錢洙覆稱，行據各廳縣查報，各就所屬田莊通勻計算，臺灣縣收成實有柒分；鳳山縣收成實有捌分；諸羅縣收成實有柒分；彰化縣收成實有柒分柒厘；淡水廳屬收成實有柒分柒厘；澎湖屬地方風多土瘠，向植番薯、土豆［豆］等項雜量約有捌分等情前來，臣等覆查無異，統計臺郡肆邑收成實共柒分伍厘有奇［奇］。現在郡城米價每石壹兩壹錢肆分。各邑產米處所無運脚等費，更覺平減。所有臺屬各邑收成分數理合繕摺奏明，伏祈皇上睿鑒。為此

謹奏。

［硃批］：知道了。

九三、巡臺御史舒輅奏摺：巡視臺灣地方情形及收成

［乾隆五年十一月初十日］，巡視臺灣協理山西道監察御史兼批本處行走臣舒輅謹奏：為奏聞臺地情形仰祈睿鑒事。

竊臣賦質駑鈍，材質復疎庸，荷蒙皇上特簡巡臺，又蒙天語諄諄訓誨，以臺地緊要，居民盡系漳、泉刁惡棍徒，實為五方雜處之區，而生熟番於交錯其中，又常生事，擾害地方，彼處只有爾等巡察須著實留心，彼此和睦，商量辦理，不可各生己意，有應奏聞者奏朕知道，應商依督者，咨商總督，欽此。臣跪聆之下，謹勤五中，朝夕兢兢，惟恐奉行無狀，不足以仰副聖懷為懼。抵臺以來，見其幅員千有餘里，多係閩粵漳、泉、潮、惠四府之人，番漢雜處，兵悍民刁。俗尚奢侈，誠為緊要。從前滿漢御史及鎮道多有不和，而兵民胥役得以乘機肆橫，故地方往往生事者有之，臣深悉其弊。自到任以來，諸事與漢御史商量和衷辦理，而漢御史臣楊二酉為人和平，敏慎，亦悉其弊，言之鎮道，彼此為戒，故各無崖岸，因此地方文武均亦上下同心，習氣迥異往日矣。臣複留心體察見臺地人民百萬有餘，可稱富庶，而吏治民生則猶有所憾，蓋臺地橫隔重洋，波濤險惡遠涉非易，地方文武因念其勞苦，復狥於海外尚安靜之名，無敢整頓以干多事之目，是以姑息之政雖賢員有所不免，故衙蠹之舞弊兵丁之咨睢，棍盜之剝竊相沿成風，歷來如此，不知姑息之行譬如養癰一至於饋其傷必大，且為治只要在於安民。民有所害則不得安，如昧於此義而姑息兵役棍竊以擾之，民何以安？夫所謂安靜者，謂不事紛更，於民不擾也。如其姑息以是致擾民，豈安靜之謂乎？是以臣自抵臺以來，於文員府廳縣則諄切諭以稽查，衙役留心訟棍匪類，平日上緊查挐，有犯必行嚴究，無或姑容養奸；於武員、副將、慘、遊守則諄切諭，以約束兵丁，勤加訓練。設兵原以衛民，如有不安營伍，酗酒打降，騷擾百姓者，必行懲治，無或姑容遺患。地方文武俱能實力奉行，不法之兵役，已經究處數案，近日悍兵訟棍、蠹役之風稍息。茲臣

於十月初三日北路巡查其諸邏、彰化水土肥美，人煙稠密，法俱易行，盜賊斂跡，惟自彰化以上界外之地，既已遼闊，即界內之地，亦土曠人稀，且村莊散漫，稽查尤難，偷牛搶物者，往往而有。北協副將暨彰化縣俱到任未幾，亦能極力整頓緝拏，無如臺地五方雜處，流棍極多，皆無妻室家業，朝東暮西，蹤跡靡定，法令稍寬，則散於各處，嚴則遁入彰化，是以彰化常為盜藪。又經臣等飭該縣力行保甲，設法嚴查。並面諭北協副將，飭行塘汛，加緊盤查。臣回署之後，今據北協副將稟稱，經該營縣協力訪查、究處，近已宵小潛蹤，竊案較前稀少矣。臣仍囑以時刻留心，不可懈怠，以期盜風永息也。其熟番急公趨上，甚屬可憫，所當加意撫恤。如生番之殺人則其俗使然，不可理導，惟在巡防之嚴而已。再臣奉命巡察臺灣，於地方之事，有分所應知者，如應奏聞者，具摺奏聞。餘或咨商總督告諸道府，督臣德沛甚是和衷惨酌，而道府所商亦俱屬妥協。臣抵臺以來，所辦理者如此。今歲早冬收成極好，及秋雨澤愆期，冬成稍薄，詢諸府縣俱稱匀筭，尚有七分有零，收成，民間不致乏食。至於地方之利弊俟確有見其可行另行具奏。臣謹將近日臺地情形具摺奏聞，伏祈睿鑒。謹奏。

［硃批］：所奏俱悉。足見汝留心也。

九四、巡臺御史舒輅奏摺：巡視臺灣任滿回京時再轉補外任

［乾隆五年十一月二十七日］，巡視臺灣外傳御史臣舒辂謹奏：為恭謝天恩仰祈睿鑒事。

本年十一月十二日準督臣咨開十月初八日準吏部咨開，乾隆五年八月二十六日抄出內閣奉旨滿洲御史內無可外轉者。著御史舒輅外轉，伊現今巡視臺灣，俟伊任滿回京時，再轉補外任，欽此。同日又准撫臣咨開十月二十日準吏部咨同前由各移咨到，臣聞命自天感激無地，謹恭設香案望闕叩頭謝恩訖。竊臣壹介庸才，由內閣侍讀蒙皇上天恩補授御史，仍兼在內廷行走，並無捐埃報效。上年十月荷蒙特間巡視臺灣，而臺灣幅員遼闊，民番雜處，素稱難治，又為七省藩籬，所關綦重。抵臺

以來，朝夕兢兢，惟恐隕越。又蒙皇上鴻恩外轉且俟臣任滿回京，再轉補外任。恩綸周匝，刻骨銘心，惟有益加黽勉，竭力辦理，務期山海敉寧，民番樂業，文武協和，士卒兢勤，以仰報皇恩於萬一耳。所有微臣感激私忱，理合奏謝，臣謹具摺奏聞，伏祈睿鑒。謹奏。

［硃批］：覽。

九五、巡臺御史舒輅奏摺：巡視臺灣閱操情形

［乾隆六年正月十一日］，巡視臺灣協理山西道監察御史兼批本處行走臣舒輅、巡視臺灣道監察御史臣楊二酉謹奏：為奏明閱操巡曆情形仰祈睿鑒事。

竊惟臺灣一郡，遠居重洋之外，為東南諸省藩籬，地方兵防最為緊要，臣等荷蒙皇上天恩，畀以巡察重任，夙夜兢兢，惟期文武和衷，協力綏緝，民番樂業，山海敉寧，以仰慰聖懷。■南北兩路勢俱綿亘，向應分年遞巡，並閱看各營汛操防事宜。茲臣等遂例于九月十三日閱看臺灣鎮標營，併城守營會操。俱各旗幟鮮明，甲械堅利，隊伍嚴整，技藝熟嫻。貳十日閱看臺協水師操演，其船隻堅固，噐［器］械齊配，駕駛便捷，俱有可觀。且臺鎮協各營兵丁近來俱遂約束，罕有滋事，俱面加獎谕，仍捐資給賞，以示鼓勵。其澎湖一協，遠隔大洋，照例檄委該地駐防通判就近閱看。據該署通判胡格申稱，遂于本年十月十一日會同副將高浔□志將該協左右兩營水陸各操演，逐一看閱。隊伍整齊，旗甲鮮明，兵丁技藝嫻熟，船隻、噐［器］械俱各配足等情形，並繳各冊前來，臣等查核無異。至本年應值北巡，臣等遂于十月初三日，輕裝減從，自府治起行，由諸羅屬之木栅仔、灣裏、茅港等處至县治閱看北協左軍一操；次由該邑打貓、他里霧、斗六門渡虎尾溪，入彰化縣境内。從東西螺、大武郡沿山一帶，歷至縣治閱看北路營一操。各營旗幟、器械、兵丁操演俱鮮明嫻整，汛塘防守亦皆足備、嚴密。更由該邑由大渡等溪以至淡屬各界，複往沿海鹿仔港、二林、南社及笨鹽各港岸訪查村莊。地面宵小潛蹤，地方較前甯谧，而■■各社番黎鑿飲耕食，急公慕義。番童多有讀書應考者。臣等一一宣布皇仁，開誠勸約，並捐給煙、

布、紙筆等物，咸歡慰鼓舞。巡歷已畢，臣等遂于十月十六日回郡署，訖說有臣等閱營操演及巡歷北路地方民番情形，理合繕摺奏明。臣等謹具摺奏聞。伏祈皇上睿鑒施行。為此謹奏。

［硃批］：所奏俱悉，欽此。

九六、巡臺御史舒輅奏摺：臺地連年薄收米價高昂民生艱難豁免未完銀粟

［乾隆六年三月十九日］，巡視臺灣外轉御史臣舒輅、巡視臺灣兼理學政貴州道監察御史臣楊二酉謹奏：為奏聞事。

竊因臺地上年秋間缺雨，收成僅七分有零，業經臣等奏明。入春以來，米價日昂，每石至二兩有零，小民拮据難堪。臣等細查其故，緣臺地雖素稱產米之鄉，然接濟漳、泉二府民食，又採買補倉等項，歲運內地米粟約至數百萬石，而漳、泉二府上年亦值薄收，未免商運較倍平時，無以連年遇旱。僅乾隆四年一稔，元氣未能驟復，民困尚為全蘇，而上年又值薄收，是以各縣俱鮮蓋藏然，向所以不至周章者，以臺地風氣與內地不同，冬日恒暖，如鳳山之淡水各處村莊，竟有冬月佈［布］種禾苗至春收獲者。其餘各縣亦俱於冬月漸次收獲地瓜、土荳［豆］、甘蔗等物，源源接濟以為日食，完糧之資。不意去冬天氣嚴寒，隕霜冰凍禾苗，雜籽一切罕收。而正二兩月間又雨水稀少，不得耕種，所有應完新舊各項銀粟，小民實竭蹶難。前臣等目擊情形，因密飭府縣確查酌議。今據臺府錢洙稟稱，米價高昂，小民完納維艱，但以上年收成雖薄，不合詳請緩征之例，而隕霜損物又不可言之，冬月之時，格於成例，莫可如何，惟有自甘處分，稟商本道暫行緩征以紓民力等語。臣等身在地方，正月間，見米價日增，業已紮商督臣停止采買，並嚴行禁止本地米粟出口。仍一面商之道府，開倉平糶，現在暫行緩征，民力似可少紓。但以雨水未霑［沾］，民心未安，一時米價總未能平減，雖六月間有一二縣早稻接濟，然此時尚未佈［布］種，勢難懸待。臣等又將現在情形咨明督撫兩臣外，伏思臺灣關係重大，皇上是以命臣等巡察，凡以有緊要之事，地方官所不能辦理者，臣等得以據實奏聞也。況臺地

五方雜處，人心易動難安。值此困迫情形，若不設法以培元氣，恐有簧惑多事者，我皇上惠愛元元，凡偏災所在，無不勤加優恤。臺屬海外，尤廑聖懷。其乾隆三年被災以前，未完銀粟雖邀諭旨帶徵，但新逋既難全輸，舊欠焉能再納？閭閻徒苦催科之煩，而地方官終不免奏銷之處分，民生國計兩無裨益。如臺灣縣自雍正十三年起，至乾隆三年止，未完人丁正雜錢糧餉稅銀合共二千二百一十六兩八錢零，未完供粟合共四萬三千七百一十石零；鳳山縣乾隆三年來未完人丁正雜錢糧餉稅銀共三百五十六兩九錢零，又未完四五六等年帶徵三年分被災官莊銀四百三十六兩零，未完供粟五千一百四十七石零；諸羅縣乾隆元年起至三年止，未完官莊銀共四百三十九兩零，未完供粟共二千六百三十二石零。三縣自雍正十三年起至乾隆三年止合共未完銀三千四百四十八兩七錢零，未完粟五萬一千四百八十九石零。伏乞皇上天恩，概行豁免，使海外窮黎稍得釋肩，其自乾隆四年豊收以後，未完銀粟並乞恩允至本年十月新舊一併徵收，則小民均得免追呼之擾，安心東作，以待秋成。閭閻既受福無窮，而地方亦得以安寧，永沐皇仁於無既矣。臣等為地方起見，不揣冒昧，謹繕摺密奏，伏乞睿鑒施行，謹慎奏。

［硃批］：知道了，有旨諭部。

九七、巡臺御史舒輅奏摺：镇臣何勉自捐廉俸建筑营堡

［乾隆六年三月十九日］，巡視臺灣外轉御史臣舒輅、巡視臺灣兼理學政貴州道監察御史臣楊二酉謹奏：為奏聞事。

竊臺灣向無城郭，與臺鎮營盤俱圍樹木柵栽種剌竹以障內外。茲於本年三月初五日，準臺灣鎮臣何勉咨開，上年十月初三日起建營墻。時以臺地土脈浮鬆［松］，恐難就工，故未行報明，先行試築。今於本年二月二十九日工已全竣。備咨前來，查營墻週圍共三百零三丈，基寬五尺，高八尺，上砌磚垛三尺五寸，共高一丈一尺五寸。東西南北設立四門，通共用過銀二千一百餘兩。內除臺灣道、府、廳幫辦磚瓦料銀二百五十餘兩，俱係鎮臣何勉一人捐俸修築。臣等謹按臺鎮興建營墻，既可以資捍禦而早晚啟閉，更便約束兵丁，不致闌出生事。誠亦慎重邊防，

寧謐地方之舉，合行奏聞。伏乞睿鑒，謹奏。

[硃批]：知道了，欽此。

九八、巡臺御史張湄接印任事日期題本

[乾隆六年四月十二日]，巡視臺灣兼理學政監察御史臣張湄謹題：爲恭報微臣接印任事日期、仰邀睿鑒事。

竊臣奉命巡視臺灣，由蒙皇上天恩，賞給臣假省親，臣隨恭請聖訓，於乾隆五年十二月初三日自京起程，至本年四月十二日抵臺郡，接受前任巡察臣楊二酉交欽頒學政關防一顆。臣隨恭設香案，望闕叩頭，即日任事訖。伏念海疆重地，巡方重任，訓旨煌煌，天威咫尺，臣惟有勉竭愚誠，與現任巡察臣舒輅協恭辦理，務期文武和衷，兵民寧謐，以仰副我皇上簡任至意。除巡察並學政事宜容臣次第辦理外，所有微臣接印任事日期，理合恭疏題報，伏祈皇上睿鑒施行。爲此謹題。乾隆六年四月十二日，巡臺御史兼理學政監察御史臣張湄。

旨：該部知道。

九九、巡臺御史舒輅奏摺：臺灣得雨霑［沾］足禾稻長髮情形

[乾隆六年五月十一日]，巡視臺灣外轉御史臣舒輅、巡視臺灣兼理學政監察御史臣张湄謹奏：為奏聞近日得雨情形，仰慰聖懷事。

竊臺灣自去秋缺雨，收成歉薄，冬月嚴寒雨霜傷稼。本年春間，雨澤稀少，米價昂貴，小民應納銀粟竭蹶難。前經臣舒輅同漢御史臣楊二酉已將地方情形並現在緩徵之處，具摺奏明在案。嗣入夏以來，尚未得雨，米價更增，人情惶急，戶鮮蓋藏。臣等伏思臺地孤懸海表，關係重大，與內地不同。目覩［睹］天時亢旱，民間急迫，情形是以公同文武齋肅，設壇祈求雨澤。一面商之道、府，飛行督撫二臣，借運內地倉穀，迅速來濟平糴，以慰民情。茲準督撫二臣已經委員前赴粵省潮屬地方，采買官穀六萬石，由海運糴斷，不致臺地兵民有乏食之虞。等因咨覆到臣適臣張湄於四月十二日蒞任，隨又會同鎮道諸臣虔誠叩禱，即於

十四、十五日略得微雨；二十日至二十四等日，連得大雨，隨急行臺府通查去後。據臺灣府知府錢洙稟稱，所屬各邑詳報俱得大雨連綿，田園霑［沾］足，溪河漲滿，早禾暢茂，晚稻亦得播種，官民欣忭，四野歡騰等語。臣等伏思現在米價雖未驟減，通臺雨水霑［沾］足，耕種並舉，早稻可望有秋；又得粵穀不日到臺，以資平糶其米價，亦可不禁而自減矣。至將來雨水曾否繼續調勻，俟臣等勸農耕作之時，另行具奏外，誠恐上廑宸衷。合將現今得雨霑［沾］足，萬民帖然歡樂情形，據實先行奏聞，伏乞睿鑒，謹奏。

［硃批］：此等事至今方奏，殊為遲緩，非朕念切民瘼之意也。钦此。

一〇〇、巡臺御史舒輅奏摺：臺灣城守路協營目兵周廷元等換班過臺戍守

［乾隆六年五月十一日］，巡視臺灣外轉御史臣舒輅、巡視臺灣兼理學政貴州道監察御史臣楊二酉謹奏：為皇恩彌深彌極，戍卒難名、難報。伏懇代題叩謝以伸感激事。

據臺灣鎮標中左右城守暨臺澎南北路各協營目兵周廷元等呈稱，竊元等係內地各標協營兵丁，輪流抽撥，換班過臺分營戍守。雖重洋跋涉亦分所宜，然荷蒙皇上深恩厚澤，賞給贍眷銀米，俾元等無內顧之憂，有樂郊之適，實出皇仁下逮無一不被其澤。茲復降諭旨賞給往返盤費，使同營無幫貼之累，而水陸有資斧之樂。自亘古以來，未有如聖恩之格外覃敷如此備至者也。元等雖屬微賤戍卒，疊受皇恩感激難名，惟有遙望闕廷，嵩呼九叩，永祝帝德無疆。合情相率具呈，匍懇代達蟻衷，則元等叩恩無既等語。又准鎮臣何勉咨同前由到臣，臣等伏思臺灣撥換防守兵丁既蒙皇上賞給贍眷銀米，俾免內顧之虞，復荷恩旨賞給往返路費，更得資斧之裕，誠千古未有之曠典，所有兵丁感激私忱，理合恭摺代謝天恩，為此謹奏。

［硃批］：覽。

一〇一、巡臺御史舒輅奏摺：臺灣五月以來雨水霑足

［乾隆六年六月二十八日］，臺灣外轉御史臣舒輅、巡視臺灣兼理學政監察御史臣张湄謹奏：為恭報雨水霑［沾］足情形仰慰聖懷事。

竊臺灣地方水旱田園早晚禾稻均需雨澤霑［沾］潤，始獲有秋。今歲春間雨澤愆期，米價昂貴，臣等目覩［睹］情形，移咨督撫，借內地倉穀來臺接濟，並將四月望後連得大雨，地方寧謐，民番樂業之處，已經臣等奏聞在案。嗣於五月二十二、二十一等日；六月初五、初六、初七、十八等日，疊降甘霖。四野田疇霑［沾］。臣等職任巡方，恐有惰農貽悮［悞］耕作。與鎮道府縣各官前往郊外循行勸勞，以仰副我皇上務本足民至意。見各處早稻漸次收穫，晚禾及時播插，土融水足，高下青蔥，官弁民番咸深歡躍。仍因道里遼闊，或有偏雨偏晴之處。隨飛檄臺灣府通查去後。茲據臺灣府知府錢洙彙報，臺、鳳、諸、彰四縣及澎、淡二廳雨水霑［沾］足，早稻已經收割，晚禾現在蒔種，秋成有望等語。至借運內地之穀經督撫二臣委員赴粵採買舶載，今已陸續抵臺。臣等將現到穀石接濟糶賣，而雨澤又復應時，故米價日見平減。現在郡城每石價值一兩四錢，各邑產米處所更覺平減。所有雨水霑［沾］足，民情歡洽情形，謹據實奏聞，仰慰聖懷，伏乞皇上睿鑒，為此謹奏。

［硃批］：欣慰覽之。

一〇二、巡臺御史舒輅奏摺：蠲免臺灣乾隆六年以前舊欠錢糧

［乾隆六年七月十一日］，巡視臺灣外轉御史臣舒輅、巡視臺灣兼理學政監察御史臣张湄謹奏：為恭謝天恩事。

乾隆六年七月初一日準督臣德沛撫臣王恕咨準戶部咨開乾隆六年五月十五日內閣抄出奉上諭。福建臺灣地方上年秋間缺雨收成較常歉薄，聞今春以來，米價日漸昂貴，小民謀食艱難，而納課尤為竭蹶。查臺灣縣自雍正十三年起至乾隆三年未完人丁、正雜、錢糧餉稅銀共二千二百

一十六兩零，未完供粟共四萬三千七百一十石零；鳳山縣乾隆三年未完人丁、正雜、錢糧餉稅銀共三百五十六兩零，又未完四、五、六等年帶徵三年分被災官庄銀四百三十六兩零，未完供粟五千一百四十七石零；諸羅縣乾隆元年起至三年未完官莊銀共四百三十九兩零，未完供粟共二千六百三十二石零。此皆多年舊欠。今若責償於儉歲之後，民力未免拮据，朕心軫念，特沛恩膏，概行豁免。至乾隆四年以後，未完銀粟統俟本年十月成熟之後再行徵收，庶追呼無擾，力量寬紓，海疆百姓共受蠲免緩征之益。該部即遵諭行，欽此，欽遵，抄出到部，相應移咨該督撫，轉咨到臣等即飛檄臺灣府飭各該廳縣遍行曉諭，宣布皇上殊恩，務使小民共受蠲緩實益外，是日巽命初頒，闔郡士民，歡聲雷動，咸稱天恩高厚，惠養臺民疊布鴻慈有加無已，令百姓淪肌浹髓，感激難名等語。臣等隨同文武員弁及士庶人等齊集萬壽宮，恭謝天恩並面諭士民咸知皇仁浩蕩，曠典難降，各宜敦行從善勉圖報稱，以仰副我皇上軫恤海疆至意，續據郡屬紳衿、耆庶陳邦傑等僉呈懇請題達以抒下悃事。內稱伏惟帝德如天愷，澤協雨風之好；皇仁似海恩波廻，島嶼之春蠲逋賦於歷年窮簷［檐］起色，緩徵輸於全郡，蔀屋凝庥，惟茲臺地僻處海隅，入版圖者五十餘年，隸屬編氓者百千萬戶，室廬相望，生聚日繁。承列聖之重熙，樂育與乾坤同久。迨我皇之御極照臨偕日月齊明，酌減丁銀，喜溢塗歌巷舞，蠲除番餉歡騰，黑齒雕題。乃復以去歲收成偶歉，小民納課維艱，特沛恩綸，自雍正十三年以及乾隆元、二、三年之積欠，概行豁免，更加慈恤將四、五、六等年未完之正供，俱緩徵收，實亙古未有之殊恩，若降甘霖於大旱，為邊方希降之曠典，如沐滄海之洪波，千里桑麻物具懷新之象，萬家煙火，人餘鼓腹之吟龍潭，雨露增輝，鹿渚煙霞競爽，東□西嶼群遊化日舒長，茅港、木崗共樂，光天浩蕩，從此野盈□穗，卜豐歲於金穰，戶慶倉箱詠康年於玉燭，億兆瞻帝廷而稽首，士民頌聖德而難名。敬達蟻忱，用伸雀躍等情，又據臺灣道劉良璧、知府錢洙詳稱，據臺鳳諸彰四縣各紳士里民等公□題達等情同前由到臣等欽惟我皇上心涵九有，德協三無，上下惠孚益廣，時行之道，東南暨訖恩敷日出之鄉，多年逋負全蠲，白叟黃童到處謳歌，盈野萬井京坻在望，光風瑞雨由來，和氣致祥。臣等身在地方，目覩［睹］士民歡欣感激，誠切情形理合繕摺代謝天恩，伏祈睿鑒。為此謹奏。

［硃批］：知道了。

一〇三、巡臺御史楊二酉奏摺：先實臺灣儲穀

［乾隆六年九月初七日］，任滿巡視臺灣兼學政工科給事中臣楊二酉謹奏：為具陳臺地現在情形仰祈睿鑒事。

臣蒙皇上天恩，荷任巡臺兼理學政，於本年三月十五日二年任滿。嗣於四月初九日，御史臣張湄到臺接印受事，經各題明在案，再本年三月內，經臣同滿洲御史臣舒輅將臺灣早稻、□雨、米穀價昂，並現在停徵，平糶。各情形俱奏明在案。臣等仍回臺灣道府等官悉心商酌。每年臺倉所□祗供運赴內地。現今內地雖經停運，而臺倉平糶之穀僅足敷四、五兩月，倘再四月不雨，早稻□不能播插，勢至無穀可賑關係匪小，因亟咨行督撫兩臣連檄內地渡海之穀接濟來臺，以示有備無患去後，嗣臣於四月十九日，冒雨祭舟；二十日放洋又雨，二十一日至廈門，知督臣正備得粵穀六萬石，將是速運臺矣。五月初五日臣至福州又據攝臺灣□□郝霞稟稱，臺灣於四月十九至二十一等日連日大雨，早稻可望有收等語。大約臺地每年至四五六等月，雨水時有，各早稻既獲播插。又有粵穀接濟，一時米價自□平減。抑臣竊看請者臺地今歲雖經獲有秋，然亦當先實臺倉之穀以修民食，俟臺倉既盈，穀價果減，然後照前買運內地，以資漳、泉等方平糶民食之用。蓋臺地孤懸海外，運載維艱，非差內地或有歉收，即可經給於鄰省之為便易也。再臺地雖稱產米之鄉，自雍正十年來，連年歉收，穀價頗昂，即乾隆四年大獲豐收，每石當需四五錢不等，而內地采買穀價僅及三錢六分，或三錢不等。裝運脚費俱從此出，在從前穀賤之年，原是較固以內地，固不為難等，向承買之臺屬四縣又安委辦於業戶，賠累之苦不能免。伏祈皇上敕諭督臣，先實臺儲以固其本，嗣遇穀果亦必依臺地時價運費等買庶地方官民均有辦裨益矣。臣謹奏。

［硃批］：知道了，欽此。

一〇四、巡臺御史楊二酉奏摺：閩浙直隸等地方雨水米價

［乾隆六年九月初七日］，任滿巡視臺灣兼理學政工科給事中臣楊二酉謹奏：為具陳經過地方米價雨水情形仰慰聖懷事。

前臣在臺灣聞閩省漳、泉地方早稻需雨甚殷，該府縣縣各處禱平糶，嗣臣於四月二十一日自臺抵廈，而閩省所屬地方已俱於十九、二十等日，同日得雨。處處霑［沾］足。臣於二十七日自廈起程由泉州、興化達福州，省城一路遇雨禾苗暢發，其泉屬米價每石一兩六七錢不等。福、興等屬每石一兩四五錢不等。再由水口起程，經上遊之建、延等府俱雨水調勻，米價平減。六月初三日入浙江界，其江山一縣田苗頗望雨，米價每石一兩四錢。自衢、金、嚴達杭、嘉等府俱雨水調勻，米價每石一兩四五錢不等。六月十八日至蘇州府，所屬地方俱雨水調勻，米價每石一兩三四錢不等。其常、鎮兩府地方官現在求雨，而商販運來米價亦不甚昂。自揚抵淮，田苗俱各秀發，惟淮、徐等府有夏間被潦之數州縣地方官現各查辦賑濟。然細詢里民亦係低窪阡畝被淹，其高阜處仍可豐收。現在米價每石一兩四五錢不等。七月十五日至山東界。沂州、泰安兩府雨水調勻，可登大有。其濟南屬之齊河禹城等縣各有偏旱之處，撫臣現各委員查勘，然有鄰府州縣米穀接濟，價值亦不至昂，每石一兩四錢，與沂、泰兩府同。七月二十五日，入直隸界，河間、保定兩府所屬州縣俱雨調勻，禾稼可獲豐稔，現今米價每石一兩二三錢不等。再臣自閩、浙、江蘇、山東、直隸至京一路墩臺完整，弁兵肅齊，所有臣經過地方各情形理合奏明，伏祈皇上睿鑒。臣謹奏。

［硃批］：所奏俱悉。

一〇五、巡臺御史舒輅奏摺：添建臺灣府倉

［乾隆六年九月二十六日］，巡視臺灣外轉御史臣舒輅、巡視臺灣兼理學政監察御史臣張湄謹奏：為請建府倉以補民倉以因地方事。

竊查臺郡孤懸海外，雖一隅之地，實為數省藩籬，關系最為緊要。所恃以綏戢救寧者，全在倉廪實，實為□□民倉矣。民倉足而後人以

安，故足食之道，惟經理蓋藏預籌。儲蓄庶可以待緩急，不時之需，此直省常平倉之設，所以為國家愛養斯民第一良法也。查□省□□□莫不照地方之大小宅有積貯之類。數其□設□倉而又立□倉者，緣□□為一郡之都會，人煙聚集，食指更繁。設遇水旱不齊，應行賑糶，雖有附□之□倉，恐或不敷量，以另立府倉以廣蓄積，□在各處。然況海外尤非內地可比。乃臺郡自來並未設立□倉，向少積貯。現在僅有官捐等穀二千五百餘。貯臺□□倉，細察由來，蓋緣臺地素稱産穀，從前每年所出餘支救臺澎兵米並運內地，各項穀石外，當屬充□各□□倉所貯僅足以備緩急，通來細戶日增，地無間曠，自開搬眷之例，生齒益繁數倍□，□昔者，出産有空而倉費無窮，所以一遇歉收，民□艱食。即如本年春夏□旱，米價騰貴，郡治為五方雜處，商船鱗集之逼，待倉尤衆。附□□倉不敷，平糶□□外，□倉穀協□。又複借運粵穀，始免一時惶急。然遠涉風濤，□冒艱險，迨至粵穀到臺，三□不□□損棄十分之一，此所謂鞭長不及者，若使府治有倉，就近糶濟，□何至仰藉鄰□而求助於呼吸難通，重洋間隔之地哉？查閩省內地各處，府倉所積之穀自四五萬至七八萬不等。臺郡所係尤重。與內地不同，臣等愚見，請於府治建選倉廒，積貯穀十萬石，以備青黄不接平糶之用，則安地嚴疆，庶□有備無患。其買建倉等費應動用月庫正項錢糧，報部查，俟存案，照例入於文盤查，冊內永遠□行，但積穀至十萬石，每年不能盡數出，易臺地卑濕，不無氣類，倉底耗□恐□乎之賢，難免賠累。伏查現在欽□諭旨將□積穀不至賠累之處，交部通行查議。此項倉廒穀石應如何采買，建選並交盤報銷，補墊折耗之處，統俟部議，以便遵守。則粟類常充地方，有賴而官無賠累事，可永久矣。再查太地捐監穀□□□部準在收納，但□□現在報捐之人甚少，即令將來未足額其數，不過一萬石，屬無幾。且原議暫存府城□□內地於臺郡積貯，實無裨益。合併聲明，臣等為海疆民倉起見，冒陳請是否可采，伏乞皇上睿鑒敕部議覆施，臣為此謹奏。

［硃批］：該部議奏。欽此。

一〇六、巡臺御史舒輅奏摺：臺灣採買倉穀並海船帶米接濟漳泉民食

［乾隆六年九月二十六日］，巡視臺灣外轉御史臣舒輅、巡視臺灣兼理學政監察御史臣張湄謹奏：為奏聞事。

竊照臺郡素稱產穀之區。各邑之備倉□之蓄，惟是每年有撥運內地兵餉及接濟平糶等項，需用米穀甚多，又因連歲歉收，應徵供粟照例停緩，故年多積欠，以致倉儲不甚充裕。去歲收成又歉，今春雨降愆期，各屬平糶谷石較多於往年，至十萬石有零。幸夏秋以來，雨暘時若，禾稻豐收，實屬難逢景象。臣等伏思海外巖疆，關係尤重，如地方之寧謐，務期民倉之充足，而為民倉之充足，必在年谷之順成所有應行買補本年平糶倉穀粟應運臺澎金廈□標各營兵米兵眷米應運漳、泉等府及□價未買等項，穀石通共不下四五十萬石，當此重年若不預為籌畫及時買補足額，恐將來青黃不接未免晚矣。□□臣等一面□行□，臣一面□□□確地方每經強買補以實倉儲。現巡府縣價陸續采買寫以還，前項自查臺地之與漳、泉唇齒相依而米價之低昂即是呼吸相應。漳、泉民食向籍臺穀接濟，是以船隻出口，每船收帶米六十石以數石為談船夥食之資。其□接應漳、泉民食此明例也。本年三月因臺地米價昂貴，經道府酌議，暫減一半，每船止準帶米三十石，俟晚稻收成再照舊攜帶。通詳在糶夫每年出□商船通計約有三千餘隻。以一船三十石計，可得米九萬餘石；以一船六十石計，可得米十八萬餘石。是臺地雖當儉歲米貴之時，念及漳、泉民食攸關，猶且不容歧□□□秋成豐稔，因應仍復舊例，每船帶米六十石，並嚴飭稽察海口處員悉心查驗，以杜絕越私賞等弊，則於漳、泉有接濟之資，而於臺地□□侵礙之虞矣。臣等謹將現在采買倉穀並海船帶米事宜繕摺奏聞，伏祈睿鑒，為此謹奏。

奉硃批：所奏俱悉，安協會處之，欽此。乾隆六年十一月十七日。

一〇七、巡臺御史舒輅奏摺：臺灣新墾田園之科則

［乾隆六年十一月初四日］，巡視臺灣外轉御史臣舒輅、巡視臺灣

兼理學政監察御史臣張湄。臣等查得此案經閩省督撫三次題請，雖係為海外民生起見，但合舊科新墾田園並請減征，不特有虧國課，且於地方經費亦多未便。此皆該督撫未曾通盤籌畫，冒味疏漏之處，故部臣再三駁令查覆，良以賦額均關度支，正供不宜虧缺，此亦慎重錢糧之意也。惟是七年續墾田園，已於九年經部議覆，準照同安科則，奉旨依議，欽遵在案，是此項田園自報升至今俱係減則徵收，茲經部議於乾隆五年起令照臺屬舊則輸納頓增三分之二，是先輕後重，小民固力有難堪。而既減復增守令亦無以示信。自奉部文以來，官吏彷徨，農氓驚顧，既無良法以催科，勢必違悮［悞］於征解，不獨地方官盡受處分，而於國體民情均有關係，恐非仰體聖主子惠臺民之至意。但此案事關科則，不得不交部議，臣亦未必先後互異，遂準行。臣等伏思皇上鴻恩浩蕩，天地為懷，豈惟臺地一隅屢蒙曠典，凡歷年以來薄海內外仰荷蠲租豁賦免稅減征之仁，其數不可以億萬計。乃此項田園已經減則復議照舊額征，每年所增之粟不過二萬餘石，於國家徒有加賦之虛名，略無裨補之實益。其在豐年尚恐不能勉力輸將，設遇歉歲，有司照額取盈安保無意外之釁，似非安輯之道也。再此案係督撫現奉部咨移查辦理，非臣等所得與參，末議但督撫身隔重洋，未免與親歷者有閑其如何辦理，題覆之處，臣等不及周知，現在目覩［睹］地方拮据情形，不敢壅於上聞，是以冒達愚忱，妄抒管見於常格，外另加說帖據實先行密奏，伏乞睿裁施行海外地方，臣民幸甚。

［硃批］：覽。

一〇八、巡臺御史諾慕布等奏摺：臺灣武職俸滿參遊都守陞補請援照文職之例辦理

［乾隆六年］，巡視臺灣江南道御史臣諾穆布、巡視臺灣工科給事中臣單德謨謹奏：為敬陳管見仰祈聖鑒事。

竊臣等看得臺灣武職俸滿宜與文員一例陞轉也。臺地遠隔重樣，民番交錯，武職之操防與文員之撫字同其勞瘁。查定例：知府、同知、通判、知縣二年俸滿，

俟調補充之員到任，協辦半年，期滿離任，回至内地，督撫以本省應陞之缺即行題補道員，三年俸滿送部引見，候旨升用。蓋以海疆勞吏，升遷迅速，庶幾群思感奮，鼓勵人才。其武職俸滿人員，除把總由督提咨補内地千總，千總即赴部推升。守備毋庸議外，守備都司、遊擊、參將亦如文員，府、廳、縣二年俸滿，但其中有大銜者，則升缺壹等，其小銜者則祇虚銜調轉，並不升缺。海外重地，揀選賢員，調補在臺所辦原係參、遊、都、守之事，及至俸滿，或仍補參、遊、都、守之官，以視文員之即行陞用者，似屬偏枯。臣等伏思文武員弁同屬一體，可否仰祈聖恩將臺灣武職援照文員之例，俸滿守備即以都、遊兼陞，遊擊即以參將陞補，參將即以副將陞補，不必歸入部選。以閩省邊海重地，必得熟悉風土之員方為有益。此項武職俸滿人員既在臺疆供職勝任，或用之閩省内地，或仍陞任用臺郡吏得駕輕就熟。似應與文員一體，統令督臣於本省應升之缺即行題補。至副將俸滿補放總兵，恭候皇上簡用。則弁員益加感激，操防撫字同其鼓勵矣。謹奏。

［硃批］：該部議奏。

一〇九、巡臺御史舒輅奏摺：恭繳硃批奏摺

［乾隆七年二月十七日］，巡視臺灣外轉御史舒輅、巡視臺灣兼理學正監察御史臣张湄謹奏：為恭繳硃批奏摺事。

乾隆六年十一月十一日頒到硃批奏摺三道；乾隆七年正月初六日頒到硃批奏摺五道；二月初十日頒到硃批奏摺四道。臣等恭設香案跪迎進署，伏讀諭旨訖。所有三次奉到頒到硃批其十二摺，理合恭繳，為此謹奏。

［硃批］：覽。

一一〇、巡視臺灣給事中書山奏摺：自京赴臺灣沿途晴雨及本年臺灣米糧時價

［乾隆七年四月十五日］，巡視臺灣刑科給事中書山謹奏爲恭報沿途晴雨及臺地米糧時價事。

竊臣世受國恩，荷蒙皇上簡拔御史，更擢給事中，茲復膺命巡視臺灣海疆重地。自念庸材，惟恐隕越祇承聖訓，夙夜銘心，務竭駑駘以無負我皇上飭臣鎮靜和衷之至意。所有任事日期，除已具本謹題外，臣蒞任之初，臺屬一切事宜，現在虛心查訪，俟灼見利弊，與漢御史臣張湄審慎商榷，次第告。惟是臣歷任中書侍讀，復列言路，得在禁近伏見皇上宵旰憂勞，軫念民瘼，直省雨暘，偶有愆期，無不上至宸衷。臣自京師道經各省，仰體聖心，沿途晴雨，既不敢忽，勤加訪問，謹就見聞所及奏。臣於去年十二月二十四日出都，由直隸至山東地方，其時係冬盡春初，民間猶未需雨。入江南界，經徐之宿遷，淮之桃源、清河、山陽等處，因去秋被水，民維艱。蒙皇上發粟給賑，貧民得免饑餒，但春熟未經播種之處頗多。揚、鎮、常、蘇等府麥苗雖好，而舊冬雨雪稀少，農人正在望雨。及抵浙之嘉、杭，聞自正月初旬起，連陰月餘錢塘水漲，沿江一帶麥田，多有淹沒。詢之土人，據雲天晴水退，尚可有收。其時，督臣德沛率屬祈晴。嚴、衢等府大略相同。二月下旬，臣至福建省城，值早禾得雨蒔插。署督臣策楞、撫臣王恕率屬祈雨。三月初十、十一兩日，臣在途中練得小雨，而未霑［沾］足。及抵廈門，守風知該處米價騰貴，望雨甚切。四月初八日臣到臺任事，聞省城已得雨布插，詢知臺灣自春初以來，晴雨停勻，入夏稍覺雨缺，目下郡城米價亦復增貴，米每石一兩六七錢不等。南北兩路米每石一兩一二錢至一兩三四錢不等。臣現在與漢御史臣張湄會同鎮道文武各員設壇祈雨，俟得雨之後，另摺恭報。所有臣沿途經過雨暘情形及臺郡米糧時價，據實具摺奏聞，伏祈睿鑒。爲此謹奏。

［硃批］：所奏俱悉。

一一一、巡臺御史書山等奏摺：臺地北路三處四月雨水及米價

［乾隆七年五月初四日］，巡視臺灣刑科給事中臣書山、巡視臺灣兼理學政監察御史臣張湄謹奏：為恭報得雨情形，仰慰聖懷事。

竊照臺地入春雨澤調勻，米價甚平。自三月以後稍覺缺雨，臣等會

同鎮道文武各官於四月十五日起設壇虔誠祈禱。至十八、十九、二十等日，連得時雨，因地方遼闊，恐有晴雨不齊。臣等即行飭查，嗣據北路淡水、彰化、諸羅三處報稱，該地正當載插之時，需雨水殊急。於四月二十日起，至二十四、二十五等日，甘霖疊降。現在田園浸潤霑［沾］足，俱得及時犁種，鄉農歡忭等情。又據南路臺灣、鳳山二處報稱，雖連日得雨，而未甚霑［沾］足，但該地蒔插尚可，稍緩目下並無妨礙等情。惟是時當青黃不接，又值內地漳、泉缺雨，米價昂貴，大小船隻［只］帶米協濟頗多。臺地米價亦因之日增。現在上米每石一兩八錢。經臣等飭令有司開倉平糶以減市價，民間可無乏食之虞。其地方民情自得雨之後，俱皆安恬樂業。誠恐上厪［廑］宸衷，合先將北路三處雨水霑［沾］足情形繕摺恭報，少慰聖懷。俟各屬更得大雨普遍，臣等循例勸農後，再當具摺奏聞，伏祈睿鑒。謹奏。

［硃批］：欣慰覽之。

一一二、巡臺御史書山等奏摺：臺地五六月份雨水禾情

［乾隆七年六月二十七日］，巡視臺灣刑科給事中臣書山、巡視臺灣兼理學政監察御史臣張湄謹奏：為恭報雨水霑［沾］足情形仰慰聖懷事。

竊臺地水旱田園種早禾者十之二，種晚禾者十之八。早禾春種夏熟，晚禾則於夏秋間播種，至秋末冬初陸續收獲。今歲春夏之交，北路諸羅、彰化雨澤尚勻，惟臺灣、鳳山二處缺雨，所有祈禱平糶情形，經臣等奏聞外，茲於五月二十八日起至六月中旬半月之間，疊降甘霖，田疇霑［沾］足。臣等職任巡方，恐有惰農不克秉時耕作，遂於二十日會同鎮道各官前往郊外循行，勸勞目覩［睹］各處高下地畝均有積水旁流，土膏融潤，村民踴躍播插，彌望青蔥，官弁民番咸深歡忭。臣等隨各捐資犒賞勞訖。因道裏遼闊，雖經各縣節次具報得雨，猶恐未遍，隨檄行臺灣府通查去後，嗣據臺灣府知府範昌治確查彙報，臺、鳳、諸、彰四縣及淡、澎二廳均得及時澍雨，晚禾現俱栽種，可望秋成。其各處早禾正在收割，又因得雨，故米價漸見平減。現今郡城每石價值一

兩五六錢不等，其出米之處更平，民心安樂，地方敉寧，所有雨水霑［沾］足，田禾茂盛情形理合據實奏聞，仰慰聖懷，伏祈睿鑒。謹奏。

［硃批］：欣欣覽之。

一一三、巡臺御史書山等奏摺：閩省督撫嚴查私運米石小船至臺

［乾隆七年十月十八日］，巡視臺灣刑科給事中臣書山、巡視臺灣兼理學政監察御史臣張湄謹奏：為奏聞事。

竊查臺灣地隔重洋，一方孤寄，實為數省藩籬，最關緊要，雖素稱產米之區，邇來生齒倍繁，又禁止漢人開墾番地，土不加闢。今非昔比，偶因雨澤愆期米價即便昂貴，蓋緣撥運四府及各營兵餉之外，內地采買既多，並商船出口所帶接濟漳、泉米石，每年通計不下四五十萬，尚有額外多載者，屢經察出在案。又南北各港來臺小船巧借失風名色，私裝米穀透越內地彼處概給失風船，照奸稍恃為護符，運載遂無底止，且遊手之民逋逃之犯，乘機偷渡來臺，莫可究詰，不特地窄人稠米價貴，一遇歉歲，甚虞掣肘，而生事不法多從此起。臣等涖任以來，詳加體察，嚴諭各汛口毋許小船透越，凡拏獲偷渡船隻人口即移回原籍，其包攬船戶照例遞解彼處重懲，但查此項人等俱從廈門所轄之曾厝垵、白石頭、大擔、南山邊、劉武店及金門所轄之料羅、金龜尾、安海東石等處小口下船，一經放洋，不由鹿耳門入口，任風所之於臺地，南北諸路，但將片土著足即將人口登岸，其船遠棹而去，或遇不通陸路之處，遂致束手無措，愚民受害亦甚可憐，況臺灣惟藉鹿耳為門戶，稽查出入，今任遊匪潛行往來，海道便熟將鹿耳一口亦難恃其險要。殊非慎重海疆之意，再查偷渡一事，內地非不明禁，臺灣道府亦屢經議詳該督撫俱已準行，而未能盡絕者，實由濱海各營汛稽查未周，疏忽之故。臣等因臺地民食維艱，海洋關系重大起見，不敢因循坐視，除經移咨督撫令內地凡透越小船不得概給失風護照，並現飭全臺官弁處處查察透越私渡諸弊外，合將辦理情形繕摺具奏，仰懇皇上敕諭閩省督撫加意嚴行，該屬文武實力清查汛口，不使稍有疏縱，庶幾民番足食，港道肅清，於海

疆内外地方均有裨益，為此據實奏聞，伏祈睿鑒訓示施行，謹奏。

［硃批］：知道了。有旨諭部。

一一四、巡臺御史書山等奏摺：閱操巡視情形

［乾隆七年十一月十七日］，巡視臺灣刑科給事中臣書山、巡視臺灣兼理學政監察御史臣張湄謹奏：為恭報閱操巡視情形仰祈睿鑒事。

竊查臺灣海外嚴疆，為東南數省藩籬，保障武備最關緊要，臣等荷蒙皇上天恩，畀以巡察重任，惟有仰遵聖訓，文武和衷，夙夜兢兢，以輯兵安民防微杜漸整飭地方為務，茲於本年十月初六日會同鎮臣何勉閱看臺灣鎮標三營及城守兵操。初八日又閱看臺協水師三營操演，俱各隊伍整齊，甲械鮮利，船隻堅固，駕駛便捷。臣等隨量捐給賞，以示鼓勵。其澎湖左右二營，遠隔大洋，照例檄委澎湖通判王鄂會同該署副將高省就近閱看，嗣據申報於十一月十八日閱過兩營，目兵操演，俱軍伍整肅，船只器械堅利鮮明，等情並邀各冊前來。臣等覆察無異。至本年例應巡歷北路地方，遂於十月二十四日輕裝減從自府治起程，由灣里、木柵仔、茅港尾等處至諸羅縣治閱看北協左營操演，次由該縣之斗六門渡虎尾溪從東西兩螺大武郡沿山一帶，歷彰化縣治閱看北協全營操演，均各整齊熟練，防守嚴密，亦經酌量獎賞。復由彰化巡閱至遷善感恩等社，過大甲溪、淡水屬各界，循海濱而南經鹿仔港、笨港、鹽水港等地方，貨船停泊，客民叢聚之處，尤加意訪察，以期防範得宜。臣等所過村莊各社番民並皆樂業意象恬熙，隨喚集耆民土目及讀書識字之番童一一宣布皇仁，開誠撫諭給以煙布紙筆等物，莫不歡忭鼓舞。至於沿途大小營汛，俱嚴加訓飭，令其約束兵丁不時操演，毋致怠惰滋事貽累民番，以仰體聖主厪［廑］念海疆惠養元元之至意。巡曆既訖，臣等於十一月初十日回署，所有閱驗營伍巡視地方情形理合繕摺奏聞，伏祈皇上睿鑒。為此謹奏。

奉硃批：所奏俱悉。钦此。乾隆八年正月十三日。

一一五、巡視臺灣刑科給事中書山等奏摺：臺地本年三月以來雨水苗情

［乾隆八年四月初四日］，巡視臺灣刑科給事中書山、巡視臺灣兼理學政監察御史張湄謹奏：爲恭報臺地春雨普被情形仰慰聖懷事。

竊照臺灣春初雖得微雨，未甚霑［沾］足，米價漸增。隨飭該府將所儲倉穀照例酌減平糶外，但看東作方殷，現種雜糧亦均需雨。兹據臺灣府暨各廳、縣具摺報，於三月十九日至二十五日，甘霖疊沛。南至鳳山，北抵淡水，以及澎湖無不普遍，一切雜糧、芒、蔗俱各青葱暢茂，土膏滋潤，高下田畝皆得及時翻犁等情前來，臣等復查無異。自得雨之後，米價漸亦經稍減，海疆重地，誠恐上厪［廑］宸衷。合將春雨普被，雜糧暢茂情形，先行繕摺恭報，仰慰聖懷，俟入夏以後，雨水再得調匀，臣等當另摺奏聞，爲此謹奏。

［硃批］：欣悅覽之。

一一六、巡臺御史張湄等奏摺：給臺灣換班兵丁車價費

［乾隆八年四月初六日］，巡視臺灣刑科給事中臣書山、巡視臺灣兼理學政監察御史臣張湄謹奏：為請給臺灣班兵車價以恤番困事。

竊照臺灣地方遼闊，北路離府寫遠。自雍正十一年添設營制，每年換班兵丁一切行李俱係各番社撥車供應，三年大換絡繹徃來，番尤苦累。在兵丁無車輛運載行李，難以遠行。而番車當差並不給價。枵腹驅役勞苦無休，甚可憐憫。是以除南路地近社遠，向無車輛當差，無庸置議外，其北路諸社所撥車輛厝經臺灣道府議，以每裹應給銀五釐，請於該營生息盈余銀兩内包封送縣，沿途給發，而營員以各營息銀動賞不敷，勢難支應，詳飭內地各營動支存公銀兩，撥給而內地又以無公銀可動請仍飭臺屬府縣查議徃返，移查經年累月徒成畫餅，臣等查臺鎮冊，開北路三營中營駐劄彰化，至府之二百里，該營實兵八百三十二名，定例十兵一車，需車八十三輛，每車一里路給銀五釐，按里給銀一兩，共應需銀八十三兩；左營駐劄諸羅，至府治一百里，實兵七百五十七名，

需車七十六輛，每車一里路給銀五錢，按里給銀一兩，共應需銀三十八兩；右營駐劄竹塹，至府治三百五十里，實兵六百四十七名，需車六十五輛，每車一里路給銀一兩七錢五分，共應需銀一百一十三兩七錢五分；淡水營至府治五百里，實兵四百六十二名，需車四十六輛，每車該給銀二兩五錢，共應需銀一百一十五兩。以上共銀三百四十九兩七錢五分。新舊班兵來回合計通共需銀六百九十九兩五錢，勻作三年，每年應需銀二百三十三兩一錢六分零。今營中既無生息銀兩可動，內地又無存公銀兩可支，換班兵丁行李每十人一車，既不可免而窮番當差終歲勞役，誤農廢業，日益貧困。臣等伏思番黎同屬聖朝赤子，屢蒙皇上減賦輕徭加恩軫恤，而此項車價所費無多，所關匪細。凡屬地方文武官員仰體聖主愛育元元，一視同仁至意，所當悉心籌畫，以紓積累以杜滋擾者也。現屆大換之年，臣等復飭道府酌議去後，茲據會詳臺地有官莊項下徵收租粟銀兩撥充內地各官養廉，似可於此內每年扣出銀二百三十三兩一錢六分零，每逢三年，共該銀六百九十九兩五錢，以為換班兵丁雇備車輛之費。是以臺地之公項，而稍勻臺地之公用支給，既便管理，亦易其內地養廉額內二百三十三兩一錢六分零，請於司庫內另撥補項。如此一轉移間，則班兵行李無患運載之艱，而番黎應差亦可免饑驅之苦，全臺兵番皆應感沐皇仁於生生世世矣。是否有當，伏乞皇上睿鑒施行，為此謹奏。

［硃批］：有旨諭部。

一一七、巡臺御史張湄交印日期摺

［乾隆八年四月十八日］，巡視臺灣兼理學政監察御史張湄謹揭：為恭報微臣交印日期事。

乾隆八年正月十六日，承准都察院劄付，為請旨事。經歷司案呈刑科抄出本院題前事，於乾隆七年十一月初十日題，十二日奉旨巡視臺灣著熊學鵬去，欽此。欽遵。劄行到臣，臣隨於乾隆八年十月十八日謹將欽頒臺灣學政關防壹顆交新任巡視臣熊接受。所有微臣交印日期理合恭疏具題，伏乞皇上睿鑒，為此除具題外，理合具揭須至揭帖者。

一一八、巡臺御史熊學鵬奏摺：巡視臺灣民番及辦理情形

［乾隆八年五月二十一日］，巡視臺灣兼理學政山西道監御史臣熊學鵬謹奏：為敬抒愚忱仰祈睿鑒事。

竊臣奉命巡視臺灣，於乾隆七年十二月內具摺恭請聖訓，蒙恩召入諭。以臺灣係海外，地方民番雜處，汝去不可踈［疏］縱，不可擾累，其好事之徒，當使知有王法，再有武職兵丁如有驕縱不妥協處，應救正者，隨時救正；應知會督撫者，知會督撫，應奏朕知道者，奏朕知道。至於地方事務，固宜整頓，然亦不可輕易恃才以致整頓轉不如法。汝須與滿巡察御史和衷辦理，欽此。臣跪聆之下，銘心鏤骨，馳驛赴臺，除臺地雨水情形另摺奏聞外。該臣看得臺灣一郡僻處重洋，南北兩路，綿亙千有餘里，實為東南數省保障，必須文武官弁協力和衷，兵士民番安居奉法，方足以靖邊，方而收實效。然必巡察和而後文武能和，文武和而後能於地方有益。現任滿巡察臣書山為人明白，持重事無鉅細皆與臣悉心商酌，虛公計議。臣受益實深。至於臺郡田土多屬膏腴，種植恒有利益。福、興、漳、泉等府民食皆仰給於臺地，然欲撥臺穀以濟他郡，必先實臺儲以固本原。無如向來福建地方官習氣在臺地者，則惟知嚴禁米穀之出口；在內地者又每怨臺灣禁之太嚴，彼此各持意見。臣思內外皆屬一體，如果臺屬豐收，與其粒米狼戾自應酌盈濟虛，多為運送，添助內地民食；倘臺地本處計筭尚覺不敷，若於應撥額米及所帶食米外，再任民船搬運一空，關係匪淺，況在昔日，臺灣民少，近來生齒浩繁，加以內地無業之輩偷渡到臺，日聚日眾，養贍維艱，安插匪易。臣至閩省即於邸抄內捧讀上諭，嚴飭各海口查禁偷渡民人。睿鑒周詳，無微不照。而督臣那蘇圖前任撫臣劉於義亦極能仰體聖心，將內外情形悉心籌畫，毫無偏見。在臺員弁防範私販者亦頗得宜，所以上年臺地雖未豐收，而本處民食尚不至於匱乏者，職此故也。今年臺灣各屬早稻既登，晚禾又俱各乘時蒔插，若六七月內再得大雨接濟數次，即可以慶豐年。其本年秋收以後，所有接運福建內地米穀或應仍照舊例，或應量為增減之處，屆期臣與滿巡察臣書山同地方各官相時商酌辦理。至若臺地民番

雜處，姦良不一，民則有閩粵之不同，番則有生熟之各别。民人多係内地貧極無聊者，始來臺郡。然一經到臺則每好結黨援，如閩人則與閩人為伍，粵人則與粵人為伍。而閩粵之中，又有分府分縣，各相為伍，一遇釁隙，蚊趨蟻附爭鬭成群，即無事之時，遊手好閑者常聚賭行竊，務農耕種者又侵番奪地。地方官御之稍寬，則恣肆横行，毫無畏懼；治之過嚴，則不惟怨讟繁興，謠言揭帖，更恐意外激出事端。誠有如聖諭所云，不可不可踈［疏］縱，不可擾累者也。臣與滿巡察臣書山及道府等官商議：凡遇民人生事不法，務必分别懲究，應逐回内地者，即行逐回内地；應按律治罪者，即行按律治罪，毋許稍為寬縱。如遇結盟聚眾等事，一有端倪，務必將首犯一二人緝拏，根究盡法處治，以戒其餘，亦不必蔓引株連，致滋驚擾。其熟番性皆魯直，踴躍急公，頗覺安分，間有一二生事者，皆由漢匪逼迫教誘所致；生番性雖好殺，居處深山，立有界限，内外原屬隔絕，無如民人惟利是圖，不畏險阻，潛入其境，抽滕打鹿，致被割去頭顱，兇手未能緝獲。臣與滿巡察臣書山，時常告誡地方官嚴查生番境界，毋任民人偷越取利。至熟番既歸王化，即係朝廷赤子，更不容姦民佔誘，以致番累日深，再查臺灣向日兵丁，每至驕縱，生事者固由伊等隻身來臺，無家無業，好勇逞強，亦由該管員弁姑息袒護，有意縱之所致也。現今臺灣總兵官何勉約束嚴謹，控馭有方，所屬將弁俱各凜遵法紀，各營兵丁安守汛防，尚未見有生事之處。惟是海疆要地，駐劄重兵，總兵有節制全臺之責，管轄士卒寬嚴稍不如法，則民番俱不免受累。鎮臣何勉業經調補南澳，現候交代起程，將來新鎮臣張天駿到任後，如能體察臺地情形，虛心妥辦，則自有裨益。總之，海外事勢動關緊要，務在因地制宜。官斯土者，不可一日懈馳，不可一念矜躁。雖其兵悍民刁，風俗奢侈，要當隨事隨時調劑整頓，不可輕議紛更，妄矜才智。臣與滿巡察臣書山職司糾察，竭力同心，諸凡慎重。如遇地方官辦理未協事件，必剖析開陳，囑其改正。内有應知會督撫之處，仍行知會督撫酌定。如遇事關重大者，臣一面劄商督撫從長妥辦，一面繕摺奏聞，務期斟酌允當，有益地方。以仰副我皇上綏靖海疆，義安黎庶之至意。伏念臣才識庸愚，仰荷聖恩，奉差海外，君門萬裏，雙親遠寓京師，戰戰兢兢，惟恐稍有隕越，謹將臺地情形，及臣辦理緣由繕摺恭請聖明訓示遵行。臣曷勝惶悚待命之至。謹奏。

一一九、巡臺御史張湄奏摺：本年四月至八月各地雨水苗情米價

［乾隆八年八月十六日］，任滿巡視臺灣湖廣道監察御史臣張湄謹奏：為恭報沿途雨水米價情形仰慰聖懷事。

竊臣於本年四月二十六日自臺起程渡海，至閏四月中旬，舟抵廈門，凡經過閩省各屬地方，田禾俱已栽插茂盛，但因陰雨連綿，又時值青黃不接，是以米價騰貴，每石三兩上下，延、建等府，民食尤艱。至浙省地方，雨水調勻，豆麥已經豐收，禾稻亦復暢發，米價每石一兩六錢，江南上下二省，臣所經過之處，田禾一望青蔥，漸次結穗。聞本年雨暘時，若春花收成十分，秋收亦可卜大有。現在米價日減，每石一兩四五錢。惟山東春夏缺雨，臣隨處訪問，聞兗、濟以南，收成尚好。自德州以北，至直隸交界地方有未經播種之處，實稱歉歲。現蒙聖恩賑濟水次，米船絡繹相望，其各處饑民亦陸續歸籍，輿情寧輯。臣謹將自臺至京沿途見聞所及，據實讀陳，仰慰聖懷，伏祈睿鑒。臣謹奏。

［硃批］：所奏俱悉。

一二〇、巡臺御史書山等奏摺：揀選雜役人員來臺差委

［乾隆八年十月二十九日］，巡視臺灣吏科給事中臣書山、巡視臺灣兼理山西道監察御史臣熊學鵬謹奏：為請旨事。

竊照臺灣為海外嚴疆，綿亙千有餘裏，番民雜處，口岸繁多，所設佐雜等官必足以供任使方有裨益。今查臺郡額設縣丞三員、巡檢七員、典史四員、各有巡邏地方。防禦生番，稽查船隻之責，每遇俸滿缺出，及有事故等項，向就在臺現任佐雜中委署一人，兼理二任，殊覺顧此失彼。即如臺邑羅漢門，乃兇番出沒之區，諸邑鹽水港係海舶往來之所，彼此俱屬緊要，相離亦甚遙遠。上年佳里興司鹽水港巡檢缺出，將臺邑羅漢門縣丞虞蔭南委署半載有餘，新官方到，該縣丞兩處奔馳，兼顧頗

為竭蹶。又如諸邑笨港縣丞姚國興解餉赴省；鳳邑萬丹縣丞塗坤善往內地辦理桅木，經年累月，曠職時多，遇有差委，每至乏員。臣等伏思海疆要地，稍有貽誤，關係匪輕，將此情形屢與道府等官面商，俱以佐額設不敷為慮，理合據實奏明，伏乞皇上敕諭閩省督撫於內地佐貳雜職人員內或現任候補，酌量揀選二員咨送來臺，以差遣委署，遇有缺出，臣等行文督撫補用，仍咨督撫揀選發臺，其該員到臺之日，如何分論俸，升轉及給與養廉等項之處，應聽閩省撫定議辦理，但福建內外地方俱關系緊要，倘現在內地佐雜無多，難以遽行，揀發俟該督撫酌量情形奏請。如此庶差委不致乏員，而於海疆大有裨益矣。臣等愚昧之見，是否有當，恭候訓示遵行。謹奏。

［硃批］：交該督撫議奏。欽此。

一二一、巡臺御史書山等奏摺：閱驗營伍巡視臺灣地方情形

［乾隆八年十月二十九日］，巡視臺灣吏科掌印給事中臣書山、巡視臺灣兼理學政山西道監察御史臣熊學鵬謹奏：恭報閱操巡視情形仰祈睿鑒事。

竊查臺灣一郡為東南保障，閩粵藩籬，武備實關緊要，所有鎮協各營官兵，以及地方利弊民風、番俗情形，例應臣等查閱巡視除澎湖左右二營因遠隔大洋，照例檄委澎湖通判陸鶴、協辦通判王鄂會同該署副將楊瑞就近閱看詳報外，臣等遵於本年十月初六日，會同鎮臣張天駿閱看臺灣鎮標三營及城守營兵操演。十一日又閱看臺協水師三營操演，俱各旗幟鮮明，甲械堅利，隊伍整齊。水師駕駛亦頗便捷。臣等隨量捐給賞以示鼓勵。至本年例應巡歷南路地方。臣等於十月二十一日輕裝減從自府治起程，由鳳邑所屬之大湖、二濫、阿公店等處，至縣治閱看南路營兵操演。實在整肅，亦經量捐獎賞。再由該縣之鳳彈、萬新丹、新園、下淡水社以至南路生番盡界之放索等社，復沿傀儡山脚以至茄藤、力力、上淡水、阿猴山、豬毛搭樓、武洛等八社，循山而北轉入臺灣縣界之大傑顛社、羅漢內外門、崗山等處，周歷情形經過營盤皆飭其防範嚴

密，不時操演廵行。各社俱親集老番土目及讀書識字之番童，開誠撫諭，宣布皇仁，給以煙、布、紙筆等物，莫不歡欣鼓舞。再查臺、鳳二邑。今歲雖遇偏災，臣等沿途體察，雜糧尚可療饑，閭閻亦不致十分困苦，凡遇耆老詢問俱稱仰沐聖恩並無失所。廵歷既訖，臣等於本月二十九日回署，所有閱驗［验］營伍，廵視地方情形理合繕摺奏聞，伏乞睿鑒，為此謹奏。

［硃批］：所奏俱悉。

一二二、廵臺御史書山等奏摺：臺灣會試舉人到京十名以上禮部編號不必拘定中額

［乾隆九年三月初十日］，廵視臺灣吏科掌印給事中臣書山、廵視臺灣兼理學政山西道監察御史臣熊學鵬謹奏：為恭報臺郡春雨溥被情形仰慰聖懷事。

竊照臺郡于上年八九月間天時亢旱，臺、鳳、諸三邑偶有偏災，經臣等奏聞，荷蒙聖恩賑恤，海外民人不致失所，本年入春以來，自正月下旬至今，膏雨時降，二麥早冬以及地瓜雜糧等項，無不菁葱秀髮，綠縟盈疇，據各屬摺報遍處甘霖大沛，四野霑足，早稻可望豐收，米價亦較前平減，現在各屬米價每石銀一兩六七錢至一兩三四錢不等，地方俱各寧謐，除將來收穫早稻分數另行奏報外，臣等恐上廑宸衷，為此將入春以來，雨水霑足情形，先行奏聞，謹奏。

［硃批］：欣慰覽之。

一二三、廵臺御史書山等奏摺：酌取臺灣會試士子

［乾隆九年三月初十日］，廵視臺灣吏科掌印給事中臣書山、廵視臺灣兼理學政山西道監察御史臣熊學鵬謹奏：為敬陳管見仰祈聖鑒事。

查先經禮部議覆前任廵視臺灣御史諾穆布等條奏臺灣舉人會試另編字型大小一疏內稱，將來臺郡士子來京會試至十名以上之多，再行奏聞，恭請欽定中額等因具題，奉旨依議，欽此。臣等伏思會試乃賓興大典，定例各省分給中額，原欲令普天士子均沐皇仁，以昭樂育人才之

盛，部議臺郡舉人積至十名以上，再定中額，查福建鄉試每科臺灣取中舉人二名，積至五科以後方滿十名，以上當此五科之久，閱歷一十五年，其間少壯衰老不一，其侶膴厚貧寒不一，其境再雜有事故，例不會試之人，是後者方興而前者已缺，雖至五科以後，仍不能滿十名之數，若如原議，必俟十名以上方定中額，恐臺灣舉人雖有會試之名，究無中式之日，成例竟為虛設，伏惟皇上加意育才，振興文教，無微不至，臺灣阻隔重洋，道途險遠，士子會試往返經年，資斧匪易，如不論文理高下，人數多寡，□予一名進士，固非所以慎重掄才之道，然以海外□嗶之寒儒，拘於十名難滿之成例，永無一人獲登甲第，亦屬可憫。臣等酌議，嗣後臺灣會試舉人到京十名以上，仍照原議定以中額外，其未至十名，禮部另編字型大小，不必拘定中額，屆期令考試官，憑文酌量有可取者中一名，無可取者，仍缺無濫，如此，庶邊海寒儒有階上進，而掄才大典亦不致濫邀矣。臣等愚昧之見，是否有當，伏祈睿鑒訓示遵行。謹奏。

奉硃批：該部議奏。欽此。乾隆九年五月初四日。

一二四、巡臺御史六十七等奏摺：臺灣墾地分别陞科

［乾隆九年六月二十日］，巡視臺灣戶科給事中臣六十七、巡視臺灣兼理學政山西道監察御史臣熊學鵬謹奏：為密懇聖鑒事。

乾隆八年十一月內，戶部議復閩浙總督那蘇圖題請雍正七年以後臺灣陞墾田園並將來新墾田園均照同安下則計畝定額一疏內稱：臺屬雍正七年以後陞墾田園，據該督查明悉係斥鹵委係下則，自應照臺屬下則報升，不便比照同安之例，按畝減征，應令該督查遵照原題辦理等因具題，奉旨：依議。欽此。臣等伏查原題案件，臺地田園向係按甲徵收，內地同安則例則係按畝科算計，臺灣一甲可作內地十一畝，以臺灣田園舊額與內地同安科則相較，臺灣重而同安輕，不及十分之三，多寡懸殊。雍正九年前任督臣劉世明曾將雍正七年以後陞墾田園請照同安科則徵收，經部復准在案，迨乾隆四年接任督臣郝玉麟又請將臺灣舊墾田園亦照同安則例畫一徵收，後經部駁，以臺地向係按甲徵收，若照同安科

則計畝較算不及十分之三，未便減免，並稱從前劉世明題准新墾田園，照同安科則徵收之案，乃係訛錯，不惟舊額不准議減，複令將已減新墾田園仍照臺屬科則一體徵收，此乃現今戶部議令，該督遵照辦理之原題也。臣等竊思臺灣開闢之初，土廣人稀，地多肥饒，當年墾戶莫不盡擇膏腴之壤，然後耕種，在民收穫既多食指又少，是以定賦雖重而照額完納，民力有餘原不覺其受累，迨後生齒日盛，贍養維艱，逐次漸墾，質地又不盡皆沃壤，民人仰事俯畜而外所餘租穀無幾，若必概照舊額升科，未免輸將拮据。督臣那蘇圖請仍照同安下則徵收者，乃係深悉海外窮黎完納之艱難勢不能概令加賦也。今部臣以同安科則過輕，議將雍正九年已經議覆准照同安則例輸納之新墾田園，復令俱遵乾隆四年原題，按臺灣舊額輸納在部。臣持籌國計，核算錢糧，立論亦為慎重，殊不知已定之舊章固不可以輕議刪減，而甫定之新額又豈可以復議增添？臺灣雍正七年以後陞墾田園照同安科則例升科者，乃奉世宗憲皇帝諭旨允准，聖皇恩浩蕩，臺民霑濡十有餘年，為日已久，今無故於十餘年後忽令改照舊額加添無限粟石，勒其輸納，不惟臺地愚民驟聞驚駭，勢有未能亦非，所以仰體我皇上綏靖邊方，誠求保赤之道，惟是同安則例亦有上中下不同，其已照下則者固不必議加，至將來新墾田園若不論高下，既照同安下則完納亦屬未協，臣等身在臺灣目擊民間已定成額礙難加賦情形，不揣愚昧，據實密陳，仰懇聖主鴻恩，特降諭旨，除臺灣從前開闢田園照舊完額毋庸減則外，其雍正七年以後報陞新墾之地，仍遵雍正九年奉旨允准之案辦理，其已照同安下則徵收者不必再議加賦，至嗣後墾闢田園令地方官確勘肥瘠，酌量實在，科則照同安則例分別上中下定額徵收。如此，庶海內外民力既紓，而國家成賦亦屬維均矣，臣等管見如此，是否有當，伏乞睿鑒訓示施行。謹奏。

奉硃批：是有旨諭部。欽此。乾隆九年八月初三日。

一二五、巡臺御史六十七等奏摺：臺郡本年四月至六月田禾雨水米價

［乾隆九年六月二十日］，巡視臺灣戶科給事中臣六十七、巡視臺

灣兼理學政山西道監察御史臣熊學鵬謹奏：為恭報田禾雨水情形仰慰聖懷事。

竊臺郡今春時雨霑足，業經臣熊學鵬會同前任滿巡察臣書山繕摺奏聞外，入夏以來仰賴皇上洪福，於四月十五日起至六月十八等日甘霖疊沛，四邑兩廳遍霑普被，所有早禾俱各陸續收穫登場，據報八分九分不等，晚稻現在乘時蒔插，臣等職任巡方，恐有惰農或荒厥業，應行勸勞，於六月十八日會同鎮道各官前往郊外，目睹土膏融潤，禾苗秀髮，村民踴躍布插，各種雜糧無不暢茂，官弁民番咸深歡忭。臣等隨各捐資犒勞慰勉力作，以仰副我皇上務本重農之至意。目下郡城米價每石一兩四錢，各屬自一兩三四錢以至八九錢不等，較之近年米價殊為平減，地方寧謐。若七八月內再得雨澤接濟。可獲全稔。至於民間米價業經平減，所有臺灣平糶米石隨飭該府暫停，以重倉儲。臣等因地懸海外恐上廑宸衷，所有雨堝時若，禾苗茂盛情形，合行據實奏聞，仰慰聖懷，伏祈睿鑒。謹奏。

［硃批］：欣慰覽之。

一二六、巡臺御史六十七等奏摺：赴臺民人編入保甲

［乾隆九年八月初三日］，巡視臺灣戶科給事中臣六十七、巡視臺灣兼理學政山西道監察御史臣熊學鵬酌議赴臺民人編入保甲奏：為恭陳管見仰祈睿鑒事。

照臺灣為海外巖疆，依山環水，最易藏奸，是以例禁偷渡，不得不嚴。然所謂嚴偷渡者，乃恐內地遊手無籍之輩，潛聚日多，久而滋事，貽累海疆，並非謂此循良安分之民，禁其祖孫、父子、夫婦不得團聚也。臣等伏查臺地風防員弁所報偷渡各案，有祖父母、父母、夫在臺而子孫妻室前來尋訪者，亦有子孫在臺而祖父母、父母年老無依，前來依靠者，按其赴臺情節，皆有不得已之苦衷，因而檢查舊案，原有准令臺民來臺探親之例。迨乾隆四年，前任閩浙總督郝玉麟恐搬眷日久弊生，或有假捏多報略販頂冒等事，奏請定限一年，逾限不准給照，於乾隆五年將搬眷之例停止。而所留探親一條又僅勒限五個月，逾限不回即行解

回內地究治，在內地民人或聞臺地親年衰老，到來侍奉；或因內地孤獨無依到來就養，原圖天倫聚順，永遠相親，勢難五月即返。無如格於成例，一經呈請轉有限期不能久聚，於是思作便捷之事，甘蹈偷渡之愆，而內地不肖客船，滋中漁利，包攬偷載，現據彰化縣所報拏獲一案，即有夫死無依之婦人攜帶幼子幼女前來臺郡尋覓長子度活者數名，諸如此類難以枚舉。此在客船攬載之罪因無可寬，而在愚民偷渡之情，則實有可憐也。再查偷渡各犯，到臺拏獲之後，其罪不過解回內地，審理尚不至於死亡，而未至臺灣沉溺風濤者，尤堪憐惜，揆厥所由，蓋緣不肖客船貪利攬載，見內地風防查禁嚴密，用松壞之船駛於遠僻之口岸，務分男婦填入倉內，以板蓋定，並將不諳海道遊手無籍之人，充為水手，己身卻留內地，其船一涉汪洋，動遭傾覆。更有一種奸艄，惟恐船隻近岸，官弁巡緝被獲，將船駛至外洋，或遇沙洲，或遇荒島，詭稱到臺，但令客民登岸，自卻揚帆而遁。嗟，此客民以為彼岸獲登，可謀生理，詎知荒島之中人煙斷絕，尚隔一水不通，潮退片時沙存地現，而潮信複來人隨沙淩，群命盡歸魚腹。□之苦狀不一而足。夫此偷渡喪命之徒，如果皆系內地遊惰毫無依倚，伊等謀利輕生違禁犯法，殉其身體原不足以深惜，無如內有迫於倫常天性，因礙請照之難，致有亡身之事，其情悲切較之尋常偷渡者實難概論。臣等竊思，王道本乎人情，治教首重倫理屺岵瞻望之思，孝子實所莫已煢獨無告之苦，仁政更所必先。今既致申嚴偷渡禁約而又不為揆度情理之平，並杜生金之路，無怪乎日禁偷渡而偷渡之民愈見其眾多也。伏惟我皇上以仁孝治天下，常恐一夫不獲其所，時切癵瘝，宵旰勤求，無微不至，此等民人在臺置有產業，勢不便無罪而勒令拋棄悉行逐回，又不許其父母妻子前來聚首，骨肉隔絕。在畏法者兩處俱抱向隅，在偷渡者一身先蹈不測，若必拘於成例不為亟請變通，殊非所以推廣皇仁愛民保赤之至意。臣等酌議嗣後內地遊曠之民仍照例嚴禁偷渡，不准給照，其有祖父母、父母在臺而子孫到來侍奉或子孫在臺置有產業，而祖父母、父母內地別無依靠到來就養，或本身在臺置有產業而妻子到來完聚者，准其呈明內地原籍地方官查取地隣甘結，給與印照來臺。仍移明臺籍廳縣，俟到臺之日查訊確實，令伊祖父母、父母夫及子孫認，令編入家甲安插，倘有假冒捏飾等情，解回原籍與出結地隣一併照例治罪，其非親父母兄弟及侄渠，不准混行指稱，呈請給照，以致臺地遊民聚集眾多，有礙生計。倘內外地方，風口員弁，見有嫡親眷屬給照之條，逐將偷渡禁約漸生懈弛，查明分別嚴參，交部處分。如此，庶安分良民生命獲全，而無籍棍徒亦不致籍端滋弊矣。臣等職任巡方，深悉情狀，用敢縷細敷陳，是否有當，伏祈皇上睿鑒，訓示施行。謹奏。

奉硃批：該部議奏。欽此。

一二七、巡臺御史六十七等奏摺：臺地七八月雨水霑足晚禾茂盛

［乾隆九月八月二十八日］，巡視臺灣戶科給事中臣六十七、巡視臺灣兼理學政太常寺少卿臣熊學鵬謹奏：為奏明臺地秋雨霑足晚禾茂盛情形仰慰聖懷事。

竊照本年春夏臺地雨水調勻，早稻豐收，業經臣等繕摺奏聞外，自立秋以來七月內共得大雨七次，八月初二日起至二十日又得大雨四次，據地方官查報，高下田園無不霑足，其各處所種晚禾雖未收穫登場，內有埔占及圓粒名色之穀已經結實者俱各漸次黃熟，又有三杯及占穀名色之穀蒔種在後，現值吐花抽穗者亦各菁蔥茂盛，綠縟盈疇。至於一切芒蔗、地瓜、落花生、黃豆等項雜糧，更無不繁盛秀實，若九十月內收穫之期，臺颶不作，穀穗不至稍有搖落，則今歲臺灣可慶大熟。目下郡城米價每石一兩三錢，各屬米價自一兩二錢至八錢零不等，將來晚禾收穫以後尚應遞減，臣等伏思臺灣乃產米之區，向因歷年歉收，不惟欠運內地谷石既多，即本地倉廒亦少積貯，本年仰賴聖主洪福，風雨調和，歲兆豐稔，若不趁此米價平減之時，將應運應貯者及時買補，從此因循積欠，於內地及臺灣兩處俱大有關係，惟是臺地綿亙千有餘裏，所屬廳縣各該處出產谷石多寡情形亦有不同，其某廳某縣某處可以買貯若干，必須通盤計算，將民食永遠籌畫，務使豐年穀賤之日，既不致有傷農，將來青黃不接之時，更不稍有匱乏。官貯倉廒與民間蓋藏兩覺充裕，方于

海疆有益，臣等業經飭令道府，將應運内地谷石照例陸續撥運，其臺地應行買貯倉穀逐一確核計議，俟呈複到日，臣等詳細移咨督撫聽其酌量妥辦外，所有臺地秋雨霑足，晚禾茂盛情形，理合繕摺具奏，恭慰聖懷。再，查臺郡目下民番寧謐，地方營伍俱各肅清，合併附摺奏聞，為此謹奏。

［硃批］：欣慰覽之。

一二八、巡臺御史六十七等奏摺：臺灣採買倉穀

［乾隆九年十月十五日］，巡視臺灣戶科給事中臣六十七、太常寺少卿臣熊學鵬謹奏：為奏明臺灣現在採買情形仰祈睿鑒事。

竊照今年臺郡豐收，所有歷年欠買穀並自應及時買補，查臺灣府庫現存未買穀價總共七萬九千六百三十五零，内四萬五千九百二十一零應買穀一十一萬四千八百零四石，系走運内地補倉之項，又三萬三千七百一十四兩，應買穀九萬三千六百五十石，系分派臺屬四縣存貯預備緩急之項，向因市值高昂，價不敷用，俱未採買，隙茲豐年殊難延誤。臣等業將應貯情由詳咨督撫飭辦，並令該府嚴催各邑，將現存未買穀價即照時價上緊採買，以備儲蓄在患口口。據撫臣周學健以備具，泉漳四府連歲豐收，議撥即五萬兩來臺糴買谷十萬石運送内地補足倉厫，其所撥之即當未到臺，臣等與道府等商議一面按各產穀處酌多寡情形預定分派買足數目，俟撥項到日垂時糴買；一面將待運船隻妥議派撥章程，陸續裝載運送，毋使内地穀能久熟並嚴行查禁胥吏人等短價扣克苛索等弊，毋致絲毫有累臺地船戶商民，其採買谷石毋令揀擇圓淨，以便曆久常存，毋許收買下色不堪之穀抵臺，並令將所買谷樣另行封送内地，侯撥運到日照樣查驗，倘地方官有草率辦理及奸稍攙和更攙之處，分別查參治罪。今計臺灣府庫舊存價即應買穀二十萬八千四百五十四石，巡撫周學健撥孥來臺採買谷十萬石，現在臺地議買穀共三十萬八千四百五十四石，此番廣為採買，臣等與地方官縣將來歲青黃不接之時各處民倉預行籌畫，盡覺有餘，除分款採買奏銷確數應明轉撫臣照例題報外，臣等仰體我皇上惠養民生籌邊足食之至意，誠恐上厪聖懷，僅將臺地現在議辦

採買及民倉充裕情形繕摺參聞，恭候睿鑒。謹奏。

奉硃批：所奏俱悉。欽此。乾隆九年十二月二十四日。

一二九、巡臺御史六十七等奏摺：臺灣丁銀賠累

［乾隆九年十月十五日］，巡視臺灣戶科給事中臣六十七、巡視臺灣兼理學政太常寺少卿臣熊學鵬謹奏：為據實陳奏仰祈睿鑒事。

據全臺老民于化龍等僉呈，內地光丁餉課悉歸田畝征輸，惟臺灣海疆乃就光丁窮民苦累，延今未除，懇乞丁婦糧輸除臺灣之第一苦累等情。臣等隨飭道府將臺地田賦丁銀是否輕重不均，偏枯累民之處，逐一確查明晰，並將闔郡全局籌酌妥議詳複去後。茲據署臺灣道壯年、知府范昌治等詳稱，澎湖地畝斥鹵，非若臺地田連阡陌，止有光丁賦重可以勻攤去累者，比該處地丁分款完納，民間歷來相安，應循舊例以順輿情，無庸更易。其淡防一廳暨臺、鳳、諸、彰四縣所屬地方，共額征定銀三千六百三十一兩有零，應將前項丁銀勻入通臺地畝，一體催征，仍按照新舊田園上中下等則科算勻攤，舊則田園科征較重，每畝勻銀四五六厘不等，新墾田園科征較輕，每畝勻銀七厘零不等，在有產之家勻征銀數無幾，不致拮据難完，而赤貧黎庶永免追呼之苦等因，詳請具奏前來。臣等伏查臺屬丁銀一項，舊額較重，荷蒙聖鑒屢沛恩旨，于乾隆元年將臺灣四縣丁銀酌中減則，每丁征銀二錢，乾隆二年又將澎淡二廳定銀，亦照臺屬四縣例行，皇仁浩蕩，軫念穹黎，至優至渥，惟是臺民生齒日繁，貧富不一，富戶有產無丁，貧戶有丁無產，現在應徵各戶多係赤腳光丁，家無立錐之地，時聞輸納之艱，實為編氓若累，倘遇逃亡故絕，該管鄉保、裏長難免科派裏民馱賠完納等弊，若不量請均勻，丁婦糧納似非所以，仰體我皇上加惠海外穹黎，兩次減免丁銀之至意，且查閩省內各地各郡俱邀曠典，凡有丁銀又已勻歸地畝按則徵收，乃獨臺灣一府，無業貧民不能一視同仁，尚留苦累，殊屬未協。臣等細核，該道府等所議，若將臺屬四縣及淡防一廳丁銀勻入田糧，分別輕重，科則征輸，在有田之家每畝所勻不過數厘，既不覺加派之多，而無業之輩從此永除苦累，所豁已深，貧富兩便，似于海外民生實有裨益，為此繕摺具

奏，可否俯如所請丁婦糧輸之處，伏乞睿鑒，飭部議複施行。謹奏。

［硃批］：該部議奏。

一三〇、巡臺御史六十七等奏摺：巡閱臺灣鎮標營伍並地方收成情形

［乾隆九年十一月十九日］，巡視臺灣戶刻給事中臣六十七、巡視臺灣兼理學政太常寺少卿臣熊學鵬謹奏：為恭報閱操巡視情形仰祈睿鑒事。

竊查臺灣為海外巖疆，武備最關係緊要，所有鎮協各營官兵以及地方利弊，例應臣等查閱巡視。茲于本年十月初六日會同鎮臣張天駿閱看臺灣鎮標三營及城守營官兵操演，十七日又閱看臺灣協水師三營操演，俱各隊伍整齊，甲械鮮利，船隻堅固，駕馭便捷，臣等隨量捐給賞，以示鼓勵。其澎湖二營因遠隔大洋，照例檄委澎湖通判陸鶴會同該副將楊瑞就近閱看，嗣據申報於十月二十二日閱過兩營，目兵操演，俱軍伍整肅，船隻器械堅利鮮明等情，並繳各冊前來，臣等復查無異。至本年例應巡曆北路地方，隨於十月二十四日輕裝減從，自府治起程，由灣裡、木柵仔、茅港尾等處至諸羅縣閱看北協左營操演，次由該縣之門六門渡虎尾溪，從東西兩螺大武郡沿山一帶曆彰化縣治閱看北協全營操演，俱各整齊熟練，防守嚴密，亦經酌量獎賞後。由彰化巡閱至遷善感恩等社，過大甲溪循海濱而南，經鹿仔港及笨港、鹽水港等處，貨船停泊，客民叢聚之所，加意訪查，地方俱各安靜，所過村莊各社番民並皆樂業，意象恬熙，隨喚集耆民土目及讀書識字之番童，一一宣佈皇仁，開誠撫諭，給以煙布茶紙筆墨等物，莫不歡欣鼓舞，至沿途大小營汛，俱嚴加訓飭，令其約束兵丁，不時操演，毋致怠惰滋事，貽累民番，以仰體聖主廑念海疆，惠養元元之至意。巡歷既訖，臣等於十一月初十日回署，所有閱驗營伍，巡視地方情形，理合奏聞，伏祈睿鑒。再，查本年早晚二禾收成豐稔，業經臣等於十月十五日繕摺奏報，目下郡城米價每石銀一兩零，各屬米價每石自一兩零以至八錢零不等，向來臺灣地方十月以後雨澤稀少，今冬月二十暨二十一日，十一月初二暨十二、十六

日，共得雨五次，所種麥苗、地瓜、芒蔗、落花生等物，倍加茂盛，即明歲早稻內如雙冬名色之穀，業已乘時佈插，亦甚為得力，臺地老幼民番無不稱為僅見，現在歡呼載道，理合一並附奏，恭慰聖懷，為此謹奏。

［硃批］：臺地遠在海外，此等奏報須據實在情形奏聞，不可稍涉粉飾也。

一三一、巡臺御史六十七等奏摺：查辦臺灣武員官莊完竣

［乾隆九年十二月初七日］，巡視臺灣戶刻給事中臣六十七、巡視臺灣太常寺少卿臣熊學鵬奏：辦理官莊完竣。

奏為欽奉上諭及乾隆九年三月初十日內閣奉上諭，外省鎮將等員不許在任所置產業云云，欽此。欽遵。仰見我皇上示惠民番又安邊海之至意。臣等隨檄飭地方官將嗣後臺郡武員創立莊產開墾草地之處，永行禁止。並將□前臺郡歷任武職大員所置莊產來歷逐款查明，有無侵佔報獻爭□之處，分析開列造冊呈報，以凴會同查辦去後。並據福建布政司臣高山於乾隆九年十月二十七日到臺，臣等會同高山將地方官所造名冊款亦察核，並陸續據各番民所報呈詞與高山逐一批閱。究明原委□應清查內除並無侵佔報獻與民番爭報等情，及所報不實，審明並無侵佔之處者另論，系本人子孫及轉售他人仍令照舊管業外，所有彰化縣南社番舍囟等報告原任福建陸路提督蘇明良一案，緣該番有草地二處賣與陳林李為業，林李於界處未買之地一併墾種，照番報告以蘇明良為大員習可壓制，遂倍價轉售。茲查蘇明良上用召回，為辦獲熟地四千九百畝，而該番之地現飭地方官丈出三百餘甲，計地三千餘畝，俱應驗該番耕種。又臺灣縣民黃贊等報告原任靖海侯施琅一案系大穆莊有田園四百六十五甲，原系民業報獻施琅名下，莫負差徭，兼修埤岸，年納租粟一千余石。迨後埤岸崩陷，施姓不修，莊民鳩資自築，而施姓子孫所遣家丁勒租，眾佃爭報不已。經前任臺灣縣知縣徐琨詳明，不許再收租粟，令各佃自行立戶糧，但查乾隆三年有施世範在於指稱將此田作為伊產呈請，變價後，雖中止而佃民惶惑□，恐日久施姓子孫複起侵佔之端念，各縣

呈臣等會同確核，除大穆莊內佃民新墾田園三十一甲原與施姓無涉，應解佃民管業外，其舊墾田園四百六十五甲零，計地五千一百一十餘畝，既係報獻是實，埤岸又系佃民自修，相應一併立案，永為民業，不許施姓子孫再行過問，以免後累。又鳳山縣民許賜等報告原任靖海侯施琅一案，緣觀音山等莊有田八百五甲零，原係偽鄭時民人墾業，報獻施琅名下，免差徭，乃年收之粟僅足完正供，各佃不肯加租，後施姓子孫置此田於不問，而租簿當未開除，且無驗施世範在於指稱作為伊產呈請變價，雖經恩負而葛藤未斷，自應將此田永歸民管以杜爭端。又彰化縣社番愛著等報，告原任定海□縣官強國及原任福建水師提督藍廷珍一案，緣社番有荒埔一所，內系藍張二姓夥墾，戶名藍張具呈貼社餉主有，今約嗣後田園三股均分。今查藍廷珍分約二股之界，所墾熟田業已奏請充公，先後丈報共計九百八十四甲，其餘荒埔不在二股界內，番界並無侵佔，毋庸議畫還番外，其張國分得一股之界與番界密勝轆牙二處毗連，續被張國之子張嗣徽將二處番地越界佔墾，臣等飭令地方官，丈出佔墾轆牙田圍一百四十五甲，密勝田圍三百零三甲，二共田圍四百四十八甲，俱應畫歸番爰以恤番黎。以上各案俱系武職侵佔及報獻踞有之業，仝共田圍二千四十餘甲，計二萬二千五百三十畝，經臣等與高山確查，斷給民番並能兩造遵依在案，此外並無侵佔報獻之業。現據地方官出具印結詳報，臣等伏查臺灣地土膏腴，人情健訟，此番清查之後，在爭報佔奪，此民地歸民，番地歸番，業已取消，遵依備案，其並無爭報佔奪，此若不立法限制，不惟伊等子孫及家丁佃戶日久貪利越界，佔墾甚多有累番民，旦恐好利之徒，生事作害，爭報不休，唆番□□別□擾累。臣等與高山悉心核議，以此並無爭報佔奪之武職莊產，既令照舊管業，應飭地方官開列土名，查明四至，另造清冊詳送，嗣後所造四至之外，永遠不許絲毫越佔，此界限既清，在本人固無所究，其佔奪在訟棍，亦無□用，其報爭案是以寧輯民番，而肅清海隅。臣等會查既竣，除地方官詳覆各原委，業經高山備敘主稿，會同臣等合詞覆奏並移該督撫核題外。茲高山已於十二月初七日，起身回任所，有臣等遵旨先後查辦緣由，理合繕摺具奏，恭候睿鑒。再查現在臺灣地方寧謐，郡城米價每石只一兩一分零，各屬米價每石只自一五外以至八五零不等，民番俱各得所，合併附摺奏聞，謹奏。

奉硃批：所辦甚安，知道了。欽此。乾隆十年二月二十九日。

一三二、巡臺御史六十七等奏摺：臺屬邑廳正月至三月雨水禾苗情形

［乾隆十年三月十五日］，巡視臺灣戶科給事中臣六十七、巡視臺灣兼理學政太常寺少卿臣熊學鵬謹奏：為奏明臺地春雨霑足禾苗茂盛情形仰慰聖懷事。

竊照去歲臺郡十月十一月間連得透雨，所有早稻、春麥、芒蔗、地瓜、落花生、黃豆等項，俱各繁盛暢茂之處，業經臣等附摺奏聞外，今年正月初二日起至三四月等日，所屬四邑兩廳陸續得雨共十數次至二十次不等，處處田園遍霑普被，稻麥雜糧倍加秀髮，就中鳳邑早稻已經抽穗，約於三月中旬後即可漸次收穫，目下郡城米價每石銀一兩二錢零，各屬自一兩一錢零以至九錢零不等，較之近年青黃不接之時米價殊覺平減，詢諸本地民人，無不稱為僅見，官弁番黎咸深歡忭，地方營伍俱各肅清。臣等因地懸海外，恐上廑宸衷，所有春雨霑足禾苗茂盛情形，各行據實奏聞，仰慰聖懷，伏祈睿鑒。謹奏。

［硃批］：欣慰覽之。

一三三、巡臺御史六十七等奏摺：臺灣道府按季出巡

［乾隆十年六月二十六日］，巡視臺灣戶科給事中臣六十七、巡視臺灣兼理學政雲南道監察御史臣范咸謹奏：為備陳臺地出巡情形仰祈睿鑒事。

竊臺郡地處海外，形勢袤長不下兩千里，民番雜居，風俗□悍，其生番語言不通，居深山之中，遇見外人即行戕殺，兇狠與豺虎無異，是以臣等每年於冬季出巡一次南北兩路，與鎮臣分年輪巡一周，於以奉揚國家聲靈，宣佈聖主德意，其道府亦各按年分巡一次，歷年遵行無異。查乾隆九年九月內經九卿議覆尚書訥親條奏，令各省道員及知府按季巡

查各該管州縣地方等因，奉旨依議。欽此。欽遵通行在案。臣等在臺言臺，竊見其事竟有難以奉行者，臺灣離省城七百餘里，又遠離重洋，文移往返動經數月，本地以道府為大員，一應錢糧、倉庫、刑名案件責成綦重，其承上啟下庶務殷繁，非計日辦理，克勤克慎，難免曠廢貽誤之愆，若該道府按季出巡，以兩千里之遠必須遍歷細細查察，非月餘不能往返，一年四次出巡，是一年四月在外僕僕道途必至貽誤公事。且臺地番民情性躁動遇事生風，道府為方面大吏，若出行之時單騎減從，於邊海之區不足以肅觀瞻而資彈壓，且臣等每年出巡凡遇各社番黎迎接，必宣講聖諭，佈告皇仁，加以賞賫，使之知所感畏，即鎮道出巡亦照此辦理。今若道府按季巡查，彼社番愚頑之性但見官府經過，便思覬覦賞賫，若遍賞既屬太濫，力實不能，而不賞則又易於起怨，于海疆殊屬未便。更兼濱海半屬沙土，田畝毗連，非若內地之有官塘大道，夏秋淋雨水深泥濘，禾苗在地，雜糧遍野，車馬隨從人等難免蹂躪之虞，有妨農事，如按季巡歷實有不能遵行之勢。臣等與鎮道府各行出巡一次已極周密，其州縣之賢否，辦事之優劣，自可悉知，似無庸道府再行按季巡歷，致多種種未便之處。臣等身在其地，目覩情形不敢以新經定例緘默不言，用是直陳，仰祈睿鑒。至臣等區區之愚，以直省道府或有似此不能按季巡查者，亦宜令各該督撫直陳聽候部議，恭請欽定，大凡奉行功令，必須實力遵循方有裨益，若明知其不可，虛應故事，僅存其名於吏治亦複何益？臣等謹據愚見，冒昧瀆陳，是否合宜，伏祈敕部議覆施行。謹奏。

［硃批］：該部議奏。

一三四、巡臺御史六十七等奏摺：臺地五六月雨水早禾收成分數

［乾隆十年六月二十六日］，巡視臺灣戶科給事中臣六十七、巡視臺灣兼理學政雲南道監察御史臣范咸謹奏：為恭報臺地入夏雨水情形及早禾收成分數仰慰聖懷事。

竊臺郡今春雨澤調勻，業經臣六十七會同前任漢巡察臣熊學鵬繕摺

奏聞外，入夏以來，仰賴聖主洪福，甘霖疊沛，自五月十三日以後陸續遍得透雨，四邑兩廳高下田園均已霑足，所有旱禾現在登場，通郡勻算收成有八分之外九分之內，其各處晚稻現在及時蒔插。臣等職任巡方，恐有惰農或至失時廢業，於六月二十日會同鎮道各官前往郊外目觀，坡圳充盈，禾苗秀髮，農民踴躍佈插，一切雜糧無不暢茂，官弁民番鹹深歡忭，臣等隨各捐資犒勞，勸勉力作，以仰副我皇上宵旰勤民，務農重本之至意。目下郡城米價每石一兩三錢，各屬自一兩零二分以至一兩一錢五分不等，郡城米價較之上年已屬平減。地方現在寧謐，七八月間若再得雨澤接濟，可獲全稔。至民間米價不昂，糧食充裕，各縣倉貯無庸平糶，俟秋成更獲豐收，臣等即與督撫商酌並飭道府等官通盤籌畫，採買以實倉貯。臣等因地懸海外恐上廑宸衷，所有雨□時若，禾苗茂盛情形，合行據實奏聞，不敢稍有一字粉飾，以期仰慰聖懷，謹奏。

［硃批］：欣慰覽之。

一三五、巡臺御史六十七等奏摺：澎湖突遇臺颶委員辦理查勘並郡城及各縣米價情形

［乾隆十年九月初五日］，巡視臺灣戶科給事中臣六十七、巡視臺灣監理學政雲南道監察御史臣范咸謹奏：為奏聞事。

竊臣等於九月初二日據澎湖水師副將楊瑞及澎湖通判汪天來等報稱，八月二十五日辰刻澎湖地方東北風作，巳刻突轉東南，狂風暴雨，浪湧滔天，至戌刻颱颶尚無寧息，澎協兩營船隻及收泊灣內商船，各椗□俱被風浪刮斷，衝礁擊碎甚多，至二更時候方得少止。該副將等隨即前往海口查勘目擊情形，實在可憫，至文武衙署倉厫及民居房屋俱有倒塌，現在逐一清查商船並淹沒人口民房確數，另文具報外，其各灣杉板頭小船以及田園民居房屋亦被風雨衝損，現在另行查勘明確具報等情，飛稟前來。該臣等查澎湖地方本系海中島嶼斥鹵砂磧之地，向來不能種植禾稻，即有些少田園亦秖種地瓜雜糧等物，每年僅徵銀壹百伍拾玖兩陸錢零在案。據報八月二十五日突遭颱颶風潮，營商收泊船隻擊碎甚多，其衙署倉厫以及民居房屋俱有倒塌，人口亦有淹沒等語。臣等隨與

署臺灣道莊年面商飛委臺防同知方邦基，星即前往協同澎湖通判汪天來徧行查勘澎湖各湾擊碎商船及淹沒人口民房確數，是否成災，如有應行賑恤之處，臣等仰體皇仁，即令其在澎湖通判衙門備公銀兩內動用，照例撫恤，毋致失所。倘有應用米穀賑恤者即令在澎湖存貯倉穀內動用，另行酌量撥補。至所報倉廒倒塌，其存貯米穀有無傷損以及田園雜糧被風雨衝損之處，一併飭令查勘明確，造具清冊詳報。臣等一面飛咨督撫，聽其酌量辦理外，理合將澎湖突遇颱颶及臣等現在委員辦理情形據實奏聞。至臺灣離澎湖水程四更，計二百四十裏，八月二十五日臺灣地方風潮甚小，一切田禾民居毫無傷損，現在四邑晚稻陸續登場，其未收刈者俱已秀穎結實，從此十日之內不遇颱颶，豐收可必，現今郡城及各縣米價自一兩三錢零至一兩零不等，誠恐上廑聖懷，合行一併據實具奏，謹奏。

［硃批］：所奏俱悉。

一三六、巡臺御史六十七等奏摺：澎湖地方被風及委員辦賑

［乾隆十年十月二十二日］，巡視臺灣戶科給事中臣六十七、巡視臺灣監理學政雲南道監察御史臣范咸謹奏：為奏明事。

竊澎湖地方於本年八月二十五日偶遇風災，臣等聞報隨與署臺灣道莊年面商，飛委臺防同知方邦基星即前往，徧行查勘，酌量賑恤，業經臣等於九月初五日繕摺奏聞，繼經督撫二臣委令俸滿鳳山縣知縣□承垣協同澎湖通判汪天來查辦，並撥銀四百兩賫（幣）前往賑恤。茲據方邦基、□承垣、汪天來會詳內稱，澎屬園地斥鹵不堪樹藝稻穀，所有雜糧俱於六七兩月未經被風之前，先已收割，頗稱豐稔，田園實未被災，毋庸賑恤，惟是居民廬舍被風損壞，其實在倒塌無力起蓋者計七十間，每間賑銀一兩，共賑銀七十兩；瓦片被飄無力脩葺者，計六百四十一間，每間賑銀三錢共賑銀一百九十二兩三錢。俱各按照間數逐名給發，務使小民均霑實惠，並不假手胥役，其杉板頭船擊碎共四隻，賑銀一兩五錢，共賑銀六兩；淹斃船戶舵水一十七名，每名賑銀一兩，共賑銀一

十七兩；漁船共擊碎四十三隻，每隻賑銀一兩，共賑銀四十三兩。俱按名給發，均各得所等語。臣等覆查無異，除賑恤過銀兩該廳縣逐一分晰，備造清冊，詳請督撫二臣核題外，所有臣等委員辦理賑恤已竣緣由，理合繕摺奏明，仰祈睿鑒。謹奏。

［硃批］：知道了。

一三七、巡臺御史六十七等奏摺：臺灣各廳縣本年早晚二禾收成分數及米糧時價

［乾隆十年十月二十二日］，巡視臺灣戶科給事中臣六十七、巡視臺灣監理學政雲南道監察御史臣范咸謹奏：為恭報臺屬收成分數年歲豐稔情形仰慰聖懷事。

竊查臺郡今春雨澤調勻，夏秋以來甘霖疊沛，所有各廳縣高下田園禾苗暢茂之處，臣等疊經繕摺奏聞外，茲屆收穫之候，隨檄令臺灣府轉行各屬將收成分數確實開報。據該府褚祿查覆前來，內稱除澎湖地方向不栽種禾稻，臺灣縣地方向不栽種早禾無庸開報外，查臺灣縣晚稻收成確有八分五厘，鳳山縣早禾收成確有八分，晚稻收成確有九分，彰化縣早晚禾稻收成俱確有九分，淡防廳所屬地方早晚禾稻收成俱確有九分，其各種雜糧收成分數，計澎、淡兩廳及臺、鳳、諸、彰四縣通算確有九分等語，臣等覆加察核無異。查本年臺郡早晚二禾及各種雜糧收成分數實為豐稔，可書大有，目下郡城米價每石一兩三錢零，各屬米價自一兩零以至九錢零不等。現在地方寧謐，人民樂業，營伍亦皆肅清，臣等恐上廑宸衷，謹將收成分數年歲豐稔情形據實繕摺奏報，仰慰聖懷，其閱操巡訪事竣，另行具報，合併聲明，仰祈睿鑒。謹奏。

［硃批］：欣慰覽之。

一三八、巡臺御史六十七等奏摺：擊碎商船應行賑恤

［乾隆十年十一月十七日］，巡視臺灣戶科給事中臣六十七、巡視臺灣兼理學政雲南道監察御史臣范咸謹奏：為奏明事。

竊澎湖地方於本年八月二十五日偶被風災，業經臣等節次奏聞，除

田園並未成災無庸賑恤外，其居民廬舍被風損壞者共計七百一十一間，酌量輕重賑過銀二百六十二兩三錢，擊碎杉板頭船四隻共賑過銀六兩，淹斃船戶舵水一十七名，共賑過銀一十七兩，擊碎漁船四十三隻共賑過銀四十三兩，以上通共賑過銀三百二十八兩三錢。繼經委辦查賑之同知方邦基等報稱，尚有擊碎內地商船三十七隻，淹斃之船戶舵水共計一百六十二名，緣先奉藩司駁查未敢造報，但查是日海洋之風猛于陸路，船戶之災甚于居民，此等商船人亡船破，尤堪憫惻，議將擊碎內地商船三十七隻，每只賑銀三兩，共計銀一百一十一兩；淹斃之船戶舵水一百六十二名，每口恤銀一兩，共計銀一百六十二兩。現在逐一分析，備造清冊，詳報督撫請賑等語。臣等查商船遭風擊碎，片板無存，且船戶舵水皆系朝廷赤子，既經淹沒，自應一體賑恤，以廣皇仁，惟是查賑之同知等既經通報督撫，應聽督撫二臣核實，且題臣等合將查出擊碎商船應行賑恤緣由，續行奏明，伏祈睿鑒。謹奏。

奉硃批：知道了。欽此。乾隆十一年二月十一日。

一三九、巡臺御史六十七等奏摺：擒獲臺灣縣劫殺之凶番

[乾隆十年十一月十七日]，巡視臺灣戶科給事中臣六十七、巡視臺灣兼理學政雲南道監察御史臣范咸謹奏：為奏聞事。

竊臺郡內山生番性同豺虎，其俗以戕殺人多者為雄長，所居在密林荊棘之中，難以搜捕，是以臺地生番殺人之案每多不能完結。臣等訪聞近有一種巧黠熟番，假作生番裝束潛行劫殺，情殊可惡，隨與鎮臣張天駿署臺道莊年面商，嚴飭府廳縣，如遇劫殺之案，必在生番地界者，方許以生番作歹通報，若在平地離山尚遠之處，不得藉口生番推諉，務必嚴緝凶徒正法，以警凶頑，倘有捏報等情，必行嚴加參處。本年十月初十，據臺灣縣知縣李閶權面稟稱，該縣所屬番薯寮地方，於十月初八、初九兩日連被凶番劫殺，放火燒毀房屋十一間，用標殺死人民大小十口，割去頭顱九個等語。臣等查番薯寮離縣治八十餘里，去山尚有十餘里，不在生番地界，隨飭令即行嚴緝密訪，務獲殺人凶番到案。去後嗣經臣等出巡之便，隨親往其地踏勘，見番薯寮地方介在臺邑之大傑巔社

及鳳邑之武洛社二社熟番之間，因密訪有武洛社土目等與大傑巔社番通謀作歹，當即委隨行之署鳳山縣下淡水巡檢徐夔，南路營千總王廷樞將武洛社土目阿無義，押交臺邑嚴審。既經臺灣縣李閶權通報，陸續緝獲大傑巔社番小沙林、微朗、阿難門、丁沙翁、番婦大尾及武洛社番大仁肉、萬那挨、惟朗等九人。研審供稱，初七日與武洛社番等在番婦大鳥嫣家飲酒通謀，於初八、初九等日連行劫殺是實。臣等隨面諭李閶權詳加研訊，務必起出頭顱贓證明確方可抵罪，若已審明為首之犯，及下手為從人等，已經就獲，飭令即速審明詳結，不得牽累多人，以致番社驚惶，一面令其出示曉諭。各社現在地方俱各寧靜，民番安堵無事，除此案審明擬罪應俟撫臣具題，其臺灣縣知縣李閶權辦理此案，晝夜查訊，遍處密訪，實心緝捕，一月之内兇犯已獲過半，業經劄知督撫二臣，外臣等身在地方，目擊情形，合將凶番劫殺已經擒獲，地方甯謐緣由，據實奏聞，謹奏。

［硃批］：平時踈縱之咎不可辭其責，而即速緝獲並不掩飾之處，稍足自贖其愆耳，然不可不慎也，欽此。

奉硃批：平時踈縱之咎不可辭其責，而即速緝獲並不掩飾之處，稍足自贖其愆耳，然不可不慎也，欽此。乾隆十一年二月十一日。

一四〇、巡臺御史六十七等奏摺：閱驗臺灣鎮協官兵營伍

［乾隆十年十一月十七日］，巡視臺灣戶科給事中臣六十七、巡視臺灣兼理學政雲南道監察御史臣范咸謹奏：為恭報閱操巡視情形仰祈睿鑒事。

竊臺灣一郡僻在海外，武備既關緊要，政務尤宜整飭。所有鎮協各營官兵，以及地方利弊民風番俗情形，例應臣等查閱巡視。除澎湖左右二營因遠隔大洋，照舊例檄委澎湖通判汪天來會同該副將楊瑞就近閱看詳報外，臣等遵于本年十月十二日會同鎮臣張天駿，閱看臺灣鎮標三營及城守營兵丁操演，十七日又閱看臺協水師三營操演。俱各旗幟鮮明，甲械堅利，其陸路步伍既屬整齊，即水師駕馭亦頗便捷，臣等隨捐資給賞，仍微加分别等第，以示鼓勵。至本年例應巡歷南路地方，臣等於十

一月初一日，輕裝減從，自府治起程由鳳邑所屬之大湖、阿公店等處，至鳳山縣治宣講上諭，集士民等面加訓誨，布揚皇仁，並飭該縣及佐雜等官留心教養，實政撫恤民番，即閱看南路營官兵操演，俱甚整肅，亦經量捐獎賞。再由該縣之鳳彈、萬丹、新園下淡水番社，以至南路盡界之放□等社，復沿傀儡山以至茄藤、力力、上淡水、阿猴、山豬毛、塔樓、武洛等八社，循山而北轉入臺灣縣界之大傑巔社、羅漢門山等處，周歷情形，經過營盤皆飭其防範嚴密，不時操演。臣等巡行各社時，俱親集土目衆番及讀書識字之番童，開誠撫諭，宣佈聖天子仁恩，給以煙布、紙筆等物，莫不歡忭鼓舞。再，有鳳邑琅嶠十八社及傀儡生番，素居深山之內，歷來未經撫恤，臣等至茄藤社與傀儡山相近，伊等聞風向慕，琅嶠社土目率領衆番二十八名，傀儡社土目共六名，僉赴臣駐紮處所，稽首歸誠，願霑王化。臣等隨宜揚聖主至德，捐資倍加恩賞，歡聲動地，此皆我皇上聖德遠播以致異類格面傾心，臣等不勝慶倖，合行一併陳明，以仰慰聖主廑念海疆之至意。至臣等巡歷既訖，於十一月十二日回署，所有閱驗營伍，巡視地方情形，謹據實繕摺奏聞，伏祈睿鑒。謹奏。

奉硃批：此不過虛應故事耳，雲生番向化何以復有熟番焚掠之事，此後一切務實，遠海要地，汝等其慎之。欽此。乾隆十一年二月十一日。

一四一、巡臺御史六十七等奏摺：稽查臺灣米穀偷漏情形

[乾隆十一年正月十七日]，頒到硃批奏摺二道，臣等跪迎進署恭設香案，伏讀諭旨訖，所有臣等奏請乘時採買谷石以補倉貯，以資接濟事一摺，內稱近年議海運者每慮臺灣谷石有透越他處之虞，不知臺灣米船出口必在臺防同知處掛號及至廈門收口，則在廈門同知處驗照，彼此互相稽查，若有一船不到，必行根究下落，且臺灣船隻自來只收廈門，緣海道至險之地，若非熟知風信焉敢輕蹈。臣等親在其地，始知臺灣米穀實無偷漏他處之虞等語。奉硃批：殊不知慣作弊者皆熟知風信之人也，此處尚宜酌量。欽此。臣等恭讀之下，仰見我皇上聖明遠照，慎重

海疆之至意。臣等謹遵訓旨不時稽查，仍嚴飭臺夏二廳於船隻出入口岸時，細加查核，嚴行防範偷越，務使諸弊肅清，以期仰慰聖懷。至現在兵民和樂，地方甚為寧謐。郡城於臘月間屢有微雨至三十日密雨竟日，一切雜糧園蔬俱得滋潤，其鳳山縣所種早冬名邑之稻已經陸續蒔種，現今米價一兩三錢有零不等，恐厪睿懷，合行一併奏聞，謹奏。

［硃批］：覽。

一四二、巡臺御史六十七等奏摺：臺灣各屬二麥收成分數並雨水糧價

［乾隆十一年閏三月初四日］，巡視臺灣戶刻給事中臣六十七、巡視臺灣兼理學政雲南道監察御史臣范咸謹奏：為恭報二麥收成分數及現在得雨情形仰祈睿鑒事。

竊臺灣地方麥收較內地獨早，茲於三月二十七日據臺灣府知府褚祿報稱，除臺灣、鳳山二縣向俱不種二麥，彰化一縣向不種大麥外，本年諸羅縣大小麥收成確有七分五厘，彰化縣小麥收成確有九分等因前來，臣等覆查無異。至臺、諸、彰三縣現在禾稻種植為時尚早，惟鳳山縣有早冬名色之稻，此時將次抽穎，然栽種亦不甚多。臣等查得今歲臺郡自入春以來北路諸、彰二縣雨水霑足，惟臺鳳二縣微覺少旱，茲三月二十六日已得大雨，入土深透，所有地瓜、芒蔗等項，俱各青蔥秀茂，將來交四月再得雨水接濟，早晚二稻自可漸次布種。至目下郡城及各縣米價自一兩二錢至一兩三四錢不等，惟恐五六月間青黃不接，米價或至少昂，臣等自當飭府縣酌量將存貯倉谷減價平糶以濟民食。臣等因地懸海外，恐上廑宸衷，理合將現在情形據實奏聞，為此謹奏。

［硃批］：覽奏俱悉。

一四三、巡臺御史六十七等奏摺：緩徵臺灣官莊錢糧

［乾隆十一年閏三月初四日］，巡視臺灣戶刻給事中臣六十七、巡視臺灣兼理學政雲南道監察御史臣范咸謹奏：為奏聞事。

竊乾隆十年九月二十日內閣奉上諭，閩省丙寅年地丁錢糧已全行蠲

免，惟是臺灣府屬一廳四縣地畝額糧向不編征銀兩，曆系徵收粟穀，今內地各郡既通行蠲免而臺屬地畝因其編征本色不得一體邀免，非朕普遍加恩之意，著將臺灣府屬一廳四縣丙寅年額征供粟一十六萬余石全數蠲免，該部即遵諭行，欽此。欽遵在案。臣等伏查臺灣一郡僻在海島，其田園征納錢糧與內地迥異，欣逢我皇上大沛鴻仁，湛恩汪口，更復睿慮精詳，旁炷海外，特詔蠲免臺灣府一廳四縣供粟，雕題口齒之倫，莫不歡聲動地，此誠亙古未有之盛典也。臣等再查得臺灣一府供粟之外，尚有官莊一項，原系康熙年間在臺文武各官出資開闢，田園官收租息，名為官莊。繼于雍正三年原督臣滿保題報歸公，按照向日文武官所收租息歲征銀三萬四千一百一十二兩四錢三分一厘零，嗣因閩省歲入耗羨不敷通省各官養廉之用，荷蒙世宗憲皇帝將臺屬官莊租息賞給為各官養廉。此項田園，名為官莊，其按畝征納課銀與民間佃戶完納無異。臣等竊見上年大學士等議准耗羨為地方一切公用，毋庸蠲免等語，此項官莊既為通省各官養廉，以公辦公，事同一例，自不在蠲免之內。伏讀本年正月初四日上諭，朕愛育黎元，格外加恩，將各省錢糧普免一次，以為修養萬民之計，經大臣等酌議，國家每年一定之經費皆取資於正賦，應將各省分作三年蠲免，則經費有賴而先後之間，萬民均霑膏澤，至於耗羨乃有司養廉及辦理公務之必需，應令照舊輸納，朕已允行。今思朕之逾格蠲免天下正賦者，所以藏富於民，竊使閭閻之間終歲不聞催科之聲也。今正賦既蠲而耗羨又節完納，是官民仍有交關猶不免有追呼之擾，若將蠲賦之年應徵耗羨一併緩至開徵之年，按數完納，使小民於交官之便完此些須，不必兩次伺候於公庭，亦體恤民情之意，著該部即遵諭行，並將公用不敷之處作何拔抵酌議辦理，各省督撫當董率有司善為之，勿因此又別生弊端也，欽此。欽遵。仰見我皇上浩蕩鴻慈，惟恐天下有一夫不被其澤，是以縷頒恩旨，反覆周詳，普天率土均霑厚澤，至於此極。臣等竊思臺灣官莊一項，雖與耗羨同為養廉之用而耗羨則為正供之余，尚蒙聖主加恩緩至開徵之年按數完納，若臺灣官租錢糧向照佃戶完租，即同正項錢糧更與耗羨有别，每年舊例官莊皆緩至十月開徵，在此次通天下錢糧全行蠲免，實出我皇上格外隆恩，固非臣下所敢置議，但臣等既身在地方，深悉情形，合將臺灣官莊一項未經蠲免緣由，據實密奏，伏祈睿鑒。謹奏。

［硃批］：該部密議速奏。

一四四、巡臺御史六十七等奏摺：臺屬地方四月份雨水糧價

［乾隆十一年四月二十九日］，巡視臺灣戶科給事中臣六十七、巡視臺灣兼理學政雲南道監察御史臣范咸謹奏：為恭報入夏雨水霑足情形仰祈睿鑒事。

竊臺地入春得雨情形，業經臣等於閏三月初四日具摺奏聞，繼自穀雨之後一月不雨，早稻未能下種，天氣漸覺亢旱，米價亦日騰貴，郡城數日內賣至二兩一石。臣等一面飭府縣酌動倉谷減價平糶，隨於閏三月二十七日起，臣等率同道府廳縣等官，虔誠齊戒，步禱甘霖，仰賴聖主福佑，於四月初八、初九兩日連得甘雨，闔郡普遍霑足，旋經陰雨連旬，兩廳四縣高下田園處處深透，早禾已種者青蔥茂盛，其未種者漸次翻犁候種晚稻，一切雜糧、地瓜、蔬菜之屬，發榮滋長，民番喜得時雨，地方寧帖，其鳳山縣早冬名色之穀收穫已畢，計有六分五厘，現今郡城及各縣米價稍平，自一兩六錢零至一兩三錢不等，誠恐上廑聖懷，合行據實具奏，謹奏。

［硃批］：覽奏稍慰朕懷。

一四五、巡臺御史六十七等奏摺：臺灣六月得雨水早禾收成及糧價

［乾隆十一年六月十七日］，巡視臺灣戶科給事中臣六十七、巡視臺灣兼理學政雲南道監察御史臣范咸謹奏：為恭報臺地早禾收成分數及現在得雨霑足情形仰慰聖懷事。

本年六月十一日據臺灣府知府褚祿冊報早禾收成分數，除臺灣一邑自來不種早稻外，淡防廳早稻收成確有九分，鳳山縣確有六分五釐，諸羅縣確有七分五釐，彰化縣確有八分，通計廳縣早稻收成匀算確有七分

七釐五毫等因前來，臣等覆查無異。至郡城現在正蒔插早稻之時，臣等職任巡方，應行勸勞農民，俾其各勤力作，因於六月二十日會同署鎮及道府等官前往郊外目觀，晚稻種植已經過半，俱各秀髮，其雜糧亦皆暢茂。臣等隨各捐資犒勞農民，勉其各勤厥業，以仰副我皇上務本重農之至意，一時官弁民番，咸深歡忭。臣等勸勞之下，細察高地不無過燥，尚須雨澤，仰邀聖主洪福，於十三、十四兩日先得微雨，至十五日甘霖大沛，繼而密雨連日，四郊十分霑足深透，未種之田園得以乘時盡行插秧，其已種之禾苗更得及時長茂，尤為得力。現在郡城米價一兩五錢零，其各廳縣自一兩五錢至一兩零不等，緣臺邑不種早稻，故郡城米價尚昂，其淡、彰二處早稻俱已豐收，有僅賣一兩零者，此番得雨之後，郡城米價自可平減矣。升任鎮臣張天駿已赴水師提督之任，總兵事務督臣馬爾泰現委水師副將施必功護理，臣等自當和衷協同辦理，以期營伍整飭。現在地方寧靜，民番樂業，臣等因地懸海外，恐上廑宸衷，合將地方實在情形，據實奏聞，仰慰聖懷，謹奏。

［硃批］：欣慰覽之。

一四六、巡臺御史六十七等奏摺：臺灣收成分數

［乾隆十一年十月二十二日］，巡視臺灣戶科給事中臣六十七、巡視臺灣兼理學政雲南道監察御史臣范咸謹奏：為恭報臺屬收成分數仰祈睿鑒事。

竊查今歲春夏雨水霑足，可望豐收，經臣等節次繕摺奏聞外，惟是入秋以後郡城雨澤稀少，南北二路陸續得雨，雖不至旱而收成不無少減。玆據臺灣府知府褚祿冊報，除澎湖地方向來不種禾稻，臺灣縣地方向不栽種早禾，俱無庸開報外，查臺灣縣晚稻收成分數確有六分六釐，鳳山縣早稻確有六分五釐，晚稻收成確有七分，諸羅縣早稻確有七分五釐，晚稻確有七分，彰化縣早稻確有八分，晚稻確有七分，淡防廳所屬地方早稻確有九分，晚稻確有七分四釐。其各種雜糧收成分數，計澎、淡兩廳及臺、鳳、諸、彰四縣通算確有七分等語，臣等覆加察核無異。現在撫臣委員來臺採買倉谷，米價未能平減，郡城每石一兩七錢三分

零，各屬米價自一兩五錢五分至一兩三錢零不等。現在地方寧謐，兵民相安，臣等惟恐來春米價過昂，理應先為籌畫，因本年平糶存有銀兩，隨與署臺灣道莊年面商，業於八月中預在淡、彰二處多產米穀之所，採買谷一萬石運貯郡城，以備明年青黃不接之時酌量平糶，以濟民食。臣等因地懸海外，恐上廑宸衷，謹將收成分數及臣等辦理情形，據實繕摺奏報，仰慰聖懷。其閱操巡曆事宜容臣等巡訪事竣，另行具報，合併聲明，仰祈睿鑒。謹奏。

奉硃批：覽奏俱悉。欽此。乾隆十一年十二月初十日。

一四七、巡臺御史六十七等奏摺：臺郡地方入春雨水糧價

［乾隆十二年二月十五日］，巡視臺灣戶科給事中臣六十七、巡視臺灣兼理學政雲南道監察御史臣范咸謹奏：為奏明臺地入春得雨情形仰慰聖懷事。

竊照去歲臺郡秋冬少雨，業經臣等節次據實奏聞在案。茲自入春以後於元旦即得微雨，繼於正月十三日以後，甘霖疊沛，節據臺灣府知府褚祿稟稱，入春以來民間所栽春麥及雜糧芒蔗正須雨水滋灌。茲於正月十三、十五、十六、二十六等日連得甘雨。隨遣役遍查鄉，田水霑足，可以長期翻犁，其雜糧俱各秀茂青蔥，言之農民皆稱今歲得雨甚早，又複滋透大於農功有益，各廳縣所報皆同等語，稟報前來，臣等覆查無異。至各屬米價因上年秋收少薄，南北二路亦皆昂貴，今自得雨之後，陸續漸減，郡城現在每石一兩六錢零，各屬自一兩一錢零至一兩四錢零不等，目下米穀不至缺乏，民情安堵。臣等因地懸海外，上年秋冬雨澤稀少，恐上謹宸衷，所有入春得雨霑足情形，合行據實奏聞，仰慰聖懷，伏祈睿鑒。謹奏。

［硃批］：欣慰覽之。

一四八、巡臺御史六十七、范咸奏報臺地採買情形摺

［乾隆十二年二月十五日］，巡視臺灣戶科給事中六十七、巡視臺灣兼理學政雲南道監察御史范咸謹奏：為奉硃批諭旨備陳臺地採買情

形事。

竊臣等於乾隆十一年十月二十日摺奏，為奏明事一件，於乾隆十二年二月初六日接到硃批諭旨，同日□□撫臣陳大受咨稱乾隆十一年十二月十一日內閣奉上諭，按巡臺御史六十七等雲：欽此。欽遵轉行咨會到臣等。跪讀之下□汗浹背，悚惕□寧。查臺地採買情形，臣等已於昨年十一月二十六日備細奏明於年內務行採買谷十萬石積貯臺倉，其尚□十萬石，請俟明歲秋收後買足等語，奏聞在案總經署臺灣縣莊年臺灣□□□□□會詳，稱各屬縣共收買穀一十萬七千七百六十六石，經節次轉報在案，尚未買穀九萬二千二百三十四石，茲接各屬縣詳情寬限之，俟來歲各城買足等語。臣等□接詳移明撫臣，茲接到諭旨申飭，臣等會協同地方官妥協辦理，臣等欽此欽遵。一面□行□府將一屬四縣已領未買之穀價速飭相時妥辦，陸續買足貯倉，以俟內地撥運，毋許推諉不前，一面詳查地方情形，臺地□現在已得雨，而穀價所減有限，正在青黃不接，採買不無艱難，然□可副臣等前奏於秋收時買足，必不至有□也。惟是臣等及皇上高厚之恩，以小臣□海外□□夙夜兢惕，只懼財力有所未及，而一□□忱更□不敢不備陳於聖主之前者，伏□臺灣孤懸海島，而實為閩粵江浙之藩籬，惟臺灣□而後四省沿海之地，望安□惟臺灣是而後全閩之民倉可足固，久在聖明洞鑒之中。上年閩省內地收成尚好，而臺郡收成稍薄，米價又昂，臣等初聞前撫臣周學健遣員採買之□惟想二十萬石，一時全買米價益昂，臣想地方官辦理不善，或致病民，激成事端。臣等方在地方目擊好動惡靜之百姓，實有不能不□顧慮者，是以有十月二十二日之奏及後委員來臺，在撫臣本專責成遵府協辦，而臣等不敢袖手旁觀，隨督率道府，嚴飭屬縣上緊辦理，不及兩月已買谷十萬石有零，臣等□惟不敢掣肘，亦斷不敢漠視也。至周學健摺奏臺郡採買之弊由地方官□□□買□利等語。查臺郡向例撥運內地□□及金廈□米臺澎□□□米每年定額五萬二千余石，又有每年採買撥補福興漳泉四府平糧谷七萬余石，款項既多，地方官不無挪移之弊，臣等向無盤查倉庫之責，不能深悉底系即周學健但行奏明而不竟參劾者，亦自有故。在臣等不能察吏去弊咎實難辭，但因採買米谷關係生人之大命不得不加

□重是以收二十萬石，分為兩次採買，緣臣等巡曆北路時目擊民情兩人細酌意見相同，非敢□官吏聳動之言，遂不為閩省民倉計也。自來臺灣巡視御史，每因採買一事與閩省督撫意見不合，在督撫則以內地民倉為重，在御史則以臺灣地方為重，各顧責成，遂致各負岐見，其內地與臺灣□非王土，督撫與御史自當平心和氣一秉至公通盤籌畫，始無偏向，在臺灣每年原有採買撥運內地之定額，每年歲豐稔採買定額有餘自當多方另行採買以補內地倉貯□，收成平常之年即向來定額尚買不足而又另行採買，反置定額於不問，如乾隆十年，前撫臣周學健奏明買谷十萬石運送內地，而是年應超運內地補倉之穀一十一萬四千八百零四石，又分派臺屬四縣積貯，應買穀九萬三千六百五十石，竟顆粒未買，□宕至今，是因另行採買十萬石，而反停買二十余萬石之舊額是未得採買之益也。臣等□悉情形，雖劄致周學健雲新買之穀□已□數，而舊欠之穀竟致□□是此盈彼絀，內地所得之穀止有此數，□不如不□□名色之為愈也。至上年採買谷二十萬石，臣等飭所縣先於年內買十萬石，而上年應買撥運福興漳泉四府平糶之定額計谷七萬余石，則又顆粒未買，是又未得採買之益也。從今年歲□有豐歉，而一方所產米穀止有此數□中平收成之年分多，而大豐大歉之年原不□□□□□臺郡□向于地方□□□米谷原多近則開墾已遍，惟沿山逼近生番之處尚有餘地，然因民人積墾多被生番戕殺，屢經條陳分界禁止越墾是臺地可開墾者亦屬無多，而內地流民日眾惟年谷順成始保地方寧謐，今內地□於目前之升平每於定額採買之外又行採買，在內地積貯固屬緊要，而臺地之積貯亦□無幾，從前周學健於通□臺郡供粟撥運事宜□內亦□□及臺地積存谷石趕運□□，今查現在臺郡積貯倉穀惟彰化一縣實貯穀有四萬三千余石，如臺灣系首縣尚不及萬石，至淡防一所只有三千余石，設遇水旱不齊亟須賑濟，內地當有他省可以撥運，而臺地遠隔重洋斷難望內地一時救急，去年之採買臺郡方欲顧內地之積貯，而不能顧本地之積貯，此臣等所夙夜思量，束手無策者也。伏懇聖明俛念海外要地□下督撫二臣相時斟酌，遇臺灣時和歲豐，每年常額採買有餘方可以更議採買，設定額尚不能買足，□另議採買□那些應被徒有採買之虛名究不得採買之實□□非為國家□心

□□□□□臣六十七仰荷天恩留任二年，現在已逾一年，臣范咸現在惟俟新任交代非不知遵旨。再採買九萬二千二百三十四石，便可以結此次採買案，但臣等□恩受恩阮重不得不反□備陳，蓋為臺灣正所以為內地，而為久遠之臺灣計，自不敢僅為一時之臺灣計，是以披瀝□諸詳患敷奏為存心取巧只顧一己之私，固不能□聖明洞鑒，即□夜日思其何以上對君父，臣等□至愚陋尚具人心斷不敢自暴自棄以負皇上天恩也。緣系奉旨申飭事宜，謹條陳情形並抒管見恭候聖訓，臣等不勝激切惶悚之至，謹奏。

奉硃批：覽奏俱悉。欽此。乾隆十二年四月初三日

一四九、巡臺御史范咸交印日期摺

［乾隆十二年四月初六日］，巡視臺灣兼理學政雲南道監察御史加一級記錄三次臣范咸謹題：為恭報微臣交印日期事。

乾隆十二年二月拾二日承准都察院劄付為請旨事、刑科抄出本院題前事，於乾隆十一年十一月十三日題，十五日奉旨稽查吉林烏拉事務，著官泰去，巡視臺灣事務，著白瀛去，欽此。欽遵劄行到臣，臣隨於乾隆拾貳年肆月初陸日謹將欽頒臺灣學政關防壹顆，交新任巡視臣白瀛接受，所有微臣交印日期，理合恭疏具題，伏乞皇上睿鑒施行，為此謹具題聞。

一五〇、巡臺御史白瀛接印任事日期摺

［乾隆十二年四月初六日］，巡視臺灣兼理學政陝西道監察御史加一級記錄一次臣白瀛謹題：為恭報微臣接印任事日期仰祈睿鑒事。

竊臣奉命巡視臺灣恭請聖訓於乾隆十一年十二月十二日，自京啟程，至本年四月初六日抵臺，准前任巡視臣范咸親交欽頒雍字五百二十九號學政關防壹顆到臣，臣隨設香案望闕叩頭，接受即日任事訖。伏念臺灣為海疆重地，巡視御史有稽查督率撫綏彈壓之責，職任匪輕。臣一介庸愚，荷蒙聖恩，簡用恭聆訓旨煌煌，惟有敬謹遵奉勉，竭微誠與現任巡視臣六十七協恭辦理，務期文武和衷，兵民安輯，以仰副我皇上任

用之至意。除巡視並學政事宜，容臣次第辦理外，所有微臣接印任事日期，理合恭疏題報，伏祈睿鑒施行。為此謹具題聞。

一五一、巡臺御史六十七等奏摺：臺郡四月份雨水糧價

［乾隆十二年四月二十二日］，巡視臺灣戶科給事中臣六十七、巡視臺灣兼理學政陜西道監察御史臣白瀛謹奏：為恭報入夏雨水霑足情形仰慰聖懷事。

竊臺郡今春時雨霑足，業經臣六十七會同漢巡察臣范咸繕摺奏聞外，入夏以來仰賴聖主福庇，於四月初三、初四等日得雨以後，晴霽旬日，田園正需雨澤，茲十四、十五兩日連得大雨，甘霖普遍，四野霑足。隨查據兩廳四縣報稱於十四日得有大雨，自辰時起至亥時至，淋漓如注，入土深透，十五日巳時又得密雨，至午時止。遍查城鄉各裏高下田園，咸各深透霑足，目下正當晚禾下種之時，得此透雨便可翻犁蒔種，其芒蔗、落花生、黃豆等項雜糧，均各青蔥改色，愈加暢茂，農民欣口，喜溢郊原等語。臣等覆查無異，至闔屬米價三月間自一兩六錢至一兩四五錢不等，目今郡城米價減至一兩四錢有零，各屬米價亦各平減，番民安樂，地方寧謐。臣等因臺郡孤懸海外，誠恐上廑宸衷，所有雨水霑足情形，理合據實奏明，伏祈睿鑒。謹奏。

［硃批］：覽。

一五二、巡臺御史白瀛奏摺：查辦臺灣郡公項

［乾隆十二年四月二十二日］，巡視臺灣兼理學政陜西道監察御史臣白瀛謹奏：為據實奏聞事。

竊臣沿途接閱邸抄見陞任撫臣周學健摺奏臺郡採買積弊一摺內稱，四縣按季輪流供應御史衙門每季約需費三四百金等語。及至福省，撫臣陳大受向臣雲：巡查衙門歷來借辦公名色，令四縣家人任意出入，往來供給，竟尚浮靡，各縣每年賠墊至三四百兩，誠為未便。督臣喀爾吉善所言大略相同。臣聞之不勝駭異，伏念臺灣為海疆重地，巡查御史有表率地方，整齊風俗之責，理宜潔己率屬，弊絕風清，方不負我皇上簡用

之意。遂於到任後逐款親查，加以密訪，始知各縣原有供應各有開銷，但日久弊生，有不可不亟加厘剔者。查歷來巡查犒兵賞番及一切食用等物，原系自備，所有養廉盡足敷用，惟是修理衙署執事備用心紅紙紮以及油硃火藥等項，定例在各縣耗羨項內按款支銷銀共四百三十兩，年終匯冊報銷，向緣此項銀兩系四縣報銷，即令四縣承辦，又未立定章程，往往有僅費一兩竟開至三四兩者，甚有並未支用混行開銷者。在巡查以公項既定無庸稽查，在各縣以事屬因公未便核減，若輩從中侵蝕，弊端叢生，此所以有按季供應之名而每季賠墊三四百金亦非無因而雲然也。臣訪查既確，深知此弊，總因上下既有交手又無稽查所致，不清其源未有能止其流者。現今飭令該府將例設公項，按款分別題解交臣衙門巡捕官妥協辦理，年終造冊查核，統計一年如於原定額數尚有贏餘，則留於節省項下，為地方公事之用；倘有不敷，量其多寡，或于養廉內發補，或咨明督撫，聽其酌量籌辦。至各縣家人坐府辦事，借稱供應之名色招搖撞騙，窩賭窩娼，大幹法紀，臣已面諭。各該縣令其立刻撤回，不許逗留生事，仍一面出示嚴禁地方，毋得容隱滋弊，務期弊絕風清，以仰副我皇上澄敘官方，安海疆之至意，所有查明實在緣由，並現在辦理情形，理合據實奏聞，是否有當？伏祈睿鑒。謹奏。

[硃批]：知道了。

一五三、巡臺御史白瀛到任辦理事宜摺

[乾隆十二年四月二十二日]，巡視臺灣兼理學政陝西道監察御史臣白瀛謹奏：為敬陳到任辦理事宜、仰祈睿鑒事。

竊臣一介庸愚，蒙皇上天恩，俾以巡察重任出京之日又蒙皇上特賜召見，諭以寬心任事不可□名，臣跪領之下感激無地。本年四月初六日到任視事除照例具本題謝外，伏念臺灣遠隔重洋，向來官斯土者往往視為傳舍，不肯寬心辦公，以為苟且了事，將來任滿便可卸責他人，因循已久習為故然，非大破積習不能整頓，所有供應積弊另摺奏聞外。查地方設立巡查原欲其察吏安民以佐督檢耳目所不及，至於一切詞訟細事自應照例逐層辦理，方無滋擾掣肘之弊，況臺地民番雜處，人情浮囂，易

動□不宜喜事邀名以長流風。乃臣到任後見番民紛紛投遞呈詞事，皆瑣屑細□□行越瀆案。查歷來巡按衙門原無親理詞狀之例，乾隆八年十月內徑前任巡察給事中臣書山等為數陳管見一摺內稱，凡有關於民生風化者酌量輕重分别批發提訊等語，奉旨命允遵行在案。立德之始未嘗不善而日久弊生未免濫觴，竟有一等奸民每遇地方官稍稍執法，即奔赴巡查衙門提款越訴，希圖騙准挾制本地官吏，種種弊端不可枚舉，刁健之風斷不可張。臣因出示嚴禁指明條例，凡未經地方官審斷並未向道府□理及毛□細□牽扯浮詞者，除一概不准外，並檄令逐回本地方官照違例律責懲，以懲刁風。再衙門之有吏後所以供使令也。乃臣於到任後循例點卯，查有並不隨衙辦事止於點卯時一到者共二十來人，逐一詢查，俱稱相沿已久未便革除。臣思果系安分守法無庸假此虛名，萬一藉端生事招搖撞騙則貽害地方，誠非淺鮮。現在照顧定數，因酌量存留令其隨衙服役，仍嚴行約束不時稽查外，其餘一概革除，永行禁止。夫欲治人必先自治，臺地吏治民風怠懈已久，臣凜遵皇上聖訓，謹將臣等衙門積弊漸須清理，並於府縣因公進見時諄諄誡以寬心辦公力除陋習。仍不時留心訪察，凡有關於吏治民生之處一有見聞，臣當一面據實奏明，一面洽商督撫聽其查辦，固不敢任意紛更邀取虛名，亦不肯挾同欺隱代人受過。所有現在目擊情形並酌量辦理之處據實具奏，是否有當？伏祈皇上睿鑒訓示施行。謹奏。

［硃批］：知道了。欽此。乾隆十二年六月十四日。

一五四、巡臺御史白瀛奏摺：臺郡五六月雨水收成米價

［乾隆十二年七月初一日］，巡視臺灣兼理學政陝西道監察御史臣白瀛謹奏：奏為恭報臺地雨水情形及早禾收成分數仰慰聖懷事。

竊臺郡今春雨水調勻，初夏甘霖大沛各處田園禾苗暢茂，疊經臣等陸續奏聞外。五六月以來，北路一廳兩縣及鳳山縣之南路時得透雨，均屬霑足，所有早禾現在登場，晚稻及時蒔插。惟臺灣一縣及鳳邑之北路，六月內雨澤稀少，臣恐有誤布插之期，於六月二十二日親履郊外遍視禾苗尚無大傷，詢之農民鹹稱三五日內日若得透雨，蒔插非遲，秋收

可望。臣仰體皇上念切民依之意，齊戒步禱，旋於二十六七等日連得透雨，四野霑足。二十九日即會同鎮道各官前往郊外目觀坡圳充盈禾苗秀髮，農民踴躍乘時布插，一切雜糧無不暢茂，官弁番民咸深歡忭，臣等隨各捐資犒勞勤勉力作，以仰副我皇上宵旰勤民，重農務本之至意。所有早稻收成分數，通郡勻算，確有八分之外九分之內。目下郡城米價每石一兩四錢有零，各屬自一兩二錢至一兩四五錢不等，均屬平減。地方現在寧謐，七八月間若雨水不缺，全稔可望，至民間米價不昂，糧實充裕，各縣倉貯無用平糶，俟秋成後，如果豐收，臣當即與督撫劄商嚴飭各廳縣將設立印薄，實力稽查，斷不使仍蹈前轍，致滋擾累。臣因地懸海外，恐上廑宸衷，所有雨水情形，米價數目謹據實奏聞，不敢一字粉飾，以期仰慰聖懷。再臣六十七於六月二十八日接准撫臣諮文，已經奉旨革職離任回京，合併聲明。謹奏。

[硃批]：覽奏俱悉。

一五五、巡臺灣御史白瀛彙報秋旱、災情摺

[乾隆十二年九月二十日]，巡視臺灣兼理學政陝西道監察御史臣白瀛謹奏：為彙報秋旱偏災情形仰祈睿鑒事。

竊臺郡今歲春夏雨水調勻，禾苗暢茂，經臣陸續奏報在案。茲屆秋成所有北路淡水廳、諸羅縣、彰化縣所屬各地方及鳳山縣屬之下淡等處素稱產米之區，雨澤充盈，禾苗現在結實，豐收可望。惟臺灣一縣及鳳山之北地處高阜，水圳稀少。自八月初旬得雨後，經月不雨，恐有被旱之處。經臣檄飭各該縣親往查勘，務得確實分數，毋漏毋冒去後。茲據臺灣縣報稱：該縣共二十二裏，通計田園一萬二千二百餘甲，內除永康等十二裏，園多田少，且有陂、塘、埤、溝足資灌溉禾苗，現在青蔥結實，可獲豐收。分其、仁和等十裏，田園高低不一，內有黃萎漸枯不能結實者，共約一千一百餘甲，統計被災雖不及十分之一，但就仁和等各裏已成偏災等語。又據鳳山縣報稱該縣民莊田園共一萬三千餘甲，除有水園田一萬餘甲仍獲有秋外，其餘無水可溉者約二千餘甲，禾苗多半萎黃偏災之象已成等因各詳報前來。臣隨飛飭府、廳輕裝減從親往分頭履

勘，照確照例分別賑恤，勿得絲毫延漏，致令貧民失所。一面將被災分數益酌量辦理情形飛咨督撫聽其查核外，臣查現在米價平減，民情安帖，通郡合算元氣本屬無傷，但被旱之處未免向隅，自應仰禮皇仁，照例分別賑貸，以副我皇上愛民若子之至意。除收成分數統俟屆期查另行奏報，所有臺鳳兩縣被旱災情形，理合據實摺報，伏祈睿鑒。謹奏。

[硃批]：仍應督率地方官詳查辦理，務使均霑實惠可也。欽此。

一五六、巡臺御史白瀛奏摺：臺灣整飭吏治營伍

[乾隆十二年九月二十二日]，巡視臺灣兼理學政陝西道監查御史臣白瀛謹奏：為備陳臺地情形，仰祈睿鑒事。

竊照臺灣孤懸海外，為東南四省藩籬，番漢雜處，民無土著，率皆粵之潮、惠，閩之漳、泉。遊手好閒之流偷渡來臺，各分黨羽，好利輕生，非平時嚴行查禁過，其萌芽，遇事不少假借，務窮根株不足以靜浮囂而固邊圉。向緣督撫巡察，各持意見，以致上下觀望，遇事粉飾，吏職日廢，而民氣愈驕，其所由來者漸也。臣自到任數月以來，凡遇大小事件悉與督撫商酌而行，務令內外通達，嫌疑胥泯，使官吏無所容其揑飾，地方諸務逐件實力奉行。即如查拿偷渡以清奸匪之源，嚴行逐水，以絕奸匪之流；其餘打降拜盟、賭博、竊盜等事，有犯必懲，雖小必除，務期吏治整飭，地方寧謐。至於生番潛處內山，本無生事之心；熟番愚直，性成原有奉公之意，總緣漢姦貪利忘生，往往私入內山抽籐吊鹿，或欺熟番無知。奸盜邪淫無所不至，以致憤怨莫訴，釀成事端者有之。臣現在嚴飭各地方官，凡逼近內山地方，有私搭草寮零星居住者，概行驅逐。其熟番社內所有生事不法之徒，不時查拿，毋許容留隱匿，致令混雜生端。其定立界限之處，現准督臣來咨徹底清查。臣當督率有司殫心經理，務令內外肅清，以成一勞永逸之計。再海外重地，營伍最關緊要，臺地兵驕將惰，積習已久，總緣上下相蒙，以姑息為安靜，畏懦者倖免無事，任其跋扈；貪邪者朋比作奸，情同貓鼠。驕兵之盤結愈固，將弁之畏縮愈甚。此時已成痺痿不任之象，將來必有潰敗難收之勢。現任鎮臣陳汝鍵長厚有餘，精明不足，間有設施不中要肯，以致將

弁輕玩，恐於積玩已夂（久）之地不甚相宜。臣已將實在情形詳悉劄商，督撫應叅者核實，指叅應調者酌量掣調。現准督臣來劄，逐漸查核辦理，臣仍不時留心稽察，務令兵氣寧輯，將弁整頓，以仰副我皇上慎重邊疆，整飭戎行之意。再臺地米穀出入歷來聚訟紛紜，在內地則取之惟恐不多，在臺員則禁之惟恐不嚴。臣以為財利所在，止宜設法流通，不必過為增損，徒滋弊端也。且臺郡現議積貯四十萬石，猝有緩急，不患無備。而沿海居民仰食甚眾，自應接濟。況有無相易於臺地，本無所損，惟是出入之間，自應加意稽查，使酌盈濟虛之權，操之自上而裒多益寡之利，受之自下此固。臣所日夜籌畫，不敢稍執意見，貽悞公務者也。總之，臣一介迂愚，蒙皇上□置臺諫，屢加訓誨，茲複畀以海疆重地，臣惟有竭盡駑駘，凡事無欺無隱，以報高厚之恩於萬一耳。謹將體訪情形並辦理緣由撮其大略繕摺陳奏，伏祈睿鑒訓示，謹奏。

［硃批］：覽奏俱悉。

一五七、巡臺御史白瀛奏摺：臺灣各屬收成分數及糧價

［乾隆十二年十月初九日］，巡視臺灣兼理學政陝西道監查御史臣白瀛謹奏：為恭報臺屬收成分數米穀價值確實情形仰祈睿鑒事。

竊臺屬今年春夏，雨澤調勻，入秋以來，淡水一廳、諸羅、彰化二縣時沛甘霖，惟臺灣、鳳山二縣間有被旱成災之處，節經臣繕摺奏聞外。茲屆收穫之期，隨檄飭臺灣府轉行各屬，將收成分數確實開報，毋得粉飾去後。茲據該府褚祿查複前來，內稱除澎湖地方向不栽種禾稻，臺灣縣地方向不栽種早稻，無庸開報外，查臺灣縣晚稻連被旱偏災，通勻計算，收成確有六分五釐。鳳山縣早稻收成確有八分，晚稻連被旱偏災，通勻計算確有六分。諸羅縣早稻收成確有八分五釐，晚稻收成確有七分。彰化縣早稻收成確有八分五釐，晚稻收成確有八分七釐。淡防廳所屬地方早晚二稻收成俱確有八分，其各種雜糧收成分數，計澎、淡兩廳及臺、鳳、諸、彰四縣，通計確有七分等語，臣複加查核無異。查本年臺郡所有早晚二稻及各種雜糧收成分數，雖臺、鳳二縣被旱偏災，而通郡勻算尚在七分之外。目下郡城米價每石一兩四錢有零，各屬米價自

一兩一錢有零，以至一兩六錢不等。地方甯謐，番民安帖，其被旱之家，臣現在督率有司照例賑恤，民情歡忻，委無失所。誠恐上廑宸衷，謹將收成分數米穀價值確實情形繕摺奏報，仰慰聖懷。其閱操巡歷事宜，容俟新任巡察臣伊靈阿到任後，臣即會同照例出巡，事竣之日，另行分析具報，合併聲明，仰祈睿鑒。謹奏。

［硃批］：知道了，被旱之處應加意撫恤，海外不比內地也。

一五八、巡臺御史伊靈阿奏摺：巡視南路訓誨士兵並巡閱營伍

［乾隆十二年十一月二十八日］，巡視臺灣陝西道監察御史臣伊靈阿，巡視臺灣兼理學政陝西道監察御史臣白瀛謹奏：為恭報巡視南路情形仰祈睿鑒事。

竊臺灣為海外巖疆，所有南北兩路營伍吏治，民風番俗例應臣等分年親歷稽查，除鎮協各營官兵業經臣白瀛閱看另摺奏報外，查今年例應巡視南路地方。臣等仰體我皇上澄清吏治，體恤民番之意，輕裝減從，自備裹糧，一切支應悉行革除，於十一月十五日自府治啟程，由鳳山所屬之大湖、阿公店等處至鳳山縣治宣講上諭，集士民等詳切訓誨，布揚皇仁，面飭該知縣及佐雜各官，留心教養，實政撫恤民番。隨即閱看南路營官兵操演，俱各整齊嚴肅，亦經量捐獎賞，以示鼓勵。再由該縣之大埤頭、萬丹、新園，下淡水以至南路盡界之放索、茄藤、力力、上淡水、阿猴等番社，複沿傀儡山至山豬毛閱看官兵循山，而北至鳳山縣屬之搭樓、武洛等社，及臺灣縣屬之大傑嶺社、羅漢門山等處，周閱情形留心訪察，俱各安靜，到處番民並皆樂業。經過村莊俱隨時喚集耆民土目及通事番童等，一一宣佈皇仁，開誠撫諭，捐資備給煙、布、紙筆等物，莫不歡忻鼓舞。至沿路大小營汛俱嚴加訓飭，令其奉公守法，勤謹防範，毋致驕惰滋事，貽累民番，以仰副聖主奠安海疆，懷保民番之至意。巡視既訖，於十一月二十二日回署，所有巡視南路地方情形，謹據實繕摺奏聞。再查臺鳳兩邑，今秋被旱偏災，業於九月內經臣白瀛一面奏報，一面檄飭道府，督率有司照例加意撫恤在案。此次臣等緣巡視之

便，於被災處所詳加體訪，俱各料理妥協，並無浮冒遺漏等弊，民情忻豫，咸戴聖恩。現在地方甯謐，糧價平減，民食充裕，委無失所，理合一並附聞，恭慰聖懷，為此謹奏。

［硃批］：覽奏俱悉。

一五九、巡臺御史白瀛奏摺：巡閱臺灣鎮協水陸二操

［乾隆十二年十一月二十八日］，巡視臺灣兼理學政陝西道監察御史臣白瀛謹奏：為恭報水陸操演情形，仰祈睿鑒事。

竊查臺郡孤懸海外，為東南四省藩籬，武備最關緊要，所有鎮協水陸官兵，每年秋末冬初，例應臣等簡閱。緣滿巡察臣伊靈阿尚未到任，臣遂遵例於十月初十日會同鎮臣陳汝鍵閱看臺灣鎮標三營及城守營官兵操演。十三日又閱看臺協水師三營操演，俱各旗幟鮮明，甲械堅利，其陸路步伍尚屬整齊，水師駕馭甚為便捷，當即布揚天威，申明法令，誥誡獎勸，不啻再三，仍捐資分別給賞，以示鼓勵。其澎湖左右二營因遠隔大洋，照例檄委澎湖通判汪天來會同該副將楊瑞就近閱看，嗣據申報。於十月二十二日閱過兩營，目兵操演，俱軍伍整肅，船隻器械，堅利鮮明等情，並繳各冊前來，臣覆查無異，理合將閱過水陸兩操情形繕摺奏聞，伏祈睿鑒。謹奏。

［硃批］：覽。

一六〇、巡臺御史伊靈阿等奏摺：臺灣所屬正月至三月雨水糧價

［乾隆十三年三月十九日］，巡視臺灣陝西道監察御史臣伊靈阿，巡視臺灣兼理學政陝西道監察御史臣白瀛謹奏：為恭報春雨情形並米穀價值，仰慰聖懷事。

竊臺郡上年秋間被旱偏災，三冬雨澤稀少，臣等仰體皇仁，督率地方官辦理賑務，所有閭閻均霑實惠，並無冒濫遺漏。緣由業經附摺奏聞外，茲本年正月初三四等日起至三月初十等日，所屬兩廳四縣陸續共得雨七八次或十餘次不等。各處田園遍霑普被，稻麥雜糧均各秀髮，就中

鳳山之雙冬稻已經抽穗，約於三月下旬即可漸次收穫。目下郡城米價每石銀一兩四錢零，各屬自一兩一錢以至一兩三錢零不等。較之上年青黃不接之時，米價殊覺平減，毫無失所情形，官弁番民鹹深歡忻，吏治營伍俱各清寧。臣等因地懸海外，恐上廑宸衷，所有春雨霑足，米價平減及地方安靜情形，合行據實奏聞，仰慰聖懷，伏祈睿鑒。謹奏。

［硃批］：覽奏欣慰。

一六一、巡臺御史伊靈阿等奏摺：臺灣五月以來雨水米價並早稻收成分數

［乾隆十三年七月初三日］，巡視臺灣陝西道監察御史臣伊靈阿，巡視臺灣兼理學政陝西道監察御史臣白瀛謹奏：為恭報臺地入夏雨水情形並早稻收成分數，仰慰聖懷事。

竊臺郡今春雨澤調勻，禾苗暢茂，業經臣等於三月十九日據實奏聞外，四月以後連旬不雨，高阜田園早稻未能遍插，又當青黃不接之時，以故米價頓昂。郡城每石至一兩八錢有零，各屬自一兩五六錢以至一兩八九錢不等。臣等仰體皇上軫念民艱之意，當即檄令各縣開倉平糶，一面虔誠齋戒，祈禱雨澤，旋於五月初二日起甘霖大沛，陰雨連綿，至十五六等日，各屬陸續共得雨七八次或十餘次不等。六月初七八暨十六七、二十五六等日，又複大雨疊沛，四邑兩廳高下田園均已霑［沾］足，官弁民番鹹深歡忻。米價亦較前稍平，郡城減至一兩六錢有零，各屬自一兩二錢以至一兩五六錢不等，均屬平減。因於六月二十九日檄飭各屬止糶，以節倉儲。七月初二日，會同鎮道各官前往郊外，目睹坡圳充盈，禾苗秀髮，農民踴躍乘時力作。臣等隨各捐資賞犒，諄切勸免，以仰副我皇上宵肝勤民，重農務本之意。所有早稻收成分數，通郡勻算，確有七分，尚不至於歉薄。晚稻蒔插甚早，雨水又復充盈，秋稔可望。現在民情安帖，地方寧謐。臣等因地懸海外，恐上廑宸衷，謹將雨水米價情形並早稻收成分數據實奏聞，仰慰聖懷。謹奏。

［硃批］：覽奏俱悉。

一六二、巡臺御史伊靈阿、白瀛請移駐營員，以實要地摺

［乾隆十三年七月初三日］，巡視臺灣陝西道監察御史臣伊靈阿、巡視臺灣兼理學政陝西道監察御史臣白瀛謹奏：為請移駐營員以實要地事。

竊奏陽向分南北中三路，而羅漢門者乃居中扼要之區也，北抉諸羅，南連鳳山，東縮萬山，西□府治，地勢險要，民居稀少，不特生番不時出沒擾害地方，凡南北兩路無常業之奸民，利其地險人稀稽查難□往往藏匿為匪，甚至潛通番黎肆行不法者有之。查臺灣縣縣丞分駐羅漢門，而營員僅設千總一員，帶兵五十名，兵單力薄，不足以□彈□，且其地分內外二門，中隔三四十里，並無汛防，外門而南五十裏為南路營之阿裏港，汛內門而東北五十餘里為北路營之□仔林汛迤，西離府六十裏中止舊社一汛，地廣兵單，防範難□，猝遇緩急呼應不靈，鞭長莫及，坐失事機，不可不預□□也，況北設副將，南設□將鎮，臣居中抉制，而東路近山一帶地勢遼闊，守御稀疏，揆之體制殊未久協。臣等□去□出巡之便身□其地相度形勢，若不移駐大員使四面聲勢□□不足以固蒼桑而靖□□。按查郡城右鎮，臣駐□□□三營共帶兵二千七百名，不為□備，羅漢門內外原系城守營所轄地方，臣等共同商酌，似應將城守營參將移駐羅漢內門，其標下左軍守備移駐羅漢外門，右軍守備仍駐崗上，各帶本標員丁，隨處操演，不時查察□，番黎消覬覦之心。而奸匪無藏聚之所，且大兵所駐商賈雲集，漸成聚落於要地，實有裨益。再，查城守營□設兵一千名，內除分防臺汛外，標下隨操者□止三百名為數尚少，不無單弱之虞，應於鎮標三營安營撥兵一百名，共足六百名之數，統令城守營察收管轄。如此一轉移間□無庸添設滋擾而於要地指制是為得宜，臣等因海疆重地，防守宜密。同是不□冒昧繕旨具奏，是否可行，伏祈睿鑒。敕部議復施行，如□□□其移建衙署營房並一應善後事宜，容臣等悉心熟籌咨明督臣□其查辦合併聲明。為此謹奏。

奉硃批：請部議奏。欽此。乾隆十三年八月初一日。

一六三、巡臺御史伊靈阿等奏摺：彰化縣被水偏災委員查勘分別賑恤

［乾隆十三年閏七月十一日］，巡視臺灣陜西道監察御史臣伊靈阿，巡視臺灣兼理學政陜西道監察御史臣白瀛謹奏：為恭報被水偏災並查勘賑恤緣由，仰祈睿鑒事。

竊本年七月初七日，據彰化縣稟稱，本月初二日半夜起，至初三日酉刻，風雨大作，山水驟漲，沿溪一帶田園廬舍俱有損傷等情。當即飛檄淡水同知曾曰瑛督同彰化縣知縣陸廣霖攜帶存公銀兩速往各村莊詳查履勘，照例分別賑恤，務使災黎得所，毋漏毋冒，去後茲據該廳縣詳稱，查得被水各村莊沖倒瓦草房屋共一千八百餘間，内除有力之家尚有另屋棲止，別業謀生，毋庸賑恤外，其餘分別瓦屋草披間數大小按户賑恤，共賑過銀四百七十六兩二錢五分，淹斃男婦一十八名口，照例賑給銀兩，飭令收埋。其臨溪傍河之田園，内有沙土浮松，被水沖崩者，共八十餘甲。查明糧額照例請豁外，其餘被沙壓蓋者，或一二畝，或二三分不等，共計七十餘畝，現在勸令各業佃乘時挑複，補種晚禾。再被水處所秋禾未種，早稻方收，均有餘糧，無須借給口糧籽種等情前來。現在檄飭臺灣府知府方邦基輕裝減從，速往被水各里莊詳確覆勘，加結申送到日，咨明督撫，聽其察核題銷外，臣等伏查風水為患乃屬一隅偏災。本年七月初三日午時，彰化縣山水陡長，大肚、虎尾二溪同時漲發，宣洩不及，以致沿溪一帶低窪民房被水坍塌，人口田園間有損傷。臣等仰體皇仁，督率地方官詳細確查，分別賑恤。現今房舍及時修整，田園協力挑複，民情安帖，委無失所。合將被水情形並辦理緣由，繕摺具奏，伏祈睿鑒。

再，查臺郡夏秋以來，雨水充盈，禾苗暢茂，官弁肅清，民番寧謐，合併聲明。為此謹奏。

［硃批］：此事爾等所奏遲延，已有旨了。

一六四、巡臺御史伊靈阿等奏摺：臺灣乾隆十三年七月中旬糧價並臺鳳彰秋旱偏災情形

［乾隆十三年九月十一日］，巡視臺灣陝西道監察御史臣伊靈阿，巡視臺灣兼理學政陝西道監察御史臣白瀛謹奏：為彙報秋旱偏災情形，仰祈睿鑒事。

竊臺郡今歲入夏以來，雨水調勻，禾苗暢茂，經臣等據實奏報在案。茲屆秋成，所有北路淡防廳及鳳山縣所屬之下淡水等處，雨水充盈，禾苗現在結實，可望有收。諸羅縣水源充足，雖被風搖落，不無稍減，分數尚不致成災外，惟臺灣縣之中路，鳳山縣之北路，及彰化縣之沿海一帶，地處高阜，水圳稀少。自閏七月下旬以來，連旬不雨，又兼八月十五六等日，風霾大作，雖廬舍船隻並無損壞，不致成災，而禾苗之正吐華者，間被搖落，地氣乾燥愈甚，當即親往郊外察看情形，詢之農民鹹稱，旬日內若得時雨，尚無妨礙。臣等隨率領各屬虔誠祈禱，並檄飭各該縣一體虔求，以冀有秋嗣，越旬日仍無雨澤，亢旱更甚，災象已成，隨飛檄各該縣親往查勘，務得確實分數，毋漏毋冒。去後茲據臺灣縣稟稱，該縣田園共計一萬二千餘甲，內除依仁等五里向有埤溝陂塘可資灌溉，禾苗漸次收割，尚屬有秋外，其永康等十七里高阜田園半屬黃萎，不能結實者約共一千三百餘甲，統計被災在一分以上，偏災已成等語。又據鳳山縣稟稱，該縣官民莊田共有一萬三千餘甲，內除下淡水等處，俱有埤圳可以引水灌溉者，約一萬二千餘甲均無妨礙外，其高阜處所栽種極遲晚禾無水滋潤者，均屬黃萎，實共六百餘甲。合縣通計，雖被災不及一分，但就乾旱之處，已成偏災等語。又據彰化縣稟稱，該縣共計十一保，其沿山之半線等六保，俱有水源引溉，現在將次收割，尚屬有秋。沿海之馬芝遴等五保，額征田園計三千二百餘甲，除開有水道可資灌溉者不至傷害外，實在被旱晚禾共一千九百餘甲，通縣勻算，被災幾及二分等。因各稟報前來，臣等隨飛檄府廳輕裝減從，親往分頭履勘明確，照例分別賑貸，勿得絲毫延漏，致令貧民失所。仍一面將被災分數並酌量辦理情形飛咨督撫聽其查核外，臣等查淡鳳諸三處，現在

米價每石自一兩七八錢至二兩不等，惟彰化縣水旱頻仍，現在米價每石長至二兩二錢有零。郡城食指殷繁，北路接濟較少，以致米價每石亦長至二兩二錢有零。通臺計算，米穀雖不至缺乏，而被旱之處民食未免艱難，自應仰體皇仁，分別賑貸，以副我皇上軫念海疆，愛民若子之意。除收成分數俟屆期查明，另行奏報外，所有臺鳳彰三縣被旱偏災情形，理合據實摺報，伏祈睿鑒。謹奏。

［硃批］：一切賑恤事宜督率地方官可為之。臺灣不比內地，更宜加之查也。

一六五、巡臺御史伊靈阿等奏摺：彰化縣被水成災分數尚未查明

［乾隆十三年九月十一日］，巡視臺灣陝西道監察御史臣伊靈阿，巡視臺灣兼理學政陝西道監察御史臣白瀛謹奏：為覆奏事。

本年九月初六日接到大學士伯張廷玉，協辦大學士尚書傅恒寄字，內開乾隆十三年八月初一日奉上諭，臺灣府屬之彰化縣七月初二日夜半狂風大雨，初三日水勢驟漲，城內水深數尺，倒壞民房三百數十間。附近大肚溪一帶村莊盡行沖淹，因發蛟水勢驟湧，隄防不及，受災甚重。諸羅縣笨港等處，亦有衝壓田畝，倒壞民房之處，較之沿海各邑被風更重。現據該督撫等具摺陳奏，乃伊靈阿、白瀛此次所奏早稻收成一摺，即係七月初三日所發，而於此等重災並無一語奏及，可見伊等於地方事務全不留心辦理，其所奏事件不過虛文塞責。即如此次奏摺，既係初三日拜發，豈有不將彰化縣風災一事陳奏之理，必係將每年循例奏報之事先期書寫，預填月日，以應故事，殊非朝廷設立巡查之意，著傳諭申飭之，欽此。遵旨寄信前來，臣等跪誦之餘，惶悚無地。伏念臣等至微極陋，蒙皇上天恩，畀以海疆重地，感激圖報，夙夜靡寧。本年七月初三日拜摺後，始聞有彰化縣被水之事，即傳諭道府飛行確查，旋於初七日據該縣稟報大概情形前來，隨即飛檄淡防同知曾曰瑛攜帶存公銀兩就近查勘確實，照例先行分別賑恤。彼時自應預先奏報，臣等拘迂之見，以為未經查明確實分數，不敢冒昧瀆陳。茲蒙皇上傳諭申飭，如夢方醒，

從前愚昧之咎實所難辭，惟有凜遵訓諭，力圖改過，以仰報高厚生成之恩於萬一耳，伏祈睿鑒，臣等不勝恐懼悚惶之至。謹奏。

［硃批］：覽。

一六六、巡臺御史伊靈阿等奏摺：臺灣各屬收成糧價

［乾隆十三年十月十一日］，巡視臺灣陝西道監察御史臣伊靈阿，巡視臺灣兼理學政陝西道監察御史臣白瀛謹奏：為恭報臺屬收成分數米穀價值確實情形，仰祈睿鑒事。

竊臺郡今年入秋以來風旱交加，除淡水、諸羅不致成災外，其臺鳳彰三縣偏災情形業經臣等繕摺奏聞。兹届收穫之期，隨檄飭臺灣府轉行各屬將收成分數確實開報，毋得粉飾去後。兹據該府方邦基查覆前來，內稱除澎湖地方向不栽種禾稻，臺灣縣地方向不栽種早稻，無庸開報外，查臺灣縣晚稻連被災，收成確有六分。鳳山縣早稻收成確有七分五釐，晚稻連被災，收成確有六分五釐。諸羅縣早晚二稻收成俱確有七分。彰化縣早稻收成確有六分，晚稻連被災，收成確有五分。淡水廳早稻收成確有七分五釐，晚稻收成確有七分。通郡匀算，早稻收成確有七分，晚稻連被災，收成確有六分三釐等語。臣等覆加察核無異。查本年臺郡所有早晚二稻及各種雜糧收成分數，連被災計算在六分以外，七分之內，較之往年實屬歉薄，目下尚堪無虞，明春青黃不接之時，甚屬可慮。再四思維海外不比內地，惟有預為樽節之一法。現在出口船隻，臣等諭令各該管官員實力稽查，除照例攜帶食米接濟漳泉民食外，其額外增帶及整船販運者，概行嚴禁，庶幾稍留有餘，不至匱乏。目下郡城米價每石二兩零五分，各屬自一兩七錢至二兩零不等，較之初秋頗覺平減，地方寧謐，番民安堵。其被災之處，臣等現在督率有司照例分别賑貸，務使窮黎均霑實惠，以仰副我皇上軫念海疆，愛民若子之意。所有收成分數米穀價值確實情形，謹繕摺奏報，伏祈睿鑒。其南巡事宜，臣伊靈阿另摺具報，至閱操北巡事宜，容俟事竣後另行分析具報，合併聲明，謹奏。

［硃批］：實力稽察妥辦，海外不比內地也。

一六七、巡臺御史伊靈阿恭報巡視南路情形摺

［乾隆十三年十月十一日］，巡視臺灣陝西道監察御史臣伊靈阿謹奏：為恭報巡視南路情形，仰祈睿鑒事。

乾隆十二年十二月內□督撫來諮，內稱兩巡察於每年農隙時，分路各自巡察一次，經部議覆，奉旨依議欽遵，移諮在案。今年臣伊靈阿例應巡查南路地方，隨於九月二十八日輕裝減從，自備羸糧，自府治起程，由鳳山所屬之大湖阿公店等處至鳳山縣治宣講上諭，集士民等詳切訓誨，布揚皇仁，面飭□□縣及佐新各官，留心教養，實政撫恤民番，隨即閱看南路營官員操演，□各□□□□亦任量捐獎賞，以示鼓勵，並由□□□埤所□丹新園，下淡水以南路盡界之□□茄藤力力上淡水阿猴等番社，復沿傀儡山至山豬□，閱看官員循山石北至鳳山縣屬之搭檔武洛等社及臺灣縣屬之大傑嶺羅漢門山等處，周閱情形留心訪察，俱各安□，到處番民並皆樂業，□□村社俱隱時□□耆民土目及通事番童等一一宣佈皇上開誠撫諭，捐資備□□□紙筆等□，莫不歡欣鼓舞，至沿路大小營汛俱□心訓飭，令其奉公守法，勤謹防範，毋致驕惰滋事，□□民番，以仰副聖主奠安海疆懷□民番之至意，巡視既記於十月初六日回署，所有巡視南路地方情形謹據實繕摺奏聞，再查臺鳳彰三縣今秋被旱，偏□業於九月內經臣等據實奏報在案，茲臣于南巡之便□□臺、鳳兩縣被災處所詳加體訪，俱有聞報確實委□遺漏，□□□等弊當即面諭各□地方及照例分別贈貨務後番黎□□實惠仍不時督察悉心料理，以仰副我皇上軫念海疆之意，為此謹奏。

奉硃批：知道了。欽此。乾隆十三年十二月初二日。

一六八、巡臺御史伊靈阿、白瀛彙報秋旱偏災情形摺

［乾隆十三年十月二十二日］，巡視臺灣陝西道監察御史臣伊靈阿、巡視臺灣兼理學政陝西道監察御史臣白瀛謹奏：為彙報秋旱偏災情形，仰祈睿鑒事。

竊臺郡今歲入夏以來，雨水調勻，禾苗暢茂，經臣等據實奏報在

案。茲屆秋成，所有北路淡防廳及鳳山縣所屬之下淡水等處，雨水充盈，禾苗現在結實有收。諸羅縣水源充足，雖被風搖落稍減分數，尚不致成災。惟臺灣縣之中路、鳳山縣之北路及彰化縣之沿海一帶，地處高阜，水圳稀少，自閏七月下旬以來連日不雨，及八月十五等風霾大作，雖廬舍船隻等無損壞不致成災，而禾苗□□□被搖落，地氣乾燥愈甚，當即親往郊外察看情形，詢之農民咸稱旬日內□□□□。臣等隨率領各屬祈禱，益檄飭各該縣一體以有秋，嗣越旬日似無雨澤，亢旱更甚，災象已成。隨飛飭各該縣親往查勘，務以確實分數，毋漏毋冒。去後茲據臺灣縣等稱，該縣田園共計一萬二千餘甲，內等五裏自有埤溝陂塘可資灌溉，禾苗收割當屬有其等十七裏高阜田園半屬萎不能實統共一千三百餘甲，統計被災在一分以上偏災已成等語。又據鳳山縣等稱，該縣農民莊田共有一萬三千餘甲，內除下淡水等處俱有埤圳可以引水灌溉，約一萬二千餘甲均無時礙，分其高阜處所栽種極晚禾無水滋潤者均屬萎實，共六百餘甲，合縣通計後被災不及一分，但就乾旱之處已成偏災等語。又據彰化縣稱，該縣共計十一保，其沿山之半俱有水源引灌溉，現在將收割，當屬有秋。沿海之五保額征田園計三千二百餘甲，除開有水道可資灌溉者不至傷害，分實在被旱晚禾共一千九百餘甲等因報前來，隨飛飭府廳，轻裝減從，親往覆勘明確，照例賑貸，勿絲毫延漏。貧民所仍一面將被災分數益酌量辦理情形飛其查核。臣等查淡、鳳、諸三處現在米價每石自一兩七八至不等，惟彰化縣水旱頻仍，現在米價每石長至二兩二钱有零。郡食指殷繁，北路米價每石六至二二不等，通臺計算，米價為不至缺乏，而被旱之處民食未免犯難，自應仰禮皇仁分别賑貸，以副我皇上軫念海疆愛民若子之意。餘收成分數俟屆查照，另奏報外，所有臺、鳳、彰三縣被災情形，理合據實奏報，伏祈睿鑒。謹奏。

［硃批］：一切賑恤可宜督率地方官善為之，臺灣不比內地，更宜加留意也。欽此。

一六九、巡臺御史白瀛奏摺：巡閱臺灣北路營伍並現在雨水米價

［乾隆十三年十一月二十一日］，巡視臺灣兼理學政陝西道監察御史臣白瀛謹奏：為恭報巡視北路情形，仰祈睿鑒事。

乾隆十二年准督撫咨開兩巡察於每年農隙時，分路各自巡查一次，經部議覆，奉旨依議，欽此。欽遵在案。今年臣白瀛例應巡查北路地方，隨於十月二十七日輕裝減從，自備裹糧，由府治起程，經木柵茅港、尾下、加冬等處，至諸羅縣閱看北協左營操演。該營積玩已深，守備李景泌到任不久，兵丁隊伍技藝俱覺生疎，臣隨詳悉指授，嚴加訓飭，仍不時留心體訪，倘有違玩，即行咨衆。次由該縣之斗六門渡虎尾溪，從東西螺、大武郡沿山一帶至彰化縣治，閱看北協全營操演，均各整齊熟練，防守嚴密。該協副將馬龍圖熟悉風土，馭兵有法，俱經量捐獎賞，以示鼓勵。復由彰化東北沿山一帶之貓霧捒、岸裡社等處過大甲溪，至淡防廳所屬之蓬山、吞霄、後壠、竹塹等處，見其地勢遼闊，澗流寓繁多，而兵單官少，稽查難周，隨嚴飭新任淡水同知陳玉友將所屬各港口，並沿山各險要處所，竭力防範，毋許稍有怠玩。從竹塹循海而南，經過遷善、感恩等社，至鹿仔港、笨港、鹽水港，貨船停泊，客民叢聚之所，加意訪察，俱各安靜，間有一二不法之徒，俱就近密諭地方官嚴拿究處，不使稍有疎縱。其往返經過各莊社俱傳集耆老、通土、番眾人等一一宣佈皇仁，開誠撫諭，捐資備給煙、布、茶、紙、筆墨、針線等物，莫不歡欣鼓舞。沿途大小塘汛俱逐加訓飭，令其不時操防，毋許怠惰滋事，以仰副我皇上廑念海疆，惠養元元之至意。巡查既訖，於十一月十七日回署，所有巡視北路情形，理合據實奏聞，伏祈睿鑒。

再，查臺、鳳、彰三縣，今秋被旱偏災，七月內彰化被水，俱經臣等節次奏報，並檄飭確查，照例賑貸各在案。茲臣于巡查北路之便，經過臺、彰兩邑，被旱被水處所詳加察看，其廬舍房屋俱各修復整齊，田園溝圳並皆挑浚深通，遍種小麥雜糧等物，俱各秀茂。所有應賑人戶，實在按名散給，委無遺漏冒濫等弊。番民安堵，氣象恬熙，毫無被災景

色。連年臺郡秋冬少雨，兹十一月初一日，暨初九、初十等日，連得透雨，沿途水圳充盈，土田滋潤，其麥苗、地瓜、芒蔗等項倍加秀茂，官弁番民歡呼載道，稱為數年僅見。現在米價郡城每石一兩九錢，各處自一兩六錢有零，至一兩八九錢不等，較前又加平減。臣等隨公同商酌，現在諭令鹿耳門照督撫奏准新例，每船增帶食米六十石，以濟漳泉民食，俟明春二月即行停止，其額外私帶並各處小口仍行嚴禁，不許私越滋弊。總之，隨時酌辦，不敢稍執成見，使過於壅塞歧視內地，或任其漏巵貽誤海外也。所有現在雨水米價情形，並酌量辦理，緣由理合一並附聞，為此謹奏。

［硃批］：覽奏俱悉。

一七〇、巡臺御史伊靈阿等恭報水陸操演情形摺

［乾隆十三年十一月二十一日］，巡視臺灣御史伊靈阿、白瀛謹奏：為恭報水陸操演情形，仰祈睿鑒事。

竊查臺郡海外嚴疆，武備最關緊要，□□鎮協各營水陸官兵例應臣等簡［檢］閱，兹於本年十月二十二日會同新任鎮臣薛瑞閱看臺灣鎮守营及城守營官兵操演。二十五日閱看臺協水師三營，均旗幟鮮明，甲械堅利，其陸路隊伍□□整齊，水師船隻堅固，駕熟便捷。當即布揚天恩，申明法令，仍捐資分別獎賞，以示鼓勵。緣例，澎湖因遠隔大洋，照例檄□澎湖□□□□，會同護副將鄭李嘉就近閱看，嗣後申報。於十月初三日閱過兩營，目兵操演，俱軍伍整齊，船隻甲械堅利鮮明等情，並檄□□□，臣等覆察□□□□。巡視北路情形，臣白瀛另摺奏報外，合將閱過水陸兩操情形繕摺奏聞，伏祈睿鑒，謹奏。

［硃批］：知道了，欽此。

一七一、巡臺御史伊靈阿、白瀛請添設營廳以固海疆事摺

［乾隆十四年三月十七日］，巡視臺灣監察御史臣伊靈阿、臣白瀛謹奏：為請添設營廳以固海疆事。

竊臺灣為東南半壁藩籬，□□外海□□，而淡水各區□□極北顏府

千有餘裏，海道距福州僅止四更，土田寬廣，番民稠雜，所產米谷居臺郡之半，□□□□。論其形勢實為全灣之□戶，不可不思，所以防之也。查雍正元年派設淡水同知一員，駐紮竹塹，都司一員，駐紮八里坌。在彼時土田初辟，人民稀少，一廳一營足資彈壓。數十年來，臺鳳淡彰人稠地窄，無業貧民□□□□謀食，因為聚集日眾，開辟日廣。現在八里坌迤東一帶，直抵恰仔灖，山南至桃仔園，北至大雞籠山，中間□□□□□，廣數百裏，村莊番社聯絡數十處，閩粵流民不下數萬。其海山北首又有名新莊者，山水蔚秀，土田肥饒。徑直百餘裏，縱橫數千里，中有□河一道，船隻往來甚便。民居稠密，百貨從聚，每年所產米糧約計數十萬石，實極北之一大都會也。再轉而由艋舺渡□□□□□□至金包里等處，□□民番雜處，倚溪傍嶺中間，居民□□數萬統計，實在□□□□千有餘里，合併□寮民番不下數十萬戶口，止原一廳管轄，稽查難用，所以每遇命盜案件，該同知據報往勘每半月二十天不可，命案則屍壞兇逃，盜案則贓滅賊遁，往返誤事。再，當春夏水漲之時，溪河阻隔，與郡城聲見動遲數月，此猶平常無事之時□□。至於該地形勢險要，□□□□南嶺後嶺海山口迤北之闢渡門等處，□崇山峻嶺，羊腸鳥道，即兩山壁立，中夾□□均係藏姦納匪，亟宜防守之區，而平時則官少兵單，防範難用。有事則鞭長莫及，呼應不靈。若不急為之，恐非慎重邊駐之意也。臣等再四熟籌，似應將淡水另設一廳，其竹塹一處，即今原駐劄竹塹，淡水同知專管□□□□，照州□之例，設立倉庫、監獄、學堂等項，一切刑名錢糧由府報解□轄□□海防事，廵檢二員照舊設立，移駐要地，劃疆分眾，以專則成。至北路協所轄地方，自諸羅縣起至八里坌大雞籠山止，袤延一千六七百里。而該協三□一都司、兩守備；八里坌止一都司官卑兵少，分防尚且不足，存城更覺單弱，實不足以資彈壓而固邊陲。臣等愚見，協標三營照舊駐劄，但每營多撥目□，共一二百名，令□添設塘訊以廣聲。其八里坌都司改為遊擊一員，駐劄新設之□，統帥北協□轄□□□千餘里之險要處，足資防範數十萬之番民，令有所約束矣。臣等為邊防要地，冒陳愚見□□□，伏祈睿鑒，敕部議覆。臣等詳悉籌畫，繪圖□並聲明，為此繕摺其奏，臣等不

□□□□。謹奏。

［硃批］：軍機大臣等會同該部議奏，欽此。

一七二、巡臺御史楊開鼎恭報臺郡情形摺

［乾隆十四年六月十一日］，巡視臺灣兼理學政河南道監察御史臣楊開鼎謹奏：為恭報臺郡現在情形，仰祈睿鑒事。

竊臣一介庸愚，荷蒙天恩，奉命巡視臺灣，面□□□以體恤番民，慎重兵食為務。臣於接任後將現在情形奏明，以仰見我皇上胞與為懷，遐邇一視之至意。臣念海疆之寧謐，查臺屬田畝□歲，皆視雨水多寡，分別□□，而米價之漲落隨之。四月以來，各屬雨水多寡不等，偏及至本月初六日、初七、初八、初九等日，連得甘霖，□□□□鳳山、彰化、淡水地方□□已登，八分、八分五厘、九分不等。晚禾皆已先後□□，米價減至一兩五錢、一兩九錢、二兩不等。臺灣、諸羅二縣自□□雨水之後皆可耕播，米價減至一兩七錢、一兩四錢不等。統查各屬□□田園、禾□、雜糧等項俱□暢茂。臣與滿巡視臣伊靈阿視巡履勘疇見□□。至番民雜處，熟番□□□□一切。臣到任之始，首嚴胥役民，方免滋擾，兵丁郡紛雜士習為民風郡番民具奏，以仰慰我皇上軫念海疆孤郡□協□臣伊靈阿，海疆寧謐。伏祈睿鑒，謹奏。

奉硃批：知道了。乾隆十四年八月十六日。

一七三、巡臺御史伊靈阿等奏摺：臺灣乾隆十四年早禾收成並現在米價

［乾隆十四年六月二十九日］，巡視臺灣陝西道監察御史臣伊靈阿，巡視臺灣兼理學政河南道監察御史臣楊開鼎謹奏：為恭報微臣及時勸課，並現在收成米價，仰慰聖懷事。

竊臺郡今春雨澤調勻，入夏甘霖疊沛，各處田園禾苗暢茂，經臣楊開鼎于蒞任後，本月十一日具奏現在情形，摺內已將各屬雨水暨早禾收成大略奏聞，已蒙睿鑒。臣等竊念臺郡土廣人稠，全以農事為重，而禾兼早晚，一歲再熟耕種之事，四時不輟，園圃雜項利賴亦普幸，自本月

初間以至於今霖雨優渥，正是早禾收穫，晚禾佈種之候。臣等仰體皇上念切民依之至意，於二十七日率同署鎮道各員輕騎減從，前往鄉村，目睹坡圳充盈，禾苗秀髮，鄉農力作踴躍，臣等隨各捐資犒勞，勸勉及時作勤，毋得遊惰荒蕪。並宣講聖諭，務知樽節物力，毋致狼籍妄費，宜守己安分，力除刁悍，以迓天庥，諄諄誥誡，民番鼓舞。所有早稻收成除澎湖地方向不栽種禾稻，臺灣縣地多砂土，亦不栽種早禾，無庸開報外，其北路之淡水一廳，彰化諸羅兩縣，及南路之鳳山縣早稻收成各屬勻算，確有八分之外，九分之內。目下各屬米價，臺灣縣每石一兩六錢，彰化、諸羅每石俱一兩四錢零，鳳山、淡水每石俱一兩三錢零，不獨較減於春，即較夏初亦大減。七八月間若雨水不缺全稔，可必米價更可遞減。民間米價既減，不資官粟，各縣倉廒自春入夏止糶出米一萬二千余石。臣等因與各屬酌議，市米充裕，無事□糜倉儲。現在各屬平糶之事，俱於本月陸續報停。臣等伏念海外不比內地，際此豐稔之兆，亟宜及時調劑。惟時率郡屬文武加意體恤，俾四境民番，家有蓋藏，官無滋擾，弁員兵役謹飭寧謐，以仰慰皇上軫念海隅之盛心。茲因微臣及時勸課，現在收穫情形，米糧價目，理合恭摺奏聞，伏惟睿鑒，謹奏。

［硃批］：欣慰覽之。

一七四、巡臺御史伊靈阿奏摺：巡視臺灣北路軍營及民番情形

［乾隆十四年十月初十日］，巡視臺灣陝西道監察御史臣伊靈阿謹奏：為恭報巡視北路情形，仰祈睿鑒事。

乾隆十二年准督撫咨開兩巡察於每年農隙時，分路各自巡查一次，經部議覆，奉旨依議，欽此。欽遵在案。今年臣伊靈阿例應巡查北路地方，隨於九月二十二日輕裝減從，自備裹糧，由府治起程，經過木柵、茅港、尾下、加冬等處，至諸羅縣治，宣佈皇仁，集士民等詳切訓誨。因諸羅地多空僻，嚴飭該縣及各塘汛弁員加意撫綏，嚴行防範。閱看北協左營操演，其兵丁隊伍技藝俱無廢弛之弊。由該縣之門六門渡虎尾溪至彰化縣治，閱看北協全營操演，均各整齊熟練。該協副將馬龍圖訓練

約束俱嚴，該處兵丁亦無滋事擾累之處。臣俱經量捐獎賞，以示鼓勵，但該地沿山旁海，遊民繁衍，俗素刁悍，嚴飭該地方官實心整頓，以期寧謐。由彰化東北過大甲溪至淡防廳所屬之蓬山、吞霄、後壠、竹塹以及遷善、感恩等社，鹿仔港、笨港、鹽水港等處，其地勢較諸彰縣治更屬遼闊，番民襍處，最易滋事，貨船停泊亦易滋弊。臣嚴飭該副將馬龍圖，及淡水同知陳玉友等於險要處所實力巡查，並嚴禁客民偷渡米穀透漏等弊。經過各莊社俱傳集番民人等，一一宣講上諭，開誠勸導，捐資給賞煙布、茶紙、筆墨、針線等物，莫不歡忻鼓舞。臣所歷諸彰淡水等處，雨暘時若水圳土田俱甚滋潤，其稻穀、地瓜、薯蔗等項倍加暢茂。現在收割未竣，米價每石值一兩二三錢不等，較夏秋更減，番民樂業，弁員安靜。巡查既訖，於十月初八日回署，所有巡視北路情形，理合奏聞，謹奏。

[硃批]：覽奏俱悉。

一七五、巡臺御史楊開鼎奏摺：報巡視臺灣南路兵營及民番情形

[乾隆十四年十月二十九日]，巡視臺灣兼理學政河南道監察御史臣楊開鼎謹奏：為恭報巡視南路情形，仰祈睿鑒事。

乾隆十二年十二月內准督撫來咨內稱，兩巡察於每年農隙時，分路各自巡查一次，經部議覆，奉旨依議，欽遵在案。今年臣楊開鼎例應巡查南路地方，隨於十月十六日輕裝減從，自備裹糧，從府治起程，由鳳山所屬之大湖、阿公店等處至鳳山縣治查訪。該處吏治員弁風土尚屬安靜，該知縣亦尚竭力辦事，當經齊集士民宣講聖諭，布揚皇仁，面飭該知縣及佐襍等官，實心撫恤民番，毋許絲毫擾累。隨看南路營兵操演，因俱是本年換班新兵，雖不能十分嫻熟，而訓練尚未廢弛。由該縣之新園下淡水、萬丹、各莊港以至南路之放索、茄藤、力力、阿猴山、豬毛、搭樓、武洛等番社，及臺灣縣屬之大傑嶺、羅漢門、燒羹寮等處遍閱情形，各番民幸逢豐年，俱皆樂業。所過村社俱喚集耆民、通事、土目、番童等，詳細宣佈皇仁，開誠撫諭，捐資備給煙布等物，莫不歡欣

鼓舞。惟是該處傀儡山亙綿數十裏，生番最難防範，近日已立界牌，不許漢民逾界滋擾，而偏僻之地稽查偶踈，遂有亡命之徒越界偷取藤木等物，致生釁端。臣遍歷其地，訪明通事、土目、鄉保之防範踈忽者，當經甄别懲革，並飭該處員弁，設法周密嚴加整理，以期永遠寧貼。再，南路一帶沿山地方兵單官少，最易藏匪。上年曾經酌定，每歲交冬於險要處所撥兵防範，至春撤去。此法雖善，苐臣查南路尚有遺漏不周之處，隨飭該叅將詳細查明，宜添設者急速增撥，務須實力廵哨，使奸匪無從托足。並令撥兵之處，交春不必撤去，以補營汛之所不到，為永遠防範之法。現在與署鎮酌定，並令南北各營一體查辦。再，保甲之法，自古弭盜安民之善政。臺地流民最多，形蹤無定，歷來各處保甲雖行，難期實有其效，此弊相沿已久，臣飭南路知縣及佐襍等官，各分司其地，力行保甲，設法務期周密，以求實濟，並飭臺灣府知府嚴飭各屬一體實力奉行。臣以海外之地，不敢逞能滋事，惟期率由舊制，務獲實益。俾各處安寧，便臻上理。臣廵曆之處，惟於沿路大小員弁嚴加訓飭，令其勤謹慎密，毋致懈玩貽累，以仰副我皇上奠安海疆，懷保民番之至意。廵視既訖，於十月二十六日回署，除秋成分數及各地情形，並閱看水陸營兵操演，臣與臣伊靈阿另摺奏報外，所有廵視南路情形，謹據實繕摺具奏，伏惟睿鑒，謹奏。

［硃批］：知道了。

一七六、廵臺御史書昌等奏摺：臺郡本年一月至四月初雨水苗情糧價

［乾隆十五年四月十三日］，廵視臺灣江南道監察御史臣書昌，廵視臺灣兼理學政河南道監察御史臣楊開鼎謹奏：為恭報春雨霑［沾］足，米谷價平，二麥收成分數，地方寧謐情形，仰慰聖懷事。

竊臺郡上年秋成豐稔，米價平減，業經臣伊靈阿，臣楊開鼎具摺奏聞外，冬月雨水亦複調勻。今年入春以來，正月二月節次得雨，土膏滋潤，已可及時播種。三月初旬，又時得微雨，迨至三月二十五日起，至四月初三日止，加以甘霖大沛，四境霑足，一切稻穀、芒蔗、地瓜、雜

糧等項，秧苗秀茂，徧野青蔥。現在二麥俱已登場，麥價甚屬平減。除臺灣、鳳山二縣向不栽種大小二麥外，諸羅縣所屬地方二麥收成確有九分。彰化縣上淡水地勢偏北，氣候微寒，不宜大麥。其彰化縣所屬地方，小麥收成確有九分二厘，上淡水所屬地方小麥收成確有八分。至臺鳳諸彰四縣暨淡防一廳，現在米價自一兩一錢起，至一兩二三四錢不等，較前更屬平減，實為數年來所罕有，民番歡欣鼓舞，莫不預慶有秋。現據各府廳縣陸續詳報到臣等，臣等覆核無異。再，臺郡孤懸海外，民番雜處，非內地可比。臣等仰體聖心，恪遵聖訓，惟期地方寧謐，不致上廑宸衷。凡遇屬員進見，莫不諄諄誡諭，令其實心料理，以期事有實濟。所屬地方事不便於番民者，輒為嚴行禁革，胥役內有不安靜及魚肉番黎者，即行嚴拿究治，使不斂怨於下民。而奸滑刁悍之徒，一有不法亦即盡法繩治，以期小懲大戒，消患未萌。至於南北兩路沿山一帶，生番出沒，尤易滋事殃民。臣等與地方文武大員公同和□，悉心籌酌。惟有責成各社通事、土目人等，使之善為撫恤，嚴為防範，庶生番懷惠畏威，自可不生事端。隨公同議，定賞罰修規，陸續傳集南北兩路各通事、土目等，一一面加誡飭，督令實力奉行，以期獲臻實效。而現今文武和輯，民番樂業，地方寧靜，兵民相安。總皆出於我皇上德威廣被，訓諭周詳之所致也。臣等庸材下質，謬膺簡命，敢不殫竭心力，稍圖報稱。而遠隔重洋，一切辦理緣由更不敢不一一據實陳奏，上塵天聽。所有現在雨水米價，地方收成辦理各情形，合行恭摺奏聞，伏祈睿鑒，謹奏。

［硃批］：欣慰覽之。

一七七、伊靈阿修繕安平紅毛城摺

［乾隆十五年五月初八日］，陝西道監察御史奴才伊靈阿謹奏：為敬陳管見仰祈睿鑒事。

奴才查臺灣一郡為海東之咽喉，而安平一鎮為全臺之保障，該鎮設立副將，管轄三營，統領官兵戰艦彈壓巡防，用資捍衛，誠重之也。該處有紅毛城一座，由來久遠，內貯火藥軍器以及倉厫穀石，無不條具守禦兵丁多棲處。其中城雖彈丸，實為安平一鎮之鎖鑰，所關甚巨。惟是該城基艮綿三百餘丈，四面環海沙土，浮難受狂濤衝刷。近年以來，城基日薄，勢甚危險，且附城居民甚眾，若水勢衝刷入城不特城垣難免傾圮，而廬舍亦屬可憂。奴才巡視時，每飭地方文武官民，時加幫築，即該督撫亦常飭修理以資保固，然皆不過暫。為目前補苴之計，若不加以大石壘築，定以寬闊基址及時動帑興修以期永固，恐日浸日甚，一旦傾頹，而一鎮不可支矣。奴才親歷其地，目擊情形，常與漢巡察及所屬員弁籌畫，至再思為一勞永逸之圖，茲奴才雖滿任不敢以事關費帑隱默不言。伏乞皇上勅部妥議，並勅該督撫委員估計興修，則城垣鞏固，而全臺之保障無虞矣！是否可採，伏惟睿鑒，謹奏。

一七八、巡臺御史書昌奏摺：巡臺御史楊開鼎丁憂，其兼管臺灣學政關防可否暫未代理

［乾隆十五年八月二十五日］，巡視臺灣江南道監察御史臣書昌謹奏：為奏聞事。

竊本年八月二十二日，據巡臺御史臣楊開鼎接到家信，內稱伊親母汪氏于本年六月初六日在籍病故，懇為據情代奏等語。查臣楊開鼎現經丁憂，所有巡臺一切事宜，臣書昌照舊遵例自行辦理。至臣楊開鼎尚有兼管臺灣學政關防，目今科考已過，歲試之期尚遠，考棚事務盡可緩待，所任其上下文移等項，內如有應辦事件，容臣書昌暫為代理恭俟。命下之日可否即令臣楊開鼎回籍治喪，俾得全盡子道，出自聖恩。除咨明閩省督撫外，相應恭摺陳奏。臺灣為海外要區，伏祈皇上另簡賢員，令其速為赴臺接辦。□臣愚，得以參酌料理，於地方事務大有裨益。再，查本年七月內，臺郡雨水過多，各屬廬舍田園不無稍有妨礙，正在飭令委員會查間。詎於八月初八初九等日，風雨驟烈，近溪田園複有沖刷，官署民房間有倒壞，而沿海一帶船艘商漁，亦不能保無損傷失事。現在諭令道府大員飛飭各該廳縣，善為撫恤，不令窮黎失所，仍星速委員親赴各該處，確細查勘果否成災，詳報到日，另行具奏外，合將臺郡風雨並現在查辦各情形，先為附疏聲聞，伏候聖鑒，謹奏。

［硃批］：覽奏俱悉。

一七九、巡臺御史書昌奏摺：巡視臺灣南北兩路營伍並地方情形

［乾隆十五年十一月二十七日］，巡視臺灣江南道監察御史臣書昌謹奏：為恭報巡視南北兩路地方情形，仰祈睿鑒事。

查乾隆十二年准督撫咨開，兩巡察於每年農隙時，分路各自巡查一次，經部議覆，奉旨依議，欽此。欽遵等因在案。今御史臣楊開鼎現經丁憂，所有巡察一切事宜，臣書昌自行照例辦理，緣由已於八月二十五日附疏聲明，亦在案。茲查各處田禾收穫將竣，於十月十六日輕裝減從，自備資斧，由府治啟程，先赴北路巡察，經木柵茅港、尾下、加冬等處，至諸羅縣治，閱看北協左營弁兵操演。即由該縣之門六門渡虎尾溪，從東西螺、大武郡沿山一帶入彰化縣治，閱看北路協副將所轄全營兵目操演，其隊伍技藝盔甲器械均屬鮮明，整練壯健可觀。第查彰化縣所屬地方遼闊，人煙稠密，事務紛□，為四縣中第一繁難要缺，所設官吏則較少於他縣，蓋諸鳳臺三邑俱經照例設有縣丞，而彰化獨無，推原其故，祇以彰邑係續行增設。方其初設時，地廣人稀，無庸多官，已足料理，今則戶口十倍於前，一切情形迥非昔比矣。且該縣所轄東山內有地名水沙連者，約去縣城百里以外，其間廣狹不一，綿亙幾二百里，中有漢民莊落十餘，半熟番二十四社，毗連內山，生番十二社，山口嚴密，道路崎嶇，水源茂盛，地土肥饒，誠為最易藏姦之所。雖已設有把總一員，帶領目兵數十名駐防，其地實不足以資彈壓而聯聲勢。臣目擊情形難容緘默，現經劄商該督撫籌酌辦理。複自彰化縣城東北沿山一帶之貓霧、口岸裡社等處，過大甲溪至淡防廳所屬之竹塹地方，仍由竹塹沿海而南，經遷善、感恩、大肚、馬芝遴等社，至鹿仔港、笨港、鹽水港各隘口，過臺灣縣所屬之新港舊社，前赴大傑嶺、羅漢山、內門外門一帶查察。隨由鳳山縣屬之搭樓、武洛等社，至南路山豬毛營汛，閱看官兵操演。沿傀儡山而南，遍曆阿猴、力力、茄藤、放索各番社，以及下淡水、新園、萬丹、大埤頭地方入鳳山縣治，閱看南路營叅將所轄全

營兵目操演，其隊伍技藝嫻習有素，較他營為獨最。該叅將李現祥曉暢營務，任事實心。臣伏思海外重地，民番錯處，吏治固為首務，而武備所關尤屬緊要，每至一營一汛操演事復，復令各兵目射把打牌，考較優劣，多中者捐資賞賚，量予升進；不中者立為訓飭，使之各知奮勵，壯益軍實。每至一縣即傳集士子，宣講聖訓，面加誥誡，使知勤學敦行，安業守分，表率庶民。凡經過村社，隨喚集耆民及通事、土目、番童等宣佈皇仁，撫綏訓諭，捐備煙布等物，逐加犒賞，莫不踴躍歡欣。其迫近生番處所，隨嚴飭通土、鄉保人等，輪番巡警，設法約防，勿令滋事地方。中或有不法之徒，一經訪聞，立予拿究，帶眷押逐，務使宵小斂輯，不敢妄萌異志。所有應添設汛防之處，即移知臺鎮，公同和□，商酌辦理，並飭諭地方文武各員弁，惟以公務為重，己念為輕，勿致意見參商。兵民吏役不得稍有歧視，以啟袒護之端，開黨同之漸。大小事務催令速結，以省無辜拖累，惠蠹長姦。從前被風被雨處所，一有經由其地者，即為查勘，慰問已覺，民情安貼，毫無瘡痍景象。巡視既畢，遂由鳳邑之阿公店、大湖等處回郡，於十一月十四日抵署。臣仍不時隨處體察，先事綢繆，督率屬員實心料理，以期地方漸有起色，仰副我皇上軫念海疆，委任差遣至意。除晚稻米價雨水情形另摺具奏外，所有文武和協，兵民相安，地方無事。巡視南北兩路及一切查辦緣由，理合恭摺奏聞，伏祈聖鑒。臣謹奏。

[硃批]：覽奏俱悉。實心安協為之。

一八〇、巡臺御史書昌奏摺：巡閱臺灣鎮協水陸各營官兵操演

[乾隆十五年十一月二十七日]，巡視臺灣江南道監察御史臣書昌謹奏：為恭報閱看水陸營操情形，仰祈聖鑒事。

竊查臺灣一郡遠隔重洋，屏藩七省，所賴以控制彈壓者，端在於整飭武備。向例臺灣鎮協，水陸各營官兵，以及軍裝器械，臣等每歲冬月應簡閱一次，仍將簡閱過緣由恭摺奏報，以示鄭重戎行之意。臣書昌身係滿員，不敢以文職而暫忘武事，每於公務餘暇，輒習射以為營伍倡。

凡遇營員因公謁見，即與之講求約束兵丁之道，操演防禦之術，使各知檢束策勵，自可不至闒茸。除南北兩路官兵營汛另於奏報巡視地方情形摺內聲明具奏外，茲於十一月十七等日會同新任鎮臣林君陞閱看臺灣鎮標三營、城守營並臺協水師三營官兵操演，布揚軍威。一切旗幟甲械均屬鮮明，隊伍技藝均屬整練，船隻蓬索均屬堅固。隨申明紀律，逐加訓誡，仍量為捐資，分別獎賞，以昭鼓勵。其澎協所屬左右二營，因間隔大洋，照例檄委澎湖通判何器會同副將邱有章就近閱看。嗣於十一月十八日據該通判呈稱，遵於十一月初五日閱看兩營目兵操演，隊伍整齊，船隻器械俱各鮮明堅利，將閱過兵冊呈繳等因到臣，臣覆核無異。但思澎湖一協為全臺保障犄角，聲援有關緊要，隨商同臺鎮，凡澎屬兵目，遇有公務，令其輪流赴臺，以便隨時考驗，分別優劣，立予賞罰，務使各知奮惕，以期海疆營伍實有裨益。所有現在閱看過水陸營操一切情形，理合繕摺奏聞，伏祈睿鑒，臣謹奏。

[硃批]：知道了。

一八一、巡臺灣御史書昌、錢琦恭報臺郡秋雨調勻及時勸課地方寧靜各情形仰慰聖懷摺

[乾隆十六年七月初三日]，巡視臺灣江南道監察御史臣書昌、巡視臺灣兼理學政河南道監察御史臣錢琦謹奏：為恭報臺郡秋雨調勻，及時勸課地方寧靜各情形，仰慰聖懷事。

竊照臺灣南北兩路自春徂夏，雨澤霑足，冬二麥早稻俱屬豐穫，業經臣等於本年閏五月奏報地方情形摺，內附疏聲聞在案。自入六月以來，中上二旬雨水稀少，微覺幹旱，迨至六月下旬，秋霖普降，地瓜雜糧等項秧苗，在在秀茂，亦不致有淫溢過多之患。農民歡欣力作，佈種晚禾，正宜及時勸課。

臣等隨率同道、府、廳、縣各官，輕騎減從，親赴郊外各鄉適中處所，傳集耆民、農佃人等，宣揚聖德，多方化誨，仍勞以酒食，令其轉相告語，各知安分力田，勉為善良。至現在米價，臺灣縣屬每石約值銀一兩五錢零；鳳山縣屬每石約值銀一兩六錢零；獿諸羅縣屬每石約值銀

一兩四錢；彰化縣屬每石約值銀一兩三錢零；淡水廳屬每石約值銀一兩一錢零，較之夏令亦無大增減。各處營伍，臺鎮臣李有用督率所屬，勤加操練，不敢懈弛；宵小匪棍畏於查拿亦各安輯，不敢肆行。臣等仍仰體我皇上軫念海疆至意，尤不敢以目前無事而稍忘戒之心，不時督飭各屬勤加提訪，務使耳目周遍，有犯必懲；不肖吏役重加懲治，不令魚肉民番，以期海宇永奠，不致有負任使圖酬高厚洪恩於萬一。其除地方一切情形，臣等仍隨時體察，據實善摺奏報外，所有及時勸課民番樂業，雨水調勻，米價平減，地方寧靜各情形，理合一併恭摺奏聞，伏祈聖鑒。臣等謹奏。

［硃批］：覽奏俱悉。

一八二、巡臺御史書昌、錢琦恭報硃批奏摺事

［乾隆十六年七月初三日］，巡視臺灣江南道監察御史臣書昌、巡視臺灣兼理學政河南道監察御史臣錢琦謹奏：為恭報硃批奏摺事。

乾隆十六年六月十二日頒到硃批奏摺二道，六月二十四日頒到硃批奏摺三道，臣等隨跪迎進署，恭設香案，伏讀諭旨，訖所有奉到硃批奏摺五道，理合善摺恭報，為此謹奏。

［硃批］：覽。

一八三、巡臺御史書昌、錢琦賀聖母壽誕摺

［乾隆十六年九月二十一日］巡視臺灣江南道監察御史臣書昌、巡視臺灣兼理學政河南道監察御史臣錢琦謹奏：為聖母壽與天齊，萬姓歡同雀躍，敬伸賀悃，仰祈慈鑒事。

欽惟我皇上治洽重□，德隆千古，運無為之雅化，世躋春臺，推錫類之深仁人登壽域道隨運泰，孝以身先，文德修而善必歸，親式崇，顯號尊，養至而孝，恩維則肅。奉慈闈幸際貞元千載一時，恭逢聖母六旬萬壽九重，受白溥錫應為賜福以承歡，六合從風，群稱觥而拜舞。欽惟仁符厚載德，協坤元，恭儉性成，遠邁女中堯舜；慈祥化洽，聿觀天下文明六十年花甲甫週十一月。陽和初復，泰臨子舍，運啟開天，星麗門

杓，春回匝地，樽傾北斗，飛來五色紅雲；桃熟西池，□自三山，青鳥覆慈雲於萬國；巷舞衢謳敷湛露於九天，鳥歌花拜。臣等情殷擊壤，誌切傾葵，遙瞻瑞靄於南山。竊效山呼萬歲，恭奉使旌於東海，願添海屋千籌，九如未罄，形容百福，悉從幾式，定知內政隆而慈顏愈渥。仙壺日月偕玉燭以常調。自今純禧介而福履無疆，天保岡陵共金甌而求固。除現在地方寧靜，年歲豐熟，各情形容俟晚稻收穫竣日，另摺奏報外，所有微臣等慶祝下悃理合恭摺奏聞，伏祈聖鑒。臣等謹奏。

［硃批］：覽。

一八四、巡臺御史錢琦為恭報巡查南路情形摺

［乾隆十六年十一月二十二日］，巡視臺灣監理學政河南道監察御史臣錢琦謹奏：為恭報巡查南路情形，伏祈睿鑒事。

竊臺郡本年地方寧謐，收成豐稔，歷經臣會同前任滿巡察臣書昌節次善摺奏聞在案。查定例兩巡察於每年農隙時，分路各巡查一次，本年應臣巡查南路。現在各處晚稻收穫告竣，臣於十一月初二日輕裝減從，自備資斧，自府治起程，由鳳山縣所屬之大湖、小店仔等處至鳳山縣治。傳集士民，宣講聖諭，播揚皇仁，並面飭該地方文武各員弁。海外不比內地，兵民俱屬赤子，惟當以公務為重，不得少存參差意見，致開黨同立異之漸。至番民愚直無知，尤須加意撫恤，村莊遼曠隔絕，務須加意防範，該員弁亦各知儆惕。隨閱看南路營官兵操演，其隊伍、技藝、盔甲、器械均屬嚴整鮮明。臣捐攜銀牌量加獎賞，以示鼓勵。再，由該縣之鳳彈、新園、下淡水以至南路盡界之放□、茄藤、力力、阿猴等番社，復沿傀儡山至山豬毛閱看官兵各技，亦尚嫻習可觀，照前分別給賞。循山而北至鳳山縣之搭棲、武洛等社及臺灣縣之大傑巔、羅漢門等處周閱。情形本年歲值有秋，大局俱各寧靜。凡經過村社，隨時喚集耆民及通事、土目、番童、番眾人等，一一宣佈皇仁，開誠撫諭，捐攜煙、布、紙、筆、銀牌等物逐加犒賞，莫不踴躍歡欣。凡迫近生番處所，嚴飭通土鄉保人等輪番巡警，設法防範，務令宵小斂跡。各該地間有不法滋事之徒立交該縣查拿，分別訊究押逐。至沿路大小營汛俱嚴加

訓飭，令其奉公守法，勤修職守，捍衛民番，毋致驕惰以滋事端。巡視既訖，於初十日回署。臣仍不時留心訪察一切事務，與新任滿巡察臣立柱和衷商酌辦理，務祈地方漸有起色，以仰副我皇上軫念番黎，奠安海疆之至意。除抵署後，現在閱看水陸操演，臣會同滿巡察臣立柱另摺具奏外，所有巡視南路地方情形，理合恭摺奏聞，伏祈聖鑒。臣謹奏。

[硃批]：覽奏俱悉。

一八五、巡臺御史立柱、錢琦奏聞事摺

[乾隆十七年三月初八日]，巡視臺灣戶科掌印給事中臣立柱、巡視臺灣兼理學政河南道監察御史臣錢琦謹奏：為奏聞事。

十六年十二月十五日，據彰化縣知縣程運青、北路副將郭弘基等稟報，本月初八日夜，有內凹莊民人被兇番焚殺賴、白二姓男婦共二十二口；又，十一日晚柳樹湳汛兵被兇番殺傷七名等，因到臣。臣等恐附近村莊不無驚擾，當即飛飭臺灣府知府陳玉友星往查勘，妥協安撫，務令安堵。隨檢查舊卷，兇番作歹節年，所紀俱由地方官通報督撫，查辦在案。但此次被傷人數較多，未便照常辦理。一面札商督撫會□奏明外，一面嚴飭該地文武加謹防範，毋致再滋事端。並速跴訪何社兇番，會同設法妥協查緝，務獲究擬，並將一切情形詳悉查報去。後續於本年正月十一日據營縣稟報，本月初六日，據北協都司成德訪查得，有北投社番現在受傷延醫調治，當經該縣差拘查訊，並無確供。初七日，又據差往內山查探通事葉福等稟稱，查出作歹為首者係水沙連內山斗截社、帶引眉加臘、截仔等社似屬確情，各等因復到臣。臣等查得北投社係熟番，水沙連內山共計二十八社，內南港十二社，北港十二社，每年每社只納鹿餉一兩，從不與熟番一體當差。而斗截社在其中，其餘均未歸化，如眉加臘截仔等社皆是也。先據臺灣府知府陳玉友回郡稟稱，現在居民俱已安堵，至被殺之處，與北投社地界毗連，兵民因指為北投社番署畢府親詣該地查勘來往踪迹，即住宿該社細驗［驗］檢獲番箭似非北投社番等語，臣等查番性不常其中，或有勾通作歹姦民唆使情弊，亦未可定。即飭臺灣府先將該都司所指北投社有名人犯委淡防廳，會同該都司

另行研訊，務得確情具報，仍嚴飭該文武將查出之斗截等社速行設法緝捕，一并嚴究。現據該營稟稱，會縣飭差督催辦理，該縣稟稱親督通土加謹嚴緝。臣等復飭令實力會同慎重妥辦，茲于三月初六日接准督撫札覆，此案業經自行奏聞。重洋遠隔，未便會銜令，臣等專摺具奏，除文武疎防仍聽督撫查辦外，所有前後情形並該地居民寧謐及現在辦理緣由，理合恭摺奏聞，伏祈聖鑒。謹奏。

［硃批］：奏不實，另有旨申饬。尔等平日之□，当此抉同□隐则差□等之意何居心。

一八六、巡臺御史立柱、錢琦為恭報本年米穀價值、雨水情形摺

［乾隆十七年三月初十日］，巡視臺灣戶科掌印給事中臣立柱、巡視臺灣兼理學政河南道監察御史臣錢琦謹奏：為恭報本年米穀價值、雨水情形，仰祈睿鑒事。

竊臺郡上年收穫豐稔，米價平減，各情形經臣等節次附疏奏，聞在案。本年正月二月以來，春雨稀少，緣臺地露重，地瓜、雜糧、二麥、早稻等項俱無大碍。三月初二日諸羅、彰化两縣地方各得雨水二寸，雖未透足，已為潤澤。至各路米價因，上年撥運溫州，配載閩省約有二十萬石，市民不無居奇。又時值青黃不濟，每石自二兩一二錢至二兩一六錢不等，較之上年略為昂貴。現諭令各該廳縣備詳，及時開倉減價發糶，以平時價。四月中旬二麥登場，即可漸就平減。其二麥收成分數容俟，期另行繕摺據實奏報外，所有現在米穀價值雨水情形，理合恭摺奏聞，伏祈聖鑒。謹奏。

［硃批］：覽。

一八七、巡臺御史立柱、錢琦為恭繳硃批奏摺

［乾隆十七年三月初十日］，巡視臺灣戶科掌印給事中臣立柱，巡視臺灣兼理學政河南道監察御史臣錢琦謹奏：為恭繳硃批奏摺事。

乾隆十七年正月十二日頒到硃批奏摺二道，二月二十八日頒到硃批

奏摺四道。臣等隨跪迎進署，恭設香案，伏讀諭旨訖。所有奉到硃批奏摺共六道，理合繕摺恭繳，為此謹奏。

［硃批］：覽。

一八八、巡臺御史立柱、錢琦為奏聞事摺

［乾隆十七年三月十七日］，巡視臺灣戶科掌印給事中臣立柱，巡視臺灣兼理學政河南道監察御史臣錢琦謹奏：為奏聞事。

三月初十日據諸羅縣知縣徐德峻稟報：本月初六日據北路左營守備歐世亮稱，防衛斗六門千總張觀德稟，初四日巡至他里霧水披頭，竹林下拾有白布鑲紅旗一面，上寫“居民奪食”，旁寫“詹”字樣，旗下花名薄一本，隨檢閱旗簿，内寫詹崇等一百人名，字跡不堪，明屬無賴棍徒挾仇傾陷。現在按薄密訪，有無其人另行稟報。並據北路副將郭弘基抄錄簿上花名稟繳，并稱簿内名字俱屬不經，差訪並無影響等。臣等伏查，臺灣一郡上年收穫豐稔，入春以來米價微昂，皆由市民居竒［奇］，並非米穀甚少。現令各縣開倉平糶以濟民食，閭閻安業，並無居民奪食之事。若奸徒膽敢不法，搖惑眾心，大干法紀，自應嚴拿，按律治罪。即並無影響，懷挾私仇，竟至制旗立簿，藉端傾陷。海外重地，刁亦斷不可長，臣等除一面嚴飭府縣，或係棍徒擾事，或係奸民匿謗密行訪拿，並通行各屬，無分疆界，一體查緝，務獲究擬；一面咨明臺鎮轉飭各屬營汛弁兵，實心協力，嚴密盤查，毋致疏［踈］漏，以靖地方。仍令各該文武約束兵役人等，俱不得借端滋事，擾害良善，並札知督撫，俟拿獲之日另行咨達查辦外，理合恭摺奏聞。

再，本年春雨稀少，惟諸羅、彰化兩縣地方已各得雨二寸，業經臣等奏聞在案。今淡水一屬，據該廳稟稱，三月初一日甘霖大沛，臺灣縣一屬亦于十六日得雨，均入土深透，農民歡躍，咸得及時深耕。合並聲明，仰慰聖懷，謹奏。

［硃批］：□□□□□□□。

一八九、巡臺御史立柱、錢琦恭報臺屬二麥收成分數、米穀價值、地方雨水情形摺

［乾隆十七年四月二十日］，巡視臺灣戶科掌印給事中臣立柱，巡視臺灣兼理學政河南道監察御史臣錢琦謹奏：為恭報臺屬二麥收成分數、米穀價值、地方雨水情形，仰慰聖懷事。

竊臺郡本年正、二兩月春雨稀少，米價微昂，經臣等奏聞在案。三月初一、初二等日，淡水、諸羅、彰化界屬俱各得雨，而淡水尤為深透。至十六、十七、十八、二十五等日，淡水，臺、鳳、諸、彰各路節次俱得透雨，一切稻、穀、芒、蔗、雜糧等項大加暢茂。四月十三、十五、十六等日，各路復大沛甘霖，田園霑足，農民懽洽，咸得及時播種。現在二麥登場，隨檄飭臺灣府知府陳玉友轉行各屬，將二麥收成分數確實查報。茲據該府逐一查覆前來，除澎湖一廳，臺灣、凤山二縣向不栽種大小二麥，彰化縣並淡水兩屬地勢偏北，氣候微寒，不宜栽大麥外，其諸羅縣所屬地方大麥、小麥收成確有七分，彰化縣所屬地方小麥收成確有八分五厘，淡防廳所屬地方小麥收成確有八分，臣等復核無異。其各處采價，三月以前因撥運閩、浙兩處約有二十萬石，市民不無居竒［奇］。又，時值青黃不接，是以價值微昂。臣等當即飭令各屬開倉平糶，現據府廳各縣陸續詳報，每石自一兩五六錢至二兩二三錢不等，較之三春已就平減。現今地方無事，兵民相安，除臣等前奏明諸羅縣地方製旗立簿一案，據該縣將簿上有名人犯查拿嚴訊，俱屬有業良民，錄供詳報，其為挾仇傾陷無疑，現飭密行訪緝，務獲正身究擬以遏刁風。再，彰化縣地方兇番作歹一案另摺恭奏外，所有二麥收成分數米穀價值，地方雨水各情形，理合恭摺奏聞，伏祈睿鑒。謹奏。

［硃批］：覽奏俱悉。

一九〇、巡臺御史立柱、錢琦為恭繳硃批奏摺

［乾隆十七年四月二十日］，巡視臺灣戶科掌印給事中臣立柱，巡視臺灣兼理學政河南道監察御史臣錢琦謹奏：為恭繳硃批奏摺事。

本年三月二十五日頒到奏摺四道，臣等隨跪迎進署，恭設香案，伏讀諭旨訖，所有奉到硃批奏摺共四道，理合繕摺恭繳，為此謹奏。

［硃批］：覽。

一九一、巡臺御史立柱、錢琦奏臺灣彰化縣兇番戕殺兵民案摺

［乾隆十七年四月二十日］，巡視臺灣戶科掌印給事中臣立柱，巡視臺灣兼理學政河南道監察御史臣錢琦謹奏：為遵旨奏聞事。

四月十四日承接軍機大臣三月十三日傳奉上諭：臺灣彰化縣兇番戕殺兵民一案。據提督李有用奏，據弁兵稟報，稱彰化縣相驗時弔責本莊業戶簡耕等佔墾番界，以致生番殺人。時有被傷走脫老人，認係該縣擡轎熟番，而該縣謂係生番與熟番無干以致鄉民不平；又，柳樹湳汛兇番焚燒營盤，殺傷兵民，亦係熟番作歹。又搜獲奸民勾通番社，并查出通事張達京巧卸生番，希圖了事等語。御史為耳目之官，事無遠近，俱應據實入告。該地方既有此等情節，即當備細陳明，今該提督一一奏聞，而該御史等並無摺奏，此豈設立巡察本意耶？況此係地方官承辦之案，該御史等雖非道府有司可比，而身處其地，耳目易周，當日之情形與現在之輿論稟報之真偽，辦理之當否俱可逐一究訪，得其確實，著即明晰奏聞以贖前愆。若與地方有司通，同隱諱一以苟且了事為心，必將該御史等從重治罪，欽此，欽遵。伏念臺灣為海外要區，臣等不能弭事于未形，以致上煩聖慮，咎已難辭。今奉諭旨不加譴責，令臣等逐一究訪詳晰，奏聞跪讀天語感悚交集。伏查上年十二月初八、十一等日，內凹莊民柳樹湳汛兵被兇番焚殺，割去頭顱，當經臣等據報，先行飛飭臺灣府知府陳玉友星往撫輯莊民，務令安堵。去後即檢查從前所辦犯案舊卷，俱由地方官通報督撫查辦。但此次被傷人數較多，未便照常辦理，遂一面札商督撫會御奏聞，一面嚴飭該文武踩訪何社兇番，設法緝捕，并將一切情形詳悉查報。嗣于本年三月准督撫札覆以重洋遠隔，未便會銜令，臣等專摺具奏，臣等于三月初十日將該地寧謐，及辦理緣由恭摺奏聞在案。查此案事，初兵民均指為南北投社番，該地武員同聲一詞。本

年正月間，據都司聶成德訪稱南北投社番，有大斗、六八仔、小斗、六女壻、不識名富仔女壻、不識名他里、罵大兒被槍打着右手，現延醫魏觀進黃純調治，并有林烏明、林全代買箭頭等語；文員則指為水沙連內番，據彰化縣知縣程運青差訪通事葉福、賴春瑞等稟稱，查出作歹者係斗截社帶引眉加臘截仔等社等社語。查，內凹莊柳樹湳一帶，西為北投南投等社，是為界內熟番；東為水沙連，其中共二十八社，內二十四社每年但納鹿餉，不與熟番一體當差，是為界外熟番，余四社為生番。臣等聞該文武因訪指互異，意見齟齬，屢經以公事均有責成。海外不比內地，諄諄諭令和衷酌辦，且生番、熟番、界內、界外，水落自然石出，無庸預存成見。是以前奏聲明飭令兩路查辦，亦在案。本年二月間有水沙連通事賴春瑞，該縣差探伊即係水沙連內福骨社之甥胆，因奉差連眷逃匿內山，情節顯露，一并查拿。三月間該縣親自內木柵地方，督仝［同］水沙連通事業福，又因岸裡社通事張達京，德化社通事林秀俊身家殷實，且充當通事年久，熟諳番情，飭令選撥壯番一仝［同］］協力搜緝，于二十六日到水沙連二十四社內哆啰啯社，該番聞信逃匿，傷獲兇番首級一顆，搜出漢人頭顱七顆，皮須發辮全；四月初四日于水沙連二十四社內之福骨社誘獲頭顱四顆，皮鬚發辮亦全，似已有據。又，十六日於哆啰啯社拿獲兇番一名，應俟觧［解］到日，嚴行跟究何社作歹，并起釁各確情。查水沙連通事葉福等原訪作歹之三社：一斗截係熟番；二眉加臘係生番；三截仔係生番。與前哆啰啯、福骨兩社不符應，一并再加確查，至該都司所訪南北投社受傷之番並奸民林烏明、林全等，現拘齊到案，據會仝［同］淡防同知王鄂逐名點驗，並無所指傷痕，即醫生等亦極口稱誣，內據該社通事三甲供稱，上年十二月二十九日曾託林全代帶箭頭，因本社係隘口，恐生番出沒，要去防守稟過縣裡的等語，其曾否稟明該縣果否為防守使用，現在弔卷詳查并各犯亦須細加研訊，庶幾無枉無縱。至當日之情形，上年十二月初八夜內，凹莊地方突有兇番數十人擁入該莊，焚燒茅屋八間，殺死賴、白二姓男婦共二十二口，俱被割去頭顱，該縣到地相驗，莊民俱指為南北投社番，不容收殮，時該縣防獲轎役人等即係北投社番，莊民因紛紛擲石亂毆，該番被傷六名，經縣驗傷，該縣諭以事無確據，尚須詳查，莊民喧争，該縣因莊民多係業戶、簡耕之佃戶，特將簡耕責十五板，眾亦旋散，並非因簡耕佔墾而責，亦别無被傷走脫之老人指認該縣擡轎熟番。查簡耕從前曾與北投社番爭控草地，經前任臺灣府知府方邦基將地斷還該番，並將簡耕監生詳□租欠，飭追是該番訟已獲勝，無仇可挾，而案結數載並無更有争控之事，未便執此為起釁之據，現在仍弔取舊卷再行確查。又，十一日柳樹湳汛兵被殺一事，臣等訪得是日酉刻，有兇番數十人突入該汛，先行放火，兵丁措手不及，被傷七名，割去頭顱，守汛草房亦被燒毀數間，兇番旋即遁去，而文武之稟報把總蔡鳳等帶兵遊廵，猝遇兇番，眾寡不敵，以致兵弁被傷，其中不無掩飾，屢經臣等牌查，未據切覆，現在弔把總蔡鳳等到案，一并嚴究確情，而是日民人並無受傷之事，至生番熟番輿論不一。臣等查得生番越界，文武均干嚴議，若熟番止照尋常命案歸結，歷來犯案大率其先均指為熟番，蓋百姓藉此可以援例斷歸家產給領燒埋兵弁，藉此可以免避處分，諉卸責守。惟知縣為承審之官，定案後必由院司核擬人命出入，吏議更嚴遷就者少，即如乾隆十一年柳樹湳汛兵亦會被殺傷三名，乾隆十四年淡水西保莊兇番突入殺傷民人十一命。初，兵民亦指為毗界熟番俱訊無確據，又，乾隆十年臺灣縣淡埔莊兇番突入殺傷民人十命，時指為大傑巔社熟番，知縣羅織成招，司審駁回改正，屍親坐誣，成案鑿鑿，皆其明驗。是以此案訪指互異，不得不慎重切實查究，至通事張達京巧卸生番，希圖了事之處。查水沙連、南北投均非其本管之社，現飭令協辦其起獲之頭顱，拿獲之兇番，雖屬界外，亦係熟番，是其現在辦理尚無巧卸生番情事，但與葉福等原訪生熟三社不符，其中有無别情應俟審明各犯後證明。現經督臣奏，委糧驛道托穆齊圖到臺會仝［同］，臣等並臺鎮陳林每公仝［同］審理，除作歹的係何社兇番焚殺，因何起衅，奸民有無勾通，通事有無情弊，以及稟報之虛實，俟人犯解［解］齊，將一切情節逐一再加詳細研訊明確，另摺具奏外，謹將現在查究辦理各緣由，先行遵旨奏聞，伏祈聖鑒，謹奏。

一九二、巡臺御史立柱、錢琦奏為恭繳硃批奏摺

［乾隆十七年四月二十日］，巡視臺灣戶科掌印給事中臣立柱，巡視臺灣兼理學政河南道監察御史臣錢琦謹奏：為恭繳硃批奏摺事。

本年六月二十九日頒到硃批奏摺五道，七月二十三日頒到硃批奏摺五道。臣等隨跪迎進署，恭設香案伏讀諭旨訖，所有奉到硃批奏摺共十道，理合繕摺恭繳，為此謹奏。

一九三、巡臺御史立柱、錢琦奏船戶遇劫摺

［乾隆十七年八月二十二日］，巡視臺灣戶科掌印給事中臣立柱，巡視臺灣兼理學政河南道監察御史臣錢琦謹奏：為奏聞事。

本年五月二十五日，據護理海防同知臺灣縣知縣魯鼎梅報稱，有該縣船戶徐得利於本月十八日由鹿耳門出口，二十日至大甲洋面遇有賊船，内十餘人面塗紅色，手執刀棍人登船，將船戶人等綑毆，衣服銀物盡行劫去，經該護同知驗［驗］傷鑿鑿，臣等飭令嚴緝在案。今八月初六、初七等日，據北路副將郭宏基報稱，有船戶許得萬於七月二十二日由鹿耳門出口，於二十四日至油車港洋面，有一船尾船而追本船，因風停泊被追上，將衣服銀兩盡行劫去；又一件據淡水同知王鶚報稱，有鳳山縣船戶李長茂於七月初九日由鹿耳門出口，二十日夜至後壠中港外洋，遇有賊船，内約二三十人，手執棍棒，用鐵鉤搭住該船，將船戶人等綑縛，衣服銀兩盡被劫去；又一件，據該同知報稱，有臺灣縣船戶陳鄭全於六月十一日，由鹿耳門出口，二十日至鉄鉆山外洋，突被賊艘追趕，賊夥各執器械擁登上，船内水手林恭等在一人挾帶竹篙從舟後下海逃避，至晚遇別船撈救得脫，船戶陳鄭全等四人尚在船中，被賊連船搶駕而去；又一件，據北路副將郭宏基報稱，七月三十日，有右營後壠汛千総丁維賢帶兵遊巡至海岸，聽見洋面□響，隨在海岸放槍接應等候，見有船隻駕至後壟港口，詢係安平協把總徐念帶兵王開春等共六十五名奉水師協檄配搭商船，往北路海洋一帶遊巡，遇有漁船蓬上字號不明，與配兵船隻對敵，時將漁船戶、船隻拿獲，並獲舵水等七名，另槍傷死

舵水二名，其水師協巡兵亦被漁船擲石打傷數名等，因到臣。臣等查得搶劫盜案即年雖間亦有之，今本年五月内一犯六七，則連日數犯，不但白日綑縛事主，竟至拒捕，與巡兵對敵，恣横已極。除現在各案應聽地方官稟詳督撫查辦外，臣等查船隻出入勢必經由沿海内外各港汛口，如果加謹防範，寔力盤查，亦何至盗匪偷渡任意出沒，搶劫頻行。若非督撫嚴行查辦妥協，設法以儆將來，以靖要地於海外邊疆，關係匪淺，理合恭摺奏聞，為此謹奏。

[硃批]：已有諭。

一九四、巡臺御史立柱等为奏闻事摺

[乾隆十八年三月十七日]，巡視臺灣戶科掌印給事中臣立柱、河南道監察御史臣錢琦謹奏：為奏聞事。

乾隆十七年九月初八日，接准都察院劄付内開内閣抄出巡視臺灣給事中立柱等奏，臺灣彰化縣地方凶番戕殺兵民一摺，奉上諭臺灣凶番戕殺兵民一案，督提所奏。據該地文武稟報互異，俱未得實情，立柱、錢琦現差巡察久之未奏，因傳旨詢問，並令察訪確情。今立柱、錢琦覆奏，仍屬支吾未得實情。言官為朝廷耳目，況身處其地，無難審查情偽，乃僅據地方官稟報敷衍其詞，並非親往察勘。且稱，初劄商督撫會銜入告，經駁回專摺具奏。似此，則巡察竟成冗贅，于設官本意失之遠矣。立柱、錢琦著交部議處，原摺併發，看來臺灣文有道府，武有鎮營，足資彈壓。巡察三年更替，徒擁虛名，事權則不如督撫切近，又不如守令介在其間，在有志向。上者或以多事致敗而循分，供職者多致志氣隳或且歎為擯斥，外出也，於公事殊無裨益。所有巡察臺灣御史，著三年一次命往，事竣即回，不必留駐候待，著為例，欽此。所有學政關防仍交道員管理，業經禮部具奏，奉旨依議，欽此。相應一併抄單行文該處欽遵查照外，再，該員等於文到日有應行交代之處，即行交代，事竣即回。其巡察關防該員帶回繳送禮部可也。等因。到臣時，臣錢琦正在試院辦理科試事務，於九月十三日考畢出場，隨造具部科清冊於十九日完竣。謹將欽頒學政關防一顆先交臺灣道拕穆齊圖收受管理，當經恭疏題報在案。至臺灣巡察官員向例農隙之時南北兩路巡察一次，臣等隨于九月秋成之後，各輕裝簡從，自備資斧，巡察南北兩路。凡經過村莊、番社各傳集耆老、通事、土人等宣佈皇仁，勉為良善。其各路番社各捐備銀牌、煙布、筆墨、針線等物，逐加賞勞，並閱看各路營伍操演，中有技藝嫻熟者，捐備銀牌、製錢分別賞給，仍諄切嚴飭各該地文武員弁，務須和衷共濟，整頓地方，以仰副皇上軫念海疆至意。所有十七年晚稻收成臣等沿途查看，臺灣、鳳山兩縣屬勻計俱有七分，諸羅、彰化兩縣屬勻計俱八分有零，淡水廳屬勻計有八分，地瓜雜糧勻計亦均有七分零。米價各路自一兩六七錢至二兩不等，民情相安。巡查事竣，隨將各衙門自雍正元年起至乾隆十七年止，有一切文移案卷造具清冊交存臺灣府知府收貯訖，于十一月初三日登舟渡海，及抵廈門複接准浙閩總督喀爾吉善咨開巡察關防存貯福建藩庫，奏聞請旨一摺，

奉硃批：是。又奉朱批：覽。欽此，欽遵。

臣等謹將欽頒巡察關防一顆至福建省齎交藩庫收貯。再，巡察任所原貯有欽頒摺匣三個，鑰匙一柄，今滿漢巡察官員俱欽遵諭旨，回京無可交代，敬謹齎回，並陸續奉到朱批奏摺五道，理合恭繳，為此謹奏。

一九五、巡臺御史官保等閱看水陸營伍情形摺

［乾隆二十一年四月二十九日］，巡視臺灣給事中臣官保、臣李友棠謹奏：為恭報閱看水陸操演並巡視南路情形，仰祈睿鑒事。

竊臣等在省接印受事，業經恭疏題明在案。茲於四月初六日抵臺，查臺疆孤懸海外，武備最關緊要，所有水陸官兵例臣等簡閱，即於十六日閱看鎮標三營及城守營官兵。十八日閱看安平協三營，水師陸路隊伍俱各嫻習，水師駕駛當屬整齊，而鎮標兵丁技藝尤為熟練，實因鎮臣馬大用平日訓練有方，故能著有成效。當即布揚天威，申明法令，並捐資分別奬賞以示鼓勵。二十一日，臣等輕裝簡從，自備裹糧，先往巡察南路地方，由大湖橋、仔郎等處，至鳳山縣悟接見知縣佐雜等官，詳切訓誨，留心教養，務令民番樂業，毋得陽奉陰違。隨閱看南路營官兵，營伍技藝，俱屬可觀，亦經臣等量為捐賞。再由該縣屬之埤到何裏港，過

武落溪水諸溪，至阿猴、搭樓等番社，循傀儡山，而北至臺灣縣屬之大傑巔、羅汉門等處，留心察訪，俱各安帖，經過村社，傳集通事土目番民等開誠撫谕，宣佈皇仁，仍捐備洋酒煙布等物，分别賞賚，莫不鼓舞歡悦。沿途營汛逐一訓飭，令其不時操防，其附近内山各隘，加意勤慎防範，毋致怠維滋事，以仰副我皇上奠定海疆惠養元元之至意。廵視既訖，於本月二十六日回署。傳現在雨澤霑［沾］足，是確實情形，另摺具奏外，所有臣等閲看過水陸官兵並廵查南路事竣各缘由，理合恭摺奏報，伏請皇上睿鑒。謹奏。

奉硃批：覽奏俱悉。欽此。乾隆二十一年六月二十六日

一九六、廵臺御史官保、李友棠廵視臺灣事竣摺

［乾隆二十一年九月十二日］，廵視臺灣給事中臣官保、臣李友棠謹奏：為恭報廵視事竣，仰祈睿鑒事。

竊臣等奉命廵臺，於四月内閲看鎮標、安平水陸各營伍，隨往南路廵查營伍，恭摺奏明在案。其澎湖一協遠隔大洋，照例檄委澎湖通判張埰會同副將林貴就近閲看。嗣據覆稱，兩營軍伍船貨配足，技勇熟嫻等情亦在案。臣等因臺地孤懸海外，諸務未免因循，整飭府屬廳縣，將所辦事件分别欽部批查，自理三項開明事由，按日造具清册送臣衙門審核，務令依限完結，毋得稍有懈弛，以仰副我皇上慎重海疆，整飭吏治之至意。兹於八月十七日整裝減從，前往廵查北路，由木柵過灣裡哆囉咽等社，至諸羅縣閲看水協左營操演，次由門六門過虎尾溪，經東螺、西螺、大武郡諸社，至彰化縣閲看水協中營操演。經由貓霧揀岸裡社，過大甲溪經吞宵，經壟中港等處，至淡水同知駐紮之竹塹地方閲看北協右營。操演各營隊伍軍裝俱各整齊，臣等量力捐賞以示鼓勵。經沿海岸而南經河轆、馬芝遴等社，過鹿仔港等港鹽小港，加意訪察，民番俱各安貼。其往返所過莊社，俱傳集通土番衆，宣佈皇仁，開誠撫谕，各捐煙布羊酒等物，分别賞賚，莫不歡欣鼓舞。沿途塘汛及内山險隘處所俱飭令不時操防，竭力防範。於九月初七日事竣回郡。現在备装登舟，俟風渡海，俟到省時照例將廵察關防交送藩庫存貯，另疏題明外，所有臣

等巡察事竣緣由，理合奏報。再，前奉到朱批奏摺四件，合併恭繳。謹奏。

奉硃批：知道了。欽此。

一九七、巡臺御史實麟等巡視臺地情形摺

［乾隆二十五年三月十八日］，巡察臺灣給事中署副都統臣宗室實麟、給事中臣湯世昌謹奏：為恭陳臺地情形，仰祈睿鑒事。

竊臣等查得臺灣一郡在海東南，四無接壤，其地多暄少冷，冬無霜雪，蟲不蜇藏。開臺以來皆閩廣人民寄寓，迄今百餘年，生息蕃衍，占籍六十余萬。番民歸化者七十餘社，服田輸賦，近皆剃發與內地良民無異，亦甚畏法。內山生番，時加防範，亦斂跡遠伏。濱海諸山，沃野千里，蓋多溪水流注，易於叢生，土產米、糖、魚、鹽，他無所出。今春雨水調勻，近屆翻犁之際，又得透雨連朝，所種蕃薯、甘蔗、雜糧俱已勃生通郡。亦聞有上則田園一年三種，皆賴埤水通流，無虞旱澇。現今春稻將收，可稱豐稔，臺、鳳農民無不欢忭（注：原摺有，抄錄本無）。其諸羅、彰化兩縣皆有雨澤，早禾長茂，二麥登場，統計春季收成將及八分以上。現在市米照上中下米色，南路價值每官石庫紋銀自一兩六錢至零七八錢，北路價值自一兩二錢至零四五錢不等，官鹽每斤製錢五文。臣等據各屬呈報，時加體察，並親閱南路地方，民番樂業，山海敉寧，理合恭摺奏聞。伏祈皇上睿鑒。謹奏。

奉硃批：欣慰。欽此。乾隆二十五年五月二十一日

一九八、巡臺御史實麟等閱過水陸官兵摺

［乾隆二十五年三月廿八日］，臣宗室實麟、臣湯世昌謹奏：為恭報閱看水陸操演並巡視南路情形，仰祈睿鑒事。

竊臣等在閩省接印受事，業經恭疏題明在案，於二月初八日抵臺。查臺灣遠隔横洋，重兵彈壓，武備最關緊要，所有水陸官兵准鎮臣甘國寶咨送兵冊，於三月初七等日，閱看鎮標城守兵丁及安平協三營水師、陸路隊伍，技勇俱各嫻習。當即布揚天威，申明法令，分別獎賞，以示

鼓勵。二十一日，臣等輕裝減從，先往巡查南路地方，由大湖街店仔等處至鳳山縣，接見知縣佐雜等官，詳切指示，加意教養，務令民番樂業，毋得陽奉陰違。隨閱看南路各營防汛官兵，營伍技藝均屬可觀，亦經臣等量為捐賞。再由縣屬之埤頭、阿裏港，過武洛、淡水諸溪，至阿猴、搭樓等番社，循傀儡山而北至臺灣縣屬之大傑巔、羅漢門等處，留心訪察，俱各安靜。經過村社傳集通事、土目、番民，開誠撫諭，宣佈皇仁，仍捐備煙、布、羊、酒等物分別賞犒，莫不歡欣鼓舞；沿途汛弁逐一訓飭，令其不時操防。其附近內山各隘尤須諸務整飭防範，毋致怠縱滋事，仰副我皇上奠安海疆，惠養群黎之至意。巡視既訖，於本月二十七日回署。除現在雨暘時若，糧價平減情形，另摺具奏外，所有臣等閱過水陸官弁並巡查南路各緣由，理合恭摺奏報，伏祈皇上睿鑒。謹奏。

奉硃批：爾奏俱悉，餘有旨諭。欽此。乾隆二十五年五月二十一日。

一九九、巡臺御史實麟、湯世昌巡查北路閱兵賞番等由摺

［乾隆二十五年五月初七日］，巡察臺灣給事中署副都統臣宗室實麟、給事中臣湯世昌謹奏：為恭報巡視北路事宜，仰祈睿鑒事。

竊臣等於本年二月初八日抵臺，於三月二十八日將閱看鎮標水師陸路官兵及巡查南路臺灣、鳳山兩縣地方，賞犒番民兵，查年景糧價各情形，附福建撫臣吳士功馳摺奏明在案。茲於十月十六日，臣等輕裝減從，復往巡查北路地方，由臺灣縣至下茄冬入諸羅縣界，過虎尾溪入彰化縣界，又至大甲溪，系淡水同知所轄，又经竹塹沿海而南，道途迂折往返十有九日，留心訪察，俱各安靜。所見同知、知縣、佐雜等官，詳悉詢問，加意指示，務令民番樂業，毋得偷安闒冗。至北協陸路及分防各營官兵隨地閱看，行陣技藝尚稱嫻整，亦俱量為獎賞。至三處散居番民，大小共五十二社，逐處親歷，雖皆剃頭辮發，率皆嵡耳文身，服飾班駁，言語不通，惟該番土目通事略備衣履，率同老幼伏迎道左，甚為恭順。臣等諭以聖朝威德，一視同仁，仍捐備煙、布、洋酒等物，分別

賞犒，無不歡欣感戴。途次所過，防汛兵弁俱面加訓飭，其分防內山隘口，尤須加意防範，仰副我皇上安靖海疆，嘉惠群黎之至意。巡視既訖，於五月初六日回郡，除將現在晴雨糧價情形另摺具奏外，所有巡查北路閱兵賞番各緣由，理合恭摺奏報，伏祈皇上睿鑒。謹奏。

［硃批］：爾奏俱悉。

二〇〇、巡臺御史宗室實麟、湯世昌臺屬雨水米價情形摺

［乾隆二十五年五月初七日］，巡察臺灣給事中署副都統臣宗室實麟、給事中臣湯世昌謹奏：為恭陳臺地北路情形，仰祈睿鑒事。

竊臣等巡視諸羅、彰化二縣及淡水一廳等處，其道裏較南路臺、鳳二邑更為廣遠，民番散居村社俱以耕種為業，其開通埤圳之處，水源自山而下曲折灌注，不憂水旱，其距水稍遠之地則栽種芝麻、小米、甘蔗、蕃薯、雜糧。今歲三四月間早得透雨，田禾暢茂，所過居民皆有羅哺敷腹柔象，咨判寢息，命案無多。統計現在收成可及九分，市米價值照上中下米色，南路每官石白米庫收今日一兩五錢至零六七錢，北路每官石白米庫收今日一兩七錢至零三錢，七分小麥每官石收今日九錢三分至九錢六分，大麥每官石收今日五錢六分至七錢六分，較三月所報更覺平減。臣等各屬呈報，不時體察並親歷北路地方，民番安靜，山海清恬，理合恭摺陳奏，伏祈皇上睿鑒。謹奏。

奉硃批：知道了。欽此。乾隆二十五年六月十八日

二〇一、巡臺御史實麟、湯世昌奏校閱賞兵番煙布等項摺

［乾隆二十五年七月十一日］，巡察臺灣給事中署副都統臣宗室實麟、原任給事中降一級調用湯世昌跪奏：為遵旨據實具奏事。

竊臣等巡臺事竣，於六月二十四日自閩起程回京。七月初二日行至浦城縣地方，適遇撫臣吳士功所遣齎折營弁，齎回臣等原奏巡查臺灣南路各摺，並接准逐案內开乾隆二十五年五月二十一日奉上諭：據實麟等奏巡查臺灣營伍摺內，於兵丁及村社番目等婁舉捐賞之語。使臣巡視海徼，量為獎賞，自屬體制宜爾，但此等賞需向來豈無酌量支用之項，而

必該御史等自行指出耶？且該御史等豈能于赴任時自行多帶銀兩到彼置買煙布，以備賞賫之用耶？著傳詢實麟等此項賞需究系作何取留，或係給自閩歟？或係養廉内原有？臣容酌計預備之處，令其據實具奏。欽此，欽遵。臣等跪讀之下不勝惶悚。伏念臣等於上年在京奉旨差往巡臺之時，問之前任差員，據稱到臺灣即應閱兵賞番需用煙布等物，俱非臺地所出，務必預行買備等語。臣等於去年十二月行至閩省接印任事，布政使司衙門官先各移解臣等養廉銀三百兩，系臣接印起按月每員一百兩。臣等即于省城酌買煙布等物攜至臺灣，照例巡閱兵番，量為獎賞，是臣等此次賞給兵番之項，悉皆出自恩賞養廉，并未支动闲款，無非自解私囊，乃摺内縷舉捐賞字樣，實屬愚昧。今蒙諭旨查詢，臣等跼蹐無地，謹遵旨據實具奏，伏祈皇上睿鑒。臣等不勝悚惕，待罪之至。謹奏。

奉硃批：實屬見小。欽此。乾隆二十五年七月二十八日。

二〇二、巡臺御史永慶、李宜青摺

［乾隆二十八年五月十六日］，巡視北城給事中奴才永慶、御史臣李宜青跪奏：本月十四日，奴才等欽奉恩命巡視臺灣，謹欽遵料理束裝就道。伏念臺灣海外重地，奴才等才識短淺，懼隕越仰懇皇上天恩俯賜訓誨，俾得敬謹遵循，冀酬高厚于萬一，曷勝悚惕之至，為此謹奏。

［硃批］：平庸，覬望未免妥當而已，有好名習氣。

二〇三、巡臺御史覺羅明善等巡視臺灣地方情形摺

［乾隆三十二年十一月十二日］，巡視臺灣給事中臣覺羅明善、臣朱丕烈謹奏：為奉閱事。

竊臣等抵臺灣查過府城倉庫並閱看營伍，業經恭摺具奏在案。嗣於九月十九日渡海赴安平鎮地方校閱該協水師三營，弁兵操演、隊伍槍炮、弓箭藤牌等技；次至海口閱看駕駛戰船、演放火礴火炮等，悉俱熟習可觀。其中扒桅兵丁能於桅末站立演試弓箭刀棍，升降便捷，尤為出色。臣等於十月十八日由府城起程，巡視府北一廳兩縣地方，自新港灣撫諸羅縣，過虎尾灣撫彰化縣，過大甲灣撫淡水廳，皆系近東沿山之

路，自竹堑回程。過西螺等灣，经由麻仔、笨港、淡水一帶巡視，皆系西界沿海之地。臣等沿途順閱北路協三營及淡水一營弁兵，演習練武，弓箭、槍炮、藤牌等技俱為嫺熟，器械軍裝亦甚整飭，並查看一路弁兵分守汛地，並無懈馳。其兩县一廳各有庫項倉谷，諸羅縣存銀九百三十兩零，谷七萬一千一百余石；彰化縣存銀二千二百二十兩零，谷十七萬二千八百六十余石；淡水廳存銀二千二百四十兩零，谷五萬五千一十余石。臣等亲旨查驗，皆系實貯，與造報數目相符。再往返所經番社，淡水有德化等二十八社，並新附末毒兩社；彰化有遷客等二十四社；諸羅有大武壠等十三社。其田宅與民村比附交錯，其人較鄉民倍為拙實，各社通事土目率眾番男婦迎接，視極恭順。臣等宣揚皇仁，諭令勤耕守分，並賞以布匹官物，莫不悅服感欽。至於生番散處深處，白晝罕出，粗魯无礼，並非苗猺之比，現在各山隘口皆築瞭樓，添撥社丁民夫互為守望，是資防範，無慮滋事。再，本年晚禾收成臺郡所屬合計均在八分以上，各縣米價每石自一兩四錢至一兩五六錢，穀價自六錢至七八鈔石等，均屬平減，地方甚為寧謐。臣等於十一月初八日回至府城，所有巡視北路情形理合結摺恭奏。伏祈皇上睿鑒。謹奏。

奉硃批：爾奏俱悉。欽此。乾隆三十三年正月初七日。

二〇四、巡臺御史覺羅明善、朱丕烈巡查臺灣情形摺

［乾隆三十二年十二月初十日］，巡視臺灣給事中臣覺羅明善、臣朱丕烈跪奏：為奏聞事。

竊臣等前於十月中往臺灣府北巡視一廳二縣地方，兼查過倉庫營伍，業經恭摺具奏在案。茲於十二月初一日由府城起程，巡視府南一帶地方，自二屬縣溪抵鳳山縣，各皆系迤南近海之地；由縣屬阿猴社、搭樓社，以□羅汉門回至府城，皆系迤東近山之地。臣等順道閱看南路參將營及下淡水都司營，弁兵操演陣式、弓箭、槍炮、藤牌等技，俱熟悉可觀。一切軍裝器械鮮明整齊，其都司營之排槍手，尤覺出色。沿海、沿山處所各有弁兵分守汛防，查閱所經，並無弛懈。鳳山縣庫貯正杂款項四千二百一十一兩有零，倉谷現存九萬八千四十六石有零，臣等親詣

查驗，皆系實貯，與冊報數目相符。至鳳山縣屬熟番阿猴等八社，臺灣縣屬大傑巔等三社，其番眾務農力作，謹願守法，早與民人無二。經過社地，各該通事土目集眾出接，臣等宣揚皇仁，賞以布匹官物，莫不戴悅。此外山豬毛、傀儡山、琅乔、卑南等社，歸化生番皆山后不入內地。現在各山隘口築有瞭望樓，撥官丁夫巡邏防範，並無滋事。再，鳳山地氣甚暖，此際季冬時候，近東山田現已栽插禾秧，一望麥蔥不殊春仲。其米谷糧價俱屬平減，民番樂業，地方寧謐。臣等於十二月初七日回駐府城，巡臺諸事將次辦竣，擬于開春風順之信，渡海回閩。所有臣等撫臺後查過府廳縣各倉庫銀谷印冊並辦理一切文卷，應於回省之日移送督撫衙門存貯備查。理合繕摺奏聞，伏祈皇上睿鑒。為此謹奏。

奉硃批：知道了。欽此。乾隆三十三年二月十四日。

二〇五、巡視臺御史喀爾崇義等恭請聖訓摺

［乾隆三十六年正月二十九日］，巡視臺灣給事中臣喀爾崇義、臣王顯魯跪奏：為恭請聖訓事。

本月二十三日奉旨巡視臺灣，著喀爾崇義、王顯魯去。欽此。臣等現即束裝擇期就道，理合繕摺恭請皇上訓諭，伏祈睿鑒。謹奏。

［硃批］：亦可□或可出。

二〇六、巡臺御史覺羅圖思義、孟邵恭請聖訓摺

［乾隆四十二年五月初九日］，巡視臺灣御史臣覺羅圖思義、臣孟邵跪奏：為恭請聖訓事。

竊臣等欽奉諭旨巡視臺灣，伏思臺灣地界海隅，人慕聖化，凡一切地方情形，久在皇上鑒照之中。臣等奉命巡查，仰祈慈誨，面加訓示，庶得恪守遵循，勉圖報稱。為此繕摺恭請聖訓。謹奏。

二〇七、巡臺御史覺羅圖思義、孟邵恭報查閱營伍盤查倉庫摺

［乾隆四十二年十月初八日］，巡視臺灣御史臣覺羅圖思義、臣孟

邵謹奏：為恭報查閲營伍，盤查倉庫等情形，仰祈聖鑒事。

竊臣等巡視臺灣抵任以來，一切應行事宜俱遵照章程敬謹辦理外，伏查臺鎮水陸各營，例應臣等校閲一次具奏。兹因現駐郡城，先於九月十四日等日會同鎮臣董果公同閲看。查得鎮標三營及城守營官兵操演陣式，悉數整齊，施放槍炮，聲勢聯絡，馬步箭可觀者十之五六，餘皆合式。又，查閲臺協水師三營，旗幟嚴整，所有在船施放槍炮及火箭火筒等項，尚能合式。至駕駛船隻，浮水爬桅，亦皆便利。此内有技藝較優者當即會同鎮臣量加獎賞，其中有一二操演生踈者，亦即分别重責，以示勸懲。至軍裝器械俱令該營造冊加結移送臣衙門，臣等複加查核無異。再，駐臺弁兵遠隔重洋，誠恐習染繁華，虚糜月餉，臣等到任後即凜遵聖訓，一面出示曉諭，各宜恪守營規，毋蹈浮糜積習；並嚴飭各營該官將備實力稽查，勤加訓練，以期仰副皇上整飭戎行、綏靖海疆之至意。至府縣倉庫均須一體盤查，據該府蔣元樞等造送清冊，結報前來。隨於九月二十八等日跟同臺灣道張棟將該府蔣元樞，暨臺灣縣知縣郁正等，存貯倉庫粟石銀兩逐一按冊清查，彈兑銀兩，並無短少。抽驗倉穀，俱屬幹潔，廒座亦甚堅固。再，臣等於查盤後即將該城一一閲視。查臺郡舊系木城，該府蔣元樞于雀基周圍捐修木柵並添建窩鋪，招募壯丁巡防。又增設瞭樓十八座，移營撥兵防守。近城海口處所舊有炮臺二座，今該府又添建三座，捍衛益加嚴密。至臺地濱臨閩之漳、泉，粤之惠、潮，誠如聖諭，不法匪徒易致透洋偷渡。臣等惟恪遵諭旨，不時留心體訪，每接見文武員弁則諄諄告誡，諭以嚴疆各隘口，關係緊要，惟當嚴查偷越，肅清邊隅，而地方益得寧謐矣。所有查閲現在各情形，理合恭摺奏聞，伏乞皇上睿鑒。謹奏。

奉硃批：知道了。欽此。乾隆四十二年十二月初十日。

二〇八、巡臺灣御史覺羅圖思義、孟邵恭報本年晚稻收成摺

［乾隆四十二年十月初八日］，巡視臺灣御史臣覺羅圖思義、臣孟邵謹奏：為恭報臺屬晚禾豐收、米谷價平，仰祈聖鑒事。

竊臣等於八月二十一日抵臺灣，業將早稻有收並地方晴雨情形恭摺奏報在案。茲於十月初三日據該府蔣元樞將臺屬晚禾收成分數，並現在糧價據實冊報前來，内開淡水一廳並臺灣、鳳山、諸羅、彰化四縣所報晚禾，以及合郡芒蔗雜糧收成分數有八九分不等，通匀合算確在八分以上。至澎湖地方沙多田少，向不栽種禾稻，所收成者惟地瓜雜糧是資養贍。臣等逐加察訪，均屬無異。現在各屬米谷麥豆等項，價值俱屬平減，所有本年晚稻收成情形，理合恭摺奏聞，伏祈皇上睿鑒。謹奏。

奉硃批：欣慰覽之。欽此。乾隆四十二年十二月初十日。

二〇九、巡臺御史覺羅圖思義、孟邵巡視臺郡南路各情形摺

[乾隆四十三年二月初八日]，巡視臺灣御史臣覺羅圖思義、臣孟邵謹奏：為恭報巡視臺郡南路各情形，仰祈聖鑒事。

竊查臺郡北路各情形，業于上年十二月十八日恭摺具奏，並聲明開印後即遵例前往南路巡察。茲于本年正月二十二日，臣覺羅圖思義、臣孟邵輕裝減從，由臺郡起程，經由大湖等處至鳳山縣城。據該縣李桐呈送倉庫清冊，經臣等察盤存貯銀兩鹽谷石數目，均屬相符。查南路額設二營，一駐鳳山縣城，系參將圖爾那所屬；一駐鳳山之下淡水，系都司馬龍圖所屬。臣等逐加考驗，該二營官兵年力壯健，弓馬嫻熟，施放槍炮，聯絡有准；一切軍裝器械俱極嚴整鮮明。所過各番社照例賞賚，逐一宣佈皇仁，番黎莫不樂業，各勤耕作。該處節氣微早，禾苗亦皆秀茂；至民間詞訟各有定限，俱飭令有司，勒限完結。惟查鳳屬之山豬毛等處，沿山居民約計二百，俱與傀儡山生番逼近。前設有隘藔六座，派撥熟番巡守，但所盖藔屋無多，所拨熟番亦少，且今昔情形不同，前此生番出沒之處，今則番跡罕到；前此番跡罕到之區，今則易於出沒，不可不稍為變通，立法防範。據臺灣縣知縣蔣元樞祥明音會同鎮道议，于莊後山腳各生番出沒之所，添建隘藔，並將舊有隘藔籌酌改移，其圍牆或用石砌或用木柵，前後共建隘寮十六座，仍按地勢之險夷，酌派守番之多寡，俱飭令該丁挈眷同住，並撥給就近無礙埔地，令守隘番丁墾

種，俾資衣食，以堅防守之心，各莊民等均極同聲稱便。臣等巡曆所至，查勘該處添設各隘寮房，實為扼要。其各莊內又有望樓、營汛，互相防守。復經鎮臣董果不時派員稽查，层层巡警，邊境頗稱寧謐。惟是各該處前原定界址，以山根及溪溝為限，但查該處山形起伏，地勢綿長，大小溪溝沖塞無定，倘日久混淆即難保无民番侵越之患。伏查臺屬北路番界，向俱勘筑土牛，挑挖深溝，俾民番共知遵守。臣等悉心酌議，即飭令地方官仿照北路一體筑牛挑溝，使界址犁然，一望可知，庶民番各有界限，兵役不難稽查；仍飭照例于每年農隙時，派員核勘，隨時修理詳報，務期永遠遵行，以仰副我皇上垂念番黎，清厘界限之至意。臣等於本月二十九日回署，所有巡視南路並查辦各情形，謹繕摺奏聞。再，臣等於渡臺時取道澎湖候風十日，察訪該處情形，四面環海，額設一廳一協，實為臺廈要區，經臣等嚴飭文武員弁勤修戢守一切，稽查各事件，惟當實心辦理，官兵尤宜不時練習以資彈壓。茲據澎湖通判謝維秋會同署副將溫靖波申報，該處軍民相安，地方甯輯，官兵不時操演等，因前來理合循例附摺具奏。臣等拆摺後即便配船候風過洋，仍由廈門到省交印，除照例另行繕本具題回京複命外，為此恭摺具奏，伏祈皇上睿鑒。謹奏。

奉硃批：知道了。欽此。乾隆四十三年三月十六日。

二一〇、巡臺御史塞岱、雷輪恭請聖訓摺

[乾隆四十六年五月二十日]，給事中臣塞岱、臣雷輪跪奏：為恭請聖訓事。

竊臣等欽奉恩命巡視臺灣，今臣塞岱、臣雷輪現在料理起程，理合繕摺恭請聖訓指示，臣等敬謹遵行，仰副聖主撫馭海隅番民，稽查邊方吏治之意。為此謹奏。

二一一、巡臺御史塞岱、雷輪到臺日期及臺屬情形摺

[乾隆四十六年八月二十四日]，巡視臺灣給事中臣塞岱、臣雷輪跪奏：為恭報臣等到臺日期及臺屬年歲情形，仰祈聖鑒事。

竊臣等奉命巡視臺灣，前於七月初七日抵福建省接受関防，業經具疏題聞，並聲明克期前赴廈門，候風渡海等因在案。今臣等行至廈門，登舟守候風信，仰賴皇上鴻庥廣被，無遠弗屆。臣等風帆順通利涉無阻，已於八月十五日到臺視事。臣等察得臺灣地闊，民聚四野，青葱禾苗俱各暢茂，隨據各廳縣申報，自夏及秋雨水霑足，晚稻播種齊全，現在禾苗雜糧秀茂，款栗收成可望大有等語。伏念臺地逼近海濱，氣候和暖，四季霧露濃厚，土脈常帶滋潤，洵屬膏腴沃壤，以故居民稠密，商賈輻輳，但五方雜處其間，不無滋事之徒，擾累番民。臣等謹宣揚聖訓，嚴飭地方文武官員，務使兵民和輯，番黎樂業，以仰副皇上綏靖海疆，撫循番庶之意。除鎮協府廳各縣營伍、城垣、倉庫等項，容臣等次第親身校閱查核另行具奏。現所有臣等抵臺日期及臺屬年歲情形，理合先行繕摺具奏。伏乞皇上睿鑒。謹奏。

奉硃批：覽閱臺灣近年吏治廢弛，頗有盜賊，爾等何無一奏耶？欽此。乾隆四十六年十月十三日。

二一二、巡臺御史塞岱、雷輪閱視城垣營伍，盤查倉庫摺

［乾隆四十六年十月十六日］，巡視臺灣給事中臣塞岱、臣雷輪跪奏：為恭摺閱視城垣營伍，盤查倉庫，仰祈聖鑒事。

竊臣等巡視臺灣，所有抵任日期暨年歲情形，業經繕摺奏聞在案。至應行查辦各事宜，隨行知鎮道府飭令先造具清冊，移送到日，臣等遵照章程敬謹辦理在后。茲因現駐郡城，先於八月二十五日閱視城垣。查臺灣地方土脈河水松腐，系木柵為城仅有一層，經前任知府蔣元樞提明柵外，周圍捐修添建木柵一層，於新舊城間空地栽植竹樹，柵外密種林赧樹綠珊瑚樹，枝幹相交穿插，如籬盤結，木柵堅穩完固，其綠柵添建瞭樓寮舖，並西面海口炮臺完整如數，俱無剝落。嗣于九月二十八日會同鎮臣張德熟閱視鎮標三營、城守營，官兵操演，排列陣式，進退分合，悉屬整齊。施放槍炮，聲勢聯絡緊湊，打准亦能中靶，官弁兵丁馬步弓箭，架式準確，尚屬可視。各營藤牌跳舞便捷，對械破打亦皆認真。至臺協水師三營在海疆，尤關緊要。臣等細加校看，其駕舡擺陣，

轉舵駛戧，浮水爬桅亦俱便利輕趫，所有在舡施放槍炮及火筒火箭等項，尚屬灵便。又點驗各營軍裝器械船隻，俱整齊全，并其弁兵內择其技藝較優者，量加獎賞，並宣佈皇仁，諭令安靜守法。巡防操演，仍飭該管將備勤加訓練約束，仰副皇上整飭戎行，綏靖海疆之意。至府縣倉庫，據知府吴绵前等造送清冊結報前來，臣等先將冊內各款逐細查核，隨會同臺灣道俞成，將該府吴绵前暨署臺灣縣海防同知劉享基所存庫帑，親視□□並無短少。抽盤倉穀俱屬幹潔，亦無虧缺。複將冊造各款數目逐一應對，實屬相符。所有臺郡應行辦理各事宜，臣等業經查閱事畢。伏念臺灣濱臨閩粵，番民錯處，臣等恪遵諭旨，嚴飭文武員弁，抚循番黎，缉弭盜跡，務使地方寧謐，海隅甫清，不可稍存懈馳之心。至南北兩路，臣等例應巡察一次，□俟分巡事竣，另行具奏外，謹將現在查辦各情形恭摺具奏。伏祈皇上睿鑒。謹奏。

奉硃批：此奏不實，已有旨了。欽此。乾隆四十六年十二月十七日。

二一三、巡臺御史塞岱、雷輪恭報晚禾收成情形摺

［乾隆四十六年十月十六日］，巡視臺灣給事中臣塞岱、臣雷輪跪奏：為恭報晚禾收成暨雨水米價情形，仰祈聖鑒事。

竊查臺灣氣候和暖，土脈滋潤，民習栽種稻。臣等於八月抵任後，先按各廳縣申報各屬晚禾雜糧播種齊全，俱各秀丛茂密，收成可望大有。現在晚稻業經刈獲完竣，其地瓜雜糧俱先後登場。茲於九月二十九日及十月初六、七等日，連得透雨，高下田園均各□沥，番民無不踊跃，隨於收穫後又複接種稻麥及各項雜糧，民番樂業，地方敉寧。至各屬米價亦在平減，理合繕摺恭奏。伏乞皇上睿鑒。謹奏。

奉硃批：阅，欽此。乾隆四十六年十二月十七日。

二一四、巡臺御史塞岱、雷輪請預解兵餉及添設望樓摺

［乾隆四十六年十二月十七日］，巡視臺灣給事中臣塞岱、臣雷輪跪奏：為敬陳管見，仰祈聖鑒事。

竊臣等仰荷恩命，巡視臺灣一切事宜，理應小心敬謹，照例查籍。凡事關錢糧餉項，以及防範巡查等事，尤宜加意留心察看，以期妥協遵行。臣等謹就查籍所見敷陳二事，不揣冒昧敬為皇上陳之。

一、臺澎兵餉宜預解一年，並分員解運以免挪移守候也。查臺澎每年額領兵餉共一十九萬余兩，向由知府于年終結算清楚，始派委文武員弁赴藩庫支領，次年餉項分撥兵船解運渡海，但洋面相隔風信無定，按其解到之日遲早不一。臣等前于盤查府庫時見所造冊內有墊給兵餉一款至十萬餘兩之多，面詢該府吴绵前，據稱本年餉船至今未到，而兵餉又須按月給發，不能稍待，向例俱系挪用別項支放等語。臣等調查冊檔詳細核算無異，並無揑飾假冒。伏思以公□公，雖系有著無虧，但輾轉挪移日久，保無朦混舛錯，不可不預為之防。臣等愚見，請嗣後將臺澎額餉預解一年存貯府庫，如本年餉船未到之，先應从兵餉即于預解下動用，俟餉船到日即行歸還。其按年應領兵餉仍年終結算，委員赴藩庫支領，如此以餉抵餉，既不得挪用別項錢糧，而兵丁亦可按月支領，庶免牽算朦混之弊，似於兵餉錢糧俱昭慎重。再，臺灣與澎湖計水程雖相去只數更，但澎湖澳嶼盤屈出入不便，每遇風信不順，竟至數月逗留，向來解運兵餉臺澎並歸一處，先由澎湖交清始至臺灣，以致臺屬之餉又因澎湖務滯，亦宜酌算分員解送，庶彼此俱無遲誤矣。

一、各屬地方宜酌量增設望樓，以謹巡防也。查臺郡南北兩路綿亙千有餘裏，地方遼闊，民社番社錯雜，其向加以五方雜處。每恐有無賴之徒間出搶竊。向來于沿途隘口建立望樓，派撥民丁盤查防守，法至善。臣等巡察北路所經見各廳縣地方，原建望樓有相去二三裏，或七八裏不等。其間有民莊密丛，居人稀少處所，遂致彼此聲勢不能聯絡，而盤查易致踈防。臣等愚見，請各屬於原建望樓相隔甚遠之處，並此各要路隘口再行添增望樓，派援民丁巡防，不致宵小藏匿。至如何增添派撥之處，伏乞皇上飭交該省督撫，派令文武地方官相度形勢安協建派，務使聲勢相通，不致顧此失彼，庶賊匪無複潛蹤，而防範益见周密矣。以二條臣等公同商酌，意見相同，愚昧之見是否有當，伏祈皇上訓示施行，如蒙上俞允飭交該督撫詳議具奏。謹奏。

奉硃批：該部議奏。欽此。乾隆四十七年二月初六日。

二一五、巡臺御史塞岱、雷輪巡視北路情形摺

[乾隆四十六年十二月十七日]，巡視臺灣給事中臣塞岱、臣雷輪跪奏：為恭報巡視北路情形，仰祈聖鑒事。

竊查臺屬南北兩路，地方寥闊，營伍倉庫俱關緊要。臣等到任後例應分路巡察一次，今臣塞岱、臣雷輪遵於十一月十五日由府城起程，先赴北路諸羅、彰化二縣，洪防一廳所屬，逐加巡察。查得北路一協三營，考閱各營弁，排列陣勢，進退合法，施放槍炮及馬步弓箭亦合式有准，藤牌破打尚屬便捷，一切軍裝器械皆整齊鮮明，惟洪防營間有操演生踈者，當即懲儆，飭令勤加訓練務抵精純，並逐一面諭各弁兵，惟當嚴謹防巡，實力稽查賊匪，毋得欺壓民人以滋事端。臣等所至各屬即將該廳縣倉庫錢糧按照所造冊結，逐款查核，複加彈兑抽盤，均屬存貯無虧。但臺地濱海地方滋潤，臣等面諭管倉胥役人等，不時攤曬，無使穀色稍有霉變，庶倉儲昭慎重。至各廳縣熟番社寮遠近錯處，多寡不一。臣等往返經由各番社通事、土目男婦老幼跪伏路傍仰送，甚屬恭順，當即傳集該番眾宣佈皇仁，照例賞賚，莫不感戴天恩，欢欣踴躍。查臺屬近年地僻人稠，民莊番社錯集其間，大半皆系閩粵之人，而漳泉人強悍健訟為尤甚。臣等並傳諭各社通事土目，遍告番眾，務須安居樂業，勤於耕織，毋與民人交接，聽其唆使。並飭令地方官將滋事不法之徒，嚴訪查拏，勿致欺誘番民，以仰副皇上綏輯番黎、奠安海疆之至意。臣等行至竹塹即繞至沿海地面之鹿仔港、笨港等處，查勘海口，面飭守口員弁，嚴查船隻出入，以防偷渡，不得稍有踈违，庶海隅肅清，而地方益見寧謐。臣等查事竣即行回署，經封篆在迩，所有南路地方俟開印後，再遵例前往巡察，合併陳明，謹將巡視北路情形，理合繕摺奏閱，伏乞皇上睿鑒。謹奏。

奉硃批：知道了。欽此。乾隆四十七年二月初六日。

二一六、巡臺御史塞岱、雷輪覆奏，為解稽查臺灣各案情形，自陳感悚由摺

［乾隆四十七年正月二十一日］，巡視臺灣給事中臣塞岱、臣雷輪跪奏：為欽奉諭旨據實覆奏事。

竊臣等於四十七年正月十六日接奉兵部火牌賫到，四十六年十二月十七日內閣奉上諭，本日接楊魁覆奏閩省臺灣所屬諸事廢弛一摺。將即經查明參奏據實辦理各緣由，詳晰聲敘，臺灣孤懸海外最關緊要，該地方官平日因循玩愒，以致積弊相仍，可謂廢弛已極，乃本日據巡臺御史塞岱、雷輪奏，臺灣應行查辦各事宜，內稱城垣堅固穩完固，弁兵技藝認真，庫帑倉穀並無短少虧缺各等語。所奏不實，已於摺內批示。巡臺御史三年始行派往巡視一次，所有該處地方一切事務皆應實力查察，隨時據實奏聞，現在該處地方玩誤踈維之案，經楊魁查明參奏者不一而足，該御史等豈無聞見，何竟無一語入告？雖該撫等業經查參辦理，而該御史等亦應細查詳訪，據實具奏。即該撫所奏或有屈抑地方官之處，亦應據實為之申理，今所不過尋常敷衍了事，即如盤查倉庫一事，使地方果有虧缺，該御史等行走長途，經過重洋，未免多須時日，早可預為彌補，仍屬有名無實，又何必以此一奏塞責外，巡察臺灣之御史可不必派往矣。塞岱、雷輪著交部察議，所有楊魁奏到原摺並著發交閱看。欽此。臣等跪讀之下，實溥悚慄，無地自容，仰見皇上綏靖海疆，整頓吏治之至意。伏念臣等恭承恩命巡視臺灣，除應辦事宜照例具奏外，一切事務尤當實心實力加意查察。誠如聖訓，雖該撫等業經查參辦理，而臣等亦應細加察訪，據實具奏。乃臣等識多拘泥，並未隨時奏聞，實屬糊塗。覆荷皇上格外天恩，曲予矜全，不加重譴，僅交部察議，五內循省感激难名。切查臺灣諸羅縣有賊匪洪籠一案，前於覆奏摺內，業將臣等督飭查辦緣由詳細奏明，具奏在案。伏念臣等上年於八月抵臺灣時，而理番同知史崧壽已於六月內告病卸事，及接見該道員俞成知府萬綿前，雖年俱六十而精神甚屬健壯，且系奏調海疆，自必振作奮勉之員，實不意其有袒庇屬員，任縉書役之事。至彰化縣，番民阿眉迭曾於五月內至

內地巡撫衙門控告廳役詐索一案，該地方官或為訟詞案件，又系臣等未經到臺以前之事，並未詳報，而內地撫臣亦無文福知會，至十一月有按察使照磨李琳行提各犯來臺，臣等接見該員始知此案。並因原告內有陳姓無名之犯，系同知長隨陳新，而撫臣因道書陳朝樑亦有告案，遂疑陳姓即系陳朝樑，將陳朝樑一並行提過海審辦□□□，傳詢知府萬綿前據稱，先准藩臬二司于七月底行文道臺提犯，半月內特行各縣將人犯提集，業於九月內配船犯解，因風信不順，是以渡海遲延等語。後經撫臣因該道府解審遲延，恐該員等有受賄循庇情事，一併奏革質審。臣等以此案既經撫臣親提審辦，此案情虛實似應聽撫臣辦理，是以未敢冒昧率奏。但臣等到臺兩月，而於該道廳有世緡役詐索獲庇書役之事，慢無知覺，失察之咎實所難辭。至淡防廳兩屬月眉莊民人林媽等人入山砍柴，突遇生番趕殺，男婦老幼共二十八命□□□一案，臣等於上年七月內抵福建省接印之時，曾面會升任撫臣富綱，詢及臺地生番情形，富綱遂言及此案，臣等因初至閩省，不知臺地情形，聞之不勝駭異，詢以如何辦理。又據撫臣告稱，已飭令該廳訪緝凶番，如限滿不獲將該管官咨參吏部議降一級留任，向有成例，遵辦已久等語。及臣等到臺灣調查此案，與撫臣所言無異，復調看□前辦過舊案，果與撫臣所言相同。臣等以撫臣所言，自必與督臣商酌意見相符，自應□其遵照成例辦理。臣等切思生番人面獸心，性嗜殺人，避居灣山之內，非同內地可比，向因附界居民希圖小利，而地方官防禁稍疎，遂越界抽藤捕麻，突被踐殺，實由自取，但以界外番黎膽敢戕斃內地人民，自當缉拿以彰法紀□□□而償民命。誠恐捕役人等不諳內山路徑，而生番又無姓氏可查，因至緝拿不善反株連無辜生番，徒滋邊釁。臣等密飭該府廳，設法查拿，購線誘緝，妥協辦理，不得擾累眾番，而殺人凶番亦不使幸逃法網。此臣等督飭嚴緝凶番情形，前因拘守成例未行具奏，實屬疏忽。再，查臺灣四縣，每年須運內地兵眷穀及澎湖兵谷督標兵米，通計八萬八千七百余石，如遇閏年應運九萬二千九百余石，向賴廈門米臺之糖橫各商船分別配運。三十七年奏明定例，糖橫船配穀一百六十石，橫洋船配谷八十石在案。臣等於到臺之後，該府於九月底將已運米運谷石數，循例呈報。臣等查閱未運谷石有十四萬之多留，經批催並飭查因何遲滯之故，據羊城知府萬綿前複稱，廈門商船俱有定數可稽。至每年到臺者不過一千次上下，合計糖橫各船配運一年僅敷一年額運之數，歷來年清年款並無積壓緣由。四十四年奉文派捐加運淅谷八萬五千石，是配運谷石頓覺倍增，而到臺商船並不加多，以致運舊壓新，顧此失彼，遂有積欠。現在籌酌加倍配運，又恐商船畏縮不前，臣出示曉諭，並擬會詳督撫加倍速運等語。臣等以該府一面之詞未足憑據，當徑批令上緊設法辦理，隨即行知鹿斗門同知劉享基。時四十四、五、六三年分，每年由廈門到臺口船隻數目詳查去後，嗣俱該同知分年開單詳複前來與該府廳數目相符。臣等以該府廳積壓谷石，實因以有定之船運加增之穀，以致不敷配運，並無虧短谷石賣放船隻情弊。況已詳請督撫加倍配運，似應能該督撫批辦。但臣等未將查辦情節專摺具奏，誠屬昏聵，此臣等在臺察訪各案情節未經隨時據實奏聞，僅以尋常照例事件敷衍塞責，實屬有負皇上天恩，請將臣塞岱、臣雷輪交部嚴加議處□□□。至臣等於現在臺地一切事務謹遵聖訓，實心查察，並屢旨調臺灣府護理道篆知府蘇泰督事所屬諸事振作，據稱伊蒙主上特恩棄瑕錄用留任，疊荷恩施久遠，德深五內，敢不力圖報效。臣等見其到任實有餘，諸事明白，奮勉甚屬認真。至各屬地方安靜，民番樂業，合併奏明，除將辦理生番舊案及商船來臺次數另繕清單恭呈御覽。□臣等謹遵諭旨據實覆奏。佑乞皇上睿鑒。謹奏。

奉硃批：已有旨了。欽此。乾隆四十七年三月十六日。

二一七、巡臺御史塞岱、雷輪緝拏賊匪及年豐情形摺

［乾隆四十七年二月初六日］，巡視臺灣給事中臣塞岱、臣雷輪奏：為覆奏事。

竊臣等於十二月初二日巡察臺灣北路。在漳化縣，途次接到臣等恭報，抵任摺內奉朱批覽聞：臺灣近年吏治廢弛，頗有盜賊，爾等何無一言耶？欽此。臣等跪讀之下，悚惶無地，仰見皇上戢盜安民，整飭海疆吏治之至意。伏念臣等仰獲恩命，巡視臺灣，出京之日跪聆聖訓，指示周詳，臣等凜遵不忘。遂於八月初四日行抵廈門，侯風渡海時即風聞臺

灣府諸羅縣有賊匪洪龍等肆行偷竊，因日久未獲，經該省督撫將該縣查參之信。臣等於八月十五日到臺接見鎮道府廳縣各官，即謹遵聖諭，嚴飭文武員弁，會同該參令楊尉設法緝拏洪龍等犯，並此外所有賊犯，務期全行盡獲，以絕根株，毋使擾累地方，庶海疆要地，民番得以寧謐。據府廳營縣報稱，自二月後已經拿獲賊犯多人，現在嚴究辦理等語。此臣等到任後督飭查賊匪情形，前於恭報到臺摺內未經詳細聲明具奏，實屬疎漏，伏乞皇上天恩，將臣塞岱、臣雷輪交部議處。至該廳縣先後緝獲賊犯二十餘名，業經撫臣楊魁行提過海審辦。又與十一月內據臺灣鎮府咨報，續獲賊匪陳明等八名。臣等已亟飭各縣嚴究辦理，仍勒限偵緝盜首洪龍，務獲在案。再，臺屬地方氣候和暖，四時皆可栽種，臣等訪問，若遇九、十月後雨水稀疎之年，民間播種稍艱，每有無業遊民間出偷竊。今歲秋以後，仰祈皇上鴻庥廣被，膏雨疊沛，據各廳縣具報田園均獲栽插，但時值冬令，防範仍不可不嚴。臣等已商文鎮臣張繼勲及新調知府蘇泰，督飭文武員弁，凡於汛口及望樓等處多撥巡丁幹役，嚴加防查，不得稍存疏懈，務使宵小潛蹤，地方敉寧。及臣等北路所經見各屬晚禾收穫之田，俱已翻犁待種，其旱園所種地瓜、花生、豆麥、雜糧俱各秀叢茂密，民番現屬安堵，和並聲明。至北路營伍、倉庫，容臣等查閱事竣，另行繕摺恭奏，謹將緝匪及年歲情形據實覆奏。伏乞皇上睿鑒。謹奏。

奉硃批：已有旨了。欽此。

二一八、巡臺御史塞岱等巡視南路地方情形摺

［乾隆四十七年二月十六日］，巡視臺灣給事中臣塞岱、臣雷輪跪奏：為恭報巡視南路地方情形，仰祈聖鑒事。

竊查臺灣北路情形，業經恭摺具奏在案。首于本年正月二十八日，臣等輕裝減從，由臺郡起程到鳳山縣城，接署知縣徐英呈送倉庫清冊印結前來。經臣等盤察，存貯銀兩谷石按照冊结逐加核對，具奏無虛。至南路額設二營，一駐鳳山縣城，系參將赫生額所屬；一駐鳳山之下溪水，系都司鴻昭為所屬。臣等逐加考驗，該二營弁兵弓馬、槍炮、雜技

俱皆合式。查至淡水地界，逼近生番，實關緊要，臣等嚴詣該將弁，按期操演，所過各番社照例賞賚，逐一宣佈皇仁。番黎踴躍，並傳詢該通事、土目而加安慰訓示。臣等即由淡水之山豬毛及江山一帶地方察看情形，所至之處嚴飭守口弁兵巡役等，不時稽查，務使民番各守界址，毋北侵越。查鳳山所屬節氣較暖，現在早春禾苗俱皆茂密，又於二月初十等日連次得雨，杂粮秀茂。再澎湖孤懸臺灣之西，相隔大洋，該處額設一廳一協，臣等飭委該廳協，互相盤察，造冊申報前來，理合附奏。臣等於撰摺後即由廈門到省交印回京等待恩命，為此恭摺具奏，伏乞聖鑒。謹奏。

奉硃批：阅。欽此。乾隆四十七年四月初八日。

二一九、巡臺御史塞岱等派捐分防配運谷石摺

［乾隆四十七年二月十六日］，巡視臺灣給事中臣塞岱、臣雷輪跪奏：為籌酌派捐，分防配運谷石以期防範周密，永遠遵行，仰祈額聖鑒事。

竊查臺灣孤懸海外，依山濱海，地方遼闊，綿亙千有餘裏，凡各路隘口設立營汛，俱有盤查防御之責。臣等巡視南北兩路，見各處汛地，每有偏僻荒徑，逼近生番之處，而駐防兵丁為數無多，未免汛廣兵單，不足以資捍衛。臣等伏思上年遵奉諭旨，'將武職養廉名糧盡補足額。現在各省俱增添額兵，隨詢鎮臣張繼勳據稱，臺鎮應增額兵三百名。查鎮標三營及城守營駐郡兵丁實有二千七百餘名，其城守營左軍右軍應皆附近郡城兵數充足，似可無庸議增。臣等愚見，於此額兵三百名酌撥移駐于北路諸羅、彰化、上淡水及南路之下淡水、山豬毛，凡屬遼闊險僻之汛地，分別遠近，添撥駐防，以昭慎重。至如何酌劑派撥之處，請皇上飭交鎮臣與提督劄商，悉心安協辦理，庶於盤察賊匪，彈壓生番，益有裨益。再，查臺郡應運內地兵眷谷石共八萬余石，俱於廈門來臺之橫洋船糖船分別配運，每橫洋船一隻，配谷八十石，糖船一隻配穀一百六十石，統計一年到臺船隻不過十次上下，僅敷一年額運之數。定例以來不但配運無誤，而商船亦不為苦，惟遇有內地額外加運谷石，則來臺船隻

不敷配用，遂致顧此失彼，必有積壓之處。即如四十四年加增浙谷八萬余石，不能配運是其明驗。臣等伏查，乾隆二十二年因積壓未運谷石系令商船加倍配運，始行運清。又乾隆三十五年積壓未運谷石，亦系令商船加倍配運始行運清。今積壓未運浙穀，雖經該府廳援例議詳加倍，現俟該督撫批示□理。然不預定章程永遠遵行，未免臨時詳請，文移往返耽延時日，且恐商船不知旧有成例，畏縮不前，反致遲誤。臣等愚見，公同商酌，與其加倍於積壓之後則已遲，不若加倍於臨運之際則無誤。臣等請嗣後即無加運之穀，仍照原定之例分配外，如有加運增倍配谷石，該上司即將加運穀數預先行知府廳，該府廳將加運谷石總計於一年限內全行運清之數，即酌定每商船一隻應加配若干石，通盤合算，一面詳報，一面即行起運，仍刊示通飭商行，俾知遵守，如此示為成例，庶配運不致遲誤，而商船亦無□规矣。以上二條，臣等愚昧之見，公同酌議，是否有當，伏祈皇上睿鑒施行。謹奏。

奉硃批：該部議奏。欽此。乾隆四十七年四月初八日。

二二〇、巡臺御史塞岱等續獲洪留、馬水質訊由摺

［乾隆四十七年四月初八日］，巡視臺灣給事中臣塞岱、臣雷輪跪奏：為奏聞事。

竊查臺灣諸羅縣有賊匪洪龍肆窃一案，因地方官日久未獲，經該省督撫將該縣楊慰參革留緝。臣等于抵臺灣即嚴飭緝拏，並屢次嚴催在案。嗣於九月內摺參令揚慰等稱，訪聞洪龍身死停屍，漳邑馬溪埔熟飭彰化令焦長丛驗訊等語，當經批府彰化縣查驗申報。在臺灣於十二月初五日，據原任臺灣道俞成新調知縣蘇泰咨稱，彰化令焦長丛詳報驗系久死之屍，并非洪龍正身，將屍棺人犯解郡，經道府等親加覆驗無異，研訊各犯供詞，系洪龍胞兄洪□，同夥犯馬水將近山路敷屍身抬移传捏等情前來。覆經臣等批飭嚴拿各犯，益究明此屍來歷，捏冒各确情在后。茲據彰化縣焦長丛詳稱，陸續拏獲洪□馬水到案，資訊究出洪□，因伊弟洪龍被拿嚴急，伊母洪林氏已被彰化縣拿獲監禁，逐商同伊弟洪龍主令与賊夥馬水在彰邑之中山義塚刨挖新葬廣東民人張阿漏之屍，抬移馬

溪埔地方，传捏洪龍已死，希圖銷案免缉，并可釋放伊母，免同受累。後令馬水通信洪龍，以致逃逸淡水內山藏匿各等情詳報前來。臣等閱之不勝髮指，查洪□系賊匪洪龍之兄，伊弟洪龍素習無賴，敢於海疆重地肆行偷竊，經官嚴緝，乃該犯益不拏送出首究治，膽敢庇護隱匿，後刨挖平人墳墓裝殮伊弟已死，希圖卸罪，致令伊弟兔脱遠颺，實屬目無法紀。雖據供系伊弟洪龍起意主使，但洪龍現在緝拏未獲，而該犯究屬一面之詞，其中或另有串捏别情，均難憑信。查此案人犯已據該府解送內地，臣等已行間撫臣楊魁嚴審，并飭地方文武員弁，設法購線嚴緝洪龍，上緊弋獲，毋令漏網。以仰副皇上戢盜安民，綏靖海疆之至意，為此謹具摺奏聞。謹奏。

奉硃批：早有旨了。欽此。

第二卷

請安摺

一、巡臺御史景考祥恭請聖安摺

［雍正三年五月二十五日］，巡視臺灣監察御史臣景考祥謹奏：恭請皇上聖躬萬安！

［硃批］：朕安。所奏三摺俱悉閩鹽之奏，甚屬可嘉。此事朕已早聞，因其中備細尚有不確，所以未經整理。凡百咸能如此，據實無隱，方為不負朕之任用也，勉為之。

二、巡臺御史禪濟布、景考祥恭請聖安摺

［雍正三年九月初九日］，巡視臺灣御史臣禪濟布、給事中臣景考祥謹奏：恭請皇上聖躬萬安！

［硃批］：朕安。風聞臺灣文武不和，諸事互相掣肘。果若此，於地方甚無益，兵民胥至受累，朕殊為此廑念。如有則改之，無則加勉。倘被朕訪知的確，降旨譴責，爾等其將何詞解免耶！

三、巡臺御史禪濟布恭請聖安摺

［雍正三年十月初七日］，巡視臺灣御史臣禪濟布謹奏：恭請皇上聖躬萬安！

［硃批］：朕躬安。覽爾所奏之事，咸係爾職分中應奏聞者，一切悉照此秉公無隱，甚屬可嘉，殊為不負朕之任用也。爾本係一誠愨謹慎之人，諸凡就此誠實本分一邊行去，自無差謬。切毋稍涉欺飾，弄巧反成拙也。勉之。

四、巡臺御史禪濟布恭請聖安摺

［雍正四年二月二十一日］，巡視臺灣御史臣禪濟布謹奏：恭請皇上聖躬萬安！

［硃批］：朕安。所事□閱，爾奏摺始洞悉原委，不然舛錯至不可問矣。朕今即交與高其倬審理，爾但坦懷，勿慮致有冤抑也。所幸者有些一奏，否則朕亦幾被所愚，設或審理時少涉枉屈，朕必調爾等來京，親加覆鞫，以定是非曲直。

第三卷

謝恩摺

一、巡臺御史禪濟布、丁士一恭謝天恩併報接任日期摺

[雍正二年閏四月二十一日]，巡視臺灣御史臣禪濟布、臣丁士一謹奏：為恭謝天恩併報微臣接任日期事。

竊臣等奉命巡視臺灣，於雍正二年二月初六日，恭請聖訓，仰承天語諄切，敢不力圖報稱！於四月二十五日至福建省城，於閏四月二十一日到臺灣。臣等恭設香案，望闕叩頭謝恩。前任御史臣吳達禮、黃叔璥口傳硃批伊等奏摺："將數年經歷民情土俗、一切地方事宜，備悉令新任知悉。欽此"。臣等跪聽之下，感激難名，惟有勉竭駑駘，益加策勵，以上副我皇上委任至意。至一切事宜，容臣等細心諮訪，次第入告外，理合具摺恭謝天恩。謹奏。

[硃批]：知道了。汝二人勉思盡力，毋忝厥職。應奏聞之事，絲毫莫隱，據實入告。

二、巡臺御史禪濟布恭謝天恩摺

[雍正三年五月初四日]，巡視臺灣御史臣禪濟布謹奏：為恭謝天恩事。

竊臣蒙皇上特簡巡視臺灣，迄今一載，凜惕彌深，常憂隕越。今接到都察院劄付，恭沐天恩，俾臣再任一年。臣聞命自天，惶感無地，惟有益勵冰兢，以圖報稱。臣又接兵部來文，於鎮臣摺奏生番歸化事敘及臣與丁士一、吳昌祚等，欽奉御批："林亮等從優議敘"。疊荷聖恩，直同覆載。伏思生番來歸，實惟我皇上恩溥德洋，以致遐方慕義輸誠，即捐賞招徠，亦鎮、道臣共謀協力，克宣德威，臣無毫髮之功，而濫叨賞格，清夜問心，實深愧悚。伏乞皇上俯鑑愚誠，留此殊恩以賚有功，庶犬馬微忱得以自安，為此繕摺恭謝天恩。謹奏。

[硃批]：但能將地方諸務殫心糾察，共相經理，事事據實上達勿隱，則居之無愧，何不安之有？勉力為之。

三、巡臺御史景考祥恭謝天恩摺

［雍正三年十二月二十八日］，巡視臺灣吏科給事中補授福建運使臣景考祥謹奏：為恭謝天恩、敬陳下悃，仰邀聖鑑事。

竊臣一介庸愚，至微極陋，荷蒙聖恩，頻加委任，自愧才識淺陋，寸長未效。茲於雍正三年九月內復蒙特旨補授福建運使，協理鹽務。臣聞命之下，感激彌深，悚惕無已。隨於十一月二十日，自臺灣起程，十二月十五日到臣衙門任事訖。謹循例備文詳呈撫臣代為題達，恭謝天恩。竊念臣在臺灣半載，訪察利弊，尚多應行事宜，謹繕摺恭呈御覽，伏乞皇上採擇，俾得盡犬馬之微忱。謹奏。

［硃批］：既用汝運使之後，方聞汝聲名不妥，頗不安靜。果若此，殊為大負朕恩矣。慎之！

四、巡臺御史禪濟布恭謝天恩疊錫摺

同日又奏：為恭謝天恩疊錫事。

竊臣於生番歸化事蒙恩議敘加級，又臣籌畫臺灣府治建築木柵事，與陞任御史臣丁士一、鎮臣林亮、臺廈道臣吳昌祚等公議協同，具摺奏聞，欽奉御批："將摺內有名官弁，該部議敘具奏。欽此"。跪讀之下，頂踵難酬。臣何人斯？獲遭隆遇至此，惟有朝夕與臺灣文武各官互相勸勉，共矢冰兢，揆日課工，務求堅固；撫番保庶，益躋熙皞，以樂昇平，庶竭犬馬之微勞，上報高深於萬一。理合繕摺恭謝天恩。謹奏。

［硃批］：覽爾奏謝，知道了。爾等官名監察，顧名思義，凡事秉公，一無阿徇，乃職分當然。但以無隱為要，勉力為之。至於密摺奏聞之事，在朕斟酌，偶一宣露則可，在爾既非露章，惟以慎密不洩為要，否則大不利於爾，而亦無益於國事也，其凜遵毋忽！

五、巡臺御史赫碩色、夏之芳恭謝天恩摺

［雍正七年正月十八日］，巡視臺灣吏科給事中臣赫碩色、兼理學政監察御史臣夏之芳謹奏：為恭謝天恩事。

本年正月十五日，准督臣高其倬咨文內開：雍正六年十二月十二日，准都察院咨開奉旨："赫碩色、夏之芳著再留臺灣巡視一年，欽此"。移咨到臣，臣等隨恭設香案望闕叩頭謝恩訖。

伏思臣等奉命出巡，一年以來臺無報稱，茲復蒙天恩，再留一年，聞命之下，益切悚惶，惟有和衷料理，實心辦事，竭盡愚誠，保固海疆，以仰酬高厚於萬一。為此繕摺，恭謝天恩，伏乞皇上睿鑑。謹奏。

[硃批]：勉力盡職，以期無負朕之委任！

六、巡臺御史六十七恭謝天恩摺

[乾隆十一年正月十七日]，奴才六十七跪奏：為恭謝天恩事。

本年正月十五日，接准都察院劄闻，乾隆十年十一月初六日奉旨，稽察吉林烏拉事務著塔坦去，巡視臺灣六十七著再留任二年。欽此。欽遵。劄行前來，奴才恭設香案，望闕叩頭謝恩訖。伏念奴才賦性凡庸至微極。由內閣中書歷任刑部主事，因北路軍前行走議敘，荷皇上天恩，陞授禮部員外郎，更蒙簡擢監察御史，隨擢戶科給事中，於乾隆八年奉命巡視臺灣。二年以來，寸長未效□，複奉旨留任二年，奴才聞命之下感激無地。竊思臺郡孤島獨懸，與督撫相去遙遠，更口海上風信靡常，文移往返動經數月，國家設立滿漢巡臺御史各一員，原欲其口心體察，彈壓地方，以佐督撫耳目之所不及，固邊幸而收實效也。奴才涖任以來，事無大小必與漢御史及地方官等虛心商酌，計議後行。現任漢御史臣范咸征練才優，老成持重，奴才受益實深，至後臺屬四邑兩廳民番雜處，奸良好俗當口悍，遇事生風結党，打口習為尋常，故事現今總兵官臣張天駿鈐束嚴明，加意訓練，所屬將弁兵丁俱各深遵法紀，不似從前驕橫。縱署臺灣道臣莊年為人明白幹練勤政，凡遇地方官辦理未協之處，奴才等無不剖析開陳，囑其改正。或有民人生事不法，即與道府商酌分別懲究。如遇結□聚眾，或凶番殺人等事，一有端倪，必與鎮道公仝籌畫，務將正犯嚴緝，根究盡法咎治，以儆其餘，亦不使根株連及致滋驚擾。總之，海外事勢動關緊要，官斯土者，雖值承平無事之際，不可一日懈弛，不可一念浮躁。隨事隨時補偏救弊，終有調劑整飭之處，斷不可妄恃才智，輕議紛更，以至駭人觀聽，於邊海大有不便。如遇事關重要者，奴才等一面劄商督撫聽其酌量妥辦，一面繕摺奏聞，務期斟酌允當，有益地方，以仰副我皇上綏靖海疆，任用滿洲奴才之至意。伏念奴才才識短淺，仰荷聖恩奉差海外，惟有戰戰兢兢，不敢稍求安逸。諸事和衷辦理，杜漸防微，以期地方安靜，宣示天朝體統，廣布皇仁譽傳遐方，□感仰報高深于萬一耳。所有奴才感激下□作繕本恭謝天恩，另行具題外，謹將臺地情形及奴才辦理緣由，據實陳奏，恭候聖明訓示遵行，為此謹奏。

奉朱批：覽。欽此。乾隆十一年閏三月十六日。

七、巡臺御史立柱、錢琦為恭謝天恩事摺

［乾隆十七年九月初三日］，巡視臺灣戶科掌印給事中臣立柱，巡視臺灣兼理學政河南道監察御史臣錢琦謹奏：為恭謝天恩事。

乾隆十七年八月二十八日接到都察院劄付：內開准吏部移咨吏科抄出吏部題覆。內稱巡視臺灣給事中立柱等具奏臺灣、彰化縣地方兇番戕殺兵民情節一摺，於六月初四日奉上諭：臺灣彰化縣兇番戕殺兵民一案督提所奏。據該地文武稟報互異，俱未得實情，立柱、錢琦現差巡察，久之未奏，因傳旨詢問並令察訪確情。今立柱、錢琦覆奏仍屬支吾，未得實情。言官為朝廷耳目，況身處其地，無難審察情偽，乃謹據地方官稟報敷衍其詞，並非親往察勘，且稱初札商督撫會銜入告，經駁回，專摺具奏，似此則巡察竟成冗贅，於設官本意失之遠矣。立柱、錢琦著交部議處，原摺並發旨來臺灣。文有道府，武有鎮營，足資彈壓。巡察三年更替，徒擁虛名，事權則不如督撫切近，又不如守令介在其間，在有志向上者，或以多事致敗，而循分供職者，多致志氣隳頹，或且嘆為擯斥外出也，於公事殊無裨益。所有巡察臺灣御史著三年一次，命往事竣即回，不必留駐候代著為例，欽此。欽遵。抄出到部，查給事中立柱等身為巡察，遇有兇番戕殺兵民情事，理應察勘明確，據實陳奏，乃從前並未具奏，及奉旨詢問，又不親往察勘，僅據地方官稟報之詞含糊入告，殊屬不合，應將巡視臺灣給事中立柱、御史錢琦，均照含糊具題降

一級留任，例降一級留任。查立柱有加四級，錢琦有加一級，應各銷去加一級，抵降一級，均免其降級，恭候命下臣部遵奉施行，謹題请旨等。因於六月二十四日題本月二十六日奉旨立柱、錢琦俱著銷去加一級，免其降級，欽此。等因轉行劄付於八月二十八日到臣，臣等隨恭設香案，望闕叩謝天恩訖。伏思臣等恭膺簡命身任，巡察彰化縣地方兇番戕殺兵民一案事初未即奏聞，日久猶未能訪究切實根由明白具奏，是臣等愚昧已極，應受嚴懲，於心稍安，乃蒙皇上天恩俯賜矜全照部議，銷去加一級免其降級，臣等自顧何人邀恩格外，高厚難名，感激無地，惟有叩謝聖恩，自愧愚蒙，從茲力加奮勉，以圖仰報隆恩於萬一耳，所有臣等感激下忱，理合繕摺，恭謝天恩。為此謹奏。

［硃批］：覽。

附　存目

一、巡臺御史林天木題本：交印卸任日期

雍正十三年五月初八日

二、巡臺御史白起圖等奏摺：参疏防凶番之臺灣府文武各官

乾隆二年五月二十八日

三、巡臺御史張湄奏摺：增設臺灣書院房間膏火

乾隆八年二月十五日

四、巡臺御史熊學鵬奏摺：巡察臺灣營伍治安民情及辦理緣由

乾隆八年七月十一日

五、巡臺御史張湄奏摺：安置臺灣义民

乾隆八年十月初五日

六、巡臺御史書山等奏摺：核定臺屬各種案件

乾隆八年十月二十九日

七、巡臺御史書山等奏摺：臺郡雨水霑足

乾隆九年三月初十日

八、巡臺御史實麟等奏摺：臺灣春季收成分数及米盐價值

乾隆二十五年三月二十八日

附錄：莊吉發《清代奏摺制度·緒論》

第一節　宮中檔奏摺的整理與出版

史料與史學，關係密切，沒有史料，便沒有史學。史料有直接史料與間接史料的分別，檔案是一種直接史料，歷史學家憑籍檔案，始能認識史事的真相，檔案的搜集與整理，就是史學研究法的入門工作。歷史學家充分運用檔案，比較公私記載，作有系統的排比、敘述與分析，使歷史的記載與客觀的事實，彼此符合，始可稱為信史。有清一代，檔案浩瀚，近數十年來，由於檔案的不斷發現與積極整理，使清代史的研究，走上新的途徑。

臺北故宮博物院現藏清代宮中檔，主要為清代歷朝君主親手御批及軍機大臣奉旨代批的滿漢文奏摺。清聖祖在位期間，奏摺奉御批發還原奏人後，尚無繳回之例；世宗即位後，始命內外臣工將御批奏摺敬謹查收呈繳。康熙六十一年十一月二十七日，世宗諭總理事務王大臣云“軍前將軍各省督撫將軍提鎮，所有皇父硃批旨意，俱著敬謹查收進呈。若抄寫、存留、隱匿、焚棄，日後敗露，斷不宥恕，定行從重治罪。京師除在內阿哥、舅舅隆科多、大學士馬齊外，滿漢大臣官員，凡一切事件，有皇父硃批旨意，亦俱著敬謹查收進呈，此旨。目今若不查收，日後倘有不肖之徒，指稱皇父之旨，揑造行事，竝無證據，于皇父盛治，大有關係。嗣後朕親批密旨，下次具奏事件內，務須進呈，亦不可抄寫存留，欽此”。（注一）此道上諭是由總理事務王大臣交下乾清門頭等侍衛兼副都統委放領侍衛大臣宗室勒錫亨、乾清門頭等侍衛兼副都統拉錫轉傳。雍正元年正月十二日，兵部劄行各省將軍提鎮轉行各屬一體欽遵，從前提鎮及革職休致凡有奏摺職分官員，查有奉過硃批奏摺，亦令遵旨進呈。嗣後繳批遂成了定例，雖硃批“覽”，或“朕安”一二字者，亦不准隱匿，否則必從重治罪。議政大臣等題奏年羹堯五大逆罪之一為“奏繳硃批諭旨，故逆原摺，詐稱毀破，倣寫進呈。”（注二）塗抹硃批奏摺，則是褻慢狂妄。蘇努會將聖祖硃批摺子塗抹褻慢，治以大不敬之罪，四格党附蘇努，代為容隱，經三法司審擬監侯，秋後處決（注三）。焚燒硃批奏摺，更屬悖逆。康親王崇安等議奏阿其那四十款罪狀之一為“自知種種不法，惟恐搜其字跡，家中惡黨書劄，悉行焚燒，將聖祖仁皇帝硃批摺子，一併銷毀，悖逆不敬，眾所共知者一也。”（注四）因臣工呈繳硃批奏摺遲速不一，世宗又定繳批期限。雍正八年七月初八日，內閣奉上諭云“各省文武諸臣奏摺，經朕硃筆批示者，俱令呈繳，以備稽查。但向來未定呈繳之期，以致各員遲早不一，有二三月後乘便呈繳者，有于年底匯齊呈繳者。夫既奉硃批查辦此事，下次查辦奏事之時，即應將硃批原摺呈繳，以備朕之檢閱。若具奏此事，而仍留硃批原摺於外，則朕處無檔案可稽，未免難於辦理。著通行曉諭，凡接到硃批者，仍照舊乘便呈繳。若具奏此事，應將原批一併呈進。如所批查辦之事，尚未就緒，準將硃批存留，俟辦理俱奏之時，一同呈繳”（注五）。從此以後，繳批遂規定期限。硃批奏摺繳回宮中後，與御制詩文，各類清檔、日記賬薄等貯存於懋勤殿等處，後人將這些檔案習稱為宮中檔。臣工奏摺奉御筆批諭時，君主若以硃筆批諭，即稱硃批奏摺，簡稱硃批。帝后崩殂，在喪事期間，即位新君則用墨筆批諭，清季改用藍筆批諭。因御批奏摺以硃批為數最多，故概稱為硃批奏摺，宮中檔案就是以硃批奏摺及其附件如清單，圖冊等為主，自康熙朝至宣統朝，數量至夥。民國十四年十月，北平故宮博物院成立，設文獻部，開始集中宮內各處檔案。十六年十一月，改文獻部為掌故部。十八年三月，改掌故部為文獻館。同年八月，正式開始整理宮中檔案，以原有包封情形為分類標準，康熙朝奏摺，依人名分類，雍正朝奏摺，對照“雍正硃批諭旨”，分為已錄、未錄、不錄三類，再以人名分別整理。乾隆至咸豐朝奏摺，則以時代分。同治至宣統朝奏摺，復以人名分（注六）。曾先後刊印《文獻叢編》、《掌故叢編》、《史料旬刊》等書，頗引起學術界的注目與關懷。

近數十年來，由於戰禍連年，輾轉遷徙，清代檔案的整理工作，暫告中斷。一九六五年，臺北故宮博物院在臺北士林外雙溪恢復建置以後，首先展開宮中檔的整理工作，包括登錄號碼、內容摘要，並編有分類索引及具奏人姓名索引，便於查閱與運用。近年來陸續出版《故宮文獻》季刊、《袁世凱奏摺專輯》、《年羹堯奏摺專輯》、《宮中檔光緒朝奏摺》、《宮中檔康熙朝奏摺》、《宮中檔雍正朝奏摺》等書，將宮中檔奏摺及諭旨按年月日先後編次影印、分輯出版，頗便利中外學人的研究。臺北故宮博物院現藏宮中檔奏摺，除夾片及清單、圖冊等附件不計外，共有十五萬八千餘件，其中康熙朝漢文奏摺約三千件，滿文諭摺約八百餘件；雍正朝漢文奏摺約二萬二千余件，滿文奏摺約八百餘件；乾隆朝漢文奏摺約五萬九千余件，滿文奏摺約七十件；嘉慶朝漢文奏摺約一萬九千餘件；道光朝漢文奏摺約一萬二千余件，滿文奏摺約一百餘件；咸豐朝漢文奏摺約一萬七千余件，滿文奏摺約四百餘件；同治、光緒、宣統三朝漢文奏摺約一萬八千余件，滿文奏摺約四百餘件。除康熙、光緒兩朝諭摺已出版外，雍正朝奏摺正出版中，其餘各朝尚未出版的摺件，為數仍多。

第二節　奏摺制度的重要性

清初典章制度多沿襲前明舊制而損益之，奏摺制度就是清初君主就明代本章制度而因革損益的產物。因此，就本章制度的沿革而言，奏摺制度實有其重要性。滿族入關之初，兵事方殷，未遑製作，南明諸王的恢復事業雖告失敗，但漢人的反滿運動，仍然此僕彼起，南會北教案件，層出不窮。清聖祖親政以後，一方面極力籠絡知識份子，以消弭漢人的反抗心理；另一方面孜孜求治，與民休息。因鑒於傳統的本章制度積習相沿，臣工進言，非壅則洩，下情不能上達，為欲周知施政得失，地方利弊及民情風俗等，於是命文武大員于露章題達之外，另准繕摺具奏，直達御前，機密簡便。臣工於大小事務，凡有見聞，必須據實奏聞，內外之事，遂不能欺隱。世宗即位以後，放寬臣工專摺具奏的特權，除督撫提鎮外，司道以下微員，亦准其用摺奏事。內外臣工成為君主的耳目，事無巨細，君主無不洞鑒，其所頒諭旨，訓示方略，亦皆能措置咸宜。奏摺制度的產生，是清代文書制度史上第一次重大的變遷。清初擴大采行奏摺制度以後，政治益臻清明，行政效率提高，奏摺制度實已充分發揮了政治功能。

傳統的本章制度，因題奏內容的不同，而有公題私奏的區别，例行公事，使用題本；個人私事，使用奏本。題本鈐用關防，奏本不用印。奏摺亦不用印，但其奏報的內容，极其廣泛，不受公私事件的限制，奏摺擴大采行以後，奏本已成為無益章疏。乾隆十三年，諭令廢止奏本，奏摺遂正式取代了奏本，這是清代文書制度史上第二次重大的變遷。在雍正年間，直省文武官員齊遞的奏摺，每天平均約二三十件，有時多達五六十件，世宗隨批隨發，無人贊襄於左右，亦無專司宮中檔案的人員。乾隆初年，辦理軍機處恢復建置以來，軍機大臣承辦奏摺事件，為存檔備查，乃將原摺抄錄副本，按月分包貯存，稱為月摺包（注七）。辦理軍機處又將每日所接硃批奏摺，所奉諭旨登錄於隨手簿，硃批全載，諭旨及奏摺等則摘敘事由，便於查閱（注八）。其後又選抄奏摺，按月分裝成冊，稱為月摺簿。內閣漢票籤處亦將奉旨允行及交部議覆的奏摺，抄繕成冊，因其所抄多系外省臣工奏摺，故稱外紀簿。自乾隆年間以來，奏摺已成為政府正式的重要公文，軍機大臣由於處理奏摺事件，而擴大了其職責。例行題本，既有副本，又有貼黃，輾轉呈遞，繁復遲緩，奏摺簡易速覽，行政效率較高。自乾隆年間以降，已多改題為奏案件。清季講求變法，省略虛文。光緒二十七年，明令廢除題本，奏摺又取代了題本，奏摺制度在清代政治結構中，終於確立其公開使用的法理地位，這是清代文書制度史上第三次重大的變遷。

第三節　清代奏摺的史料價值

奏摺原為君主廣諮博采的主要工具，臣工凡有聞見，無論公私事件，俱應據實奏聞，以便君主集思廣益。督撫提鎮司道等員，彼此不能相商，各報各的，其內容較例行本章翔實可信。所有不便形諸本章的機密事項，或與朝廷體統攸關的事情，或有與革更張之請等，俱在摺奏之列，而且奏摺因有君主的硃批，更增加其價值。因此，就奏摺的性質而言，其重要性，遠在題本之上。其次就宮中檔奏摺原件，或辦理軍機處奏摺錄副的史料來源而言，雖有不少廷臣的奏摺，但其主要來源是來自直省外任官員，所以奏摺對地方事件報導極詳，含有非常豐富以及價值頗高的地方史料，包括吏治、社會、經濟、文化及中外關係各方面。研究有清一代的歷史，奏摺提供了豐富的史料（注九）。

研究清史，各種官書，都是重要的參考資料，但一方面由於體例的限制，一方面由於隱諱潤飾的習慣，原始史料多經刪略，或篡改。例如大將軍費揚古奏報准葛爾軍情，《清聖祖實錄》記載云：

"撫遠大將軍伯費揚古疏報，康熙三十六年四月初九日，臣等至薩奇爾巴爾哈孫地方。厄魯特丹濟拉等遣齊奇爾寨桑等九人來告曰，閏三月十三日，葛爾丹至阿察阿穆塔臺地方，飲藥自盡，丹濟拉、諾顏格隆、丹濟拉之婿拉思綸，攜葛爾丹屍骸，及葛爾丹之女鐘齊海，共率三百戶來歸，丹濟拉因馬疲瘠，又無糧糗，是以住于巴雅恩都爾地方俟旨。其吳爾占紮蔔、色稜、阿巴、塔爾、阿喇爾拜、額爾德尼吳爾紮忒喇嘛等，帶二百戶投策妄阿喇布坦而去。額爾德尼寨桑吳思塔臺吉、博羅齊寨桑、和碩齊車林奔寨桑等，帶二百戶，投丹津鄂木布而去。除將齊奇爾寨桑等九人，馳送行在外，臣等於十三日，統領大軍，前往丹濟拉所住巴雅恩都爾地方，即押丹濟拉等前來，如其心懷反覆，即行剿滅。"（注一〇）

費揚古原奏是以滿文書寫，茲譯出漢文如下：

"撫遠大將軍管侍衛內大臣費揚古等謹奏，為火急奏報葛爾丹之死，丹濟拉等投降事。康熙三十六年四月初九日，臣等至賽爾巴爾哈孫地方時，有厄魯特丹濟拉等所遣齊奇爾寨桑等九人來告云，我等係厄魯特丹濟拉所遣之使者，三月十三日，葛爾丹至名阿察阿穆塔臺地方時死亡。丹濟拉、諾顏格隆、丹濟拉之婿拉思倫，攜葛爾丹屍骸，及葛爾丹之女鐘察海，共三百戶往內地來降聖主，駐于巴雅恩都爾地方俟旨，不拘聖主如何降旨指示，即欽遵所頒諭旨而行。吳爾占紮布寨桑、吳爾占紮布之弟色稜、阿巴寨桑、塔爾寨桑、阿喇爾拜寨桑、額爾德尼吳紮特喇嘛等領二百戶人往投策妄阿喇布坦，額爾德尼寨桑、吳思塔臺吉、博羅齊寨桑、和碩齊車淩布木寨桑等領二百戶人往投丹津鄂木布，丹濟拉等之奏章，現今在我等之處云云。問齊奇爾寨桑等：葛爾丹如何死亡？丹濟拉何以不即前來而留駐巴雅恩都爾地方以俟聖旨？據告云：葛爾丹於三月十三日晨得病，至晚即死，不知何病？丹濟拉欲即前來，因馬甚瘦，屬眾大半皆無牲口，俱系徒步，複無行糧，因此，暫駐巴雅恩都爾地方等候聖旨，聖主若許其前來，即遵旨前來等語。若將丹濟拉等所遣使者俱解送聖主處，恐因人繁多，驛馬不敷，故僅將齊奇爾寨桑交郎中諾木奇代作速解送聖主處，阿爾達爾格隆等八人，由臣等攜往郭多裏巴爾哈孫地方，由駐防驛站解送聖主處。丹濟拉奏章一件，諾顏格隆奏章一件，丹濟拉之婿拉思倫奏章一件，俱一併先行奏呈御覽，謹此火速奏聞。”（注一一）

《實錄》的記載是據費揚古奏章摘譯後加以潤飾，將齊奇爾寨桑等供詞刪略。葛爾丹的死因，據供稱於康熙三十六年三月十三日晨罹病，當晚病故，《實錄》改書“飲藥自盡”，並將其死亡日期改系於是年閏三月十三日，與原奏不符。又如臺灣朱一貴起事後，閩浙總督覺羅滿保於康熙六十年五月初八日繕寫滿文奏摺奏聞，原摺報導官兵失利情形甚詳，文字極長，譯出漢文後，仍長達一千六百餘字，《清聖祖實錄》摘譯潤飾後，僅有一百三十餘字（注一二）。朱一貴等領導反清複明運動，其起事時間是在康熙六十年四月二十日，到五月初六日覺羅滿保始接獲廈門官吏的稟報，五月初八日繕摺拜發，由驛馳遞，六月初三日奉硃批，據《實錄》載：“福建浙江總督覺羅滿保等奏摺，五月初六日，臺灣姦民朱一貴等，聚眾倡亂。”竟將朱一貴起事的時間誤係於五月初六日，而且對照原摺後知道文意多經刪改，與原摺出入甚大（注一三）。同年七月初一日，杭州織造孫文成亦繕寫滿文摺具奏。據孫文成指出是年二月起地方百姓已向臺灣道梁文煊首告朱一貴起事，梁文煊亦詳報臺灣總兵歐陽凱，但歐陽凱派兵巡查，未能據實查明，總兵與道員二人竟商議以百姓誣告，而用刑拷打，以致有被打死者（注一四），《實錄》不載其事。易言之，清代官書只能算是轉手史料，利用官書時，宜與第一手史料互相對照，奏摺是第一手史料，可補官書的疏漏。

清聖祖在位初期，勵精圖治，頗多建樹，惟康熙末年，因皇太子再立再廢，諸皇子及王大臣各樹朋黨，彼此傾陷，紊亂國政，聖祖心力交瘁，用人施政，不免失之廢馳。世宗御極之初，即立志以勤先天下，直省奏摺，晚間批諭者十居八九。雲貴總督鄂爾泰捧讀硃批，每當讀至“又係燈下字，墮淚批覽”等語時，即氣咽涕垂，無以自處。雍正十年，世宗特檢歷年批發的硃批奏摺，命內廷詞臣繕錄校理，付諸剞劂，工未告竣，僅成數帙。高宗即位後，不敢意為增益，但就世宗檢錄已定的手批奏摺，彙著為目，乾隆三年，刊印成書，計十八函，分為一百一十二帙，俱係當時外任官員二百廿三人繳還宮中的硃批奏摺，多者以一人分為數冊，少者以數人合為一冊，冠以世宗硃筆特諭，殿以高宗後序，並開列編次、校對、監造、收掌諸臣名銜，稱為《世宗憲皇帝硃批諭旨》（注一五）。在具奏人二百二十三人內，文職最低者為知府、同知，其餘則為道員、布政使、按察使、學政、觀風整俗使、巡撫、總督等。武職最低者為副將、總兵官，其餘則為提督、副都統、都統、將軍等，其中有二人或三人會銜具奏者，因此，實際署名具摺人數，當在二百三十人以上。“硃批諭旨”所選刻過的硃批奏摺，稱為已錄奏摺，其數量不過占雍正朝奏摺總數的十之一二而已。其後又檢出可以刊發者，準備陸續校理而尚未付梓，稱為未錄奏摺。其餘奏摺，或因未奉硃批，或因硃批文意鄙陋粗俗，或因地方大吏為世宗所憎惡不足為天下表率者，如年羹堯等輩的奏摺，或因奏摺事涉機密而不便公諸天下者，俱不擬刊印，稱為不錄奏摺（注一六）。“硃批諭旨”是許多外任官員奏摺的集合，亦為研究雍正時代的歷史所不可缺少的史料。惟對照宮中檔已錄奏摺原件後，可以看出已出版的“硃批諭旨”，不僅將臣工奏摺的內容逐件刪略，硃批旨意尤多潤飾，因而減低了其史料價值。

清廷整理苗疆，改土歸流，開始甚早，康熙三十一年，四川東川土司祿氏已獻土改流。雍正初年，在鄂爾泰補授雲南巡撫以前，雲貴總督高其倬已開始積極清理苗疆。雍正三年四月，高其倬奏陳調劑黔省事宜云“廣順州所屬之長寨者貢同笱焦山一帶之苗，多係仲家，性好搶掠。其附近各寨，不下數百處，與長寨等處居地相連，暗相依倚，以數百里深阻之地，數百寨凶頑之苗，連成一片，地方文武相離甚遠，鞭長不及，應多設官兵，安立營汛巡防”（注一七）。原摺奉硃批“依議”，鄂爾泰具摺時曾節錄高其倬奏文，于雍正四年四月初九日繕摺奏陳肅清頑苗。惟世宗敕編“硃批諭旨”時，高其倬已奉旨降調，故將前文悉行刪略。是年八月初六日，鄂爾泰具摺奏請分别流土考成以靖邊事，內稱“前于烏蒙事案，荷蒙聖諭，有改土歸流之旨。此誠聖主之軫恤邊氓良法美意，臣等所當仰體聖心，以推類及餘，雖不必明示大舉而為之，相其形勢，察其事機，可改歸者，即行改歸，其不可改歸，與不必改歸者，姑暫仍其舊”（注一八）。易言之，鄂爾泰清理苗疆，不過仰承世宗改土歸流諭旨而行，世宗曾屢飭臣工不準將密諭敘入本章內，“硃批諭旨”既欲頒賜臣工，故將前錄諭旨等款刪略不刊。地方豎旗起事案件，“硃批諭旨”多諱飾史事，難窺真相。清代秘密社會的活動，極其踴躍。就現存清代檔案而言，父母會名稱的出現，實早於天地會，在林爽文起事以前，臺灣即有父母會的反滿活動。結盟以連心，拜把以合黨，黨眾日夥，遂謀起事。清高宗以天地會是藉名父母會而來，高其倬指出父母會是由福建鐵鞭會改名而來。高其倬具摺時稱“查臺灣地方，遠隔重洋，向因奸匪曾經為變，風習不純，人情易動，此等之事，懲治當嚴。況福建風氣向日有鐵鞭等會，拜把結盟，奸棍相黨，生事害人。後因在嚴禁，且鐵鞭等名，駭人耳目，遂改而為父母會”（注一九）。“硃批諭旨”雖選印此件奏摺，惟將父母會由來的一段資料刪略不刊。地方大吏辦理對外交涉經過，奏摺報導甚詳。雍正六年正月初八日，鄂爾泰奏陳窩泥規劃事摺內，奉有硃筆夾批云“可謂實在情形矣，但李衛曾欲少振作，朕因其人秉性喜自恃，恐其草率孟浪，未敢信任也。先前高其倬、李衛曾見面奏緬國有向內之意，伊等曾有招撫處，未知近日可有聲息否?”內廷詞臣校理時，在高其倬姓名右旁粘貼黃簽，書明“奉旨不刻”字樣，並將招撫緬甸之語刪削不刊。雍正六年三月二十八日，鄂爾泰抄錄所奉硃批覆奏，並稱“臣查前督臣高其倬曾委遊擊張崔前往探聽，住永昌一年，屢經張崔劄移開示。據緬文回稱，內有天朝，外有緬國，原是一片金一片銀，舊無干犯之事，亦無歸附之說等語。金銀之喻，蓋以論尊卑也，及細詢情由，因有一二漢姦勾連近邊彝目，欲內附以叛主，希圖挾制該國，實並無此意。且其地雖與滇省接壤，而過永昌、騰越猶須四十餘日，此亦六合之外，只可存而不論。至於老撾國緊連車裏地方，若得內附，用作外衛，甚于邊計有賴。臣早經留意，現在或有機可乘，俟一有確信，即當奏聞。"原摺不失為研究清初中緬關係的珍貴史料，惟"硃批諭旨"將此段文字刪略不刊。至於緬文內所稱金、銀，並非用以比喻尊卑，而是比喻鄰國和好相處，不犯疆界之意。乾隆三十三年，清軍征緬期間，木邦苗溫曾以棕葉緬文致書清朝將領，略謂"自一千一百一十一年上，九龍江十二處土司都我們得了，有漢官二蘇野一位，頓大野一位，帶字來到我們這裏，說兩國成一國，兩塊金子成一塊，成一條金路、銀路，兩國相好，百姓買賣相通，得有利息，兩下裏各還兩國的錢糧，你做永昌的官，管兩國邊界，不要犯了王法"（注二〇）。易言之，金銀兩國，彼此相好，不犯疆界。緬甸致送清廷的銀表，意在通好，不能以尊卑論之。雍正八年十二月十七日，鄂爾泰奏聞南掌使臣回國莽國請貢事宜一摺稱，是年十月十六日，莽國又名阿瓦，即緬甸，差大頭目猛古叮叭喇等至車裏致賀刀紹文承襲宣慰。猛古叮叭喇告知守備燕鳴春云"我莽國原早要進貢，不是被前人嚇怕。國王歸誠，久在南掌之先，今還造化，猶得目睹，回去告知國王，明年一定進貢。但路途遙遠，回去就是數月，不能即來務懇預先稟明雲南大人，求准代奏"。此段記載亦有助於清初中緬關係的研究，經內廷詞臣校理後，刪略頗多，出版的"硃批諭旨"但云"回去告知國王，明年一定進貢，懇預先稟明雲南大人求准代奏"（注二一）。

奏摺進呈御覽後所奉硃批，有行間的夾批即旁硃，亦有末幅或餘幅的尾批，甚至批在奏摺封面上，間亦另附硃筆特諭。"硃批諭旨"所載硃批，多經增刪潤飾，或因原摺批諭文字不雅，或因深夜燈下批覽筆誤，刊印"硃批諭旨"時皆逐句加以潤飾。滿人入主中原後，許多措施都在籠絡漢人，目的在緩和漢人的反滿意識，"硃批諭旨"將奏摺內涉及滿漢畛域的文字，一律刪略不刊。雍正四年十二月廿一日，鄂爾泰奏陳欽遵聖諭事一摺內抄錄硃諭云"朕即位來，如此推心置腹待漢人，而不料竟有王曰期、查嗣庭之輩，頑不可化者，今伊等悖逆不道之事，自然天下共聞者。近因查嗣庭進上物件，記載一事，有旨凡漢人進獻，朕皆不納，楊名時所進之物，朕亦引此旨不受發還。諸如各省督撫之進獻，朕本不喜此事，但朕凡百概遵守聖祖成規而行，若止行此事，非今日之不是，即當日之非也，所以於朕甚不便，今既有此一機，故髮露之。但楊名時有名人物，諸漢人之領袖，可勸他求上一疏或一摺，怪查嗣庭之無人臣禮，引古君臣貢獻之儀，芹敬之道。若如此拒絕，未免隔君臣之情，虧外臣之典之文奏一奏，則從來此事皆是矣。楊名時迂拙，必須曲令為此舉方好。密之，萬不令楊名時知朕之諭也”（注二二）。鄂爾泰原摺所錄上諭全文，粘貼黃簽書明“擬刪”字樣，“硃批諭旨”一書遂不見此道硃諭。查嗣庭私編日記，以漢人進獻，一概不受，譏訕朝政，清世宗不勝憤恨，故密諭鄂爾泰勸楊名時上疏進獻。鄂爾泰奉諭後即致書楊名時，引經據典以說之。“硃批諭旨”又將鄂爾泰劄致楊名時全文刪去。楊名時接獲鄂爾泰信劄後，即具本進獻方物。雍正四年十二月廿六日，《清世宗實錄》載明發上諭一道，詳述其原委。據《實錄》所載，是楊名時自請進獻，惟對照鄂爾泰原摺後，發現楊名時進獻物品，乃因楊名時為著名漢大臣，籠絡楊名時，則足以影響其他漢人，故授意鄂爾泰開導楊名時進獻以抒誠悃。查嗣庭既被指為無的放矢，遂以謗訕下獄。雍正五年五月，查嗣庭卒於獄，仍戮其屍。其餘增刪潤飾之處極多，不勝枚舉。因此，清代雖刊刻“硃批諭旨”，仍未減低已錄奏摺原件的史料價值。

至於未錄奏摺及不錄奏摺，史料更豐富，其價值亦高（注二三）。宮中擋原摺內間亦附呈珍貴的資料，例如雍正二年八月初七日，山東巡撫陳世倌奏報地方情形一摺內稱“臣訪得今春三月中，蝗蝻盛發，勢難撲滅，廿七、八、九等日，忽生一蟲，形類螟蛉，其色純黑，其口甚銳。蝗之大者，輒齧其項，隨即中分，其小者則銜其頂，負入土內，分置三穴，次第旋繞，向穴飛鳴，聲如蚊蚋。而第一穴之蝻，倏忽亦變此蟲，以次及二穴、三穴，亦皆如之。所變之蟲，頃刻飛躍，相與驅逐，齧噬掘穴，銜負蝗蝻，立時盡絕。此蟲已不知所在，土人名之為氣不忿。甯陽縣南義社横嶺口有之，眾耳眾目，驚異稱神”。原摺內附圖一件，以彩色繪出氣不忿的形狀，及齧噬掘穴銜負蝗蝻的姿態［圖版捌］，原摺及附圖，俱不失為農業史的罕見資料。

乾隆朝以來，檔案種類漸多，其中月摺包內的資料，除部分諮文、知會、劄、啓等文書外，主要就是宮中檔奏摺的抄件，月摺包與宮中檔原摺雖有重複之處，但也可以互相補充，宮中檔缺失的部分，常見於月摺包，尤其是原摺所附清單、供詞等件，多移置月包摺。自乾隆朝至宣統朝，錄副奏摺等合計約十九萬件。清季辦理洋務，道、咸、同三朝《籌辦夷務始末》，不失為重要資料，但此書所選錄者，始于道光十六年，自道光初年起，錄副摺件甚夥，俱未收錄，其選刊摺件的文字間亦經過刪略。《諭摺匯存》匯刊了光緒朝許多上諭與奏摺，但這些資料是由京報等彙集而成，其所標寫的日期，並非原奏時間，在內容上亦經刪改，字畫刊刻錯誤之處，所在多是。例如光緒二十四年八月二十日，袁世凱奏報交卸直隸督篆日期一摺內稱“臣所部新建陸軍，現駐小站一帶，拱衛畿疆，是臣專責。值此強鄰環伺之際，正臣子力圖報效之秋”。《諭摺匯存》將“值此強鄰環伺之際，正臣子力圖報效之秋”兩句刪略不刊。光緒廿八年二月十四日，袁世凱奏請獎勵直隸員紳，內雲“迨聯軍在境，動輒齟齬，事尤棘手”。《諭摺匯存》將“動輒齟齬”四字刪略不刊。類似例子極多，所有“諸夷”、“島夷”等字樣，皆經刪改（注二四）。

宮中檔及月摺包內也藏有一些珍貴的清季革命史料，足以補充私家記載的疏漏。例如馮自由氏所著《革命逸史》及《中華民國開國前革命史》二書均附錄廣東廵撫兼署兩廣總督德壽奏報庚子惠州革命黨起義經過奏摺，惟對照宮中檔原摺後，得知馮氏所錄德壽奏摺，並非原件。原摺具奏日期為光緒二十六年九月十四日，全摺計二十四幅，每幅六行，每行二十格，平行書十八字，原文合計約二千五百字，另附夾片三件，馮氏所錄德壽奏摺，僅約一千四百字，史事真相多被湮沒。原摺內敘及奉旨查辦經過，並抄錄電文，俱經刪略。德壽在原摺內分析革命党起義背景時曾指出“查廣東惠州府屬民情強悍，聚眾拜會、械鬥、搶擄，習為故常。近海之歸善、海豐等縣，尤多洋盜鹽梟，以故嘯聚甚易，動輒滋事。即歸善一屬，十餘年來，稔山會匪黃亞春，煙墩會匪黃狂成，拒敵官軍，搶劫墟市，屢經派營剿散，迄未淨絕根株”（注二五）。這段敍述，可以說明清季會黨活動的經濟與地理背景，俱不見於馮氏所錄德壽奏摺。德壽派兵佈置情形，奏報詳細，亦被刪略。閏八月二十六日，革命軍進攻三多祝相近的黃沙洋，清軍管帶練兵營副將朱義勝雖竭力救援，吳祥達亦由間道趕到，但革命軍已進佔三多祝。馮氏所錄德壽奏摺僅雲“廿六日進踞三多祝”。當歸善縣革命黨起義後，惠州各屬亦紛起回應。據德壽奏稱海豐縣大嶂山革命軍有數千人，河源、和平兩縣亦有千餘人，或數百人不等，同時撲城，欲乘清軍惶遽之際，配合行動。此段記載，亦經刪略。至於文中姓名，出入頗大。據原摺所載，蔡景福、陳亞怡等為革命軍先鋒，馮氏所錄德壽奏摺改作蔡景福等充元帥，陳阿怡充先鋒。會黨志士蔡亞生，馮氏所錄德壽奏摺，誤書蔡阿牛，其餘歧誤尚多，無煩縷舉（注二六）。從前面所舉數例，可以瞭解奏摺的重要性，其奏報範圍，極其廣泛，可靠性亦高，不失為最珍貴的第一手史料。因此，探討奏摺制度的起源及發展，以說明奏摺在清代政治結構中所產生的功能，頗具意義。

注釋：

（注一）《宮中檔》，第七七箱，九三包，二六四二號，雍正元年二月二十五日，吳陞奏摺。

（注二）《清史列傳》，卷一三，頁一五。

（注三）《大清世宗憲皇帝實錄》，卷七七，頁一五，雍正七年正月二十七日，上諭。

（注四）同前書，卷四五，頁一〇，雍正四年六月甲子，據崇安等奏。

（注五）同前書，卷九六，頁四八，雍正八年七月乙亥，內閣奉上諭。

（注六）方甦生撰《清代檔案分類問題》，《文獻論叢》，論述二，頁三三。

（注七）梁章鉅纂輯《樞垣記略》，卷二三，頁六，稱“凡發交之摺片，由內閣等處交還及匯存本處者，每日為一束，每半月為一包，謂之月摺。”惟月摺含義甚廣，各部院衙門每月定期匯奏的月摺與錄副奏摺的月摺包及按月抄繕分裝成冊的月摺簿，不能混為一談。參見拙撰《清高宗乾隆朝軍機處月摺包的史料價值》，《故宮季刊》，第十一卷，第三期，頁二四。

（注八）《故宮文獻》，第二卷，第四期，頁八一，《隨手登記檔》。

（注九）陳捷先撰《宮中檔光緒朝奏摺出版前記》，《宮中檔光緒朝奏摺》第一輯，頁四。

（注一〇）《大清聖祖仁皇帝實錄》，卷一八三，頁七，康熙三十六年四月甲子，據費揚古疏報。

（注一一）《宮中檔康熙朝奏摺》，第九輯，滿文諭摺第二輯，頁三五；譯文見拙譯《清代准葛爾史料》初編，頁二一五。

（注一二）《大清聖祖仁皇帝實錄》，卷二九三，頁一，康熙六十年六月癸巳，據覺羅滿保奏。

（注一三）拙撰《從臺北故宮博物院典藏宮中檔談清代臺灣史料》，《幼獅月刊》，第四十六卷，第四期，頁四〇。

（注一四）拙譯《孫文成奏摺》，頁一〇〇。原摺見《宮中檔康熙朝奏摺》，第九輯，頁七七四。

（注一五）《欽定四庫全書總目》，卷五五，史部，詔令奏議類，頁一一。

（注一六）《宮中檔》，第七五箱，三九八包，一一八五七號，雍正六年二月十二日，田文鏡奏摺，內附素紙簽，書明"此系密奏之摺，內有硃筆刪改之處，硃批內又有密諭田文鏡之旨，伏祈皇上訓示。奉旨不錄"。

（注一七）《宮中檔》，第七九箱，三一六包，六一八一號，雍正四年四月初九日，鄂爾泰奏摺。

（注一八）《宮中檔》，第七九箱，三一六包，六一九五號，雍正四年八月初六日，鄂爾泰奏摺。

（注一九）《宮中檔》，第七九箱，三二〇包，六四七〇號，雍正六年八月初十日，高其倬奏摺。

（注二〇）拙撰《清高宗時代的中緬關係》，《大陸雜誌》，第四五卷，第二期，頁二七。

（注二一）《雍正硃批諭旨》，第九函，硃批鄂爾泰奏摺，第八冊，頁三〇。

（注二二）《宮中檔》，第七九箱，三一六包，六二〇九號，雍正四年十二月二十一日，鄂爾泰奏摺。

（注二三）拙撰《從鄂爾泰已錄奏摺談"硃批諭旨"的刪改》，《故宮季刊》，

第十卷，第二期，頁二一至頁四四。

（注二四）陳捷先撰《袁世凱奏摺專輯出版前記》，《故宮文獻》，特刊第一集，《袁世凱奏摺專輯》頁一至頁九。

（注二五）《宮中檔》，第二七一一箱，一八包，三三四〇號，光緒二十六年九月十四日，德壽奏摺。

（注二六）馮自由著《中華民國開國前革命史》，第一冊，頁九六至九八。

第二編

巡臺著述

本編收錄黄叔璥《臺海使槎錄》和六十七等人《番社采風圖考》兩部。第一卷爲黄叔璥《臺海使槎錄》；第二卷爲六十七等人《番社采風圖考》。考慮到巡臺御臺的詩集大部分並非巡臺期間所作，故未能作爲巡臺著述收錄。

第一卷

臺海使槎錄

大興黃叔璥撰

魯　序

《小雅·皇華》之詩，言使臣徧咨於忠信之人，《左傳》所謂“五善”、《國語》所謂九德是也。自漢以後，使者遂例有箸述。考之鄭樵《藝文略》，凡《朝聘》得三十七部、《行役》得三十部、《蠻夷》得四十七部，不為不夥；然未有海外澒濘之壤、人物俶詭之鄉，元元本本、堂堂正正，視之如指螺掌壑，當下可信；則《臺海使槎錄》，洵為第一等書矣！煜聞先生之言曰：“余之訂是編也，凡禽魚草木之細，必驗其形焉，別其色焉，辨其族焉，察其性焉；詢之耆老、詰之醫師，豪釐之疑，靡所不耀，而後即安”。嗟乎！幺麼名物，先生猶廩廩焉若是；而況島嶼之險易、城堡之堅脃、番俗之馴悍、政刑之張弛、戎伍之疏密、禮樂之異同，有關精神命脈之大者乎！抑禹跡未經，儒者從略，先生必務詳審精密，況墨丈尋常之間，習睹習聞，肯蹈澹虛怳惚，如象罔之索珠、狼朊之覦金已乎！則甚矣，先生之志之勤而學之篤也！《詩》曰：“駪駪征夫，每懷靡及”；先生有焉。《皇華》于原于隰，無不光明；使臣于遠于近，無不周徧；先生是書儩之矣。達奚通之《海南諸番行記》，曾何足云。煜■陋不足以知先生，唯因先生之言而推廣之如此。時乾隆元年丙辰仲秋，會稽弟魯煜拜序。

赤嵌筆談

赤嵌筆談卷一

原始

“琉球國在泉州之東，有島曰彭湖；煙火相望，水行五日而至。旁有昆舍耶（一作那）國，語言不通，袒裸盱睢，殆非人類。喜鐵器。臨敵用鏢，鏢以繩十餘丈為操縱，蓋愛其鐵不忍棄”（《文獻通考》）。按彭湖東南即今臺灣，其情狀相似，殆即昆舍耶國也。

“臺灣於古無考，惟明季莆田周嬰著《遠游編》載《東番記》一篇，稱臺灣為臺員，蓋閩音也。然以為古探國，疑非是”（《臺灣隨筆》）。

“臺灣，海中番島，名山藏所謂：‘乾坤東港華嚴婆娑洋世界’，名為雞籠。考其源，則琉球之餘種，自哈喇分支，近通日本，遠接呂宋，控南澳，阻銅山，以彭湖為外援。明萬歷間，海寇顏思齊踞有其地，始稱臺灣”。“思齊剽掠海上，倚為巢窟；臺灣有中國民自思齊始。思齊死，紅夷乘其敝而取之；葺草為田，民知樹藝。順治辛丑，鄭成功金陵挫敗，厦門不守，襲而有之。迄康熙癸亥，歸我一統。其民五方雜處，非俘掠之遺黎，即叛亡之奸宄，里無一姓，人不一心。溪深林茂，易於伏莽。山海氣濕，又多霧露水土之害。其番喜酒好殺，無姓氏，無歲月，無冠履衣服之儀，無婚嫁喪葬之禮，不知法紀；撫御或失，急之則變生肘腋，緩之則俗敝人頑”（《蓉洲文藁》）。

“吏科都給事中王家彥疏：‘閩省海壖，地如巾帨，民耕無所，且沙礫相薄，耕亦弗收，加以年荒賦急，窮民緣是走海如鶩，長子孫於唐市，指窟穴於臺灣’”（《春明夢餘錄》）。

星野

“臺之星野，莫錄其詳。然既係於閩，則宜從閩。閩蓋禹貢揚州之域，天文牛女分野。按牛女於辰為丑，銀海之屬，星紀之次。銀海，元武象也；星紀，吳越分也。劉向曰：‘吳越屬斗牛女分’。晉、隋、元志：‘吳越，其辰在丑’。說者謂：‘臺在泉州之窮南，去福州遠甚，不宜為銀海之屬；又在漳州之極東，去吳越遠甚，不宜為星紀之次’。遂以臺分野，當在女虛之交者。虛，元枵之次，在子之辰。以臺之稍迆而東，疑其越次越辰，亦坐井之見。今以近事考之，明時彭島統於泉；泉為牛女，則臺無可疑。以近地考之，臺海西界於漳，南鄰於粵，北則閩安對峙，漳分野視閩，而粵分野視漳，臺之壤接，獨不屬牛女乎？唐僧一行有云：‘星紀當雲漢下流，百川歸焉；故其分野，自河南下，窮南紀之曲，東南負海為星紀’；則臺宅東南，仍屬牛女，又與一行之說相符”（《島上附傳》）。

形勢

臺灣為土番部族，在南紀之曲，當雲漢下流；東倚層巒，西迫巨浸；北至雞籠城，與福州對峙；南則河沙磯，小琉球近焉。周袤三千餘里，孤嶼環瀛，相錯如繡。

"自鷺門、金門迤邐東南以達於彭湖，可數千里；風濤噴薄，悍怒激鬬，瞬息萬狀；子午稍錯，北則墜於南風炁，南則入於萬水朝東，皆有不返之憂。又東至鹿耳門，夾以七鯤身、北線尾，海道紆折，僅容數武，水淺沙膠，雖長年三老不能保舟之不碎。餘乃山羅礁湧，無由以入，其險且不測如此"（《島上附傳》）。

"海中孤島，地在東隅，形似彎弓"（《臺灣紀略》）。

"雞籠山島，野夷亦謂之東番。萬歷四十四年，倭脅取其地，久之始復國。東番諸山，其人盛聚落而無君長；習鏢弩，少舟楫。自昔不通中國"（《方輿紀要》）。

"臺灣處大海之中，地形坐東南，面西北。自東北而至西南如列屏，為中國江、浙、閩、粵四省之外界。西北近海多平地可耕，土番及人民聚落以數百。山背東南，一望洸洋，舟楫所不到，土番加嘮使種類居焉。自紅夷以至鄭氏，皆不能綏附。聞中國盛德，悉來臣服，贄其方物；故我國家邊陲極於海東數萬里，置郡縣，為疆界，實自古所未有"（《福建海防志》）。

"東甯，緣高邱之阻以作屏，臨廣洋之險以面勢；無仙蹤神跡之奇，無樓臺觀宇之勝。有山則頑翳於蔓草，有水則鹵浸於洪濤；鹿豕貍鼠之所蟠，龍蛇蜃虺之所游。夫既限之以荒裔，而求天作地成之景，皆無所得"（《蓉洲文藁》）。

——以上臺灣

"三十六島巨細相間，坡隴相望，有七澳居其間。大約有土無木，土瘠不宜禾稼，產胡麻、菉豆，山羊尤多。居人煮海為鹽，釀秫為酒，採魚蝦螺蛤以佐食。土商興販，以廣其利；貿易至者歲常數百艘，為泉外府。至元末，置巡司於此"（《元志》）。

"水至彭湖漸低，近琉球謂之落漈。漈者，水趨下而不回也。凡西岸漁舟到彭湖以下，遇颶風發，漂流落漈，回者百無一"（《續文獻通考》）。

“隋開皇中，嘗遣虎賁陳棱略彭湖地。其嶼屹立巨浸中，環島三十有六如排衙。居民以苫茅為廬舍，推年大者為長，以畋漁為業。地宜牧牛羊，散食山谷間，各耄耳為記”（《海防考》）。

“彭湖島在琉球國，水行五日，地近福州、泉州、興化、漳州四郡界；天氣晴明，望若煙霧”（《明一統志》）。

“海中島嶼，最險要而紆迴，則莫如彭湖。蓋其山周回數百里，險口不得方舟，內溪可容千艘。海中舊有三山之目，彭湖其一耳。東則海壇，西則南澳，誠天設之險；何可棄以資敵”（《方輿紀要》）？

“福州海中有彭湖島，相去三千里，晴日髣髴可見；有參將領兵駐之。自福州順風而往，不半日至也”（《玉堂薈記》）。

“彭湖僻在興、泉外海，其地為漳、泉南戶，日本、呂宋、東西洋諸國皆所必經。南有港門，直通西洋”（《福建海防志》）。

“鄭成功竊踞臺灣，用彭湖為外藪。康熙六月，將軍施琅統兵自銅山攻破，據之；八月，遂克臺灣”（《諸羅雜識》）。

——以上彭湖

“臺灣在福建之東南，地隔重洋。形勢延袤，可至者凡千六、七百里。外此則生番所居，與熟番阻絕，遠望皆大山疊嶂，莫知紀極，可以置而不議。府治南北千有餘里。越港卽水師安平鎮。又有七鯤身，沙線潮平，可通安平港內，為水師戰艘、商民舟楫止宿之地。港名鹿耳門，出入僅容三舟，左右皆沙石淺淤焉；此臺灣之內門戶也。衡渡至彭湖，島嶼錯落，有名號者三十六島。彭湖溝底皆老，古石參差，港泊有南風、北風二者殊澳；此臺灣之外門戶也。然臺灣之可通大舟者，尚有南路之打狗及東港、北路之上澹水，凡三處；而惟上澹水可容多船，港門為正也。其可通小舟者，尚有南路之蟯港、北路之鹹水港及八掌港、笨港、海翁港、鹿仔港、大甲、西二林、三林、中港、竹塹、蓬山，凡十二處；而笨港並有小港可通鹿耳門內，卽名馬沙溝是也。總之，臺灣三路俱可登岸；而惟鹿耳門為用武必爭之地者，以入港卽可以奪安平而抗府治也。奪安平則舟楫皆在港內，所以斷其出海之路；抗府治則足以號令南北二路，而絕依附之門。故一入鹿耳門，而臺灣之全勢舉矣！或云：鹿耳門為天險門戶，而又上設礮臺，防亦密矣；萬一攻之不入，兵法有攻堅而瑕者亦堅，其謂之何？不如由北路之上滄水進兵。所谓行师師如過於袵席之上者，謀非不臧也。而不知由北路進兵則其勢主緩，緩則必以眾而臨寡、以強而併弱；由鹿耳門進兵則其勢主捷，捷則有以反主客之形，成控制之師。而且安平不據，彭湖尚孤，彼賊似者急而揚帆，不無他虞也。是故覘臺灣之形勢，而必講明於得入鹿耳門之要為最急”（《理臺末議》）。

“彭湖為臺灣之門戶，鹿耳門為臺灣之咽喉，大雞籠為北路之險隘，沙馬磯為南路之砥柱”（《鳳山縣志》）。

臺郡無形勝可據，四圍皆海，水底鐵板沙線，横空布列，無異金湯。鹿耳門港路紆廻，舟觸沙線立碎。南礁樹白旗，北礁樹黑旗，名曰盪纓，亦曰標子，以便出入。潮長水深丈四、五尺，潮退不及一丈，入門必懸起後舵乃進。

臺地負山面海，諸山似皆西向，《皇輿圖》皆作南北向，初不解；後有閩人云：臺山發軔於福州鼓山，自閩安鎮官塘山、白犬山過脈至雞籠山，故皆南北峙立。往來日本、琉球海舶率以此山為指南，此乃郡治祖山也。滄水北山、朝山，與烽火門相對。

同安洪淳思（心澄）云：“北路滄水，直對福州省城；海道山石錯列，礙於大舟往來。南路赤山，直對南澳。”

臺地諸山，本無正名，皆從番語譯出。內山諸水，皆西流於海。安平、七鯤身，環郡治左臂；東風起，波浪衝擊，聲如雷殷。諺云：“鯤身響，米價長”；謂海湧米船難於進港。

余《與益齋二兄論羅漢門書》略：羅漢門在郡治之東。自猴洞口入山，崇岡複嶺，多不知名。行數里，為虎頭山，諸峰環列，樹惟槺榔。過大灣崎、蘆竹坑、咬狗阬，又東南經土樓山，壁平如削；上則獮猴跳擲，虞人張羅以捕。稍前為疊浪崎，出茅草埔，度鴈門關嶺，回望郡治，海天一色。去關口里餘，中為深塹，可數十丈。緣崖路狹不堪旋馬，一失足便蹈不測。五里至石頭阬，四里至長潭，清瑩可鑑。潭發源於分水山後，由羅漢門阬入岡山溪，同注於海。自番仔寮迤邐至小烏山後，入羅漢内門，峰廻路轉，眼界頓開；沃衍平疇，極目數十里。東則南仔仙山、東方木山，隔澹水大溪為旗尾山，西卽小烏山，南為銀錠山，北為分水山、目貓徽山；層巒疊巘，蒼翠欲滴，瞑色尤堪入畫。民莊凡三：外埔、中埔、內埔，居民約二百餘口。內埔汛兵五十名，分防猴洞口；狗勻崑諸地，則寥寥三十餘人而已。先是，由長潭東南行，至夏尾藍脚帛寮轉北至外埔莊；後以逆黨黄殿潛蹤內埔，而甕菜岑、鼓壇阬尤為奸匪出沒之所，禁止往來。外埔東南由觀音亭、更寮崙、番仔路頭至大崎越嶺，卽為外門。去大傑巔社十二里，中有民居，為施里莊、北勢莊，莊盡番地；往年代納社餉招佃墾耕，繼以遠社生番乘間殺人，委而去之，今則苐草不可除矣。自社尾莊、割蘭坡嶺可赴南路，由木岡社、卓猴可赴北路；外此羊腸鳥道，觸處皆通；峻嶺深谷，叢奸最易。土人運炭輦稻，牛車往來，徑路逼狹，不容並軌；惟約晝則自內而外，夜則自外而內，因以無阻。夏秋水漲，阬塹皆平，則迷津莫度，與諸邑聲息隔絕。議者謂宜歸臺邑，良然。

上澹水在諸羅極北，中有崇山大川，深林曠野；南連南嵌，北接雞籠，西通大海，東倚層巒。計一隅可二百餘里，洵扼要險區也。外為澹水港，八里岔山在港南，圭柔山（一作雞柔）在港北；兩山對峙，夾束中流。南北有二河：南河源出武勝灣，行四十餘里；北河源出楓仔嶼，行百餘里；俱至大浪泵會流，出肩脰門（一作千豆），入澹水港，曲折委宛，五十餘里而歸於海。圭柔山麓為圭柔社。由山西下，數里有紅毛小城，高三丈、圍二十餘丈，今圮。城西至海口，極目平衍，名虎尾；今澹水營所駐也。兩山南北，重岡複嶺，灌莽叢翳。南則武勝灣、里末、擺接、秀朗諸社，北則麻少翁、外北投、內北投、大浪泵、麻里、卽吼、楓仔嶼諸社。磺山在內北投，濱河，山僅數仞，寸草不生。自澹水經楓仔嶼嶺，上下十里。過港至雞籠，山高多石，山下卽雞籠社。稍進為雞籠港，港道狹隘。港口有紅毛石城，非圓非方，圍五十餘丈、高二丈。遠望為小雞籠嶼，番不之居，惟時於此採捕。循此而上，至山朝社；又上，至蛤仔難諸社，深箐鳥道，至者鮮矣。南路界盡沙馬磯頭；相傳地脈直接呂宋。凡舟赴呂宋，必由此東放大洋。有澳名龜那禿，北風時大船可泊。沙馬磯頭之南，行四更至紅頭嶼，皆生番聚處，不入版圖；地產銅，所用什物俱銅器。

彭湖一名彭蠡湖。《樵書二編》：“彭蠡湖嶼，環島三十六。洪武五年，以居民叛服不常，遂大出兵，驅其大族，徙置漳、泉間”。

觀彭湖諸島，夏月正值南風，由媽宮澳入港，順駛最易；惟出港逆風，未可時計。或收入八罩，從挽門潭上岸，登天臺山四望，則三十六島嶼形勢盡在目前。

洋

“大海洪波，止分順逆。凡往異域，順勢而行。惟臺與厦藏岸七百里，號曰橫洋。中有黑水溝，色如墨，曰墨洋；驚濤鼎沸，險冠諸海。或言順流而東，則為弱水。昔有閩船，飄至弱水之東，閱十二年始得還中土”（《赤嵌集》）。

“暗洋在臺灣之東北，有紅夷舟泊其地，無晝夜，山明水秀，萬花徧滿，而上無居人；謂其地可居，遂留二百人，給以一歲之糧，於彼居住。次年復至，則山中如長夜，所留之番已無一存；乃取火索之，見石上留字，言一至秋即成昏黑，至春始旦；俱屬鬼怪，其人漸次而亡。蓋一年一晝夜云”（《蓉洲文藁》）。

由大擔出洋，海水深碧，或翠色如靛。紅水溝色稍赤，黑水溝如墨，更進為淺藍色。入鹿耳門，色黃白如河水。

泛海不見飛鳥，則漸至大洋；近島嶼，則先見白鳥飛翔。

潮

月臨卯酉，潮漲東西；月臨子午，潮平南北。潮漲多在春夏之中，濤大每居朔望之後。各處皆然，臺亦無異。志云：地屬東南，月常早上。十七、八之夜，月臨卯酉，僅在初昏，故潮漲退，視同安、金、厦亦較早。同安、金、厦，初一、十六潮滿子午而退卯酉，初八、二十三潮滿卯酉而退子午；臺則初一、十六潮滿巳亥而退寅申，初八、二十三潮滿寅申而退巳亥；所差竟至一時。半線以下，潮流過北，汐流過南，與彭島同；半線以上，潮流過南，汐流過北。水師副將魏大猷云：“自鹿耳門至打狗港，潮汐較内地早四刻，水長五、六尺；打狗至瑯嶠，潮汐較内地早一時，水只三、四尺；自三林港北至澹水，潮汐與内地同，水丈餘”。

風信

“臺灣風信，與他海殊異。風大而烈者為颶，又甚者為颱。颶，倏發倏止；颱，常連日夜不止。正、二、三、四月發者為颶，五、六、七、八月發者為颱。九月則北風初烈，或至連月，為九降。過洋以四、七、十月為穩，以四月少颶、七月寒暑初交、十月小春，天氣多晴暖故也。六月多颱，九月多九降，最忌。颱、颶俱多挾雨，九降多無雨而風。凡颱將至，則天邊有斷虹；先見一片如船帆者曰破帆梢，及半天如鱟尾者曰屈鱟。土番識風草，草生無節則一年無颱，一節則颱一次，多節則多次。颶之名以時而異：正月初四日曰接神颶，初九日曰玉皇颶，十三日曰關帝颶，念九日曰烏狗颶，二月二日曰白鬚颶，三月三日曰上帝颶，十五日曰真人颶，念三日曰馬祖颶（真人多風、馬祖多雨），已上春三月共三十六颶，此其大者。四月八日曰佛子颶，五月五日曰屈原颶，六月十二日曰彭祖颶，十八日曰彭婆颶，念四日曰洗炊籠颶，七月十五日曰鬼颶，八月初一日曰竈君颶，十五日曰魁星颶，九月十六日曰張良颶，十九日曰觀音颶，十月十日曰水仙王颶，念六日曰翁爹颶，十一月念七日曰普菴颶，十二月念四日曰送神颶，念九日曰火盆颶，念四日已後皆曰送年風”（《香祖筆記》）。

“余同王君仲千採硫，仲千登舟，余乘笨車。行十八日至後壠社，王君敝衣跣足在焉；泣告余曰：‘舟碎身溺，幸復相見!’自初三日登舟，泊鹿耳門，十八日乃行，舵帆不協，斜入黑水者再，船首俯入水底，舟人大恐。十九日午後，南風大至，行甚駛；頃之，風厲甚，舵牙折者三。風中蝴蝶千百飛舞，舟人以為不祥。申刻，風稍緩，有黑色小鳥數百集船上，舟人謂大凶；焚楮鏹祝之，不去；至以手撫之終不去，反呷呷向人。少間，遙見小港，以沙淺不能入，就港口下碇。五鼓，碇失，復出大洋，浪擊舵折；舟師曰：‘惟有划水仙求登岸免死耳!’眾口齊作鉦鼓聲，人各挾一匕箸，虛作棹船勢，如午日競渡狀；船果近岸，得不溺”（《稗海紀遊》）。

《海外紀略》云：“颶風雖暴，無四面齊至理。辟如北風颱，必轉而東，東而南，南又轉西；或一日，或三、五、七日，不四面傳徧不止”。是四面遞至，非四面並至也。諸志云：“此乃天地之氣交逆，地鼓氣而海沸，天風烈而雨飄，故沉舟傾檣；若海不先沸，天風雖烈，海舟順風而馳，同鯤鵬之徙耳”。此語良然。六月有雷則無颱。諺云：“六月一雷止三颱，七月一雷九颱來”。彭湖灣船之澳有南風、北風之別；時當南風誤灣北風澳，時當北風誤灣南風澳，則舟必壞。癸亥興師，正當盛夏南風大震之候，偽都督劉國軒將戰艦盡泊南風澳，時我師到彭，舟盡誤泊北風澳；國軒得計，謂可弗戰而勝也。豈知天眷，忽北風大作，我師舟楫無損，而偽敵連艅覆沒，因得乘時進攻，克取彭湖（《楊孝廉朝宗說》）。

放洋全以指南鍼為信；認定方向，隨波上下，曰鍼路。船由浯嶼或大擔放洋，用羅經向巽已行，總以風信計水程遲速，望見彭湖西嶼、頭貓嶼、花嶼，可進；若過黑水溝計程應至彭湖，而諸嶼不見，定失所向，仍收泊原處候風信。由彭湖至臺灣向巽方行，近鹿耳門隙仔，風日晴和，舟可泊；若有風，仍回彭湖。

內地之風，早西晚東；惟臺地早東風、午西風，名曰發海西，四時皆然。船出鹿耳門，必得東風，方可揚帆；彭湖來船，必俟西風，纔可進港。設早西晚東，則去船過日中始能放洋，來船昏暮不能進口。何云利涉？

澮水，在磺山之下。日出，磺氣上騰，東風一發，感觸易病。雨則磺水入河，食之往往得病以死。七、八月，芒花飛颺入水，染疾益眾。風候與他處廻異，秋冬東風更盛。

諸山烟靄蒼茫；若山光透露，便為風雨之徵。又饑鳶高唳，海雀驚飛，則踰日必風。春日晚觀西，冬日晚觀東，有黑雲起，主雨；諺云：“冬山頭，春海口”。

臺邑春日雨澤獨少。鐵線橋以北，大雨滂沱，橋南無一滴。梁觀察文科惡其限於南也，改名通濟橋。

氣候

“臺灣環海孤峙，極東南之奧。氣候與漳、泉相似，熱多於寒；故花則經歲常開，葉則歷年不落。春燠獨先，夏熱倍酷，秋多烈日，冬鮮淒風。四、五月之交，梅雨連旬，多雷電，山溪水漲；自秋及春，則有風無雨，多露少霧。田禾播種以後，亦喜露而畏雨。至月早升，地常震，風發不時，此一郡之大概也。諸羅自半線以南，氣候同於府治；半線以北，山愈深，土愈燥，水惡土瘠，烟瘴愈厲，易生疾病，居民鮮至。雞籠社孤懸海口，地高風烈；冬春之際，時有霜雪。此又一郡之中，而南北異宜者矣”（《諸羅雜識》）。

《廣東志》云：“嶺南陰少陽多，故四時之氣闢多於闔，一歲間溫暑過半，元府常開，毛腠不掩，每因汗溢，即致外邪；蓋汗為病之媒、風為汗之本，二者一中，寒瘧相乘，其疾往往為風濕”。又云：“盛夏士庶出入，率以青布裹頭；蓋南風為厲，一侵陽明，則病不可起”。此地正相同。

水程（郡縣里數）

澹水登舟，半日即望見官塘山（一作關童）。自官塘趨定海，行大海中，五、六十里至五虎門。兩山對峙，勢甚雄險，為閩省門戶。門外風力鼓蕩，舟甚顛越；既入門，靜淥淵渟，與門外迥別。更進為城頭（土音亭頭），十里至閩安鎮，數十里至南臺大橋（《稗海紀遊》）。

厦門至彭湖，水程七更；彭湖至鹿耳門，水程五更。《志》約六十里為一更，亦無所據。按《樵書二編》云：“更也者，一日一夜定為十更，以焚香幾枝為度”。船在大洋，風潮有順逆，行駛有遲速，水程難辨；以木片於船首投海中，人從船首速行至尾，木片與人行齊至，則更數方準。若人行至船尾而木片未至，則為不上更；或木片反先人至船尾，則為過更，皆不合更也。舟子各洋皆有秘本，云係明王三保所遺；余借錄，名曰“洋更”。

臺灣至彭湖，五更；彭湖至厦門，七更；厦門至上海，四十七更；寧波近上海，十更。俱由厦門經料羅，在金門之南澳可泊數百船；沿海行至惠安之崇武澳，泊舡可數十；經湄洲至平海澳，可泊船數百；至南日澳，僅容數艘。南日至古嶼門，從內港行；古嶼至珠澳，復沿海行：二地皆小港。南口、古嶼東，出沒隱見，若近若遠，則海壇環峙諸山也。白犬、官塘，亦可泊船。至定海，有大澳泊船百餘。至三沙烽火門、北關澳亦如之；此為閩、浙交界。至金香、鳳皇、三弁、石童、雙門、牛頭門，盡沿海行；至石浦所、亂礁洋、崎頭門、舟山、登厝澳，盡依內港。其登厝澳之東，大山疊出，卽舟山地；赴上海、寧波，至此分綜；從西由定海關進港數里卽寧波，從北由羊山放大洋至吳淞，進港數里卽上海。九月後，北風盛，尤利涉。自登厝澳從西北放小洋，四更至乍浦；海邊俱石岸，北風可泊於羊山嶼。向北過崇明外五條沙轉西，三十四更入膠州口；過崇明外五條沙對北，三十二更至成山頭。向東北放洋，十一更至旅順口；由山邊至童子溝島，向東沿山七更至蓋州、向北放洋七更至錦州府。

《郡志》：三縣南北延袤二千八百六十里。康熙五十三年，使者奉命繪畫地圖，勘丈里數；臺灣縣南至二贊行溪鳳山縣界二十一里，北至蔦松溪諸羅縣界一十五里；鳳山縣南至沙馬磯二百一十里，北至二贊行溪臺灣縣界六十五里；諸羅縣南至蔦松溪臺灣縣界一百一里，北至大雞籠六百五里；南北延袤一千一十七里，而道里遠近乃定。陳湄川中丞《北路路程》：自郡城至八里坌四百七十七里；滄水港以下，溪湧潮呑，過嶺踰海，一自北港水路，由內北投至雞籠二百二十一里；一自北港上岸，由外北投至雞籠二百四十二里；約略相同，可證《郡志》之誤。

海船

“獨坐舷際，水波不動，星光滿天，與波底明星相映；上下二天，合成圓器。身處其中，遂覺宇宙皆空”。“海上夜黑，不見一物。則擊水以視，水光飛濺，如明珠十斛，晶光熒熒，良久始滅；亦奇觀矣”（《稗海紀遊》）。

余所坐海船，桅木之值數百金；舵師云：“得之外域者，任重當風，不稍屈曲，長可八丈，通身無節，名打馬木”。明監察御史路振飛《按閩摘略》云：“崇禎六年，遣戶科給事中杜三策、行人司司正楊崙冊封琉球。先期採木造舟，大桅屢求未獲。嗣於甯化縣方得應用。獨鐵力木柁產自廣南，差官採買；回大鵬所，被賊焚劫。復支銀五百五十兩，前往海澄縣採買二門，運到副用”云云。今鹽木柁尚值數十金，亦廣南所產。

每船載杉板船一隻，以便登岸。出入悉於舟側，名水仙門。碇凡三：正碇、副碇、三碇（正碇一名將軍碇，不輕下），入水數十丈。藤草三緪，約值五十金。寄碇先用鉛錘試水深淺；繩六、七十丈，繩盡猶不止底，則不敢寄。鉛錘之末，塗以牛油；沾起沙泥，舵師輒能辨至某處。有占風望向者，緣篷桅繩而上，登眺盤旋，了無怖畏；名曰亞班。

南北通商，每船出海一名（即船主）、舵工一名、亞班一名、大繚一名、頭碇一名、司杉板船一名、總鋪一名、水手二十餘名或十餘名。通販外國，船主一名；財副一名，司貨物錢財；總捍一名，分理事件；火長一正、一副，掌船中更漏及駛船鍼路；亞班、舵工各一正、一副；大繚、二繚各一，管船中繚索；一碇、二碇各一，司碇；一遷、二遷、三遷各一，司桅索；杉板船一正、一副，司杉板及頭繚；押工一名，修理船中器物；擇庫一名，清理船艙；香公一名，朝夕焚香楮祀神；總鋪一名，司火食；水手數十餘名。

海船按十二支命名：船頭邊板曰鼠橋，後兩邊欄曰牛欄，舵繩曰虎尾，繫碇繩木曰兔耳，船底大木曰龍骨，兩邊另釘灣杉木曰水蛇，篷繫繩板曰馬臉，船頭橫覆板插兩角曰羊角，鑲龍骨木曰猴楦，抱桅篷繩曰雞冠，抱碇繩木曰狗牙，拄桅脚杉木段曰桅豬。

舟隨波浪上下，動輒數丈；左右瞻顧，不覺眩暈。寄碇時或遇風濤揉盪，鮮有不眩暈者。

入大洋中，天光水色，彌望無垠。近船猶可望見帆檣，遠者僅於水面依微點綴。東坡云：“登州蓬萊閣上望海，如鏡面與天相際。忽有如黑豆數點，郡人曰海舶至矣。不一炊久，已至閣下”。信然。

城堡

“臺灣府無城，别有城在其西南，曰紅毛城；鄭氏僭竊時宮殿在焉。今設副將一員，統兵三千駐之。距臺灣二十里”（《居易錄》）。

臺地初闢，原卜築城於永康里；後不行。壬寅，提督姚堂奏請；臺灣府、縣無城可守，請開捐建城；未得所請。余陛辭時，跪聆訓諭："臺灣斷不可建城。去年朱一貴無險可憑，故大兵入鹿耳門，登岸奮擊，彼即竄逃；設嬰城自固，豈能剋期奏捷"？海外形勢，瞭如指掌，廟算制勝，克奏膚功，有以也夫！

鳳、諸二縣，各築土堡；郡治居民，亦欲倣行。西南臨海，議於南、北、東三面圍築堡牆，約高一丈，共長一千七百八十丈；每丈約費銀六兩八錢零，計共需銀一萬二千一百四十六兩有奇。

安平城在一鯤身之上，方圓一里。赤嵌城一名紅毛樓，在臺灣海邊，方圓半里。雞籠、滄水，小城也，紅毛築之以禦海剽。安平城一名甎城，紅毛相其地脈為龜蛇相會穴，城基入地丈餘，廣二百七十七丈六尺、高三丈有奇，雉堞俱釘以鐵。今郡中居民，牆垣每用鐵以束之，似仍祖其制也。城上置大礮十五位，年久難於演放。彭湖亦有紅毛城，久廢。

賦餉（糴運）

"臺灣田賦，與中土異者三：中土止有田而臺灣兼有園（有陂塘貯水者為田、旱種者為園），中土俱納米而臺灣止納穀，中土有改折而臺灣止納本色。蓋自紅夷至臺，就中土遺民令之耕田輸租，以受種十畝之地名為一甲，分別上、中、下則徵粟，其陂塘隄圳修築之費、耕牛農具籽種，皆紅夷資給，故名曰王田，亦猶中土之人受田耕種而納租於田主之義，非民自世其業而按畝輸稅也。及鄭氏攻取其地，向之王田皆為官田，耕田之人皆為官佃，輸租之法一如其舊，即偽冊所謂官佃田園也。鄭氏宗黨及文武偽官與士庶之有力者，招佃耕墾，自收其租而納課於官，名曰私田，即偽冊所謂文武官田也。其法亦分上、中、下則。所用官斗，較中土倉斛每斗僅八升。且土性浮鬆，三年後即力薄收少，人多棄其舊業，另耕他地；故三年一丈量，蠲其所棄而增其新墾，以為定法。其餘鎮營之兵，就所駐之地自耕自給，名曰營盤。及歸命後，官、私田園，悉為民業；酌減舊額，按則匀徵。既以偽產歸之於民，而復減其額以便輸將，誠聖朝寬大之恩也"（《諸羅雜識》）。

"贌社者，招捕鹿之人；贌港者，招捕魚之人；俱沿山海蓋草為寮。時去時來，時多時少。雖為賦稅所從出，實亦奸宄所由滋"。"僧道偽額四十五名，年徵度牒銀二百兩；僧每名牒銀二兩，道士每名牒銀五兩。今裁"（《東甯政事集》）。

內地之田論畝；二百四十弓為一畝，六尺為一弓。郡之田論甲，每甲東西南北各二十五戈，每戈長一丈二尺五寸；計一甲約內地十一畝三分一釐零。內地上則田一畝，各縣輸法不一，約徵折色自五、六分至一錢一、二分而止；一甲為地十一畝三分零，不過徵至一兩三錢零。今上則徵八石八斗，即穀最賤每石三錢，已至二兩六錢四分零，況又有貴於此者；而民不以為病。地力有餘，上者無憂不足，中者截長補短，猶可借漏卮以支應；若履畝勘丈，便難仍舊貫矣。余有《請均田減賦疏》。

康熙二十三年，部臣蘇拜、總督姚啓聖、巡撫金鋐、提督萬正色會議疏內，有興販東洋白糖一項，歲定二萬擔；不足之數，聽在本省採買。施琅另疏云："本省去臺灣已隔重洋，以臺灣所產白糖配臺灣興販船數，固為安便；若就本省湊買，涉重洋而至臺灣，方興販東洋，則今四方蕩平，六合為一，何地不可興販？必藉臺灣之名買白糖赴彼興販，此皆部臣蘇拜等慮錢糧不敷，婉為籌度。臣今不言，後有禍患，咎安所逭？"

三縣每歲所出蔗糖約六十餘萬簍，每簍一百七、八十觔；烏糖百觔價銀八、九錢，白糖百觔價銀一兩三、四錢。全臺仰望資生，四方奔趨圖息，莫此為甚。糖觔未出，客人先行定買；糖一入手，即便裝載。每簍到蘇，船價二錢有零。自定聯䑸之法，非動經數旬不能齊一。及至厦門，歸關盤查，一船所經兩次護送、八次掛驗，俱不無費。是以船難即行，脚價貴而糖價賤矣（余奏准半線分設彰化縣，尚在經理，故仍三縣之稱）。

臺邑額載厝餉、磨餉二項，俱始於偽鄭。志載瓦厝、草厝共徵銀一千二百四兩零。數十年來，有片瓦寸草俱無、子姓零落及孤寡不能自存者，亦必按冊拘追；而大井頭一帶行店碁布，終歲不出分文。雍正元年五月，所司查驗府治房店，將破壞瓦厝、草厝悉為開除；凡得大瓦厝七千零七十四間、小瓦厝一千七百零三間；小者每間折半科算，共七千九百二十五間。半額餉匀攤每間一錢五分一釐九毫有奇，每戶給以餉單。如倒壞無存者，許執單繳驗註銷。另查新屋頂補。磨三十首，共額徵銀一百六十八兩。除磨壞人亡者無從追比，現徵十九首，官年賠解十一首。即十九首內，實在開市者不及十首，餘皆牛磨倒壞。按冊問賦，與厝餉等。而近年新開磨戶，悉投營弁；以開則完銀，不開即止。今各戶給以照單，按月照數匀徵；將前項變為活餉，可以足額。

雜餉：罟、罾、縺、罛、綵、蠔，志言之詳矣；又有烏魚旗。罟者，結網長百餘丈、廣丈餘，駕船載出，常數十人，曰牽罟。罾者，樹大竹棚於水涯，高二丈許，曰水棚，置罾以漁。縺小於罟，罛又小於縺，網長可數十丈、廣五六尺，曰牽縺、曰牽罛。蠔，蠣房也，即以為取之之名；用竹二，長丈餘，各貫鐵於末如剪刀，於海水淺處鉤致蠣房。綵，垂餌以釣魚也；大繩長數十丈，繫一頭於岸，浮舟出海，每尺許拴數鉤，大小不一，繩盡則返棹而收，曰放綵。烏魚於冬至前後盛出，由諸邑鹿仔港先出，次及安平鎮大港，後至瑯嶠海脚，於石罅處放子，仍回北路。或云自黃河來。冬至前所捕之魚名曰正頭烏，則肥；冬至後所捕之魚，名曰倒頭烏，則瘦。漁人有自厦門、彭湖伺其來時赴臺採捕。鳳山雜餉：給烏魚旗四十九枝。旗用白布一幅，刊刷“烏魚旗”字樣，填寫漁戶姓名，縣印鈐蓋，插於船頭，帶網採捕。彭湖雜餉：泊網、大小滬。泊者，削竹片為之，繩縛如簾，高七、八尺，長數十丈。就海坪處所豎木杙，趁潮水未滿，縛泊於木杙上，留一泊門，約寬四、五尺；潮漲時魚隨水入，以網截塞泊門，潮退魚不得出，採取之。滬者，於海坪潮漲所及處，周圍築土岸，高一、二尺，留缺為門；兩旁豎木柱，掛小網柱上，截塞岸門。潮漲，淹沒滬岸，魚蛤隨漲入滬；潮退，水由滬門出，魚蛤為網所阻。寬者為大滬，狹者為小滬。

彭湖居民，以海為田，以魚為糧，稻穀升斗必仰給臺郡。以地盡沙磧，海風甚厲，艱於播種，惟植高粱、麻豆，亦不足用；一遇凶歉，便致絕粒。陳觀察大輦詳請臺、諸二縣各運粟五千石赴彭，廵檢營弁公同監收；遇凶歉或風颶舟楫不通，以便糶賑，兵糧亦可如期支放。

北路米由笨港販運，南路米由打狗港販運。壬寅六月，臺邑存倉稻穀無幾，每日減糶數百石，不敷民食，暫借鳳山倉穀支放。自東港運至臺邑，進大港，不由鹿耳門，每石船價八分；陸運每牛車止五、六石，溪漲難行，腳價數倍水運。雍正癸卯，浙江饑，運米一萬石，甲辰補運四萬石；每商船載米五百石，運費每石二錢，未去之船尚有貼費。

赤嵌筆談卷二

武備

“洪武五年，湯信國經略海上。以島民叛服難信，議徙近郭。二十一年，盡徙嶼民，廢巡司而墟其地。繼而不逞者潛聚其中；倭奴往來，停泊取水，亦必經此。嘉、隆以後，海寇曾一本等屢嘯聚為寇。萬歷二十年，倭犯朝鮮，哨者云將侵雞籠、澹水，於是議設兵戍險。二十五年，增設游兵。四十五年，倭犯龍門港，增衝鋒游兵。其地環衍可二百餘里，地斥鹵，水鹹澁，常燠多風，稼穡差艱。峙正中曰孃宮嶼。從西嶼入，二十里為茶盤，又十里卽孃宮嶼矣。波平浪息，無淜湃激射之勢。其狀如湖，因曰彭湖。寬可泊船。面為案山，右為西安，各置小城，列銃為守，名曰銃城。又左為風櫃山，高七、八尺，紅毛凹其中，上壘土若雉堞；今毀其城，仍分軍戍守，與案山、西安相犄角。東為蒔上澳、豬母落水，最當東南之衝。由陸趨孃宮三十餘里，舊有舟師戍守，今更築銃城以防橫突。又東向為鎖管港、林投仔、龍門、青螺諸澳。龍門有原泉，舊為居民聚落。萬歷三十五年，倭突犯泊此嶼。西為西嶼頭，有果葉澳；泉甚洌，可飲。稍北為竹篙灣。又西為蝟仔員。又西北為丁字門、水吼門。今皆有兵戍守。嶼北為北山墩，有北太武，稍卑為赤嵌；循港而進，為鎮海港，壘城於此。又西北為吉貝嶼。又北太武與中墩稱兩太武，俱最高，便於瞭望。孃宮稍後二里有穩澳山，頗平坦。自萬歷三十七年，紅毛一舟闌入彭湖，久之乃去。天啓二年，高文律乘戍兵單弱，以十餘船突據彭島，遂因山為城，環海為池；破浪長驅，肆毒漳、泉。總兵俞咨皋移紅毛於北港，乃復彭湖。議於穩澳山開築城基，大石壘砌，高丈有七、厚丈有八，東、西、南留三門，北設銃臺一座，內蓋衙宇營房，鑿井一口，戍守於此，以控制孃宮。然議者謂彭湖為漳、泉之門戶，而北港卽彭湖之唇齒，失北港則唇亡齒寒，不特彭湖可慮，卽漳、泉亦可憂也。北港在彭湖東南，亦謂之臺灣；天啓以後，盡為紅毛所踞”（《方輿紀要》）。

“彭湖遠在海外，內澳可容千艘。周遭平山為障，止一隘口，進不得方舟；令賊得先據，所謂一夫守險、千人不能過者也。矧山水多礁，風信不常，吾之戰艦難久泊矣；而曰可以攻者，否也。往民居恃險為不軌，乃徙而虛其地，今不可以民實之，明矣。若分兵以守，則兵分為弱，遠輸為貧；且絕島孤懸，混茫萬頃，脫輸不足而援後時，是委軍以予敵也；而曰可以守者，否也。亦嘗測其水勢，沈舟則不盡其深，輸石則難捍其急；而曰可以塞者，亦非也。惟峻接濟之防，而敷陳整旅以需其至，則賊既失其所恃，詎能為久頓謀哉”（《圖書編》）？

“南路自大岡山以下，至下澹水、瑯嶠社，北路自木岡山以上，至上澹水、雞籠城。其間如鳳山、傀儡山、諸羅山、半線山，皆扼野番之衝，為陸汛所必防。如下澹水、硫磺溪、大線頭、鹿仔港，皆當入海之道，為水汛所必守。至雞籠、澹水，乃臺灣極北之島，突處海中，毗連番社。後壠一港，與南日對峙，卽興化港口也。後壠而上，一百二十里為竹塹社，對海壇鎮。竹塹而上，一百五十里為南嵌社，對峙關潼，卽福州、閩安港口。自南嵌至上澹水七十里，對北膠；澹水至雞籠三百里，對沙埕烽火門：皆浙江省界也。大洋之外，紅夷出入之路，而又遠隔郡城，港道四達，往來一帆直上；偽鄭設重兵於彼，雖曰遠禦紅夷，實恐我師從福興分出以襲其後也。雞籠至閩安不過七、八更水；若閩安、興化等港聽商人往來貿易，非止利源通裕，萬一意外之警，則厦門、彭湖之師以應其前，福、泉、興化之船以應其後，首尾呼應，緩急可恃”（《東甯政事集》）。

“臺灣環海依山，欲內安必先守山，欲外甯必重守水。守山之法勞而易，守海之法逸而難。蓋陸地之防，惟在嚴斥堠、愼盤詰，實心衛民，勿以擾民，不過得其人以任之而已。水地之防，必資於船；多設船则有篷桅纜碇修葺之工費，歲需不貲，是在主計者之持策也。蓋臺灣善後之計，莫急於增兵，增兵自不得不增餉；若僅駐鎮於郡、駐協於安平，南北兩路兵單汛薄，恐未雨之憂，不在鹿耳，而在海港、山社之間矣”（《諸羅雜識》）。

“臺灣水陸制兵盈萬，費綦重矣；乃彭湖、安平之兵居其半。水師汛重，不容以覈減，臺灣之兵居其半。陸路汛廣，又不得不議增。然有可節省之道、至便之術，亦持籌者所必講也。臺灣原有官莊，即可為屯田，其佃即可為屯兵；不過加以訓練，明其節制，或倣古者耕七調三，或立在要地屯守，寓兵於農之中，非特兵無跋涉、歲免度支已也。歷觀《名臣奏議》所用邊守之眾，多取土著；以土著宜於水土，明於地勢，而又欲自保其身家，則守禦必周。且聞名將用兵，有取農人，號為新力兵；則以其性質椎魯、手足強健，雖風雨奔馳，可無倦乏耳。今議舊設制兵仍用內地更代，增設之名就臺另立屯田，可以相資，則兵力愈強而巡防彌周矣”（《理臺末議》）。

“陸師重馬力，水師重舟力。戰陣之時，務爭上風，而運轉不靈，不能占居上風，壓持不重，或反退居下風；此雖人力，全在良舟。然匠人為舟，固守繩尺，及駕中流，而快利遲鈍之用乃見；同時發棹，而前後入港之日頓殊者，何也？蓋木之本質不類（如鹽木為柁，遇波濤乃不搖動；餘則否），輕重亦異（木老則堅而重，否則輕）；必得良材，輕重配合，如人一身筋骨相配，然後善於運動也。故水師必講於造舟者，此其一也。水師之灣泊，猶陸師之安營。凡水師不能於外洋覓戰，皆於進港交鋒；所以灣泊之處，即是戰爭之場。我舟先至，利在居要以爭上風；然風信難憑，透發之後，往往轉變，先要泊穩；儻一澳中有南風澳、北風澳不同，則甯泊南風澳以待；此又老將之持重，不可執一而論也。故水師必明於灣泊者，此其一也。水師之入港，猶陸師之克城。凡港門為賊所守，而險隘尤為賊所恃；兵法有挾制其險而攻其虛之說，以險處多虛，故險可制而虛可攻耳。故水師必詳於入港者，此其一也。此水師之大概也，而其要在機；曰扼要、曰伺隙、曰察變、曰虛中四者。夫扼要則握其權矣，伺隙則分其力矣，察變則奪其守矣，虛中則避其害矣；此所以能於衽席之上以過吾師，克期取敵捷如也。要而言之，師之用在舟，舟之用在水，水之用在風；舟與師相習，風與水相遭，其用在於變而通之以盡利，神而明之存乎人。《易》曰：‘刳本為舟，剡木為楫；舟楫之利，以濟不通，蓋取諸渙’。渙者，風水之義。聖人一言盡之矣”（《理臺末議》）。

“彭湖出洋巡哨，由媽祖宮澳開駕，向西至西嶼頭，經內塹、外塹，復收泊西嶼頭內大果葉登岸。大果葉二里，左為緝馬灣，右為小果葉，南四里至內塹；按季輪撥千、把各一員。澳口礮臺一，東山頂烽臺三。內塹西南三里至外塹澳口，礮臺一，西山頂烽臺三。再北經緝馬灣、小里葉，八里至小池角，西北四里至大池角，十五里至小門，礮臺一，烽臺一；四里至鴿界頭橫礁，三里至竹篙灣，仍回至大里葉，十里，登舟。由內港駕至北山瓦硐港寄泊，登岸，四里至通梁，三里至後蔡，二里至大北山山頂瞭望。北為吉貝嶼、姑婆嶼、土地公嶼、鐵砧嶼、目嶼、白沙仔嶼險礁，東為灣貝嶼、藍笨仔嶼、鳥嶼、雞膳嶼、碇齒嶼。欲赴吉貝各嶼，須出吼門往北；若逆流、逆風，未可駕駛。瓦硐港四里至大赤嵌社南，有塘汛，按季輪撥千、把各一員；一里至小赤嵌，三里至港仔，東二里即崎頭，東南一里至鎮海，三里至港尾，二里至城前，仍至瓦硐港，登舟。從吼門出洋哨巡，由西嶼頭外收入內垵寄泊，回媽祖宮澳”。“再媽祖宮澳開船出哨，由西往南，經雞籠嶼、四角仔、桶盤嶼、虎井，直抵八罩、金雞澳，入挽門汛（南北風可泊五、六船）；按季輪撥千、把各一員，汛後山頂礮臺一。由塘口往西南一里至網垵，南為半砰嶼、頭巾礁、鐵砧嶼、碀仔嶼，西南為大嶼，西北為花嶼、貓嶼、草嶼，西北半里至甕菜堀，北四里至花宅，四里至水垵；垵口北礮臺一（南風時可泊船），復回挽門汛。東隔半里為將軍澳，與挽門汛對峙（立冬後可泊四、五船）。東臨海有石山，名船帆嶼，山頂礮臺一。向北為金雞嶼（南北風俱可泊船），在將軍澳後，北有馬鞍嶼。由挽門登舟，出金雞嶼口往東南，至東吉、西吉、鋤頭精嶼，至文良港駕回，經過鎖管港、豬母落水、虎井、嵵裏、風櫃尾、雞籠嶼、四角仔，回媽祖宮澳”。“陸巡由媽祖宮澳四里至暗澳，有巡檢司；三里至東衛，五里至大□；

城北三里至隘門仔，一里至林頭仔、垵南、香鑪嶼、鼓架礁，四里至尖山仔，一里至文良港、東鼻頭，烽臺一，可望陽嶼、陰嶼；北五里至果葉仔，二里至奎壁港，北三里即奎壁港山；西三里白灣阬，二里至湖東，二里至湖西，五里至紅羅罩；北三里至青螺仔。紅羅罩半里至西溪仔，南三里至太武仔，西三里至港底，北一里至東石，六里至沙港頭，南三里至鼎灣，西北三里至中墩嶼，潮退可通；西南二里至潭邊，南二里至港仔尾，三里至蚱脚嶼，二里至東衛，四里至西衛，三里至後堀潭，四里至媽祖宮澳”。“再陸巡用大杉板往嵵裹後山登岸；嵵裹澳口礮臺一，山頂烽臺一。五里至風櫃尾澳口；礮臺一，烽臺一。東二里至井仔垵，東南四里豬母落水，東北二里鎖管港，西北一里雞母塢，北五里至鐵線尾，八里至烏嵌，五里至雙頭掛，與大城北相對；三里至菜園，三里至暗澳，回媽祖宮澳”（《副將薄有成出哨月報》）。

康熙辛丑，兵部奏准：彭湖係臺灣咽喉緊要適中之地，移臺灣總兵駐澎湖，臺灣陸路改設副將。金門總兵黃英奏言：“彭湖為臺灣之門戶，今將臺灣總兵移改彭湖，臺灣設立副將，與水師彼此接應，遙度形勢，盡善之謀無大於此。臣閲地勢輕重，彭湖雖稱三十六島，居於臺、厦之中，究皆一抔之土，錯落彈丸，除媽宮、八罩略有人煙，餘悉冷落荒嶼，原設副將儘堪防守。兹臺灣南北延袤二千餘里，村莊、番社，閭井戶口，不下百餘萬，叢山深林，最易藏奸，非總兵不足以資彈壓。況安平水師及南北路副、參各員，與臺灣副將職位不相上下，有事勢必各懷己見，非若總兵可行調度。今若將總兵設在彭湖，與臺灣懸隔，往來船隻俱候風時；臺灣水陸各營儻有緊急事機，不能朝發夕至。是彭湖固臺灣之門戶，而臺灣實彭湖之腹心，形勢重於彭湖，關係沿海各省要害。請將總兵仍設臺灣，庶得居重馭輕之道，以造海宇無疆之福”。提督姚堂亦為陳請，仍照舊制駐劄。

安平水師額設戰船：中營平字號十八號，内趕繒十、雙篷艍六、雙篷舟古二；左營定字號十六號，内趕繒八、雙篷艍八；右營澄字號十八號，内趕繒十、雙篷艍八。彭湖水師額設戰船：左營綏字號十八號，右營甯字號十八號，與安平中、右營同。趕繒長四、五丈至七、八丈，雙篷艍長二丈至五丈。設為分、總巡哨之法，每年二、三、四、五月為一巡期，六、七、八月為一巡期；輪撥本營將備一員帶領兵船四分巡所轄洋面，副將統領兵船四總巡各營所轄洋面。大趕繒配兵六十、小趕繒五十、大艍四十、小艍三十四。巡期滿日，官兵船隻撤回安平水次。十月至正月，各船配兵一半，於本轄水汛巡哨。澹水營舊撥左營趕繒二，近又撥道標波字號趕繒四；又道標雙篷艍四，亦歸鎮標。各船三年小修、六年大修、九年再大修、十二年拆造；小修自三十兩至一百五、六十兩，大修自四十兩至二百三十餘兩，拆造自五十兩至三百六十兩不等。

鳳山打狗港距鹿耳門水程三更，北風盛發，鹿耳門港道狹隘，舟不得進，而打狗可揚帆直入，由此登岸者甚多。水師把總配哨船二隻，領兵防汛。下澹水離邑既遠，奸宄易滋，陸路千總領兵防汛。此二處，為南路水陸扼要之地。

偽鄭在臺，民人往來至半線而止。自歸版圖後，澹水等處亦從無人蹤。故北路營汛，止大肚安設百總一名，領兵防守；沙轆、牛罵二社，則為境外。自海盜鄭盡心脫逃，部文行知：夥盜供稱鄭盡心約在江、浙交界之盡山、花鳥、臺州之魚山、福建臺灣之澹水等處藏匿；維時總兵崔相國分撥千總一員領兵分防澹水。自後遂以為常，而業戶開墾，往來漸眾。

鎮標原額兵三千三百五十名，道標兵三百六十名。康熙六十一年，提督姚堂奏准將道標裁歸鎮標。安平協二千五百名，彭湖協二千名，南路營八百九十名，北路營八百九十名，澹水營五百名；全郡共兵九千四百九十名（合撥閩省將軍兵五百名，共一萬）。六十年，總督滿保疏請於府治增一千名，四面協護。南路增一千名，以五百駐岡山，前護本營，後護府東，並保護羅漢門口；以五百駐下澹水、新園，後護本營，前查龍橋東之阿猴林等處。北路增一千名，以五百駐斗六門，後護半線，前護本營，並查笨港海口，防禦生番；以五百駐半線，後護澹水，前護斗六門，稽查鹿仔港，防護大江口。再北路營去府兩日，又有大河，不能即時接應，於適中之地亦應增五百名，前則協護府治，後則稽查北路橫港海口，堵截內山。共計增兵三千五百名。九卿議覆："匪類聚眾為亂，並非兵少之故；添設官兵，甚屬無用”。遂寢其議。

癸巳九月，福督范時崇題准：在臺逃亡汰革兵丁，不得在臺募補，應於各原營挑選年力精壯有家業者，計有十名以上，即撥百隊一名，押往補額。兵米：鎮標三營，臺邑支給；安平水師，鳳山支給；彭湖水師，諸羅支給。

半線、滄水兵米，向皆折給：半線每石連脚價至九錢，滄水每石連脚價至一兩五錢；盡派里民。邑令周鍾瑄於半線建倉三間，貯穀三千七百有奇；滄水建倉二間，貯穀千餘；隨便撥補，就地轉給。

偷渡來臺，厦門是其總路。又有自小港偷渡上舡者，如曾厝垵、白石頭、大擔、南山邊、鎮海、岐尾；或由劉武店至金門、料羅、金龜尾、安海、東石，每乘小漁船私上大船。曾厝垵、白石頭、大擔、南山邊、劉武店係水師提標營汛，鎮海、岐尾係海澄營汛，料羅、東石、金龜尾係金門鎮標營汛，安海係泉州城守營汛：各汛亦有文員會同稽查。余有清臺地莫若先嚴海口一疏。

近海港口哨船可出入者，只鹿耳門、南路打狗港（打狗山南岐後水中有雞心礁）、北路蚊港、笨港、滄水港、小雞籠、八尺門。其餘如鳳山大港、西溪、蠔港、蟯港、東港（通滄水）、茄藤港、放綀港（冬月沙淤，至夏秋溪漲，船始可行）、大崑麓社、寮港、後灣仔（俱瑯嶠地）、諸羅馬沙溝、歐汪港、布袋澳、茅港尾、鐵線橋、鹽水港、井水港、八掌溪、猴樹港、虎尾溪港、海豐港、二林港、三林港（二港亦多沙線，水退去口五、六里）、鹿仔港（潮長，大船可至內線，不能抵港，外線水退，去口十餘里，不知港道，不敢出入）、水裏港、牛罵、大甲、貓干、吞霄、房裏、後壠、中港、竹塹、南嵌、八里坌、蛤仔爛，可通杉板船。臺灣州仔尾、西港仔、灣裏，鳳山喜樹港、萬丹港，諸羅海翁堀、崩山港，只容舢仔小船。再鳳山岐後、枋寮、加六堂、謝必益、龜壁港、大綉房、魚房港，諸羅鯱仔、宍象領，今盡淤塞，惟小魚船往來耳。山後大洋，北有山名釣魚臺，可泊大船十餘；崇爻之薛坡蘭，可進杉板。

沿海暗沙險礁，哨船龍骨艱於駕駛。即有可以開駕者，必俟潮水平時方可進港，否則沙堅水淺，終於望洋港外；更值風暴，又無收泊之所。或云：當改製杉板舢仔數隻，質輕底平，隨波上下，易於巡防，隨處可以收泊。高知府鐸云："朱逆之變，士民避亂，及平臺後，商旅貿易，乘膨仔等平底船，在洪濤巨浪中，往來如織。康熙壬寅五月，水師營僱坐膨仔出哨，遭風失桅，飄至浙江黃巖，人船卒致保全"。是在內港既屬相宜，卽外洋亦可無患。

鹿耳門礮臺，今圮。礮十五位，中、左、右三營各五位；以木架之，中有一樞，隨向轉動，名曰轉輪礮。雍正甲辰，總兵林亮新修礮架，上橫梁前後各長四尺，中實三尺，下橫梁前後各長五尺，中實三尺，上下直梁各長四尺，梁柱各五寸，四方直柱各高四尺，接筍處俱裹以鐵，下坐板厚三寸、橫八尺、闊七尺，柱脚木九根，圍一尺八寸、長五尺、入地四尺五寸。蓋以木為之，如屋頂式，可以避風雨剝蝕；兩邊用環勾牽，然礮時掀下極易。

修造哨船工料：大吉木（八丈以上）、中吉木（六丈以上，俱杉木名）、浮溪木（松柏木）、高洋木（卽土杉木，福州出）、舵、碇、龍骨（每丈配桅一丈二尺）、大桅（趕繒長八丈二尺、圍六尺五寸，雙篷船長五、六丈、圍四尺五寸）、頭桅（趕繒長六丈、圍四尺，雙篷船長四丈五尺、圍三尺五寸）、大櫓、小櫓、大小風篷、大小桅餅（大木圈，或十餘、或數箇，用套大桅，便於起篷）、大小無底升（亦木圈。風篷掛於桅上，用木圈以動之。趕繒一千三百箇，雙篷船七、八百箇）、樟梁、頭梁座、大桅座、頭桅座、頭尾托浪板、斗蓋、水櫃、頭禁水（鑲船頭木）、尾禁水（鑲船尾木）、上金（尾樓邊高起木）、下金（在船尾水內，用以拴舵）、招（船頂上招子，便於頭起也）、撐面（艙蓋）、扛罩（艙口直木。此木自官廳口起至大桅兜止，所罩艙之撐蓋，俱扛於此，故名；隔艙板木，乃橫木也，在大桅處名含檀，又曰梁頭，在各艙則名堵經）、披枋（杉木板，隔船兩邊水）、笨枋（船頂板，在戰棚枋之下）、占櫃（鋪官廳頂蓋）、覆竹（船兩旁所釘樟木）、車戰棚（杉木板，重鋪笨枋上）、車耳（扯篷起碇索縛於此）、穩仔（水蛇下灣木）、大繚極（繫大繩索木）、灣極、直極、頭尾八字極（俱樟木，用以鑲船）、屈尺極（媽祖堂前兩灣樟木；大趕繒用，雙篷船無）、番人耳（船頭木）、頭含檀（樹頭桅木）、大含檀（樹大桅木，凡船身長濶滿漢字號，俱於此印烙）、大轉水（附大含檀木）、含檀鞋（削成方木，鑲含檀內）、木裏鞋（鑲桅座內方木）、轉水鞋（船梢上兩邊方木）、車檔（扯篷起碇紋棍木）、大鹿耳（夾大桅木）、頭鹿耳（夾頭桅木）、夾車檔（靠車木棍）、金楦（下金內木棍）、轅箸（船尾中間鑲木，用以夾舵）、櫓椽（放櫓架，一作櫓牀）、上下秤（拴風篷木，頭尾在上者名上秤，在下者名下秤）、尾穿梁（船尾柱）、通梁（艙口上木）、下株梁（船底木）、舵牙（夾舵木）、水蛇、猴楦、桅豬（見前）、鐵釘（趕繒一千八百觔，篷艍七百觔）、茅鐵（四、五百觔）、櫆藤（十觔）、張篷水藤（百餘觔）、黃麻（為繩索之用，其名有大律索、小律索、篷踏索、小踏索、大繚母、小繚母、大千觔墜、小千觔墜、篷尾弔、小篷尾弔、雞貫流浪索之屬）、椶（亦為繩索之用，其名有篷頭根、篷尾根、舵弔、虎尾、碇奴、碇索、摘尾、腰邊秦、出尾秦之屬。二項，趕繒一千數百觔、篷艍八九百觔）、篾碇索（二條，每條蔑三擔，草四擔）、桐油（趕繒一千五百觔、篷艍五六百觔，每油百觔配灰三百觔、釘一百觔、網沙一百觔）、網沙（破魚網煉入油灰內用以補縫）、灰、草餅（舂灰用）、炭（千二百觔至千八百觔）、勒肚（拴舵繩。自船底貫於碇前縛緊，舵乃有力，水淺放鬆，便可懸起）杉板船、尾樓燈、金鼓各一；其餘顏料、旗布、匠役工價、大修小修為數不等。

水仔尾設有犒架地，係修船之所。郡守召募犒匠，結繩應工，不償工費。犒架不限數目，各商船戶自備。椶藤及繩匠只用所豎犒架，每一繩付賃值百錢。

臺、彭各標營船，初俱分派通省內地廳員修造；康熙三十四年，改歸通省內地州縣。其尚可修整而不堪駕駛者，內地之員辦運工料赴臺興修。迨按糧議派，臺屬三縣亦分修數船；此非偏庇臺屬，以內地各廠員多力分，工料俱便，不煩運載，可以剋期報竣。後定左近道府監修。統計閩省船隻匀派通省道府，乃將臺、彭九十八船內派臺灣道府各十八隻，餘俱派入內地。既而仍歸內地修造，惟未至朽爛而不堪駕駛者留臺修補。至康熙四十四、五年間，仍俱改歸臺屬，而派府船數倍於道；然令其與福府分修，議於部價津貼運費外，每船捐貼百五十金。續交延糧廳代修其半，道、鎮、協、營、廳、縣共襄厥事。迨後專責知府，並將道船亦歸於府矣。

臺郡修船，桅木、大吉、杉木等料並釘、鐵、油、麻、棕絲、網紗、篾片、蓬葉，俱非臺地所產，遠購福州，料價、運費不貲。再大木附搭商船裝載，往年被風覆溺多案，船戶深畏之。至樟枋、厚力木在鳳、諸內山，鳥道羊腸，澗溪阻隔，僱匠砍鋸、僱夫肩運，動輒經月，泥淖尤難計日。且從前山廠，近遭焚燬，今另為搭蓋，尤為煩費需時。況附近水沙連等社，接壤生番，最易啓釁。此辦料之難也。又臺廠修艌各匠，原止二、三十人，向已不敷撥僱，今經變亂，或逃回內地，或為賊殺害，見在無幾；一舉大工，內地僱募非易，僱價較內地數倍。此又募工之難也。每遇修船，將備兵目恣意苛求，或將完固勒令修改，或稍有損裂故行殘毀，或將板木藏匿，致累多費工料。興工時，又於配定丈尺，將大斲小，將長截短；又於修整合式之工挍剔拆換，逼使加添；又或押船赴修之兵，乘夜伺隙偷竊料物。則是既苦辦料僱夫之難，又苦弁兵之擾累，所以臺地船工領價貼運，必賠貼兩倍而後得竣也。臺守高鐸申詳制府，請查照往例，將船身朽爛者內廠補造，尚堪駕駛而應修者駕赴內港興修，其尚可修整而不堪駕駛者留在臺灣交營興修；文員仍遵例監視，將府莊遞年所收官租為津貼修船之資。不惟節費，且易於集事，重工務而保殘疆，實於臺地有益。

前此覆轍，患在兵虛將惰。而兵虛之原，皆由臺地招兵，換名頂替。蓋兵從內地抽撥，逃亡事故不為申報，每至放餉，即留餉以飽私橐；即有召募，強半市井亡賴，空名掛籍，含混欺蒙，則主帥大府之過也。當責總兵不時清釐，使隨丁悉照定制，空糧悉行撥補，無籍之人一名不得妄招，到伍之兵一名不得頂替，則虛冒之弊可除。兵既充伍，而訓練尤所當亟講者。撥換入班，即宜配明隊伍，將統弁，弁統隊，隊統卒，清查器械，不足者補之，不精良者淬礪之，按期操演。各營將操期並演何技勇，逐月彙報，務使兵與將習，手與器習而後可。而分汛又當斟酌變通。臺地遼闊，大汛駐兵一、二百名或數十名，究之官多離汛，兵多聚賭，有汛防之名，無守望之實，多汛亦奚益乎？防汛分作幾處，勻作幾班，統以該汛弁目，於本汛鄉莊、市鎮、山口、港隘，分地劃界，巡哨偵探，有事則飛報本營，酌量調遣追捕，無事則遠者一月一換，近者半月一換，歇班之兵歸營操練；更番戍守，人無偏勞，聲息可以時通，庶賣汛舊弊，自此絕矣。巡哨海口，責之水師。遠近島嶼，必明港澳險易叢雜交錯之區；上下風濤，必察灣泊向背取水風候之所。善其舟楫械器，習其行陣擊刺，定其游巡往來，毋潛伏內港，空文申報；駕駛既熟，乘風自易，則整練平時，可資備禦，出師勦捕，可成勁旅。甯有兵虛將惰之患哉！

習俗

“臺地民非土著，逋逃之淵藪，五方所雜處。泉之人行乎泉，漳之人行乎漳，江、浙、兩粵之人行乎江、浙、兩粵，未盡同風而異俗。且洋販之利歸於臺灣，故尚奢侈、競綺麗、重珍旨，彼此相傚；即傭夫、販豎不安其常，由來久矣。賭博，惡業也；父不禁其子，兄不戒其弟，挾資登場，叫號爭鬨，始則出於典鬻，繼則流於偷竊，實長奸之囮也。又莫甚於要盟；豪健家兒聚少年無賴之徒，指皎日以盟心，撫白水而矢誓，稱兄呼弟，出妻拜母，自謂古道相期；不知往來既頻，則淫酗之累作，聲援既廣，則囂競之患生。若其喪不停柩，婢不愆配，猶為近古之風；而視疏若親，窮乏疾苦相為周恤，亦荒島之善俗也”（《諸羅雜識》）。

婚禮：倩媒送庚帖，三日內家中無事，然後合婚；間有誤毀器物者，期必改卜。納采：簪珥綢帛，別具大餅、豚肩、糖品之屬，謂之禮盤；無力者止煩親屬女眷送銀簪二，名曰插簪仔。及笄送聘，或番錢一百圓，或八十、六十、四十圓，綾綢數十匹，以至數匹；禮書二函，則收一回一；羊豕、香燭、彩花、蔞葉各收其半；禮榔雙座，以銀為檳榔形，每座四圓，上鐫“二姓合婚，百年偕老”八字，收“二姓合婚”一座，回“百年偕老”一座；貧家則用乾檳榔以銀飾之；福壽萬字糖或百餘圓，或數十圓，回以大餅；其餘鹿筋、鹿脯、魚蝦、肚肺、糖果，留三、四種，各以稻穀麥豆置於盤內。又回禮錫盤二，如大椀式；一植石榴一株，用銀石榴三、四顆及銀桂花數朵纏繞枝頭，名曰榴桂；一植蓮蕉花一株，取連招貴子之義（土人蕉、招同音）。此納幣之禮也。親迎：先期送擇日儀番錢或四十圓以至十二圓，名曰乞日。至期，不論貴賤，乘四人輿，鳴金鼓吹，彩旗前導，親朋送燈，少年子弟分隊擎執，沿途點放爆竹，婿至女家，駐轎庭中，連進酒食三次，飲畢，外弟攜籃於轎前索爆竹，壻隨取贈，名曰舅子爆；新人出廳拜祖先，次拜父母，父兄把酒三盞，覆以手帕上轎。妝奩同行，豐儉不一。花轎後懸竹篩，上畫太極八卦。到門，新郎擎蓋新婦頭上。三日廟見，以次拜公姑、伯叔嬸姆，謂之拜茶。是日外弟來，名曰探房。午讌新婦及外弟，婦之父兄，請而後至，不輕造也。四日，外父母請婿及女，名曰旋家。外家親屬，婿各備贄儀，惟外弟納之。飲畢，婿偕新婦同歸。五日，外家再請諸親相陪，名曰會親；女先往，婿近午始至。飲畢，婿回，女留三日後始回。冠笄或於親迎日，或在數日前；詩禮之家，女子既笄，則居於房內，不復外出，常人則無論矣。

喪禮：七日內成服，五旬延僧道禮佛，焚金楮，名曰做功果、還庫錢；俗謂人初生欠陰庫錢，死必還之。既畢除靈，孝子卒哭謝弔客；家貧或於年餘擇日做功果除靈。小祥致祭如禮，大祥竟有先三、四月擇吉致祭除服，此則背禮之尤者。若夫居喪，朔、望哭奠，柩無久停，則又風俗之美者矣。

生辰，為紅麵食團，彼此饋祝。神佛誕日，亦用以為獻。娶婦之家，親友製白麵餅或二十圓、或十圓及簪珥肘酒為賀。

親友自內地來，具酒食相招，名曰洗鹹水；謂泛重洋而至，亦猶北地洗塵之意。

正月元旦，家製紅、白米糕以祀神；於四、五鼓時拜賀親友。上元節，未字之女偷折人家花枝竹葉，為人詬詈，謂異日必得佳婿；平民有毀傷他家牆垣或竊豕槽、雞欄，辱及父母，亦謂一年大利。街頭花燈簫鼓，鎮夜喧闐，至廿五、六日方罷。十六日，各市廛競屬酒肉，名曰頭壓；自是月以為常。臘月既望，踵而行之，名曰尾壓。

四月八日，僧眾沿門唱佛曲，人贈以錢米。

五月五日，清晨然稻梗一束，向室內四隅熏之，用楮錢送路旁，名曰送蚊；門楣間艾葉、菖蒲，兼插禾稗一莖，謂可避蚊蚋，榕一枝，謂老而彌健。彼此以西瓜、肉粽相饋遺。祀神用諸紅色物。自初五至初七，好事者於海口淺處用錢或布為標，杉板魚船爭相奪取；勝者鳴鑼為得采，土人亦號為鬪龍舟。午時，為小兒女結五色縷，男繫左腕，女繫右腕，名曰神鍊（三月盡、四月朔望、五月初一至初五日，各寺廟及海岸各船鳴鑼擊鼓，名曰龍船鼓，謂主一年旺相）。

七夕呼為巧節。家供織女，稱為七星孃。紙糊綵停。晚備花粉、香果、酒醴、三牲、鴨蛋七枚、飯七盌，命道士祭獻畢，則將端陽男女所結絲縷剪斷，同花粉擲於屋上。食螺螄以為明目。黃豆煮熟洋糖拌裹及龍眼、芋頭相贈貽，名曰結緣。

七月十五日，亦為盂蘭會。數日前，好事者醵金為首，延僧眾作道場；將會中人生年月日時辰開明緣疏內，陳設餅餌、香櫞、柚子、蕉果、黃梨、鮮薑，堆盤高二、三尺，並設紙牌、骰子、煙筒等物；至夜分同羹飯施餤口。更有放水燈者，頭家為紙燈千百，晚於海邊親然之；頭家幾人，則各手放第一盞，或捐中番錢一或減半，置於燈內。眾燈齊然，沿海漁船爭相攫取，得者謂一年大順。沿街或三五十家為一局，張燈結采，陳設圖畫、玩器，鑼鼓喧雜，觀者如堵。二日事畢，命優人演劇以為樂，謂之壓醮尾。月盡方罷。

中秋製月餅，並筆、墨、紙、研、香囊、瓶、袋諸物，羅列市廛，設置骰子；賭勝奪采，負則償值。

重陽前後，競放紙鳶，如內地春月。是日，儒生有殺犬取其首以祀魁星者；餘肉則生徒聚啖，歡飲竟日。

除夕前數日，以各種生菜沸水泡甕中，以供新歲祭祀之用；餘則待發變後食之，名曰隔年菜。

除夕殺黑鴨以祭神，謂其壓除一歲凶事；為紙虎，口內實以鴨血或豬血、生肉於門外燒之，以禳除不祥。

衣服不衷袴露衣衫外者曰龍擺尾，襪不繫帶脫落足面者曰鳳點頭。農夫、輿隸雲履綢衫，服勞任役，殊不雅觀也。

交易最尚番錢，紅毛所鑄銀幣也。長斜無式，上印番字，銀色低潮；以內地兼金與之，反多滯難。用小制錢外，多用昔年所鑄臺、廣、昌、南紅銅錢，並明時舊錢。鵝眼、荇葉，散若流泉。見行鼓鑄，輪郭周好，交易則棄而不用，亦足異矣！

賣肉者吹角，鎮日吹呼，音甚悽楚。冬來，稻穀、糖、靛，各邑輦致郡治；車音脆薄，如哀如訴，時與吹角若相和然。《廣東志》：順德之容奇，桂州黃連村，吹角賣魚；其北水古粉、龍渚、馬齊村，則吹角賣肉。相傳黃巢屯兵其地，軍中為市，以角聲號召。不知此於何起也？

士夫健卒喜賭博，永夜讙呶呼盧之外，或壓銅錢射寶字以賭勝，名曰壓寶。又為紙牌三十六頁，分文、武、院、科四項；文尊閣老，武尊國公，院尊學士，科尊狀元；每項九等納粟，列庶吉士之上。

鴉片煙，用麻葛同鴉土切絲於銅鐺內煮成鴉片，拌煙另用竹筩實以椶絲，群聚吸之。索值數倍於常煙。專治此者，名開鴉片館。吸一、二次後，便刻不能離。暖氣直注丹田，可竟夜不眠。土人服此為導淫具；肢體萎縮，臟腑潰出，不殺身不止。官弁每為嚴禁。常有身被逮繫，猶求緩須臾，再吸一筩者。鴉片土出噶喇吧。

郡中鴃舌鳥語，全不可曉。如劉呼澇、陳呼澹、莊呼曾、張呼丟。余與吳侍御兩姓，吳呼作襖，黃則無音，厄影切，更為難省。

大武郡數處平地涌泉，浸溢數里，土人謂之坔水。坔，土音濫，字典中無此字；亦猶大浪泵之泵，字典音聘，土音蚌。又所生少子名曰屘，土音滿，皆以己意譌撰。

祠廟

邑志載陳湄川撫軍《重修文廟碑記》云：“董子曰，仁人者正其誼不謀其利，明其道不計其功；建廟修學，正誼明道之大端，應無出此者。予以為不計功而未嘗無功，不謀利而未嘗無利。臺令未有為臺道者，而予得調臺道；臺道未有擢為撫軍者，而予得擢偏撫，莫非先聖先賢默為相之”等語。聖賢大道，如日月經天、江河行地，正不藉崇飾廟貌，皈依奉法，便致感應報施。建學明倫，所以正人心、厚風俗，無一語及之，竟說向福田利益，豈可為訓！

府志至聖四御贊後卽接施琅褒章，臺、鳳《志·學校》或載入《祀典》，或見之《藝文》，俱為失次；《諸羅志·學校》別為一卷為是。

湄川建紫陽祠於學宮之左旁，列黃勉齋、陳北溪、蔡九峰、真西山四先生木主，春秋致祭；兩廂列學舍，令諸生肄業，撥鰎港官田二十八甲一分，歲租一百六十八石六斗，以為膏脯資。

水仙宮並祀禹王、伍員、屈原、項羽，兼列奡，謂其能盪舟也（一作魯般）。廟中亭脊，雕鏤人物、花草，備極精巧，皆潮州工匠為之。關帝廟前殿祀帝像，後殿祀帝父，方巾綠袍；土人云，與祀文宣並及啓聖同義。南路長治里前阿社祀五文昌：梓潼、關帝、魁星、朱衣、呂祖，後祀東王公、西王母。又偽鄭時，建玉皇太子廟。

三年王船備物建醮，《志》言之矣。及問所祀何王？相傳唐時三十六進士為張天師用法冤死，上帝敕令五人巡遊天下，三年一更，即五瘟神；飲饌器具悉為五分。外懸池府大王燈一盞，云偽鄭陳永華臨危前數日，有人持柬借宅，永華盛筵以待，稱為池大人，池呼陳為角宿大人，揖讓酬對如大賓；永華亡，土人以為神，故並祀焉。

求子者為郎君會，祀張仙，設酒饌、果餌，吹竹彈絲，兩偶對立，操土音以悅神。

商販

"東西洋通販諸國：西洋則交趾、占城、暹羅、下港、加留吧、柬埔寨、大泥、舊港、麻六甲、啞齊、彭亨、柔佛、丁機宜、思吉港、文郎、馬神，東洋則呂宋、蘇祿、貓里務、沙瑤、吶嗶嘽、美洛居、文萊、雞籠、澹水"（《談薈》）。

"明給事中何楷疏：'臺灣在彭湖島外，水路距漳、泉約兩日夜。其地廣衍高腴，可比一大縣；中國版圖所不載。初，窮民至其處，不過規漁獵之利已耳；其後見內地兵威不及，往往聚而為盜。近則紅夷築城其中，與奸民私相互市，屹然成大聚落矣'"（《春明夢餘錄》）。

"給事中傅元初疏：'海濱之民，惟利是視。走死地如鶩，往往至島外區脱之地曰臺灣者，與紅毛番為市，紅毛業據之以為窟穴。自臺灣兩日夜可至漳、泉內港。而呂宋佛郎機見我禁海，亦時時私至雞籠、澹水之地，與奸民闌出者市貨。其地一日可至臺灣。官府即知之而不能禁，禁之而不能絕，徒使沿海將領、奸民坐享洋利，有禁洋之名，未能盡禁洋之實。此臣鄉之大可憂者'。蓋海外有大西洋、有東洋。大西洋則暹羅、柬埔諸國；其國產蘇木、胡椒、犀角、象牙諸貨。東洋則呂宋，其夷佛郎機也；其國有銀山，夷人鑄作銀錢獨盛。中國人若往販大西洋，則以其產物相抵；若販呂宋，則單得其銀錢。諸夷皆好中國綾緞雜繒；其土不蠶，惟藉中國之絲到彼，能織精好緞匹，服之以為華好。是以湖綿百觔值銀百兩者，至彼得價二倍。而江西瓷器、福建糖品皆所嗜好。百工技藝有挾一技以往者，雖徒手無不得食；民爭取之。永樂間，先後招徠。至紅毛番，其夷名加留巴，與佛郎機爭利不相得，一心通市，據在臺灣。自明禁絕之，而利乃盡歸於奸民矣”（《春明夢餘錄》）。

“近以開洋互市，奉旨：‘紅夷挾市，地方官果能飭備毖防，禁絕勾引接濟，狡謀自無繇逞；乃海防名飭實弛，奸商陽禁陰縱，以致釀釁滋隙。至開洋應否，未見確議。但云宜呂宋、不宜臺灣；均屬夷地，商販給引出海，何法綜稽，能使畫地遵守？著詳查開禁利害，博諮熟審酌妥具奏’。據泉州鄉官史繼偕、張瑞圖等稱開洋有四便，漳州鄉官林宰等稱海寇起滅不係洋禁開閉；臣會同鄒維連勘得開洋之說，心心有主，喙喙爭鳴，大約主開而不主禁。總之，言利不能無害：衣食源開，則利在民；洋稅復而閩安諸稅可免，則利在商；得稅三、四萬以壯軍實，則利在準備。而亦有害，即撫臣所謂四可慮者是已。此就利害言也。若體民情，則開不容緩。臣入閩關，見高山大川迴旋掩映，自建徂興，間關千里中，求三里康莊而不可得。巖下居民，各就山根溪畔，開墾力食；率崎嶇墝埆，即方正五畝一段者亦未之見。過泉眼界稍寬，然已望洋海若矣。其人則林林總總，肩摩踵接，望開洋不啻大旱望雨；而臣反言開之不便，達情之謂何？故今日開洋，全為民計，非為夷計。謂開洋而貧民不再從賊則可，謂開洋而奸民盡化為良則不可；謂開洋而奸民便於勾夷則可，謂不開而全無海氛亦不可”（《按閩摘略》）。

明莊烈時，工部尚書渭南南居益巡撫福建時，紅毛以明月珠、珊瑚樹、異香、火馬諸珍賄請互市；公絕其使，焚其貢物，口占一絕云：“明月珊瑚貴莫言，番書字字誑軍門。牙前立下焚珠令，不敢持將獻至尊”。授部將以方略討之，繫其酋高文律。閩人立石平遠臺以紀公績。今嚴禁互市，實苞桑之至計。為國家計久遠者，當看前明紅毛入犯中左，肆行焚劫；又復勾引劉香老，首尾衝突，海壖騷動。雖竭力驅勦，實苦不支，愼勿狃目前之近利，而輕言互市也。

海船多漳、泉商賈，貿易於漳州，則載絲線、漳紗、翦絨、紙料、煙、布、草席、甎瓦、小杉料、鼎鐺、雨傘、柑、柚、青果、橘餅、柿餅，泉州則載磁器、紙張，興化則載杉板、甎瓦，福州則載大小杉料、乾筍、香菰，建甯則載茶；回時載米、麥、菽、豆、黑白糖餳、番薯、鹿肉售於厦門諸海口，或載糖、靛、魚翅至上海。小艇撥運姑蘇行市，船回則載布匹、紗緞、枲綿、涼煖帽子、牛油、金腿、包酒、惠泉酒；至浙江則載綾羅、綿綢、縐紗、湖帕、絨線；甯波則載綿花、草席；至山東販賣粗細盌碟、杉枋、糖、紙、胡椒、蘇木，回日則載白蠟、紫草、藥材、繭綢、麥、豆、鹽、肉、紅棗、核桃、柿餅；關東販賣烏茶、黃茶、綢緞、布匹、盌、紙、糖、麵、胡椒、蘇木，回日則載藥材、瓜子、松子、榛子、海參、銀魚、蟶乾。海壖彈丸，商旅輻輳，器物流通，實有資於內地。

進貢

康熙二十五年，臺灣平，設郡縣。其王耀漢連氏、甘勃氏遣陪臣賓先吧芝復奉表進貢。表詞有云：“外邦之丸泥尺土，乃是中國飛埃；異域之勺水蹄涔，原屬天家滴露”云云。貢物：大珊瑚珠一串、照身大鏡二面、奇秀琥珀二十四塊、哆囉絨二十五匹、織金絨毯四領、烏羽緞四匹、綠倭緞一匹、嗶嘰緞二十四、織金花緞五匹、雜色細輭布、文采細織布、白毛裏布二百九十四匹、大自鳴鐘一座、琉璃燈一圓、聚耀燭臺一懸、琉璃盞異式五百八十一塊、丁香三十擔、冰片三十二觔、甜肉豆蔻四甕、鑲金小箱一隻（內丁香油、薔薇油、檀香油、桂花油各一罐）、葡萄酒二桶、大象牙五隻、鑲金鳥銃三十把、馬銃六十把、彩帶三十佩、鑲金佩刀三十把、鑲金雙利劍二十把、單利劍六把、照星月水鏡一執、江河照水鏡二執、雕製夾板二雙（《池北偶談》）。

荷蘭國最稱富饒，乃遇風至臺，假地於倭，虎視盤踞，大有深心。迨何斌引鄭成功襲臺，力戰不克而歸。見我師掃盪鄭逆，不覺讋服。

赤嵌筆談卷三

泉井園石

北路阿拔泉、虎尾溪，源同出水沙連；經牛相觸山口，二水分流。阿拔泉極清，虎尾溪極濁，水性湍急，最為深澗，西流二十餘里入地，伏流於海。

湯泉南路二：一在澹水社，出赤山，水流如湯，亦無定處；一在大滾水山，山不甚高，其上瀵湧出泉而溫，故名。相去十餘里，又有小滾水山，脈絡相屬。北路二：一在玉山最深處，泉流氣蒸如沸；一在大雞籠隔港山朝山內。康熙辛丑，我師與賊戰於鯤身，正值炎歊；隨地掘尺餘，皆甘泉。

郡治濱海，各井皆澹水，微苦鹹；惟傀儡山馬兵營井極清冽，為郡中第一泉。安平城上，紅毛井水高於海，而味亦甘。彭湖居海之中，井亦澹水，以觀音亭、副將署二井為最。

萬壽亭一泉，屯兵萬餘，汲取不窮，今名萬軍井。

龍目井有二：南路阿猴林內竹仔寮兩井相連，狀如龍目，因名；北路大雞籠山之麓，下臨大海，四周斥鹵，泉湧如珠，甘冽異諸井。

鄭氏北園，去郡治五、六里；從海視之，則直北矣，故名。園在平壤，無邱壑亭臺曲折凌峻之致。丙寅，臺厦道周昌，因其地，仍其茂林深竹，結亭築室，為之記，且繪而圖之。季麒光顏曰“致徹”，有秋夜遊北園記。昌於道署後築小園，名“寓望”，蓋取左史畺有寓望之言；麒光亦有記。

海中有礰磩石，皆鹹鹵結成，粗劣易腐，或置盆盎中，不足充玩。彭湖石完好，較文石尤細，可為扇器。餘則磨礱攻錯，僅供諸番文項之用。

物產（百穀 花果 竹木 鳥獸 蟲魚 鹽 硫磺）

三縣皆稱沃壤，水土各殊。臺縣俱種晚稻。諸羅地廣，及鳳山澹水等社近水陂田，可種早稻；然必晚稻豐稔，始稱大有之年；千倉萬箱，不但本郡足食，並可資贍內地。居民止知逐利，肩販舟載，不盡不休，所以戶鮮蓋藏。

正月，諸邑收菜子，一名油芥（九、十月間種）；碾油只供膏火，不可食。二、三兩月，鳳邑收黃豆（十月、十一月間種），下淡水八社尤多；諸邑收大麥、小麥（十月、十一月間種），近臺屬者二月收，遠處者三月收。四月，臺邑絲瓜、紅涼瓜（即菜瓜）、甕菜、莧、茄、菜豆（即豇豆）熟；鳳山八社水田，收雙冬早稻（一名安南蚕，十月、正月種）；民間西瓜熟（正月種）；三邑糖廍事畢。五月，臺邑番樣、西瓜熟；鳳山瓜、樣、蔬果於四月間先熟，五月幾盡矣；諸邑收早麻（即芝麻，正月、二月間種），瓜樣亦盛出。臺、鳳地暖，凡所種植，先期成熟；諸邑近北漸寒，頗似內地，所出之物稍遲。六月，三邑刈黃麻，黃梨、龍眼、波羅蜜、梨仔茇出，民間種晚稻，農務方興，略無間隙；諸邑收晚麻，番民收稷米、高粱、蕎麥。七月，三邑靛青（正月、二月間種者）、薑、芋、檳榔、浮留藤俱盛出；諸邑收大頭婆早稻（正、二月間種）。八月，諸邑再收黃豆及黑豆、菉豆（俱五月間種）；番民收薏苡。九月，三邑收菁子；諸邑收圓粒粟（一名一枝蚕），園田皆可栽種，若早播者，則於八月收。十月，三邑收白占稻、紅埔占稻；白占種於田，紅埔占種於園；番薯熟，早種者七、八月先出，田家食至隔年四月方盡；鳳山下淡水武洛糯米芋熟，長二尺餘，與別芋迥殊。十一月，三邑大蔗、芋蔗熟，大蔗即甘蔗，芋蔗一名芒蔗，一名竹蔗；三邑農家暨廍興工碾糖；鳳山採捕烏魚；內山之番，不拘月日，捕鹿為常；平埔諸社，至此燒埔入山，捕捉麞鹿，剝取鹿皮，煎角為膠、漬肉為脯及鹿茸筋舌等物，交付贌社，運赴郡中，鬻以完餉。十二月，臺、鳳進貢西瓜及王瓜，匏茄熟；南北兩路荷花盛開；塗鱝魚出，天時蒙霧，齊浮水面，捕獲倍多。臺邑土壤褊小，絕少水田，農人多種瓜、蓺麻，雜植蔬豆，栽蔗碾糖，間種早稻以佐食，納糧每於兩路糴買輸將。

稻有秔、糯。秔稻種於水田者曰早占、曰晚占，色白；種於園者曰埔占，色赤。糯稻種於水田者曰赤秫，殼色赤；種於園者曰禾秫，粒大，色白。麥有大麥、小麥，而小麥最佳。稷之屬有細米，黃、白二種，蕭壠、麻豆諸社有之。

南方麥花多開於夜，臺則如北地；然食多亦不覺熱。黍米夜間開花，居民多不食。蕎麥種植亦少，嬰兒有疾，每用麵少許滾湯沖服，立瘥，謂能解肌祛熱；間有為飯者。土壤肥沃，不糞種；糞則穗重而仆。種植後聽其自生，不事耘鋤，惟享坐獲；每畝數倍內地。近年臺邑地畝水衝沙壓，土脈漸薄；亦間用糞培養。澹水以南，悉為潮州客莊；治埤蓄洩，灌溉耕耨，頗盡力作。田中藝稻之外，間種落花生（俗名土豆）；冬月收實，充衢陳列。居人非口嚼檳榔，卽啖落花生；童穉將炒熟者用紙包裹，鬻於街頭，名落花生包。

花不應候。余壬寅仲冬按部北路，至斗六門，見桃花方謝，菜花初黃；回至笨港，見人擎荷花數枝；及回寓館，榴花亦照眼。癸卯二月，桂正芳菲；八月，桃又花信；不可以時序限之。

花開無節，惟菊至冬乃盛，開至二月。蘇子瞻在海南，以十一月之望與客汎菊作重九有云："嶺南地暖，百卉造作無時，而菊獨後開；考其理，菊性介烈，不與百卉並盛衰也"。

班支花，一作斑枝，以枝上多苔文成鱗甲也；較茶花尤大，色深黃，蓓蕾堅厚，結實如綿。陳觀察子京云：卽係木綿；粵西花更大、色紅，為稍異耳。

鷹爪蘭，一名油蘭花；似蘭無心，香味滯膩，嗅之令人作惡。結子如棗，一叢二十餘枚，攢簇如桃，名鷹爪桃。

倒垂蘭，出北路內山；枝屈曲如梅葉，似萱短而厚，不著土生。取一枝掛簷陰雨露所及處，自能生根抽芽、出葉開花。花似蘭，色黃碧，微香。

木蘭花，如粟，澹黃，芳似珠蘭；樹本大者圍數尺，名樹蘭。

水仙，歲底盛開，一本五、六莖，一莖可十餘蕊，鮮芳絕倫。廣東市上標寫臺灣水仙花頭，其實非臺產也，皆海舶自漳州及蘇州轉售者。蘇州種不及漳州肥大。

美人蕉，花紅、黃二種。黃者尤芳鮮可愛，四時不絕。有高丈餘者，子堅黑，或作小念珠。

蕉有芭蕉、金蕉。芭蕉不結子；金蕉花如蓮，色紫不鮮，每花結子一梳，名蕉果。凡蕉果一枝五、六層，每層數十枚排比而生，剖食味亦甘。《異物志》載：羊角蕉子，大如手拇指，長而鋭，有似羊角者此也。南方草木狀：蕉樹，子房相連累，甜美，亦可蜜藏。臺地村舍後，每廣植之，四時皆生，藉以獲利。性寒，婦人產後，每以蕉果少許置兒口中，謂能清熱。

番綉毬，蔓生，葉厚可一錢；花白色，底瓣似通草為之；心微紅而堅，明亮如礬。

番花，葉大於枇杷，枝每三叉。花有五瓣、六瓣者，外微紫，內白色，近心漸黃，香似梔子。夏秋多開，冬則葉落。但名番花，似屬統稱。《廣東志》云："貝多羅來自西洋，葉大而厚，梵僧用以寫經，花大如小酒杯，六瓣，瓣皆左紐，白色，近蕊則黃，有香甚縟；落地數日，朵朵鮮芬不敗"。乃知此為貝多羅花也。

番樹，大如槐；枝幹離奇，或似臥松。結實如槐角，皮紅時綻裂；肉白可食，名曰莿豆，一名番豆。

曇花，一枝數十蕊，一蕊長七、八寸，花六出，外紫內白，頗似蓮香。亦有白色者，摘置几案間經時略不損壞，花蕊仍然開放，是一異種；僧家言是西方小本。

刺桐花，每枝可數十蕊，一瓣包裹數鬚，似翦綵為之，爛熳若朝霞。臺郡最盛。辛丑春，無一開花者，遂兆朱一貴之亂，甚奇；後遂於花時占一年盛衰。

寶相花，似薔薇；色白，瓣較多，惜不甚香。

佛桑，一名朱槿。高不逾五、六尺，四時皆花。花有深、淺紅、澹黃各色；紅則焰焰燒空，尤為奪目。又有名一丈紅者，葉與佛桑相似，花單瓣，狀如秋葵；而殷紅綽約較佛桑更為照眼。《臺灣隨筆》云："照殿紅，樹甚高，花如巨觥，色紅無二"，意卽一丈紅耶?

茉莉最易栽植。番茉莉較大，種自東埔寨來，花徑寸，百餘瓣。早晚街頭，有連十餘蕊籤成一枝，有連數十蕊為一串；買置牀榻，殊有妙香。

蓮，四時皆開；亦有單瓣者。

“蔗苗種於五、六月，首年則嫌其嫩，三年又嫌其老，惟兩年者為上。首年者熟於次年正月，兩年者熟於本年十二月，三年者熟於十一月。故硤煮之期，亦以蔗分先後。若早為砍削，則漿不足而糖少。大約十二月、正月間始盡興工，至初夏止。初硤蔗漿，半多泥土；煎煮一次，濾其渣穢；再煮入於上清，三煮入於下清，始成糖入碥；待其凝結，用泥封之；半月一換，三易而後白；始出碥曬乾，舂擊成粉入簍，須半月為期。未盡白者名曰糖尾，併碥再封；蓋封久則白，封少則淄；其不封者，則紅糖也。所煎之糖，較閩粵諸郡為尤佳”（《東甯政事集》）。

插蔗之園，必沙土相兼、高下適中乃宜。每甲栽蔗，上園六、七千，中園七、八千，下園八、九千或至萬（地薄蔗瘦，多栽冀可多硤糖觔）。三春得雨，易於栽插；無雨亦犂種，但戽水灌溉，為力頗艱。十月內，築廍屋、置蔗車，僱募人工，動廍硤糖。上園每甲可煎烏糖六、七十擔，白糖六、七十碥（沙土陶成）；中園、下園只四、五十擔。煎糖須覓糖師知土脈精火候，用灰（湯大沸，用礪房灰止之）、用油（將成糖，投以蓖麻油），恰中其節。煎成，置糖槽內，用木棍頻攪至冷，便為烏糖。色赤而鬆者，於蘇州發賣；若糖濕色黑，於上海、甯波、鎮江諸處行銷。至製白糖，將蔗汁煎成糖時，入糖碥內，下用碥鍋盛之；半月後浸出糖水，名頭水；次用泥土蓋碥上十餘日，得糖水，名二水；再用泥土覆十餘日之糖水，名三水；合煎可為糖膏，或用釀酒。每碥白糖只五十餘觔。地薄，或糖師不得其人，糖非上白，則不得價矣。每廍用十二牛，日夜硤蔗；另四牛載蔗到廍，又二牛負蔗尾以飼牛。一牛配園四甲或三甲餘。每園四甲，現插蔗二甲，留空二甲，遞年更易栽種。廍中人工：糖師二人、火工二人（煮蔗汁者）、車工二人（將蔗入石車硤汁）、牛婆二人（鞭牛硤蔗）、剝蔗七人（園中砍蔗，去尾，去籜）、採蔗尾一人（採以飼牛）、看牛一人（看守各牛），工價逐月六、七十金。

唐大歷中，鄒和尚始教民黃氏造蔗霜法。其器用有蔗削、蔗鎌、蔗凳、蔗碾、抬牀、榨斗、漆甕之屬。今蔗車兩石矗立，狀如雙碾，夾取其汁，想卽蔗碾遺製。酒有蔗漿用餳汁釀成，與荔子酒俱味極甘；北路有用梨仔茇釀酒者，又在蔗漿、荔子之下。

“番薯，明萬曆中，閩人得之外國，瘠土沙礫之地皆可種。初種於漳郡，漸及泉州，漸及莆，近則長樂、福清皆種之。閩海而南有呂宋國，朱薯被野連山，不待種植；夷人率取食之。莖葉蔓生，如瓜蔞、黃精、山藥之屬，而潤澤可食；或煮，或磨為粉，亦可釀為酒。生食如食葛，熟食味如熟荸薺。生貯之有蜜氣，香聞室中。夷人雖蔓生不訾省，然恡而不與；中國人有截取其蔓咫許以來，於是入閩十餘年矣。何鏡山頌曰：不需天澤，不冀人工，能守困者也；不爭肥壤，能守讓者也；無根而生，久不枯萎，能守氣者也；佐五穀，能助仁者也；可以粉，可以酒，可祭，可賓，能助禮者也；莖葉皆無可棄，其直甚輕，其飽易充，能助儉者也；耄耆食之，不患哽噎，能養老者也；童孺食之，止其啼，能慈幼者也；行道、鬻乞之人食之，能平等者也；下至雞犬，能及物者也；其於士君子也，以代匱焉，所以固其廉；以廣施焉，所以助其惠；而諸德備矣”（《閩小記》）！

或云，薯長而色白者是舊種，圓而黃赤者得自文來國，未知孰是。余見有大可尺圍，形似南瓜者，土人亦不經見也。

芋有二種：紅者呼為為檳榔紅，白次之。熟較內地亦蚤，六月初旬即可食。多食滯氣，不似內地滑潤。南路番子芋，一名糯米芋，有重十餘觔者，味佳。

棗子檳榔，即廣東雞心。粵人俟成熟，取子而食；臺人於未熟食其青皮，細嚼麻縷相屬，即大腹皮也。中心水少許，尚未成粒；間有大者，剖視其實，與雞心無二。或云粵人食子，臺人食皮。一色青者為雄，黑臍者為雌；雄者味厚，雌者味薄。顆向上長者，尤貴蠣房灰用孩兒茶或柑仔蜜染紅，合浮留藤食之。按《范石湖集》云：“頃在嶠南，人好食檳榔，合蠣灰、扶留藤（一名蔞藤），食之輒昏，已而醒快”。三物合和，唾如膿血，可厭。（蔞藤一作浮留藤，土人誤作為“荖”；字釋無“荖”字）。臺地多瘴，三邑園中多種檳榔；新港、蕭壠、麻豆、目加溜灣最多，尤佳。七月，漸次成熟；至來年三、四月，則繼用鳳邑瑯嶠番社之檳榔乾。

種檳榔必種椰，有椰則檳榔結實必繁。椰樹葉少，林高。椰子外裹粗皮如椶片，內結堅殼；剖之白膚盈寸，極甘脆，清漿可一椀，名椰酒。東坡詩“美酒生林不待儀”，此也。《廣東志》：“椰心色白，而甘在酒中，大小不一”。凡揀椰子，以手搖之，聽水聲清亮，則心大而甜；其肉厚，水聲濁，則否。蓋椰心以水而養，無水則無心，往往而是。又有椰油可佐膏火。或云，用火炙椰，其油自出；療齒痛、凍瘡，極效。

臺地夏無他果，惟番樣、蕉子、黃梨視為珍品；春夏有菩提果，一名香果，芳馨極似玫瑰果，當以此為第一。

土人酷嗜梨仔茇，一名番石榴；肩挑擔負，一錢可五、六枚，臭味觸人，品斯下矣。《臺灣隨筆》云：象齒有實可食；不知何物？

樣三種：香樣、木樣、肉樣。香樣差大，味香不可多得。所食者，木樣、肉樣。曬乾用糖拌蒸，亦可久藏。臺人多以鮮樣代蔬，用豆油或鹽同食。北路自半線以上，則絕無矣。《字釋》無“樣”字。色味似杏，或是番杏誤作樣。樣實大如豬腰子，葉尖長。《居易錄》作番蒜。五月熟，大如蘋婆，味甘香，多津液。樹大而葉圓，非是。

波羅蜜，一名優鉢曇。《廣東志》：“南海廟中，舊有東西二株，高三、四丈，葉如蘋婆而光潤，蕭梁時西域達奚司空所植；他所有，皆從此分種”。生五、六年，至徑尺，削去其梢，以銀鍼釘腰，即結實。成實乃花；然常不作花，故佛氏以優鉢曇花為難得。每樹多至數十實，自根而幹、而枝條，皆有實纍纍疣贅。若不實，則以刀砍樹皮，有白乳湧出，凝而不流，則實；一砍一實，十砍十實，故一名刀生果。熟以盛夏，大如斗，重至三、四十觔。皮厚有輭刺，礧砢如佛頭旋螺；肉含純瓤，間疊如橘柚囊，氣甚芳郁。有乾溼苞之分。乾苞者液不濡膩，味尤甜。每實有核數百枚，大如棗，仁如栗黃；煼熟可食，能補中益氣，悅顏色；《志》云“色綠似如來頂，液黏如漆”是已。其子卻似橡實，每一子為一房，熟而食之，味似百合；子不可生食，瓤可生食，亦不甚甘美，終不似橘柚味佳也。土人用波羅蜜子煨肉，黃梨煮肺，亦海外奇製。

粵西以波羅蜜為天波羅，黃梨為地波羅。《居易錄》謂：“黃梨曰黃來（去聲）；八月熟，長可尺許，味尤甘香。其樹類蕉，實生節間”。按黃梨長止五、六寸，草木叢生根下，葉似萱，兩邊如鋸齒，頂上葉小，攢簇如雞帚；謂其樹類蕉，非也。

龍眼，顆小味薄，六、七月熟。荔枝皆自內地來。藍總戎廷珍每貽漳州狀元紅，紫綃玉膚，甘如醴酪；每以海上風阻，不得日食三百，殊為憾事。

香櫞，初夏卽熟。長似木瓜，上下微尖，拌蠟勻檀，較輭羅圓皺稍遜矣。

木瓜，樹幹亭亭，色青如桐。每一枝一葉，葉似萆麻，大者尺餘；花白色，生杈椏間。瓜凡五棱，無香味；居民用鹽漬以充蔬。《諸羅志》謂：毛詩“投我以木瓜”卽此；殊非。按《果譜》：木瓜一名楙，一名鐵腳梨。樹叢枝，葉花俱如鐵腳海棠。葉光而厚，春末花開，紅色微白；實如小瓜，或似梨稍長，色黃，如著粉，津潤不水者為木瓜。此地所產，與內地木瓜絕不類；豈可以稱謂偶同，遂妄為引據乎！

“鳳山縣有薑，名三保薑；相傳明初三保太監所植，可療百病”（《香祖筆記》）。

“楠生深山中，裂土而出，全體悉具蓋，與竹筍相同。兩葉始檗，已大十圍；歲久則堅，終不加大”（《稗海紀遊》）。

大松生水沙連，合抱成林；生番所居，莫敢採伐。相傳山後崇爻、黑沙晃諸山有松、有杉、有梅。

蕭朗木，大者數圍，性極堅重，入土千年不朽。然在深山中，野番盤踞，人不能取；洪水漂出，偽鄭取以為棺，實美材也。

南路打狗山有香木，色類沈香，味較檀尤烈；不名何香，土人亦不知貴。傳說：昔年有蘇州客商能辨之，載數十擔去；後有官某，作為香杖。今所存者，零星碎木，見為扇器者。

娑羅樹，中空，四圍摺疊成圓形，尤異；花紋糾結盤屈，如古木狀。用貯管城，因其材也。

水沙連茶，在深山中。眾木蔽虧，霧露濛密，晨曦晚照，總不能及。色綠如松蘿，性極寒，療熱症最效。每年，通事於各番議明入山焙製。

內山林木叢雜，多不可辨，樵子採伐鬻於市，每多堅質；紫色黿烟，間有香氣拂拂。若為器物，必係精良，徒供爨下之用，實可惜！儻得匠氏區別，則異材不致終老無聞，斯亦山木之幸也。

木有交標，可為梁柱。九荆小而不高，茆屋用以為柱，入土不朽。又有白樹，色白可以為器；此皆內地所無者。

竹亦可為器用；但質薄劣，蛀蟲易生，不能經久。徧處皆竹，數十竿為一叢；遠望若柳，絕無蕭疏之致。生筍不出叢外，皆不堪食。夏月，街市亦有煮熟肩賣者，味酸苦，難以充庖。《諸羅志》謂："竹塹、岸裏之筀竹筍，味甚佳"。

觀音竹，枝弱葉小；蓺植盆中，亦可供玩，一名鳳尾竹。志載佛眼竹、金絲竹，俱未見。

江南竹，亦名南竹；魚港籬落每用之。

築室，一椽、一木、一瓦、一石，向皆取給內地；以此處沙土不可以陶蓋瓦級甎，竹木不勝棟楹榱桷。康熙壬寅，廵歷南北兩路，窰亦錯列，殆不足供全郡之需。小民草寮，以竹為柱，上覆以茅，用土塗附；傾盆疾雨，沙土漂流，捲地狂飈，棟桷摧折。且經年之竹，蠹已蛀盡，烏能久支耶！藤最多，盤旋里餘，可為碇索，可縛茅屋。嫩者合檳榔食之。海風藤治拘攣風濕，極效。葵藤縛器用之。又茭藤生海濱水中；內山有此，大可合抱，不適於用。

隆冬木葉不脫；惟佛桑、番花落葉，至春敷榮。餘於春日生新葉，逐漸舊葉脫去；青林暗換，紅蕊續開，亦見大造密移之妙。

《志》載藥品有內地所不經見者：如斑節草、柏菰、菻茶菰、穿山龍草、土木瓜、風藤、水燭。亦有志所不載者：如金鎖匙，治疳；含鈴草、茶匙、黃虎咬、黃龍鱗草、四時春、馬蹄香（一名一枝香）、金劍草、磅礴草、龍舌、黃羊耳草，治黃；薑蔚子、黃金子、龍船花、正埔薑、魚籤草、苦麻草、雞骨黃，去風解熱；烏甜葉（一名對面烏）；止血；柏仔草、半天飛，涼血；雞卵藤、宜梧草、萬年薯、撮鼻草，治瘋；鴨嘴黃（一名定經草），調經；千里光，治目；龍芽草、竹仔草、天青菜、大楓草、三艾刀、鯽魚膽草、牛頓草、山苦瓜、牛角刺、山葛藤、頗仔葉、山麻草、千日青山、四英馬鞍草、過江龍、檳包藤、豬母菜、羊角豆、姑婆草，療毒；白埔薑，止痛；蔡板草（一名九層塭）、珠仔草、金不換草、山蜈蚣、小營莿、山茄報、碎米黃，治跌打損傷；萬年松，治腹痛；鹿肚草，治噎嗝；赤血草、鹹酸草、茄冬葉、貓公刺、山尾蝶、天仙茄、徧地錦、炮仔草，治咽喉；葉下紅（一名馬蹄黃、一名消息草）、山埔銀、鹿角英、地掃草、午時草、鼠尾黃、真珠黃、山東枋、白花草、龍樹草，治疔毒；龍吐珠、虎婆刺、漫桃花、千里急、鐵馬鞭、山芙蓉、倒地柃、和尚藤、金絲五爪龍、雞柔草、瓜子草、荔枝草、田烏草、雞角刺、束血草、毛將軍、田薯草、五宅茄、羊相卓、不求人、蝨鬢草、鐃鈸草、馬鞍藤、鱟壳刺，治癰；山素英，治疥；痟壳草，治痧；蠅翅草，治虛脹；苦仔草，治痘；水鏡草，治痔漏；三脚虎草、三脚鼈草、咬人狗、虎尾侖，治瘰癧；茅根草、無根草，通淋利水；莿行草，治瘍；黎壁草，治臁瘡；蒲鹽草，治蛇傷；蔦松葉、過溝菜、冷飯藤、山荖葉、蟲草，治潰爛；豬腰草，治陰症。有異名者，苧麻根名山桔根，柑核名仙柑子，山藥名淮山，木槿名水錦，土茯苓名山尾薯，木賊名接骨筒。

白鳩，每當風雨舞翅盤旋，霜衣雪襟，可為近玩；或呼為洋鴿，云自嘎喇吧來者。初開臺時，一雙不下二十金，近飼養將雛者多，價不及十分之一。

海八哥，黑身，紅頂，綠足，一名田雞。烏鬢，鷙鳥也，能搏擊羽族；尾長，黑色，時集於田間牛背上。聞有鳥名彩囊，似雞而小，頂上有五彩囊；五鳴雞，大如鶴鶉，項白，每漏下一鼓，則一鳴；雷舞，蒼赤色，聞雷卽舞；未見。

白八哥，白畫眉，亦未見。或云鹽水港、統領埤加冬樹大數圍，其上每年生白八哥；相近居民，伺其將雛，攫而飼之。

番鴨，大如鵝；足微短，兩頰紅如雞冠，雄者色更赤。畜之常飛去。人每載入內地，然褷褷喓喓，無足充玩。

山無虎，故鹿最繁。昔年近山皆為土番鹿場；今則漢人墾種，極目良田，遂多於內山捕獵。角尾單弱，絕不似關東之濯濯。角百對，只可煎膠二十餘觔。鹿雖多，街市求一臠不得。冬春時，社番截成方塊，重可觔餘，皆用鹽漬運致府治；色黑味變，不堪下箸；而值亦不輕。

“福州東島，視彭湖為近，內惟產鹿，千百為群；島人捕得，取其腸胃連糞食之，以為至美。其全體，則鬻之福州人。今所鬻鹿脯、鹿筋，皆東島物也”（《玉堂薈記》）。

“鹿以角紀年，凡角一岐為一年，猶馬紀歲以齒也。番人射鹿為生，未見七岐以上者。向謂鹿仙獸多壽，又謂五百歲而白、千歲而元，特妄言耳。竹塹番射得小鹿，通體純白，角才兩岐，要不過偶然毛色之異，書固未足盡信也”（《番境補遺》）。

“臺灣多野牛，千百為群。欲取之，先置木城四面，一面為門，驅之急，則皆入，入即扃閉而饑餓之，然後徐施羈靮，豢之芻豆，與家牛無異矣”（《居易錄》）。按木城應作木柵；飼蔗葉，非芻豆也。

馬小而力弱，異於內地；內山有山馬。

水沙連、紅頭嶼出黃羊，有鬻其皮以為褥者。

山鼠，土人捕獲，以蔗梗填腹，去毛炙黃，合豬肉煮食。又山貓，取其毛以束筆，微短而軟。鄉間亦有捕蟬，紙裹煨熟以下酒者。

“魚二種，《志》所未錄：一曰新婦啼；狀本鮮肥，熟則拳縮，意取新婦蹶踖也。一曰飛藉魚，疑是沙燕所化，兩翼尚存；漁人伺夜深時懸燈以待，乃結陣飛入舟中，甚至舟力不勝滅燈以避”。“鯊魚，胎生。市得一魚，可四、五觔，用佐午炊；庖人剖腹，一小魚從中躍出，更得五六頭，投水中，皆遊去”（《赤嵌集》）。

鯊類不一，龍文鯊、雙髻鯊，志言之矣。外此有烏翅鯊，身圓，翅尾黑色；鋸仔鯊，齒長似鋸；烏鯊，口闊，大者類百觔，能食人；虎鯊，頭斑如虎，齒迅利，噬人手足立斷；圓頭鯊，亦食人；鼠䱜鯊，皮白，齒如梳；蛤鯊鯊，口闊，尾尖；油鯊，身圓而長，尾似蝦尾；泥鰍鯊，口尖；青鯊，身青色；扁鯊，身扁尾小；乞食鯊，皮可飾刀鞘；狗纏鯊，身長尾尖；狗鯊，頭大，上有烏赤點，離水終日不死。

魴有錦魴，身圓，有花點，大者三、四百觔，皮生沙石，尾長數尺，骨弱肉粗；黃魴，身圓，黃色；泥魴，皮黑；掃箒魴，尾如箒；烏燕魴，頭、身、翅俱似燕，肉黑；四開魴，頭似燕，肉赤；鬼角燕魴，頭有輭角；水沉魴，澹紅色，身扁頭尖。

海翁魚，有言如小山，草木生之，樵者誤登其背，須臾轉徙，不知所之；此無可考。志云："後壠番社有脊骨一節，高可五、六尺，兩人合抱未滿其圍"。漁人云，大者約三、四千觔，小者亦千餘觔、皮生沙石，刀箭不入。有自僵者，人從口中入，割取其油、以代膏火。肉粗，不可食。口中噴涎，常自為吞吐；有遺於海邊者，黑色、淺黃色不等，或云卽龍涎。番每取之以賈利，真贗亦莫辨也。

《志》載諸魚已詳。又有金精魚，花點細鱗；三牙魚，或赤或白，有三齒；田鴿魚，體圓，兩鬚極長；梳齒魚，黑色，花點，齒如梳，魚肚食之立死；泥鱠魚，黑色，口闊，大者五、六十觔；珠鱠魚，黑色，身有紅白點；小鱠魚，黑色；小波浪魚，青身小尾；歸秉魚，身扁肉澀；赤海魚，紅色；刣額魚，金鱗，頭內有石子一枚；鰄魚，口邊有兩大刺；牛尾魚，狀似牛尾；泥龍魚，身長有暗刺；青箭魚，色青口尖，行如箭；交網魚，色烏、赤兩種；牛牯鱴，頭闊，皮青；金梭魚，金鱗，身輭；竹梭魚，口尖，身長；飛烏魚，色青，有翅能飛；咬網狗，黑色，歪口無分左右；海鱺魚，頭大，皮黑；耷西魚，身扁，色白，有刺；圭糍魚，色黑，唇厚；偏身苦魚，身有花點；安米魚，細鱗，有赤有白；旗魚，色黑，大者六、七百觔，小者百餘觔，背翅如旗，鼻頭一刺長二、三尺，極堅利，水面毆魚如飛，船為所刺，卽不能脫，身一轉動，船立沈；螟魚，俗呼海豎，頭似豬，大則千餘觔，小亦五、六百觔，常於水面躍起，高丈餘，噴水如雪，漁人見之卽避。又海和尚，色赤，頭身似人形，四翅無鱗；海狗，頭似狗，尾尖，四翅；海馬，狀似馬，頸有騣，亦四翅；漁人網獲，均為不詳。

土人呼蠣房為蠔，呼車螯為蟯。

蟹，螯生毛者；無毛者為蟳。有翠蟹蟹，蔚然深藍，大不盈掌；巨者螯長六、七寸，殼有斑文，呼曰青脚蠘。有虎蟳，閩小紀云：質粗味劣，無足取；殼極類門戶上所繪虎頭，色亦殷紅斑駁，人有鑲為酒器者；冬來生子，充盈臍外。

石蟳，赤色；沙鑽蠏，色黃，徧身有刺，遇人卽伏沙底；沙馬蠏，色赤，走甚疾；大腳仙蠏，身小，一螯大，一螯小，色有赤、白；虎獅蠏，徧身紅點；青蚶蠏，青白色，兩螯大；金錢蠏，身扁，赤黑色。

䱋鼊，龜屬，卵生，狀似鼈，四足漫胡，無指爪；大者百餘觔，小者數十觔。常從海岸赴山凹，鑽孔伏卵；人伺其來時，尾而逐之，行甚疾，眾並力反其背，則不能動矣。剝割時，兩目淚下。嗜者謂味同牛肉，値亦相等。甲可亂瑇瑁，亦以飾物；但薄而色淺；不任作器。市販鹿膠，每以其板殼與鹿角骨同煎。南路龜壁港以此名，今寫訛；劉欣期交州記作蚼蝦。

文蛤，味極鮮美。往年絕少，惟癸卯春夏魚市不絕。《西溪叢話》：“蛤蜊、文蛤，皆一潮生一暈”。《博物志》云：“東海有蛤，鳥常食之；殼在海岸，潮水往來碏薄，潔白如雪，入藥最精”。往在大擔僧寺，見海邊蛤殼，各種奇異，有競為擕取者。

龍蝦，昂首奮角，如畫龍狀；甲硬如蠏殼，鬚長二尺餘，鉗六、七寸，上有芒刺，尾下子纍纍相屬。又有九節蝦。

海龍，產彭湖，冬日雙躍海灘，漁人獲之號為珍物。首尾似龍，無爪牙，長不徑尺；或云入藥功倍海馬。

海蒜，一名海腎；殼類蛤，肉垂三寸餘，白色，上有黑點，形狀甚劣。食之多患腹瀉。

傳說北路有巨蛇，可以吞鹿，名鉤蛇；能以尾取物。余始來此，坐簷下，有聲如雀，卻不見有飛鳥，後迺知為蜥蜴鳴也。林僉事麟焻《使琉球竹枝詞》：“靜聽盤窗蜥蜴聲”。其自注云：“蜥蜴能鳴，聲如麻雀”；海外蜥蜴俱能鳴耳。

海舟夜眠，潛伏艙內，尚喜無蚊。臺地四時皆受其害，更有不見不聞而為所刺，愈抓搔則愈癢。《閩小紀》云：“閩地有小蟲若微塵，視之不見，刺人較蚊蚋尤甚；密帷亦不能間之，名沒子”。

四時階砌蛩鳴不絕；蟬於二月卽噪樹間。聽蟲鳴以占候，未可與此地律也。

蜈蚣，腹下有光，夜間青熒，閃爍如螢；毒氣如琉璜，以足踏之，光熠耀不絕。

《南州異物志》："寄居之蟲，如螺而有腳，形如蜘蛛；本無殼，入空螺殼中，戴以行，觸之縮足如螺閉戶，火炙之乃出走。"《異苑》謂："鸚鵡螺常脫殼而朝遊，出則有蟲如蜘蛛入其殼中，戴以行，夕返則此蟲出"。庾闡所云"鸚鵡外遊，寄居負殼"者也。臺地呼寄生。

各省鹽，或煎或曬；臺地止於海岸曬鹽。府鹽埕二千七百四十三格，臺邑鹽埕一千四百二十一格，鳳邑鹽埕一千三百二十一格；每格廣狹不一，計丈定課，每丈徵銀四錢九分。諸邑無鹽埕。南社，冬日海岸水浸浮沙，凝而為鹽；掃取食之，不須煎曬。所產不多，漬物易壞。崇爻山有鹹水泉。番編竹為鑊，內外塗以泥，取其水煎之成鹽。

"余以採硫居臺郡，為購布、油、糖，鑄大鑊，治刀、斧、鋤、杓，規大小木桶，製秤、尺、斗、斛；布以給番人易硫土，油與大鑊所以煉硫，糖給工匠頻飲、頻浴體以避硫毒，鋤平土築基，刀、斧伐薪薙草，杓出硫於鑊，小桶凝硫，大桶貯水，秤、尺、斗、斛以衡量諸物。又購脫粟、鹽豉、筐、釜、椀、箸等率為百人具，計費千金。余乘笨車行十八日至後壠社，越三日至澹水港口，中流有雞心礁，海舶畏之，淺深莫定。余停車欲渡，有飛蝱億萬，如急雨驟至，衣不能蔽。又五日，至肩脰門，為茅廬二十間。給眾番布七尺，易土一筐，約二百七、八十觔。土黃黑不一色，質沈重有光芒，撚之颯颯有聲者佳。煉法：椎碎如粉曝乾，鑊中先入油十餘觔，徐入乾土，以大竹為十字架，兩人各持一端攪之，土中硫得油自出，頻頻加土加油，至於滿鑊，約入土八、九百觔，油則視土之優劣為多寡，油過不及皆能損硫。土既優，用油適當，一鑊可得淨硫四、五百觔，否或一、二百觔，下則數十觔；關鍵在油，而工人視火候亦有微權也。余問番人硫土所產，指茅廬後山麓間。明日坐莽葛，緣溪入，溪盡為南北社，呼社人為導；東行半里，茅棘高丈餘，兩手排之，側身而入。草下一徑，僅容蛇伏。約行二、三里，涉兩小溪，復入深林中；越峻坡五、六，值大溪，溪廣四、五丈，水石皆藍靛色。導人謂此水源出硫穴，下是沸泉也。余以指試之，熱甚。扶杖躡巉石度，更進二、三里，林木忽斷，始見前山；又陟一小巔，覺履底漸熱，草色萎黃；望前山半麓，白氣縷縷，如山雲乍吐，搖曳青嶂間。導人指曰，是硫穴也。風至硫氣甚惡。更進半里，草木不生，地熱如炙。左右兩山多巨石，剝蝕如粉；白氣五十餘道，皆從地底騰激而出，沸珠噴濺，出地尺許。余即穴旁視之，聞怒雷震蕩地底，而驚濤與鼎沸聲間之；地復岌岌欲動，令人心悸。周廣百畝間，實一大沸鑊；蓋上所賴以不陷者，熱氣鼓之耳。右旁巨石間，一穴獨大；即石上俯瞰之，毒焰撲人，目不能視，觸腦欲裂，急退百步乃止。左旁一溪，聲如倒峽，即飛泉所出源也。還就深林小憩，循舊路返。衣染硫氣，累日不散。又有不用煎熬自然成磺者，色黃如蜜蠟，名曰磺花”（《海外紀略》）。

赤嵌筆談卷四

雜著

郡縣志《藝文》，榆林高拱乾《臺灣賦》率藉中土景物渲染，似不足以形容。無錫季麒光所著《客問》，獨不作泛設語，頗極臺地山川物產之勝；諸志略而不載，節錄數則於左。一曰：“僭號承天，東甯錫字。乾坤東港，華嚴南島。近接彭湖，遙分哈喇；荷蘭起之，琉球倚之；北憑甌、閩，西距交、廣；屬揚州之分，隸女虛之躔。外環大海，雲漲煙平；內阻重山，沙迷霧列。中有平原，可耕可牧。瀚水長連，崑流交峙。呂宋之估颿時集，日本之夷舶常通；南澳銅山，風檣可接，海壇、東埔，飛葦直達。蛟龍蜃虺，兕豕鯨鯢；隱隱沄沄，沆沆莽莽；遏雲怒風，轟雷遁雨。固海山之僻壤，亦宇宙之奧區”。二曰：“木岡、大岡，以分南北；前嶺、後嶺，以界東西。鹿耳當海外之咽喉，半線為內山之鎖鑰。鳳山則蔥鬱宏開，猴悶則離奇盤結。赤山、烏山，上港、中港，鉤嬰樸突，攫搏呷呀。至若斗六門攀緣鳥道，傀儡山曲折羊腸；觀音志如來之勝蹟，鬼仔實魑魅之淵藪。葦目、瑯璚，迤南巨嶂；雞籠、竹塹，極北重關。奇嶺之雪峰萬仞，南日之煙嶂千尋。大武壟、大傑巔、小琉球、小雙寮，皆疊岫參差，連岡撼戛。阿猴林障蔽頑番，哆囉嘓交蟠遠社。龜佛、龜崙，雙標天半；貓羅、貓霧，接峙雲中。圭心，石門，崩山、後壠，重洋底柱，攫浪搏潮，覘闞蹀戶，當者失據”。三曰：“東甯之地，惟水是衛。澹水江北注之津梁，濁水溪南來之門戶。鹿耳門衝突海口，大線頭高據沙洋。雞籠城下，颿指閩安；琉球社外，舟通呂宋。至如北線尾、中樓仔，夜靜潮平；海翁窟、歐汪溪，春明浪秀。蚊港、笨港、新港、後港、竹滬、三林，或依山回沍，冒沒騰流；或聚石奔衝，昂澎涌溢；千里雷馳，萬潮煙洶。七鯤身毗連環護，三茅港匯聚澄泓。路分東渡、西渡，洋別大鄉、小鄉。鯽魚潭、打狗澳，漁舟雲集；洲仔尾、瀨口港，鹽格星屯。扼其險可以制患，資其利可以裕民”。四曰：“鹿之生也，或斑而文，或黧而黝；忽散忽聚，乍往乍來。於是弓矢殪之，鏢槊搦之，罟穽伏之，鉛礮擊之。肉堪調篹，角則成膠；皮毛稛載，外洋是資。牛之來也，千百為群，憑陵谿谷；聚飲則涓源為涸，迴食則蔓草皆赭。閑以圍稠，制以鉤盾；百步就羈，以耕以駕。至乃犬能攫羆；羊可焗羹；朝飛之雉，倚草棲林；夜嘯之猿，依山緣木；豹文隱霧，兔窟藏煙。若夫大鰼斷流，修縺橫海，魦、鯧、鯉、鰋，鯉、蛤、蚶、蟳，挽青猊之鬣，截白黿之皮，搜龍籍，羅蜃府，莫不布雕俎，就鸞切；具糅五味，腥膏饜飫”。五曰：“重山之中，產有異材；工師操斧，匠氏持柯。楠、榕、杉、樟，桑、柏、槐、柳，莫不枝覆層岡，幹依連麓；舒目而望之，青茅、白葦，紫藁，蒼蘆，鬱苔深林，叢如列嶂；代瓦以覆，易牆以圍。至如樣、柚之茂葉翳日，檳榔之修幹參雲，蕉擅綠天，荔垂朱實。山則不童，地鮮不毛，土之良也”。六曰：“墳壚斥鹵，五穀是滋，以稼則蕃，以種則碩，水耕火耨，不營而足。上地可七，下地可二；宜秔宜稻，宜菽宜稷。禾秫、赤秫，早占、晚占，秬黍、蘆黍，紅秈、白秈；豆分黃綠，麥別大小；莫不纍纍淋淋，顆顆的的，甌窶滿篝，污邪滿車，黃雲紅玉，相積陳陳。於是牛馬運之，舟航載之，以徵以貢，和鈞兵卒。家有稼穡之利，人有作甘之用”。

桐城孫元衡，字湘南，素工詩。官臺灣同知，所著《赤嵌集》，王阮亭司寇謂：《裸人叢笑篇》及《咏禽魚花草諸什》，可作《臺灣圖經風土志》，竟可自為一書。而諸志絕不之及，余因摘錄一帙，并無錫季麒光《蓉洲文藁》數十篇，書付陳觀察大肇，續修府志，為之補入。

《東吟詩》，一名《福臺新咏》，四明沈光文、宛陵韓又琦、關中趙行可、會稽陳元圖、無錫華袞、鄭廷桂、榕城林奕、丹霞吳蕖、輪山楊宗城、螺陽王際慧前後倡酬之作；吳有《桴園詩集》、楊有《碧浪園詩》、又《東吟倡和詩》、季麒光與臺令沈省軒所作《省軒郊行》一集，多寫民間疾苦。麒光著有《山川考略》、《海外集》，惜俱未見。今則兵燹之後，官僚救過不暇，無復寄情翰墨矣。

武林郁永河《臺灣竹枝詞》："鐵板沙連到七鯤，鯤身激浪海天昏；任教巨舶難輕犯，天險生成鹿耳門"！"雪浪排空小艇橫，紅毛城勢獨崢嶸；渡頭更上牛車坐（沙堅水淺，小艇不能達岸，必藉牛車挽之），日暮還過赤嵌城"。"編竹為垣取次增（官署皆無垣牆，插竹為籬），衙齋清暇冷如冰；風聲撼醒三更夢，帳底斜穿遠浦燈"。"耳畔時聞軋軋聲，牛車乘月夜中行；夢回幾度疑吹角，更有牀頭蝘蜓鳴"。"蔗田萬頃碧萋萋，一望蘢蔥路欲迷；綑載都來糖廍裏，只留蔗葉餉群犀"。"青蔥大葉似枇杷，臃腫枝頭著白花；看到花心黃欲滴，家家一樹倚籬笆"。"芭蕉幾樹植牆陰，蕉子纍纍冷沁心；不為臨池堪代紙，因貪結子種成林"。"獨幹凌霄不作枝，垂垂青子任紛披；摘來還共蔞根嚼，贏得脣間盡染脂"。"惡竹參差透碧霄，叢生如棘任風搖；那堪節節都生刺，把背林間血已漂"！"不是哀梨不是楂，酸香滋味似甜瓜；枇杷不見黃金果，番樣何勞向客誇"。"肩披鬒髮耳垂璫，粉面朱脣似女郎（梨園子弟垂髫穴耳，傅粉施朱，儼然女子）；媽祖宮前鑼鼓鬧（海舶演劇酬願），咮𠱥唱出下南腔（閩以漳、泉為下南）"。"臺灣西向俯汪洋，東望層巒千里長；一片平沙皆沃土，誰為長慮教耕桑"。

各《志》多取《沈文開雜記》，未得全書，亦不知其人。《蓉洲文藁·文開傳》："名光文，四明故相文恭公世孫，字文開，別字斯菴；以恩貢歷仕紹興、福州、肇慶，由工部郎中加太僕寺少卿。明鼎革後，遯迹不仕。辛卯，從肇慶至潮州，由海道抵金門；當事書幣邀之，不就。七月，挈眷買舟赴泉；過圍頭洋，遇颶風，飄泊至臺。及鄭大木掠有其地，斯菴以客禮相見。鄭經嗣爵，多所變更；斯菴以一賦寓譏諷，為忌者所中。乃改服為僧，入山不出。在厦門時，與將軍施侯為舊識；及侯安撫東甯，慰問夙昔，斯菴仍著僧衣。姚少保亦與友善，許贈資回籍；姚死，事遂寢，亦遂不能作歸計矣。所著《臺灣賦》、《東海賦》、《㨾賦》、《桐花賦》、《芳草賦》及《花草果木雜記》、古近體詩，俱係存藁，未及梓行”。

余巡歷所至，見臺地花果有內地所無者，命工繪圖，得二十餘種；余為考其種類，辨其色味以識之。或曰，此可作埤雅爾雅翼外紀，則吾豈敢！華亭吳太史王坦、陸太學榮秬、崇明柏太史謙，展圖題句。吳詩云：“爾雅自姬公，蒐討窮大塊；後有山海經，所言同誌怪；荒略何從稽，於說亦萁稗。乃知天地間，賦形各萬派；若非域外遊，直猶等聾瞶！巡方繡衣行，幾及扶桑界；東溟淩滄波，驚濤歷淜湃。既至振紀綱，問民軫病瘵。聞見往往殊，耳目為一快。其中植物繁，羅列登市賣。五色爛然陳，厥狀難盡話。細文如錦章，粗文如方罫；枝葉非尋常，異味皆可嘬。召工寫此圖，摹仿在公廨；碧綠與丹砂，肖真事揮灑。稱名復辨種，按之悉能解。我生里閈間，未得廣行邁；多識慚古人，拘墟徒自絓。晴窗試展看，意曠若脫械。虛名玷使星，願無遠弗屆”。陸詩云：“名象遙傳東海東，根苗無可問鴻濛；波羅蜜與菩提種，猶有林藤地味風”。“如斗如拳碩且繁，不離海島託雲根；甜酸苦辣皆成實，總荷天家雨露恩”（《番果圖》）。又吳詩：“搖曳珠幢翠帶長，紫霞一片護花房；金蓮樂樹知無色，七寶闌中自在芳”。“少許猊牀侍釋迦，一家眷屬見曇花；遙知使節風清候，攜得金莖灑異葩”。“珍果圖來命畫師，拈花又寫佛前枝；窗明几淨清茶供，絕勝黃金鑄像時”！柏詩：“西域誰攜仙種迴，曇花喜雜瘴煙開；分明遺贈皇華使，不令空王獨占來”。“一颿飄渺駕長川，留取奇花入畫妍；卻笑君房浮海去，不傳芝草長瓊田”（《曇花圖》）。

紀異

“明崇禎庚辰，閩僧貫一，居鷺門（即今厦門）夜坐，見籬外陂陀有光，連三夕，怪之。因掘地得古甎，背印兩圓花突起，面刻古隸四行；其文曰：‘草雞夜鳴，長耳大尾，干頭銜鼠，拍水而起；殺人如麻，血成海水。起年滅年，六甲更始；庚小熙皞，太和千紀’；凡四十字。閩縣陳衎盤生明末，著《槎上老舌》一書，備記其語；至今癸亥，四十四年矣。識者曰：雞，‘酉’字也；加草頭、大尾、長耳，‘鄭’字也。干頭，‘甲’字；鼠，‘子’字也；謂鄭芝龍以天啓甲子起海中為群盜也。明年甲子，距前甲子六十年矣。庚小熙皞，寓年號也。前年萬正色克復金門、厦門，今年施琅克彭湖，鄭克塽上表乞降，臺灣悉平。六十年海氛，一朝盪滌，此固國家靈長之福，而天數已預定矣，異哉”（《池北偶談》）！

《府志》載鳳山先年有石忽開，讖云：“鳳山一片石，堪容百萬人；五百年後，閩人居之”；俄而復合。有言朱文公登福州鼓山，占地脈曰：“龍渡滄海，五百年後，海外當有百萬人之郡”。今歸入版圖，年數適符。熙熙穰穰，竟成樂郊矣。

康熙丙申，北路十八重溪內石洞三孔，水泉圍繞，忽一日水上出火焰，高二、三尺，數日乃熄。壬寅歲，亦有見者。此處水熱，或謂卽溫泉；磺氣鬱蒸，水石相激，而火生焉。

荷蘭為鄭成功所敗，地大震。鄭克塽滅，地亦震。朱一貴於辛丑作亂，庚子十月亦地震。維時南路傀儡山裂，其石截然如刀劃狀，諸羅山頹，其巔噴沙如血；土人謂兩山相戰。

壬寅七月十一日，鳳山縣赤山裂，長八丈、濶四丈，湧出黑泥。至次日夜間，出火光高丈餘；熱氣炙人，多不敢近，有疑出磺者。參將陳倫炯報稱：赤山上一崙頗平。東南二百餘步，臨冷水阬，縱橫百三十步。土人稱自紅毛、偽鄭及入版圖後，遞年出火，或連兩晝夜，或竟日夜止。今自申至丑，焰較昔年稍低。炯查硫穴土色，黃黑不一；佳者質重，有光芒；風至硫氣甚惡，半里草木不生。今近火處草色蔚青，徧山土番種植；土色亦無光芒，溼處有如黑泥，及乾，色白輕鬆，與土無異。雖按法煎煉，全無磺味。或曰此係豐年之兆；乃於十八日巳、午，颱風大作，迅烈異常；更兼暴雨傾注；縣治民舍營房多被摧折，幸兵民人口，尚無壓斃，芒蔗及早稻成實者，亦間有傷損。

雍正癸卯六月二十六日，赤山邊酉、戌二時紅光燭天，地衝開二孔，黑泥水流出；四圍草木，皆成煨燼。七月十六日至二十日，颱風驟雨，發作無節，澮水數處民田衝陷。兩次火見，卽兆風災；風自火出，殆一定之理耶？

康熙壬辰七月，安平有物大如牛，高可五、六尺，面如豕，長鬚，雙耳竹批，牙齒堅利，皮似水牛，毛細如獺，四足如龜，有尾，飛行水上。土人爭致之，繩木立碎。後逐至海岸，竦身直立，聲三呼號，聞者莫不驚悸。既死，郡人有圖形相告者，究不知為何物？或名為海馬，亦非也。海上事略：康熙癸亥四月，彭島忽見鱷魚，長丈許，有四足，身上鱗甲火炎，從海登陸；百姓見而異之，以冥鈔金鼓送之下水。越三日，仍乘夜登山，死於民間廚下。按鄭成功起兵，荼毒濱海，民間患之；有問善知識云："此何孽，肆毒若是"？答曰："乃東海長鯨也"！問何時而滅，曰："歸東卽逝"！凡成功所犯之處，如南京、溫、臺并及臺灣，舟至海水為之暴漲。順治辛丑攻臺灣紅毛，先望見一人冠帶騎鯨，從鹿耳門而入；隨後，成功諸舟由是港進。癸卯，成功未疾時，轄下夢見前導稱成功至，視之，乃鯨首冠帶乘馬，由鯤身東入於海外；未幾成功病卒，正符"歸東卽逝"之語；則其子若孫皆鯨種也。今鱷魚登岸而死，識者知其兆不佳。至六月，彭師戰敗歸誠，亦應登山結果之兆焉。康熙辛丑五月二十八日，大雨如注，六月六日始晴；山摧川溢，溪澗閼塞，田園沙壓。瀨口有大牛，冒雨犇騰，下岸入水；過三鯤身登陸，由鎭城從柴橋頭入海，向大港而出。小艇追之，不及而還。此不知為鱷、為鯨、為水牛，或兆鴨母之亂，旋卽殲滅乎？

僞鄭附略

"紅夷犯順，鄭芝龍攻擊大擔，偵知夷䑸分泊彭湖，設計勒捕，焚夾板一隻，擒酋七名。後直抵料羅，麾令參將陳鵬等首衝夷陣，生擒酋長。因用牽扯焚燒之法，會同副總高應岳、游擊張永產、彭湖游兵游擊王尚忠等夾擊，焚大夾板五隻、賊小船五十餘隻，生擒僞夷王呷呶嗶吧哇一名。前後計擒賊眾百餘名，斬級二十顆，焚溺以千計。此從來未見之死戰，亦從來未見之奇捷。又云芝龍渾身是膽，屢建奇功；海上之旌旗指顧，不啻摧枯而拉朽"（《按閩摘略》）。按此在崇禎六年。《志》云：

"天啓元年，東洋甲螺顔思齊與鄭芝龍引倭據臺"；施琅《請留臺灣疏》："崇禎元年，芝龍就撫，將臺地稅與紅毛，為互市之所"；此正在就撫之後。

"鄭芝龍，泉郡南安人。明季，與劉香老嘯聚海上；既而投誠，授游擊將軍。順治乙酉，分兵南下，芝龍以兵降。鄭成功，芝龍庶長子也(小字森舍)。時年十七，為諸生。方衣單絺，閒步階前，聞父降，咨嗟太息。掉小舟，至厦門隔港之古浪嶼，招集數百人。方苦無資，適有賈舶自日本來，二僕在焉；資近十萬，成功悉以其資募兵製械，從者日眾，竟踞金、厦門。內地港澳，悉設舟師，登陸為寨，搤守水口。又徧布腹心於內地，事無巨細，皆得早聞為備；故以咫尺地與大兵拒守三十餘年。我朝嚴禁通洋，片板不得入海；而商賈壟斷，厚賂守口官兵，潛通鄭氏以達厦門，然後通販各國。凡中國各貨，海外皆仰資鄭氏。於是通洋之利，惟鄭氏獨操之，財用益饒"。"日本最富強，聞鄭氏兵精，頗憚之。又成功為日本婦所出，有求必與，故府藏日盈。自傳位子經，適當耿逆叛亂，與鄭失好；耿兵方圖內向，鄭兵即躡其後。已據閩之興、漳、泉、汀、粵之潮、惠七郡，養兵之用，悉資臺灣。自此府藏虛耗，敗歸之後，不可為矣"。"成功蓄志內侵，造戰艦三千餘艘。順治十三年，窺江南，過浙之東甌，泊舟三日，連檣八十里。至江南羊山，山神嗜羊，海舶過者必置一生羊，日久畜息，不可數計。鄭氏戰艦泊山下，將士競取羊為食。大風驟至，人船傷損什之七、八。十六年，復大舉入寇，襲京口，犯江甯"。"成功重操練，舳艫陳列，進退以法；將士在驚濤駭浪中，無異平地，跳躑上下，趫捷如飛。將帥謁見，甲冑僅蔽身首，下體多跣足不褌；有以靴履見者，必遭斥罵。凡海岸多淤泥陷沙，惟跣足得免沾滯，往來便捷"。"閩督陳景駐師漳郡，力圖進勦，鄭氏沿海拒守。有門子李文忠，素機警，為景親信，實陰通鄭氏。一日，夜入制府臥內，刺其首；並竊令箭出南門，稱有軍機，無敢詰者。以首獻成功，成功惡其弒主，薄與一官，不滿所望；歲餘以他事斬之"。"龍碩者，大銅礮也。成功泊舟粵海中，見水底有光上騰，數日不滅；使善泅者入海，見兩銅礮浮游往來，命多人持巨緪出之。一化龍去，一縛出，斑駁陸離，光豔炫目，較紅衣礮不加大，而受藥獨多。先投小鐵丸斗許，乃入大彈；所至糜爛。成功行師，必載與俱。龍碩有前知，利即數人曳之不知重，否則百人挽之不動；以卜戰勝，莫不驗。康熙十八年，劉國軒將攻泉郡，龍碩不肯行，強舁之往；及發，又不然。國軒怒杖之，一發炸烈如粉，傷者甚眾”（《偽鄭逸事》）。

鄭成功攻取紅毛，改臺灣為東都；鄭經自銅山入臺，改東都為東甯省。

闇閔，鄭國城門名；偽鄭據紅毛城，因取以名內城之門。

“順治十六年，鄭成功大舉入寇。七月抵焦山，進據瓜州；趨鎮江，直薄金陵。八月，至觀音門。我師以步卒搗其中堅，而以騎兵繞山後出其背，前後夾擊；成功大敗。十七年五月，世祖命將軍達素、總督李奉泰率兵大搜兩島（廈門、金門）。十八年，議取臺灣。三月，成功泊彭湖，次鹿耳門，紅夷大驚；成功引兵登陸，克赤嵌城。十二月，圍王城不下，成功乃使人告之曰：‘此地乃先人故物，今我所欲得者地耳；餘悉以歸爾’。荷蘭乃降。康熙元年，成功卒。二年，天子銳意南征，遣人約紅夷合兵攻島；大兵入，兩島之賊爛焉”（《三藩紀事》）。

“康熙庚申十月，偽鄭毀雞籠城。雞籠係海嶼，隸臺灣北山，居滄水上游；其澳堪泊百餘艘。先時，呂宋华人裔占據此城，與土番貿易；因出米稀少，遠餽不給，棄去。後紅毛及鄭國姓據臺灣，皆不守。癸卯，總督李奉泰召紅毛合攻兩島，約復臺灣後許貢，就閩省交商。紅毛於乙巳年重修雞籠城，圖復臺灣。丙午，鄭經令勇衛黃安督水陸諸軍進攻，偽鎮林鳳戰死；紅毛慮無外援，隨棄去。至是，有傳我師欲從北飛渡；恐踞此城，乃遣右武衛北哨密令督兵將城拆毀。辛酉，令偽鎮何祐等北汛雞籠；驅兵負土，就舊址砌築；並於大山別立老營，以為犄角。兵士疲勞，兼時值炎天，居處磺地，手足斷爛，不可勝計。偽鄭無定謀，猶如兒戲。雞籠一城，始也毀而棄之，繼也築而守之；模棱之見，徒苦生靈耳”（《海上事略》）。

“明時，原住彭湖百姓五、六千人，原住臺灣二、三萬人，俱耕漁為生。順治十八年，鄭成功帶內地水陸偽官兵弁男女計三萬有奇。康熙三年間，鄭經復帶內地偽官兵弁男女約六、七千人。賊中無家者十五、六”（《靖海紀》）。

“天下一統，胡為一鄭經殘孽盤踞絕島，而折五省邊海地方畫為界外，以避其患？自古帝王致治，得一土則守一土；安可以既得之封疆，而復割棄？況東南膏腴田園及所產魚鹽，最為財賦之藪，可資中國之潤；不可以西北長城、塞外風土為比。儻不討平臺灣，匪特賦稅缺減，民困日蹙，即防邊若永為定制，錢糧動費加倍。又邊防持久，萬一懼罪弁兵及冒死窮民以為逋逃之窟，遺害叵測！且鄭成功有十子，遲之數年長成；假有一、二機覺才能，收拾黨類，結連外國，聯絡土番，羽翼復長，終為後患”。“督臣姚啓聖調兵製器，獎勵士卒，精敏整暇，咄嗟立辦，捐造船隻，無所不備，矢志滅賊，非臣所能及。惟是生長北方，雖有經緯全才，汪洋巨浪中恐非所長。臣謂督臣宜駐廈門，居中節制，别有調遣；臣得專統前進，行間將士知有督臣後趲糧運策應，則壯志勝於數萬甲兵。今若與臣偕行，征糧何以催趲？封疆何有仰賴？安內攘外，非督臣斷難彈壓緩急。所有督臣題定功罪賞格，俾臣循例而行，則大小將士咸皆懍遵”（《施壯襄疏略》）。

癸亥，我師議取臺灣；鄭克塽將偽鎮營兵官眷口監羈紅毛、赤嵌二城，堅其死戰。

偽延平王鄭克塽、偽侯劉國軒差偽禮官鄭平英、偽賓客司林惟榮等賫表請降。表云：“臣祖成功，篳路以闢東土；臣父經，韎韋而雜文身；甯敢負固重險，自擬夜郎；抑亦保全遺黎，孤栖海角而已。乃者，舳艫西下，自揣履蹈之獲愆；念此氣血東來，無非霜露之所墜。顏行何敢再逆，革心以表後誠。昔也威未見德，無怪鳥駭於虞機；今者悟已知迷，敢後麟遊於仁囿”！

癸亥七月，鄭克塽差偽兵官馮錫珪等賫降本稾到彭湖軍前，施琅差侍衛吳啓爵、筆帖式常在往臺灣看驗偽官兵薙髮。克塽復差錫珪等同啓爵、在賫降本，並繳延平王印一顆、冊一副、輔政公鄭總印一顆、武平侯劉國軒印一顆、忠誠伯馮錫范印一顆、左武衛將軍何祐印一顆；尚有招討大將軍印一顆，稱有戶口兵馬冊籍未造，暫留候繳。

琅攻取彭湖，獲紅衣大銅礮十二位，每位重四、五千觔，礮子大者二十餘觔，中者十七、八觔，次者十四、五觔；生鐵大礮二位，每位重七千餘觔，礮子三十餘觔。

雞籠城貯鐵礮，明崇禎三年鑄，兵部尚書何喬遠監造；鄭成功得之鎮江者。

"彭湖、臺灣，向屬夷島；明末迄國初，鄭寇竊據。迨鄭歸命，夷島亦入版圖，為海中島。海中島，各一方；耳無帝，目無王，古若茲，況漢唐。勝國末，鄭寇強；踞其壤，恣跳梁；乘潮汐，駕帆檣；肆侵掠，毒閩疆。皇赫怒，整斧斨；命樓船，下扶桑。寇日蹙，乃求降。陬兼澨，梯且航；置郡縣，破天荒。貢皮幣，賦蔗糖。銷兵氣，日月光"（《勞之辨集》）。

朱逆附略

康熙辛丑六月初三日，上諭臺灣民眾："據督臣滿保等所奏，臺灣百姓似有變動；滿保於五月初十日領兵起程。朕思爾等俱係內地之民，非賊寇之比；或為饑寒所迫，或為不肖官員剋剝，遂致一二匪類倡誘，眾人殺害，情知罪不能免，乃妄行強拒；其實與眾何涉！今若遽行征勦，朕心大有不忍；故諭總督滿保，令其暫停進兵。爾等若即就撫，自諒原爾罪；若執迷不悟，則遣大兵圍勦，俱成灰燼矣。臺灣只一海島，四面貨物俱不能到，本地所產不敷所用，祇賴閩省錢糧養生；前海賊占據六十餘年，猶且勦服，不遺餘孽，今匪類數人，又何能為！諭旨到時，即將困迫情由訴明，改惡歸正，乃皆朕之赤子。朕知此事非爾等本願，必有不得已苦情；與其坐以待斃，不如苟且偷生，因而肆行擄掠。原其致此之罪，俱在不肖官員。爾等俱係朕歷年豢養良民，朕不忍勦除，故暫停進兵。若總督、提督、總兵官統領大兵前往圍勦，爾等安能支持？此旨一到，諒必就撫，不得執迷不悟，妄自取死！特諭"。

"朱寇警報至郡，總兵歐陽凱令游擊周應龍帶兵四百人，並調新港、目加溜灣、蕭壠、麻豆四社土番隨往。應龍傳諭：'殺賊一名賞銀三兩，殺賊目一名賞銀五兩'。土番性貪淫，殺良民四人；縱火燔民居，復斃八人；載道股栗。賊黨借兵番殺掠為辭，鼓煽村莊；由是紛紛響應，號召豎旗殺總兵，全臺陷沒”（《平臺紀略》）。

“周應龍駐兵楠仔阬，軍士風飡露宿，每多怨咨。羽書告急，立弔北路番為先鋒，歷處奪民衣食，掠淫漢婦，妄殺平民，概不禁制。居民遭番戕毒，各里社會立偽旗，賊勢益振。迨後府中紛紛避難，縣官出入，單騎無侍從。新港土番率眾至府，白晝劫奪，百姓群殺之，縣官不敢與聞”（《臺陽運會編》）。

朱一貴原名朱祖，岡山養鴨。作亂後，土人呼為鴨母帝。賊夥詭稱海中浮玉帶，為一貴造逆之符。既得郡治，一貴自稱義王，僭號永和；以道署為王府。餘孽有平臺國公、開臺將軍、鎮國將軍、內閣科部、巡街御史等偽號，散踞民屋。劫取戲場?頭蟒服，出入八座，炫燿街市。戲衣不足，或將桌圍、椅背有綵色者披之；冠不足，或以紅綠綢紵色布裹頭，以書籍絮甲。

變後，居民避難，絡繹海上；風恬浪靜，寸艇飛渡，不畏重洋之險。大師自六月十六日進鹿耳門，十七日下安平鎮，二十二日復府治，未及浹日奏捷。先是，童謠有云：“頭戴明帽，身穿清衣；五月永和，六月康熙”。

“先，鄭逆流毒沿海州郡，迨破金、厦兩島，賊退守臺、彭；越二年乃滅之。朱一貴為亂，未兩月便授首。二事遲速不同，何也？蓋鄭逆竊踞海上歷有年所，黨與尚多；且踞彭湖，是臺灣多一門戶，故其道主緩圖而為萬全之計。朱一貴雖號稱十餘萬賊，率係烏合之眾；時水師副將許雲度勢已不支，揮民船使歸內地，廠內戰艘未成者悉焚之，賊故不得取彭湖；又與賊將杜君英相攻殺，故其道主急攻而得制勝之術。此其所以異也。然而有同焉者。臺灣南、北、中三路皆有港門可入，中路鹿耳門最稱險要，乃前者將軍施琅誓師期諸將取鹿耳門；後者總督滿保詭稱三路並發，及期仍令齊攻鹿耳門。何也？蓋鹿耳門一入，便登安平鎮，港內戰艘均在，是已斷其出海之路矣。安平隔港卽臺灣府，賊失鹿耳門，必退守七鯤身；我師由陸可以直攻其首，由水可以衡攻其腹；水陸合攻，賊必不支。府地又無城郭可守，便當引去南、北二路，黨與孤危，不過傳檄可以立定矣。此其所以同也。抑聞之，康熙癸亥年克鄭逆，舟進港時，海水乍漲；康熙辛丑年克朱一貴，舟進港時，海水亦乍漲；前後若合符節；蓋由聖人在上，海若效順，王師所指，神靈呵護，理固然耳。然在臣子效命，必求萬全；老將行師，自有授受：所以閉門造車、出門合轍者，此中蓋有機焉。夫機有二義：一曰機謀之機，謀則至精至確，故其機不可失，而後一舉有必勝之方略；一曰機緘之機，緘則至愼至密，故其機不可露，而後百發有百效之韜鈐。況臺灣為海疆最要地，用兵乃國家之機事，持籌者使將士奉令以往、成功而退可矣，而不必使明其故者，蓋有深意在也”（《平臺異同》）。

“島嶼之在外海者，皆荒煙草樹、魚龍窟宅，盜安所憑？在內海者，則汛防星列棊布，稍有見聞，便行擒捕，盜無由伏。惟臺灣一區，沃壤千里，人眾百萬，五穀狼藉，貨物畢充；近海諸郡，皆資臺灣所產。且地盡東南之表，則生番隔絕；港有沙石之阻，則門戶據險。至於重洋遠隔，風信難定，所以前代狡賊，踞此為雄；後奪之紅毛，又奪之鄭成功，閩粵之害，惟此數為盜藪耳。康熙六十年間，朱一貴復倡為亂，是雖太平至治之時，而一、二奸民虦夫猶不忘亂心如此也。然則治之當如何？無事之日，責在賢良之司、老成之帥，熟識風土，體察人情，愛民肅兵，培植元氣，安不忘危，弭亂未萌。萬一有事，法宜急平，毋使滋蔓；蓋乘其羽翼未大張，根本未甚固，則易為力，此其機不可失者也。然要必其熟識於臺、彭之形勢，三十六島之灣澳，南、北、中路之港門，風雲妙合之天時，番民、莊社之情形，與夫用兵機宜，素講其理而親其事者，然後可任以大權，而功立成。至於輸餉饋糧以及舟艦甲仗，咄嗟立辦；選將行師，一呼立應；使內地不擾而軍務畢集，人事先定而天時可計，此其責惟在於大府之平時留心，斯臨事調遣裕如耳”（《理臺末議》）。

八月十三日夜，臺灣颶風大作，倒壞衙署、倉廒、民房，傷損船隻、人民田禾。上召入九卿、詹事、科道面諭：“臺灣颶風大作，官兵商民傷損甚多，朕心甚為不忍！前朱一貴等謀反，大兵進勦，殺戮已多；今又遭風災！《書》云：‘大兵之後，必有凶年地方’；茲言信然。總因臺灣地方官平日但知肥己，剋剝小民，激變人心，聚眾叛逆；及大兵進勦，征戰殺戮，上干天和，颱颶陡發，倒塌房屋，淹沒船隻，傷損人民；此皆不肖有司貪殘所致！今宜速行賑恤，以慰臺民”。九卿議照保安沙城地震散賑之例，倒房一間銀一兩，壓死大口一口銀二兩，小口一口銀七錢五分；被風傷船壓死兵丁應照出兵病故官兵每名賞銀五兩，給伊等妻子。臺灣縣倒厝五千八百八十一間，壓死男婦大小三十八口，共賑銀五千九百四十四兩五錢；鳳山縣倒厝三千三百六十五間，壓死男婦大小二十九口，共賑銀三千四百十九兩二錢五分；諸羅縣倒厝一千四百四十二間，壓死男婦大小八口，共賑銀一千四百五十六兩七錢五分；各營壓死兵丁一百二十名，共賞銀六百兩。又敕下蠲免三縣六十年額征民番銀二萬二千二百十五兩四錢零、粟十三萬八千九百五十二石六斗零。被災民番，大口給粟二斗、小口給粟一斗。臺灣縣民五千五十八口，共賑粟九百三十七石五斗；鳳山縣民番八千八百六十七口，共賑粟一千四百八十七石六斗；諸羅縣民番八千五百六十六口，共賑粟一千三百六十五石三斗。

漳浦諸生藍鼎元著有《東征集》、《平臺紀略》，諸羅教諭蔡芳有《平臺始末》，同安黃耀炯有《靖臺實錄》，言之詳矣。漳浦明經陳夢林《鹿耳門卽事》八首並自註，附錄於左：“征颿搖曳海無波，回首滄桑一擲梭。前後三從此地入，安危幾度險中過。頑民革面干戈戢，諸將承恩節鉞多。獨有書生仍故我，白頭杖策待如何”！“東港由來各一天，興朝覆載獨無偏。地袤南北二千里，人樂耕漁四十年。習染漸澆爭靡麗，民風尚力雜機權。當時載筆空愁思，滿目煙花正鬬妍”。“地震民訛桐不華（庚子春，有高永壽者詣帥府自首云：至瑯嶠，一人乘筏，引入山後大澳中，船隻甲仗甚盛，中渠帥一人名朱一貴云云。鎭道以為妖言，杖枷於市。辛丑，羣賊陷郡治，議所立，因以朱祖冒一貴名。賊平，遣人入瑯嶠，徧覓並無其處，亦異事也。是年冬十一月，地大震。臺多莿桐，辛丑春闔郡無一華者。有妖僧異服，倡言大難將至，門書“帝令”二字則免。僧卽賊黨也。賊平，僧伏誅），處堂燕雀自喧譁。無端半夜風塵起，幾處平明旌旆遮。牧豎橫篙穿赤甲（時官軍寡弱，賊眾至數萬，多以竹篙為槍），將軍戰血幔黃沙（副將許雲、參將羅萬倉、游擊游崇功、守備胡忠義、馬定國、千總陳元、蔣子龍、林文煌、趙奇奉、把總林富、林彥、石琳俱戰死；把總李茂吉不屈，駡賊死）。傳聞最是游公壯，登岸飄然不顧家（四月廿九日，崇功自笨港巡哨還，入鹿耳門，官眷有下船者。崇功頓足曰，官者，兵民之望，官眷下船，則兵民心散，大事去矣！時賊已逼郡，亟登岸。婿蔡姓者叩馬固請，願一過家門，區處眷屬。崇功厲聲曰：吾此身朝廷所有，今日那知有家！躍馬麾眾竟去。前後連戰，凡手刃數十百人。崇功既殉，蔡亦赴海死）”。“萬頃洪濤沙線縈，參差竹樹亦干城。非關羣盜全無策，漫說元戎有勝兵；風自西來知順逆，船從淺入任縱横；潮頭傾刻高尋丈，天佑皇圖孰與爭（六月十六日亭午，西風大作，潮長六、七尺，戰艦鳫行齊入鹿耳門，遂克安平）”！“沙磧甘泉信有神，廟謨宏遠古無倫。鯤身合戰齊羣力，西港分奇仗虎臣（十七、十九日，賊犯鯤身，殊死戰，我兵大破之。廿二日，總督藍廷珍率林亮、魏大猷等分兵由西港仔登岸，賊大敗，長□至郡，諸路兵合，遂克郡治）。草竊頓消冰見晛，天兵到處雨清塵。等閒一月全臺定，何似有苗格七旬”。“刀刧火輪萬象凋，黑風紅雨又漂搖（八月十三夜，颶風發屋拔木，大雨如注；昏黑中紅點飄颻，夾雨紛飛。漏盡，風雨乃止。民居倒塌無數，營帳船隻十無一存，死傷者千有餘人）。纔看肆赦銜丹鳳，忽聽蠲租下九霄。瘡病人扶邨竈冷，拊循力盡長官憔（時死傷載道。次年春夏間，米價騰湧，文武官廚一日兩粥；平糶散賑，戴星出入。至秋，人心乃定）！轉移薄俗從今日，只在先皇十六條”。“絕島重洋古穢墟，棄留曾費幾躊躇！原資保障安封內，甯屑刀錐增幣餘。亂後賦須仍舊額，法寬農好治新畬。眼看磽确草萊盡，尺寸何當軍國儲”。“南從虎尾北雞籠，建邑當年議頗同（壬寅，詔允巡使請，於半線增設彰化縣）。地逼諸番宜扼吭，址因故鎮更稱雄。天心悔禍民更始，帝德昭明日在東（巡使奏釋餘黨，從之）。寄語王官好著意，無忘前事曠天工”。

康熙六十一年七月，余《奏請勒緝餘孽、寬免株連疏略》云：“臣聞得朱一貴餘孽王忠、劉育等逃匿內山，不時出沒。本年四月初九日夜，殺竹仔腳塘兵。鎮臣藍廷珍遣弁追捕，於五月初三等日獲賊林干、林榮、朱崑生等，供王忠等先於四月內欲到三林港偷船出海，因無船隻，退入得寶寮；今又至內山清水寮潛伏。鎮臣令弁兵搜緝未獲，將空房燒毀。臣竊思內山南北兩路相通，水陸隘口甚多，賊奔竄不常，弁兵防禦稍疏，即受其害；若不竭力接捕，終為臺郡之患。查凡承緝賊犯，原有定例，今已逾一年，尚無蹤跡；伏祈皇上敕部，嚴勒限期緝拿，限滿無獲，從重處分。文武官弁內有能設法擒獲者，即從優議敘。庶人人鼓舞，協力同心，爭相接捕，王忠等指日可擒。再朱一貴作亂時，令民割辮以為記認，其中或被奸匪倡誘，或被抑勒脅從。去年聖諭，明如日月，聞宣布之後，士民俱慶更生。自首惡既誅，緝獲餘孽解赴省城審訊，陸續供扳之人，不時拿解，牽連不已，人心時懷驚懼！仰請聖主施寬大宏恩，敕下督撫，將拿獲真犯審明正法，其餘免其株連；曉諭黎庶，予以維新；則大法既昭，而海疆小民安居樂業，永戴皇仁世世矣”。敕部議行。雍正元年四月十五日，千總何免在鳳山林拿獲王忠並劉富生、陳郡等三名。余隨具摺將報獲逸賊日期奏聞；超擢何勉北路營參將，世襲拖沙喇哈番。

“臺灣始入版圖，為五方雜處之區，而閩粵之人尤多。先時鄭逆竊踞海上，開墾十無二三。迨鄭逆平後，招徠墾田報賦；終將軍施琅之世，嚴禁粵中惠、潮之民，不許渡臺。蓋惡惠、潮之地素為海盜淵藪，而積習未忘也。琅歿，漸弛其禁，惠、潮民乃得越渡。雖在臺地者，閩人與粵人適均，而閩多散處，粵恆萃居，其勢常不敵也。康熙辛丑，朱一貴為亂，始事謀自南路，粵莊中繼。我師破入安平，甫渡府治，南路粵莊則率眾先迎，稱為義民。粵莊在臺，能為功首，亦為罪魁。今始事謀亂者既已伏誅，則義民中或可分別錄用，以褒向義；加以嚴行保甲，勤宣聖諭，使食毛踐土之眾，一其耳目，齊其心志，則粵民皆良民也！何以禁為？故曰，聖王不易而化”（《理臺末議》）。

南路澹水三十三莊，皆粵民墾耕。辛丑變後，客民（閩人呼粵人曰客仔）與閩人不相和協。再功加外委，數至盈千，奸良莫辨；習拳勇，喜格鬭，倚恃護符，以武斷於鄉曲。保正里長，非粵人不得承充；而庇惡掩非，率徇隱不報。余時飭所司調劑而檢察之，報滿擬陳請將外委多人分發閩、廣，各標營差操能者授以職，不堪委用者斥還本籍；不惟可清冒濫，亦以殺其勢也。尋被誣就質於杭，不果。

番俗六考

番俗六考卷一

臺盡番地也，雕題劗髮，蟻雜蜂屯；海外于役，實以綏輯為難。恭聆聖訓，以臺地士庶，盡閩之漳泉、粵之惠潮，無長子孫以世居者；諸番迺土著之民，其令有司撫卹之。余始來此，見其盱睢渾噩，質勝而野。迨歷其境、止其舍、目擊其飲食動息，與中土人民無二；長跪送迎，悚然知惕。既以傔從兵弁，秋毫不犯，則又驩然交欣；瀕行，耄孺攀依不忍舍；此固天性未漓，豈降才爾殊耶？近者，社中間有讀四子書、習一經者，鼓舞化導，不可變狉榛而文物耶？番社不一，俗尚各殊，比而同之不可也。余撮其大要凡六：檄行南北兩令，於各社風俗、謳謠，分類詳注為《番俗六考》。於以識我朝重熙累洽，光天之下，至於海隅蒼生；守土者懍遵謨訓，殫心拊循，毋謂異類而莫之卹。修教齊政，以昭中外同風之盛，實有厚望焉！

北路諸羅番一：新港　目加溜灣（一名灣裏）　蕭壠　麻豆　卓猴

居處

作室名囲。先以竹木結成椽桷，編竹為牆，蓋以茅草，為兩大扇；中豎大梁，備酒豕邀請番眾，舉上兩扇，合為屋；狀如覆舟，寬二丈餘，長數丈；前後門戶疏通，夫、妻、子、女同聚一室，門兩旁上下，丹雘采色，燦然可觀。舍內地淨無塵。前廊竹木鋪設如橋，俯欄頗亦有致。鑿木板為階梯，木極堅韌，或以相思木為之；又一種木，文理樛結如檀梨狀，從內山採出，番亦不名何木，高可五、六尺。入室者拾級而入。

飲食

飯凡二種：一占米煮食，一篾箣貯糯米，置釜上蒸熟，手團食，日三飧，出則裹腰間。酒凡二種：一舂秫米使碎，嚼米為麯，置地上，隔夜發氣，拌和藏甕中，數日發變，其味甘酸，曰姑待。婚娶、築舍、捕鹿，出此酒，沃以水，群坐地上，用木瓢或椰椀汲飲之；酒酣歌舞，夜深乃散。一將糯米蒸熟，拌麯，入篾籃，置甕口，津液下滴，藏久，色味香美；遇貴客始出以待，敬客必先嘗而後進。凡捕魚，於水清處見魚發發，用三叉鏢射之，或手網取之。小魚熟食；大則醃食，不剖魚腹，就魚口納鹽，藏甕中，俟年餘，生食之。捕鹿名曰出草，或鏢、或箭，帶犬追尋。獲鹿即剝割，群聚而飲。醃藏甕中，名曰膏蚌鮭；餘肉交通事貿易納餉。

衣飾

衣黑白不等，俱短至臍，名籠仔。用布二幅，縫其半於背，左右及腋而止；餘尺許垂肩及臂，無袖。披其襟衣長至足者，名褛。暑則圍二幅半烏布，寒則披褛。近亦有倣漢人衣褌者。番婦衣短至腰，或織茜毛於領，或緣以他色。腰下圍幅布，旁無襞積為桶裙。膝以下用烏布十餘重，堅束其腓至踝。頭上珠飾，名曰沙其落；瑪瑙珠，名曰卑那苓。頸掛銀錢、約指、螺貝及紅毛錢。瓔珞纍纍，盤繞數帀，名曰夏落。臂釧，東洋鐲銅起花鐲，或穿瑪瑙為之。手圈名曰龜老。若遇種粟之期，群聚會飲，挽手歌唱，跳躑旋轉以為樂；名曰遇描堵。

麻達走遞公文，插雉尾於首，手背繫薩豉宜，以鐵為之，狀如捲荷，長三寸許。展足鬪捷，腳掌去地尺餘，撲及其臀；沙起風飛，手鐲與薩豉宜相擊，丁當遠聞，瞬息數十里。習紅毛字者曰教冊，用鵝毛管削尖，注墨汁於筒，湛而橫書，自左而右，登記符檄、錢穀數目。暇則將鵝管插於頭上，或貯腰間。

婚嫁

婚姻名曰牽手。訂盟時，男家父母遺以布。麻達（番未娶者）成婚，父母送至女家，不需媒妁；至日，執豕酌酒，請通事、土官、親戚聚飲。賀新婚名曰描單佳哩。夫婦反目即離異。男離婦，罰酒一甕、番銀三餅。女離男或私通被獲，均如前例。其未嫁娶者不禁。若配合已久，造高架，坐婦於上，舁迎諸社中；番眾贈遺色布，歸宴同社之眾，則永無離異。

喪葬

番死曰馬歹。不論貧富，俱用棺埋厝內；以平日衣服器皿之半殉之。喪家衣俱著皁色，以示不變。父母兄弟之喪俱一年。夫死一年後改適，必自為擇定，告前夫父母及所生父母而後嫁。

器用

耕種如牛車、犁耙，與漢人同。厝內器皿各殊。汲水用匏。飯俱用椰椀、螺殼。捕鹿用鏢箭。炊飯用鐵鐺，亦用木扣，陶土為之，圓底縮口，微有唇起以承甑；以石三塊為竈，置木扣於上以炊。近亦築竈，間置桌椅及五綵瓷器；非以資用，為觀美耳。螺錢皆漢人磨礱而成，圓約三寸，中一孔，以潔白者為上；每圓值銀四、五分，如古貝式；各社皆然。

附番歌

新港社別婦歌

馬無艾幾唎（我愛汝美貌），唷無晃米哰（不能忘），加麻無知各交（實實想念）。麻各巴圭里文蘭彌勞（我今去捕鹿），查美狡呵阿孛沈沈唷無晃米哰（心中輾轉愈不能忘）；奚如直落圭哩其文蘭（待捕得鹿），查下力柔下麻勾（回來便相贈）。

蕭壠社種稻歌

呵搭嗵其礁（同伴在此），加朱馬池唎唭麻如（及時播種）。包烏投烏達（要求降雨），符加量其斗逸（保佑好年冬）。知葉搭著礁斗逸（到冬熟後），投滿生唭迦僉藍（都須備祭品），被離離帶明音免單（到田間謝田神）。

麻豆社思春歌

唉加安呂燕（夜間難寐），音那馬無力圭吱腰（從前遇著美女子），礁嗎圭礁勞音毛嗇（我昨夜夢見伊）；沒生交耶音毛夫（今尋至伊門前），孩如未生吱連（心中歡喜難說）！

灣裏社誡婦歌

朱連麼吱匏裏乞（娶汝眾人皆知），加直老巴綿煙（原為傳代）；加年呀嘎加犁鑾（須要好名聲），拙年巴恩勞勞呀（切勿做出壞事），車加犁末礁嘮描（彼此便覺好看）！

附載

“土番初以鹿皮為衣，夏月結麻枲縷縷，掛於下體；後乃漸易幅布，或以達戈紋（番自織布名）為之。數年來，新港、蕭壠、麻豆、目加溜灣諸番衣褌半如漢人，冬裝綿；哆囉嘓、諸羅山亦有傚傚者。”（《雜記》）。

“余與黃巖顧敷公過大洲溪，歷新港社、加溜灣社、麻豆社，雖皆番居，然嘉木陰森，屋宇完潔，不減內地村落。顧君曰：新港、加溜灣、歐王（即蕭壠）、麻豆於偽鄭時為四大社，今其子弟能就鄉塾讀書者蠲其傜，欲以漸化之。四社番亦知勤稼穡、務蓄積，比戶殷富。又近郡治，習見城市居處禮讓，故其俗於諸社為優。歐王近海，不當孔道，尤富庶，惜不得見；過此恐日遠日陋矣。然觀四社男婦被髮不褌，猶沿舊習”。“各社終身依婦以處，皆以門楣紹瓜瓞，父母不得有其子，故一再世而孫且不識其祖矣。番人皆無姓氏，有以也”（《稗海紀遊》）。

“新港、加溜灣二社，為一邑孔道。凡奉差至者，將照身一出，練保人等不知何事，並不知何名，晝則支給酒食，夜則安頓館舍，燃燈進饌，折勒規例，臨行供應夫車，一人必坐一乘。日撥數起或二、三十起，欲概行應付，則民力可憐；抗阻，則獲罪非小”（《東甯政事集》）。

“四社地邊海空闊，諸番饒裕者，中為室，四旁列種果木；廩囷圈圉，次第井井，環植莿竹至數十畝”（《諸羅志》）。

郡中造船，出水最艱；所司檄四社番眾牽挽，歲以為常。聞金一鳴，鼓力並進。事畢，官酬以煙、布、糖、丸。新港、蕭壠、麻豆各番，昔住小琉球，後遷於此。

孫元衡《加溜社》詩：“自有蠻兒能漢語，誰言冠冕不相宜！叱牛帶雨晚來急，解得沙田種芋時”。

北路諸羅番二：諸羅山　哆囉嘓（一作倒咯嘓）　打貓

居處

結室曰必堵混。每興工，糾合眾番，互相為力。通門於兩脊頭，不事繪畫。舉家同室而居，僅分袵席而已。

飲食

酒二種：一用未嫁番女口嚼糯米，藏三日後，略有酸味為麯；舂碎糯米和麯置甕中，數日發氣，取出攪水而飲，亦名姑待酒。一種與新港等社同。飯亦如之。每年以二月二日為年，一社會飲；雖有差役，不遑顧也。

衣飾

番婦頭帶小珠，曰賓耶產。盤髮以青布，大如笠。頸項圍繞白螺錢，曰描打臘。男婦衣服黑白，俱短至臍；掩蔽下體及束腓，專用皁布。每換年，男女豔服，簪野花，或纏以金絲藤，相聚會飲。手帶鐵鐲環，名曰沙璽卑將散麻達。手腕縛草垂地，鬪走而歸，曰勞羅束；隨插此草戶上三日，以為大吉。社中亦間有傚漢人戴帽著韡者。

婚嫁

婚姻曰帶引那。幼番名搭覓璽。初訂姻，男家贈頭箍，以草為之，名搭搭干；或以車螯一盂為定。將成婚，男婦兩家各煩親屬引男至女家婚配，通社飲酒相慶，名曰馬女無夏。男家更以銅鐵手釧及牲醪送女家。或夫婦離異，男離婦者罰粟十石，婦離男者亦如之；男未再娶，婦不得先嫁，反是罰番錢二圓。私通被獲，投送土官罰酒豕，鳴於眾，再罰番錢二圓。未嫁娶之男女不計也。哆囉嘓社，成婚後，男女俱折去上齒各二；彼此謹藏，以矢終身不易。

喪葬

家有喪曰描描產。置死者於地，男女環繞，一進一退，抵掌而哭；用木板四片殮葬，竹圍之，內蓋一小茅屋，上插雞毛并小布旗，以平生什物之半懸死者屋內。喪服披烏布於背，或絆烏帶於肩，服三月滿。夫死，婦守喪亦三月。即改適，先告父母，後自擇配；與新港等社期年除服、先後擇配不同。

器用

捕鹿弓箭及鏢，俱以竹為之。弓無弰，背密纏以籐；苧繩為弦，漬以鹿血，堅韌過絲革。射，搭箭於左。箭舌長二寸至四寸不等，傅翎略如漢製，而翦其梢。鏢桿長五尺許，鐵鏃鋒銛長二寸許，有雙鉤，長繩繫之，用時始置箭端。遇鹿麂，一發即及；雖奔逸，而繩掛於樹，終就獲焉。亦用以防夜，於竹寮高望巡哨；持挨牌以蔽身，木皆斜紋，箭不能入。諸番與漢人貿易。家中什物，亦有窯器釜鐺之屬。近亦間置桌椅。又製葫蘆為行具，大者容數斗；出則隨身，旨蓄、毯衣悉納其中；遇雨不濡，遇水則浮。寢以竹片鋪地，藉以鹿皮；富者列木牀於舍，以為觀美，夜仍寢於地。枕木如小凳。

附番歌

哆囉嘓社麻達遞送公文歌

喝逞哄蘇力（我遞公文），麻什速哄什速（須當緊到）；沙迷哄呵奄（走如飛鳥），因忍其描林（不敢失落）；因那哄嚂包通事哄洪喝兜（若有遲誤，便為通事所罰）！

打貓社番童夜遊歌

麻呵那乃留唎化呢（我想汝愛汝）！麻什緊吁哰化（我實心待汝）！化散務那乃哰麻（汝如何愛我）？麻夏劉哰因那思呂流麻（我今回家，可將何物贈我）！

諸羅山社豐年歌

麻然玲麻什勞林（今逢豐年大收），巒南無假思毛者（約會社眾）；宇烈然嗅沙無嗄（都須釀美酒），宇烈嘮來奴毛沙喝嘻（齊來賽戲）；麻什描然麻什什（願明年還似今年）！

北路諸羅番三：大武郡　貓兒干（一作麻芝干）　西螺　東螺　他里霧　猴悶　斗六（一名柴裏）　二林　南社　阿東　大突　眉

裹　馬芝遴

居處

自新港、蕭壠、麻豆、大武郡、南社、灣裹以至東螺、西螺、馬芝遴，填土為基，高可五、六尺；編竹為壁，上覆以茅。茆簷深邃垂地，過土基方丈，雨暘不得侵；其下可舂，可炊，可坐，可臥，以貯笨車、網罟，雞塒、豕欄。架梯入室，極高聳宏敞，門繪紅毛人像。他里霧、斗六門，亦填基為屋，較此則卑狹矣。麻達夜宿社寮，不家居；恐去社遠，致妨公務也。

飲食

飯：一白占米，清晨煮熟，置小籐籃內名霞籃，或午或晚，臨食時沃以水；一糯米炊蒸為飯。製酒與哆囉嘓諸社同。每年以黍熟時為節，先期定日，令麻達於高處傳呼，約期會飲；男女著新衣，連手蹋地，歌呼嗚嗚。捕鹿、採魚，自新港以至澹水俱相等。各社俱不敢食犬。東、西螺食豬肉，連毛燔燎；肝則生食，肺腸則熟而食之。二林捕魚，番婦或十餘、或數十於溪中用竹籠套於右胯，眾番持竹竿從上流毆魚，番婦齊起齊落，扣魚籠內，以手取之。

衣飾

衣：達戈紋用苧織成，領用茜毛織以紅紋為衣，長只尺餘，釘以排扣。下體用烏布為蔽，長二尺餘。炎天則結麻片為之；縷縷四垂，圍繞下體，以為涼爽，且便於渡水。他里霧以上，多為大耳。其始，先用線穿耳；後用蠔㲉灰、漆木或螺錢或竹圈用白紙裹之，塞於兩耳，名曰馬卓。《稞人叢笑篇》云："番造大耳，幼鑽囷實以竹圈；自少至壯，漸大如盤；污以土粉，取飾觀云"。或曰：番婦最喜男子耳垂至肩，故競為之。二林不為大耳，皆帶銅錫墜，長衣。麻達頂髮分兩邊梳結兩髻，曰對對。東、西螺番，幼時剔髮，約十餘歲留髮；待成婚後剔去周圍之髮，所留頂髮較辮稍大。臂腕束以鐵釧，有兩手用五、六十者；或用蛤釧，或縛手腕以草，長垂至地，如麈拂狀，曰下侯落。編篾束腹，每倒身為之，以圖就細。凡差役皆麻達所任，束腹奔走，倍為趫捷；成婚則去之。馬芝遴番，頭帶木梳，或插竹簪，或插螺簪、鹿角簪，名曰夏基網。

婚嫁

自幼訂姻用螺錢，名阿里捫。及笄，女家送飯與男家，男家亦如之。定婚期，番媒於五更引婿至其家，天明告其親，讌飲稱賀。亦有不用定聘；薄暮，男女梳妝結髮，徧社戲遊，互以嘴琴挑之，合意遂成夫婦。琴以竹為弓，長可四寸，虛其中二寸許，釘以銅片；另繫一小柄，以手為往復，脣鼓動之。其俗惟長男娶婦於家，餘則出贅。南社番夫婦雖反目，終不離異；下四社任意離合。東螺社，幼時兩家倩媒說合，男家用螺錢三、五枚為定；娶時再用數錢。或姊、妹、妯、娌迎新婦入門，男女並坐杵臼上，移時而起；女戴搭搭干，用篾為之，嵌以蛤圈及燒石珠，插以雉尾為飾。三日後，新婦隨姑請母氏會飲。

喪葬

父母死，服皁衣，守喪三月。屍瘞厝邊，富者棺木，貧者草席或鹿皮襯土而殯；生前什物俱殉其半。

器用

出入必佩小刀。舍中置鹿頭角；有疾者沐髮，用以擊之卽瘥。夜無燈，用松木片植石上然之，名搭貯屢。番婦用圓木挖空為機，圍三尺許，函口如槽，名普魯。以苧麻撚線，或用犬毛為之，橫竹木桿於機內，卷舒其經，綴線為綜，擲緯而織，名達戈紋。又織麻布，名老佛。鼻簫長可二尺，亦有長三尺者；截竹竅四孔，通小孔於竹節之首，用鼻橫吹之，或如簫直吹，名獨薩里。又打布魯以木為之，如嗩吶狀，聲亦相似。皆麻達游戲之具。

附番歌

大武郡社捕鹿歌

覺夫麻熙蠻乙丹（今日歡會飲酒），麻覺音那麻嘈斗六府嗎（明日及早捕鹿）。麻熙棉達仔斗描（回到社中），描音那阿隴仔斗六府嗎（人人都要得鹿）。斗六府嗎麻力擺鄰隨（將鹿易銀完餉），嗄隨窪頑熙鑾乙（餉完再來會飲）。

二林、馬芝遴、貓兒干、大突四社納餉歌

吧圓吧達敘每鄰（耕田園），其嗎耶珍那（愛好年景）；夫甲馬溜文蘭（捕鹿去），其文蘭株屢（鹿不得逸）。甘換溜沙麻力岐甘換（易餉銀得早完餉），馬尤唧哰其唎印唧（可邀老爺愛惜）；圍含呵煞平萬唧嚎其喃買逸（我等回來快樂，飲酒酣歌）！

南社會飲歌

吧老灣哄嗎流末矢（耕田園遇好年歲），吧思沙螺吧思轆鎖（收得麻、收得米），馬溜文蘭哄打咳（捕得鹿且多）。打茅打柰打匏公申唧奢（父子、祖孫齊來飲酒），招彌流嚎哄喃買逸（歡呼歌唱為樂）！

他里霧社土官認餉歌

礁包須嗎喝嘶連（請社眾聽說），因納率束呀通事罕餉（我今同通事認餉）；因許麻吧那（爾等須耕種），愛化美忝無那（切勿飲酒失時），閑那束呀罕餉切耶（俟認餉畢），閔留美忝喃唧麼（請爾等來飲酒）！

斗六門社娶妻自誦歌

夜描拔屢描下女（今日我娶妻），別言毛哈唧呼（請來飲酒）！尤唧描咿林尤林（日後我生子、生孫），由拔屢別言毛哈唧呼（再娶妻又請來飲酒）！

東西螺度年歌

吧園吧達敘每鄰無那（耕田園），馬流平唧珍那麻留呵嗒（愛年歲收成）；夫甲馬溜文蘭（捕鹿），甘換麻文欣麻力（易銀完餉），密林嗎流唧嚎嘽含（可去釀酒過年）。

阿束社誦祖歌

嗎留耶茅務嗎吧那（我祖翁最勇猛），麻里末文蘭布務務巴那（遇鹿能活捉）吧出呂哄甲買打招（鬥走直同於馬），布務務勃阿沙彌酣（遇酒縱飲不醉）。

附載

"大武郡之女，時以細砂礪齒，望若編貝"（《外紀》）。

“大武郡社文身者愈多，耳輪漸大如椀，獨於髮加束，或為三叉，或為雙角；又以雞尾三羽為一翻插髻上，迎風招颭，以為觀美”（《稗海紀遊》）。

“東西螺以北，番好飼馬，不鞍而馳驟；要狡獸、截輕禽，豐草長林屈曲如意。擇牝之良者，倍價而易之，以圖孳息。斗六門舊有番長能占休咎，善射，日率諸番出捕鹿。諸番苦焉，共謀殺之；血滴草，草為之赤；社草皆赤，諸番悉以疫死無噍類。今斗六門之番，皆他社來居者”（《諸羅志》）。

臺灣令周鍾瑄詳稟：“估修船料，悉取材於大武郡社。山去府治四百餘里，鋸匠人夫日以數百計，為工須數閱月；每屬工人俱領官價纔十餘兩，尚不足支一日之費。凡食用雇夫等項，每匠勻派以補不足；工完方止。此為工匠之苦。工料辦齊，郡縣檄催，每縣約需車四百輛，每輛計銀三兩五錢，照丁派銀，保大丁多者每丁派至三錢，保小丁少者派四丁一輛，是每丁出銀八錢。合計三縣共派四千有零。所領官價，纔每屬三十餘金。此為里民之苦。至重料悉派番運；內中如龍骨一根，須牛五十餘頭方能拖載，而梁頭木舵亦復如之。一經興工，番民男婦，日夜不甯。計自山至府，若遇晴明，半月方至，此為番民之苦。今歲估修不過數只，害已如此；若明歲大修三十餘只，臺屬遺黎恐難承受，不去為盜，有相率而死耳”！當事允其請，力為禁止。

東螺、貓兒干間，有讀書識字之番。有能背誦毛詩者，口齒頗真；往來牌票，亦能句讀。阿東番童舉略讀下論，志大、諳栖俱讀上論，并能默寫。蒙師謂諸童聰慧，日課可兩頁；但力役紛然，時作時輟，不能底於有成耳。

舊阿束社，於康熙五十七年大肚溪漲，幾遭淹沒，因移居山岡。今經其地，社寮就傾，而竹圍尚鬱然蔥蒨也。過此則極目豐草，高沒人身；中有車路，荒榛埋輪。涉大肚溪，行山麓間，竹樹蔽虧，遠岫若屏，幾不知文身之鄉矣。

斗六門舊社去柴裏十餘里，在大山之麓，數被野番侵殺；後乃移出。今舊社竹圍甚茂，因以為利；逐年土官派撥老番數人，更番輪守。

孫元衡《過他里霧》詩：“翠竹陰陰散犬羊，蠻兒結屋小如箱；年來不用愁兵馬，海外青山盡大唐（番稱內地為唐）”。“舊有唐人三兩家，家家竹徑自迴斜；小堂蓋瓦窗明紙，門外檳榔新作花”。《還過他里霧》：“林黑澗逾響，天青山更高。諸番能跪拜，前隊肅弓刀。臥簟惟功狗（番人最珍猛犬），喧枝盡伯勞（林無他鳥，惟伯勞爭鳴）。不因程計日，待獵看風毛”。《西螺北行》：“秋陰近午喜妍和，綠野空明霽色多；雲盡山低應到海，沙奔水亂各成河。蠻陬蠢蠢妻和子，舌語醒醒歗且歌。未解卜居何地好，略關形勝有干戈”。

余《壬寅仲冬過斗六門作》：“牆陰蕉葉依然綠，壠畔桃花自在紅。冬仲何殊春候暖，蠻孃嬉笑竹圍東”。

北路諸羅番四：大傑巔　大武壠　噍吧年　木岡　茅匏頭社（即大年哖）　加拔（一作茄茇）　霄裏　夢明明（自頭社以下皆生番）

居處

住室曰達勞。平地築土作基，大木為梁，刲竹結椽桷為蓋；眾擎而覆之。落成，全室歡飲。

飲食

飯，漬米水中，經宿，雞鳴蒸熟。食時和以水。糯少則兼食黍米。酒用糯米炊熟，燒禾草作麯；攪米飯，藏甕中，過六日取出，沃水而飲。魚、蝦、鹿、麂俱生食。

衣飾

番男以布八尺圍身，曰羅翁。腰以下用四尺圍蔽，或以達戈紋緣領。番婦項帶珠串，曰麻海譯。手足腕俱束以銅圈，曰堵生聲。遇吉事，則衣皆白色，群聚飲啖；醉後，歌唱跳舞以為樂。

婚嫁

娶妻曰匏冶需，未娶婦曰佳老歪，賀新婚曰備力力其搭學。其俗先通後娶。將娶則送珠仔為定，名曰毛里革；用木櫃置布匹達戈紋送至女家。三日後，置酒大會；女家亦邀會飲。夫婦相離曰放手。男未再娶女不敢嫁，先嫁者罰牛豕不等；通姦被獲，鳴眾聲罪，罰以酒豕。未嫁娶男女，罰依前例。

喪葬

番死名麻八歹。當未葬時，在社鳴鑼。喪家披髮，皁布裹頭面，止露兩目；親屬酹死者以酒，哭盡哀；以大甕缸作棺，瘞本厝內。夫死一月服滿，婦告父母他適。

器用

飲食無椀箸。用匏斗，狀如葫蘆，口小腹大，可藏米數斗；各社皆有，大武壠、礁吧年二社尤多。貯物用筐及籐籃。耕種則用刀斧砍伐樹根，栽種薯芋；亦有填築薄岸為田，播插稻秧者。

附番歌

大傑巔社祝年歌

臨臨其斗寅（今過年），尋唧哄什剝格哄圭甲（為粉餈殺雞），施里西奇文林（祭天地）；匏打鄰其斗寅麻亮其斗寅（祝新年勝去年），嗒學嗄葛哄唹因（倍收穫食不盡）！

大武壠社耕捕會飲歌

毛務麻亮其斗寅（耕種勝往年），遏投嗎喙務那其壘（同去打鹿莫遇生番）。媽毛買仍艾奇打喙（社眾呼釀美酒），美樂哄密嗒奇打喙嗎萌（齊來乘興飲酒至醉）！

附載

“大武壠內社九：太離蚌社、礁吧年社、邦鶻社、內踏網社、敦里礁吧裏社、萬打籠社、藤橋頭社、內優社、美壠社”（《諸羅志》）。

大武壠南為八里打難，東為達里打猿，俱生番，與傀儡番通。

羅漢內門、外門田，皆大傑巔社地也。康熙四十二年，臺、諸民人招汀州屬縣民墾治。自後往來漸眾，耕種採樵，每被土番鏢殺、或放火燒死，割去頭顱，官弁詰捕。而相近者為木岡、武洛、大澤機，遠之為內幽諸社，生番環聚，緝治為艱。立界絕其出入，可以杜患矣。

莊秀才子洪云：“康熙三十八年，郡民謝鸞、謝鳳偕堪輿至羅漢門卜地；歸家俱病，醫療罔效。後始悟前曾乞火於大傑巔番婦，必為設向。適郡中有漢人娶番婦者，因求解於婦；隨以口吮鸞、鳳臍中各出草一莖，尋愈。番婦自言，初學咒時，坐臥良久，如一樹在前，臥而誦向，樹立死，方為有靈”。諸羅志：“作法詛咒，名向。先試樹木，立死，解而復蘇，然後用之；不則恐能向不能解也。入舍，無敢胠篋探囊。擅其技者多老番婦。田園阡陌，數尺一杙，環以繩，雖山豕麋鹿弗敢入。漢人初至，摘啖果蓏，脣立腫，求其主解之，轉瞬平復如初。近年附郭諸社，畏法不敢為；稍遠，則各社皆有。或於笭箵中取鵝卵石置於地，能令飛走；喝之，則止”。

北路諸羅番五：內優（一作內幽，附大武壠納餉） 壠社 屯社 網社 美壠（自壠社以下俱生番）

居處

倚山掘土，狀若穴居。以沙石版代瓴瓦，或用木及茅竿草為之。濶不一式，高不盈丈，生畜俱養於內；子女嫁娶，則另築之。

飲食

疊巘深溪，樹木蓊蘙，平原絕少。山盡沙石，種黍秫薯芋，俱於石罅鑿孔栽植。黍秫熟，留以作酒。先以水漬透，番婦口嚼成粉，置甕中，或入竹筒；亦用黍稈燒灰，攪成米麯，發時，飯或黍秫和入，旬日便成新酒。客至漉糟，番輪飲之。遠出則開鑿地穴，置芋薯於中火煨，以土覆之；隨手取食，可代餱糧。射生禽、鏢麋鹿，炙而食之，生亦不厭也。

衣飾

男女多著鹿皮。或織樹皮苧麻為布，極粗厚，日以作褸，夜以覆體；今與漢人交易布匹。男以布尺餘遮前，後體畢露。以皮為帽，不畏荊棘。吉事則以鳥羽為飾。婦俱以布裹頭。

婚嫁

男女私合，父母知之，則飲會議婚。同飲者倩一人為媒，遂定偶。

工作之暇，兩家訂期釀酒成婚；或娶或贅不等。

喪葬

男婦彌留，將生平所有之衣，盡著於體；既死，衣盡脫去，裸葬厝內，哀哭數日；無居喪儀節。

器用

耕田用小鋤；或將堅木炙火為鑿，以代農器。短刀、鏢箭，與眾社無異。

北路諸羅番六：南投　北投　貓羅　半線　柴仔阬　水裏

居處

屋曰夏堵混。以草為蓋，或木或竹為柱；厝蓋葺茅編成，邀眾番合於脊上。大小同居一室；惟未嫁者另居一舍，曰貓鄰。

飲食

食米二種：一占米，一糯米。每晨淘淨入籃筐內，置釜蒸食。外出裹腰間，手取食之。為酒亦如內優等社。魚蝦鹿肉等物，先炙熟，再於釜內煎煮。半線以北，取海泥鹵曝為鹽，色黑味苦，名幾魯；以醃魚蝦。

衣飾

衣用達戈紋或用皁布、白布，俱短至臍。每年二月間力田之候，名換年；男女俱衣雜色綢紵紅襖，曰包練；或妝蟒錦繡為之。番婦頭帶紗頭箍，名荅荅悠；用白獅犬毛作線織如帶，寬二寸餘，嵌以米珠。飲酒嫁娶時戴之。番最重此犬，發縱指示，百不失一；或以牛易之，尚有難色。項掛衣堵（瑪瑙珠名）、眉打喇（螺錢名）。數十人挽手而唱，歌呼蹋蹄，音頗哀怨。麻達兩耳如環，實以木板螺殼。已娶者曰老織，則去塞耳以分別長幼。

“半線以上，多揉樹皮為裙，白如苧；曉行以禦湛露，晞則褪之”（《諸羅志》）。

婚嫁

婚姻曰綿堵混。未娶婦曰打貓堵。男家父母先以犬毛紗頭箍為定；或送糯飯。長則倩媒。娶時宰割牛豕，會眾歙飲。男贅女家亦如之。如有兩女，一女招男生子，則家業悉歸之；一女卽移出。如無子，仍同居社寮。夫婦反目，男離婦，必婦嫁而後再娶；婦離男，必男娶而後再嫁。違則罰牛一隻、車一輛。通姦被獲，男女各罰牛車；未嫁娶者不禁。半線社多與漢人結為副遯。副遯者，盟弟兄也。漢人利其所有，託番婦為媒，先與本婦議明以布數匹送婦父母，與其夫結為副遯，出入無忌。貓兒干、東西螺、大武郡等社，亦踵此惡習，但不似半線太甚耳。

喪葬

番死，老幼裹以草席，瘞本厝內；平生衣物為殉。親屬葬畢，必浴身始入厝。喪家不為喪服，十日不出戶；眾番呼為馬鄰。夫亡婦改適，必逾兩月，告知父母姑舅，許諾乃擇配。

器用

耕種捕鹿具，與眾番同；惟採魚兼用箴篙。炊以三石塊為竈，螺蛤殼為椀，竹筒為汲桶。

附番歌

南北投社賀新婚歌

引老綸堵混（爾新娶妻），其衣堵眉打喇（我裝珠飾貝）；鑾乙丹綸堵混（慶賀新婚），引老覺夫麻熙鑾乙丹（爾須留我飲賀酒）。

半線社聚飲歌

真角夫甲文南（捕得鹿），支備辰呵打（收得米），密林嗎流呵嚎（做下酒），保務務其阿肖萬什呵嚎（社眾齊來賽戲會飲）。

附載

半線番童楚善讀下孟，大眉、盈之俱讀下論，宗夏讀上論，商國讀大學。山有野牛，民間有購者。眾番乘馬追捕，售之價，減熟牛一半。

余晚次半線作：“憶昔歷下行，龍山豁我情。今茲半線遊，秀色欲與爭。林木正蓊藹，嵐光映晚晴；重岡如迴抱，澗溪清一弘（此為大肚溪）。里社數百家，對宇復望衡。番長羅拜跪，竹綵兒童迎（麻達用雙竹結紅綵以迎）。女孃齊度曲，頫首款噫嗚（番歌先以款噫發聲）；瓔珞垂項領，跣足舞輕盈。鬥捷看麻達，飄颻雙羽橫；薩豉聲鏗鏘（薩豉宜見前），奮臂為朱英（紅布懸竹竿為幟，麻達先至者奪之）。王化真無外，裸人雜我氓；安得置長吏，華風漸可成”。

番俗六考卷二

北路諸羅番七：阿里山五社（踏枋　鹿堵　唭羅婆　盧麻產　干仔務）　奇冷岸　大龜佛　水沙連思麻丹　木武郡赤嘴（一名剌嘴箍）麻咄目靠　挽鱗倒咯　狎裏蟬　巒蠻　干那霧

居處

築室曰濃密。架木為梁，鑿鬆石片為牆（鬆石，內山所出，鑿之成片）；上以石片代瓦，亦用以鋪地，遠望如生成石室。比屋相連，如同內地。街衢與外社迥殊。男女未婚嫁，另起小屋曰籠仔、曰公廨；女住籠仔，男住公廨。

飲食

內山多麥豆，少米穀。芋薯則掘地為穴，積薪然火，置芋灰中，仍覆以土；飢則出而食之。黍米為酒，曰老勿；釀製會飲，與別社同。魚為醢，俟有臭味乃食。凡物生食居多。惟鹽取給於外。

衣飾

衣用鹿皮、樹皮，橫聯於身，無袖；間有著布衫者。捕鹿時以鹿皮搭身，皮帽、皮鞋，馳逐荆棘中。番婦衣，自織達戈紋，又名府律式。掛青紅南把珠於項，亦漢人所製。收粟時，則通社歡飲歌唱，曰做田；攜手環跳，進退低昂，惟意所適。

婚嫁

婚姻曰閔言。未娶曰胡仔轄，亦曰麻達。未嫁曰麻里氏冰。不待父母媒妁，以嘴琴挑之相從，遂擁眾挾女以去，勢同攘敓；後乃以刀、斧、釜、鐺之屬為聘，女家以雞、豕、達戈紋酬之。通社群聚歡飲，與外社男贅女家不同。夫婦離異，女將原聘歸還，聽其他適。水沙連北港，女將嫁時，兩頤用鍼刺如網巾紋，名刺嘴箍；不刺，則男不娶。

喪葬

凡遇父母兄弟夫婦之喪，頭裹皁布，號哭十日；不言、不笑，不履門外。葬用石板四片，築四方穴，屈曲屍膝，坐埋於中；上蓋以石板，覆以土。

器用

耕種用小鋤短刀，掘地而種。行則貨物貯皮囊，戴於頭上。炊用木扣以代鐺。

附載

"水沙連雖在山中，實輸貢賦。其地四面高山，中為大湖；湖中復起一山，番人聚居山上，非舟莫卽。番社形勝，無出其右。自柴里社轉小徑，過斗六門，崎嶇而入；阻大溪三重，水深險，無橋梁，老籐橫跨溪上，往來從籐上行。外人至，輒股慄不敢前；番人慣行不怖也。其番善織罽毯，染五色狗毛雜樹皮為之；陸離如錯錦，質亦細密。四方人多欲購之，常不可得。番婦亦白皙妍好，能勤稼穡，人皆饒裕"（《番境補遺》）。

"阿里山離縣治十里許，山廣而深峻。番剽悍，諸羅山、哆咯嘓諸番皆畏之，遇輒引避。崇爻社餉附阿里山，然地最遠。越蛤仔難以南，有猴猴社，云一、二日便至；其地多生番，漢人不敢入。各社夏秋划蟒甲（獨木舟名），載鹿脯、通草、水藤諸物，順流出近社，與漢人互市。漢人亦用蟒甲載貨以入，灘流迅急，船多覆溺破碎；雖利可倍蓰，必通事熟於地理，乃敢孤注一擲"。"水沙連四周大山，山外溪流包絡。自山口入，為潭廣可七、八里，曲屈如環；圍二十餘里，水深多魚。中突一嶼，番繞嶼以居。空其頂，為屋則社有火災。岸草蔓延，繞岸架竹木浮水上，藉草承土以種稻，謂之浮田。隔岸欲詣社者，必舉火為號，社番划蟒甲以渡。嶼中圓淨開爽，青嶂白波，雲水飛動，海外別一洞天”（《諸羅志》）。

阿里山乃總社名，內有大龜山之大龜佛社、霧山之干仔霧社、羅婆山之嗹囉婆社、束髻山之沙米箕社、八童關之鹿堵社、溜籐山之阿拔泉社、朝天山之踏枋社、豬母嘮社（一作肚武瞥），共八社；納餉者五社。盧麻產社今無番，皆民居；康熙五十六年，瘴癘死亡甚眾，遂徙居於阿拔泉社，附阿里山合徵者。又崇爻山後九社：崇爻社、竹腳宣社（一作即加宣）、描丹社、薄薄社、芝舞蘭社、多難社（一作倒咯滿）、芝密社、水輦社、筠椰椰社。或云八社之外又有礁那女嗎社、打馬郎社、嗎老因籠社、巴只力社、龜窖社、伊碎擺社。有至崇爻社者，自倒咯嘓用土番指引，盤山逾嶺，涉澗穿林，計程五日夜方至，由民仔里武，三日可至蛤仔難；但峻嶺深林，生番錯處，漢人鮮至。或云水沙連過湖，半日至加老望埔，一日至描里眉，一日至眉加堞，一日至望加臘，一日至福骨，一日半至買槽無老，又一日半至民仔里武，二日至蛤仔難社。由描里眉，二日至斗截，半日至倒咯嘓；過大山數重，四日夜可抵崇爻社。路極崎嶇，坑塹險阻，難於跋涉；若陰雨水漲，更難計程。由澹水從山後行，路稍平易。

水沙連社地處大湖之中，山上結廬而居，山下耕鑿而食。湖水縈帶，土番駕蟒甲以通往來。環湖皆山，層巒險阻。屬番二十餘社，各依山築居。山谷巉巖，路徑崎嶇；惟南北兩澗沿岸堪往來，外通斗六門、竹脚寮，乃各社總路隘口，通事築室以居焉。水沙連、集集決里、毛碎巒、蠻木靠、木武郡，又子黑社、佛子希社（亦木武郡轄）、挽鱗、倒咯、大基、貓丹、蛤里爛等社，名為南港。加老望埔、描里眉、斗截、平了、萬致務、倒咯嘓、眉加碟、望加臘、福骨、描里、旺買、槽無老等社，名為北港。或云北港尚有買辟買、唐於老二社。南港之番，居近漢人，尚知有法；而北港之番，與悠武乃等社野番接壤，最為凶頑。巴老完、問仔眉、觸甲描、楮江四社，昔屬水沙連統轄，今移於巴老完，合夥同居，與民仔里武俱通於悠武，乃生番矣。通事另築寮於加老望埔，撥社丁，置煙、布、糖、鹽諸物，以濟土番之用；售其鹿肉皮筋等項，以資課餉。每年五月弔社，七月進社，共計十箇月，可以交易、完課；過此，則雨多草茂，番無至者。

康熙六十年，阿里山、水沙連各社乘亂殺通事以叛。六十一年，邑令孫魯多方招徠，示以兵威火礮，賞以煙布銀牌。十二月，阿里山各社土官毋落等、水沙連南港土官阿籠等就撫。雍正元年正月，水沙連北港土官麻思來等亦就撫。

惠安太學黃吳祚《題水沙連圖》詩：“二十（平聲）餘社盡邊湖，南北沿崖仄徑紆；斗六門來通一線，諸番形勝島中無”。“五色尨毛雜樹皮，織成罽毯世稀奇。蠻孃妍好珠垂項，不見做田歌舞時”。

余《咏水沙連社三首》：“水沙連在萬山中，一嶼環湖映碧空；員頂淨明傍作屋，渡頭煙火小舟通”。“土乘水上作浮田，竹木交加草蔓延；最是此間勤稼穡，能同輸賦足豐年”。“湖中員嶼外重溪，三跨横藤人自迷；此境若非番社異，武陵洞口認花蹊”！

北路諸羅番八：大肚　牛罵　沙轆　貓霧捒（一作麻霧捒）　岸裏　阿里史　樸仔離　掃捒　烏牛難

居處

大肚諸社屋，以木為梁，編竹為牆，狀如覆舟；體制與各社相似。貓霧諸捒社，鑿山為壁，壁前用木為屏，覆以茅草，零星錯落，高不盈丈，門戶出入，俯首而行；屋式迥不同外社。

飲食

酒飯各二種。飯不拘秫、糯，炊而食之；或將糯米蒸熟，舂為餅餌，名都都。酒用黍米浸水，越宿舂碎，和以草麯，三、五日發氣，水浸飲之；一將糯米炊飯，拌麯置桶中，逾三日，澄汁蒸酒，番極珍之。魚蝦麞鹿，與南北投等社無異；惟沙轆、牛罵不食牛，牛死委於道旁。

衣飾

男婦頭貫骨簪曰打拉；所掛之珠曰立項帶，瑪瑙珠曰牙堵，螺牌曰夏力什素。衣服不論皁白，俱短至臍；與各社同。嫁娶俱著紅衣。貓霧揀、岸裏以下諸社，俱衣鹿皮；并以皮冒其頭面，止露兩目。

婚嫁

婚姻曰三問。男女先私通投契，男以銀錫約指贈女為定，曰貓六。女倩媒告之父母，因為主配。或娶或贅。屆期會眾設牲醪相慶。不諧卽離，婦不俟夫再娶先嫁，罰酒一瓮。私通被獲，鳴通事土官罰牛一；未嫁娶者勿論。岸裏各社，完婚三、五日，男往女家、女往男家，各以酒物相餽；不則絕往來。

喪葬

番死，喪葬及浴身入室，與南北投等社同。守服十二日，不出戶，親戚送飯。十二日後，請番神姊祈禳除服。婦服滿，任自擇配，父母兄弟不過問。岸裏五社喪葬與水沙連、阿里史同。

器用

收貯禾黍，編竹為筐，大小不一式；出作則置飯於中。無升斗，以篾籃較準，與漢人交易。近亦置牀榻、鼎鐺、椀筋以為雅觀。

附番歌

大肚社祀祖歌

噢仔噢麻隱嗱什（今日過年），靡阿麻嗵仔武嘮馬礁乞咿珊（都備新酒賽戲祭祖）。思引咿珊牟起林（想祖上何等英雄）！夜嘮務力咿珊牟起林（願子孫一如祖上英雄）！

牛罵、沙轆思歸歌

嚅嗎嗄乞武力（往山中捕鹿），蘇多喃任嗱須岐散文（忽想起兒子並我妻）！買捷嚅離嗎嗄乞武力（速還家再來捕鹿），葛買蘇散文喃任岐引吱（免得妻子在家盼望）！

貓霧揀社男婦會飲應答歌

爾貓呻嘆（幼番請番婦先歌），爾達惹巫腦（番婦請幼番先歌）。爾貓力邁邁由系引呂乞麻嗵（番曰，汝婦人賢而且美），爾達惹麻達馬鱗哄什格（婦曰，汝男人英雄兼能捷走），爾貓力邁邁符馬乞打老末轆引奴薩（番曰，汝婦人在家能養雞豕、并能釀酒）。爾達惹達赫赫麻允倒叮文南乞網果嗎（婦曰，汝男人上山能捕鹿、又能耕田園）。美什果孩唧彎哩勺根嘆巫腦岐引奴薩（今眾社皆大歡喜和歌飲酒）。

附載

“過沙轆至牛罵社，社屋隘甚。假番室牖外設榻，緣梯而登，雖無門闌，喜其高潔。余榻面山，霾霧障之；凡五日苦不得一睹其麓，忽見開朗，殊快。不知山後深山當作何狀，將登麓望之；社人謂野番常伏林中射鹿，見人則矢鏃立至，慎毋往。予策杖披荆拂草而登；既陟巔，荆榛樛結，不可置足。林木如蝟毛，聯枝累葉，陰翳晝瞑；仰視太虛，如井底窺天，時見一規而已。雖前山近在目前，而密樹障之，都不得見。惟有野猿跳躑上下，向人作聲，若老人咳；又有老猿，如五尺童子箕踞怒視。風度林杪作簌簌聲，肌骨欲寒。瀑流潺潺，尋之不得；而修蛇乃出踝下。心怖遂返。越日大雨，嵐氣甚盛，衣潤如洗；階前濘泥，足不得展。徘徊悵結，賦詩曰：‘番舍如蟻蛭，茅簷壓路低。嵐風侵短牖，海霧襲重綈；避雨從留屐，支牀更著梯。前溪新漲阻，徙倚欲雞栖’。頃之，有番婦至，蕡首瘠體，貌不類人；舉手指畫，若有所欲，余探得食物與之。社人望見，極麾之去，曰：‘此婦有術，善祟人，毋令得近也’”（《稗海紀遊》）！

“岸裏、內幽、礁吧年、茅匏、阿里史諸社磴道峻折，溪澗深阻。番矬健嗜殺，雖內附，罕與諸番接。種山射生以食；縫韋作幘，鹿皮作衣，臍下結以方布，聊蔽前體，露臂跣足；茹毛飲血。登山如飛，深林邃谷，能蛇鑽以入。舉物皆以負戴。居家則裸，惟不去方布。周身頑癬斑駁，腥臊特甚。番女亦自白皙；繞脣吻皆刺之，點細細黛起，若塑羅漢髭頭，共相稱美”。“樸仔籬、烏牛難等社有異種狗，狀類西洋；不大而色白，毛細綿，長二、三寸。番拔其毛，染以茜草，合而成線，雜織領袖衣帶間；相間成文，朱殷奪目。數社之犬，惟存其鞹”（《諸羅志》）。

岸裏、樸仔離、阿里史、掃捒、烏牛欄五社，不出外山，惟向貓霧捒交易。樸仔離逼近內山，生番眉裏嘓、貓堵貓堵兩社，間出殺人。過半線，往大肚，則東北行矣。大肚山形，遠望如百雉高城。昔有番長名大眉。《志》謂：每歲東作，眾番爭致大眉射獵，於箭所及地，禾稼大熟，鹿豕無敢損折者；箭所不及，輒被蹂躪，不亦枯死。其子斗肉、女阿巴里、壻大柳望，各社仍然敬禮，獲鹿必先貽之。沙轆番原有數百人，為最盛；後為劉國軒殺戮殆盡，只餘六人，潛匿海口；今生齒又百餘人。辛丑七月，大風，糯黍歉收，間為別番傭工以餬口。土官嘎卽，目雙瞽，能約束眾番，指揮口授無敢違。社南地盡膏腴，可種水田。漢人有欲售其地者，嘎卽佯許之；私謂眾番曰："祖公所遺，祗此尺寸土，可耕可捕，藉以給饔飧、輸餉課；今售於漢人，侵佔欺弄，勢必盡為所有，闔社將無以自存矣！我與某素相識，拒其請將搆怨，眾為力阻，無傷也"。卒不如其請。余北巡至沙轆，嘎卽率各土官婦跪獻都都；番婦及貓女為戲，衣錦紵、簪野花，一老嫗鳴金以為進退之節。聚薪然火，光可燭天。番婦拱立，各給酒三大椀，一吸而盡。朱顏酡者絕鮮，挽手合圍，歌唱跳舞；繼復逐隊蹋地，先作退步，後則踴躍直前，齊聲歌呼，惟聞得得之聲。次早將還郡治，土官遠送，婦女咸跪道旁；俯首高唱，如誦佛聲。詢之通事，則云祝願步步得好處。一社攀送，有戀戀意。抵郡後，聞將社名喚作迴馬社，以余與吳侍御北巡至此迴也。余因漫記六首："沙轆行來界北邊，裸人雖陋意殊虔；官廚未識都都味，首頂糍盤眾婦先"。"聚薪然火燭天衢，一嫗鳴金貓女趨；三椀鯨吞齊賜酒，合圍挽手共歌呼"。"踏地分曹卻退行，團花簇錦門身輕；直前逞態蹁躚甚，高唱惟聞得得聲"。"自聞天使過臺時，番社遙臨豈所期；內視土官能漢語，劇憐耄孺盡歡嬉"。"臨發追攀不憚勞，行行為爾駐旌旄；蠻孃伏地齊聲唱，一步爭如一步高"。"誰言異類不同群，煦嫗春溫未忍分，見說新名迴馬社，他年留紀海東雲"。

北路諸羅番九：崩山八社（大甲東社　大甲西社　宛里　南日　貓盂　房裏　雙寮　吞霄）　後壠　新港仔　貓裏　加至閣　中港仔（以上四社俱附後壠納餉）　竹塹礁　磅巴

居處

營室先豎木為牆，用草結蓋；體制與別社同，稍卑隘，合家一室；

惟娶婦贅婿，則另室而居。

飲食

番地少播秔稻，多種黍、芝麻，飯皆黍米。又蒸熟置罌缶中，俟發變曬乾，舂為麯；拌黍飯藏於瓮，數日後試其味，則投以水，蒸其液為酒。魚蝦醃為鮭，鹿麂醃為脯，餘物皆生食。

衣飾

各社番皆束髮，未娶者或分梳兩髻於額角；惟此數社，則翦髮至額。戴竹節帽；竹取其裏白，反而為之，高寸許，以紅絲帶纏繞，又以烏絲線縛之。以白螺殼為方塊，可寸許，名曰哈達，圍於項。或用螺殼，間用瑪瑙珠串束於手。以善走為雄；麻達編五色篾，束腹至胸，以便奔走。穿耳實以竹圈，圈漸舒則耳漸大；垂至肩，乃實以木板，或嵌以螺錢。娶婦則去其束箍，摘其耳實。衣名几轆，長至腰，以布及達戈紋為之；下體圍布二幅，亦名遮陰，間有衣鹿皮者。會飲，土官多用優人蟒衣、皁鞋、漢人絨帽；番婦衣几轆，圍遮陰，耳穿五孔，飾以米珠名鶴老卜，頸掛瑪瑙珠名璽忽因耶那，數十人連手頓足，歌唱為樂。

婚嫁

嫁娶曰諳貓麻哈呢。娶婦先以海蛤數升為聘；竹塹間用生鹿肉為定。蛤大如拇指，殼有青文，生海邊石壁間，盡力採取，日不過數升，甚珍之；及嫁娶時用海蛤一搭紀（搭紀用竹篾編成，大口小腰，高尺餘，可容數斗），殺牛飲酒，歡會竟日。父母娶婦，或一、二年三、五年分居，視其婦孝與否耳；無一世同居者。一女則贅婿，一男則娶婦。男多則聽人招贅，惟幼男則娶婦終養；女多者聽人聘娶，惟幼女則贅婿為嗣。夫婦服，必逾年而後嫁娶。不和或因姦則離；夫未娶，婦不敢先嫁，嫁則罰婦及後夫並婦之父母各瑪瑙珠一串或牛一隻以歸；後夫不受罰，則糾集親眾，負弓矢、持鏢刀至後夫之家，拆毀房屋倉囷，土官通事不能禁。私通亦然，強者將其婦及姦夫立殺死；或與麻達通，祇罰婦酒一甕，麻達不問。女與麻達通，亦不問。

喪葬

番死，男女老幼皆裸體用鹿皮包裹，親屬四人舁至山上，用鹿皮展鋪如席，將平生衣服覆身，用土掩埋。服尚白色。既葬，本家及舁喪人三日不出戶，不舂不歌，番親供給飯食。一月後赴園耕種。通社亦三日不赴園，以社有不吉事也。居喪，父母兄弟半月，夫婦一月；一月後，婦不帶耳珠，著艷服，改適方如常。

器用

耕種犁耙諸器，均如漢人。食器亦有鐵鐺甆椀。阿里山、水沙連內山諸番，尚用木扣；平埔諸社多倣漢人。

附番歌

崩山八社情歌

沈唧嘮葉嘆賓呀離乃嘮（夜間聽歌聲），末力呿戈達些（我獨臥心悶）；末里流希馬砌獨夏噫嗄喃（又聽鳥聲鳴，想是舊人來訪），達各犁目歇馬交嗄斗哩（走起去看，卻是風吹竹聲），嘆下遙甯臨律嘆嚼噫嗄喃呀微（總是懷人心切，故爾）。

後壠社思子歌

曳底高毛白（怪鳥飛去），呿目呿甘宰老描崙（飛倦了宿在樹上）。末力希呂呿（見景心悶），毛嗄呿嘆幽耶林嘮（想起我兒子）！目歇呿越耶（回家去看），仔者麼飲呂呿（請諸親飲酒釋悶）。

竹塹社土官勸番歌

旺奇冉乞別焉毛嗒耶呼（社長，請爾等來飲酒）！打阿保留貓轆弋奇老久焉魯（我祖公最善捕鹿、作田），弋探耶林尤耶林真嗎吧搭藍（爾少年子孫當聽我教導）；由擺乞打保貓轆弋傳呵祿允（當學我祖勤謹耕捕），打呵貓武呼別焉（土官就愛惜爾），其耶林林毛嗒耶呼（還邀來飲酒）。

附載

"渡溪後，過大甲社（即崩山）、雙寮社，至宛里社，御車番人貌甚陋，胸背雕青為豹文。男女悉翦髮覆額，作頭陀狀，規樹皮為冠。番婦穴耳為五孔，以海螺文貝嵌入為飾；捷走先男子。經過番社，求一勺水不可得，得見一人輒喜。自此以北，大概略同。至中港社，見門外一牛甚腯；囚木籠中，俯首跼足，體不得展。社人謂是野牛初就靮，以此馴之。又云：前路竹塹、南嵌山中，野牛千百為群，土番能生致之，候其馴用之。今郡中輓車牛，強半皆是。自竹塹迄南嵌八、九十里，不見一人一屋；求一樹就陰不得。途中遇麋鹿麞麂逐隊行甚夥。既至南嵌，入深箐中，披荆度莽，冠履俱敗；直狐貉之窟，非人類所宜至也”（《稗海紀遊》）。

“康熙壬戌，偽鄭守雞籠，凡需軍餉，值北風盛發，船不得運，悉差土番接遞，男女老稚，背負供役；加以督運弁日酷施鞭撻，相率作亂，殺諸社商往來人役，新港仔、竹塹等社皆附焉。鄭克塽令左協陳絳率兵擒剿，土著盡遁入山，叢林疊澗，無從捕緝，仍不時出沒剽掠。議就要道豎柵防守困之”（《海上事略》）。

“南日山後有巨石，峭削巍峨，出內山之頂，或名為冠石。後壠諸社，指石為的，登絕頂，東洋及山後諸社，可一望而盡”（《諸羅志》）。

崩山番皆留半髮。傳說：明時林道乾在彭湖，往來海濱，見土番則削去半髮，以為碇繩。番畏之，每先自削，以草縛其餘。

崩山八社所屬地，橫亙二百餘里。高阜居多，低下處少。番民擇沃土可耕者，種芝麻、黍、芋；餘為鹿場，或任拋荒，不容漢人耕種。竹塹、後壠交界隙地中有水道，業戶請墾無幾，餘皆依然草萊。故往年自大甲溪而上，非縣令給照，不容出境。大甲西社離港十里，雙寮社離港六里，後壠社離港三里，竹塹社離港十里，南嵌社離港二十里，澹水社則直臨大海，各有通事，往來郡治。貨物自南而北者，如鹽、如糖、如煙、如布匹衣線；自北而南者，如鹿脯、鹿筋、鹿角、鹿皮、芝麻、水藤、紫菜、通草之類。

近竹塹，為汝綠生番，名猴社。

參將阮蔡文《詠大甲婦》詩：“大甲婦，一何苦！為夫饁餉為夫鋤，為夫日日績麻縷。績縷須淨亦須長，撚勻合線緊雙股；斫木虛中三尺圍，鑿開一道兩頭堵；輕圓漫捲不支機，一任元黃雜成組。間彩頗似虹霓生，綻花疑落仙姬舞！吾聞利用前民有聖人，一器一名皆上古。況茲杼軸事機絲，制度周詳供黻黼。土番蠢爾本無知，制器伊誰遠近取！日計苦無多，月計有餘褄；但得稍閒餘，軋軋事傴僂。番丁橫肩勝綺羅，番婦周身短布袓。大甲婦，一何苦”！《後壠》詩：“去縣日以遠，風俗日以變。顧此後壠番，北至中港限；音語止一方，他處不能辨。頭髮頂上垂，當額前後翦；髮厚壓光頭，其形類覆碗。亦有一二人，公然戴高冕；黑絲及紅絨，纏之千百轉。大有古人風，所惜雙足跣。男女八九歲，牙前兩齒劃；長大手自牽，另居無拘管；父固免肯堂，翁亦無甥館莊何蕭散。高廩置平原，黍稷有餘輓；所慮溼氣蒸，駕木如連棧。巨匏老。是處兩三間，而堅，行汲絡籐辮。溪水漲連旬，利涉身焉綰。豐年百禮偕，疾病顛危罕。飲酒即高歌，其樂何衎衎”！《竹塹》詩：“南嵌之番附澹水，中港之番歸後壠；竹塹周環三十里，封疆不大介其中。聲音略與後壠異，土風習俗將無同。年年捕鹿邱陵比，今年得鹿實無幾。鹿場半被流民開，蓺麻之餘兼蓺黍。番丁自昔亦躬織，鐵鋤掘土僅寸許；百鋤不及一犁深，那得盈甯畜妻子。鹿革為衣不貼身，尺布為裳露雙髀。是處差徭各有幫，竹塹筦筦一社耳。鵲巢忽爾為鳩居，鵲盡無巢鳩焉徙”（阮，庚午舉人）！

北路諸羅番十：南嵌　坑仔　霄里　龜崙（以上三社附南嵌納餉）澹水　內北投　麻少翁　武嘮（俗作勝，非）灣　大浪泵　擺接　雞柔（以上六社附澹水納餉）　大雞籠　山朝　金包裏（以上二社附雞籠納餉）　蛤仔難　哆囉滿（俗作嘀，非；附蛤仔難納餉）　八里分　外北投　大屯　里末　峰仔嶼　雷裏　八芝連　大加臘　木喜巴壠　奇武卒　秀朗　里族　荅荅悠　麻（一作毛）里即吼　奇里岸　眩眩　小雞籠

居處

澹水地潮濕，番人作室，結草構成，為梯以入，鋪木板於地；亦用木板為屋，如覆舟，極狹隘，不似近府縣各社寬廣。前後門戶式相類。

飲食

番多不事耕作，米粟甚少，日三飧俱薯芋；餘則捕魚蝦鹿麂。採紫菜、通草、水藤交易為日用，且輸餉。亦用黍米嚼碎為酒，如他社。《志》謂：澹水各社不藝圃，無葱韭生菜之屬（雞最繁，客至殺以代蔬）。俗尚冬瓜，官長至，抱瓜以獻，佐以粉餈；雞則以犒從者。鳥獸之肉傅諸火，帶血而食。麋鹿，刺其喉，吮生血至盡，乃剝割；腹草將化者綠如苔，置鹽少許，卽食之。

衣飾

番婦頭無妝飾，烏布五尺蒙頭曰老鍋。項上掛瑪瑙珠、螺錢、草珠，曰真仔贊。耳鑽八、九孔，帶漢人耳環。每至力田之候，男女更新衣曰換年；會眾飲酒，以示更新。

婚嫁

既娶曰麻民。未娶曰安轆。自幼倩媒以珠粒為定；及長而娶，間有贅於婦家者。屆期約諸親宰割牛豕，以黍為粿，狀如嬰兒，取叶兆熊羆之意。夫婦相聚，白首不易。婦與人私，則將姦夫父母房屋拆毁，倍罰珠粒分社番，以示家教不嚴。未嫁娶者不禁。

喪葬

番亡，用枋為棺，瘞於厝邊，以常時什物懸墓前。三日外，闔家澡身除服；又與别社期年、三月、十日者不同。

器用

無田器，耕以鋤。平時所佩，鏢刀弓箭之屬；厝內所用，木扣螺椀之類。

附番歌

澹水各社祭祀歌

嘊晚日居留什（虔請祖公），嘊覺眉（虔請祖母），街乃密乃濃（爾來請爾酒），街乃密乃司買單悶（爾來請爾飯共菜）。打梢打梢樸咖薩嚕塞嘆（庇祐年年好禾稼），樸咖薩嚕朱馬喈嚼喈（自東自西好收成)，麻查吱斯麻老麻薩拉（捕鹿亦速擒獲）!

附載

“雞籠、澹水夷，在泉州彭湖嶼東北；名北港，又名東番。永樂中，鄭和入海諭諸酋，番獨不聽約束；和貽之家一銅鈴，使頸之，蓋狗之也”(《名山藏》)。

“自南嵌越小嶺，在海岸間行，巨浪捲雪拍轅下，衣袂為濕。至八里分社，有江水為阻，即澹水也。水廣五、六里，港口中流有雞心礁，海舶畏之。乘蟒甲由澹水港入，前望兩山夾峙，曰千豆門；水道甚隘。入門，水忽廣漶為大湖，渺無涯涘。行十許里，高山四繞，周廣百餘里，中為平原，惟一溪流水；麻少翁等三社，緣溪而居。甲戌四月，地動不休；番人怖恐，相率徙去，俄陷為巨浸。距今不三年，再指淺處，猶有竹樹梢出水面，三社舊址可識”。“麻少翁、內北投在磺山左右，毒氣蒸鬱，觸鼻昏悶，諸番常以糖水洗眼。隔千豆門，巨港依山阻海；划蟒甲以入，地險固，數以睚眥殺漢人，官軍至則竄。澹水以北諸番，此最難治”。“武嘮灣、大浪泵等處，地廣土沃，可容萬夫之耕”。“八里分社，舊在澹水港西南之長豆溪，荷蘭時，後壠最悍，殲之幾無遺種，移社港之東北。澹水各社土官，有正副頭目之分”(《稗海紀遊》)。

“哆囉滿產金，淘沙出之，與瓜子金相似。番人鎔成條，藏巨甓中；客至每開甓自炫，然不知所用。近歲始有攜至雞籠、澹水易布者”。“斗尾、龍岸番，皆偉岸多力，文身文面，狀同魔鬼，出則焚掠殺人。土番聞其出，皆號哭走避。鄭經統兵往勦，深入不見一人；時亭午酷暑，軍士皆渴，競取甘蔗啖之。劉國軒守半線，率數百人至；見經，大呼曰，何為至此？令三軍速刈草為營，亂動者斬。言未畢，四面火發，文面五、六百人奮勇挑戰，互有殺傷，餘皆竄匿深山，竟不能滅，僅燬其巢而歸”。“阿蘭番近斗尾、龍岸，狀貌亦相似”。“雞距番足趾楂?如雞距，性善緣木，樹上往來跳躑，捷同猴狖；食息皆在樹間，非種植不下平地。其巢與雞籠山相近，常深夜獨至，出海濱取水；遇土番，往往竊其首去。土番亦追殺不遺餘力，蓋其足趾楂杈不利平地，多為土番追及；既登樹，則穿林度棘，不可復制矣”(《番境補遺》)。

“雞籠山土著，種類繁多，秉質驍勇，概居山谷。按其山川則形勝奇秀，論其土地則千里饒沃，溪澗深遠，足以設立州縣；惟少人工居址，荒蕪未闢，皆為鳥獸蛇龍之窟。惜哉”！“偽鄭時，上澹水通事李滄愿取金自效，希受一職。偽監紀陳福偕行到澹水，率宣毅鎮兵並附近土著，未至卑南覓社，土番伏莽以待曰：‘吾儕以此為活，唐人來取，必決死戰’！福不敢進；回至半途，遇彼地土番泛舟別販，福率兵攻之，獲金二百餘，並縶其魁令引路，刀鋸臨之，終不從。按出金乃臺灣山後，其地土番皆傀儡種類，未入聲教，人跡稀到。自上澹水乘蟒甲從西徂東，返而自北而南，溯溪而進，帀月方到。其出金之水流，從山後之東海，與此溪無與。其地山枯水冷，巉巖峻峭，洩水下溪，直至返流之處，住有金沙。土番善泅者，從水底取之，如小豆粒巨細；藏之竹簏，或秘之瓿甒，間出交易。彼地人雖能到，不服水土，生還者無幾”（《海上事略》）。

龜崙、霄裏、坑仔諸番，體盡矲矮，趨走促數。又多斑癬，狀如生番。

康熙壬寅，五月十六至十八三日大風，漳州把總朱文炳帶卒更戍船，在鹿耳門外為風飄至南路山後，歷三晝夜至蛤仔難，船破登岸。番疑為寇，將殺之。社有何姓者，素與番交易，力為諭止。晚宿番社，番食以毳。朱以片臠餉番，輒避匿不食。借用木罌瓦釜，番惡其污也，洗滌數四。所食者生蟹、烏魚，略加以鹽；活嚼生吞，相對驩甚。文炳臨行，犒以銀錢，不受；與以藍布舊衣，欣喜過望，兼具蟒甲以送。蟒甲，獨木挖空，兩邊翼以木板，用藤縛之；無油灰可艌，水易流入，番以杓不時挹之。行一日至山朝，次日至大雞籠，又一日至金包裏。

蛤仔難有金井，水極寒。番淘金，先置火及酒於井旁，懸藤綆入，取井底泥沙，口含手掬，急挽而上；寒不可支，飲酒向火，良久乃如常。有得一、二錢者，有數分者，亦有一無所得者；既非兼金，且散碎難鎔，冒死求利，番人每苦為之。或云：後山倒咯滿南有金沙溪，金沙從內山流出，近溪番婦淘沙得金；後為蛤仔難番所據。

蛤仔難三十六社

礁轆軒社、宇馬氏社、期班女懶社、八知美簡社（一作巴抵女簡）、嘮拔丹社、基密丹社、八知買驛社（一作巴抵馬悅）、礁仔壠岸社（一作礁礁人岸）、麻里陳轆社（一作貓里藤角）、辛也罕社（一作新仔羅罕）、其沓沓社、須老員社（一作思老完）、八陳雷社、奇武煖社、抵密密社（一作芝密）、倒麥倒麥社、礁嘮貓社、巴老鬱社、賓耶知懶社、脾釐社、奇直扳社、賓仔貓力尾社、沈美閣社、歪阿歪阿社（一作歪仔歪）、陳雷女簡社、削骨削骨社、礁嘮密社、巴嘮辛仔員社（一作巴老臣那浮）、毒龜晚社（一作搭龜滿）、奇武流社、佳笠苑社（一作交里苑）、冬仔爛社（一作徵也難懶）；其餘四社：一作肉生、打鄰里、劉簡、了喏，一作期尾笠、毋罕毋罕、貓嘮府偃、污泥肴，未知孰是?

陳湄川中丞《滄水各社紀程》："滄水港水路十五里至千豆門，南港水路四十里至武嘮灣，此地可泊船。內雞心礁陸路六里至雷裏，六里至了阿，八里至秀朗，三十里至里末，三里至擺接。此港水路十里至內北投，四里至麻少翁，十五里至大浪泵，此地可泊船；三里至奇武仔，十五里至答答悠，五里至里族，六里至麻里即吼，二十里至峰仔嶼。上灘水路七十里至嶺腳，上嶺、下嶺十里，渡海十二里至雞籠。又滄水港北過港，坐蟒甲上岸至八里分，十五里至外北投，十二里至雞柔山，十五里至大屯，三十里至小雞籠，七十里至金包裏，跳石過嶺八十里至雞籠社"。

番人逐鹿，曾至磺山；絕頂有水如池，澄然一泓。

番俗六考卷三

南路鳳山番一：上滄水（一名大木連） 下滄水（一名麻里麻崙） 阿猴 搭樓 茄藤（一名奢連） 放縤（一名阿加） 武洛（一名大澤機，一名尖山仔） 力力

居處

屋名曰朗；築土為基，架竹為梁，葺茅為蓋，編竹為牆，織蓬為

門。每築一室，眾番鳩工協成；無工師匠氏之費，無斧斤鋸鑿之煩，用刀一柄，可成眾室。正屋起脊，圈竹裹草標左右，如獸吻狀，名曰律武洛，名曰打藍，示觀美也。社四圍植竹木。貯米另為小室，名曰圭茅；或方或圓，或三五間、十餘間毗連；亦以竹草成之，基高倍於常屋。下木上簟，積穀於上，每間可容三百餘石；正供收入，遞年輪換。夜則鳴鑼巡守，雖風雨無間也。

飲食

種秔稻、黍糯、白豆、菉豆、番薯。又有香米倍長大，味醇氣馥，為飯逾二、三日香美不餲；每歲種植只供一年自食，不交易，價雖數倍不售也。歲時宴會，魚肉雞黍，每味重設。大會則用豕一，不治别具。飲酒不醉，興酣則起而歌而舞。舞無錦繡被體，或著短衣、或袒胸背，跳躍盤旋，如兒戲狀；歌無常曲，就見在景作曼聲，一人歌，群拍手而和。捕鹿除鹿臟外，筋肉悉呈土官。近番以鹿易酒。將捕鹿，先聽鳥音占吉凶。鳥色白，尾長，即華雀也（番曰鬱任），音宏亮，吉；微細，凶。食物餒敗生蟲，欣然食之。酒以味酸為醇。漢人至，則酌以待；歡甚，出番婦侑酒，或六七人、十餘人，各酌滿椀以進。客逐椀皆飲，眾婦歡然而退，儻前進者飲，後進者辭，遂分榮辱矣。客惟盡辭不飲為善。

衣飾

男裸全體，女露上身。自歸版圖後，女著衣裙，裹雙脛。男用鹿皮蔽體，或氈披身，名卓戈紋；青布圍腰下，即桶裙也，名鈔陰，武洛曰阿習。俱赤腳，土官有著履者。男女喜簪野花，圍繞頭上，名蛤網。插雞羽，名莫良；武洛曰伊習，力力曰馬甲奴葛，猶漢言齊整也。性好潔，冬夏男女日一浴，赤體危立，以盂水從首淋下，拭以布，或浴於溪。用鹿豕脂潤髮，名奇馬。恐髮散垂，各以青布纏頭，或以草，冬夏不除；近亦有戴帽者、剃頭編辮者。拔髭鬚，名心力其莪莪；愛少惡老，長鬚者雖少亦老，至頭白不留一鬚。每日取草擦齒，愈黑愈固。項懸螺錢，名興那。手帶銅鐲或鐵環，名圭留；力力社曰勞拔。脚帶鐵鐲，名石加來；皆以飾美，故男女並帶之。又麻達用咬根任（即薩豉宜）擊鐲鳴聲，另用鐵片繫腰間以助韻，傳送文移，行愈疾，聲愈遠；謂暮夜有惡物阻道，恃以不恐。穿耳，惟茄藤、放縤、力力三社；或以木貫之，名勞宇。

婚嫁

不擇婚，不倩媒妁，女及笄構屋獨居，番童有意者彈嘴琴逗之。琴削竹為弓，長尺餘，以絲線為絃，一頭以薄篾折而環其端，承於近弰，絃末疊繫於弓面，齩 其背，爪其絃，自成一音，名曰突肉。意合，女出而招之同居，曰牽手。逾月，各告於父母，以紗帕青紅布為聘（富者用紗帕，貧惟青紅布）；女父母具牲醪，會諸親以贅焉。謂子曰安六，婿亦同之。既婚，女赴男家洒掃屋舍三日，名曰烏合。此後男歸女家，同耕並作，以偕終身。夫婦反目，夫出其婦，婦離其夫；不論有無生育，均分舍內什物，各再牽手出贅。近日番女多與漢人牽手者，媒妁聘娶，文又加煩矣。

喪葬

土官故，掛藍布旛竿，鳴鑼舉屍，徧遊通社，名曰班柔少里堂敖敖，通社閉戶。尸游歸家，用板合成一盝，置屍於內；殮以平日衣服什物各半。諸親各送青藍布一丈或鹿皮一張，同什物與盝葬所臥牀下，妻子遷居別室；本家及親友各酹以酒，奠畢，錮其戶歸。無論老少，仍別牽手。其子孫則胸背披藍布二片，謂之掛孝；約及期年去之。餘番有喪，悉如土官；惟不敢游屍耳。

器用

飲食用椰瓢，名奇麟；不用箸，以手攫取。近亦用粗椀，名其矢；竹箸，名甘直。竈支三木，泥以上或用石甃，名曰六難。鍋曰巴六。汲水用大葫蘆，曰大蒲崙；近亦用木桶。坐皆席地，或藉鹿皮。飲食宴會，蹲踞而食；近始製桌椅以待客，番眾仍架竹為凳，而蹲踞席地之風少減矣。衣糧多貯葫蘆內，遠出亦擔以載行衣；近行用竹筒名斗籠，貯香米飯以禦飢。又編竹為霞籃，其制圓小者容一、二斗，大者可三、四石；番無升斗，以此概米粟黍豆多寡，與北路大肚諸社同。藤籠以藤為之，有底無蓋，或方或圓，或似豬腰形，用以貯物。至弓矢鏢槊亦與北路同。刀長止尺許，或齊頭，或尖葉，函以木鞘；男婦外出，繫於腰間。以堅木為木牌，高三尺餘，濶二尺，繪畫雲鳥以蔽身。

附番歌

上澹水力田歌

咳呵呵里慢里慢那毛呵埋（此時係畊田之候），哄唹老哄描嗄咳（天今下雨）；哄吧伊加圭朗烟（及時畊種），哄麻列哄呵女門（下秧耡草）。哄描螺螺嗄連（好雨節次來了），哄麻萬列其嘻列（播田明白好來飲酒）！

下澹水頌祖歌

巴干拉呀拉呀留（請爾等坐聽）！礁眉咖咖漢連多羅我洛（論我祖先如同大魚），礁眉呵千洛呵連（凡行走必在前），呵吱媽描歪呵連刀（何等英雄）！唹嗎礁卓舉呀連呵吱嗎（如今我輩子孫不肖），無羅嗄連（如風隨舞）！巴千拉呀拉呀留（請爾等坐聽）。

阿猴頌祖歌

咳呵呵咳仔滴唹老（論我祖），振芒哄糾連（實是好漢）；礁呵留的乜乜（眾番無敵），礁留乜乜連（誰敢相爭）！

搭樓念祖被水歌

咳呵呵咳呵嗄（此係起曲之調）！加斗寅（祖公時），嗎搏哄嘮濃（被水沖擊），搭學哄施仔捧（眾番就起）；磨葛多務根（走上山內），佳史其加顯加嗡（無有柴米），佳史哄唹嗎（也無田園），麻踏堀其搭學（眾番好艱苦）！

茄藤飲酒歌

近呵欵其歪（請同來飲酒）！礁年臨萬臨萬其歪（同坐同飲），描呵那哆描呵款（不醉無歸）！代來那其歪（答曰：多謝汝）！嘻哆萬那呵款其歪（如今好去游戲），龜描呵滿礁呵款其歪（若不同去游戲便回家去）。

放綀種薑歌

黏黏到落其武難馬涼道毛呀覓其𪘚嗎（此時是三月天，好去犁園）！武朗弋礁拉老歪礁嗎嘆（不論男女老幼），免洗溫毛雅覓刀嗎林唭萬萬（同去犁園好種薑）；嗎咪唭萬萬吧唎陽午涼藹米唭唎呵（俟薑出後再來飲酒）。

武洛頌祖歌

嘻呵浩孩耶嗄（此句係起曲之調）！乜連糾（先時節），鎮唎烏留岐跌（我祖先能敵傀儡），那唎平奇腰眉（聞風可畏）；鎮仔奇腰眉（如今傀儡尚懼），唭耳奄耳奄罩散嗄（不敢侵越我界）！

力力飲酒捕鹿歌

文嘮唭啞奢（來賽戲）！丹領唭漫漫（種了薑），排裏唭黎唉（去換糯米）；伊弄唭嘮力（來釀酒）！麻骨裏唭嘮力（釀成好酒），匏黍其麻因刃臨萬唭嘮力（請土官來飲酒）；媽良唭嘮力（酒足後），毛丙力唭文蘭（去捕鹿）；毛里居唭丙力（捕鹿回），文嘮唭啞奢（復來賽戲）！

附載

“土官有正副，大社五、六人，小社三、四人，各分公廨（管事頭目亦稱公廨）。有事則集眾以議。能書紅毛字者號曰教冊，掌登出入之數；削鵝毛管濡墨橫書，自左而右。由澹水入深山，番狀如猿猱，長僅三、四尺；語與外社不通，見人則升樹杪，人視之則張弓相向”（《鳳山志》）。

鳳山一邑，倉穀多於澹水；各社堆貯，修蓋倉廒，悉令土番繕治，已屬派累。至司納出入，有社房、有對差或經管僕役，諸番原不與聞；及遇黴黰，兼之猴鼠侵耗，或官吏侵盜缺少，俱責令各番賠補。從前有司總利番民蚩愚，剝削侵吞，苦累實甚。余飭所司倉廒，祇許令土番在外協同看護；至倉內穀石及修理倉房，不得混派一粟一木，稍知警惕。

小琉球社對東港，地廣約二十餘里；久無番社，餉同瑯嶠、卑南覓，皆邑令代輸。山多林木，採薪者乘小艇登岸；水深難於維繫，將舟牽拽岸上，結寮而居。近因偵緝餘孽，所司絕其往來矣。

南路番童習漢書者，曾令背誦默寫。上澹水施仔洛讀至《離婁》；人孕礁巴加貓讀《左傳·鄭伯克段于鄢》，竟能默寫全篇；下澹水加貓、礁加里文郎讀《四書》、《毛詩》，亦能摘錄；加貓讀至《先進》，礁恭讀《大學》，放綀社呵里莫讀《中庸》，搭樓社山里貓老讀《論語》，皆能手書姓名；加貓於紙尾書"字完呈上、指日榮陞"數字，尤為番童中善解事者。

武洛社，八社中最小；性鷙悍，逼近傀儡山。先是傀儡生番欺其社小人微，欲滅之；土官糾集社番往鬥，大敗生番，戮其眾無算。由是傀儡懾服，不敢窺境。其子孫作歌以頌祖功；冬春捕鹿採薪，群歌相和，音極亢烈。生番聞之，知為武洛社番，無敢出以攖其鋒者。余詩云："發聲一唱競嘻呵，不解腰眉語疊何。傀儡深藏那敢出，為聞武洛採薪歌"！

黃吳祚《詠上澹水八社二首》："初冬出草入山深，先向林間聽鳥音；華雀飛來音較亮，諸番競奮逐前禽"。"社中留客勸銜杯，諸婦相將送酒來；誤進一杯須盡飲，漫分辭受起嫌猜"！

南路鳳山傀儡番二：北葉安　心武里（北葉分出）　山豬毛　加蚌（一作泵）　加務朗　勃朗（一名錫干）　施（一作系）汝臘　山里老（一名山里留）　加少山　七齒岸（一云即施汝臘，未知孰是）　加六堂　礁嘮其難（一名陳那加勿）　陳阿修（一名八絲力；以上熟番）　加走山　礁網曷氏　系率臘　毛系系　望仔立　加籠雅　無朗逸　山里目　佳者惹葉　擺律　柯覓　則加則加單（以上新附番）

傀儡生番，動輒殺人割首以去；髑髏用金飾以為寶；《志》言之矣。被殺之番，其子嗣於四箇月釋服後，必出殺人，取首級以祭。大武、力力尤摯悍，以故無敢輕歷其境。飲食居處，傳說不一。有云：若輩在深山中，首蒙鹿皮，胸背間用熊皮蔽之。喜食大龜，用火炙熟刀劈啖之，以殼為什器；龜卵剝去輭皮，和鹽少許而食。麞鹿取其肉，用石壓去血水；曬乾出山，易鹽布米珠。遇鐵及鉛子火藥，雖傾其所有以易，不顧也。芋極長大而細膩，番以為糧；熟後陰乾，每食少許，以水下之，可終日不食。或云：武力社、率芒社、爪覓社、歷歷社、七腳亭社、擺律社、加籠雅社、無朗逸社、望仔立社、勃朗社、陳那加勿社、陳阿修社、加務朗社、董滴社、加蚌社、加少山社、毛系系社、礁罔曷氏社、龜嘮律社，為港東里十九社；加走山社、系汝臘社、系率臘社、七齒岸社、北葉社、心武里社、山里老社、八歹社、加者膀眼社、拜完社、山豬毛社、山里目社、力力喇社，為港西里十三社。鳳山通事外委鄭宇云：礁巴覓曾轄六社：山豬毛社、山里目社、賓嘮龜臘社、大解懷社、毛邦難社、加知務難社，加務朗社轄三社：柯覓社、擺律社、君崙留社，擺灣社轄十二社：礁巴覓工社、山嘮老社、加查青難社、陳阿少里社、加力氏社、加則難社、八歹因社、礁來搭來社、加老律社、加者膀眼社、知嘮曰氏社、君云樓社，佳者惹葉社轄十一社：山里留社、加少山社、陳阿難益難社、擺也也社、加走山社、則加單社、大文里社、貓美加社、思里思里莫社、施汝臘社、卒武里社，加蚌社轄九社：礁網曷氏社、施率臘社、毛系系社、嘮律目社、施羅滿社、礁嘮其難社、八絲力社、加籠雅社、勃朗錫干社，望仔立社轄二社：無朗逸社、七腳亭社。又，歷歷社、董底社、萬屢屢社，屬山後卑南覓社。社轄共六十八社。又見別圖有黎嶺社、懷仔社、加人工社、山務諸社、山卓考社。或又云，共七十二社。層巖疊岫，人跡罕經，得之傳聞，無所證據；茲盡為錄出，以俟後之留心採訪者。

雍正癸卯秋，心武里女土官蘭雷為客民殺死。八歹社、加者膀眼社率領番眾數百，暗伏東勢莊，殺死客民三人，割頭顱以去；文武宣示兵威，勒緝兇番，兩社遁逃，僅得二髑髏以歸。維時附近生番加走山社、礁網曷氏社、系率臘社、毛系系社、望仔立社、加籠雅社、無朗逸社、山里目社，呈送番豕、卓戈紋、番籃蓋願來歸化，計七百餘口，各社歲輸鹿皮五張。不衣不袴，惟於私處以布圍繞；土官衣狀如袈裟，風吹四肢畢露。毛系系社女土官弟勞里阮頭帶竹方架，四圍用紅雨纓織成，中有黃花紋，遠望如錦，纏繞竹上，名達拉嗎；亦有飾以孔雀毛者云。非土官，不敢加首。

甲辰四月，舊歸化山里留社土官珍里覓挈佳者惹葉社公廨蘭朗、則加則加單社公廨礁鹿子卓、擺律社副土官彩文、柯覓社公廨佘基卯等獻送戶口冊共五百二十名口，附貢迦喇巴（篾籃蓋）八、咿洞（即卓戈紋）四、番豕二；據稱聖天子愛養黎元，下逮番庶，聞風歸化。土官內有戴豹皮帽者，名力居樓大羅房，如豹頭形，眼中嵌玻璃片，週圍飾以朱英，帽後綴以豹尾；亦有戴頭箍者，名奧曼，插以鳥羽十餘枝，參差排列，垂髮二縷，云係其妻之髮，衣熊豹皮，名曰褚買，內披短衣曰鴿覓，下體盡露，惟於私處圍烏布一片曰突勿；亦有胸前搭紅綠卓戈紋者，名曰噶拉祿，用紅嗶吱折碎，間以草絲，番婦用口染成青綠，經緯錯綜，頗為堅緻。各佩一刀，名曰奪佳，另有網袋名細敲，皮袋名落母，皆以貯行裝者。

鳳山令楊毓健令鄭宇撫和生番，往來傀儡山，風土性情，言之極詳，因述其略。鳳邑東南一帶，嶄巖嵾嵯，足跡不至。山前則加蚌、山豬毛、望仔立等七十二社，上連諸羅之務來優，下及鳳山之謝必益。山後則卑南覓七十二社，北通崇爻，南極琅嶠，悉為傀儡番巢穴。每社各土官一，仍有副土官、公廨；小社僅一土官。大社轄十餘社、或數社不一，共五十四社。他如謝必益轄四社，琅嶠轄十四社，卑南覓轄六十八社，崇爻轄四社。山前、山後社百四十有奇。其居處悉於山凹險隘處，以小石片築為牆壁，大木為梁，大枋為桷，鑿石為瓦，不慮風雨，惟患地震。大枋大石為牀，番布為裀。食用器具，以藤篾為筐、為椀、為鉢、為杓、為箸。種薯芋黍米以充食。種時男婦老幼偕往，無牛隻犁耙，惟用鐵錐鋤鑿栽種。芋熟，置大竹扁上，火焙成乾，以為終歲之需；外出亦資為餱糧。農事之暇，男則採籐編籃、砍木鑿盆，女則績苧織布；惟土官家織紅藍色布及帶頭織人面形，餘則不敢。各社生番持與熟番交易珠布鹽鐵，熟番出與通事交易。土官畜雞犬，卻不食。餘番則以竹木及豢豕、捕獸為活。下山則腰佩短刀，手執鏢槊、竹箭、木牌等械，背負網袋，內貯貨物。披髮裸身，下體烏布圍遮，隆冬以野獸皮為衣；熊皮非土官不敢服。天雨則以槺榔葉為衣為笠。天旱亦祈禱，通社男女五日不出門，不舉火，不食煙，惟食芋乾；得雨後亦不出門五日謝雨，名曰起向。各社頭皆留髮，翦與眉齊，草箍似帽。以野草黑齒。兩耳穴孔，用篾圈抵塞。土官、副官、公廨，至娶妻後卽於肩、背、胸膛、手臂、兩腋，以鍼刺花，用黑煙文之；正土官刺人形，副土官、公廨祗刺墨花而已，女土官肩臂手掌亦刺墨花：此卽尊卑之别。捕鹿、射獵，以鹿皮為袴、為履；鏢刀弓矢，皆所自製。最喜鼎鐺、銅鐵、米珠、鹽布、嗶吱、梳枇。親朋相見，以鼻彼此相就一點，小番見土官，以鼻向土官項後髮際一點。凡所轄社，小番栽種黍米薯芋，土官抽取十分之二；至射獵麞鹿山豬等獸，土官得後一蹄。凡嫁娶則以鼎珠刀布為聘；土官取其半。山前、山後諸社，例於五年，土官暨眾番百十圍繞，各執長竹竿，一人以藤毬上擲，競以長竿刺之，中者為勝；番眾捧酒為賀，名曰託高會。酒酣，各矜豪勇，以殺人頭多者為雄長；故殺人之案，歲不絕書。今歸化生番，習已盡易。番婦俱以鞦韆為戲；各社戶前，因大樹縛藤，縱送為樂，日夕歌唱不絕口。散髮鬔鬆，短衣跣足。外出掘薯收芋，衣物俱於網袋貯之；行戴於首。未婚時，男女歌唱相合，男隨女肩水負薪；意既投，始告父母聘之。反目卽時分離，男再娶，女别嫁。土官彼此結姻，不與眾番婚娶。歸化番女，亦有與漢人為妻室者，往來倍親密。土官故，無論男女總以長者承嗣；長男則娶婦，長女則贅婿，家業盡付之，甥卽為孫，以衍後嗣。無姓氏，三世外卽互相嫁娶。孫祖或至同名，子多者名或與伯叔同。父母兄弟故，家業器用，一家均分，死者亦一分。埋葬，於屋內挖穴，四圍立石；先後死者，次第坐葬穴中；無棺木，只以番布包裹，其一分物件置死側；大石為蓋，米粥和柴灰黏石罅，使穢氣不泄。婦產死，山頂另開一堀埋之。本社有喪，通社男女為服二十餘日，親屬六月。土官死，則本社及所屬各社老幼，亦服六月。其服身首纏披烏布；通社不飲酒，不歌唱。父母之服，長男長女身披烏布，頭荷斗笠，謂不敢見天也。服滿射鹿飲酒，除烏布，謂之撤服。歲時：以黍米熟為一年，月圓為一月。語與八社異。有事他出，聽鳥音；吉則趨，凶則返。酒以黍米合青草花同舂，草葉包煮，四、五日外，清水漉之，貯甕一、二日卽有酒味。聚飲以木椀盛酒，土官先酌，次及副土官、公廨，眾番相繼而飲。社番間有角口，不相毆者；有犯，土官令公廨持竹木橫擊，將其器物盡為棄擲。卑南覓社，有犯及獲獸不與豚蹄，以背叛論，即殺之。

番貧莫如傀儡；而負嵎蟠踞，自昔為然。紅毛、偽鄭屢思勦除，居高負險，數戰不利，率皆中止。近則種類漸多，野性難馴；且幼習鏢刀、拈弓矢，輕禽狡獸，鏢箭一發無逸：兇頑嗜殺，實為化外異類。今聖朝臨御，惠澤廣被，有血氣莫不尊親，雖蠻夷悍輕，亦知向化，源源來歸，非強致也。

南路鳳山瑯嶠十八社三：謝必益　豬嘮鋉（一名地藍松）　小麻利（一名貓籠逸，一名貓蘭）　施那格　貓裏踏　寶刀　牡丹　蒙率　拔蟯　龍鸞　貓仔　上懷　下懷　龜仔律竹　猴洞　大龜文（或云傀儡）　柯律

居處

築厝於巖洞，以石為垣，以木為梁，蓋薄石板於厝上；厝名打包。前後栽植檳榔、蔞藤，至種芋蓺黍時，更於山下豎竹為牆，取草遮蓋，以為棲止；收穫畢，仍歸山間。

飲食

諸番傍巖而居，或叢處內山，五穀絕少。斫樹燔根以種芋，魁大者七、八觔，貯以為糧。收芋時，穴為窖，積薪燒炭，置芋灰中，仍覆以土，聚一社之眾發而噉焉；甲盡則乙，不分彼此。日凡三餐，不食雞。有傳紅毛欲殺生番，俱避禍遠匿，聞雞聲知其所在，逐而殺之；番以為神，故不食。深山捕鹿，不計日期。饑則生薑嚼水，佐以草木之實，云可支一月。或以煨芋為糧；無火則取竹木相鋸而出火。海邊多石，各番於空洞處傾曬海水成鹽。收米三次為三年，則大會；束草為人頭擲於空中，各番削竹為槍，迎而刺之；中者為麻丹畢，華言好漢也。各番以酒相慶，三日乃止；與傀儡略同。

衣飾

男婦用自織布圍繞，曰張面；婦短衣曰鴿肉，男短衣曰鄉袍。翦紙條垂首，曰加篤北；或為草箍束髮，曰臘。手足亦用銅鐲，名打臘。或以鹿尾束脛曰打割。出入負鹿皮，日藉以坐，夜則寢之。

婚嫁

各番結婚，不問叔伯之子，自相配偶；惟土官則不與眾番為婚。男女於山間彈嘴琴，歌唱相和，意投則野合，各以佩物相貽；歸告父母、土官，另期具豕酒會土官、親戚，贅入婦家。反目，男再娶，婦將所生子女別醮。其俗重母不重父，同母異父俱為同胞，同父異母直如陌路。呼父曰阿嗎，稱叔伯母舅如之；呼母曰惟那，稱嬸母及妗亦如之。夫婦相稱以名。產後同所生子浴於溪中；與北路同。一產二男為不祥，將所產子縛於樹梢至死，並移居他處。瑯嶠一社，喜與漢人為婚，以青布四匹、小鐵鐺一口、米珠觔許為聘；臨期，備牲醪白之所親及土官成婚。番無姓名，以父名為姓，以祖名為名；如祖名甲，父名乙，即以乙為姓、甲為名。眾番呼曰乙礁巴、甲礁巴者，番人口吻語。

喪葬

番死，厝內築石洞以葬；石板封固，生者不別遷。喪服則衣白褂、圍白布；與別社以烏布為服又不同。

器用

社內有製牀者名曰篤篤；亦設而不用。與漢人交易鐵器火藥，以為捕鹿之具。鏢曰武洛，刀曰礁傑，弓箭曰木拉；鍋曰巴六，魚網曰下來。

附番歌

瑯嶠待客歌

立孫呵網直（爾來瑯嶠），六呷呵談眉談眉（此處不似內地），那鬼呵網直務昌哩呵郎耶（爾來無佳物供應），嗎疏嗎疏（得罪得罪）！

附載

瑯嶠各社，俱受小麻利番長約束；代種薯芋、生薑為應差。小麻利，卽瑯嶠一帶主番也。番長及番頭目，男女以長承襲。所需珠米、烏青布、鐵鐺，漢人每以此易其鹿脯、鹿筋、鹿皮、卓戈紋。路多險阻，沿海跳石而行；經傀儡山，非數十人偕行，未敢輕踐其境。瑯嶠諸社隙地，民向多種植田畝；今有司禁止，悉為荒田。沿海如魚房港、大　房一帶，小船仍往來不絕。或云十八社外，尚有高士港社、是人傑社、佳諸來社、懷裏社、咬人土社、滑事滑社。

卑蘭覓係番社總名，在傀儡山後沿海一帶；地與傀儡山相連，中有高山聳起。相傳七十二社（與前異），各社名不能盡記。贌社貿易，每在山腳沿海處所；約行程四、五日，始窮其境。自卑蘭覓而北，有老郎社、美基社、八里撋社、農仔農社（一名南仔郎）、須嘮宰社、獨馬煙社、株栗社、貓武骨社、佳嘮突社、貓蠻社、白逸民社、佳落社、甕綀社，離北路崇爻社地界百有餘里，人煙斷絕。自卑蘭覓而南，有呂家莽社、謝馬乾社、知本社、朝貓籬社、咬嚠蘭社、甯巒社、謝已甯社、干仔弼社、干仔崙社、壳只罜社、打早高社、大鳥萬社，離瑯嶠地界六、七十里，亦鮮人跡。貨則鹿脯、鹿筋、鹿皮、獐皮、麂皮、苧藤。果則蕉實、鳳梨、蔗樣、柑柚、檳榔、毛柿。土番日食薯芋、黍秫、金瓜。鹽自曝用。鹿豕魚酒，則上珍矣。服飾：富者烏布為衣，嗶吱為抄陰，為方幔，如平埔熟番之制，衣著更短；貧者以鹿皮、苧衣蔽體。耕作無牛，亦無銚鎒；僅用一鋤，闊三寸、柄長一尺，屈足伏地而鋤。捕鹿用獵犬、弓矢、鏢刀、網羅。婚嫁：男女十餘歲時，男以鏢為定，迄成婚略無聘禮。反目，男女各擇匹偶方離。產兒用冷水浴；雙胎為不吉，委道旁，卽徙居。父母亡，視若路人；惟為兄弟姊妹服，亦僅除草珠而已。赴社水路，僅容杉板船；懸崖石壁，無可泊處。農仔農社有；阬一道，船至，土番群立岸上，船梢拋索，土番接索挽進，卽泊溝內；若無接挽，溝外無可泊處。大龜文、謝必益諸社，俱有路可通。或云自糞箕湖入傀儡山，行二日可至；鳥道盤旋，跋履匪易。外此則穿荆度莽、越嶺攀藤，尤難施步矣（拔貢施世榜說）。

紅頭嶼番在南路山後；由沙馬磯放洋，東行二更至雞心嶼，又二更至紅頭嶼。小山孤立海中，山內四圍平曠，傍岸皆礁，大船不能泊，每用小艇以渡。山無草木，番以石為屋，卑隘不堪起立。產金，番無鐵，以金為鏢鏃、槍舌。昔年臺人利其金，私與貿易；因言語不諳，臺人殺番奪金。後復邀瑯嶠番同往，紅頭嶼番盡殺之；今則無人敢至其地矣。

或云：瑯嶠山後行一日至貓丹，又二日過丹哩溪口至老佛，又一日至大鳥萬社，又三日過加仔難社、朝貓籬社，至卑南覓社。番長名文吉，轄達里、武甲等七十二社，歲輸正供銀六十八兩零；南仔郎港可以泊船。由卑南覓一日至八里捫，又一日至加老突，文吉所屬番界止此。至打水安一日，又二日至芝母蘭，共五社；又行五日至直加宣社。俱係北路山後生番，另詳本社之下。凡此山後綿亙，聲息鮮通，野番種類無可查據；姑附識於此。

番俗雜記

生番

“諸羅鳳山番，有土番、野番之別。野番在深山中，疊嶂如屏，連峰插漢；深林密箐，仰不見天；棘刺藤蘿，舉足觸礙；蓋自洪荒以來，斧斤所未入。野番巢居穴處，血飲毛茹，種類實繁。其升高陟巔、越箐度莽之捷，可以追驚猿、逐駭獸。平地諸番恆畏之，無敢入其境。客冬有賴科者，欲通山東土番，與七人為侶，晝伏夜行；從野番中越度萬山，竟達東面。東番導遊各社，禾黍芃芃，比戶殷富；謂苦野番間阻，不得與山西通，欲約西番夾擊之。又曰：寄語長官，若能以兵相助，則山東萬人鑿山通道，東西一家，共輸貢賦，為天朝民矣。有當事者能持其議，與東番約期夾擊，勦撫並施，烈澤焚山，夷其險阻，則數年後未必不變荊棘為坦途，而化盤瓠槃瓠為良民也”（《裨海紀遊》）。

“諸羅山以上，皆在深溪峻嶺之間。惟知採捕麞鹿，聽商貿易，鮮食衣毛，所異於禽獸者幾希矣！番之性雖剛而很；但見小而善疑，故無非分之求。其技善奔走，穿藤攀棘，捷於猿猱。所用之器，鏢鎗最利，竹弓竹箭雖不甚競，而射飛逐走，發無不中。儻使稍有知識，偶或蠢動，亦非易制之眾也”（《諸羅雜識》）。

"臺灣生番，素喜為亂；茍有不足，則出山屠殺商民。然撫此類也，若專以威，則難擣其穴；或柔以惠，則難飽其貪。要當示之以威武，懷之以德意，駕馭有術，不敢背叛。且各社自樹其黨，不相統轄，力分則薄，較易繩束。又其俗尚殺人，以為武勇；所屠人頭，挖去皮肉，煮去脂膏，塗以金色，藏諸高閣，以多較勝，稱為豪俠云"（《海上事略》）。

熟番

"平地近番，不識不知，無求無欲，日遊於葛天、無懷之世，有擊壤、鼓腹之遺風。往來市中，狀貌無甚異；惟兩目坳深，瞪視似稍別。其語多作都盧嘓轆聲；呼酒曰打喇酥，煙曰篤木固。相傳元人滅金，金人有浮海避元者，為颶風飄至，各擇所居，耕鑿自贍；數世之後，忘其所自，而語則未嘗改。終歲不知春夏，老死不知年歲。有金錢無所用，故不知蓄積。秋成納稼，計終歲所食有餘，則盡付麯糵。無男女皆嗜酒。屋必自構，衣必自織。績麻為網，屈竹為弓，以獵以漁，罔非自為而用之。腰間一刃，凡所成造，皆出於此。惟陶冶不能自為。得鐵則取澗中兩石自槌之，久亦成器。社推一、二人為土官，非滇廣徵賦稅、操殺奪、擁兵自衛者比"（《稗海紀遊》）。

"土番非如雲、貴之貓、獠、猺、獞，各分種類聚族而居者也。社之大者，不過一、二百丁；社之小者，止有二、三十丁。見在各社，有正、副土官，以統攝番眾；然亦文項蒙頭，無分體統：考其實，卽內地里長、保長之役耳"（《東甯政事集》）。

社商

"紅毛始踞時，平地土官悉受約束；犯法殺人者，勦滅無孑遺。鄭氏繼至，立法尤嚴；誅夷不遺赤子，併田疇廬舍廢之。諸番謂：鄭氏來，紅毛畏逃；今鄭氏又勦滅，帝真天威矣。故其人既愚，又甚畏法。郡縣有財力者，認辦社課，名曰社商。社商又委通事、夥長輩，使居社中。凡番一粒一毫，皆有籍稽之。射得麋鹿，盡取其肉為脯，并取其皮；二者輸賦有餘。然朘削無厭，視所有不異己物。平時事無巨細，悉呼男婦孩稺供役；且納番婦為妻妾，有求必與，有過必撻，而番人不甚怨之。苟能化以禮義，風以詩書，教以蓄有備無之道，制以衣服、飲食、冠婚、喪祭之禮，遠在百年、近則三十年，將見風俗改觀，率循禮教，甯與中國之民有異乎！余謂欲化番人，必如唐韋皋、宋張詠之治蜀，久任數十年，不責旦暮之效然後可。噫！蓋亦難言矣！然又有暗阻潛撓於中者，則社棍是也。謀長、夥長、通事熟識番情，復解番語，父死子繼，流毒無已。社商有虧折耗費，此輩坐享其利。社商率一、二歲更易，此輩雖死不移。利番人之愚，又欲番人之貧；愚則攫奪惟意，貧則力不敢抗。卽有以冤訴者，番語啅離不能達情，通事顛倒以對，番人反受呵譴。是舉世所當哀矜者，莫番若矣！乃以其異類，且歧視之；見其無衣，曰是不知寒；見其雨行露宿，曰彼不致疾；見其負重馳遠，曰若本耐勞。噫！若亦人也！馬不宿馳，牛無偏駕，否則致疾；牛馬且然，而況於人乎！抑知彼苟多帛，亦重綈矣，寒胡為哉！彼苟無事，亦安居矣，暴露胡為哉！彼苟免力役，亦暇且逸矣，奔走負戴胡為哉！異其人，何必異其性”（《稗海紀遊》）。

社餉

“贌社之稅，在紅夷卽有之。其法每年五月初二日，主計諸官集於公所；願贌眾商，亦至其地。將各社港餉銀之數，高呼於上，商人願認則報名承應；不應者減其數而再呼，至有人承應而止。隨卽取商人姓名及所認餉額書之於冊，取具街市舖戶保領。就商徵收，分為四季。商人既認之後，率其夥伴至社貿易。凡番之所有，與番之所需，皆出於商人之手；外此無敢買，亦無敢賣。雖可裕餉，實未免於累商也”。“臺灣南北番社，以捕鹿為業。贌社之商，以貨物與番民貿易；肉則作脯發賣，皮則交官折餉。日本之人多用皮以為衣服、包裹及牆壁之飾，歲必需之；紅夷以來，卽以鹿皮興販。有醜皮、有牯皮、有母皮；有麞皮、有末皮；醜皮大而重，鄭氏照觔給價；其下四種，俱按大小分價貴賤。一年所得，亦無定數。偽冊所云，捕鹿多則皮張多，捕鹿少則皮張少；蓋以鹿生山谷，採捕不能預計也”（《諸羅雜識》）。

“交納鹿皮，自紅毛以來，卽為成例。收皮之數，每年不過五萬張，或曰萬餘張。牯皮、母皮、末皮、麞皮、醜皮，分為五等，大小兼收。

偽冊報部，並未有止用大鹿皮及山馬皮之說”（《東甯政事集》）。

“番俗醇樸，太古之遺。一自居民雜沓，強者欺番，視番為俎上之肉；弱者媚番，導番為升木之猱；地方隱憂，莫甚於此。社餉一項，鳳山下澹水八社番米，在偽鄭原數五千九百三十三石八斗，蕩平後酌減為四千六百四十五石三斗。諸羅社餉共七千七百八兩零，未邀裁減。從前猶可支持，以地皆番有，出產原多；自比年以來，流亡日集，以有定之疆土，處日益之流民，累月經年，日事侵削。向為番民鹿場麻地，今為業戶請墾，或為流寓佔耕，番民世守之業，竟不能存什一於千百。且開臺來，每年維正之供七千八百餘金，花紅八千餘金，官令採買麻石又四千餘金，放行社鹽又二千餘金，總計一歲所出共二萬餘金；中間通事、頭家假公濟私，何啻數倍。土番膏血有幾，雖欲不窮得乎？今一切陋弊，革盡無餘；而正供應作何酌征，以蘇番黎之苦”（《周鍾瑄上滿總制書》）！

捕鹿

鹿場多荒草，高丈餘，一望不知其極。逐鹿因風所向，三面縱火焚燒，前留一面；各番負弓矢、持鏢槊，俟其奔逸，圍繞擒殺。漢人有私往場中捕鹿者，被獲，用竹桿將兩手平縛，鳴官究治，謂為誤餉；相識者，面或不言，暗伏鏢箭以射之。若雉兔，則不禁也。

番役

凡長吏將弁遠出，番為肩輿；行笥襆被，皆其所任；疲於奔命久矣，曾為嚴止。余巡視南北兩路，概不令任諸力役。惟過澹水、虎尾、大肚，溪深水漲，用五、六人擎扶筍輿，犒以錢煙；假宿社寮，及兵弁輿從栖止處，悉酬以煙布；諸番驩甚，謂為從來未有。間以所食物予番，則驩然盡飽。問何故跣足？曰：“非樂此，特無履耳”。可見人性皆同。

土官饋獻

新官蒞任，各社土官瞻謁，例有饋獻；率皆通事、書記醵金承辦，羊、豕、餓、鴨，惠泉包酒，從中侵漁，不止加倍。余初抵臺時，正值農忙，兼值溪漲，往來僕僕，必致廢時失業，檄行鳳、諸二縣，禁止派勒赴府，呈送禮物；通事輩無可生發，亦不慫恿其來也。

番界

內山生番，野性難馴，焚廬殺人，視為故常；其實啓釁多由漢人。如業主管事輩利在開墾，不論生番、熟番，越界侵佔，不奪不饜；復勾引夥黨，入山搭寮，見番弋取鹿麂，往往竊為己有，以故多遭殺戮。又或小民深入內山，抽藤鋸板，為其所害者亦有之。康熙六十一年，官斯土者，議凡逼近生番處所相去數十里或十餘里，豎石以限之；越入者有禁。鳳山八社，皆通傀儡生番。放綵社外之大武、力力、枋寮口、埔薑林、六根、茄藤社外之糞箕湖、東岸莊、力力社外之崙仔頂、四塊厝、加泵社口、下澹水社外之舊檳榔林莊、新東勢莊、上澹水社外之新檳榔林莊、柚仔林、阿猴社外之揭陽崙、柯柯林、搭樓社外之大武崙、內卓佳莊、武洛社外之大澤機溪口，俱立石為界。自加六堂以上至瑯嶠，亦為嚴禁。諸羅羅漢門之九荆林、澹水溪墘（墘或壃字之譌）、大武壠之南仔仙溪墘、茄茇社山後哆囉嘓之九重溪、老古崎、土地公崎、下加冬之大溪頭、諸羅山之埔姜林、白望埔、大武巒埔、盧麻產內埔、打貓之牛屎阬口、葉仔阬口、中阬仔口、梅仔阬山、他里霧之麻園山腳、庵古阬口、斗六門之小尖山腳、外相觸溪口、東螺之牛相觸山、大里善山、大武郡之山前及內莊山、半線之投捒溪墘、貓霧捒之張鎮莊、崩山之南日山腳、吞霄、後壠、貓裏各山下及合歡路頭、竹塹之斗罩山脚、澹水之大山頂、山前並石頭溪、峰仔嶼社口，亦俱立石為界。由雞籠沿山後山朝社、蛤仔難、直加宣、卑南覓，民人耕種樵採，所不及往來者鮮矣。

吞霄澹水之亂

康熙己巳二月，吞霄通事黃申征派無虛日，社番苦之。會番捕鹿，申約先納錢米而後許出。土官卓个、卓霧、亞生等大譟，殺申及其夥十餘人。參將常泰進勦，以新港、蕭壠、麻豆、目加溜灣四社番為前部，死傷甚眾；復遣岸裏番繞出吞霄山後夾擊，設伏殺之。五月，澹水土官冰冷率眾射殺主賬金賢；及與賢善者，盡殺之；與个、霧等通。水師把總（失其名）誘而執之。

吞霄去半線百里，夾倒旗、太平二山之間；路通內山，有險可恃。昔年防汛，止於牛罵，隔吞霄六十餘里；故卓个、卓霧等敢於為亂。

冰冷為官兵圍急，全社竄伏山上；削竹為籤，以溺浸之，火炙數次，堅黑如鐵，徧插於山，人不能前。後為把總誘執，駢斬其首，屍游各社；有請乞免游者，謂番頭過社，則一社皆瘟。後將冰冷梟示，澹水海岸諸番遠望迂道而行，并不敢履其境。

馭番

“生番殺人，臺中常事。此輩雖有人形，全無人理；穿林飛箐，如鳥獸猿猴；撫之不能，勦之不忍，則亦未如之何矣！惟有於出沒要隘必經之途，游巡設伏，大張礮火，虛示軍威，使彼畏懼而不敢出耳。然此皆由於地廣人稀，不闢不聚之故；不盡由侵擾而然。蓋生番所行之處，必林木叢茂、荆榛蕪穢，可以藏身；遇田園平埔，則縮首而返，不敢過。其殺人割截首級，烹剝去皮肉，飾髑髏以金，誇耀其眾；眾遂推為雄長。野性固然，設法防閑，或可稍為斂戢，究未有長策也。然則將何以治之？曰：以殺止殺，以番和番；征之使畏，撫之使順，闢其土而聚我民焉，害將自息。久之生番化熟，又久之為戶口貢賦之區矣”（《東征集》）。

“臺灣歸化土番散處村落，或數十家為一社，或百十家為一社。社各有通事，聽其指使。所居環植竻竹。社立一公所，名曰公廨，有事則集。耕斂僅給家食，不留餘蓄；日事佃獵，取麋鹿麞麂為生。其俗男女同川而浴。未婚娶者夜宿公廨。男女答歌相慕悅而後為夫婦，拔去前齒。齒皆染黑，傳所謂黑齒、雕題者乎？性好勇尚力，所習強弩、鐵鏢、短刀，別無長刃、利戟、藤牌、鳥鎗之具。或與鄰社相惡，稱兵率眾，群然鬨鬭，然未嘗有步伐止齊之規。鬭罷散去，或依密林，或伏莽草，伺奇零者擒而殺之；所得頭顱，攜歸社內，受眾稱賀。漆其頭懸掛室內，以數多者稱為雄長。要其戰爭，長於埋伏掩襲之謀，利於巉巖草樹之區，便於風雨冥晦之候；若驅之於平坂曠野之地，則其技立窮。且可以制其死命者有二：其地依山，並不產鹽，斷絕其鹽，彼將搖尾求食矣，一也；春夏之際，其地雨多而露濃，故一望蓊薈，至隆冬之日，則一炬可盡，彼將鳥獸散矣，二也。夫生之殺之，其權在於我，土番豈能為吾患乎！若利其有而資之以鹽，任社商剝剋而不之禁，令鑿齒之倫，鋌而走險，乃復不察地勢、審利害，苟且動眾，而曰土番能戰也，豈不謬哉！大凡土番雖稱殊悍，而頗近信；儻招之以義，撫之以恩，明賞罰、善駕馭以導之，吾見耕者、獵者安於社，敬事赴公者服於途，其風猶可近古也”（《理臺末議》）。

社番不通漢語，納餉辦差皆通事為之承理。而奸棍以番為可欺，視其所有不異己物，藉事開銷，朘削無厭；呼男婦孩稺供役，直如奴隸，甚至略賣；或納番女為妻妾，以至番民老而無妻，各社戶口日就衰微。尤可異者，縣官到任，有更換通事名色，繳費或百兩、或數十兩不等；設一年數易其官，通事亦數易其人，此種費用名為通事所出，其實仍在社中償補。當官既經繳費，到社任意攫奪，豈復能鈐管約束！因與道府約，嗣後各社通事，俱令於各該縣居住，社中有應辦理事件，飭令前往，給以限期，不許久頓番社，以滋擾累。盜買盜娶者，除斷令離異，仍依律治之。至通事一役，如不法多事，即當責革；若謹愿無過，便可令其常充，不得藉新官更換，混行派費，違者計贓議罪。

肄業番童，拱立背誦，句讀鏗鏘，頓革味離舊習。陳觀察大輦有司教之責，語以有能讀四子書、習一經者，復其身，給樂舞衣巾，以風厲之。癸卯夏，高太守鐸申送各社讀書番童，余勞以酒食，各給《四書》一冊、時憲書一帙。不惟令奉正朔，亦使知有寒暑秋；番不記年，或可漸易也。

附題咏

《裸人叢笑篇》（十五首）　　孫元衡

皇威懾海若，崩角革頑凶。昔從倭鬼役，今為王者農。酋長加以冠，族類裸其躬。震驚鞭撻威，嬉戲刀劍鋒。臺郎出守羅星宿，云是大唐王與公。五十二區山百重，南極蜈蜞北雞籠，渾沌不鑿天年終。

衛囊縵靡草，鬣鬘如植竿。獨竦兕鳥立，兩岐羱角端。不簪亦不弁，雜卉翼以翰。謂當祝髮從甌駱，爾胡不髡能自完！

鑿囷貫竹皮括輪，象日月兮衛其身，圓景雙擔色若銀。我聞無腸之東聶耳國，趨走捧持猶捧珍；又云一耳為衾一為茵；非其苗裔強相效，嗚呼坎德胡不辰！

齒耳夫何以皓為？又奚取於漬汁而漆頤，厲骨辟穢芳其脂？墨氏毋甯悲染絲！

倒懸覆臟，如縶羵羊。織竹為笢，約肚束腸。行奔登躍，食少力強。蜂壺猿臂，逐鹿踰岡。將刀斷之，挽手上堂。為語楚宮休餓死，盍習此術媚其王！

短布無長縫，尚元戒施縞。桶裙本陋制，不異蠻犵狫。狫蠻鑿齒喪其親，爾蠻鑿齒媾其姻，雜俗殊風仁不仁！

管承鼻息颸簫音，篛亞齒隙調琴心。女兒別居椰子林，雄鳴雌和終凡禽。不顧耶孃回面哭，生男贅婦老而獨；但知生女耀門楣，高者為山下者谷。貓女膩新相鬥妍，醉歌跳舞驚鴻翩。酋長朝來易版籍，東家麻達西家仙。

接飛軼走，縱行橫施。繡肌雕腋，勇者是儀。軀文蟬翼，蒙表貫肢。背展鵬鶚，胸獰豹螭。跳脫臂釬，瓔珞項披。蠢然身首犁魏尸！

海山宜鹿，依於樸樕。麌麌呦呦，群行野伏。諸番卽之，長鈚勁箙。毒𤜱橫噬，倍於殺戮。憑藉商手賦公局，獲車既傾壑有慾。獷犇猛食何苦辛，直朵頤於刖蹄而剖腹。

爾之生也，懸刀代弧；爾之壯也，畜犬為徒。柔筌以臥肉以餔，縱橫猛氣淩殷虞，奮狋烒犭力不可呼，爭先奚翅當百夫，功多齒鈍棄厓莩，日暮纍纍嗥路隅！

虎山可深入，傀儡難暫逢。不競人肉競人首，殲首委肉於豝豵。驚禽飛，駭獸走；腰下血模糊，諸番起相壽！

崩泉下澗三尺波，女兒沒水如群鵝。中官投藥山之阿，至今仙氣留雲窩。生男洗滌意非它，無孿無靡無沈痾；他日縱浪有勳業，為鯨為鯉為蛟鼉。

鼉鼓轟林人野哭，舉屍烣炙昢以燠。蠅蚋不敢侵，螻蟻漫相逐。埋骨無期雨頹屋。安置鬼牛與鬼鹿。鬼殘日夜傷幽獨！

金人竄伏來海濱，五世十世為天民。花開省識唐虞春，阡陌雜作如無人。披草戴笠，鉗口合脣；道路以目，爰契天真。華人侮之默不嗔，秫粒如豆萁如薪。

群嚼玉英粲，醽醁為氤氳。屏五齊三事，而狄康不聞。準人準口量餘粟，一榼一瓢萬事足。蚩蚩者無懷古民，白刃酣交醒轂觫。

《秋日雜詩》三首　孫元衡

諸番多窟宅，深就瘴雲安；竹塢疑熊館，茅房結馬鞍。
山荒朝獵豹，田熟夜防貛。此是羲皇上，文身似羽翰。
信此飄零眼，浮觀別異同。四時無正候，百物有奇功。
版籍翻稽婦，蠻村渾賤翁。糟醨聊可啜，應笑學郫筒。
眼底天民在，熙熙共往來。忘年驚髮變，改歲待花開。
卽鹿群看箭，安家密咒灰。唱歌爭款客，喚取女郎回。

《土番竹枝詞》二十四首　郁永河

生來曾不識衣衫，裸體年年耐歲寒。
犢鼻也知難免俗，烏青三尺是圍闌。

文身舊俗是雕青，背上盤旋鳥翼形；
一變又為文豹鞹，蛇神牛鬼共猙獰！

胸背斕斑直到腰，爭誇錯錦勝鮫綃。
冰肌玉腕都文遍，只有雙蛾不解描。

番兒大耳是奇觀，少小都將兩耳鑽；
截竹塞輪輪漸大，如錢如碗復如盤。

丫髻三叉似幼童，髮根偏愛繫紅絨。
出門又插文禽尾，陌上飄颻各鬥風。

覆額齊眉繞亂莎，不分男女似頭陀。
晚來女伴臨溪浴，一隊鸕鶿漾綠波。

鏤貝雕螺各盡攻，陸離斑駁碧兼紅；
番兒項下重重繞，客至疑過繡嶺宮。

銅箍鐵鐲儼刑人，鬥怪爭奇事事新。
多少丹青摹變相，畫圖那得似生成。

老翁似女女如男，男女無分總一般；
口角有髭皆拔盡，鬚眉都作婦人顏。

腰下人人插短刀，朝朝摩厲可吹毛；
殺人屠狗般般用，纔罷樵薪又索綯。

耕田鑿井自艱辛，緩急何曾叩比鄰；
構屋斲輪還結網，百工俱備一人身。

輕身趫捷似猿猱，編竹為箍束細腰；
等得吹簫尋鳳侶，從今割斷伴妖嬈。

男兒待字早離孃，有子成童任遠颺；
不重生男重生女，家園原不與兒郎。

女兒纔到破瓜時，阿母忙為構室居；
吹得鼻簫能合調，任教自擇可人兒。

只須嬌女得歡心，那見堂開孔雀屏；
既得歡心纔挽手，更加鑿齒締姻盟。

亂髮鬖鬖不作緺，常將兩手自搔爬；
飛達畢世無膏沐，一樣綢繆是室家。

誰道番姬巧解釀，自將生米嚼成漿；
竹筒為甕床頭挂，客至開筒勸客嘗。

夫攜弓矢婦鋤耰，無褐無衣不解愁；
番罽一圍聊蔽體，雨來還有鹿皮兜。

竹弓箬矢赴鹿場，射得鹿來交社商；
家家婦子門前盼，飽惟餘瀝是頭腸。

莽葛元來是小舠，刳將獨木似浮瓢；
月明海澨歌如沸，知是番兒夜弄潮。

種秫秋來翦入場，舉家為計一年糧；
餘皆釀酒呼群輩，共罄平原十日觴。

梨園敝服已蒙茸，男女無分只尚紅；
或曳朱襦或半臂，土官氣象已從容。

土番舌上掉都盧，對酒歡呼打剌酥。
聞說金亡避元難，颶風吹到始謀居。

深山負險聚遊魂，一種名為傀儡番；
博得頭顱當戶列，髑髏多處是豪門。

《臺灣近詠上黃巡使》 藍鼎元

番黎素無知，渾噩近太古。祗為巧偽引，訟爭亦肆侮。
睚眦動殺機，其心將莫禦。所幸弗聯屬，社社自愚魯。

太上用夏變，衣冠與居處。使彼忘為番，齊民消黨羽。
其次俾畏威，罔敢生乖迕。無虐無令傲，服勞安作苦。
恩勝卽亂階，煦嘘鼠為虎。所以王道平，不為矯枉補。
內山有生番，可以漸而熟。王化棄不收，獷悍若野鹿；
穿箐截人首，飾金誇其族；自古以為常，近者乃更酷。
我民則何辜，晨樵夕弗復。不庭宜有征，振威甯百谷；
土闢聽民趨，番馴賦亦足。如何計退避，畫疆俾肆毒。
附界總為戕，將避及牀褥。

《題同年黃玉圃番社圖》 呂謙恒

九重渙汗使臣知，萬里蠻荒跂踵時；
耳目全開天海外，土風盡入竹枝詞。

《題黃侍御番社圖》 陸棻秬

日麗中天萬國環，八埏風俗版圖間；
誰言黑齒雕題遠，只在鱗洲小水灣。
清時絕島似仙鄉，密箐深林化日長；
捉罷野牛還捕鹿，閒來飽噉夜舂糧。

《番社雜詠》二十四首 黃叔璥

絕島中華古未通，生來惟鬥此身雄；
獨餘一面猙獰外，人鳥樓臺刺自工（文身）。

剉竹為椽扇縛筊，空擎梁上始編茅；
落成合社欣相賀，席地壺漿笑語高（作室）。

荒地欲鬆園更腴，誅茅覆草令秋枯；
種時禾秸驚風雨，雜植還教薏苡扶（種園）。

小樓貯粟號禾間，剉竹編茅蓋自閒。
應識名禾知本計，可專飲血事搜山（禾間）。

蠻孃織作亦殊勤，圓木中空槽口分；
尺布可堪持北去，但令知有達戈紋（晝織）。

霜鐘雲磬韻雙清，何處邨莊旋旋鳴；
北客初來聽不厭，那知此是夜舂聲（夜舂）。

未負耕犁未服輈，誰教馴狎入欄收；
番兒自慣無鞍馬，大武山頭捉野牛（捉牛）。

仰沫巨魚纔躍波，矢無虛發巧如何！
於今苦學漢人法，篙筏施罛事轉多（射魚）。

地闢年來少鹿場，焚林設阱兩堪傷；
擒生翦耳如黃犢，相逐平原互鬥強（捕鹿）。

盛植檳榔覆四檐，濃陰夏月失曦炎；
猱升取子飛騰過，不用如鉤長柄鐮（猱採）。

出草秋深盡夏初，刖蹄剖腹外無餘；
當官已報社商革，五穀雞豚一一書（社餉）。

獸皮時出內山深，互市傳來直至今；
莫道漢人曾未到，熟番有路敢探尋（互市）。

不為穴處不巢巔，布毯牢將兩樹纏；
此味睡鄉人不識，不須仙蝶自翩翩（樹宿）。

社中各自置樓高，貓踏更番未覺勞；
擊柝宵嚴鏢箭利，盡教鼠竊遠潛逃（哨望）。

未經牽手尚腰圍，習慣身輕走若飛；
涼夜月明齊展足，羨他貓女願同歸（鬥捷）。

製琴四寸截琅玕，薄片青銅竅可彈；
一種幽音承齒隙，如聞私語到更闌（嘴琴）。

配他弦索亦相宜，小孔橫將按鼻吹；
引得鳳來交唱後，何殊秦女欲仙時（鼻簫）。

贅壻為兒婦是家，還憐鑿齒擦蕉花；
何如高架迎歸去，偕老相期禮自嘉（迎婦）。

生兒出浴向河濱，仙氣長留冷逼人；
三保當年曾到處，南洋諸國盡稱神（浴兒）。

殊風雖陋尚堪論，恤老收窮古意存；
長者途逢皆卻步，朋儕相見亦寒溫（讓路）。

外沿大海內深溪，浮水葫蘆每自攜；
惟有土官乘筏過，眾擎如蟻兩行齊（渡溪）。

曆書不識歲時增，月幾迴圓稻一登。
鄰社招邀同報賽，竹盃席地俗相仍（會飲）。

男冠毛羽女鬅鬖，衣極鮮華酒極酣。
一度齊咻金一扣，不知歌曲但喃喃（賽戲）。

紅毛舊習篆成蝸，漢塾今聞近社皆；
謾說飛鴞難可化，泮林已見好音懷（漢塾）。

附錄:《臺灣文獻叢刊》(第四種)前言

清巡臺御史黃叔璥所著，黃叔璥（1680 年—1758 年），字玉圃，號篤齋，清順天大興人（今北京市境內）。康熙四十八年（1709 年）中進士，曾任湖廣道御史、浙江道御史等職。1722 年成爲首任臺灣巡察御史。

該書始於 1722 年 6 月，全書共八卷三部分:《赤嵌筆談》（第一至第四卷）、《番俗六考》（第五至第七卷）、《番俗雜記》（第八卷）。

《赤嵌筆談》內容廣泛，分原始、星野、形勢、洋、潮、風信、水程、海船、城堡、賦餉、武備、習俗、祠廟、商販、進貢、泉井圍石、物產、雜著、紀異、“僞鄭”附略、“朱逆”附略等項。

“番俗六考”，有“北路諸羅番”十篇、“南路鳳山番”三篇；所謂“六考”，系就各地先住民之居處、飲食、衣飾、婚嫁、喪葬、器用六事分別加以考察而記載之。番俗六考，詳細記錄臺灣的山川地勢、風土民俗。尤其對臺灣原住民的樣貌，更是觀察入微。

《臺海使槎錄》前，已有多種著述對臺灣進行了介紹，或疏略不備，或傳聞失真。黃叔璥在諸書的基礎上，參以親歷，撰成此書。價値頗高。《四庫總目提要》評價它:“於山川、風土、民俗、物產，言之頗詳。而於攻守險隘、控制機宜及海道風信，亦皆一一究悉。於諸番情勢，尤爲賅備。雖所記止於一隅，而亙古以來，輿記之所不詳者，蒐羅編綴，源委燦然。固非無資於考證者矣。”

另外黃叔璥還有《南征記程》、《廣字義》等著作。

第二卷

番社采風圖考

滿洲六十七居魯著

范序

上世島夷萊夷，志於《禹貢》；其雕題、交趾、羽毛、穴居之倫，則王制載焉。凡以古帝王居中馭外，羈縻勿絕，所以達其志而通其欲者，固自有在也。我國家奄有萬方，臺灣入版圖者已六十餘年，蒸蒸然大化流洽矣。甲子冬，余奉命巡視茲土，郊坰之間，衣冠文物，比戶絃歌，知聲教之盛，固已無遠弗屆。及考郡志所載番社之有名可紀者，計一百四十有奇。其深山人蹟所不至者，又莫知其紀極。同事黃門六公，博學洽聞，留意於絕俗殊風，既作《臺海采風圖考》，俾余跋其後，復就見聞所及，自黎人起居食息之微，以及耕鑿之殊、禮讓之興，命工繪為圖若干冊，亦各有題詞，以為之考，精核似諸子。昔周太師陳詩以觀民風，而《皇華》《原隰》惟以咨諏咨詢為不及；蓋宣上德而達下情，使臣之職也。今公為此圖，吾知歸而獻之黼座，既足以徵聖天子修教齊政之治，其亦有《豳風·七月》之思乎！是誠可謂不愧其職者已！

錢塘范咸題。

番社采風圖

歸化

臺灣社番，不知所自昉。考四明沈文開《筆記》言："自海泊飄來，及宋零丁洋師敗遁此"。其種類甚多，南自加六堂至崇爻，七十二社；北自崇爻至雞籠番社，尤難指屈。自康熙二十二年開臺以來，漸次歸順。雍正十年，大甲西、沙轆等社為梗，我師戡定；尤武乃、骨宗等社人蹟罕到，亦相率歸化。巡道倪象愷於彰化東山之巔建鎮番亭，以勒功焉。

社師

南北諸社熟番，於雍正十二年始立社師，擇漢人之通文理者給以館穀，教諸番童。巡使按年巡歷南北路，宣社師及各童至，背誦經書。其後歲科，與童子試，亦知文理，有背誦《詩》、《易經》無訛者，作字亦有楷法。番童皆薙髮冠履，衣布帛如漢人。有番名而無漢姓。侍御張湄有詩云："鵝筒慣寫紅夷字，鴂舌能通先聖書。何物兒童真拔俗，琅琅音韻誦《關雎》"！

開圳（圳音酬，田畔水溝也）

歸化已久熟番，亦知以稼穡為重。凡社中舊管埔地，皆芟刈草萊，墾闢田園。有慮其旱澇者，亦學漢人築圳，從內山開掘，疏引溪流，以資灌溉。片隅寸土，盡成膏腴。

耕田

番俗以女承家，凡家務悉以女主之，故女作而男隨焉。番婦耕稼，備嘗辛苦，或襁褓負子扶犁。男則僅供饁餉。侍御范咸有"水田黎婦盡春耕"之句。

插秧

郡邑附近番社，亦三、四月插秧。先日獵生酹酒祝空中，占鳥音吉，然後男女偕往插種，親黨饟黍往饁焉。番地土多人少，所種之地一年一易；故穎栗滋長，薄種廣收。

刈禾

番稻七月成熟。集通社鬮定日期，以次輪穫。及期，各家皆自蠲牲酒以祭神，遂率男女同往；以手摘取，不用鐮銍。歸即相勞以酒，酕陶醺醺，慶豐收焉。

瞭望

社番擇隙地編藤架竹木，高建望樓。每逢禾稻黃茂、收穫登場之時，至夜呼群扳緣而上，以延睇遐矚。平地亦持械支柝，徹曉巡伺，以防奸宄。此亦同井相助之意。

收倉

收成後，於屋旁別築貯穀之室，圍以竹篾，覆以茅苫，連穗倒而懸之令易乾，名之曰"禾間"。其粟名"倭"，粒大而性黏，略似糯米；

蒸熟攤冷，以手掬而食之。

舂米

番無碾米之具，以大木為臼、直木為杵，帶穗舂令脫粟，計足供一日之食，男女同作，率以為常。侍御夏之芳有詩云：“杵臼輕敲似遠砧，小鬟三五夜深深。可憐時辦晨炊米，雲磬霜鐘咽竹林”。

織布

番女機杼以木，大如栲栳，鑿空其中，橫穿以竹使可轉；纏經於上，刓木為軸繫於腰，穿梭闔而織之。以苧絲為線，染以茜草，合鳥獸毛織帛，斑斕相間，名曰“達戈紋”。又有巾布等物，皆堅緻。范侍御有“蓬麻茜草能成錦，何必田園定種桑”之句。

製酒

收成後，擇吉製酒。以口嚼生米為麴，和蒸飯調勻置缸中，蓋以稻縷，弆藏密處；五日掬而嘗之，盎盎然泛齊成矣。其色白，味淡，善醉易醒。作麴時，口中喃喃作聲，若有所祝者然。司馬孫元衡《裸人叢笑篇》有云：“群嚼玉英粲，醞酥為氤氳，屏五齊三事而狄康不聞。準身準口量餘粟，一榼一瓢萬事足。蚩蚩者無懷古民，白刃酣交醒觳觫（番嗜飲，通計所食之餘，悉以釀酒。其釀法則聚男婦嚼米、納器為之，亦一奇也）”。

築基

番不諳堪輿，然築舍亦自有法。初卜鳥音以擇日，營基高於地五尺，周圍砌以石，中填土。會集社番，各持畚揭，併力合作，不日而成；勞以酒食，彼此均相助焉。

乘屋

蓋屋先植棟柱於地，然後削竹為椽，編茅為瓦，成圓蓋，會社眾合力擎舉置棟上。前後皆有闔扇，繪雕髹漆，殊炫麗。兩旁皆細竹，編為花草等紋。外堅密而中無間隔，形勢狹長，遠望有如畫舫焉。侍御黃叔璥有詩云：“剉竹為椽扇縛笺，空擎梁上始編茅。落成合社欣相賀，席地壺㯶笑語高”。

送花

番已娶者名“暹”，調姦有禁。未娶者名“麻達”。番女年及笄，任自擇配。每月梳洗，麻達有見之屬意者，饋鮮花，贈芍歸荑，備極繾綣；柳葉桃根，婉致風情。遂與野合，告父母成牽手焉。如後反目，許相離異，名為“放手”，所生男女仍歸番婦。

口琴

削竹為片如紙薄，長四、五寸，以鐵繫環其端，銜於口吹之，名曰“口琴”。又有制類琴狀，大如拇指，長可四寸，窪其中二寸許，釘以銅片；另繫一柄，以手按循脣探動之，銅片間有聲娓娓相爾女。麻達於明月清夜吹行社中，番女悅則和而應之，潛通情款。夏侍御有詩云：“須挑逗苦勞心，竹片沿絲巧作琴。遠韻低微傳齒頰，依稀私語夜來深”。

議昏

近城社番，亦知習禮。議昏，令行媒通言。諏吉，以布帛、蔬果併生牛二，先行聘定之禮。亦有學漢人娶女為婦、不以男出贅者。聖化甄陶無外，易狉榛為文明，浸浸乎一道同風之盛矣。

贅壻

番重生女，贅壻於家，謂之“有賺”；生男出贅，謂之“無賺”。蓋以女配男，承接宗支也。成昏日，番女靚妝坐板棚上，四人肩之；揭彩竿於前，鳴鑼喧集，遨遊里社，親黨各致賀。至壻家，攜手同歸。兩家父母，亦共飲酒；三五斗以後，遺簪絕纓，歡謔無度，數日方止。

沐兒

番俗初產，產母攜所育婗嬰同浴於溪，不怖風寒，蓋番性素與水習。秋潦驟降，溪壑漲盈，腰掖葫蘆，徑渡如馳。有病亦取水灌頂，傾瀉而下，以渾身煙發為度；未發再灌，發透則病愈。《裸人叢笑篇》有云：“崩泉下澗三尺波，女兒沒水如群鵝。中官投藥山之阿，至今仙氣留雲窩。生男洗滌意非它，無攣無靡無沈痾。他日縱浪有勳業，為鯨為鯉為蛟鼉（明太監王三保出使西洋，到赤嵌汲水，投御藥於澗水中。至今番俗生兒卽入水洗，謂有仙氣）”。

乳兒

番無男女不親之嫌。番婦乳兒，見者從旁與相戲狎，甚喜，以為人愛其子，雖撫摩其乳不禁也。若過而不問，殊有怫意。

布牀

番婦育兒，以大布為襁褓。有事耕織，則繫布於樹，較枝椏相距遠近，首尾結之，若懸牀然。風動，枝葉颯颯然，兒酣睡其中，不顛不怖；饑則就乳之，醒仍置焉。故長不畏風寒，終歲赤裸；扳緣高樹，若素習然。元次山《思太古詩》云：“嬰孩寄樹巔，就水捕鷦鱸；所歡同鳥獸，身意復何拘”！與此大相類，不可謂社番非無懷、葛天之民也。

穿耳

番俗自幼鑽耳，貫以竹節；至長，漸易其竹而大之，使耳孔大如巨環垂肩上，亦儋耳之俗也。相傳以為達磨東渡，社番之祖皈依，今猶遵之。《裸人叢笑篇》有云：“鑿困貫竹皮括輪，象日月兮衛其身，圓景雙擔色若銀（番有造為大耳者，幼鑽困，實以竹筒。自少至壯，漸大如盤，圬以土粉，取飾觀云）。我聞無腸之東聶耳國，趨走捧持猶捧珍”。又云：“一耳為衮一為茵，非其苗裔強相效，嗚乎坎德胡不辰”！

箍腹

番俗以馳走飛逐為活計，憂腰肥為累，從髫齔便令箍腹。以細竹編如籬，闊有咫，長與腰齊，圍繞束之，故有力善走，重繭累胝，能數千里，可敵佽飛秦成焉。《裸人叢笑篇》有云：“倒懸覆臟，如縶羵羊；織竹為笟，約肚束腸。行犇登躍，食少力強；蜂壺猿臂，逐鹿踰岡。將刀斷之，挽手上堂（稚番利走，身乃倒懸，以竹為笟，束腰使細。至婚時斷去。又男女結婚不以禮，惟挽手告諸父母云爾）。為語楚宮休餓死，盍習此術媚其王”？

文身

古傳文身以避蛟龍之害，勾吳已然。臺番以鍼刺膚，漬以墨汁，使膚完皮合，徧體青紋，有如花草錦繡及臺閣之狀。第刺時殊痛楚，亦有傷生者。番俗裸以為飾，社中以此推為雄長，番女以此願求婚媾，故相尚焉。黃侍御有詩云："絕島中華古未通，生來惟鬪此身雄。獨餘一面猙獰外，人鳥樓臺刺自工"。仁和郁永河亦有二絕句云："文身舊俗是雕青，背上盤旋鳥翼形。一變又為文豹鞹，蛇神牛鬼共猙獰"。"胸背斕斑直到腰，爭誇錯錦勝絞綃。冰肌玉腕都文徧，只有雙蛾不解描"。

鑿齒

番俗男女成婚曰"牽手"。彰化以北內山等社，牽手半月後，設酒延諸番親串到社，新婦以鍼周刺口旁為花草等狀，寬五、六分，漬以黑皁，若丈夫鬚髯然；蓋欲以別室女也。又男女各折去上齒二以相遺，取痛癢相關之意。《裸人叢笑篇》有云："短布無長縫，尚元戒施縞。桶裙本陋制，不異蠻犵狫。狫蠻鑿齒喪其親，爾蠻鑿齒媾其姻，雜俗殊風仁不仁（南海犵蠻，幅布圍下體，不施襞積，號曰"桶裙"；臺番似之。又犵狫親死，鑿齒以贈永訣；番結婚鑿二齒以定終身）"！

戲毬

番以藤絲編製為毬，大如瓜、輕如綿，畫以五彩。每風日清朗，會社眾為蹋踘之戲。先以手送於空中，眾番各執長竿以尖托之；落而復起，如弄丸戲彈。以失墜者為負，罰以酒。男女堵觀，以為歡娛。張侍御有詩云："藤毬擲罷舞秋千，世外嬉怡別有天。月幾回圓禾幾熟？歲時頻換不知年"。

鼻簫

截竹為管，竅四孔，長可尺二寸。通小孔於竹節之首，按於鼻橫吹之，高下清濁中節度；蓋亦可謚為洞簫也。麻達夜間吹行社中，番女聞而悅之，引與同處。《裸人叢笑篇》有云："管承鼻息颺簫音，�亞齒隙調琴心。女兒別居椰子林，雄鳴雌和終凡禽（女長，構屋獨居，以鼻簫、口琴男女互相調和，久而意諧，乃告諸父母）。不顧耶娘回面哭，生男贅婦老而獨（俗以壻為嗣，置所生不問）。但知生女耀門楣，高者為山下者谷。貓女膩新相鬬妍（女多以貓名，幼曰“膩新”），醉歌跳舞驚鴻翩。酋長朝來易版籍，東家麻達西家仙（未婚名“麻達”，供力役；既婚名“仙”，納餉稅）”。范侍御有詩云：“裹髮殷勤願執鞭（麻達爭執輿夫之役），服勞吾意亦欣然。怪他麻達風騷甚，學得吹簫便是仙”。余亦有詩云：“鼻簫清響遏行雲，有女東牆側耳聞。何必焦桐傳密意，數聲吹出卓文君”。

鬬走

番俗從幼學走，以輕捷較勝負。練習既久，及長，一日能馳三百餘里，雖快馬不能及。秋淋泥濘，水潦既降，星夜遞公牘，能速達。臂帶鐵釧、手執銅瓦，走則以瓦扣釧，聲如鳴鐘；一步一擊，不疾不徐，遠聞數里焉。張侍御有詩云：“競誇麻達好腰圍，健足凌空捷似飛。薩豉鏗鏘聲近遠，輕塵一道走差歸（麻達走遞公文，插雉尾於首。手背繫薩豉宜，以鐵為之，狀如捲荷，長三寸許。展足鬬走，腳掌去地尺餘，撲及其臀，沙起風飛；手鐲與薩豉宜相擊，丁當遠聞，瞬息數十里。見郡《志》）”。

射魚

社番頗精於射，又善用鏢鎗。上鏃兩刃，桿長四尺餘。十餘步取物如攜。嘗集社眾，操鏢挾矢，循水畔窺遊魚噞喁浮沫或揚鬐曳尾，輒射之，應手而得，無虛發，便生噉之；醃漬，則反取微臭者以為佳。

種芋

內山生番不知稼穡，惟於山間石罅刳土種芋苗。熟則刨地為坑，架柴於下，鋪以生芋，上覆土為竅，火燃即掩其竅。數日取出，芋半焦熟，以為常食；行則挈以為糧。孫元衡有詩云：“自有蠻兒能漢語，誰言冠冕不相宜。叱牛帶雨晚來急，解得沙田種芋時”。

斫木

臺地初闢，人民稀少，材木不須遠取。近生齒日繁，不得不深入內山；生番為梗，屢遭剸殺。必呼群結隊同往，或饋納於土目、通事，方往採無患。

抽藤

臺山產藤，粗如繩，長數十丈。人蹟不到、深林蓊翳之區，滋蔓芃茸，沿盤澗谷間。生番往往匿其中，剸刃殺人，故最難取。緣資用廣而取利大，番漢貪之，雖冒險亦無畏焉。

獵禽

臺地未入版圖以前，番惟以射獵為生，名曰“出草”；至今尚沿其俗。十齡以上，即令演弓矢；練習既熟，三、四十步外取的必中。當春深草茂，則邀集社眾，各持器械帶獵犬逐之，呼噪四面圍獵，得鹿則刺喉吮其血，或禽兔生啖之；醃其臟腹，令生蛆，名曰“肉筍”，以為美饌。其皮則以易漢人鹽米煙布等物。

服牛

臺郡內山深篠密箐中產野牛。番會社眾，以長竿繫繩為圈，合圍束其頸。牛曳繩怒奔，則縱其所往，伺其力盡，繩勢稍緩，徐徐收繫於木；餓之，漸進草食。俟馴習，然後服而用之。

完餉

番社賦餉本輕；乾隆二年特恩，再減從前三分之一。每屆徵期，通事傳齊各番令完，一呼立應，輸將恐後。或貧，攜他物交通事折準代納，不敢逋欠。夏侍御有詩云：“八社丁徭力漸紓，閨中餉稅蚤捐除（向例，鳳山八社番婦，徵米每口一石；雍正四年蠲豁）。只今宵晝辛勤處，謹護官家十萬儲”。

公廨

番社前蓋茅亭一座，進則館舍三間，名曰“公廨”，土目、通事會議決斷之所。日夜撥番夫二人守候。凡輶車經過、停驂信宿及一切公文往來，撥遣飛遞，不違晷刻，無曠風雨；趨勸供役，踴躍恐後。余有詩云：蜂腰鼓腹步徐徐，且喜今朝食有魚（凡長吏因公遠出，番為肩輿，犒以酒食，則歡欣鼓舞）。意氣揚揚告貓女（番女多以“貓”名）：“適纔親御使臣車”。

採實

檳榔高數丈，花細；實如青果，在葉下幹上，攢簇星布。椰樹幹葉亦似之，但其實大如瓜，中有瓤，味香，白如雪、脆如梨，其液如酒，切片和檳榔啖之。六、七月熟，可採，番人騰越而上，扳援蹻捷，名曰“猱採”。

會飲

農事既畢，各番互相邀飲；必令酒多，不拘肴核。男女雜坐讙呼；其最相親愛者，亞肩並脣，取酒從上瀉下，雙入於口，傾流滿地，以為快樂。若漢人闌入，便拉同飲，不醉不止。黃侍御有詩云：“曆書不識歲時增，月幾迴圓稻一登。鄰社招邀同報賽，竹杯席地俗相仍”。

番戲

番俗成婚後三日，會諸親飲宴。各婦女豔妝赴集，以手相挽而相對，舉身擺蕩，以足下軒輊應之，循環不斷，為兩匝圓井形；引聲高唱，互相答和，搖頭閉目，備極媚態。此晉女子連袂踏歌意也；雖非子夜、懊儂等曲，亦有詞調自抒其天籟耳。黃侍御有詩云：“男冠毛羽女鬖髿，衣極鮮華酒極酣。一度齊咻金一扣，不知歌曲但喃喃”。諸羅令周鍾瑄有詩五首云：“蠻姬兩兩鬭新妝，蹀躞花陰學舞孃。珍重一天明月夜，春來底事為人忙”？“不揄檀板不吹笙，一點鉦聲一隊行。氣味何如初中酒，山花翠羽鬢邊橫”。“聯翩把袖自歌呼，別樣風流絕世無。番調可知輸白雪，也應不似潑寒胡”。“野氣森森欲曙天，維摩新病未成眠。空餘無限羅伽女，亂把天花散舞筵”。“一曲蠻歌酒一巵，使君那惜醉淋漓。但令風物關王會，我欲從今學畫師”。范侍御亦有五絕句云：“連臂相看笑踏歌，陳詞道是感恩多（詞多感皇恩語）。劇憐不似弓鞋影，一曲春風奈若何”。“妙相天魔學舞成，垂肩瓔珞太憨生。分明卽是西番曲，齊唱多羅作梵聲”。“衣冠漸已學唐人（番謂漢人曰“唐”），婦女紅衫一色新。金鼓齊鳴雙舉手，淺斟低唱又三巡”。“不須戞玉更敲金，聲韻幽飀夜漏沈。自是天民歌帝力，兒家知識本無心”。“島上方言語意深，依然天籟有清音。須知聲教通重譯，傾盡尊親萬國心”。

余亦有五絕句云：“番歌歌罷共鳴金，舞翠翻紅燭影沈。道是天家恩至渥，賡颺不盡野人心”。“大唐禮教久蒸薰，既著長衫且著裙。莫道窮荒少知識，謳歌無語不尊君”。“歌聲雖未繞梁沈，亦自悠揚載好音。不解喃喃度何曲，惟於含笑驗歡心”。“競喜村醪進玉卮，番孃沈醉踏歌遲。相將聯臂紅燈下，想見天魔夜舞時”。“清歌宛轉燭花前，舞袖翩躚共比肩。我正慚無宣化術，見渠歡忭亦欣然”。

渡溪

地南北大溪數十，寬廣無梁；經冬淺涸可徒涉，夏秋水泛，洶湧湍激。土目、通事有事經涉，乘竹筏，令番浮水繞筏扳援而行。更有虎尾溪，其沙陷人足，人誤踐之則溺，必令番試探，插標以示行人。參將阮蔡文詩云：“蓬山萬壑爭流瀉，溪石團團馬蹄縶。大者如鼓小如拳，溪面誰填遞疎密。水挾沙流石動移，大石小石盪摩澀。海風橫刮入溪寒，故縱溪流作鬱嵂。水方沒脛已難行，水至攔腰命呼吸。夏秋之間勢益狂，瀰漫五里無從測。往來溺此不知誰，征魂夜夜溪旁泣。山崩巖壑深復深，此中定有蛟龍蟄”。

遊車

番無年歲，不辨四時，以刺桐花開為一度。每當花紅草綠之時，整潔牛車；番女梳洗，盛妝飾，登車往鄰社遊觀，麻達執鞭為之驅。途中親戚相遇，擲果為戲。若行人有目送之而稱其豔冶者，則男女均悅以為快。

艋舺（一作莽甲，一作莽葛）

彰化水沙連社，背山環水，水廣數里，深不可測。社出苦茗，性極寒。漢人以貨到社交易，番以獨木鑿其中為舟渡之，名曰“艋舺”；然非本社番不能使也。郁永河有詩云：“莽葛元來是小舠，刳將獨木似浮瓢。月明海澨歌如沸，知是番兒夜弄潮”。

鞦韆

番女有緲緜氏之戲，即鞦韆也；以緲為飛，以緜氏為天意，以為飛天耳。每風和景明，招邀同伴，椎髻盤花，靚妝麗服，以銀錢、珊瑚貫肩背，條脫纏腕，纍纍相比，歡呼游戲。臺人有“雲鬟碧梧飛彩鳳，花移丹桂下姮娥”之句詠其事。

浴川

彰化以北，番婦日往溪潭盥頮沐浴，女伴牽呼，拍浮蹀躞，謔浪相嬲；雖番漢聚觀，無所怖忌。臺人有“浪映桃腮花片落，波搖粉臂玉魚遊”之句。郁永河有詩云：“覆額齊肩繞亂莎，不分男女似頭陀。晚來女伴臨溪浴，一隊鸕鷀漾綠波”。

淘金

雞籠毛少翁等社，深澗沙中產金，其色高下不一。社番健壯者沒水淘取，止一掬便起，不能瞬留；蓋其水極寒也。或云：久停則雷迅發，出水即向火始無恙。

藤橋

諸羅有內遊八社，其第五社曰“藤橋”。高山對峙，中夾大溪，深數千仞；番剖大藤為經繫於兩麓大木上，以小藤為緯橫織如梁，翼以扶闌，行則搖曳如欲墜然。過者股慄目眩，不敢俯睇；番以頭頂物，往來如飛。

雞距

內山有社名曰“嘟嘓”，其番翦髮、突睛、大耳，狀甚惡；足指如雞爪，上樹如猧獼，善射好殺。《番境補遺》云：“雞距番，足趾楂枒，食息皆在樹間，非種植不下平地。常深夜獨出，至海濱取水；遇土番，往往竊其首去。土番亦追殺不遺餘力，蓋其足趾楂枒不利平地，多為土番追及。既登樹，則穿林度棘，不可復制矣。其巢與雞籠山相近，無路可通；土人扳藤上下，與之交易，一月一次，雖生番亦懾焉。惟懼砲火，聞聲即跳遁”。

讓路

臺番涵濡德化，亦有禮讓之風。卑幼遇尊長，卻步道旁，背面而立；俟其過，始隨行。若駕車，則遠引以避。如遇同輩，亦停車通問，相讓而行；不可以蠻俗鄙之也。

巡社

社番南弱於北。南路內山邦尉、墩籠等社兇番常出殺掠，通事憂之，常求北社每年二次差目番二人名曰“出海”，帶器械番眾至南社諭令不得肆惡；違則勦之。蓋南社被北社虔劉苦毒，故聞之奉令惟謹也。

跋

臺灣自康熙甲子（二十三年）歸化後，誌述孔多；若季蓉洲《臺灣雜紀》、林芝嵋《臺灣紀略》、黃玉圃《臺海使槎錄》、朱幼芝《海東札記》，土風物產，搜羅略備矣。茲則專載南北諸番社事，殊形異相，令人耳目一新。惜其圖久佚，不克並錄為怏耳。

丁卯（嘉慶十二年）上巳日，震澤楊復吉識。

兩采風圖合卷

瞭望圖

淡防竹塹、南嵌、芝包裏、八里坌等社通事、土目建搭望樓，每日派撥麻達巡視，以杜生番並防禾稻也。

渡溪圖

諸邑目加留灣、麻豆等社土目、通事遇霖雨過溪，眾番浮水乘筏而渡。

舂米圖

彰邑各社番婦舂米，以大木為臼，以直木為杵。其各邑番社，亦均類此。

耕種圖

臺邑卓猴、羅漢門、新港等社熟番，男婦耕種水田禾稻，至十月間收穫。

捕鹿圖

淡防廳大甲、後壠、中港、竹塹、霄裏等社熟番，至秋末冬初，各社聚眾捕鹿，名為“出草”。

刈禾圖

彰邑各社社番，男婦耕種，收穫小米、禾稻，至七月間定期，男婦以手摘取，不用鐮銍。淡防各社亦如此。

種芋圖

鳳邑生番內山，不知稼穡，在於山間刳土，種芋苗。熟則刨地為坑，以火燒之，即掩其竅；時常取出而食，以為長久之糧。

布牀圖

鳳邑傀儡山生番各社，番婦育兒，以大布為襁褓；若有事耕織，則繫布於樹上。

乘屋圖

臺邑新港社熟番，豐年收成後，乘屋起蓋。其諸邑各社亦如此。

糖廍圖

糖廍，臺郡各邑田土肥厚，宜植蔗；俱係居民耕種，而社番不能。硤糖，自九月間至來年四、五方止。商人販賣內地江、浙各處，實臺灣之大生意也。

甘蔗圖

甘蔗，以尾節為種。自孟春插種，至秋冬成熟。大者甘蔗味清甘，小者甘蔗可以研糖。

織布圖

淡防廳岸裏、大甲東、大甲西等社番婦織布，一名達戈紋。其彰邑各社番婦亦能。惟大社番婦所織者甚，然最佳者。

迎婦圖

彰邑東螺、西螺、大武郡、半線等社娶親迎婦，名為牽手。

刺竹圖

刺竹，番竹種也。大者數圍，高四、五丈；節密有刺似鷹爪。臺人多環植屋外，以禦賊盜。

青竹摽圖

青竹摽，蛇類也；一名百步創，亦名青栢根。長尺餘，綠色纏樹杪，與葉無別。有絲如蛛網；人誤觸之則飛囓，其疾如鏢。遭其囓者，行百步即僵。

蚓蜴圖

蜥蜴，俗呼四腳蛇，有爪，長尺餘，黑脊，左右皆黃絲繞之。能浮水。口毒而不螫人；若捕急，則囓人立斃。每當雨、多露之後，橫路暴日；故一名塗釘。

椰子圖

椰子，種本荷蘭國。榦大數圍，高數丈。葉類檳榔。開花結實，狀若文旦；外皮栗色而軟，內堅，可為器具。肉白、味香，內有水如酒。

紅花圖

紅花出於仲春間。農人以晨刻採之作染，與內地無異。

番仔秫圖

番仔秫，性同糯米；粒差大而軟。收成於孟冬。社番男婦以手摘取為長久之糧。

小米圖

小米，係社番耕種為糧，與內地無異。

柑子蜜圖

柑子蜜，生食，味淡；用糖為寬饌之品。

西瓜圖

西瓜，形與內地同，但熟於冬臘月間，食之無味。

荔枝［支］圖

荔枝［支］，臺中所產土荔枝［支］，熟於五、六月間，色紅、味香，而甘稍遜於興化、漳州；亦是果中之上品也。

番蒜圖

番蒜，果也。有三種：惟香蒜為上，肉蒜、木蒜則亞焉。實如?卵，皮綠、肉黃；熟於夏。味微酸；用糖饌之可食。

楊桃圖

楊桃，臺地產少，漳州產多。生食微酸，用糖可為蜜餞之品。

茄子圖

茄子亦熟於冬臘月間，食之無味。

芽蕉圖

芽蕉，去皮食肉，味甘酸。如糖餞多食，膩膈生痰。

梛子圖

梛子卽桄梛子。結實五月熟；臺人卽種"埔占"。子若多生，歲亦有年。

釋迦果圖

釋迦果，實大如柿，碧色；有蹙紋，狀似佛頭。味甘微膩。夏、秋成熟。與波羅蜜皆采自異域。

波羅蜜圖

波羅蜜，果名；種來自荷蘭國。實生樹榦，大如斗；色翠綠。實於夏、秋；剖而依之，液粘而味甜，與蜜相似。子略似栗，煮食，味亦相類。

檳榔圖

檳榔，榦直上，短節無旁枝。葉似椶竹，花小如龍眼。有香實如棗而色綠。一穗數百枚，中空有水。臺人和灰並荖藤食之，能醉人。子如杏仁，卽藥之檳榔子；其外瓤，卽大腹皮也。凡實俱結榦末，高者數丈；土人以長柄鉤鐮取之；社番則能騰越而上，名為猱採。

金瓜茄圖

金瓜茄，葉、榦同茄，花連五瓣似鴨腳，淡紫色。結實酒鍾大，似金瓜；有外瓣，初白後黃。土人以為供玩。

倒掛鳥圖

倒掛鳥亦名小鸚哥，似鸚鵡而小。□□鮮明，紅綠相間。緣枝循行，喙□鉤□短、爪長。性好倒掛，夜睡亦然。種出自東洋呂宋國。

浮桑花圖

浮桑花，木本，不甚高。四時著花，有深紅、淺紅二色；亦有一樹開兩色。花極鮮，而味不著。

魚子蘭圖

魚子蘭一名珠蘭；木本。花色黃，四時俱開；其香如蘭。

桂花圖

桂花，木本；一名山桂。色淡黃，味最香；四序榮華。

刺桐花圖

刺桐花，葉似桐而榦多刺。開花期於二、三月，色極朱。樹大數圍，當花時，葉盡脫。

龍眼圖

龍眼一名福員；熟於夏、秋間。摘之晒乾，性極補。

番薯圖

番薯又名地瓜。蔓生，結實於土；皮有紅、白二色。生熟皆可食，亦可研粉；土人用以燒酒。其種出文來國。臺地栽甚廣，民番藉食；誠為歲歉之一助也。

香員圖

香員，即佛手柑之屬也；故俗亦呼佛手柑為香員。生食之香酸，用糖為蜜餞之品。

葫蘆圖

葫蘆，藤本。食之無味。熟於秋末。晒乾，皮可貯物。

彎豆圖

彎豆，種出荷蘭國；臺人竊種而植，實於春、夏，亦實於冬；味甘。俗呼荷蘭豆。

番柿圖

番柄，似梨。外有毛，內有核；肉黃，味類芽蕉。

黃瓜圖

黃瓜亦熟於冬臘月間。食之無味。

番石榴圖

番石榴出於山野，熟於六、七月，亦有熟於冬者。味淡微甜。

菩提果圖

菩提果俗名為香果，形類枇杷，味甘而香；實於五月間。

黃梨圖

黃梨葉似蒲而短闊，兩旁如鋸齒。生於叢中，七、八月大熟。有香氣，而味甘酸；去皮可食。性極寒，多食作瀉。果末有葉類鳳尾，故又名鳳梨。

番麥圖

榦似高粱。花開榦杪，實生葉間。色黃，味淡而香。四時常有。

曇花圖

曇花，草本；種出自西域。有紫、白二種。青葉叢生，或一年數花、或數年不花。懸莖□□，狀若荷蕊；中攢十八朵，每一日開一朵。剎□多植之，取十八羅漢之義也。

番花圖

番花一名貝多羅。色白，心淡黃；香似梔子。出西洋。臺人但稱番花，不知為貝多羅也。

菊花圖

菊花，內地開花於九月，臺灣亦然。另有數種，二、三月開者尤盛。

仙丹花圖

仙丹花色極鮮紅。一朵包百蕊，□繡毬花，無香。自四月開至八月，爛熳如霞彩。

油菜花圖

油菜，子作油。熟於仲春間。味苦，不可多食。

臺番圖說

捕魚圖

諸邑目加溜灣、哆咯嘓等社壯番以鏢鎗弓箭在岸上射之，名曰捕魚。

捕鹿圖

淡防廳大甲、後壠、中港，竹塹，霄裏等社熟番至秋末冬初，各社聚眾捕鹿，名為“出草”。

猱採圖

諸邑麻豆、霄壠、目加溜灣等社熟番至七八月猱採，名曰採摘。

種芋圖

鳳邑生番內山不知稼穡，在於山間剗土種芋苗，熟則刨地為坑，以火燒之，即掩其竅，時常取出而食，以為長久之糧。

耕種圖

臺邑卓猴，羅漢門，新港等社熟番，男婦耕種水田禾稻，至十月間收穫。

刈禾圖

彰邑各社社番男婦耕種，收穫小米禾稻，至七月間定期，男婦以手摘取，不用鐮銍。淡防廳各社亦如此。

舂米圖

彰邑各社番婦舂米，以大木為臼，以直木為杵。其各邑番社亦均類此。

糖廍圖

糖廍，臺郡各邑田土肥厚，宜植蔗，俱係居民耕種，而社番不能。硤糖自九月間至來年四五月方止，商人販賣内地江浙各處，實臺灣之大生意也。

織布圖

淡防廳岸裏、大甲東、大甲西等社，番婦織布，一名達戈紋。其彰邑各社番婦亦能，惟大社番婦所織者甚，然最佳。

乘屋圖

臺邑新港社熟番，豐年收成後乘屋起蓋。其諸邑各社亦如此。

渡溪圖

諸邑目加溜灣、麻豆等社土目通事，遇霖雨過溪，眾番浮水乘筏而渡。

遊車圖

臺郡各社民番貿易以及來往民番男女俱用牛車。

迎婦圖

彰邑東螺、西螺、大武郡、半線等社娶親迎婦，名為牽手。

布牀圖

傀儡山生番各社番婦育兒，以大布為襁褓。若有事耕織，則繫布於樹上。

守隘圖

守隘，臺郡各縣番民附近生番居住者，伐竹為欄，每日通事土目派撥番丁，各帶鏢鎗弓箭，以防生番出沒。

瞭望圖

淡防竹塹、南嵌、芝包裹、八里坌等社通事土目，建搭望樓，每日派撥麻達巡視，以杜生番，並防禾稻也。

社師圖

鳳邑下淡水、赤山、加籐等社，設社師教讀番童，其臺、諸二邑，亦設社師。

臺灣內山番地風俗圖

乘屋圖

築土基高五、六尺，編竹為牆。別以竹木結成椽桷，蓋以茅草為兩大扇；備酒豕，邀請番眾合兩扇於屋樑，擎而覆之。落成，群聚歡飲。舉家同處一室，子女嫁娶則別築之。

牽手圖

姻不用媒妁，女及笄，築室另居；未婚者彈口琴挑之。銜弓於唇間、齒隙吞吐成音，以手撥絃；其聲錚錚然，互相和答，意合，遂成夫婦，謂之“牽手”。月吉，各告父母贅焉。

種園圖

山疊巘深溪，平原絕少，山盡沙石。種黍秫、薯芋，俱以刀斧掘地栽植；惟熟番所用犁鋤耒耜，與農民同。或將堅木炙火為鑿，以代農器。每年以二月間力田之候為年，謂之“換年”。禾熟時，亦約期報賽會飲。

饁餉圖

番俗以女承家，凡家務悉以女主之；故女作而男隨焉。番婦耕稼，備嘗辛苦，或襁褓負子扶犁；男則僅供饁餉。

穫稻圖

番稻七月成熟，集通社鬮定日期，以次輪穫。及期，各蠲牲酒祭神，相率同往刈稻；不用鐮銍，以手摘取。歸則相勞以酒。

禾間圖

番社四圍植竹木，別築一室，圍以竹篾、覆以茅草，倒懸穀穗於中，令易乾，名曰“禾間”。其貯米之屋，名曰“圭茅”。或方、或圓，高倍常屋；下木上簟，積穀於上，每間可容三百餘石。舂食之。夜則鳴金廵守。

夜舂圖

番無碾米具，以大木為臼、直木為杵。舂去糠秕，以供一日之食；次日，則另舂之，不食宿米。男女同作，率以為常。

渡溪圖

水沙連社地處大湖之中，番人駕蟒甲以通往來。蟒甲者，獨木舟也。熟番居處山外，溪無舟楫；水漲時，腰挾葫蘆浮水徑渡。惟官長、兵弁至社，番人結木為筏，數十人擎扶而過。

會飲圖

歲收粟時，通社歡飲。男女雜坐地上，酌以木瓢、椰椀，互相酬酢；不醉不止。其交好親密者，取酒灌之，流溢滿地，以為快樂。

鬥捷圖

番童以善走為雄。幼時編篾束腰腹，務令極細，以圖趫捷；娶婦始去之。手背繫鐵，狀若捲荷，名“薩豉宜”；展足鬥捷，雙踵去地尺餘，沙起風飛，瞬息數十里。

遊社圖

番無年歲，不辨四時。每當刺桐花開，整潔牛車，番女盛粧飾，番童執鞭為之御；遍遊鄰社，親戚招邀，謂之“遊社”。

書塾圖

番無文字，自雍正十二年南北各社熟番立社師教諸番童，漸知向學。歲科與童子試，文理清順，作字頗能端謹，亦有入庠納貢者；文教漸興。

賽戲圖

每秋成，會同社之眾，名曰“做年”。男、婦盡選服飾鮮華者，於廣場演賽。衣番飾，冠插鳥羽。男子二、三人居前，其後婦女；連臂踏歌，踴躍跳浪，聲韻抑揚，鳴金為節。

互市圖

社番不通漢語，納餉、貿易，皆通事為之。通事築寮於隘口，置烟、布、鹽、糖以濟土番之用，易其鹿肉、鹿筋等物。每年七月進社，至次年五月，可以交易；過此，則雨多草茂，無能至者。隘口溪流深險，無橋樑，老藤橫跨溪上；外人至，輒股栗不敢前。番人戴物於首，往來從藤上行，了無怖色。

文身圖

番俗文身為飾，男則墨黥眉際，若卦爻然；女將嫁，針刺兩頤，名“刺嘴箍”。南路深山諸社，於肩、背、胸、腋、手、臂遍刺之；正土目刺人形，副土目、女土目僅刺墨花，以為尊卑之别。又番童穿耳嵌螺錢，以為美觀。

紡織圖

番婦以圓木為機，捻絲苧或染犬毛成線為織，名“達戈紋”。裁為衣服，僅短至臍；腰下圍以布，番婦則繫桶裙裹雙脛。熟番衣制悉同內地，惟以“達戈紋”數幅披於肩上。

捉牛圖

中野牛百十為群，番人馳逐得之，扃閉高木籠中；饑餓數日，候其馴服，然後施以羈靮，豢之芻豆，力田服軛，與家牛無異。

射魚圖

捕魚，於水清處用三叉鏢及箭射之；亦有為罩網者。小魚熟食；大魚則就魚口納鹽，不剖魚腹，藏甕中年餘生食之。

捕鹿圖

內山鹿生最繁，番人以打牲為業，交易貨物。捕時因風縱火，俟其奔逸，各番負弓矢鏢鎗、牽獵犬逐之。所用弓矢，以細藤、苧繩為弦，竹箭甚短，鐵鏃長二寸許；鏢鎗長五尺，亦犀利。番人善用鏢鎗，每發多中。

猱採圖

番性善緣木，穿藤、攀棘如履平地。檳榔、果實、番檨，樹皆高尋丈，採摘時飛登樹杪，捷於猿猱。又有雞足番，趾如雞距；食息皆在樹間。其巢在深山中，與他社不通往來。

哨望圖

社番擇空隙地編藤、架竹木，高建望樓。每逢稻田黃茂、收穫登場之時，至夜呼群扳緣而上，可以矚遠；持械擊柝，徹曉巡伺，以防奸宄。

樹宿圖

番婦育兒，以大布為襁褓。有事耕織，則繫布於樹，若懸床；風動枝葉，兒酣睡其中，不顛不怖。饑則就乳，醒仍置之。故長不畏風寒，終歲裸袒；扳緣高樹，若素習焉。

浴兒圖

番俗圖初產，母攜所育兒女同浴於溪，不怖風寒，蓋番性素與水習。秋潦驟降，溪壑盈漲，徑度如馳。有病，亦取水灌頂傾瀉而下，以汗發為度；未發再灌，發透則病愈。

迎婦圖

番人以壻為嗣，娶婦則離其父母。惟大龜佛等社於牽手後擁眾挾女以歸，勢如攘奪，與他社出贅者不同。夫婦離異，罰先離者酒一甕或牛一隻。若配合已久，造高架舁婦遍遊諸社中，番眾往來贈遺色布，歸宴同社；則永無離異矣。

附錄一：臺海采風圖序

六十七

考古伯翳著山海經，桑欽撰水經注，諸史地理有志，爰及十州記、風土記、南越志、九州異域志諸書，往往散紀海外事。凡名人使絕域外島，亦每彙其群碎清異者而錄之，蓋以考異俗、資宏覽也。

臺灣古傳昆舍那國，荷蘭以一牛皮占之。繼則鄭逆據土，立郡縣。康熙二十有二年，我朝聲威震讋，航師直下，遂回首向面，隸閩版圖焉。

乾隆癸亥冬，余奉天子命來巡斯土。烟波縹緲，蛟蜃滉瀁之區有大都會焉。林林總總，莫不蒸然向化。仰見聖治昭宣，無遠不屆。小臣不才，惟有勤宣朝廷愛養德意，夙夜不敢自遑。間及採方問俗，物產之異，種種怪特，多中土所未見者。始信區宇之廣，其間何所不有。公餘之暇，即其見聞可據者，令繪諸冊若干幅。雖不能殫其十之二三，而物土之宜、風俗之殊，亦足以表聲教之訖，獻雉貢獒，無煩重譯也。爰題曰《臺海采風圖》，□諸行篋，歸質於京華博雅君子，或亦有以迪寡昧而廣集益也夫。是為序。

附錄二：記采風圖後

莊　年

臺疆，古東海島也。自我朝收入版圖，畏威懷德，咸顒首跂踵，蒸蒸向化。迄今涵濡六十餘載，馴獷鷙為善良，易狉獉以秩序，熙熙攘攘，忭舞康衢。蓋丕冒海隅日出，罔不率被矣。

乾隆八年，天子命黃門六公來按視茲土。公慈明綜練，鎮謐不擾。舉凡整綱陳紀，迪教制刑，毋矯揉而紛，毋因仍而弛，務協於砥平鵠正，惟和惟一，以與億萬姓安養嬉遊于滉瀁海天之下。余忝任觀察，周咨就正，得規隨而遵守之，以無隕厥職。間又出其退食之餘，所繪《采風圖》若干幅示余，令跋其後。

竊思周公作王會，紀渠叟、鼩犬、康人、桴苡之屬；唐貞觀間，外國獻菩提木、鉢羅花、拔蘭鹿、金卵雞、活褥蛇諸物，有異於常者，皆詔有司詳錄之。此烏譯陳德、狼舞獻功，尚足徵賓廷之盛；矧夫統區外以為區內、隸外番以為內氓，種種物類之殊、民俗之岐，安可無以誌之，俾傳播於無窮？

夫陳詩納賈，皇華之選也；採風布政，星軺之任也。齊其政教，而不易其俗之所宜，牖民孔易。為之作新而漸摩之，使底於德一而風同，端有賴於此焉。豈同炫奇志怪，徒誇大宛之蒟醬卬竹、西國之靈膠吉光已耶？則覽是圖者，不可不知公微意之所在也。

附錄三：海東選蒐圖序

范　咸

古者大司馬教民：振旅執鐃鐸，陳軍徒，以修坐作進退、疾徐疏數之節，皆於四時之仲以集事，歲以為常。我國家武備修舉，臺灣僻處海外，兵制尤嚴整。每歲之冬，巡方兩侍御合而閱之，以揚天子之威，以靜鯨鯢之暴，數軍實而施慶賞，甚盛典也。黃門六公涖事之明年，乃命工繪為圖。公之言曰："吾以一書生銜命航海，選蒐戎兵，得以張旃而賞獲，將示後世子孫，俾知余小子所以奉赫濯之聲靈，慶海波之不揚者，誠不敢怠若事也"。錢唐范咸心是之，乃卽書其言，以並於圖之首。

附錄四：《臺灣文獻叢刊》（第九十種）弁言

百　吉

巡臺給事中六十七著的《番社采風圖考》有兩個刊本：一個是藝海珠塵本，一個是昭代叢書本。因為昭代叢書本多一篇跋文，所以先把它錄出副本，再用藝海珠塵本校了一遍，然後標點付印，列為臺灣文獻叢刊第九〇種。

兩個刊本的前面都載有巡臺御史范咸撰的序文。序文裏說："同事黃門六公，博學洽聞，留意於絕俗殊風；既作《臺海采風圖考》，復就見聞所及，命工繪為圖若干冊，亦各有題詞，以為之考"。足見《番社采風圖考》原來是有圖的。但是後來刻書的人沒法將原圖影印出來，只好丟開原圖，僅刻圖說性質的文字。所以昭代叢書本後面所載楊復吉的跋文就認為"其圖久佚"，而以"不克並錄"為可惜了。

現在我們找到三種《番社圖》，都縮小影印在這個新刊本裏：

第一種是省立臺北圖書館藏的《六十七兩采風圖合卷》。原圖為工筆著色的繪本。一部分是描繪番人生活情況的，計有瞭望、渡溪、舂米、耕種、捕鹿、刈禾、種芋、布牀、乘屋、糖廍、織布、迎婦等十二幅，就是《番社采風圖》；另一部分是描繪臺灣物產的，如小米、番麥、番薯、椰子、檳榔、西瓜、芽蕉、荔支、龍眼、番柿、黃梨、刺竹、刺桐、番石榴、波羅蜜、浮桑花、魚子蘭之類，共計十二幅，就是《臺海采風圖》。其中有三幅是重復的被刪去了，仍存九幅。因為是把兩套圖合併在一起的，所以題做《兩采風圖合卷》。圖內原有的說明文字，經過照相縮小之後便看不清楚了，所以分别抄出來另排在每圖的下面，或在每圖的次頁。

第二種是"中央研究院"歷史語言研究所藏的《臺番圖說》。原圖也是工筆著色的繪本。除第一幅番社是表明番社的地理位置之外，其餘十七幅都是描繪番人生活情況的。其中有十二幅與第一種的第一部分完全相同，另外多出了捕魚、猱採、遊車、守隘、社師等五幅圖。圖內的說明文字，除第一圖的番社名稱因為字跡模糊難於辯認外，也都抄出來另排在每圖的下面。

第三種是從故宮信片第十三輯第一組《臺灣內山番地風俗圖》翻印的。此圖原藏內務府造辦處，後存故宮博物院的文獻館，分上下二冊，共二十四圖，絹本著色，不著繪者及年代（見文獻叢編第十七輯）。這二十四幅圖全是描繪番人生活情況的。其中有一大半（乘屋、種園、饁餉、穫稻、夜舂、渡溪、遊社、書塾、紡織、射魚、捕鹿、猱採、哨望、迎婦）與第一、二種各圖的名稱或畫稿雖不完全相同，但其所繪題材是相同的。另一小半（牽手、禾間、會飲、鬪捷、賽戲、互市、文身、捉牛、樹宿、浴兒）卻為第一、二種圖內所沒有。每圖的說明文字並不見於圖內，大約原來就是寫在圖外的。第一、第二兩套圖內相同各圖的說明文字也相同，惟有這一套圖的說明文字和前兩種的都不相同。因此可以斷定前兩種《番社圖》是出於一個畫工的手筆，後一種《番社圖》是出於另一個畫工的手筆。

這三種番社圖的前後都沒有序文和跋文，然而在余文儀續修的臺灣府誌卷二十二藝文三裏面卻載有六十七自撰的《臺海采風圖序》和莊年撰的《記采風圖後》。現在把這兩篇文章排在後面，作為附錄之一。

黄叔璥對於各番社的衣食住行和婚喪習俗曾作有系統的記載。他的《番俗六考》三卷和《番俗雜記》一卷已經刊在臺灣文獻叢刊第四種《臺海使槎錄》中。現在又把省立臺北圖書館藏的《黄叔璥臺灣番社圖》縮小影印，作為本書的附錄之二。原圖高一尺二寸、長約一丈，是一幅紙本著色的番社地圖。此圖大概是黄叔璥撰寫《六考》和《雜記》時繪製的，但因無法刊刻，所以不見於《使槎錄》。

余文儀《續修臺灣府誌》卷二十二《藝文》三又載范咸撰《海東選蒐圖序》一篇。按例：每年冬天巡臺御史要檢閱臺灣駐軍一次。《選蒐圖》便是描繪六十七和范咸兩位巡方侍御在臺舉行閱兵大典情形的。原圖現在雖然看不到了，但這篇圖序未嘗不是臺灣史料的一鱗半爪，所以也把它抄出來，作為本書的附錄之三。

第 三 編

文獻輯錄

本編即對六十七《使署閒情》的整理。其中包括六十七本人的作品，如詩文、序文等。爲了後世學者運用之便，按照文獻題材和內容，對原輯錄編目調整爲：卷一賦，兩篇。卷二詩，约五百首。爲保持其完整性，有巡臺御史范咸等十首詩文與第四編“詩文雜記”部分重複。卷三政論，收錄疏、論、議、書、示、檄十三篇。卷四雜著，收錄序文七篇，跋五篇、記九篇和諜兩篇。

使署閒情

白麓六十七居魯甫輯

范　　序

《使署閒情》者，巡臺給事六公輯臺江詩文成集而名之也。公本於使署之餘，作詩歌以適閒情，因有是集一卷；余與公修志時，已採入《雜著》中矣。既而志事已竣，公又搜得近時臺灣詩文若干首，不暇補入。公既珍惜此邦之文獻，且不忍沒人之長，因即移己之集之名以名之，而附己所作於後。蓋公之好學深思有過人者矣。昔左思賦《三都》，門庭籓溷，皆著紙筆。而王氏論作四六，有伐山、伐材之異：伐材者已成之柱，略加繩削；伐山者蒐山開荒，自我取之。公之搜剔臺江遺文，用心最苦，故所得為多，殆所謂伐山者乎？

余於公之著作，若《采風圖考》二卷，《臺海》則有跋、《番社》則有序；公不謂余之不文也，復乞余言以弁是集之首。蓋余與公二年聚首，相知最深；而於是集之所以名也，亦惟余知之深。余春莫將復命，促理歸裝，不能徵繁詞。因直陳其事，不嫌過質。異時采風者網羅舊聞，采輯以補志乘之闕，是所望於後之君子；此尤公之志也夫！

乾隆十二年（歲次丁卯）春仲，錢塘弟范咸拜序。

莊　　序

巡使六公與侍御范公寅恭協好，嘗同修《臺郡志》，廣徵詩文。或束筍、或編韋，拉沓□至。屬剟竣，有未及纂者。公嗜才若渴，不及銓次其爵秩、篇目之序，隨所入，錄付梓人，名之曰《使署閒情》。

今夫為政，閒不閒，何常之有。緬考古賢同宰單父，或鳴琴、或戴星，抑何異敷？幾務叢脞，廢弛以求閒，非閒也；清和悉理，勤敏而得閒，斯閒矣。節儉正直以風有位，政有餘暇。吾於是集見公有素絲委蛇之度焉。昔姬公總政□官，退輒讀書百篇，日見七十餘士，是不閒而閒、閒仍不閒也。公殆有慕而興焉者乎？吾見靈臺偃伯，山海敉謐，或擊壤、或含哺，作息不驚其天，草木化光、禽魚適性；唐人所謂"為政心閒物自閒"也，豈徒誇汲之臥治、顧之垂簾已耶！

適屬言於余，因書而弁諸簡端焉。

乾隆十二年（歲次丁卯）季春，署臺灣道莊年謹序。

卷一　賦

平南賦　*周　澎*

海氛煽虐數十年，大將軍施公銜命往征，一戰而克。《平南奏疏》一編，乃都人士家謠戶頌，積成卷軸者也。雖里巷微詞，而輶軒足採。乃摭其事實而作賦曰：

繄帝德之光華，曰聖神而文武。耀化日於中天，颺仁風於率土。賡一廷之都俞，舞兩階之干羽。張百旅之熊羆，扶千屯之貔虎。六服率賓，萬方安堵；靡不稽首來王，輸賨天府。惟是東南一帶，溟渤奥區；蛟鯨出沒，陸梁逋誅。依黿鼉以窟宅，聚蜃蛤而為徒。乘風濤以鼓鬣，播毒餤於萑苻。長使海濱黔黎，毀家破室；雲屯士旅，抱戈枕殳。嗟桑田之萬頃，乃彌望而平蕪。因頳魴於涸澤，泣流鴻於征途；錯烽煙於野戍，棲燐火於寒壚。至於淒風鳴柝、涼月啼烏，莫不含晙茹慼，惻愴嗟吁。

天子乃念南國之仳离，每殷勤而宵旰。曰：“惟予股肱，孰是仗旄秉鉞，為海邦剪此暴亂”？僉曰：“惟彼元勳，夙膺寵眷；俾控制以專征，用克紓乎廟算”。帝曰：“都！自江以南，倚女為屏翰；其克奏膚功，以靖此多難”。於是分虎竹、綰龍章，辭禁衛、出帝鄉。貔貅夾隊，魚麗成行；戈鋋的皪，旌旆飛揚。駐雄師於澤國，若雨集而箕張。惟其地當斥鹵，井竭水漿；喜甘泉之應禱，供萬竈之餱糧。乃修艛艑，爰戒舟航；凌中流以擊楫，攬形勢於滄浪。先卜期以決勝，奏神策於廟堂。繄重淵之瀰漫，慨風浪之不常。望蜃樓之縹緲，嗟欲濟之無梁。因而畫沙為隄、聚米成島；孰漂疾當其驚湍，孰盤渦介其要道；孰旁涯而可泊舟，孰順流而堪直擣。敵已在吾目中，胥按圖而可考。定方略於金城，羡充國之計早。知拉朽而摧枯，胡險阻之能保！

爾乃乘機制變，六月興師；舳艫千里，霄漢蔽虧。劍氣干雲而閃爍，甲光□日而陸離。橫驚波以代鼓，撥瘴霧以揚旗。各星羅而棋布，聽中堅之指麾。因念蛟宮盤踞、兔窟憑依，既蜂屯而蟻聚，復扼險而負危。雖投鞭之可斷，匪制勝之機宜。故毀軍以驕敵，弄股掌之嬰兒。彼乃疏汛守、撤藩籬；雖北來之軍旅，豈渡江之能飛？橫千尋之鐵鎖，沉水底以何為！於是鼓輕橈，浮彩鷁；溯鴻波，撼絕壁。凌馮夷之宮，擣潛虯之宅。維時衝飈怒號，狂濤湍激；飛沫噴空，滂湃澥汨。吞海岳以俱冥，合水天而齊碧。百族為之震驚，千靈為之辟易。天吳排浪以浮游，罔象穿煙而蹩躃。篙工、柁師，逡巡踧踖；莫不輟櫂停橈，驚心動魄。爾乃精誠上格，叱電驅霆；飛廉頓轡，屏翳潛形。波臣歡焉助順，海若剡其揚靈。爰散金以誓士，恥與敵而俱生。復焚香以戒旅，惟妄殺之是懲！於是軍聲震，士氣騰；艨艟發，枹鼓鳴；搖赤羽，麾青萍；殲怪鱷，殪毒鯨。弓不虛發，矢必應聲；倒戈漂鹵，流血波赬。既獻俘而授馘，遂掃穴而犁庭。乘長風以破浪，藉專閫之威稜。

因而傾其巢，剷其壘；敗甲殘鱗，俛首帖耳。濟藥石以扶傷，俾瘡痍之咸起；仗天威以縱擒，使歸布其德音。曰："漏網之餘魂，漫稱雄於井底；將計日以成擒，胡憑陵之足恃？念薄海之含靈，皆朝廷之赤子；無追蹤於田橫，五百人而俱死！倘銜璧以來歸，當茅土而錫爾。惟公事之勾當，何私仇之足恥"！彼乃籍戶口，輸土田；匍匐蟻伏，稽首軍前。曰："南人不復反，願稟朔於堯天；知聖朝之寬厚，必罔治於厥愆"！若夫哀鴻失所，瑣尾堪憐；延頸企踵，霓望久懸。瞻王師之至止，胥雀躍而歡顏。陳壺漿而塞野，奉筐篚以周旋。桑麻無擾，井里依然；耕不輟耒，賈不易廛。相與脫釜鬵之苦，登衽席之安。更有流離遷客、顑頷閨鬟，弔天涯之魂影，悲絕徼之風煙。盼征鴻而帛書難繫，吟夜月而笳拍空彈。望鄉關於萬里，長掩涕以流連。欣撥雲而見日，樂故土之生還。乃復納叛招降，編之部曲；曰：蔡人卽吾人，務推心而置腹！彼坑卒於長平，何徒肆其殘酷；化鷹眼以咸馴，各賣劍而買犢。念勝國之宗支，多竄身於窮谷；懷禾黍之故都，每悲歌而當哭。彼白馬以賓王，殷宗為之不覆；惟聖世之芳規，曠千春而並燭。於是雕題貫胸之象、燋齒梟瞷之倫，迴首請吏，願列編民；遷情反志，服教畏神。固絕徼荒陬，盡變為樂土；何殊方異類，共識乎尊親。若乃威靈遠曁，悉主悉臣；陸讋水慄，奔走來賓。琛幣重譯而交貢，梯航接踵以並臻。火齊、木難之寶，珊瑚、瑇瑁之珍，烏集鱗萃，靡不咸陳。豈中朝特貴乎遠物，乃遐方共聞有聖人。

由是鐃鼓傳、干戈戢，唱天山之歌，勒燕然之筆。交趾之銅既標，淮南之碑亦立。捷音飈發於閶闔，露布星馳於北極；六合莫不騰歡，至尊為之動色。曰："海波之載揚，四十年如一日；吁嗟乎蒼生，不安於稼穡。仗爾師貞，一戰而克。從茲惡氛除、劫灰熄，樂桑麻、恬作息。南顧紓憂，云誰之力！其速議褒封，用彰彼勳德"。爾乃登清廟，播樂章；告海邦之清晏，慶社稷之靈長。遂褒以絲綸之天語，錫以黼黻之衮裳。指河山而盟帶礪，分茅土而勒旂常。謂"爾元戎，邦國之光；用錫爾鐵券，爾其世守而永藏。藉金城之萬里，用屏衛此一方。奠封隅以永固，鞏奕葉於苞桑。追伏波之舊烈，曠百世而流芳"。

於是居者相與慶於閭、行者相與歌於市，胥朋酒以言歡，賡吉甫之燕喜。願長借乎衮衣，沾化雨於桑梓。若乃鈴閣餘閒，左圖右史；吐握下賢，赤舄几几。門多珠履之賓，座滿縫掖之士。同雅歌於祭遵，等輕裘於叔子。令既肅於秋霜，心復澄於止水。彼煙閣與雲臺，知姓名之永紀！備採風於輶軒，詞徧騰於下里。乃歌曰：嗟滄海兮噴狂濤，蛟龍鬥兮虎豹嗥；兵車絡繹兮饋餉勞，悲中澤兮聲嗷嗷。孰提師兮奮旌旄，麾霓虹兮掣寶刀？淬龍泉兮鷺鶿膏，入蛟宮兮斬毒鼇！斬毒鼇兮奠滄海，吁嗟偉烈兮斗漢爭高。

臺灣賦　高拱乾

繄洪荒之未闢兮，含混沌而渺茫。迨河山之既奠兮，爰晝野而分疆。裂九州而成千萬區兮，用環四海以為百谷王。維禹功之所不及兮，遂棄之於莽莽而蒼蒼。

一自地借牛皮，謀成鬼伎；斷髮裸身，雕題黑齒。營赤嵌之孤城，築安平之堅壘；隱樓櫓於鯤身，藏火攻於鹿耳。貿易偏於三洲，資生憑乎一水。藉三保而標名兮，致懷一以不軌；哀氓黎之何辜兮，聚魂魄於萬里！

嗣是荷蘭煽虐，徼倖成功；鹿門潮漲，滃窟成空。時移事去，兵盡矢窮；竄餘生而歸國兮，遂踞此為蛟宮。非天心之助逆兮，蓋劫運之未終！不謂寇我疆埸，焚我保聚；時乘無備而肆其鴟張，或因不虞而資其竊取。收亡命於淮南兮，聚無良於水滸。民不聊生，王赫斯怒；咨左右之夔龍，率東南之熊虎。定百計以安瀾兮，果一戰而納土。於焉擴四千載之洪濛，建億萬年之都邑。風既變為維新，俗亦除其舊習。文武和衷，干戈載戢；誰肆志以行吟，豈有懷而靡及！

若夫狂瀾既奠，海若呈奇；一望琥珀，萬頃琉璃。波溶溶兮長瀉，天蒼蒼兮四垂；風輕兮水面，雲淡兮山眉。即羈臣與遊子，亦撫掌而忘饑。至於輝璧耀奎，陰陽分位；疋練懸光，空明揑翠。乘舴艋兮小舟，結金蘭兮同志。玉樹兮千章，青州兮一醉。實自幸世外之有身，誰復疑此間之無地！

至若山山含紫，樹樹凝青；層巒疊嶂，戴月披星。點銀礫而皓皓，穆金波而盈盈。時微雲以四抹，忽啼鳥兮一聲；懷高岡兮彩鳳，聞此地兮仙靈。羌應接而不暇兮，又何讓乎山陰！爾乃石尤乍起，馬首長驅；雷鳴海底，霧失天隅。濤倉皇而山立，浪怒激而箭趨；驚聞聲為飛砲，訝入眼而墜珠。乾坤兮雲狗，風水兮人魚。則惟有寄餘生於泡影兮，誰復望視息乎斯須！

若乃水土無情，番夷裸處；既慣狎鷗，誰傷碩鼠！雖敬老而尊年，奈輕男而重女。富賽懸壺，糧無宿貯；圍尺布之蒙蒙，謂衣裳之楚楚。蛇目蜂腰，雀行鳥語。而或蕩子從軍、貞臣流寓，哭倒行於窮途，傷逆死於日暮。奮一臂而長呼，輕餘生以不顧。至闔室以雉經，且從容而遵路。於是水變為愁、山真如醉，呼泣月之子規，淚批風之鼠鼠。魂黯黯兮牢騷，魄淒淒兮憔瘁；固志士之不忘，亦斯文之未墜。

乃至蝦鬚百丈，鰌骨千尋；貝文似鳳，魚首如人。大灶之壽三萬歲，蝴蝶之重八千斤。非此邦之物產，蓋在乎南海之濱。又如蜃樓縹緲，海市高低；碧雲擁日，駕浪為梯。光從定後，圓始天躋。非此邦之風景，又在乎東海之青、齊。更或橋邊鱉泣，別淚如珠；山頭劍舉，雪城為墟。飛女仙之一石，起剡史於沾濡。扶紅裳之魚女，使之返乎沮洳。而茲邦無此怪異，又或見之於洞庭湖！

噫嘻！戶滿蔗漿兮，人藝五穀；地走風沙兮，群遊麋鹿。厭五畝之宅而不樹桑兮，任三家之村而亦植竹。道無遠近兮肇牽車牛，人無老幼兮衣帛食肉。惟占籍而半為閩人兮，故敦厚亦漸摩而成俗。若欲盡寫夫侏㒧之弇陋兮，恐或見嗤於莊士之端肅。即飲食亦餖飣而無奇兮，原未窮夫人間之水陸。惟聖世能破夫天荒兮，故滄溟亦拓其地軸。聊搦管而賦其物情兮，用以佐夫風謠之一曲。

卷二　詩

感憶　沈光文

暫將一葦向南溟，來往隨波總未寧；
忽見游雲歸別塢，又看飛雁落前汀。
夢中尚有嬌兒女，燈下惟餘瘦影形。
苦趣不堪重記憶，臨晨獨眺遠山青。

己亥除夕　沈光文

年年送窮窮愈留，今年不送窮且羞。
窮亦知羞窮自去，明朝恰與新年遇。
贈我椒樽屬故交，頻頻推解為同胞。
客路相依十四載，明年此日知何在？
修門遙遙路難通，古來擊楫更誰同？
也憐宴空嗟旡告，猶欲堅持冰雪操。
爆竹聲喧似故鄉，繁華滿目總堪傷！
起去看天天未曉，雞聲一唱殘年了。

齊价人移浯，以詩投贈；次韻答之　沈光文

性懶恆耽逸，身閒若避紛。當關學望氣，載酒欲論文。
佳翰誠臻聖，新詩更軼群。枝棲欣不遠，時冀挹高雲。

野鶴　沈光文

獨得孤騫趣，難違天性真。優游俯仰適，愛惜羽毛新。
高與煙霞狎，廉為鴈鶩嗔。朝遊蒼海表，夜唳鷺江濱。
骨老飛偏健，身閒瘦有神。已知矰繳遠，幾閱雪霜頻。
舞月寒流影，依松靜絕塵。乘軒爾何事？翻欲賤朱輪。

題寧靖王齋壁　沈光文

修得一間屋，坐來身與閒；夜深常聽月，門閉好留山。
但得羈棲意，無嗟世路艱！天人應共仰，愧我學題蠻。

柬曾則通借米　沈光文

邇來乞食竟無處，饑卽驅我亦不去；甑中生塵興索然，飧風吸露望青天。窮途依人仍不足，自顧已忘榮與辱。何當□子困餓啼，絕不欲我作夷、齊！勉學魯公書新帖，呼庚未免為臣妾。嗟嗟！苦節尤難在後頭，一日不死中心憂！

別洪七峰　沈光文

鷺島初來便識君，東山又共學耕耘。
髮膚無恙悲徒老，著述方成悔欲焚。
忽作閒心同倦鳥，俄焉長揖別高雲。
從今只合言於野，理亂都將置不聞。

詠籬竹　沈光文

分植根株便發枝，炎方空作雪霜思。
看他儘有參天勢，只為孤貞尚寄籬。

送曆公回閩二首　陳廷和

我生猶未老，天意欲如何？日月雙蓬鬢，乾坤一放歌。
世途盡鳥篏，吾道在雞窠。努力諸公事，中流漫逐波！
眾鳥歸飛暮，羊城孤客愁。一身萍底影，雙眼水中鷗。
長夜空思月，無家始識秋。羨君輕去住，何計覓同舟？

九日，過海幢寺送金道人（即衛公也）**回丹霞有作，並寄逃兩諸公**

陳廷和

何事買山隱，丹霞紫氣高。東西雙草履，風雨一絺袍。
灰徑賴容屐，急流須著篙。重陽好風日，未敢學持螯。

代家簡生送別黃逃兩別駕還漳　陳廷和

匹馬向巑岏，招搖強自寬。人生聚散易，吾黨別離難！
計日思傾蓋，臨風羨整冠。我歌老驥罷，覓醉碎琅玕。

過惠州柬沈屺庵司理公祖（余非罪羅雉，無沈公極力解脫，幾難逃崑焰矣。將歸解，便道賦此謝之）　陳廷和

忽忽浮雲塞路岐，間關蠻越欲何之？
可堪北轍塗膏事（因頂解他人事），反作南冠對泣時！
舐犢垂憐孤客意（余時控訴來粵尋兒），
棄材難慁聖明知（眾人送京歸旗，余獨不去）。
請看初日瀟湘色（公楚人也），餘照猶傳八詠詩。

至日，舟次有感二首　陳廷和

至日猶為客，愁中不記年。白沙增月色，古木廢桑田。
買醉悵無侶，含悽獨扣舷。故園宵夢裏，歌舞老萊前。
一線初長日，狂吟獨悵時。野花寒自發，山鳥集還移。
潮水應期至，霄雲入谷遲。中流且擊楫，莫遣榜人知。

登坡公白鶴峰有感　陳廷和

隱約幽叢裏，殘墉嶺外崇。新愁銷嫩草，舊恨付淒風。
鶴有千年跡，人傳百世雄。登堂還自慰，謾語古今同。

舟次早行　陳廷和

蘼蕪平野闊，一望曉煙青。戍鼓催殘月，檣旗汎落星。
輕舟宜淺瀨，落葉見林垌。背指經過處，飛鷗已滿汀。

海中島　勞之辨

海中島，各一方；耳無帝，目無王。古若茲，況漢、唐。勝國末，

鄭寇強；踞其壤，恣跳梁。乘潮汐，駕帆檣；肆擾掠，毒閩疆。皇赫怒，整斧斨；命樓船，下扶桑。寇日蹙，乃求降。暇兼溢，梯且航；置郡縣，破天荒。貢皮幣，賦蔗糖。銷兵氣，日月光。

東郊迎春 齊體物

衰草含生意，郊原氣自新。願教青帝力，俾我有年春。
不侈汙邪望，惟祈雨澤勻。大田幸多稼，寧止樂吾民！

郊行即事 王兆陞

寄身重海外，默坐計生平。幸隸芙蓉署，欣遊細柳營。
深村無犬警，遠渚有蛙更。夜雨晨方歇，驅車再問程。

答篠岫弟到榕城見寄 孫元衡

鵲鴒飛不到蠻天，萬里艱難夢宛然（昨適夢見）。蘇子真成遙海望，惠連果枉濟江篇。喜歡道上催春鳥（憶去春蜀道同行），黯澹灘頭下水船。“留柳”、“識韓”俱浪語，浮名拋卻是歸年。舟人言泛海不見飛鳥，則漸至大洋；蓋水禽陸棲也。天無鴻鴈水無鷗，煙雨茫茫我即浮；已識功名如嚼蠟，逍遙偶逐大鵬遊。

喜荔枝船到 孫元衡

落帆打鼓夕陽天，朱實離離載滿船；不遣十年留白守，儘將三百買坡仙（用香山“十年結子，東坡日食三百”語）。

戲成示客 孫元衡

瀛南曾見幾浮槎，望古多才似尚誇；
文祭鱷魚悲瘴嶺，賦成鵩鳥哭長沙。
一身絕國真逢鬼，萬里滄溟浪憶家。
最笑青衫白司馬，九江便道是天涯。

居赤嵌一載矣，計日有感 孫元衡

心跡經年兩自嗤，一官寒瘦一編詩。
躊躇生理流光速，展轉歸期去日遲！
瘴氣潛聞花放後，潮聲盈聽月明時。

杜康功用真微妙，天地蜉蝣總不知。

暮春卽事　孫元衡

杠羨青雲切太虛，無端飛墮海東隅。

風花露草春綿邈，瘴雨蠻煙夢有無。

肉食縱橫清興少，簿書填委道心孤！

緣何倔強羞言老，對鏡偷閒鑷白鬚。

鳳彈　孫元衡

鳳彈有公田（鳳彈，山名。官臺地者，咸有公田），高低麥與穀。雨暘失天時，荒穢走群鹿。家園二頃餘，子母暗相黷；堅好盡錙銖，追呼益窮蹙。卑官類逋竄，徇此五斗祿；黃虀一百甕，素餐仍碌碌。棧棧荊棘中，悲風吟古屋！

雨止　孫元衡

草堂雨過勝林邱，竹榻横斜枕簟幽。

素月函煙清露暗，歸雲似水衆星浮。

千憂一釋秋將及，諸苦全消暑乍收。

滿院天香人靜後，未知身在海東頭。

秋日偶成　孫元衡

散步空庭獨斂襟，此身端與世浮沈。

淒迷海國看雲地，宛轉秋宵對月心。

那得來鴻逢去燕，每思紅葉間青林。

大都百物無聊賴，滿耳寒螿不是吟。

野宿水仙院　孫元衡

古廟孤村外，陰森竹樹聯。排空成翠幄，流響作山泉。

藥院潛遺老，滄湄奉水仙。繩床宜借我，慣著冷人眠。

安平鎮　孫元衡

浮空巨鎮海雲齊，七點鯤身踞水犀。

潮趁去來分順逆，風乘朝暮便東西（臺地風信，朝東、暮西）。

空城一任生禾黍，老將應知厭鼓鼙。
戰舸如山烏在幕，千檣影靜夕陽低。

自安平鎮風中返棹，波濤甚惡。歸臥竟日，而心猶悸。作詩自嘲

孫元衡

七里風濤萬疊愁，歸來不道小瀛洲（安平在水中，距郡七里。余常以“小瀛洲”稱之）。流雲過影身搖動，空宇無聲耳唧啾。飄泊樽罍三峽夜，黃昏枕簟九疑秋。自量終是塵凡客，海月應難掛席求！

野宿　孫元衡

秋雲向暮總陰森，竹屋卑棲枳棘林。
風外葉鳴山鳥怪，雨中燈靜寺鐘沈。
瘴煙作祟香先到，積水生寒夜漸深。
耳目悲涼成底事，草蟲還為發孤吟？

海吼　孫元衡

我聞百物憤恚鳴穹蒼，而何有於百谷之王？幽隘搏擊成聲光，而何有於祝融之汪？云胡吼怒彌晝夜，震撼鮫室喧龍堂？延聽千聲無遠近，氣沴風屯海為運。窮天拗忿悲莫伸，死地埋憂思欲奮。初時起類漁陽撾，七鯤噴沫開谽谺（自安平七鯤身起，故俗云“鯤身響”）；繁響漸臻有嘘噏，萬蹄按轡行虛沙。焂如戰勝轟千軸，刮乾戾坤為起伏。灘以山摧熊虎號，砰磕成雷魔母哭。山摧石爛如寒灰，雷震翻空偶馳逐。爾乃十日、五日吼不休，使我耳聾心矗矗。或言訇哮由積風，掛席長梢凝碧空。或言狂潮本瀾汗，進則剽沙礐石爭來攻，退則餘波呀呷殿成功；為魁為窟奔海童，朝夕池邊歷歲月，去來喧寂將毋同。老農又言徵在雨，黑螭隱見青鼉舞。叫嘯年來徹霄漢，炎威千里成焦土。泱泱海若大難名，我欲問之阻長鯨。水德懦弱懼民玩，庶幾赫怒張奇兵。大賢崇實戒虛聲，股肱之喜良非輕。

夜　孫元衡

深宵原寂莫，孤館況蕭颾。風亂星光動，潮平月影高。
蟲聲低在枕，露氣暗侵袍。心識鄉程遠，空令改二毛！

自適　孫元衡

生平未解隔宵愁，放達能經萬里遊。
不遣歸心隨去鳥，但將高興答清秋。
暖風動幕花光亂，涼月盈樽露氣浮。
嫩綠文來蘋薯熟，甘香絕勝稻糧謀（番地蘋薯可代餐飯，種自文來國者最佳）。

客自雞籠還，言形勢甚悉　孫元衡

聞道雞籠嶼，孤城莽蕩間。毒磺糜白石，沸水迸丹山。
東渡洪波弱，秋崖積雪斑。蟲魚俱異物，戍卒幾人還！

冬日眺遠　孫元衡

葉葉征帆似羽翰，排空飛上白雲端；
馳風騁雨無常態，海水那知天地寒。

客以琴見貽，招張尉閩嘉試彈古調　孫元衡

抱琴相贈謝山翁，仙尉揮絃指法工：
流水高山無懦響，叩宮彈角有清風；
刺桐城裏煙花靜，叢竹牆邊鳥雀空。
味備五音懽百物，蓼根獨有避甘蟲。

除夕雷雨大作　孫元衡

臘月晦日大雷雨，長風挾浪翻高空；
海中龍蛇厭蟠蟄，世上草木開屯蒙。
赫怒昔聞殫帝力，妖祥今見煩天工。
無敢戲渝獨危坐，寒花往往能鮮紅。

秋日雜詩八首　孫元衡

三年身入幻，味物海東丞。秋杳雲俱化，霄虛鳥不勝。
花於情未盡，山有目先登。一室粗能理，隨時可曲肱。

北勢到雞籠，齊諧志怪同：瘴雲凝自古，毒水澮於空；伏火從山鬼

（近山夜多光怪），驚濤駕海翁（巨魚）；舟回十二載，浮去弱洋東（相傳：昔有閩船飄至弱水之東，閱十二年始還）。

眼底天民在，熙熙共往來。忘年驚髮變（番人不記年歲，髮白知老），改歲待花開（不知四時，見野花盛開，經始樹藝）。即鹿群看箭（諸番逐鹿，視某箭先及者，得鹿不爭），安家密咒灰（提防漢人掠取其物，以巫術咒灰土，名曰下卦；過者畏之）。唱歌爭款客，喚取女郎回（力田藉婦，遇過客則喚婦侑酒，共唱夷歌；客醉，乃喜）。

徙倚岡原上，關心草木緣；番花香酷烈，刺竹勢聯絭。廓落南東畝，奇零一兩廛。此中無故物，霜鬢對寥天。

勁風摧靡草，佻習厭陳人。觫斛全無較，吳蠶未見珍（其俗尚奢）。肆狂呼五白，禳病叫三神。生聚如萍梗，何妨作酒民。

晚飯步空林，奇雲生暮陰。天容自吞吐，夜氣且浮沈（雲光開闔，乍明乍暗）。似電收光緩，疑霞幻影深。掉頭歸臥穩，平澹祇初心。

節序飛騰易，無營作息宜。寒暄黃鳥在，晴雨綠鳩知（羽毛鮮麗）。閱世恆如醉，忘情或近癡。形骸猶故我，欲問被衣師。

草木無搖落，秋心亦自驚。遠天澄一色，空宇會千聲。選句收蠻語，耽遊得鳥情。官閒兼寡合，例有竹蕉清。

草堂漫興　孫元衡

天外今知樂事偏，茅齋洒掃駐三年。連林蘭本飄金粟（珠蘭成樹），出屋蕉叢吐赤蓮。棋局傍觀無我相，醉鄉漸入有仙緣。蠻煙瘴雨何滋味？八尺風漪得穩眠。

田家　孫元衡

就燠時多稼，移民力本傀。田洋惟待澤，稻秏不須芟（俗稱平田曰洋。凡新集之民，不治水源，惟待雨澤；不治荒，聽其自生。然地氣恆暖，時有收穫）。香粒大於豆，蒲囊小作函（香米粒大，囊置少許於中邦，豔稱方物）。餘糧文蕷好（俗稱地瓜），朱履荷長鑱（臺俗尚奢，有衣羅衣、著珠履而耕田者）。

瘴氣山水歌　孫元衡

瘴山若霧結胚胎，窮陰深墨堆枯煤。赤日沈為死灰色，勁風萬古無由開。下有長河名淡水，玉椀澄之清且旨。化為碧血與鴆漿，殺人不見波濤起。山有飛禽河有魚，上原下隰黃茅居。島民生與瘴相習，諸番雜作古邱墟。墟中嫠婦能為鬼，婆娑其舞歌笑娓。舌語疑咒走疑癲，人瘴由來勝蛇虺。嗟我禦暴分邊城，掃除無力空含情！樵山飲水滋慚恧，仕宦五瘴良非輕。

病中　孫元衡

一片秋雲墜海邦，昨來對鏡雪痕雙。寒生藥銚吹殘火，風至氈裘擁破窗。伏枕似逃文士會，閉門不受酒人降。此間歸思知多少？夢逐驚鴻渡皖江。

半間七尺呻吟地，擁被披裘對夕曛。侵隱墨蚊何善伺，緣空朱蟻似多聞（黑蚊、紅蟻，為患實甚）。芳樽獨負忘歸子（時諸君有射圃之約），良藥全憑抱節君（醫方主竹瀝）。莫道前軒花有徑，未能著屐已離群。

澎湖　孫元衡

七十二嶼稱澎湖，滄溟萬里開荒塗；嶼嶼盤紆互鉤帶，洪波割據成方隅。東、西二吉門戶壯，將軍之澳為中區。雄師鎮壓馬宮汛，天然犄角中邦無。其餘賦形非一狀，紛陳簠簋兼盤盂；蛇蛟拳曲龍隱見，獅象蹲踞僧跏趺。諸流回澓舟難入，逆帆欲泊輿嗟吁。百折終成觸嶕勢，狂瀾反走如亡逋。有時無風水澄鏡，咫尺膠固誰能逾；巨舸理不任篙檝，束手待敵甘為俘。汪洋指南爭此土，既到往往遭艱虞。昔日王師事征討，神兵彷彿前馳驅；風摧火滅甘泉沸，降幡夜出臺山陬（大帥施公親見馬祖助戰，表上其事，敕封天后）。制府謀成輸百萬，冠軍一戰真良圖。事關正統豈微細，封賞有間傳聞殊。榜人維舟汲清水，躡蹤到頂招吾徒。黑鐵崩崖潮欲縮，黃沙古磧鹽為汙。蠔島峰巒咸破碎，皂亹草木原焦枯。大海東流無底極，振衣一嘯心踟躕！

廈門登岸　孫元衡

退之欣見蝎，坡老喜聞騾；將毋耳目僻，反使嗜好阿。孤身阻遐域，相逢盡么魔。奉詔遂生還，慰情良已多；惡聲與毒物，不忍便撝訶。雖為夙所賤，愈於風與波。蠢蠢且偕意，親故夫如何？三年困窮海，瘴癘憂相磨；兩腳蹋中土，驚禽脫虞羅。還山帶靈石，往往見雲窩。流泉出山來，淙淙橋下過。日明楓葉岸，籟起長松坡；弱麟浮淺渚，喜鵲叫寒柯。翠竹鮮鉤棘，著手久摩挲（皆臺地所絕無）。騾鈴與蝎影，默念成微呵。曳杖陟崇岡，城樓鬱嵯峨；筍輿盡歸客，細路盤青莎。鄉程六十里，計日無差訛。揮手謝大洋，日月如騰梭；心灰死欲然，腸冰就陽和。孤斟一壺酒，未醉顏為酡。二公者勳業，浩浩江與河。余生也既晚，下秩同蹉跎。奇懷亦云爾，望古成悲歌。

臺灣吟 黃學明

四溟中斷此孤懸，日月輪高見影偏。
泣淚鮫人朝入市，凝寒金氣夜干天。
馬鞍矗起青全島，鹿耳雄開障百川。
盛氣消沈無覓處，牛羊來下翠巖煙。

海會寺 婁　廣

此地當年擬館娃，蜃樓海市霸圖賒。
王孫已去遺芳草，宮院誰來掃落花！
歌管聲沈聞貝葉，舞衫采徹現袈裟。
我非竹院空閒過，喜見梯航屬一家。

手植文公祠梅花 陳　璸

賞遍花叢愛老梅，賢祠左右手親栽。
寫真舊有廣平賦，入妙詩稱和靖才。
風送清香迷瀚海，月移孤影出澄臺。
應知雨露深無限，獨步初春傲雪開。

文昌閣落成 陳　璸

雕甍畫棟鳳騫騰，遙盼神霄最上層；
臺斗經天由北轉，彩雲捧日自東升。
參差煙戶排青闥，繡錯河山引玉繩。
今夕奎光何四映？海陬文運卜方興。

臺灣雜詠　陳兆蕃

茅簷竹壁半耕農，士女於今罷斥烽。
山色千年森虎豹，潮聲萬里撼蛟龍。
朝裘午葛邊嵐異，撾鼓催航野渡衝。
自是天開南極處，向來裸髮也雍容。

赤嵌城觀海　陳聖彪

孤城獨上俯瀛洲，極目蒼茫一望收。
落日半痕天共白，晚潮千頃月同流。
滄溟隱入蛟龍窟，島嶼寒生海市樓。
波浪不揚征戰息，舳艫閒作釣魚舟。

岡山　陳聖彪

車行十里見岡山，山接連雲萬仞間。
高阜野花紅灼灼，平疇春水綠閒閒。
雄分壁壘黿蛇合，勢奠波濤竹木環。
聲教漸隨新位置，一犁膏雨潤沙灣。

上淡水社　宋永清

遙遙上淡水，草色望淒迷。魑魅依山嘯，鴟鴞當路啼。
茅簷落日早，竹徑壓風低。歲暮猶春意，花香趁馬蹄。

九日羅山遇雨　宋永清

蕭蕭風雨度重陽，匹馬羅山舊戰場。
白髮漸隨秋色老，黃花空憶故園香。
雲迷古樹千峰遠，霧鎖清溪一水長。
萸酒年年常醉客，爭雄壁壘幾滄桑！

羅山誌別　周鍾瑄

從宦無功已自羞，那堪別緒更綢繆！
簡書祇許三年住，去志難將十日留。
重疊雲山當客路，迷離煙樹繞新愁。

牽衣稚子癡於我，錯把周侯作細侯。

樣　圃　陳夢林

小圃茅齋曲徑通，參天老樹鬱青蔥。
地高不怕秋來雨，暑極偏饒午後風。
海外雲山新畫卷，窗間花草舊詩筒。
莫愁紙盡無揮灑，纔種芭蕉綠滿叢。

題臺灣周明府鍾瑄小照，卽以贈行　蔡世遠

渤青漲瀚亙流瀯，掀揭海飛矗海立。丈夫磅礴撐林森，二巫兩督徒濡濕。周君䎘戢（貴州人）鑿離堆，圖南直奮北溟才。昔宰諸羅今復至，橫海初回橫海來。昨自監州晉郎署，姓名赫赫宮庭著。因軫澤鴻奠瀛島，制府入陳煩借箸。狗山、蚊港湧歡聲，猴悶、郎嬌延首迎。仁風再拂繞沙嵌，花柳㲈雛異樣清。地蛇原蟹兩穎禾，鮫宮蛋戶舒陽和。佇澄若水為甘露，直池鰈海無鯨波。我昔慕君未君識，君整黌宮事丹刻；屬我為文文未工，蠅聲蚓竅徒偪仄。遲君此日到三山，快聆高論豁塵顏；胸濤岩電炯相對，粒粒聚米陳臺灣。掲來示我丹青圖，吟風弄月澹清娛。三鬣五鬣蒼髯叟，六碗七碗紫琳腴。匣琴不彈有微意，謂言遞鍾非輕試；角民征事在其中，要在揮絃施撫字。君今一鼓排九閶、再鼓奏明光，坐使旁春咳首掃欃槍，穿胸儋耳盡來王，豈徒七鯤之澤、北線之波靜不揚！

泛海　郁永河

浩蕩孤帆入杳冥，碧空無際漾浮萍。
風翻海浪千山白，水接連天一線青。
回首中原飛野馬，揚舲萬里指晨星。
扶搖乍徙非難事，莫訝莊生語不經！

東征逾載，整棹言歸。巡使黃玉圃先生索臺灣近詠，知其留心海國、志在經綸，非徒廣覽土風、娛詞翰已也。賦此奉教（五首）　藍鼎元

盛夏我將去，先生繡斧來。欲觀君子化，以茲暫徘徊。邂逅若疇昔，雄談何快哉！清風彌島嶼，百辟式丰裁。其如困羽檄，不待日追

陪。我今整歸棹，過從無嫌猜；所念經營者，先事去禍胎。願言一為別，幸無忽草萊！

番黎素無知，渾噩近太古。祇為巧偽引，訟爭亦肆侮。睚眦動殺機，其心將莫禦；所幸弗聯屬，社社自愚魯。太上用夏變，衣冠與居處；使彼忘為番，齊民消黨羽。其次俾畏威，罔敢生乖迕；無虐、無令傲，服勞安作苦。恩勝即亂階，煦噓鼠為虎。所以王道平，不為矯枉補。

內山有生番，可以漸而熟；王化棄不收，獷悍若野鹿。穿箐截人首，飾金誇其族；自古以為常，近者乃更酷。我民則何辜，晨樵夕弗復！不庭宜有征，振威寧百谷！土闢聽民趨，番馴賦亦足。如何計退避，畫疆俾肆毒。附界總為戕，將避及床褥。

鳳山東南境，有地曰瑯嶠。厥澳通舟楫，山後接崇爻。寬曠兼沃衍，氣勢亦雄驍。茲土百年後，作邑不須□。近以險阻棄，絕人長蓬蒿。利在曷可絕，番黎若相招；不為民所宅，將為賊所巢。遐荒莫過問，嘯聚藏鴟梟。何如分汛弁，戒備一方遙？行古屯田策，令彼伏莽消。

天子重海邦，宵旰念重洋；稔知民疾苦，經營固巖疆。先生代巡守，曠典豈尋常！勿虛此行行，使命乃有光。賤子雖不才，躬踐戎馬場；居東將二載，所見頗周詳。曾將前箸借，孽醜俘且僵。承索臺灣詠，草此留別章；狂言失忌諱，意念則深長。蕘採檄有司，白簡上朝堂；敉寧紀功德，山水並蒼泱。

過澎湖嶼 景考祥

渺矣澎湖嶼，海中天一涯。島開環四面，民聚約千家。
風剝山無樹，潮侵石有花。捕魚生計足，不解植桑麻。

巡行 夏之芳

節旄高插引晴嵐，人擁花驄攬轡銜；
拜罷耆童迴道左，紛來朱履又青衫。
野田清曉碧天空，地指扶桑東復東；

赤嵌城邊雲散彩，拓開海日一輪紅。
負暄童叟愛冬溫，紅稻成堆擁蓽門；
桐竹週遭雞犬靜，教人歷歷認花村。

雨中感懷四首　林興泗

怪底泉聲不斷流，衙齋六月冷如秋；
淒風幾陣樹脫葉，老雨連朝人白頭。
雲覆短簷成久宿，海眠紅日欲長留。
虛堂獨坐渾無賴，身世真同一泛舟。
纔看倒峽又傾盆，兩地關心錯晝昏。
濟北驚傳千里赤，海南厭見野雲屯。
十家九室蛙生灶，八口三餐草掘根。
慚愧公私無一補，昂藏七尺負乾坤！
潮聲聒耳雨聲催，幾日垂頭興盡灰；
紅白好花開易落，文章老友去還來。
書緣窗暗生離我，酒為愁多怕舉杯。
坐臥不能頻徙倚，補天誰是女媧材？
傷禾壞舍事堪危，雲尚重重雨尚垂，
人意皇皇今若此，天心漠漠欲何為？
濤傾萬丈蛟龍吼，樹濕千枝鳥雀悲。
四載窮荒看不慣，直教抱病下書帷。

旅夜書懷　戴　遜

我家遠在白雲鄉，每動蓴思路渺茫。
旅夜簾疏篩月色，孤村樹密冷秋光。
愁多強半縈離恨，句險全因過激昂。
蛩韻淒清風謖謖，聽來幾度斷人腸。
萍寄他鄉憶故居，關山迢遞少雙魚；
淒涼且酌消愁酒，困倦聊看卻睡書。
幾度寒過榻冷□，半輪秋月入窗虛。

銀燈獨對誰知己？憤讀《離騷》借起予。

贈別 徐 元

蹉跎歲月獨支離，愁緒今朝欲上眉；
海外已為三載客，囊中惟剩一瓢詩。
安貧不用憐原憲，處約無求說項斯。
但得百錢常掛杖，何勞仙子進瓊巵。

過釣臺 王之敬

銅雀高飛漢業沈，雲臺荒址杳難尋！
爭如片石橫煙水，尚見清風亙古今。
魚釣乍收新月落，羊裘未解白雲深。
低徊想像春山暮，漠漠松花滿袖襟。

詠偽鄭遺事四首 陳 昂

戰屻旋師返北轅，轉教航海闢乾坤（成功金陵敗還，孤軍勢蹙。適紅夷甲螺何斌負彝債走廈，陳臺灣可取狀；諸將以險遠為難，群議不能決，獨成功銳意進取）。金多舊借牛皮地（初，紅夷借地於倭曰："但得地大如牛皮，多金不惜"。倭嗜利，許之。乃剪皮如縷，環圍數十丈，築赤嵌城。自是久假不歸，全踞臺地，南北土酋皆屬焉），水漲新通鹿耳門（鹿耳門港道紆折，沙多水淺；成功至，忽水漲數丈，大小戰艦縱橫畢入）。赤嵌城孤遺舊業（成功使謂紅夷曰："此地乃先人故物，歸我兵始罷"），紅夷援絕竟移屯。何緣自比虯髯客，豈昧幾先讓太原（其報招撫書，自比張仲堅）。

片石能容百萬人，天遺圖讖應南閩（初，臺灣石中讖云："鳳山一片石，能容百萬人。五百年後，閩人居之"）。也知中國全歸漢，妄託仙源可避秦。荒島舍田登版籍，土酋番族雜流民。開荒絕勝田橫島，易世柑傳尚不臣。

荒遠羈棲幸弗誅，敢通叛逆約齊驅（耿逆變後，使人詣經，請濟師）。漫勞蝸戰爭天下，先自鯨吞奪海隅（經欲借漳、泉二郡為召募地，耿逆弗許。自是，戰爭不息）。三載相持誰得利，兩雄交搆待全輸。彼蒼藉手《平南紀》，曠古新增一統圖。

昔年亡將濟時才（成功舉兵時，施襄壯年最少，號知兵；尋因釁，懼罪亡歸），仰仗威靈涉險來。地轉海鹹生淡水（澎水故多鹽，及我師雲集，隨地掘井，水泉出皆淡），天回風颶起奔雷（六月中，常有颶。是日將戰，有風從西北來，士皆股慄。公乃大呼祈禱，須臾雷震，立轉南颱）。官軍血戰滄波沸，逆虜魂銷劫火灰（燒偽船二百餘艘）。澳嶼全收三十六，受降澎島戟門開。

有感　林元俊

貧病交攻久未除，愁來難放兩眉舒；
冰絃不遇鍾期識，破甑頻同范叔虛。
自惜鮒魚居涸轍，誰憐騏驥困鹽車！
縱教淪落長如此，慰我還憑架上書。

秋夜　林元俊

秋風瑟瑟夜淒涼，何事縈心旅夢長？
蛩韻和秋吟遠砌，螢燈帶月照高梁。
傾觴自許三更醉，對菊頻分一段香。
最厭鄰家砧杵急，聲聲盡是搗愁腸。

暮春獨坐　王　洪

寂寂柴門野水濱，那堪獨坐對風塵！
自慚白髮長為客，未信青春不負人。
鶯囀祇憐懷友切，鴈稀誰與寄書頻？
故鄉一望滄波闊，幽夢無端入紫宸。

朱文公祠梅花（陳中丞清端公手植）　王聯登

海外巡簷笑幾回，南枝開盡北枝開；
參差造物非無意，知是風流太守來。
冷落風塵漫自輕，春來占斷自分明；
《廣平賦》就成佳話，鐵石心腸更有情。
海濱聊作美人家，醉後更闌月影斜；
惱得詩人緣底事？請君試看典型花。
乘興尋芳共舉樽，羅浮花下醉黃昏。

夕陽掩映佳人影，莫認亭亭倩女魂！

水簾　陳斗南

水晶風動挂高天，石洞玲瓏俯百川；
神女香奩臨鏡罷，山僧錫杖倚雲懸。
雙飛乳燕迷芳草，獨耀銀蟾隔紫煙。
便覺林棲無俗韻，好教戶牖發清妍。

松關　陳斗南

連天疊翠護名山，誰闢松陰數畝間？
隱映危樓殘戍險，參差鳥道暮樵還。
昂藏不逐星霜老，倔強潛消歲月閒。
待看龍蟠風雨夜，依稀百二古秦關。

竹棧　陳斗南

誰向瀼西歌竹枝？天涯迢遞路參差。
橫橋自瀉清溪水，曲徑遙通綠草池。
幾道輿梁勞結搆，一川煙雨自迷離。
那堪送客春深候，柳色青青匹馬遲。

蕉屏　陳斗南

煙綃霧縠軟屏橫，好句留題藉管城。
畫雪司空真可聖，啣杯學士欲逃名。
斜分竹色侵庭翠，遠撥梅香入夢清。
憶我山窗風雨夜，不堪滴瀝到天明。

初夏讌集　周日燦

日月無停軌，芳時最難留。人生當為歡，慽慽復焉求！
幸有芳尊在，曠然滌繁憂。薰風被廣陌，蘭茝散林邱。
鳧鷖何處來？唼唼鳴沙洲。歎我羽翼短，飄颻莫與儔！
長歌滄海外，知我共綢繆。

暮春　葉泮英

春風淡蕩柳條輕，半老山花半老鶯；

遲日滿簾飛絮亂，不堪腸斷是清明。

夜坐　葉泮英

霜白天空夜氣寒，燈殘獨坐檢書看；
淋漓讀到淮陰傳，卻笑英雄一飯難。

鳳仙花　李　雰

道是仙家卉，亭亭向座隅。纔驚花綴鳳，翻見蕊凝珠。
色逞秋容好，煙浮暮靄敷。鄰家小兒女，纖手愛塗朱。

老來嬌　李　雰

不是名花作意紅，老來顏色傲春風；
幾回側倚欄杆立，錯認珊瑚出漢宮。

龍潭夜月　李　雰

月皎寒潭清，夜深秋露白。驪龍自在眠，雲影蕩天碧。

屏山夕照　李　雰

峭壁蒙茸綠，天然列畫屏；夕陽殘照裏，添得十分青。

雞籠積雪　王　璋

雪壓重關險，江天儼一新。乍疑冰世界，頓改玉精神。
瘠壤皆生色，空山不染塵。寒光如可借，書幌歷冬春。

輓寧靖王　陳元圖

匿跡文身學楚狂，飄零故國望斜陽。
東平百世思風度，北地千秋有耿光。
遺恨難消銀海怒，幽魂淒切玉蟾涼。
荒墳草綠眠狐兔，寒雨清明枉斷腸！

寒食過五妃墓　何借宜

寒煙衰草暗離披，隱隱高原見古碑。
謾說從人皆妾婦，應誇死義是男兒。
投繯不解王孫恨，弈世猶聞鬼子悲（墓在鬼子山）。
異域天荒開世運，五常還是五人持。

九日會澄臺卽事　舒　輅

北去雲千疊，東來水幾盤；燕臺纔共署，澥谷又同官。
波冷浮雞嶼，煙凝隱豹巒。文光臨睥睨，斗柄近闌干。
菊瀹詩情淨，萸馨酒量寬。登臺懷桂棹，煮茗羨江湍。
鳳翥毛摶彩，龍驤血灑汗。彎弓不尚革，走筆自飛翰。
飭己一誠格，齊民眾志安。焚香讀《周易》，鴻漸喜于磐。

新園道中　楊二酉

路轉埤頭近，平山一線連。野橋低澗水，深竹暗村煙。
犬吠花間逕，人鋤屋後田。不知身異域，疑對武陵仙。

阿猴、武洛諸社　楊二酉

問俗來番社，青蔥曲逕長；家家茅蓋屋，處處竹編牆。
牽手葭笙細，嚼花春酒香。知能但耕鑿，真可擬羲皇。

過羅漢門山　楊二酉

羅漢雲中塞，天關第一重。林幽深踞虎，潭靜隱蟠龍。
馬鬬蘆間道，塘虛竹外烽。鳥鳴訝行色，同出翠微峰。

寫懷　書　山

殘臘看將盡，明春強仕年。青燈仍舊業，白髮是新緣。
短句敲山月，孤懷淡海天。和風吹鹿耳，準備北歸船。

勸農歸，路經海會寺，與諸同人分賦　書　山

雨後勸農畢，還尋古剎來。鐘聲飄蘚徑，衲子出香臺；
刺竹排簷種，優曇滿院開。分題禪榻畔，小憩水雲隈。

立春　書　山

陽和回馭歲更新，人物雍熙島嶼春。
澥谷條風吹彩仗，青郊小雨浥纖塵。
梅花竹葉閒中味，柑酒辛盤客底身。
不效東坡戴幡勝，肯教辜負度良辰？

勸農歸，路經海會寺次韻　張　湄

山郭雨初霽，招提忽入來。寒雲流梵韻，濕翠上蓮臺。鉢為投詩滿（僧石峰能詩），扉緣憩客開。催耕餘好鳥，人靜語林隈。

野趣自清曠，豐年情不同：泉香茶碗碧，火宿石鑪紅。眺海三層閣，栽花半畝宮。舊時歌舞處，夕磬散煙空。

再過海會寺次韻　張　湄

知時好雨灑芳田，又過僧齋洗鉢泉；
一派海潮空外響，滿懷冰雪句中傳。
雲生樹杪停陰晚，鳥踏花陰較昔妍。
何日行歌隨野笠，秋風歸馬意悠然？

秀峰塔　張　湄

光搖五嶽掃千軍，穎脫霜鋒卓不群；
海國文章肖天秀，故應健筆已凌雲。

放　洋　熊學鵬

趁曉乘潮海舶寒，清風相送出臺端；
片帆飄渺煙中過，一碧澄泓浪裏看。
舉目惟瞻天日近，迴頭但覺水雲寬。
要知舟楫由來好，不畏重洋濟涉難。

臺陽誌別　熊學鵬

寒煙一片鎖層波，歸思離情兩奈何；
從此天涯人漸遠，羽鱗惟望好音多！

甲子奉命赴臺清查官莊，卽事成詠　高　山

海嶠長懸聖主心，溝塗經畫戒相侵。
含哺民近無懷氏，敷澤仁同解慍琴。
履畝新塍勤勸相，支機舊石費追尋。
重來不為開邛筰，要使飛鴞集好音。

六巡使見示長句卻寄　覺羅雅爾哈善

愧非磊落青雲士，快讀纏綿白雪歌；
遙想登樓吟眺處，鄉心應較月明多。
千首詩酬酒一瓶，海波不動遠峰青；
三臺座待歸帆速，夜夜開簾望使星。
自昔相看氣味真，紫薇花放玉堂春；
我今飄泊滄江外，風雨聯床憶故人。

再答六司諫

思君正詠池塘句，忽接魚箋笑口開；
狂態於今猶未減，素心依舊不須猜。
采風已有詩千首，遣興何妨酒百杯。
同在天涯懷鳳闕，幾時聯轡入燕臺！

寄臺灣巡使六給事　伊福訥

東華塵土應憐我，南海煙霞盡屬君；
惆悵暮春好時節，白沙紅樹草聯雲。
浴日扶桑迴絕倫，花繁官閣盡無塵；
海天對月閒吟際，好報平安慰故人。

送范九池侍御巡視臺灣　德　齡

癸卯南宮分校士，竹箭東南子尤美；文章自古貴雅馴，況復其人品格似。詞條霞蔚根株深，盡掃狂花與浪蘂。苦心秉式索驊騮，一第何能不恩子？簪毫入直承明廬，紅葉翻階詠不已。人生由命詎繫才，仕宦紛紛馬何駛！盛名莫怪纏坎壈，直道從來中讒毀。廿載冰銜升復沈，近者遷官得柱史。朝廷廣聽納諫舌，建言諤諤復何俟！嗟我慚居一日長，得人報國夙夜矢。愛子行誼真且醇，集菀集枯等所視。素心如一結不渝，契合平生見終始。閩南島嶼隔重溟，雜處夷苗號難理；吾人持節秋始歸，備悉風謠記道里。蒼茫煙霧地坱莽，百丈玉山天外倚。土田肥沃墾最宜，獠俗猶淳易與市。當時蛟鯨久倔強，開闢纔經王化被。大川利涉在中孚，肅肅颸行使直指。青天白日照彈章，絕徼重洋見獬廌。政成槎拂斗杓回，直上天衢馳騄駬。功名偶爾勿復論，忠孝大倫真足恃。送別慇勤惟贈言，益愼官箴飭人紀。

復成七言律一首

白頭握别意何如？迴溯南宫得雋初。

文字忝居一日長，交情歷試廿年餘。

連城玉質原殊眾，三歎琴音獨起余。

利涉詩成須早寄，要看海上掣鯨魚。

送范浣浦巡視臺灣 孫 灝

東瀛别島入雕題，豸史威稜使節持；荒服盡聯身臂指，重洋遙界國藩籬。六臺寵命雲邊下，一范先聲海外知。浩淼洪濤看此去，扶桑晴旭麗旌麾。

澎嶼煙排點點青，鯤身、鹿耳舵樓停。俗仍漢語兼番語，官是文星又福星。地絡三山歸保障，風乘萬里駕滄溟。輶軒坐鎮安清宴，但載皇仁播遠聽。

十一更長按海圖，三千路近接明湖。未論丹荔黄柑美，先愛青簾畫舫無？鳳闕銜恩心北向，蘭臺惜别客南趨。繡衣舊使聲華在，歸望仙槎試問塗（謂鷺洲侍御）。

臺江雜詠 范 咸

保昌家十八兄以《滇昌雜詠詩》十二首見示，次韻卻寄

慚愧先鞭早識途，中郎强仕亦非迂。使星民社分三事，地北天南各一區（家十七兄令太古）。奉職夙期書竹帛，哦詩好共紀輿圖。乘槎吾占瀛壖美，海上三山異兩都。

茫茫滄海一扁舟，隱約星羅西嶼頭。山仄遠迷烏鬼渡，浪高齊拍赤嵌樓。笑他草竊成何事，冠絕平生是此遊！莫向窮鄉辨稊米，中原如髮十三州。

雞籠島外近伽陀，色相俱空逸興蹉。沙起魚龍紅日暝，山號神鬼黑風過。腥涎吞鹿傳修蟒，鐵甲成船認舊螺（東嶽廟後有舊螺殼，大如船）。惟有官衙瀟灑甚，竹蕉常聽雨聲多。

百年島嶼又重開，可有依人在溯洄？花氣長留月下草（月下香四時常開），春風還發午時梅（午開子落）。客窗詩苦愁遺老（明臣沈文開流寓臺，有“客窗詩苦囊兼澀，旅夢春濃老不知”之句），小院蘭香愛逸才（孫元衡有“小院蘭香人獨歸”之句）。憑弔墜樓爭死節，田横墓外起荒堆。

占風小草宛如蓂（風草初生無節，則周歲無颱。每一節，主颱一次），官廨粗營有綠廳（社番有公廨）。園地慣收百日赤（稻種於園者，名埔占；穀白、米赤。六、七月種，十月熟），林間無改四時青（木葉經冬不凋）。聲呼晴雨籠中鳥（白鳩知晴雨），語學咮嚀海上伶（郁滄浪竹枝詞：“嚀咮唱出下南腔”）。最怪香燈誇七夕，三家村裏祀奎星（七夕，士子俱祀奎星）。

百錢猶自懶傭工（僱直甚貴），只愛兒童賤老翁（臺俗：貴少賤老）。長袖紅裙爭執蓋（婦女出必執傘），短衣烏布未須縫（番黎皆著短衣，以烏布為之）。鳴蟬早咽先秋露（露未秋先零），落鴈空傳横笛風（臺無鴈）。底事黃雲彌四野，埤圳成甲不論弓（田地論甲不論弓）？

繞籬刺竹插天青，小草幽花未有名。冷食裸人占夏雨（社番祈雨，則不舉火），水田黎婦盡春耕（番人惟婦耕，男子則饁）。插秧鳥語知聲吉（聽鳥音吉，方插秧），懸穗禾間遍室盈（社番别築室懸稻，名曰禾間）。風起簫琴緣底急？破瓜嬌女倍多情（鼻簫、口琴，番未娶者吹之；女悦，引之同處）。

解讀《周南》第一篇（番童有能背誦《關雎》者），更加鑿齒締良緣（男女締姻，各鑿二齒）。花叢並蒂誇三友（孫元衡《三友花》詩：“並蒂叢花當友看”），草繡雙紋弄七絃（七絃草，葉上有紋）。珍重耳邊消息到（消息花，其形如治耳器），生憐額上畫眉煎（畫眉聲同内地，但眉無白者）。難窮物理裁新語，瘴雨蠻煙别有天。

到處都城綠玉村，珊瑚無葉儘疑真（綠珊瑚一名綠玉樹，繞籬種之）。十圍萌櫱生如？（楠初出地，便大十圍），百歲良材爨作薪（《使槎錄》云：“精良異材，徒供爨下之用”）。問俗尚期通譯語，采詩未敢笑前人。《齊諧》志怪吾能憶，草木蟲魚次第陳。

漁舟歷亂曉燈紅，久狎波濤不畏風。結網縺罟輸課易（縺罟皆網魚具，有稅），隨潮滬箔取魚同（滬箔，皆作簖以取魚者）。怪他新婦脂如玉

（魚有名“新婦啼”者），無那鸚哥首已童（有鸚哥魚）。蟳蠘紛紛收不得（蟳蠘皆蠏之别種），監州好作信天翁。

柑子甜過橘柚瓤，西瓜亢日得新嘗（臘底已熟）。因耽蕉果能清肺（牙蕉結果），酷愛番榴是别腸（梨子茇，一名番石榴。臭味觸人，番黎嗜之）。辨味誰能輸荔子，解饑人只食檳榔。西方移得波羅蜜，又種菩提間佛桑（波羅蜜、菩提果，皆果名）。

貝多籬畔雪如堆，又見優曇花信催；不向中原爭豔去，卻依荒島避人來。求仙敢問長生事，化俗還期治世才。寄語海南勾漏令，丹砂莫載賸船回！

再疊臺江雜詠原韻十二首 范 咸

瀰茫徼外闢窮途，飛渡橫洋計不迂。瀆澮自來甌脱地，屏藩藉此彈丸區。靈槎好繫扶桑木，赤石誰傳瀛海圖（《神異經》云：“南方裔外，赤石為牆”。今臺陶瓦皆赤）。千樹刺桐紅似火，錦官直欲擬成都。

汗漫真成不繫舟，連檣還裹片帆頭（海船欲疾，則加布帆於檣上）。遠瞻沙馬磯邊石（鳳山有沙馬磯，呂宋往來船以此山為指南），近眺澄臺海上樓（《澄臺觀海》，為郡治八景之一）。雲日有情隨我住，鯤鯆未辨悔空遊。劇憐春瘴迷人目，清夢何從覓九州。

西天小寺禮彌陀（府治有小西天寺），偽鄭園亭日漸蹉（悉改寺）。銅砲風雷金甲動（《偽鄭逸事》：“龍碽者，大銅砲也。鄭成功見水底有光上騰，使善泅者入海縛之以出”），鯨魚冠帶海門過（鄭成功攻臺時，紅毛先望見一人，冠帶騎鯨，從鹿耳門入。成功諸舟，隨由是港以進）。虎鯊夜集貪牽罟（虎鯊，沙魚之大者。《志》稱：“漁人夜深捕魚，懸燈以待。魚結陣入舟中，甚至舟力不勝，滅燈以避”），鸚武朝遊寄負螺（鸚武螺常脱殼而朝遊，寄居之蟲入其中）。堪笑揭竿稱鴨母，空嗤海外夜郎多（朱一貴素飼鴨，土人稱為鴨母）”。

密雲狂吼幾時開？鼉鼓逢逢潮汐回（海吼遠聽如鼓聲）。沙線兩條翻白浪（鹿耳門有南線、北線），颱風六月作黃梅（颱風，颶之大者。六月風雨連旬，云作秋淋）。樓船出水憑飄疾，犀甲摧人藉將才。惆悵鮫宮經百戰，忠臣血濺白沙堆（辛丑之變，水師游擊游崇功、副將許雲並戰死）。

朝潮盈縮視蓂蓂，榕樹垂條刺史廳（郡署有榕橋，列於八景）。春雨獨添鐵線白（春雨，郡城獨少；鐵線橋以北大雨滂沱，橋南竟無一滴），秋山無過木岡青（木岡山為郡之少祖）。絃歌比戶皆蠻語，優孟登場半粵伶。欲望長安愁日遠，夜涼徙倚太微星。

含沙誰謂射人工（墨魚常噴黑水以自衛），登陸機先兆海翁（海翁，魚之大者。鄭氏將滅前，有魚長四、五丈，鳴聲嗚嗚，登岸死）。深賴子矛還自刺，尤憐尺布未能縫（施、姚二公滅鄭氏，並以賊攻賊。鄭經孽子欽舍監國有才，為宗族所害）。天心但測淺深水（鄭氏滅荷蘭，王師滅鄭氏、平朱一貴，鹿耳門水皆驟長），地利全資順逆風。此日聖朝聲教遠，軍容整暇不張弓。

土田不糞便滋榮（地肥沃，不糞種），百穀從教未識名（稻有數十種）。一雨似秋三節夏，四時皆穫半年耕。人非土著翻成庶，食有餘糧到處盈。卻恨摴蒲成夙疾，竊花兒女說風情（《志》稱："上元節，未字之女，偷折人家花枝、竹葉，謂異日必得佳婿"）。

不信《豳風》蟋蟀篇，雪霜冰霰了無緣（臺無霜雪）。潮雞夜半已先唱（雞應朝鳴），月魄蓂稀（鄭遙《初月賦》："蓂稀葉少，桂短花新"）便上絃（初二日見月）。金穴（哆囉滿社產金）、玉山（在諸羅縣東北，人煙罕至）那可到，湯泉（淡水廳治有溫泉）、硫井（淡水磺山有硫穴）轉相煎。最奇暗澳花如海，纔至新秋薄暮天（《志》稱："臺東北，有暗澳，萬花？山中。春時始旦，至秋即如長夜"）。

零丁避世有遺民（沈文開《雜記》："零丁洋之敗，宋人遁亡至此"），重譯還疑似女真（或云：女真遺民。以語有多羅相似）。山上蠣房成澤國（大岡山頂多蠣房），洞中橘樹爛樵薪（《志》稱："鳳山民樵於岡山，入一石門；庭花開落，橘樹徑圍。有犬從內出，見人搖尾，隨犬曲折縱觀。歸再往，竟失其處"）。鹿場漸已除荒埔（番社捕鹿，各有鹿場；今皆開為田矣），蟒甲於今度漢人（蟒甲，獨木舟也）。底事穴居同一室，僅分席夜橫陳（番社舉家一室）？

繁花多半是深紅（如刺桐、赬桐、仙丹、佛桑之類），有色無香謝曉風。倒掛終嫌與物異（倒掛鳥，來自呂宋），含羞卻似向人同（含羞，草名）。蛋煙蠻語憐貓女（番女幼多以貓名之），狐帶鵜衣怪狡童（臺人服多不衷)。賴有松醪風味足，玉山頹處醉衰翁。

鳳尾、黃梨間白瓤（黃梨，果名；其葉森若鳳尾），連林樣子共分嘗（樣子，俗名番蒜，一作羨）。生憐香醉郎官舌（荔枝有名“郎官紅”者），牽惹情多御史腸。辟瘴定須藏薏苡，拂塵聊且縛榛榔（榛榔樹，葉可為帚）。蓬麻、茜草能成錦（番婦織苧麻為布，以茜草染之），何必田園定種桑！

佳葩異卉繡如堆，詩欲成時景又催。絳羽鸜哥頻自舞（滇南呼刺桐為鸜哥花。孫元衡《刺桐》詩：“煙籠絳羽鸜哥舞”），金絲蝴蝶忽飛來（金絲蝴蝶，亦花名）。九重溪外求田好（九重溪在諸羅），七里香中作賦才。思力敢誇猶未竭，天風還鼓海濤回。

三疊臺江雜詠 范 咸

方丈瀛洲孰問途？童南丱女計真迂。難從縹緲尋三島，纔望滄溟笑具區。志怪惜無《觀海賦》（《志·藝文》僅載一賦），陳詩賴有《采風圖》（六給事作《采風圖考》二卷）。簡書不見依依柳（臺柳絕少），只合中原占麗都。

小豆稀微認海舟（《使槎錄》：“東坡登蓬萊閣，望海舶似黑豆數點，不一炊久，已至閣下”），淵渟靜淥到城頭（《稗海紀遊》云：“自官塘山趨五虎門，風力鼓盪，舟甚顛越。既入門，靜淥淵渟，與門外迥别。更進，則為城頭”）。緣篷上下憑桅脚，望向東西倚柁樓。十斛夜珠波上度，一天雲漢月中游。鼠橋、虎尾從頭數（海船按十二支，有“鼠橋”、“虎尾”等名），不惜千金檄廣州（鐵力木柁，值數百金。每封琉球，差官赴廣南採買）。

蟠螭光怪起陂陀（《池北偶談》云：“崇禎時，僧貫一居鷺門。夜坐，見門外陂陀有光；掘地，得古磚，背印圜花、面刻古隸。其文曰：‘草雞夜鳴，長尾大耳；干頭銜鼠，拍水而起’云云。識者曰草雞二句，鄭也；干頭，甲字；鼠，子也。謂鄭芝龍起於天啓甲子也”），箕服成謠竟不蹉。拍水早占銜鼠起，登山還信蟄龍過（《使槎錄》載：“朱子登福州鼓山占地脈，曰：‘龍渡滄海五百年後，海外當有百萬之郡’”）。赤眉、銅馬泥中螻，滄海桑田指上螺。怪得清泉轟烈火（水泉長出火），飛廉暴駭涸鱗多（海岸遇風雨，常有怪魚為雷火擊死）。

四時花並一時開，冬日池荷清淺洄（冬日亦有荷花）。儘放顛狂偏愛菊（菊秋、冬、春皆有花），不隨寒暖卻輸梅（梅則獨開於初春）。笑他作客無愁思，何用悲秋仰大才（孫元衡有“秋在中原不用哀”之句）。照殿深紅渾不謝，朝華山下錦成堆（鳳山有朝華離山）。

改歲無從問落蓂（社番不知四時，以刺桐花開為春），于茅添竹結莎廳。矮牆漏日虛窗白，叢樹連陰曲檻青。被髮文身尊粤尉，裸衣埋骨學劉伶（內幽社皆裸葬）。漆頤（孫元衡詩：“瀆汁而漆頤”）便自誇年少，難染絲絲兩鬢星。

甑爨人人備百工，生男贅婦不知翁（孫元衡詩：“生男贅婦老而獨”）。束腸約肚（《赤嵌集》：“織竹為箍，約肚束腸”）足爭捷（稚番利捷走，以竹束腰使細），緝苧編茆手自縫。宿樹隱藏狐兔窟（內山雞爪番宿樹上），驚沙奔及馬牛風（《番俗六考》云：“社番展足矜捷，沙走風飛”）。髑髏高奉群相壽（內山番以殺人多者為雄。孫元衡詩：“腰下血模糊，諸番起相壽”），野伏長鈚恃竹弓。

繁英的的遶南榮，花信風來孰主名？冬夜還疑輸夏日（日出早於內地，故夏日比冬夜更長），秋淋何事轉春耕（臺灣一邑，六月始種稻）。地瓜生處成滋蔓（番薯，土人謂之地瓜），土豆收時祝滿盈（落花生，土人謂之土豆）。更有蔗漿通市舶，羈縻應鑒遠人情（日本最愛臺白糖）。

懷柔頻誦典謨篇，省識黃、農與古緣。象物已新皇夏鼎（乾隆九年，白沙墩雷擊巨魚二十二尾；制府圖形以進），阜財更拂有虞絃（臺入版圖後，蠲恤之政屢行）。中官投藥泉猶潔（相傳：明太監王三保投藥井中，飲之可以療疾），狂虜游魂膏自煎。極目雲山多北向（孫元衡詩：“山雲多北向”），彩霞深處是中天。

無懷信是葛天民，獰豹當胸未似真（《赤嵌集》：“胸獰豹螭”）。出草（社番捕鹿曰“出草”）攻圍先用火，采藤（水藤產內山，為用甚廣）伐木豈抽薪！舊痕貫竹塗金釧（番幼穿耳，實以竹筩。長則漸大如盤，塗以土粉，取飾觀），新浴臨溪愛玉人（番婦晚浴於溪）。為看渺綿飛彩鳳（鞦韆之戲曰渺綿），靚粧可厭綺羅陳。

椎髻圍花一色紅，尤憐雉尾晚搖風（頭上多插雉尾）。也諳禮讓非關學（《采風圖考》云：“社番卑幼遇尊長，卻步道旁背面立”），纔讀詩書便不同（番童能背誦經書，皆衣冠如漢人）。大耳祇因娛美婦（《番俗六考》：“番婦喜男子耳垂至肩”），細腰未許過成童（束腰，自成婚後即已之）。笑他女作門楣好（番重生女，贅婿於家，謂之“有賺”），真個吾翁即若翁。

椰子中堅不作瓢，天生美醖得分嘗（椰子心有酒）。綠筠已睹觀音面（《志》稱：“人面竹似觀音竹”），翠蝌（碧色。孫元衡有詩）終無公子腸。粉壁握椒焚牡蠣（臺粉壁用蠣房灰），管城脫穎貯桄榔（桄榔可為筆筩）。難烹卻怪逢蚼蟒（蚼蟒，見《交州記》。《志》作鼅鼊；龜之屬，大者重百餘斤），博物應知又累桑。

木城環拂綠雲堆（木城內悉植刺竹），二月寒蟬聲已催。北塞罕傳鴻信至，南荒終少鵲飛來（臺無鴈與鵲）。銷磨劫火培元氣，鼓吹勾萌養不才。但使廵行阡陌好，中天日月自昭回。

題張司馬（若霔）**《七夕乘槎圖》，次六給諫韻四絕句** 范　咸

月地雲階幾度秋，填橋何用駕方舟；
仙槎卻是君家物，銀漢還應認舊遊。

月明風靜蔚藍天，苦海無波燧息煙；
好濟蒼生垂寶筏，不誇島上有瓊田。

海上廵行兩見秋，未歸人憶木蘭舟。
披圖願借東風便，只向中原汗漫遊。

為想龍眠二月天，賜金園裏足風煙（桐城相公有賜金園）；
恩深敢說歸山好，不為家無負郭田。

聞余初度，諸生有欲以文壽者。賦長句辭之 范　咸

知非未敢語吾曹，絳帳年來感二毛。
式穀猶應慚蜾蠃，投綸竊欲避陽鱎。
暮春誰識絃中趣，深雪可知門外高。
但願諸生嫺禮樂，他年池上看揮毫。

北行雜詠十二首 范 咸

海國何如江漢永，悠然過化想存神；
此行省斂非無事，恐愧當年芨舍人。

一片銀沙照夕暉，輕風拂拂襲征衣；
忽驚白鷺衝人起，只向溪流急處飛（過茅港）。

一望青蔥十里遙，蔗田長是長春苗；
窮冬不更愁無雨，祇恨難過鐵線橋（鐵線橋以南，自來少雨）。

紀里渾嫌道路長，海天雲氣正茫茫；
行人莫道桑田改，阡陌依然似故鄉（諸羅道中）。

遠望平疇莽蒼間，花開蕎麥雪斑斑；
微陽不改青雲色，卅里煙嵐大武山（大武山）。

香草纏頭渾似錦，螺錢束項美無瑕（麻踏多以艾葉之類纏頭；磨螺 使圓以束頸，名曰“螺錢”）；
石家牆屋圍羅綺，卻上嬌娥比甲花（西螺社番婦率以錦幛之飾為比甲）。

素心只是愛尋常，怕進平原十日觴；
燔炙烹炰都少味，始知難敵菜羹香（午飯口占）。

小至翻疑節候差，豆棚青翠漫交加；
沿溪忽入幽人室，開遍薔薇一架花（東螺社）。

大渡沙頭一扣舷，久晴人怕立風前；
臨流正愛灘聲美，又得簷聲到枕邊（曉過大渡溪，晚宿沙轆，夜雨）。

名花齊向膽瓶張，桃菊荷梅竟競芳；
說與中華人不信，老夫親見細聞香（大甲溪寓館瓶中，備四時花）。

身披錦罽色腥紅，頭上雞毛招颭風；
禮數縱嫌趨走疾，居然環珮響丁東（馬芝遴社番婦，頭上插雞毛，以為美觀）。

雜詠詩成紀采風，麥苗陰雨細濛濛；
蠻孃齊唱豐穰曲，杼柚無憂大小東。

張司馬五十壽，柬以長句　范　咸

豈為辭尊卻抱關，海疆坐鎮月眉灣（灣在鹿耳疆外，即南沙線）。
早知園叟神仙侶，況復瀛洲咫尺間。
晴日丹霞輝碧落，春燈火樹映朱顏。
乘槎本是乘車客，何以騎驢倒看山！

和巡使六給事九頭柑原韻　莊　年

聽鶯載酒美雙柑，歲暮分遺興倍酣；
紅出洞庭微帶澀，黃傳甌越尚輸甘。
橘中別種瓤餘九，海外嘗新歲已三。
怪底淮南移枳橘，羅浮真味可曾諳？

和巡使范侍御“正月五日齋頭見菊花”原韻　莊　年

秋花開值物華新，恰是銜齋五日春；
態逸香清閒有韻，簾垂風細靜無塵。
迎年豈謂親軒冕，採食還應讓隱淪。
戲酹屠蘇一相問，淵明可是爾前身？

安平城閱武　莊　年

豸冠講武荷蘭城，令肅惟聞鐵甲聲。
襟帶六州開要鎮，屏藩一郡駐專營。
牙檣日暖鯨鯢靖，鼓角風高燕雀驚。

自是聖朝勤遠略，重臣冬狩坐談兵。

諸羅道中即事 褚 祿

聖朝德澤沛南東，縱目郊原茂對中：
圳水春生灌溉足，露華秋重土膏融。
扶桑色映瞳曨日，絡緯聲隨斷續風。
自愧一官無報稱，好書“大有”慰宸衷。

題方司馬《獨釣圖》 褚 祿

為政委蛇不計功，卻圖幽致石巖中。
半生心事期秋水，千尺絲綸颺晚風。
折獄名馳雙闕北，伐棠人誦大瀛東。
行看煩補山龍袞，未必鱸魚屬釣翁。

安平晚渡 褚 祿

樓堞參差噪暮鴉，村氓喚渡語聲譁。
忽衝沙鳥暝煙破，漸轉蒲帆夕照斜。
遠浦不須愁返棹，晚風無事動悲笳。
寒潮乍退人歸後，明月孤舟漾淺沙。

沙鯤漁火 褚 祿

連岡相接聚沙汀，掩映漁舟點點螢：
風定碧波明遠火，光搖寒影落疏星；
莫疑滄海鮫人淚，翻訝乾坤柳絮萍。
驚起蒼龍眠不穩，欲燃犀角燭奇形。

鹿耳春潮 褚 祿

天然形勝待潮生，鼙鼓逢逢望欲驚：
正是桃花春破浪，儼然瀛島雨翻城。
當時竊國悲浮瘴，此日長年認盪纓。
競說王師平寇日，海門如雪勢崢嶸。

雞籠積雪 褚 祿

移來瓊島是何年？積素凝華入望妍。

瑞數碧雞開運會，城依元圃說桑田。
玉山岸粵光相映，銀海波濤勢欲連。
不信炎方寒起粟，燕雲迢遞近中天。

蝘蜓鳴　張若霳

暮潮初靜月華生，秋草秋花放晚晴；
一種破愁愁不斷，空堦蝘蜓向人鳴。

攬清堂卽事　張若霳

東閣愛宏敞，風生滿院秋。雲封苔砌潤，花覆石床幽。
倚醉攀霄漢，狂歌逼斗牛。更聞滄海嘯，不用步瓊樓。

鹿耳春潮，次前觀察高公韻　張若霳

春媚潮偏怒，兼天截地來。望迷烏鬼渡，幻作白龍堆。
風勁千層立，門雄萬古開。正疑纓失盪，旋起復旋回。

雞籠積雪，次前觀察高公韻　張若霳

翠靄渾無色，凌虛絳雪橫；空山寒霧集，茅屋凍雞鳴。
海窄銀花合，天高玉柱清。丹崖縹緲外，素影傍人行。

澄臺觀海，次巡憲六公韻　張若霳

聳立憑欄蕩遠眸，海天一碧望中收：
鯨魚潛伏三千浪，鵬鳥高搏九萬秋。
極目無情逢幻市，近山有意覓瓊樓。
會當上獻安期棗，看取滄溟瑞色浮。

鹿耳門對雨　張若霳

料峭新寒不自持，海濱風雨正絲絲。
坐看鳳尾涓涓靜，臥送漁帆片片遲。
雲影逼人香篆暗，波痕堆戶布帷垂。
琴荒未有南薰譜，偷得身閒把一卮。

鹿耳門月夜　張若霳

孤月當軒迥，清光萬里明；澹帆依斗柄，疏竹上楸枰。

笛裏關山近，愁中節物更。渺然雲缺處，遥見刺桐城。

雨中觀潮 張若霳

滄溟水漲連天起，澎湃奔騰萬馬喧。
聲撼鯤身銀浪轉，光搖鹿耳玉山翻。
蕭條古木寒無色，淅瀝長廊酒滿尊。
萬壑千巖都不見，天涯風雨正黄昏。

金瓜茄 張若霳

不是東陵種，籬間别弄輝。冰紈澄夏簟，黄絹剪秋衣。
承露鵝兒嫩，迎風杏子肥。依稀明月下，疑自鳳池歸。

沙書院示諸生（時書院新落成） 曾曰瑛

敢因小邑廢絃歌，講苑新開事切磋。
誰謂英才蠻地少？由來高士海濱多。
文章大塊花爭發，詩思淵泉水蹙波。
他日應知化鄒魯，好從斷簡日編摹。

柑子 李闇權

千頭初見一林青，傳説繁霜下洞庭。
色變金衣偏燦爛，香浮朱實倍晶熒。
纔披露葉兒童喜，試嚼瓊漿齒頰馨。
就裏何曾藏敗絮，滑稽游戲不須聽。

菊花 陸廣霖

群芳萎絕剩淒涼，獨向東籬吐暗香。
數朵黄英秋浥露，一枝紫豔晚凌霜。
名成彭澤懸車後，色重龍山落帽傍。
賴爾挺然生傲骨，不教肅殺肆鋒鋩。

桃花 陸廣霖

黄蜂紫蝶日紛紛，蹊上清芬隔水聞。
朱臉和風初帶酒，芳姿含雨乍行雲。

文君罏畔飄紅袖，宋玉牆頭露絳裙。
莫道元都詩句好，幾迴遷客歎離群！

二月諸羅道中 陳　繩

偶整輕裝出水涯，邅回白道繞山家；
閒閒風景遲遲日，細草輕沙薄笨車。

賦得夜涼溪館留僧話 陳　繩

老僧欲去復留之，溪館微寒夜話時。
蓮社遠公猶具酒，香山居士尚吟詩。
談空有象天花落，持偈無聲法雨施。
畢竟三心須點破，道傍婆子莫支離！

賦得樓臺倒影入池塘 陳　繩

半畝池塘暗水通，樓臺分影幻神工：
河山返照冰輪裏，亭館横陳玉鏡中；
午日穿林光瀲灩，曉風拂岸碧玲瓏。
塵寰色象從來有，探到源頭事事空。

與友人論詩 陳　繩

書不五車休論學，才非八斗莫吟詩！
入青蓮室門何在？登浣花堂路未知。
嘔出心肝方穩練，放開手眼始神奇。
個中猶有真消息，欲辯忘言請自思。

乾隆九年元日，於泰安州崔家莊驛望闕拜賀。恭紀短句 六十七

茅簷北向拜丹楓，香案爐煙篆曉風；
禮畢憑高一瞻仰，帝都遙在五雲中。

過新泰縣羊流驛懷古 六十七

裘帶翩翩羽檄時，風流儒將大名垂；
殘碑猶是尋常事，仇敵傾心是我師。

蒙陰道中紀事（正月二日）　六十七

畿南一旱抵冬深，共仰焦勞聖主心；
可幸齊東沿路雪，就中霑足是蒙陰。

正月五日書所見　六十七

隴麥蕃滋細雨中，塵沙貼地任東風；
馬蹄纔踏江南路，風景煙光便不同。

曉發桃源道中口占（正月初七日）　六十七

連朝不斷雨絲絲，雲鎖前村老樹枝。
水浸征衣身易冷，泥深古道馬難馳。
江南已慰三農望，山左應無一路饑。
但願居民歌大有，何妨行客暫遲遲。

渡楊子江（正月十二日）　六十七

蕩槳樓船曉氣融，飛登彼岸日方中；
正逢萬里安瀾會，那得江□鼓浪風。

舟中晚眺（正月望日在無錫縣作）　六十七

河流屈曲抱清灣，徙倚船窗望碧山；
塔在暮煙殘照裏，人居修竹茂林間。
沿堤綠柳開嬌眼，夾岸紅梅破醉顏。
蕩槳吳歈歌斷續，枝頭相答鳥間關。

夜泊吳江（正月十七日）　六十七

香爐燈昏淨几邊，擁衾幽客正安眠；
驚迴一枕篷窗夢，暮夜風濤亂打船。

武林下里謠（正月二十三日）　六十七

漏天自臘抵新正，傍岸田園碧水平；
官長祇嫌行路滑，不來天竺一祈晴。

泊舟錢塘江口（正月二十三日）　六十七

山限繫纜柳邊堤，深谷長江路不齊。

仙子呼龍種瑤草，英雄照鬼試靈犀。
中流鼓浪鯊魚躍，老柏留雲野鶴棲。
一片紅梅迷望眼，恍疑舟入武陵溪。

富陽道中（正月二十四日）　六十七

拍天觸石怒濤鳴，懸瀑奔流萬壑聲；
好借一帆風信急，畫船飛過富陽城。

曉發桐廬縣，望嚴先生祠堂（正月二十六日）　六十七

塘汛聞雞促曉行，一江風雨片帆輕；
先生莫笑匆匆色，不是區區為顯榮。

桐江紀事（自正月初五日紅花埠遇雨至二十八日，江浙一路晴時僅一、二日；餘皆陰雨）　六十七

入春終日雨隨風，一路江南抵浙東；
兩岸乍添三丈水，田疇多半浪花中。

初抵臺灣，柬書都諫　六十七

茫無涯涘海天春，篷轉雲飛辨不真；
綵鷁乘風穿雁嶼，繡衣啣命跨鯤身。
番黎樂享承平久，士女歡迎氣象新。
萬里故人初把臂，相看先問近詩頻？

畫竹　六十七

數竿和月碎搖金，霜淨煙梢碧玉森；
我愛此君緣底事？清風高節總虛心。

題畫山水　六十七

森森古木拂雲門，怪石嵯峩濕蘚痕；
正喜郊原霑霡霂，欣看流水到花村。

題碧桃花　六十七

煙滋雨濯淺深紅，石畔夭夭一雨叢；
海國芳菲春不管，碧桃花嫁鯉魚風。

新雨 六十七

人日初臨鹿島東，五更鐘後雨濛濛。
乍聞點滴隨朝靄，漸覺霏微逐曉風。
庭院香生梅馥馥，田疇青潤麥芃芃。
從兹簑笠勤耕作，會見西成歲屢豐。

新鶯 六十七

育成母氏一春忙，出谷新雛帶嫩黄。
乍作飛飛還護羽，學歌嚦嚦尚羞簧。
金梭縈絮穿猶澀，繡戶驚寒夢欲長。
試囀好音遷御苑，萬年枝上沐恩光。

新月 六十七

東瀛寥闊月來遲，竚待清光漾水涯。
臺上乍開三寸鏡，窗前初畫一灣眉。
鴻驚曲木雲深處，魚避沈鉤浪暖時。
應是嬋娟深自晦，豈教玉斧鎮相窺。

乙丑立春 六十七

瑞兆農祥斗建寅，管絃聲裏萬家春；
遙知聖主行時令，日月光華淑氣新。
葭管灰旋萬象新，東風吹徹海天春；
會須遍播陽和意，島嶼民皆擊壤民。

人日 六十七

縷金剪綵我何知，祇望陰晴卜歲時；
勝事渾輸高尚客，草堂揮麈正題詩。

方司馬惠九頭柑柬謝 六十七

海壖殘臘試霜柑，纔挹清香興已酣。
採自千頭金顆重，擕來九瓣玉漿甘。
種傳甌粤原無匹，宴飲華林舊賜三。

不是乘槎遠行役，殊方佳味那能諳。

莊副使惠女貞酒賦謝（限“從”字）　六十七

搗香篩辣春溶溶，甕醅初潑金芙蓉。入唇一盞何醇醲，光浮海上最高峰。知是女貞合，作釀桂兼松。青州從事披心胸，瀛壖副使嘉惠重。時逢歲稔樂三農，我今無事飲千鍾，醉鄉王績聊相從。

即事偶成二律　六十七

微茫島嶼片雲孤，物產民風事事殊：絕好饔飧紅腳早（稻名），天然籬落綠珊瑚；花無寒燠隨時發，酒長瓊漿不用沽（椰子中有酒）。最是良疇耕鑿易，欣然醉飽樂唐虞。

飽啖檳榔未是貧，無分妍醜盡朱唇。頗嫌水族名新婦（新婦啼，魚名），卻愛山蕉號美人（美人蕉，花名）。劇演南腔聲調澀，星移北斗女牛真（臺分野牛女）。生憎負販猶羅綺（臺俗尚奢，有衣羅綺而負販者），何術民風使大淳？

十月二十三日莊副使相邀賞菊，次范侍御韻　六十七

雅集澄臺最上頭，小春忽睹萬枝秋。
滿叢佳色含朱檻，盈把繁英計酒籌。
香滿更宜邀客賞，露濃不用替花愁。
飲中賸有陶家味，爭忍樽前早罷休。

贈泰記室　六十七

論天學士自淵流，才品分明是少遊。
憲署延賓居上榻，澄臺草檄借前籌。
新詞殘月垂楊岸，雅度春風杜若洲。
我賞煙光饒有興，何妨促席會南樓。

畫菊　六十七

少年只愛繁華好，晚節方知冷淡香；
數朵攜歸三逕裏，孤松相伴傲寒霜。

鹿耳門汛即事　六十七

乘風纔命駕輕航，迴首荒城已渺茫。

日與雲山爭隱見，天連波浪若低昂。
巡行鹿耳新防汛，指點鯤身舊戰場。
誰道疆隅惟恃險，熙朝盛德足金湯。

柬雅蔚文　六十七

性癖生成那得移，而今還是舊心期；
忌醫十載人誇健，止酒三天自笑奇。
欲寄相思憑尺素，未能免俗事毛錐。
深慚何以酬明聖，萬里徒贏兩鬢絲！

九　日　六十七

朝來門巷集儒巾，屠狗吹簫共賽神（臺俗：七夕、中秋、重陽俱祀魁星。是日，儒生有，琴鼓飛鳶颺碧，殺犬取其首以祀者）。蝴蝶花殘清入夢，鯉魚風老健於春。酒澆幽菊舒黃旻（重陽前後，競放紙鳶如內地春月），並著單衫揮羽扇，炎方空說授衣辰。

題張司馬《七夕乘槎圖》　六十七

南省追隨共一秋，東溟相聚又同舟；
怪君已在天池上，更欲乘槎何處遊？
海國茫茫水拍天，靈槎安穩御風煙；
君家慣犯支機石，好挽銀河潤野田。

卽事二首　六十七

小春天氣薄寒輕，屋角猶聞蝘蜓鳴；紀載空傳冬入蟄，眼看壁上竟橫行（蝘蜓於夏、秋之間，滿壁縱橫，鳴聲斷續。入冬，亦時出壁間，但鳴聲較少耳）。

信書畢竟不如無，目擊身經事事殊；寄語揮毫吟詠客，再休依樣畫葫蘆！

戲題張司馬《三盃草聖圖》　六十七

勝蹟已傳工部句，輕綃復睹曲江圖；
不知草聖生花筆，猶向娥眉一畫無？

（附）前題（調“蝶戀花”）

檻外名花階下草，草色花香，粧點春多少？此際三盃春正好，縱横滿紙龍蛇繞。退食從容官事了，對酒揮毫，捧硯奚奴小；卻恐興酣搖嶽倒，無端又惹山靈惱。

喜雨 六十七

黑雲四布風乍止，渴龍怒捲東瀛水。
噴洒長空逞馳逐，鬼馭神鞭忙不起。
簷溜頻傾作奔流，須臾直透衙齋裏；
滿堂點滴霑衣裳，平階倏爾深一咫。
共喜嘉澤濟枯荄，那管春郊旱魃死！

（附）題莊觀察《瞻雲愛日圖》（調“滿江紅”）

滿幅雲霞，認得是，先生道貌；超絕俗，美髯綠鬢，翛然長嘯。海國旬宣敷惠澤，文壇揮灑臻神妙。幸一時，舟楫共相將，心傾倒。見禾黍，開顏笑。進僚屬，開誠道：戒毋傷元氣，作忠移孝。志切瞻雲肝膽壯，情殷愛日風光好。衹明年，何處結相思，懷同調？

北行雜詠 六十七

小陽春後北巡行，番女番童夾道迎；非是細侯能致此，衹緣聲教訖寰瀛。

濃雲蒼霧白茫茫，一路花梢滴露香；未信雞籠真積雪（雞籠積雪，為臺郡八景之一），曉來先試北風涼（曉行）。

傀儡堆雲（傀儡山時有雲氣）連碧落，崦嵫啣日帶寒煙。微聞香氣來糖廍，屢見青葱度蔗田。翠竹叢中村犬吠，白沙池上水牛眠。三年海國巡民社，可是皇仁已遍宣！

節逾大雪曾無雪，日暖風恬景物佳：草際有時猶舞蝶，池邊幾處尚鳴蛙；牛椆小汛迎旌旆，虎尾深溪蹴浪花。馬上頻頻誡呵護：莫驚番社野人家！

交加籬落豆苗肥，冉冉蕎花浥露晞；更見芳園香有異，盛開月桂間薔薇（虎尾溪口占）。

路近蠻村落照紅，紛紛番婦迓青驄；綠衣黃裹裙衫豔，頭上雞翎颺晚風（馬芝遴社）。

不是吳歈與越吟，歌喉清響葉鳴金；分明絕塞聞番曲，何必琵琶馬上音（南社觀番戲）。

大塊今朝意若何？一時噫氣欠調和。驚沙白晝迷紅日，駭浪滄溟戰碧波。老木倚雲舒遠籟，寒禽息翼罷清歌。黃昏駐節風初定，依舊青山映素娥（二林社）。

沒踝銀沙步履艱，崎嶇岡嶺路迴環；汗流僕從沾衣背，健足番兒意自閒（虎尾溪道中）。

澎湖三十六島歌 范學洙

巨浸汪洋閩徼東，五靈無外幅幀通。置郡臺灣聲教訖，峰巒北拱水朝宗。臺灣水道千餘里，澎湖島嶼峙其中。島嶼濴洄三十六，其間強半人居叢。宅中而廣者大山，縱橫三十餘里間。其東一嶼形如鼎，名曰香爐不可攀。西偏雁淨山對峙，向無居人水潺潺；沙墩之嶼亦西列，上皆飛沙形頗圜。北則圭璧勢崢嶸，下多黿鼉山以名；山外之嶼曰錠鉤，雞臀、員背、鳥嶼橫。或因其狀及所產，厥名一定遂莫更。更有白沙嶼在旁，沙白漫漫石硜硜。屈爪、吉貝居極北，羅列擁抱若長城。數嶼大山北門鑰，舟泊大山從此行。越而極西有目嶼，遙望渾似人眼形。目嶼之東號鐵砧，上有大石勢坦平。錯出其旁曰土地，中一神像石琢成。金山蜿蜒磅礴間，其色赤黃若金呈；空殼之嶼聯其左，物產中空因著稱。正西澳有西嶼頭，西嶼之西丁字門；橫於西嶼如丁字，巨浪排空勢若翻。轉北名為鎮海嶼，勝國屯兵作外藩。東為大倉一曠土，中無人家有平原；山雖旋繞直山碚嶁，總遜西嶼之聳軒。中為內、外二塹地，往來舟艤若雲屯。西嶼頭為四角嶼，其勢方正如列垣。嶼形各異名不一，又有雞籠與托盤。進此則為虎井嶼，望之應作伏虎觀。南乃花、草嶼相連，嶼生花草始名焉。大貓、小貓嶼相近，間多怪石恍貓鑴。南嶼原有鮫人住，後以風濤居始遷。南嶼之北稱頭巾，其西八罩名最傳。周環僅匝三餘里，迺左迺右皆人煙。衡宇稠密居相錯，雅有書聲曉夜喧。于今英俊多游泮，澎島人文莫之先。八罩對峙為將軍，嶼以廟名不記年。南嶼東西有二嶼，東平、西平衣帶聯。二嶼下流號鍾子，上窄下寬似鍾懸。由此而東兩吉嶼，一東、一西望渺然。兩吉渡臺指南車，舍此難從別徑穿。併此名為三十六，天塹之險難言詮。當年偽鄭曾踞險，我軍雲集足投鞭。一戰海氛風掃盡，鯨穴鮫窟滌腥膻。今日山青水綠外，處處商舶與漁船。古云恃德不恃險，謾言隔涉此地偏；帝德覃敷梯航邇，長歌聊當輿圖編。

中秋夜望月 林翼池

風捲浮雲盡，冰輪出海東。井梧金破碎，庭桂玉玲瓏。
素彩流銀漢，清輝瀉碧空。夜闌猶不寐，酣醉月明中。

廢宅 林翼池

阿誰宅子荒蕪久，一望淒然淚欲揮：
幽蕙消來秋草茂，靈禽颺去暝鴉飛；
華堂白晝狐升座，綺閣黃昏鬼扣扉。
為問主人緣底事，長楸走馬不思歸?

題屏風 林翼池

人俯澄波披雨釣，鳥銜殘靄掠雲飛；
臥遊忘卻丹青筆，直欲攜壺上翠微。

題畫 林翼池

空濛山色翠連天，古木參差帶晚煙；
借問黃童攜綠綺，隨驢何事渡前川?

鳳山道中 陳 輝

鳳嶺崎嶇道，遊人躡屐行。躋雲穿樹隙，踏石越浮坪。
野鳥半知類，山花不識名。登臨望無極，莽蒼色縱橫。

自題 陳 輝

窮居忘我拙，涉世懶逢迎。壁破牽雲補，窗疏待月生。
蘧廬天地闊，塵事羽毛輕。好就杯中酒，狂歌一放情。

礁巴師戎曉發 陳 輝

碧草橫塘露未消，計程煙水望中遙。
數聲雞犬當山店，十里園林近野橋。
人在石廚炊火起，客臨茅屋酒帘飄。
匆匆行李隨青犢，度竹穿榕看採樵。

鼈興溪 陳 輝

蘆漪人欲渡，幾曲鱉興溪。淺沚飛沙鳥，深蓬叫野雞。
嵐橫卑濕地，路入水雲蹊。應是極南處，村遙草露迷。

二贊行溪 陳 輝

竹橋雙渡漲西流，草綠寒煙拂岸頭；
馬足欲前還又卻，數灣春水冷於秋。

秋雨後即事 陳 輝

殘雨新添一色秋，小窗開處見清幽。
簫吹淡月通溪店，漏滴寒空近戍樓。
對影孤吟悲宋玉，驚魂斷夢憶莊周。
鴈飛不到臺陽路，悵望天涯蘆荻洲。

渡菅林潭 陳 輝

溶溶潭水碧無垠，兩岸蒼煙鎖白蘋；
山影遠涵波色翠，雲光斜映浪花新。
一肩行李臨流客，半棹歌聲喚渡人。
欲向前村暫棲息，酒帘風起綠楊津。

依仁道中 陳 輝

踽踽行來望翠微，晚風吹度拂征衣；
樣林斜影迷樵徑，竹塢繁陰引釣磯。
路轉紆迴溪鳥散，山橫黯淡野人歸。
鄉村擾擾何時靖，萬馬頻嘶未解圍（時王師十餘萬進討）。

秋吟 陳　輝

竹院蕭蕭裏，微風度碧欄。懷人花共瘦，踏月影同寒。
砧杵敲何急？衾裯夢覺單。長吟非有恨，只怕聽更殘。

村中 陳　輝

隱隱孤村近碧峰，朝來但覺曉雲濃。
疏狂到處難為客，懶散無心學老農。
草屋寒煙迷橘柚，竹橋秋水映芙蓉。
寂寥幸有園林趣，為覓奇巖路幾重。

登赤嵌城遠眺 陳　輝

鹿耳鯤身翠嶼連，雲光海色雨晴天；
江帆曉渡波間影，市宅寒炊竹外煙。
山似畫屏時染黛，水如冰鏡日磨鮮。
憑高得趣閒瞻眺，萬里鄉關一望懸。

郊行古意 陳　輝

辛苦遠行人，寂寞溪山路。雲水隔疏村，渺渺橫煙霧。
雞聲出竹籬，高樹滴微露。負耒有農夫，行歌臨野渡；
竹筏散不收，一篙不知處。驚起白鷗飛，低拂蘆花去。

海會寺次壁間韻 陳　輝

疏桐曲逕對荒亭，得句閒吟任放情。
處處青畦延綠畝，村村柳暗又花明。
禪居筧水當廚近，野笠鋤雲掠地輕。
古寺鐘敲天境外，霸圖空剩舊雕楹。

昭亭看白蓮 陳　輝

碧涵芳靄品成仙，隔斷紅塵幾瓣妍。
雲母檻頭蟾乍起，水晶簾外鶴閒眠。
香飄渾是冰臺影，色動全浮玉壁煙。
看取亭亭真異種，何郎粉為六郎傳。

小店仔夜宿　陳　輝

塵途未整遠行裝，夜息還同客異鄉；
一盞寒燈吟拓落，三更旅舍話淒涼。
茅簷夢破芙蓉月，竹榻思侵荻葦霜。
曉起雞聲咿喔處，數村煙水晝蒼蒼。

寧靖王祠　陳　輝

間關投絕域，遺廟海之濱。古殿山雲暮，空堦野草春。
鴟鴞啼向客，杜宇咽迎人。自立千秋節，英風起白蘋。

五妃墓　陳　輝

精誠歸帝子，大節凜冰霜；慷慨同千古，從容共一堂。
蘭焚山失色，玉瘞土留香。捲地悲風至，蕭蕭起白楊。

瑯嶠山　陳　輝

天南遙極際，跨海一峰青。地近朝東水，人看拱北星。
千層通翠嶂，四面是滄溟。力致檳榔貨，開山敵五丁。

春日　陳　輝

春來搜索句還成，把酒行吟半日酲；
為是東風吹我醒，海棠花外聽流鶯。
韶華向曙海天開，紅蕊青枝照水隈；
鎮日書窗無客至，小簾風煖燕飛來。

擬古　陳　輝

庭東一樹桃，庭西數竿竹；桃花春既穠，籬笋夏初綠。
爰有幽隱人，對之作阿軸。桃竹向時榮，斯人甘淡茹。
飲露饜晨蔬，采摘不盈掬。可當黃綺芝，霞炊石火熟；
可當夷齊薇，雲煨青山斸。鴻飛遠冥寞，寥廓無曲跼；
莫食田間粱，誰能任拘束！所以君子修，清操常不辱。

輓蔡烈婦　盧九圍

匡床未覺夢魂單，舉案依稀奉伯鸞；

淚洒簾前春草赤，身隨天外曉星殘。
投繯已了三生債，沒世長留一寸丹。
莫怪綠窗多感慨，枝頭杜宇尚聲酸。

秋夜漫興　方達聖

座間無客懶啣杯，曳杖堦前自往回［囘］。
星拱素娥當碧落，葉隨青女下蒼苔。
愁如籬菊迎秋發，心似爐香傍夜灰。
賴有老莊常作伴，一回相對一悠哉！

赤嵌城　林麟昭

歌舞樓臺半已傾，女牆斜日照孤城。
閒庭無復生芳草，複道猶聞喚曉鶯。
往事空悲時節換，聖朝長幸泰階平。
縱教沙磧千年在，烽靜無煙夜月明。

前題　傅汝霖

千重雲海繞城東，影落平沙夕照紅。
夜月飛銀漁火暗，晚煙積翠戍樓空。
星分牛女雙垣外，地隔蓬萊一水通。
好向安瀾徵暨訖，由來聲教紀攸同。

和宋明府《村夜》原韻　鄭應球

世事浮沈付酒尊，海蟾高挂到衡門。
身依竹節常分影，夢繞花鬚欲斷魂。
燈下書聲乾宿蠹，耳中蛩語失悲猿。
憐才獨有使君在，頻檄詩篇過草垣。

龜山晚眺　鄭應球

龜山日色冷長空，竹杖行吟醉晚風。
詩句都從閒裏得，物情好向靜時窮。
清潭照影澄雲白，老樹彫霜墜葉紅。

可是逢秋悲宋玉，暮蟬環噪蘂珠宮。

移家 鄭應球

淡泊無營意自寬，移家東郭近林巒。
鳥吟白日春前樹，人整青山竹外冠。
張老已知成室美，淵明但取敝廬完。
由來物理難齊論，聊借鷦鷯信所安。

五妃墓 秦定國

天兵鼓櫂逼江濱，祗把丹心質鬼神；
君髮數莖猶自惜，妾身敢作未亡人。
海表觀風題墓道，陽秋有筆墨痕新；
祗緣千古綱常係，豈獨傷心弔五人。

巡憲署食九頭柑（限“諳”字） 錢元起

未見千頭樹，先嘗九瓣柑。金衣和露剖，玉液帶香含。
柏署頒榮賜，鯫生得飽諳。徘徊歸去晚，舌本尚餘甘。

賦得開遍春花（限“臣”字） 錢元起

風恬日暖豔陽春，南陌東郊處處新；
樹底桃娘邀李妹，枝頭蝶使喚蜂臣。
石家帳幔虛前席，潘縣芳菲拜後塵。
珍重東皇須駐輦，酒旗招遍賞花人。

含羞草 錢元起

幾簇低垂曲徑間，王孫歸去不思還；
無情草木羞何事？我未成名始厚顔。

倒垂蘭 錢元起

窮谷奇姿有異材，托根不用土滋培；
春來全藉東風力，好放幽香特地開。

題畫二首洪滄洲 錢元起

千尋瀑布飛晴雨，百尺長松拂暮煙；

欲上奇峰最高處，攜詩一問泬寥天。
風皺波紋含鴨綠，雨添山色擁螺青；
箇中頗具雲林派，嘉木低垂一草亭。

安平晚渡 張　英

津頭遙見碧波飛，一葉扁舟趁落暉；
風力滿帆成獨往，棹歌臨水送將歸。
孤城戰壘空埋骨，草舍漁村半掩扉。
為語行人莫惆悵，時清魚鳥已忘機。

蓮池潭 林青蓮

芹藻清漣樂泝洄，山光水影共徘徊；
荷如解語開舒卷，雲似無心自往來。
城闕祇應思我往，泮林誰是出群才？
眼前活潑無窮趣，認取源頭莫漫猜！

遊竹溪寺 陳廷藩

古寺白雲裏，寒蟬滿樹吟。溪迴初渡月，花落忽驚禽。
棋局延清夜，琴張寄素心。欲歸山雨重，樽酒且勤斟。

羅山訪友人，值雨後留飲 陳廷藩

茅舍認君家，清溪漾淺沙。路諳前度馬，雨濺晚來花。
煮茗催明月，瞻雲斷綵霞。主人無限興，壺矢任交加。

遼羅阻風 莊　年

遙望東寧東復東，天公何事日東風？
海門浪湧如湯沸，落照滄波一抹紅。

和梅軒叔原韻 莊　年

舟行紅水、黑溝間，蜃氣噓成海面山；
風靜滄波平似鏡，東南一抹是臺灣。
自慚政跡少甘棠，澹泊無為恥見長；
寄語東寧賢太守，霜威到底遜春陽。

和高方伯韻　莊　年

要識民番愛戴心，重來棠樹盡成陰。
月明島嶼千峰玉，日落滄溟萬派金。
博望乘槎持使節，長鄉草檄布綸音。
從茲黎庶南東畝，無復豪家寸土侵。

壽范浣浦侍御　莊　年

名高講幄佐絲綸，曳履簪毫近紫宸；
溫室瞻雲長五色，大官賜食得兼珍。
明同金鑑傳三晉，潔勝冰壺頌八閩。
絳帳柏臺齊秉節，由來教養藉儒臣。
吳越簪纓推輦下，惟公聲望最嵯峨。
烏衣門第追王、謝，畫省文章敵阮、何。
絳縣舊傳人不老，金籠新見鴿來多。
瀛洲信有安期子，棗大如瓜席滿羅。

和六給諫《除夕前一日得雨喜而有作》原韻　莊　年

逼除膏澤望長空，誰道甘霖趁朔風！
千疊暮雲寒色裏，萬家爆竹雨聲中。
枝頭沾潤梅先放，隴上涵濡麥正芃；
何必明朝占歲稔，老農今已識年豐。

題六給諫《看竹圖》　莊　年

愛他意氣自凌雲，何可須臾無此君；
相對渾如逢直友，虛心勁節好同群。

（附）讀陶士行傳（調“滿江紅”）　施　枚

致力中原，不肯向，山城息歇。經國手，晨昏運甓，何其壯烈！深恨胡人窺廟寢，懶聽達士談風月。卻收藏，木屑竹頭兒，先施設。石城恥，無心雪；神州火，無心滅。思西歸，不管金甌殘缺。只為欲梟蘇逆首，幾乎說破溫郎舌；問當初，開口道中原，誠何說？

（附）病鶴（調“踏莎行”）

乘翅郎當，發音蕭索，雲程久別渾迷卻。龐然困倚畫欄前，幾迴笑倒巢簷雀。

俯首人間，馳情邱壑，長鳴的的傷飄泊。一朝聲徹上天聞，金童玉女應來約。

秋夜 湯尚鵬

夜與軒同靜，琴將枕共橫。無聊人易倦，有憶夢難成。

風帶疏鐘度，雲扶片月行。可憐童子睡，不解聽秋聲！

草蟲 湯尚鵬

青草黃泥孰與爭，呋呋偏喜弄秋聲；

人家兒女能窺伺，莫向西風特地鳴！

詠鶴 張若雯

丹頂元裳雪作衣，千年華表尚懷歸；

塵寰眾鳥新相伴，閬苑群僊舊所依。

自稟天真還任性，誰知高尚獨忘機。

樊籠久困沖霄翼，何日凌空一奮飛？

行飯暮歸口占 張若雯

晚風庭院飛簷鼠，濕露堦除泣草蟲；

行飯人歸花畔立，儼然身在畫圖中。

卷三　政論

請採買米穀按豐歉酌量價值疏 書山、張眉

穀價以豐歉為低昂，採買視歲時為損益；未有守以前之成例，而不務變通者也。臺灣雖素稱產米之區，而生齒日繁、地不加廣，兼之比歲雨暘不時，收成歉薄，蓋藏空虛。荷蒙皇上聖明遠照，洞悉情形於重洋萬里之外，歷奉俞旨，臺民無不感激。惟是內地臣工身未親履其境，徒

執傳聞之豐裕，未曉今昔之不同；即如御史陳大玠生長泉州，尚疑臺郡有歧視漳、泉之見。殊不知臺灣固為東南數省之藩籬、八閩全省之門戶，而於漳、泉所繫，尤非淺鮮也；臺郡寧謐則漳、泉安，漳、泉安而全閩俱安矣。夫地以民為本，民以食為天。臺灣四面俱海，其舟楫相通者，惟泉廈耳。而泉廈又山多地少，仰藉臺穀。是臺灣之米有出無入，猝有水旱，非同他郡有鄰省通融、商賈接濟也。臣等蒙皇上畀以巡視重任，豈不知《春秋》嚴遏糴之戒？況同隸閩省版圖，原無分於此疆彼界；而於海口之米穀，不得不責成官吏嚴其出入者，實由事勢使然也。若任其運載透越，則臺穀指日可竭，而地方不能寧謐；日後之漳、泉，亦無從而仰藉矣。此臣工之籍隸漳、泉者，亦宜為久遠計，而毋徒務爭目前之利為汲汲也。

蓋臺地之所出，每歲止有此數，而流民漸多，已耗臺穀之半；復有兵米、眷米及撥運福、興、漳、泉平糶之穀以及商船定例所帶之米，通計不下八、九十萬。此即歲歲豐收，亦斷難望其如從前之價值平減也。是以臣張湄同前任滿御史臣舒輅有《請建府倉以裕民食》之請，工科給事中楊二酉有《充實臺倉》之奏，臣等於上年十月，亦有《請禁透越私渡》之摺。即近今閩省督、撫二臣議覆科道楊二酉等條奏，亦以臺倉之積貯不充，則內地之轉輸易竭；海外設有緩急，他處難以接濟為慮。但督、撫所議：令臺灣四縣貯粟四十萬石，恐一時買足，為數太多、為期太迫；應定三年之限，照數購買。而部臣以採買倉穀定例，年歲豐稔應全數採買，並無預限三年之期議覆。臣等伏思臺灣上年收成實止七分，既非豐稔，似不得全數採買。且楊二酉原奏，請充實臺倉，然後買運內地。該督、撫等以內地兵糈民食無從措辦，關係非小，仍請照舊撥運。部議既准其奏，而本處貯穀又不寬其限期，未免米價更昂，轉於民食有礙。是不若督、撫所請三年之議為得也。再，楊二酉所稱內地發買穀價僅三錢六分或三錢不等，裝運腳費俱從此出；在從前穀賤之年原足敷用，今則不免賠累。嗣後，必依時價、運費發買為得。該督、撫亦議請以後按年歲豐歉酌量增減，所見相同。而部臣拘於成例，謂從前並無以年歲不齊稍議加增；又臺灣素稱產米，迥與內地不同；倏增倏減，恐啓浮冒捏飾之端，宜仍循舊例。是猶以從前之臺灣，視今日之臺灣也。臣等查上年臺灣於收成之際，米價每石尚至一兩五錢不等，則穀價亦在七錢上下。續又准閩省水陸提督及金門鎮等各移咨督、撫赴臺採買兵米，俱不下數千餘石。目下各屬米價自一兩七、八錢至二兩不等，則與從前大相懸殊可知。原議之穀價，即不論裝運脚費，已不抵時值之半；倘仍不議增，必致因循歲月，互相觀望，採買無期。若勒以嚴限，迫之使趨，非縣令受賠償之累，即閭閻罹短價之苦。小民終歲勤動，至秋成而賤買之，既失皇上愛民重農之意；若使有司賠墊，勢必那移虧空，亦非皇上體恤臣下之心。況賢愚不等，或思因他事取償，是其累仍歸於民也。至因倏增倏減，恐啓浮冒捏飾之端；則終歲晴雨、穀價低昂，各屬每十日必通報督撫、提鎮，而臣等現駐其地，貴賤俱循例奏聞，倘有不實，定即指參，何能浮冒？夫浮冒之弊小、累民之事大，即果不能盡絕，猶當權其重輕；況本無從捏飾乎？

臣等仰荷恩命巡視臺疆，身處局中，不敢以既經部覆之案瞻顧隱默，有負委任之至意；謹將現在穀價情形，據實奏明。伏祈皇上天恩，准照閩省督、撫所議，俾得按年歲豐歉酌量價值，及時採買；庶於海外地方，實有裨益。

至將來閩省提、鎮等採買臺穀，亦乞敕諭令其預為咨商臺地官員，俟果有盈餘，然後委員赴買。臣等仰體聖心，自必隨時斟酌變通，使中外有無相濟；斷不敢稍存爾我畛域之私，違協恭和衷之道也。

請查核案件疏　書山、熊學鵬

臺灣為海疆重地，巡視有稽察、撫綏之責；國家設立滿、漢巡臺御史各一員，原欲其留心體察、彈壓地方，以佐督、撫耳目之所不及，固邊圉而收實效也。

臣等蒞任以來，凡遇地方官辦理未協之處，無不剖晰開陳，囑其改正。惟是向來臺地各官所經理案牘，有報知或不報知。其不報知者，迨經該處民人告發查詢，始將緣由聲明；更復任意延捺，有遲至經年並數年不覆不結者。查例載：地方官辦理事務，非不定有限期；無如臺郡懸居海外，恃有重洋間隔，督、撫相去遙遠，呼應不靈，而巡察又向不稽查，是以因循玩愒。今若逐案參處，則參之不可勝參；若僅摘出一、二事題參示懲，則掛一漏萬，亦於政體未合。夫案牘久懸，則事端百出，無辜待質者拖累難堪，逞刁健訟者奸謀得遂。此廢事之患，實所以生事也。伏思臣等奉命巡臺，自應查核整頓，毋致廢弛。應請嗣後臺灣地方官所辦案情，按月將已結、未結分晰造冊，申送巡察查核。其依定限完結各案及實有情節不能限內完結者，毋庸具題；倘並無難結情節、任意遲延及隱匿不行造送者，一經查出，臣等繕本題參，交部察議。

再，查臺地民人每將地方官已結各案，屢次向巡察控告不休。此等刁風，亦不可長。嗣後遇有控告，查原案判斷明晰者，嚴行批飭不准。其另稱冤抑有關民生風化者，臣等酌量輕重，分別批發提訊。如所控是實，應即時改正者，飭令地方官改正；應知會督、撫者，知會督、撫；應奏聞者，奏聞。如所控涉虛，將此健訟之棍徒，交地方官照《誣告律》嚴加治罪，以儆不法。庶可以息事寧人，於臺疆似有裨益。

（附）鄭克塽歸降第一表

論域中有常尊，歷代紹百王為得統；觀天意有攸屬，興朝宅九土以受符。誠五德之推移，為萬彙所瞻仰者也。伏念先世，自矢愚忠；追懷前代之恩，未沾盛朝之澤。是以臣祖鄭成功，篳路以闢東土；臣父經，韎韋而雜文身。寧敢負固重險，自擬夜郎；抑亦保全遺黎，孤棲海角而已。迨至先人弛擔，穉子承祧；常思畏天之威，莫求縮地之術。茲蓋伏遇皇帝陛下，高覆厚載，仁育義懷。底定中邦，如旭日升而普照；掃擴六宇，雖浮雲翳而乍消。苟修文德以來遠人，寧事勝心而焚海內！

乃者舳艫西下，自揣履蹈之獲愆；念此血氣東來，無非霜露之所墜。顏行何敢再逆，革心以表後誠。昔也威未見德，無怪鳥駭於虞機；今也悟已知迷，敢後麟遊於仁圃。伏願視天地萬物為一體，合象胥寄棘為大同！遠柔而邇能，形民固無心於醉飽；貳討而服舍，依魚自適性於淵泓。夫且問黃耇之海波，豈特誓丹誠以皦日焉已哉！

（附）鄭克塽歸降第二表

臣生自海邦，穉懵無識；謬繼創垂之事，有乖傾向之誠。邇者樓船西來，旌旗東指；簞壺緩迎於周旅，干羽煩舞於虞階。自省重愆，致勞薄伐；仰睹聖靈之赫濯，信知天命有攸歸。逆者亡、順者昌，乃覆載待物之廣大；貳而討、服而舍，諒聖主與人之甚寬。用遵往時之成命，爰邀此日之殊恩；冀守宗祧以勿失，永作屏翰於東方。業已修表具奏外，及接提督臣施琅來書，以復居故土，不敢主張。臣思既傾心而向化，何難納土以輸誠。茲特繕具本章，並延平王印一顆、冊一副及武平侯臣劉國軒印一顆、忠誠伯馮錫範印一顆，敬遣副使劉國昌、馮錫韓　赴軍前繳奏；謹籍土地、人民，待命境上。數千里之封疆，悉歸土宇；百餘萬之戶口，並屬版圖。遵海而南，永息波濤之警；普天之下，均沾雨露之濡。實聖德之漸被無方，斯遐陬之襁負恐後。

獨念臣全家骨肉，強半孺呱；本係南人，不諳北土。合無乞就近閩地方，撥賜田莊廬屋，俾免流移之苦，且獲養贍之資；則蒙高厚之生成，當誓丹青以啣結。至於明室宗親，格外優待；通邦士庶，軫念綏柔；文武諸官，加恩遷擢；前附將領，一體垂仁；夙昔仇怨，盡與蠲除；籍沒產業，俱行賜復：尤期廣推寬大之仁，明布維新之令。使夫群情允洽，共鼓舞於春風；萬彙熙恬，同詠遊於化日。斯又微臣無厭之請，徼望朝廷不次之恩者也。

防海議　董夢龍

八閩形勢斜閃，環大海周二千餘里，滙港犬牙交錯，鷺、銅、浯、壇諸島星羅棊置，外達臺灣；浩漫谷王，連天無際。濱海罪人逋竄，時跳梁於蒼波碧浪中，為沿海民居患。自癸亥大師平臺，聲教通於海外，不揚波者將四十載。歲辛丑，蜂蠆乍驚，旋就誅滅。今天子英明，庶政咸熙，六宇海晏河清，無鯨鱷之慮。當事者未雨綢繆，思所以預防其後。生敢不惴其愚而敬陳之。

從來海中小醜出沒無常，非有叢莽可倚伏、巢穴可竊據，難聚而易散者也。但彼汎乎中流，偵商舶所向，逆而截之，其勢易；我上下旁午，偵賊所向，環而攻之，其勢難。故釜中之魚得延其息，以荼毒商民，廑當事之憂。防之之法，則查驗於水口也、巡哨於海中也、聯保甲於腹裏之村社也。此三者，寧非防海之要圖而不可易者哉？然而行之而無其效或以滋擾者，其弊不在於法，而在於奉法之人也。

夫法弊則救之以法、人弊則救之以人，非法之弊而不求於人欲求於海，猶琴瑟之膠柱而易其絃也。何則？水陸塘汛，沿海何啻百數。船隻出入，例各賫牌掛號，其查驗非不嚴也。何以揚帆而出者時驚萑苻於海外乎？弊在汛防以查驗為具文。或狥情面、或通賂遺、或罷軟不任職；飛舸越渡若罔聞知，逐月具申苟且塞責，則查驗以文而不以實也。若添設汛塘、精選弁目，星道鱗接，遊徼往來，奸宄動作聲息周知，賞臧罰否，改毋賄成；則盜出入之路絕，雖有阿溪阿剌之技力，何能舍舟而徒以飛渡此津哉？海洋浩蕩無垠，賊無所伏；水師各營連絡巡哨逐月更代，鳴鼓鮮旗，海中之哨非不動也。何以晝艋搖曳於前而怪蜮含沙於後？弊在哨弁以遊巡為具文。兵非素鍊、將無勇略，登舟而眩悶者十五、遇賊而膽落者十八。奉令出哨，輒藉行樂，作河上之逍遙；限滿棹回，潦草報命。無怪乎賊無戒心而肆行罔忌也。若拔能弁率慣海之士卒，嚴逗遛之罪、優擒斬之功，偵賊必經之海道，以商舶誘之、哨船薄之、火器乘之，彼欲入港則不敢，外洋又有風濤之懼，進退皆窮，其能效鮫人之水中居乎？吾知其不能也。十家為甲、十甲為總，逐年造冊，知縣親到查驗，保甲非不行也。然鄉民入冊者十無二、三，縣官只按冊點名，其匿者不問也；卽入冊者家遣一人聽點，其丁壯幾何不問也。約保徇私、房族長隱庇，卽有伏奸隱匪，寢息自若也。若嚴立章條，丁口必實造、出入必實報，欺隱而發覺者連坐族房長及約保，雖有敗類匪徒，當不能容於其族而自露矣。其誰肯匿此罪人以自取戾哉！

國法於人，人保於法；古之人非虛語也。夫因其已然之法而實力舉行，無更改之勞而坐收其效，熢燧不起，山海敉寧，晏如也。然此手足之疥癬耳，其要尤在司牧之經理，撫其人民、修其禮教，克詰其戎兵，以無忘武備；絕奸徒之睥睨，不萌僥倖之心，當事者亦有成算而無煩尸祝之越俎矣乎！

飭零星散戶歸併大莊檄　莊　年

時屆深秋，草枯水涸，正生番出沒之時。邊界廵防，極宜嚴密。所有各屬地方墾種農民，三眾五舍，零星散處，逼近內山，與生番地界相鄰者，尤當先事預防，以免戕賊。除已經示禁，並通行遴員遍查，著鄉保、通事押令搬歸附近大莊，暫度秋冬；俟明歲春融，仍聽前往佈種。倘有抗違，卽係愍不畏死之徒，立刻差拏，重責逐水；鄉保、通事受賄狥縱者，加等究處。務限十日內盡數查押歸莊，該管廳、縣卽將押歸人數開明姓名、丁口及莊社地名，逐一造冊送查。其零星散戶既盡押歸大莊，則莊民相聚較昔愈眾，易於巡防，更宜守望相助。地方各官應督率鄉保、通事以及丁壯人等，凡有村落莊社民番聚居之所，俱著設立高峻瞭望一、二處，安設梆鑼，派撥司守；晝則沿山偵探、夜則輪替交更，梭織巡邏，毋稍懈忽！遇有生番猝至，卽行擊梆鳴鑼，并力齊心向前抵禦。一莊有警，各莊皆應。庶兇番虐焰無從肆逞，莊社民番得免荼毒矣。

觀風示 張 湄

化成久道，光昭天下文明；教訖遐方，漸被海隅日出。環瀛列島，三山之雲霧常蒸；包乾絡坤，五色之波瀾若繪。土宇固到今而增廓，賢才豈擇地而始生！惟茲臺灣，南紀分星，東寧錫宇。木岡、竹塹，交呈美秀之材；鹿耳、鯤身，盡挾飛鳴之勢。花敷晴嶼，迎筆彩以長生；月靜夜潮，聽書聲之間作。蓋家絃戶誦，文風差擬中華；而日盛月新，番社半為講塾。則可知多士之繡口錦心，已非復曩時之雕題黑齒矣。

本院昔居館職，較甲乙於石渠；典試滇南，掄英才於金碧。雖未能沐一而握三，亦庶幾拔十而得五。茲者，重膺恩命，巡視茲邦。秉政而兼衡文，殊自慚乎冰鑑；下車而先學校，竊有慕夫絃歌。今幸月次居離、斗維建午，蕤賓應律、鶉首司晨。麥隴風薰，雊雉偕流鶯競響；榕陰晝永，雕龍與繡虎爭奇。快睹綠艾之翻階，喜見青錢之入選。爰擇某日，命題試藝。或推宿望於詞壇，或蜚英聲於藝苑。或觀光國學，業窺四庫之瑟琴；或流寓圃田，遠彙八方之杞梓。近城則躬親校課，合屬則委檄分題。當此夏日方長、涼颸披拂，既不苦風簾之促晷，又何煩涷管以呵寒。況值科試將臨，正宜及鋒而試。老儒宿學，預以覘其先聲；童子何知，亦得觀其賈勇。文光爛熳，須奪豔於榴花；秀穎新芬，勿輸香於荷蘂。

本院追思弱歲，肯負初心？玉尺金緘，頗諳甘苦；西園東壁，雅嗜丹鉛。有美必收，不使隋珠之漫擲；奇文欣賞，寧同和璧之暗投？務期生童畢至，文武咸臨；克盡一日之長，以慰生平之望。孰含華？孰佩實？識國士於韎韐；為腹心、為干城，採奇謀於樽俎。在本院不憚揮暑以臨，爾多士其各備卷以待。致足樂也，跂予望之！

觀風示 范 咸

文運光華，值久道化成之候；聲名洋溢，正鑾陬蔚起之時。海上睹三山，雲煙縹緲；寰中窺六合，星象昭回。一道德以同風，合車書而並軌。欲齊民志，先闢藝林。粵若臺灣，僻處海嶠。昔年未沾聲教，半屬雕題；今日欣聽弦歌，無煩重譯。采芹采藻，聖朝不遺追琢之章；鼓瑟鼓簧，嘉會特設承筐之席。文明聿啓，學校斯崇。

本院起家玉筍，通籍金門。持節湘南，燒尾曾傳衣；校文河外，絳帷獨擁皋比。茲奉命以巡方，更採風而問俗。高山流水，未能對知己以無慚；黃卷青燈，竊自矢初心之不負。由文藝以徵器識，自有遙情；因風俗而寄詠歸，匪徒攬勝。爰擇某日，大集諸生，試覘夙學。近則親臨授課，遠則馳檄分題。酌雅秉經，戒浮華以歸典則；鏤心刻腎，毋勦襲以致雷同。體各用其所長，取不拘夫一格。睹榴花之如火，競吐光芒；際薰風之自南，坐調琴瑟。將見文心繡虎，魚躍龍驚；筆陣迴瀾，波飛泉湧。庶蓬瀛可接，不愧為沐日浴月之鄉；京國非遙，期厠於珥筆簪毫之客。是所望也，慎無忽焉！

通飭慎婚姻重廉恥示 六十七

婚姻為人倫之始。《易經》有曰：“有夫婦，然後有父子；有父子，然後有君臣”。又曰：“女正位乎內，男正位乎外；男女正，天地之大義也”。是以夫婦之道，為人倫所首重。自古婚禮，有通媒、行聘、納采、問名等禮，所以重其事，見不可苟合也。

本院蒞臺以來，深察民情，其禮義不愆者固多，而習俗未免淫泆。婚姻不遵禮法，有一女而兩許、有既定而後悔者，每披閱文卷，不勝髮指。本院有觀風整俗之責，常思大加整飭，以為懲勸。現據臺防廳審詳李某控告連某一案，查李某自幼聘定張某之女為妻，於十年九月完娶；

詎於十月歸寧，張某復將其女改嫁連某。在張某固屬老而無恥，而其女到案，輒敢供稱李某不肖，不肯相從。古云：“夫為婦之天”。又云：“妻者，齊也；一與之齊，終身不改”。今張某之女自恃少艾，敢於嫌夫別嫁，全無廉恥；深可痛恨！除傳齊耆老人等，將張氏同連某二人，本院親提於城隍廟重懲示儆，仍將連某枷號遊城外，合通行飭知。為此，示仰合屬民人知悉：嗣後有女之家，務於幼時即行嚴加教訓，謹守閨門禮法。其定婚時憑媒作合，一絲為定，終身不改。倘有再敢蕩檢踰閑，棄篾禮法者，除將無恥之男女重懲外，其主婚之父兄照律治罪，必不寬恕。現今聖朝首重貞節，凡婦女持正守志者，率加旌表。爾等雖居海外，當知秉禮守義，為聲教之所不遺；萬勿狃於惡習，恬不知改。各宜凜遵，毋違！

署鳳山學月課示 陳　繩

竊照地開麟鳳十洲，化溥菁莪三島。欣逢聖世重熙累洽以來，特念臺疆荒服遐陬之遠，多方樂育，加意栽培。應試棘闈，溢數於鷙群之外，以求一鶚；掄才桂苑，廣搜於鮫室之中，必拔雙珠。多士雲蒸，人文霞舉。

矧茲鳳邑，尤屬名區。璚海澄鮮，白玥丹瑚同煥采；龜峰硉崒，赤文綠字早呈奇。浩氣從天漢而來，雄光騰女牛直上。輪囷勃窣，梗楠杞梓連山；璀燦陸離，球璧琳瑯滿眼。海培風自昔，鳳岡翩羽從今。際茲鶴露清湛，應計修翎養翮；鯉風飈起，正思奮鬣揚鬐。當如董子下帷，莫似樂羊廢紡；勿負周歲三百六旬之數，務殫一月四十五日之功。招搖旋卽指冬，文史須求足用；果其探驪珠而在手，必自執牛耳以登壇。從此科試屆期，預料鳌弧必奪；秋闈轉瞬，定知鵬翼高摶。

本學技愧雕龍，識慚窺豹！沆瀣一氣，快臭味之交投；砥礪同門，欣斆學之相半。石可攻玉，或堪資於磨礱；青出於藍，尚益加乎漚練。情殷倒屣，望切盍簪。為此示知闔學文武生童，訂於本月某日早集月課。倒傾巫峽三江，言泉溢湧；直奮莊馗九軌，思路風馳。詞義高騫，瀟洒漁陽鸚鵡；情文裴亹，紛披都尉鴛鴦。斯玉圃之珣玗琪，悉覘勰理；藝苑之杶括柏，共見菁蔥。掞藻擒華，預卜先資拜獻；彯纓綰組，竚將勸駕馳驅矣！

諸羅學月課示 陳 繩

竊照明體達用之學，務本潛修；興賢毓才之方，尤先董勸。伏逢聖朝，樂育廣暨，教養兼隆；既本仁義為漸摩，復以詩書為牖迪。爰釐文體，預黜浮誇。世宗憲皇帝特諭以清真雅正為歸，我皇上復訓以布帛菽粟之理。固已薄海咸昭陶淑，寰區悉就訓行。在泮無鴞，魚魚雅雅；附天有鳳，炳炳麟麟矣。

際茲羅山勝地，素稱閩海名疆。玉嶂標奇攢簇，琳瑯球璧；筆峰聳秀焜煌，翰墨圖書。快奮翮以圖南，鯤身水湧；矗乘風而破浪，虎尾波騰。國學、鄉黌，各擅濟時之彥；文經、武緯，廣儲經世之才。掣碧海之鯨鯤，固多詞伯；掇蘭苕之翡翠，亦有神童。歕歈日月之華，吹呅斗牛之氣。言泉勃發，竚看濤鼓□溟；思路飈揚，共覩風摶鵬路。適逢桃花浪暖，榆火煙新。繞座柳風，快見筆飛鸚鵡；盈區穀雨，正好鋒銛鶺鴒。探淵源於守溪、荆川，法隨机轉；□潏灝於韓潮、蘇海，氣舉言浮。識必通方，非求刻楮；文以載道，匪飾虛車。毋粉澤而冰脂，毋餖陳而豆雜。毋學軋茁，毋效塗鴉。昂昂若百丈松，清標磊落；朗朗如千間屋，大地光明。至若詩正而葩，賦麗以則；步四唐而追七子，儷《三都》而躡《兩京》。皆足黼黻休明，鋪揚景鑠；獨扛龍文百斛鼎，横掃筆陣萬人軍。突兀詞壇，羽幢帛幰交映；勃窣理窟，天心月脇咸穿。庶白瑚一年、黄瑚三年、赤瑚四年，既有差於氣候；而驪珠九色、蟲珠七色、蚌珠五色，自各剖其精華。敢言辨色之不同，雲英多青、雲液多白；倍喜搜奇之甚廣，玉雙成瑴、玉十成區。

本學學類拘墟，識同□啓。載披裴說行卷，彌慚許劭月評。詎曰扣鍾，惟期斆學相半；庶幾振鐸，勿負文行為先。尚其盍簪，集茲鼓篋。爰是摳衣堂下，欣聞戶外屨綦；不必裹飯山頭，且共盤中木粟。情殷好我，望切跂予！

與周撫軍書 范 咸

接讀來教，承以臺郡採買一事，覼縷開示，備紉老先生念切全閩蒼生，言之剴切周詳，深為欽佩。侍等昨所以致書於老先生者，亦見上年採買十萬石而積欠之穀，遂至虛懸；若今年復另採買，則積欠愈多。竊以買補積欠，其應運內地補倉者，原有一十一萬四千八百零四石之數。另行採買者，運赴內地補倉也；買補積欠者，亦運赴內地補倉也。故以為不若停採買，而先儘買補。今接閱大教，云臺郡積欠散歸各郡縣倉，或碾支兵糧、或補給兵役；此則侍等之所不知也。至於積年存價未買之故，實因時價不敷而然。今老先生深體下情，奏奉俞允以四錢五分為率，將來買補自易。然侍等之所慮者，又不在買補，而在起運。來諭云："臺、厦商船均係漳、泉赤子，亦應稍效微勞。夫臺、厦之船戶多係殷實，搭運官穀，較客貨獲利稍減何害"？不知各縣運穀，皆由小港，大船既不能入，勢不得不多用小船分運至鹿耳門交卸大船。鹿耳門風水十日不順，則十日無大船進口；半月、一月不順，則半月、一月無大船進口：此至尋常之事。小船枵腹守候，交卸無期；一遇風浪擊碎，責以賠補，頗有怨咨。故敢以聞之仁人君子。夫以為累民，採買與積欠本無擇也。但前書所云果濟實用，有所不恤耳。

向來議巡方者，每謂在臺祇知言臺，而侍等心實不然。所食者大君之祿，所辦者大君之事，寧分此疆彼界？若謂為遏糴或年歲不豐，則不得已為固本之計。今臺灣昨歲有收，本年風雨以時，可望大有；亦何為而遏糴哉？侍等於八月十二日曾具奏云："一面札商督、撫，一面嚴飭該府、縣即時上緊採買穀石。應運內地者，陸續撥運，以完歷年積欠；其餘存貯臺倉，以備緩急，民食自屬無虞。將來內地或再須接濟，俟督、撫咨文到日，即與臺灣道等籌酌；除臺地來春青黃不接之際，應預留米穀，毋致民食缺乏外，其餘儘其所有，於海船向例帶米六十石之外，少寬二、三十石許其通融帶往，便於漳、泉等府自足接濟"等語。老先生覽此，可以知侍等之非遏糴矣。將來俟奉到硃批日，謹將原摺送閱，以見侍等之心。

總之，老先生不信海上米穀之竟無偷越，故以少弛禁令之說為萬不可行。而侍等身在其地，深知臺、厦兩廳若稽查嚴密，自無偷漏之虞；猶之老先生在內地，則於內地之事尤為真知灼見，不致心懷兩岐也。若如來示所云搬運臺穀，不幾成一漏巵；侍等果欲遏糴，又何為出此下策乎！侍等職任，原以備老先生耳目之所不及；故前有所見，不敢不以奉告。在老先生膺封疆重寄，權全省大勢，果不容不另行採買；則侍等斷無不飭道、府遵行，決不自執己見，膠柱鼓瑟以掣老先生之肘也。

與雅觀察書

上元之夕，接讀老先生論《志書》一札，並閱《雜記》中駁正數條；足徵宏議卓識且皆係愛我金玉之言。侍等反覆捧誦，不勝狂喜。朋友責善，本宜如是；不識老先生何以間入世俗之言，以為有所干怒得罪也。

夫著書立說，古人所難。況侍等以無本之學，公然執筆，始固亦自疑之。是以立心不欲造作一字，非徵之文、卽徵之獻，正未嘗不有若心在也。昔太史公作《史記》，班氏譏之；其後，范氏又非"班史"。蓋文章得失，不易免於訾議，自古而然。而侍等之心卻虛，以多得一質證，卽多去一班駁；惟有引以為己幸耳！然亦正有不得不略為相質者。來諭云："郡志與日下舊聞，稍有不同"；是也。不知海外之志，與內郡不同。內郡之志，不知幾經前人訂正；且其風土人物，皆為人所熟聞。若海外一草一木與內地迥異，多中土人所未經聞見；據近人著作所載，頗極詭異。若皆以為非乎？則侍等數年中所親見聞者，原不盡誣；若皆以為是乎？則侍等耳目中所尚未及見者，又不知凡幾。故侍等愚見：於正文每一條下，各載以《附考》，明列出處。此固向來志書體例所未有，而侍等毅然為之者，亦以作海外之志不得不然；已於《凡例》中詳言之矣。來示中"年號"一段，自是侍等失檢點處。初意以引用他人之書，暫不妄加增改；故《附考》中所錄，悉仍其舊。然此卻大有關係，隨遵諭一一改正。至於《偽鄭逸事》，係平臺後一幕友郁姓者所作；《雜記》中已載其名，非明季人也。所載之事雖不盡實，然自古史家所見異辭、所聞異辭，卽左氏尚不免於浮誇之誚。今既列於《雜記》"附考"中，似可不改。蓋《雜記》乃志之餘，如《外紀》、《外篇》之類；而《雜記》中之"附考"，則又是《外篇》之外矣。夫偽鄭是賊，正不謂其非賊也。其有一長不遽削者，亦見作賊尚須如是；不如是，雖作賊亦不可耳。彼石勒獨非賊乎？其聽人讀《漢書》一段，正史猶載之；何嫌於志書之《雜記》哉！總之，凡事非目見耳聞，未可臆斷其有無；侍等所以徵引頗繁者，正欲後人有所參考折衷於是，而非徒誇新奇可喜也。

夫言不盡不快、義不辨不明，老先生若以粗直為嫌，將視侍等為非讀書人矣。不惟此《志》而已，即侍等行政待人或有謬誤，尤望老先生不輕棄我等，賜以訓詞，尤拜惠於無既，何幸之甚！所言是否，併望教我！臨穎禱切。

道南統緒論 范學洙

道之在天壤也，固合東西朔南而無間者也。然而道以人傳、人以地異，其統緒相承，未始不昭昭可考也。杏壇設教，道興於東；孟氏鄒人也，道亦東焉。乃漢鄭元師、馬融有道東之說，融蓋以道自任也。然馬與鄭雖有闡發《六經》之旨，要未能醇而無疵；道統之屬，君子不之許焉。

吾聞龜山楊氏遊二程之門，學成而歸；明道目送之曰："吾道南矣"。夫二程之學，雖遠宗孔、孟，實得力乎周子。周子者，繼千六百年之絕緒而開來學於無既也。太極一圖，人謂其傳自种穆；抑知周子之學，非种穆所能髣髴者。胡氏以為創自周子，信然也。至如通書，特暢其說耳。道之所該，一圖盡之矣。其曰主靜，即夫子存誠之謂也。惟靜故誠，天理人欲之幾，於此焉判；希聖希天，舍主靜何以哉？程子既見周子，始豁然大悟；其示學者，惟以居敬、窮理為要。蓋居敬，則私無所入；窮理，則私不能混。周子之教，得程子而益明矣。二程高弟在南方者，有楊、游、謝三人；而惟楊獨得其宗。維時南方人士，事龜山者甚眾；而稱最者，惟羅仲素。迨後，李延平得其教以授朱子，蓋承周、程之統而衍龜山之派也。至於朱子，則集周、程、楊、李之大成，而為道統之會歸也。天人性命之徵、義利公私之辨，析之至精、訓之至悉；向非龜山得二程之宗，則正學之興，胡為而盛於南哉！而朱子之門，有真、蔡、黃、陳諸君子相與倡明其旨，以教南方；所以南之正學，猶代有傳人焉。明自中葉以後，人自為教、家自為說，與《集註》或《問》

角勝者，日以猖狂；於是有晉江蔡虛齋著為《蒙引》，字分句釋，發明《集註》或《問》之蘊，而異說以息。是朱子而下，虛齋之功亦云鉅矣！間有一二失之穿鑿，不過為從事制義者求新鮮耳；而未嘗不衷之於正也。嗣後有次崖之存疑、紫峰之淺說相繼而起，雖皆為羽翼《集註》之功，而要皆得虛齋之啓發者也。若虛齋者，其殆道南一脈之遺緒乎？然。

總之，道為天下之大共。東海、西海有聖人焉，此心此理同也；南海、北海有聖人焉，此心此理同也。《四子》《六經》，猶吾道之譜牒也；能宗其說，即為吾道之孫曾也。聖人之訓具在，詩書之旨長存；學者能體而行之，則一脈相聯，人人可承，又何東西朔南之或間哉！而不然者，以剽竊為著述、以支離為得解，徒事空言，不能體諸實行，而猥曰道學之宗派，程子有知，能無麾之門牆之外哉？

臺灣風土論　董夢龍

臺之山，自閩入海，潛伏三百餘里，突出洶波中干雲霄而上，矗立千仞。其最高而極北，曰雞籠山。由是迤南，重岡迴巒，峻絕蒼蒙，莫可名狀。山以東，土番雜處，種類不一；各有部落，而無大君長，不受貢職。性嗜殺好酒，時出沒殺人，人跡不到。其群萃而居，受貢職者，皆在山之西。文身椎髻，穿耳以為飾。其嗜酒、喜殺、好利、畏婦、無廉恥，大抵同於內山番。而受吾鈐制，有所畏而不敢肆。

其地東西不能千里，而南北倍之；狹而長，蜿蜒若蛇形。南有打鼓山之阨，北有三林、蛟港之限。當府治者，為南北要衝。海口界以鹿耳、鯤身之險，實舟楫往來之門戶。

古為海外荒區，王化不及。明永樂間，宦者鄭和始至其地。萬曆時，盜林道乾據焉。其後，鄭芝龍誘倭奴居之，而荷蘭復以計取於倭。最後，乃為偽鄭所據；始置州縣、立宮室，民頗安集。安平，其所都也；城大如斗，築自荷蘭。據水口要害，鄭仍居之。蓋天開草昧，必有英雄為之驅除也。

地四平，脆沙無土。田肥美，耕者力少功倍，民以殷富。而四民雜處，無土著。奢移相尚，美衣玉食，無醇厚敦朴之意。相期以詐，相陵以力。好鬼好巫，婦女好遊，桑間濮上之風熾焉。

開闢以來，置郡縣學，設博士弟子員，當途加意培植；以至於今，而文人才士未有應地靈而起者，豈天地秘鬱之氣，一朝難以遽闢，而川原精華不鍾於人而鍾於物也？然珍禽奇獸、異花怪木，何地蔑有；而臺寧以綠鳩、文豹、檳榔、楠梗之產，遂奪山川之秀耶？則地靈固將有待耶？

雖然，以臺之淫風流行，而烈女、節婦，所在輩出。自僞鄭時，有阮氏、鄭氏殉其夫死，志行可嘉；僞世子婦陳氏，死尤烈。自是以來，有雷氏、林氏、李氏、鄭氏、黃氏、莊氏，後先輝映。而方壠妻黃氏，姑夫交迫以淫，義不受辱死，尤籍籍人口。何女子之不染於土風，而無待於教化也！

至於流寓之士，若沈公文開、王忠孝諸人，清風高節，亦可激勵貪懦；而寧靖王之甘心玉碎、陳丑之傷親自沈，愚孝愚忠，各行其志，皆足以不朽。則僻地之或以人重，又未可知也。

要之，一代人之興，必有碩德重望，以培養人才為心，涵育數十年之久，而後克變其從前鄙陋之習。昔閩自唐以前，僻陋不啻於臺；自常衮觀察，而文人鬱起。至宋南渡，理學淵源上承洙泗之傳，海濱稱鄒魯焉。然則今之臺，雖未有聞，而安知振興有人，而山川佳鬱之氣蓄極積久，不大洩其精奇，挺生石彥以昭國家文明之盛哉！

文論 盧芳型

“作詩必此詩，定知非詩人”；此千古文字金鍼也。文字不佳，止為依題作文，而去題愈遠；且欲以己之文，摹他人之文，而去文又愈遠耳。

神全於中、境赴於外，觸耳成聲、遇目成色、出口成語、落腕成章，極瀟散灑落之致，天下樂事莫過於是。而又迎機不同、領趣各別，石邊花下、驢背樹巔，止可自怡，不堪持贈；且如麗姬焚燭、遠山磨墨，此何與文章事？而興會闕生，奇妙足傳。崔延伯欲戰，輒召田僧超為壯歌；壯氣足於中，而後歌得以助之。不然，隱魯陽之戈、舐樊噲之盾，其可以療怯乎哉？

世間無處非文章，而在吾有物可以挹之。舞劍悟書、擊竹悟道、見兔悟卦，彼所得豈在劍與竹、與兔哉？積極而通，非一朝之故也。

卷四　雜著

《半石居詩》序　嚴炳勳

詩之作也，寫人之性情而已。其人而憂憤無聊者，詩必沉而鬱；其人而高曠豁達者，詩必閒而超；其人而風情肆發者，詩必麗而逸；其人而慷慨剛方者，詩必雄而邁：自古迄今，如一轍也。然而杜也沉鬱、李也超邁、偓也麗逸、軾也雄放，各如其人以成家，兼者往往難之。

今讀吾友曾君曰唯《半石居》之集，何畢備厥美而不可以一方概耶！蓋其賦性超脫，既不以濁俗棼其心；而自命奇偉，復不屑步趨於儕伍。雖磊磊落落，有毅然不可屈之概，而感時物之變遷、傷情態之錯迕，亦自有扼腕而不能平者以寄於胸臆。是故發之於詩也，隨其境之所投，而即因其詩以見性：有時而見其沈以鬱者矣，吾知其必有所以觸其憂憤焉者；而當其寫高曠之致則否。有時而見其麗以逸者矣，吾知其必有所以動其風情焉者；而當其寫剛方之概則否。其為人也不拘於一定，則其為詩也亦不拘於一律；宜乎一集之載幽鬱者忽而超閒，逸麗者忽而雄邁。卷頁雖少，已畢收古人之美而萃於其中也已。

孫湘南《赤嵌集》序　汪　灝

昔人云：文人之筆，多得山水之助；涉境愈險，則文筆愈奇。韓之潮、柳之柳、蘇之儋耳，是其徵矣。雖然，亦顧所謂文人者何如耳。使神志不超曠、睹記不淹洽、才情不肆溢滂沛，即至方壺員嶠、人跡罕履之地，風景自異，而其靈幻神奇必不傳也。何也？有其助，無其筆也。

臺灣入版圖者幾三十載，剖符至者踵相接。其山川、風土、人物，人遇之而無色，公遇之而成聲。鼓吹瓌譎、刻畫詭異，使讀者縮海外於眉睫；恐怖胡盧，迭至交攻，不可自已。則皆其心無窒礙、學有根柢，八斗之才、萬古之情所群萃焉而出者也；故人謂斯集得山水之助。余謂赤嵌不遇慧業文人，將終天地而不顯其瓌譎、不肖其詭異，其得助於文人者又不可量其幾多矣！或曰：移此以概韓、柳、蘇公，其說將無同乎？余曰：所遇又不同也。蓋韓、柳、蘇三公皆謫於潮、於柳、於儋耳，其所為詩，大抵皆感激憤發之所為作也。我公捧毛義之檄、叱王尊之馭，俯仰上下，靡所怨尤。雖集中感懷、放懷諸什時有微情，要亦才人志士不屑一世之所寄託，而其曠窅靈襟、排奡變調，正未有纖毫介於性情也。此其所以異於韓、柳、蘇三公而自鳴一家，而各成千古者歟！

黃侍御《臺海使槎錄》序 魯曾煜

《小雅》《皇華》之詩，言使臣徧咨於忠信之人，《左傳》所謂五善、《國語》所謂九德是也。自漢以後，使者遂例有篹述。考之鄭樵《藝文略》，凡朝聘得三十七部、行役得三十部、蠻夷得四十七部，不為不夥；然未有海外澒濘之壤、人物俶詭之鄉，元元本本、堂堂正正，視之如指螺掌壑，當下可信；則臺海使槎錄，洵為第一等書矣！煜聞先生之言曰："余之訂是編也，凡禽魚草木之細，必驗其形焉，別其色焉，辨其族焉，察其性焉；詢之耆老、詰之醫師，豪釐之疑，靡所不耀，而後卽安"。嗟乎！幺麿名物，先生猶廩廩焉若是；而況島嶼之險易、城堡之堅脃、番俗之馴悍、政刑之張弛、戎伍之疏密、禮樂之異同，有關精神命脈之大者乎！抑禹跡未經，儒者從略，先生必務詳審精密，況墨丈尋常之間，習睹習聞，肯蹈澹虛怳惚，如象罔之索珠、狼□之覷金已乎！則甚矣，先生之志之勤而學之篤也！《詩》曰："駪駪征夫，每懷靡及"；先生有焉。《皇華》于原于隰，無不光明；使臣于遠于近，無不周徧；先生是書儷之矣。達奚通之《海南諸番行記》，曾何足云。煜□陋不足以知先生，唯因先生之言而推廣之如此。時乾隆元年丙辰仲秋，會稽弟魯煜拜序。

《瀛壖百詠》序 張湄

臺灣，古毘舍耶國也；始見於馬貴與《文獻通考》。至明季，莆田周嬰《遠游編》載《東番記》一篇，稱其地為臺員，蓋閩音之譌也；臺灣之名入中土，實自茲始。萬曆間，海寇顏思齊踞有其地，俘掠海濱；臺灣之有中土民，自茲始。思齊死，紅夷乘其敝取之。我朝順治辛丑，鄭成功攻降荷蘭，據其土城，改名東都；尋改為東寧。康熙癸亥，大兵蕩平島寇，鄭逆歸誠；臺灣之入版圖，自茲始。五紀以來，地辟民聚，居然一大都會。昔之鮫窟鹿場，今皆廬宇矣；昔之荒榛坌莽，今皆黍稌矣；昔之亡命遺俘，今皆長子而稱地著矣；昔之雕題鑿齒、剿髮文身，今皆躬禮樂而口詩書矣。

余奉使持節是邦，自厦抵臺，自郡治訖南、北二路，即志乘所載、合之巡歷所經，凡歲時、習俗、山川、草木、禽魚之類，苟有可紀，輒賦四句，投之奚囊。經歲累百篇，同人慫恿付梓。顧惟舷次社寮率意漫與，既無故實可徵，亦不得以文言竄易；徒拾蠻語，曷足稱詩？迺復屑屑加之詁釋，豈好為無鹽增陋哉！誠欲使覽者一手卷而如身履其地，庶幾後之于役君子，或等余為識塗之馬未可知也。

若夫祇承聖謨，寓化導於拊循，俾中外同風，和氣洋溢；使臣之職，固有其大者，甚無取乎此也。

《重修臺灣府志》序 莊　年

地理之有志也，自《禹貢》始。禹別冀、兗、青、徐、揚、荆、豫、梁、雍為九州。至殷，則有幽、營而無青、梁；至周，則無徐、梁而有幽、并。其見於《爾雅》、《周禮》者近是。然皆備列揚州。閩，揚州域。《禹貢》曰："淮海惟揚州"；《爾雅》曰："江南曰揚州"。則《夏書》之所謂"東漸于海"、《王制》之所謂"自東河至于東海"，即殷制。是臺地實洪荒渺昧、芒芴烟煜而在其中。更考《周禮》《職方》："東南曰揚州"。雖具區三江五湖具載而未及海，然已明言七閩。臺淡水距閩省水程四百餘里，其間關潼、白畎形勢蜿蜒，則臺之隸閩，斷可識矣。臺始見於隋；洎明，荷蘭據其地，鄭逆角逐之，立郡邑。我朝天威震讋，艘艓南指，遂納款面向，附疆索焉。

伏荷列聖仁綏義撫，先之以噢咻拊畜，以馴化其歷來獷鷙之習；俾黠者騖於工商、樸者安於隴畝、秀者澤於詩書彬雅之中，漸躋於聲名文物，而易其狉獉咮噙之鼻陋。然則臺之初闢，固不可以無志。而其在荒服無可沿考，則其為志也較難。曩之觀察茲地者，嘗留心斯舉。康熙間，高公爰創輯之；繼乾隆辛酉，劉公省齋復增補成書，可謂明且備矣。屆茲化理淪浹，又歷年所；時物漸臻，風氣益廓。廵方六、范二公壥念海邦文獻，網羅薈稡，遐搜舊典、周訪新知，因而按部就班，釐為綱十二、目九十有二；繁者汰之、缺者補之、袪其泛、遴其要。而又不徑從簡略，使後人失所依考；而又不隨流附會，使旁觀循其模稜。意匠心裁，洋洋乎蔚為瀛島巨觀已。

且夫鹿耳鯤身，臺之門奥；南則沙馬、猴林，北則雞籠、鹿子：篁巒插漢，與鯨濤拍天角險；椎髻文身，與冠裳舄屨交錯。天與山海際、地與民番混。在閩則為鎖鑰，在江、浙、甌、粵則為屏籓。雖僻介邊徼，其帶礪攸關，實視中區為險要。吁！是志也，其徒侈詞華之莊雅、體制之醇備、考核之精詳乎！蓋其用意宏深矣。嘗試按而考之，舉凡廟謨之淵邃、奏疏之剴切、文武乂安之籌策、水陸防捍之隘衝，以及興文講武、通商輯番之周晝，無不搏撍參覈，規之詳而慮之遠。今夫雲雷草昧，君子以經綸。臺之啓疆雖已距六十餘載，誠有如文翁化蜀、昌黎治潮暨武侯之定猺蠻、伏波之撫交趾，迄今猶衣其德弗衰、服其教而畏其神弗輟。則茲土也，潮、惠、漳、泉之叢處，而誘以土物心臧；生熟番之呿呿于于，而瀞率之就甄陶而樂化育，游惰向業。四民交勵、五士迭興，萑蒲弭、訟獄息，刑措兵偃，職官人物炳炳烺烺而風俗齊美，斯山川、草木、鳥獸、蟲魚皆繪文明熙皞之象矣。則是志之所以導揚郅治、襄贊鴻謨，繫苞桑而固磐石者，其有《豳風》《無逸》之思乎！夫豈等《山經》、《水注》侈乘槎之瑰奇、資操觚之博贍已哉！

余猥厠鉛槧之末，愧無能為役；爰書諸簡端，而特闡之。

觀風示 莊　年

鵬程九萬，垂輪直徙南溟；鯤擊三千，鼓鬣化於北海。綃如霧薄，織來鮫女室中；珠似月明，探向驪龍頷下。珊瑚璀璨，會須鐵網之羅；玳瑁光華，端賴金刀之削。通犀翠羽，應逢愛寶羅含；火齊木難，定遇求珍季野。況此文章奇色，尤為邦國菁英。自臺陽向化以來，久沐聖朝文教；由書院創興而後，群歸盛世儒林。璧水泮池，弟子員翩翩鳳藻；棘闈瑣院，賢書士濟濟鴻儀。堪羡雕題鑿齒之區，悉變說禮敦詩之俗。

帶圍巒迴，兆徵紆紫拖青；筆架峰高，祥啓揮毫落紙。蓮池、柳仔，映將棫茂芹香；鳳彈、雞籠，助爾筆騫墨舞。夜覽沙崑漁火，如羅星斗胸中；曉看鹿耳春潮，應湧波瀾腕下。崖巔餤餤，光芒李、杜雄文；渤澥滔滔，灝瀚韓、蘇偉議。未經造就，曩時雖屬遐荒；既渥甄陶，近日盡成爾雅。秉此山川閒氣，詎無翰墨名流？郡學群英，當擅雕龍繡虎；邑庠佳士，自工滴粉搓酥。玉韞櫝中，端合沽求善價；桐焦爨下，終教聽遇知音。芥必投針，水能合乳。

本署道身承祖德，傳家笏滿床頭；世受國恩，舉族珂鳴里內。十餘年赤縣，謬邀上憲卓薦之榮；兩閱月黄堂，即受聖主超遷之命。雖未題名蘂榜，實曾待詔公車。倘使運斤，頗解斲成輪奐；若教操縵，洵能辨別宫商。矧此東寧，昨歲業經佐郡；復來南服，兹時濫厠監司。民俗熟諳，士風素仰。爰擇某日，命題試藝。際此霜染楓林，襯操觚之采色；風高雁字，映潑墨之葆光。蜃氣樓高，竊比文心之結搆；月眉潭碧，渾如賦體之清妍。翠管生香，遠勝甘蕉花放；金荃呈豔，強如番錦織成。書藝經文，本先民之玉律；墨裁元度，傳場屋之金針。目前搴小敵之旗，來歲奪巍科之錦。他若髫而志學，幼即能文。當後生可畏之年，頡頏驥子；擅國士無雙之目，儔匹童烏。惟余選出青錢，願爾製成黄絹。求賢報國，勿令滄海有遺珠；以人事君，肯使名山多抱璞！敢冀諸君之寵賁，以慰本道之積忱。

《婆娑洋集》序　六十七

乾隆甲子，余奉使巡視臺疆。越次年乙丑，武林九池范公以名進士為宮庶，復改柏府；奉天子命，衣繡仗斧而至，協同涖事。甫下車通謁，開誠披愫，一襟瑩白，朗如映玉；余退而欽之。自此，晨夕過從。東西兩廳事僅隔垣，林木覆簷，青翠交映；每當蟾明燭灺，相與商榷時事，如權度數計，而鑑照了了，豁心目間。或汲古論文，貫弗瀜浹，超超朗詣，無少格礫鉤拒態。迄今一載矣，傾囷倒廩，余深受規益焉。

今夫天下有真德性，始有真經濟；有真經濟，自有真文章。惟公器養沖容、德局宏粹，故布之於政，釐然具舉；無矯無隨、無激無弛，優柔平中，如豪雨之滋黍苗，灌澤涵潤，驛驛其達，無不敷析而充腴，洵稱大雅三十一人之材乎！及讀其近搆《婆娑洋集》自出都抵臺共若干首，名言絡繹。舉島海之蠙珠、𩿴玉，纚集賅存於行間；覺鑾天笥嶺，光熊熊然晃淵耀谷，磅礴鬱勃而莫之或掩。昔韓昌黎送殷員外使回鶻，曰："士不通經，果不足用"。今集中所詠，語語悉該體要；則勿謂其風雅也，而實政事也。讀大嶝、澎湖、鹿耳諸什，則大易設險守國之義也；讀草木、蟲魚等什，則包匭青茅、納錫大龜之意也；讀吊輓五妃諸什，則柏舟髧髦之志也；讀臺江雜詠諸什，則修教不易俗、齊政不易宜之務也。本實心以為惠政，即風雅而為治術；原原本本，弸中彪外。吾見化理昭融，祼人協順。肆好其風，吉甫因之作頌；柔嘉維則，山甫於以永懷。豈徒矜風雲月露，以潤詞壇之景色已耶！

公居衷虛谷，不樂襮揚，欲棄為筐篋中物。夫玉之在山、金之在礦，終不可以藏也。余故特表而出之，弁以鄙言，付諸剞劂。其曰《婆娑洋》者，蓋取《名山藏》所云"乾坤東港華嚴婆娑洋世界"也。

《重修臺灣府志》序　陳大受

海內郡國以千百計，其山川險隘、風土人物與夫往古事蹟，載於史策、稗官、野乘，為類甚繁。作志者薈萃成編，其取材也既博、其修飾也易工。若乃遐荒外島，自昔未通聲教之地如臺灣者，溯前則無稽，居今則難略；作者於此，蓋不勝視止行遲焉。

我國家聲靈赫濯，海隅日出罔不率俾。臺灣自入版圖，垂今餘六十年，卉服文身之域、茹毛飲血之儔，咸襲冠帶、安耕鑿，俗易風移，駸駸乎有中土之習；大化涵濡，於是為深且厚矣。郡之有志，自高、劉二君始。比歲給諫六公、侍御范公奉命巡視其地，宣布聖天子德意，撫綏民番，輯寧海疆；政理既已浹和，爰取舊志而重修之，勒成若干卷，屬序於余。余惟東南環海之區，元、明以前，率為逋逃藪；故事多荒略，而其地亦莫可考。澎湖之名，僅見於《隋史》；臺灣，則明季始稱其名，然不過為日本、荷蘭停泊互市之地。既無歷代廢興沿革、是非得失之概可資考鏡，亦無文人詞客游歷尋覽之蹟可以感慨流連，故述之者恆患不文；間有一、二紀載之涉於奇誕，人往往視若《齊諧》之志、《山海》之圖，用廣異聞而已。今觀是書體例嚴密、力大思精，凡旌別淑慝、區畫井疆、戒飭武備諸大政，靡不條分縷晰而詳著之，可謂識其大者矣。而山川之夷險、水土之美惡、番俗之淳頑、物產之豐嗇，纖悉不遺；該洽典贍，斐然可觀。以是上諸蘭臺，誠足資廟堂之採訪；且使守土之吏得而習之，土俗民風瞭然心目，所以承流宣化、奉職效官者，悉於是乎在。則是書豈徒作哉！

抑余聞之，臺地幅員廣遠，東番各社禾黍芃芃，比戶殷富，苦於野番間阻，不得列為王民。邇年以來，聖澤覃敷，野番輸誠歸化者絡繹不絕，傀儡諸山兇番終於革面革心。則臺地將東漸於海，而聲教所訖，必有踵事而增修之者。是又有俟於後之君子！

《靖海紀》跋 蔡世遠

平南之役，聖天子授鉞推轂於我大將軍施公，而公果以膚功奏。其知人善任，誠千古帝王命將之盛軌哉！顧嘗思之古今克奏膚功者，皆其謀能素定，熟識情形，深知彼己；是以弗戰則已，戰則動出萬全，功成一鼓。今讀公平南始末奏章如《密陳專征》諸疏，可謂成算在胸，瞭若指掌矣。然皆不越其始所預策。方康熙六年，公以《蕩平機宜》請也，有云："據澎湖以扼其吭，賊膽必寒；先宣朝廷德意，如大憝勢窮，革心歸命，則姑從寬網，亟與安插，臺灣可不勞而定"。此謀定於十餘年之前，乃今一一如取左券；雖淮陰築壇之對、營平金城之圖、王朴平邊之策，曷以加茲！初，公之畫是謀也，或且難之；而天子獨排眾議，悉心委任，竟使公伸其十餘年前素預之謨。公何幸遇特達之聖主，得以勝任愉快，而建不世之奇勳也！然此，猶以武功言之也。

若夫公之文德，則尤近古以來，名臣宿將所未易彷彿一、二者，世遠竊讀公之疏而知之也。公諸疏，凡條上便宜，著著皆符廟算、著著各奏成效；而一念悱惻，曲體皇上好生之仁，遂使窮島萬靈，重蘇於筆下。蓋其揆之心者明，故其抒之筆也達；是固非記室、參軍操翰幃幄者所能贊其一詞也。昔武侯弱冠馳驅，躬在行間。斗鈐之下，親校簿書，而前、後出師二表探喉而出，遂為古今奏疏第一；忠肝智膽，照耀史策。千載下讀者，至為感激流涕。是皆至性之餘，溢為文章；故無人巧安排之跡，而有天工自然之妙。以視公疏，真堪頡頏矣。公軍旅稍暇，輒磨盾賦詩，不廢文事；謂公獨以武功著乎哉？

語曰："天下危，注意將；天下安，注意相"。今海內昇平，方敷文德之化；以公文事、武備兩者兼優，為將、為相無往不宜，又何安與危之可分？則出為舟楫、入為鹽梅，天子之注意於公，當有加無已也；而受福者，不獨吾閩矣！

張侍御《瀛壖百詠》跋 劉良璧

昔賢稱東坡賦物詩，為不可方物；即至難摩之狀與甚難顯之情，興劇揮毫，無不隨形立肖。豈其得力於海外遊耶？抑其本領大有過人者而地以人傳耶？

侍御柳漁張公，以武林名進士登玉堂、歷諫垣，奉天子命巡視臺灣，兼司學政。下車之後，目睹海外情形，所與僚屬持籌者防微杜漸，保障天南，惓惓以地方為念；而加意作人，手集先正大家名文三百篇置海東書院，為諸生楷模。其校士也，冰壺朗鑑，鰲頂冒、拔真才，得課藝數十篇付之開雕，顏曰《珊枝集》；固已膾炙人口，紙貴臺陽矣。未幾，檢點奚囊，得絕句百首，加以詁釋；皆其自廈而澎、而臺、而南北兩路所賦也。溯版圖入我中國上下六十餘年，山川景物歷歷如繪；令觀者如閱《山海經》、如讀《水經注》，光焰陸離、千態萬狀，皆於斯集見之。夫以公之淹貫經術，通達治體，不日返虎觀、抵龍門，召伯卷阿之音、吉甫清風之頌，將珥筆以鳴國家之盛，固大有在也；斯集特其緒餘耳。顧海外山川景物，藉公詩而益著；則《瀛壖》一編，即為坡老海外之文也可。

璧親炙公之德教，因拜手而跋於後。

《婆娑洋集》跋 莊 年

海於天地間為至大，於萬物無所不容納；未歷乎其境，則眼界尚未盡廓，而胸次亦尚芥蔕柴棘也。昌黎入潮、東坡入惠以後，發為文章，波瀾浩瀚、光怪陸離，不可方物。由其所見者大，故足以發其胸中之奇。

侍御范公奉命巡視臺海，下車以來飭綱陳紀，具得大體之所存；而風流令行，蓋已德洋恩溥矣。一日，出其近所作《婆娑洋集》示余。余開卷盥誦，自燕都抵閩，凡農田水利之所關、山川阨塞之所重，皆賦其大者；至若臺土之風俗、氣候以及草木、禽魚，悉繪形傳響，苞萫於尺幅之中。其怪譎瑰異、典麗清新如《山經》、《水注》，絡繹奔赴，淵然以深、復窅然以遠，殆成子所謂“先生將移我情”乎？

余嘗以詩之為道，非彫蟲小技也。昔人有言：“上下數千年、縱横數萬里，始可以讀杜詩”。蓋惟知杜詩之所以作，始知杜詩之所以讀。夫詩書醖釀，特以取其精華耳。不觀泰山之高，無以知層巒疊嶂之勝也；不觀黃河之大且深，無以知驚濤駭浪之奇也。古今數巨人，其畢生精神，直與扶輿磅礴之氣相薄。若杜、韓、蘇三公，其詩具在；沈雄古宕，無不言語妙天下。今讀《婆娑洋集》，宜使余躑躅望洋，而茫然莫測其涯涘已！

五妃墓碑跋 莊　年

志載：前明寧靖王姬妾曰袁氏、王氏、秀姑、梅姐、荷姐，大兵之克澎湖也，語寧靖曰：“王生俱生，王死俱死”。遂冠笄被服，同縊於堂；葬魁斗山，去寧靖墓三十里，時稱五烈墓。乾隆丙寅，廵使六、范二公軺車過墓下，目擊荒頹，命方司馬繕葺其塋廟，並弔之以詩。蓋闡貞表幽，以為海外之頑懦勸，固宣聖化者之急務也。余忝任觀察，猥與型方訓俗之末，樂得而道之；遂跋其後。

《重修臺灣府志》跋 褚　祿

昔鄭夾漈曰：“江淹有言：修史莫難於志”。嘗考三國、梁、陳、北齊、後周、南北史，皆無志。其有志者，自《班史》首列地理；而晉、隋、唐以下，皆仍之。後漢曰《郡國》，前宋、南齊曰《州郡》，魏曰《地形》，五代曰《職方考》，然於各列傳中，又皆有外裔。爰暨摯虞《畿服經》、陸澄《地理書》、顧野王《輿地》、梁載《十道》、王存《九域》、王希先《方域》諸志，凡皆備載其各方風俗。故後之修地志者，率沿其例。

臺自洪荒以前，無可考；明周嬰《遠游編》有《東番記》，蓋東番地也。天啓間，顏思齊踞之，始有民人。繼則荷蘭居之、鄭氏竊之，非味噙卽逋逃。熟番纚髻黝齒，衣卉麵木，各搆社聚處；前後錯布悉民寮。本無土著，浮槎泛梗而至，漳、泉、潮、惠為多。番與民、閩與粵，性習又各岐。且連岡疊巘，上干霄、下插海。生番樹棲穴處其間，溪陷崿削，難徑足而盤旋捷走；蜂屯螯探，手毒矢、腰鋋刃以俟。好則人、惡則獸，剽悍獷野，莫可制禦。然則臺地今雖為州郡也，昔實外裔；則其風俗，自不能不與中土迥別。自康熙二十有二年歸我一統，歷荷列聖訏謨宏遠，綏輯招徠，以養以教，遂其樂生而化其獷鷙鄙，俾安於四業以適平直；番黎亦相率向化，供賦役、服冠履、習詩書，蒸蒸然一道同風矣。

伏逢聖天子廑念遐方，特簡巡方六、范二公來臺監察。凡綏猷布政，隨地制宜、因時順化，以潛孚默迪，使悉底於均一。因本其為治者釐為紀乘，爰有修志之舉。竊惟《王制》有云：異俗、異齊、異和、異制、異宜之不同，而總歸於修教不易俗，齊政不易宜；馭民者苟不正本清源，求其要而握其樞，而徒於氣象、文貌間拘牽之、徽纆之，使不得適其生之本，然則必挺而走險，復肆其桀鷙之所自有，而放軼橫奔而不可止，此亦在為上者之利導之而勿矯揉之已矣。今按《郡志》所載，歲時、風土之岐尚，官方、武備、土田、賦役之殊制，山川、草木、鳥獸、蟲魚之異名，以及番黎服食、居處、話言之各別，胥皆薈稡條列，詳而核、簡而該，何莫非修教不易俗、齊政不易宜之大旨乎？吾見非徒託之空言，實見之行事矣。先之修禮以節性，繼以七政八教、興德防淫，道德既一、風俗自同，以恬以熙，返樸還淳，則謂茲志為制治之蓍蔡也可。

臺之觀察，前有《高志》、後有《劉志》；茲復纂而訂之，可謂集其成矣。祿忝叨從事，謹摛言簡末，以誌其盛焉。

夢蝶處記（李茂春別墅）　陳永華

昔莊周為漆園吏，夢而化為蝴蝶，栩栩然蝶也。人皆謂莊生善寐，余獨謂不然。夫心閒則意適，達生可以觀化；故處山林而不寂、入朝市而不棼，醒何必不夢、何必不蝶哉？

吾友正青善寐，而喜莊氏書。晚年能自解脫，擇地於州治之東，伐茅闢圃，臨流而坐；日與二、三小童植蔬種竹、滋藥弄卉，卜築其中，而求名於余。夫正青，曠者也；其胸懷，瀟灑無物者也。無物則無不物，故雖郊邑煙火之所比鄰、遊女樵夫之所闐咽，而翛然自遠。竹籬茅舍若在世外，閒花野草時供枕席；則君真栩栩然蝶矣，不夢、夢也，夢、尤夢也。余慕其景而未能自脫，且羡君之先至，因名其室曰“夢蝶處”，而為文記之。

海東書院記　楊二酉

聖天子臨雍講學，文教遐敷；歲撥帑金如干，於直省各立書院以造天下士，彬彬乎霞蔚雲蒸，稱極盛焉。

臺陽海嶠，隸閩之東南郡，相去榕城約千餘里；諸生一仰止鰲峰，且不免望洋而歎也。郡學西側，舊有海東書院，為校士之所；前給諫漁莊單公請別置考棚，遂成閒廨。歲己未，予啣命巡方，視學來茲，凡一至、再至焉。中多軒楹，可讀可棲；明堂列前可以講、矮屋通後可以爨。意選內郡通經宿儒充教授、為良師，允堪作育多士，與鰲峰並峙。謀之觀察劉公，亦然予言。第以薪水諸費無出，奈何；邑明經施子士安慨然身任之，先請輸稻千斛，仍置水田千畝為久遠計。予曰：“是可以入告矣”。逾數月議行，劉公捐俸倡修。一時軒窗爽潔，什器周備，煥如也。郡守錢公亦能加意振作，選諸生中文藝有可觀者得數十人，以實其中；延教授薛仲黄為師，致敬盡禮。觀二公所編規約數條，詳慎之意，歷歷可見。

夫興文勸士，採風者之責也；敬事圖成，良有司之誼也。抒一家之力，供多士之需，義不泯於鄉也；取一人之善，成天下之材，恩必出自上也。爾師生各宜銳志精心，無怠學、無倦教，言語文字之中，申以修己治人之道，漸摩既久，當必有明體致用者出，以膺公輔而揚休明，上慰聖天子棫樸作人之至意，寧云島嶼生色、鄉里增榮已哉。予於爾師生有厚期焉！

秀峰塔記　楊二酉

辛酉春，予以及瓜，館於郡學齋署。西鄰泮宮，再西為海東書院。

左山、右海，據郡勝概。面迎魁閣，平岡數疊，遠近環映。臺紳士且以巽位未甚秀拔，議請建浮屠為筆峰。予曰："然"；謀之同事諸公，咸曰"可"。遂各捐俸，卜吉以興。甫閱月，而訖功。深基固壘，六出五重，下廣丈有九尺，遞削至端；高七尋有奇。通中引節，上開洞窗有四，乾面顏石額曰"秀峰"。糜金錢八百餘兩。職其事，邑生龔帝臣等凡六十有六人；輸力任勞，俱能踴躍從事。

竣之日，相與集飲而落之。而桐陰竹翠中，峭穎圓鋒，摩雲插漢，躍然在芹水間矣。後有興者，得謂秀峰有靈；其然，其不然耶？

鳳山縣重建明倫堂記 范咸

《禮》稱"大學始教，皮弁祭菜"；所以致敬於先師，以尊道也。蓋古人因學而有廟，自天子之元子、眾子以至公卿大夫士之適子與凡民之俊秀，莫不造於學；虞庠上下、夏序東西、殷膠左右，無非學舍也。後世重廟而輕學，戟門、頖宮專崇廟貌，而春秋禮樂、冬夏詩書無復教之之地。蓋古意之存焉者，寡矣！我國家令典：自大成殿外必有明倫堂，以為敷教之地；通郡邑皆舉為法，所以養士之制甚備。獨臺灣一隅僻在海外，前此郡學明倫堂未建；陳清端公璸至，始奮起而經營之。迄今兩廡有六藝齋，為諸生肄業之所；廟與學乃以無缺。蓋興學立教，類非俗吏之所能為也。

鳳邑在郡治之南，學宮獨據形勝之地。廟前頖池方廣里許，多植芰荷，即《志》所稱蓮池潭也。余以乙丑冬巡行至鳳山，謁先師廟，召諸生講學；所謂明倫堂者，湫隘僅數椽。其旁即教諭寢息地，訓導且僦居他室。問所為蓮池潭者，莠民侵牟以為利，張網其中；芙蕖蕩然，無復存者。知色事呂令作而言曰："鍾琇蒞此二年，念明倫堂之未稱，已度地鳩工，謀於大成殿之右建堂三楹，為講學之所；又修其舊有之堂以祀子朱子，而並建名宦、鄉賢二祠以補舊舊日之缺焉"。余許其請；更令清釐頖池，以還舊觀。

越明年，呂令告蕆事。蓋經始於乾隆十年十二月，至十一年六月工始竣；凡費白鏹一千有奇。因求余文紀之石。余嘗以知縣者，知一縣之事也；一縣之事孰有大於養與教者乎？不知所以教，至並教之地而廢之，其所謂養者可知已。今呂令之用心甚勤，既力擴明倫之堂，俾為師者有成材之區、為弟子者有受教之所，而又以其餘力建祠以興賢而勸善，而頖池之水以濬，大小于邁，觀者交悅。余故樂得而志之。董其事者，本學教諭莊元，例得書於石。

重葺斐亭記 莊　年

道署後有澄臺、斐亭，瀛壖八景之二也。癸亥秋，余承乏觀察；既攬澄臺之勝，復詢所謂斐亭者，已邈不可即。惟臺西北隅，有堂巋然，中霤懸額曰“斐亭”。余竊疑之。按亭與臺，皆前副使高公拱乾所搆。公所為《澄臺記》云：“載庀小亭於署後，環以竹，名以‘斐’；更築臺於亭左，名之曰‘澄’。是斐亭當在澄臺之右；彼巋然西北之堂，未可據竊其名以誣前人也。爰是披荊芟棘，於臺北十數武得隙地方二丈，石級磚甃，尚餘草際；又傍多美箭，蒼翠襲人。遍訪於故吏，僉謂‘亭在是’。因出俸餘，築草亭於其上”。

落成日，偕我賓侶俯仰其間，想見前哲之風流不墜，斯亭之興廢有時，不覺感慨係之！後之人履斯地而攬其勝，當不致有面失嵩華之歎。則是役也，寧惟補志乘之未備，實於斯亭有大造焉。

文廟重修碑記 褚　祿

余奉調來守臺郡，越日齊祓謁聖。仰瞻廟貌，巋然更新；而匠石尚訧集，未竣事。退而謁巡臺六、范二公，教以移易風俗，必先培養人材；當思體聖天子崇道興學之意，以為政治之本。余心識其語，因以知化理之隆，造邦者之大有造於茲土也。

郡城文廟，海東風化所關，日久不治。適觀察莊公攝府篆，毅然曰：“是余之責也”。遂簡公鏹二百五十餘緡，屬郡司馬方君董其役；詔以誠敬之道，務勿煩民。故凡工料，悉給以常値不少減；而民皆競趨，鼛鼓如騖。司馬周度相視，舉土木斲堊丹刻等功，精於規畫，克恭厥事。將竣，費稍薪；莊公又率余與方司馬暨淡水曾司馬共捐以成之。廡後兩翼為義學，前雷陽陳清端公所建之十二齋也；因並完繕，進師生課誦其中。一時教典並行，甚盛舉也。吁！巡方二公惓惓於崇道興學，睹茲修舉宏備，得無欣然而大愉愜乎！

今夫崇道興學，所以勸士也。臺郡雖僻處海外，入廟者莫不知敬。《書》云："未見聖，若弗見"。今也，面諸羹牆、聞諸肸蠁，怵惕彌虔，士習以端、人材以出、文運以興；由是風聲廣勵，邪慝不作，獄息盜弭、刑清武偃，百昌遂而諸福集、金湯固而磐石安。然則斯舉所繫，夫豈淺鮮也哉？爰書而記之。

白沙書院記　曾日瑛

白沙書院者，乃余新闢之書院，請名兩巡方聞之執政，而以教育多士之秀者也。夫古之為教，家有塾、黨有庠、術有序、國有學，儲才育賢之方至備；其為道似紆，而其收效甚大。有牧民之責者，固宜視為急務焉。

彰化為諸羅分邑，肇於雍正二年。雖建置未久，而田疇漸闢，村社繁衍、市肆駢集，已成臺北都會之區；子弟之書升掄秀者，亦不乏其人。惟是風俗未淳，教化有待。余於乙丑春，奉命分符北路。蒞任未閱月，更委攝彰篆。目擊富庶之形，不禁喟然歎曰："是曷可以無教乎"！夫欲昌明大道、丕變民風，設教須自上始。我國家重熙累洽，仁漸義摩；薄海內外，共沾雅化。彰之士庶同沐薰陶，苟得經明行修者為之師，廣集群英，相舉朝夕講論，其人文蔚起也更易。惜邑無講學所；余不自量，捐俸百二十金，命縣尉朱江鳩工庀材，創立講堂三間，附於學宮之右。時諸生潘仁、吳學簡、蕭朝宣等聞而踴躍，更共捐二百金整垣治宇，規模略備。計自乙丑年十一月，迄丙寅三月而落成；延明經王君宗岱入院掌教。復查出學田五十二甲六分，年收餘租銀六十六兩七錢二分；又續墾田九甲，年得租穀五十四石：陳明大吏，均撥歸書院，為師生膏火。

諸生因請記於余。余未優而仕，夫何記。雖然，願有勗。考之《周禮》：黨正各掌其黨之政令教治，孟月屬民讀法。蓋政本以教為先，誘掖獎勸以導之、從容涵詠以待之，非可徒恃法制禁令，亦非可苟且責成旦夕也。竊怪今之學者，讀書不窮義旨，耑以帖括為工，德行廢而弗講；安望行修名立，化於鄉里、施於政治哉！吾願多士宅心詩書道德，潛修實踐，勿事浮華，以為發政施令之基。其薰陶培養，則又賴於後之君子。爰書以為記。

新修城隍廟前石道記　李閶權

臺邑城隍廟在鎮北坊，隘且就蝕有日矣。余下車，即捐貲繕葺；俾棟宇更新，而神庥以妥。廟前沙磧之地界近右營，為四出之逵，歲久頹圮，行者病之。刺史褚公暨郡丞方公仰承大憲振理維新之意，屬余亟謀之。顧工鉅費繁，不以時舉。余惟《夏令》有除道成梁之期、《周禮》有廬舍委積之典，經涂廢治，亦王政之一端也。宋張希顏宰萍鄉，入其縣境，則田疇墾闢，以至驛傳、橋道無不修葺，深為張乖崖所稱。余不敏，弗克景企前徽；然亦嘗惓惓念之，何可以道茀貽譏耶？

會吏民吳繼甲等集紳士耆民樂輸恐後，具狀於余。余喜而從之，遂為力董其役。鳩工於二月之晦，告竣於又三月上澣。延袤二百餘丈，周廣自尋尺以至通軌，共糜金錢三十萬。今而後，康莊如砥，爭詠周行。舉一隅以推之，卉島編氓，將悉遵道路以會歸蕩平也夫！

落成之日，因為之臚陳其概云。

老古石山記　陳　輝

客有贈澎湖老古石山，高尺許。峙三峰，崚嶒紆折，巖仄壑奧，幽勝奇古，若海外神山。因以綠盂貯水，置石其中。石得水而滋潤蒼蘚，宛有雲氣鬱於中峰。曲崖之半稍平，坐一閣，翼以欄，曰翠屏閣。緣崖而上，崎嶇迴轉。近巒處，下臨清影，勢若千尺。鎮一塔，曰凌雲塔；聳出巔頂，如空外筆起。由崖下臨水處，旁側水石掩映，穿石望見山背，如洞壑幽邃，涼可沁骨，名之曰雲洞。又有層岫鱗疊錯出，而其間之寬曠虛擴，若別一洞天然。緣洞口，有斜徑似嶺級，延袤一線。接一峰直起，跨水中駕一橋，曰彩虹；如虹霓橫挂天外，離水面若不知其幾千萬丈也。橋通閣畔，有小陵錯列；越崖石，一峰去閣不遠，蓋中峰之支峙者也。阜脊稍圓，絕頂立一亭，曰安瀾亭。亭之山高聳，與彩虹橋之山對峙。其山懸崖之下，清波蕩漾；其滸有石，名釣磯。磯之上，即為雲洞外之斜徑。閣則高出層崖，隱列半屏；覆以重巒疊嶂，俯瞰危立，如半空之開宮闕然。塔則亭亭直起，聳立群峰，勢如插漢，莫與為偶。洞則無涯無涘，左穿右貫，石壁峭開，難以測其所窮。橋則一弓橫空，如臥龍出海、奮虬啣山，直使飛仙得渡。亭則四望青巖拱顧，水光明淨，翛然若出塵埃之表，非尋常聚嘯之郵亭比。

夫以尺許之山，而有巖壑之奇，斜者紆曲而峰奇壁秀，奥者虛深而水涵石冷，此其幽勝之不可名狀。盂水澄瑩，藻出魚游，隱現石隙；直是海外神山，浮來齋裏。若鰲柱一掌，有十洲煙島之趣；其為閬風縣圃圓嶠之奇幻無窮，不過若是。何待愚公之移、長房之縮，亦無煩安石東山之屐、摩詰輞川之圖；釋氏所謂“一粟藏大千世界”者，此也。天下物理，無大之非小，亦無小之非大；泰山等於培塿、聚米卽是須彌。勺盆之水、卷石之山，幻而為閣、為亭、為塔、為橋、為洞、為釣遊之處，卽象以觀，自有奇勝深趣；豈必身歷其間，方謂之奇。凡吾心所會，乾坤之大，何處非奇；勿以眉睫近玩忽視可也。因為之記。

祈雨移城隍牒 范 咸

蓋聞食為民之天。神司民之命，凡民有水旱災害，皆惟神之憑依是賴；《傳》所謂“有功德於民，則祀之”是也。迺者，臺郡正值春耕種植之時，而自閏月以來連旬不雨，風霾間作。前月二十七日，職等率府、縣有司齋戒致禱，祈求甘雨，未蒙神應。茲已屆孟夏，去芒種之期不遠；若復十日不雨，將未能播種，又何以望秋成乎！臺海本島嶼之地，所產僅有五穀；且邇年以來生齒日繁，地不加益，而內地福、興、泉、漳四府戶口皆藉以仰食，其所關係甚大。職等奉天子命蒞任斯土，朝夕兢惕，惟期年豐人和。今雨澤少愆，是職等奉職不稱也。第思上帝好生，而神實為民之保障，豈忍視此嗷嗷之眾，困於旱虐！用是不憚竭誠，躬行步禱；惟神昭鑒，大賜甘霖。民或有殃，咎在職等，請移罰於職等之身，甘受無悔。敬具牒文，粗陳鄙悃。仰籲時雨三日，以甦生民之命，惟神之庥！職等無任激切懇禱之至。謹牒。

祈雨移龍王牒

惟神功著海甸，福佑蒼生；固百姓之所恃賴，而亦守土者之所憑藉也。茲臺郡當播種之時，不雨者已積四十餘日。水泉漸澀，田地將蕪。

職等雖經虔誠祈禱，未能上格天心；蒿目憂勞，不安寢食。惟是風雲雷雨，神實司之；伏祈俯念愛民之誠，大展回天之力，沛三日之時雨，乃可以救十萬之生靈。方今仁聖在上，博愛斯民；島嶼重洋，尤勤睿慮。惟神夙在祀典，歲享明禋；雖職等守官無狀，無足顧恤，寧不矜憫蚩愚，以一上慰宸衷乎？神實有靈，敬祈昭格。敢告。

新建普濟堂啓

自昔有虞氏重養老之典，而西伯發政施仁，以鰥寡孤獨為先務。蓋深念窮而無告之民，為惠鮮、懷保者所尤宜加意也。國家氣運昌隆，列聖相承，教養備舉；重以我皇上仁心仁政，繼五朝之積累，普四海之恩膏：固已舉斯世之民，莫不措諸衽席矣。惟是臺郡僻在海隅。地本殷富；是以恤民之典，間有所缺。比年以來，戶口既繁而地不加闢，內地流民日聚。本院檢閱四縣文移，窮黎以貧病轉溝壑者，不一而足。用是惻然心傷，與諸官寮熟籌；念國家令典，凡直省州、縣各設有普濟堂，安集流移，立法至善。東瀛一方，是典獨闕，所宜急為舉行者。同城文武諸公悉以為然，余二人首先捐俸。今擇地創建有日，但事須集腋而後成，政必圖久方可繼。是舉也，近則物料有需、工匠有費，遠則計口授糧、按月給發，其疾病醫藥、死亡賑卹之資，皆當一一籌及。苟非合貲共襄，曷克有濟。且夫臺之俗，貧難相恤、有無相濟，風土之善，載在《郡志》。臺之紳士趨善急公，固無俟余二人之言也。爰道余二人補偏救弊之心，以為奉使職者分宜如是。彼都人士，要當共悉斯意耳！

勸學箴　陳　輝

惟學遜志，務敏修來；朝益暮習，刻厲力推。緝熙光明，乃學之則；好古敏求，其學斯績。一心所期，千古大業。懋勉無窮，中思浹洽。如攻美玉，石中須琢；如取良材，繩中必斲。為山平地，其進必成；制器有模，斯範宜型。虛心則受，怠氣悉泯；純粹以精，敬惕其神。日新月盛，此志益篤。孔曰“不厭”，孟曰“私淑”；聖賢尚爾，後人如何？惟學之功，肩任許多。

張　跋

乾隆丙寅，霳因漳丞來臺署，分刺篆謁巡方六公，氣宇盎和，寬而有制；如層坡朗屋，可千百人共見。每惓念舊雨，推愫逾分，教誨益懃拳加至。間於公餘，出其所纂《使署閒情》若干卷相示。公愛才若渴，好善孜孜如弗及；念切海邦風雅，凡片長末技無不錄。夙與侍御范公篤寅恭之契，同修《臺郡志》，搜索詩文甚夥；固限於卷帙未克載，且有後至者。遂裒輯以成斯集，蓋與范公同一汲汲振勵文教意也。

昔，潘常侍作《閒居賦》，覽止足之分，庶浮雲之志，優游養拙而已。洎陶靖節亦賦"閒情"，寓言美人；雖或庾詞，然梁昭明以為美玉微疵，尚且訾之。茲逢皇華載道，停軺問俗；不憚諏謀詢度，或考政事、或徵性情、或覘風物以資化理，殆不啻太史陳詩之意歟！夫海宇清晏，化國之日舒以長；其民于于睢睢，其俗淳穆，不識不知，如遊華胥。人之覽斯集也，幾如見海國登閎之盛矣。屬镌就，命霳一言。謹書而殿之。

屬吏署臺防同知張若霳謹跋。

陳　跋

臺啓疆將六十餘載，雖風氣日新，而造邦者猶拳拳培植於無已，抑何其化成之意之殷也。巡方六公與范公同修《臺郡志》，末列《藝文》，凡有關茲土者悉登選；爰暨近今之詩文，亦俱徵採。曰："大雅久不作，吾不能不為此邦振厲也"。屬镌就，有續投者。適范公試事方殷，公復彙成帙，不暇按部，亟登梓；蓋耽奇若鶩，皇皇如也。

考古皇華之選，輶車廣暨；宣上德而達下情，日不遑給。今覽斯集，備錄奏疏、書移、文告，則皆國計民生也；廣搜往近體篇什，〔則皆〕□□□風也。繼之以公所自作，則又忠國勤民之肫肫懇懇也。公之勤政如此，即燕閒亦不忘之；名之曰《使署閒情》，抑獨何歟？今夫懋德懋功，以急為勤非勤，以弛為逸非逸。朝夕乾乾，而以為心逸日休；敷布優優，而以為王事鞅掌。周之勤、管之斆，君子有獨觀其深者，蓋不在境而在心矣。則謂是集為退食委蛇也可。即謂為周咨靡及也可。因劂畢，命殿後言；繩謹闡之。

乾隆十二年（歲次丁卯），諸羅縣訓導陳繩謹跋。

附錄：《臺灣文獻叢刊》（第一二三種）後記

《使署閒情》決定要重印的時候，周憲文先生要我寫一篇“弁言”；因為重印是根據小樓（楊氏習靜樓）收藏的原刊本的。可是因為我忙，寫不出來。今天，看到臺灣銀行經濟研究室送來的校定樣，卻突然感覺要寫幾句話。

《使署閒情》是一部比較（或可說很）稀見的文獻。日人山中樵，是以前臺灣總督府圖書館長。他收蒐有關臺灣的文獻甚勤，看到有關臺灣的文獻亦甚多。可是他曾說：六十七的《使署閒情》已散佚不可復見（見《臺灣蕃俗·圖譜》）。

本書最早見於著錄的是范咸、六十七合修的《臺灣府志》。《范志》（卷十九）《雜著》云：“《使署閒情》，一卷，白麓六十七居魯著”。

余文儀的《續修府志》因之。然而薛志亮修《續修臺灣縣志》（卷六）卻云：“《使署閒情》，四卷，巡臺御史白麓六十七著”。

記得《續修縣志》此條，是根據王必昌的《重修縣志》的。要之：《府志》作一卷、《縣志》作四卷，此一疑問，迨看到范咸的序文，始冰釋。序文說：“公（按：即六居魯）本於使署之餘，作詩歌以適閒情，因有是集一卷。余與公修志時，已採入《雜著》中矣。既而志事已竣，公又搜得近時臺灣詩文若干首，不暇補入。公既珍惜此邦之文獻，且不忍沒人之長，因即移己之集之名以名之，而附己所作於後”。

《府志》、《縣志》著錄以後，近今研究臺灣的學人，卻很少（如上述山中氏以為已散佚了）看到此書的原本。例如連雅堂撰《臺灣通史》（卷二十四）《藝文志》著錄此書，作一卷。顯是襲《府志》，而未及考慮《縣志》所載，又未見原本。《江蘇省立國學圖書館圖書總目》以及孫殿起的《販書偶記》等，亦未及著錄。惟記得《北京人文科學研究所藏書簡目》錄本書一部，但卷數作三卷，蓋非完本也。

臺灣光復當初，“長官公署”設一規模頗大的“編譯館”，聘許壽裳先生為館長，我亦參加工作。當時“臺灣研究組”（雖名為“臺灣研究組”，但臺灣之外，亦研究琉球及南洋各地的事情）有過許多的計劃；其一就是重刊有關臺灣的重要稀見文獻。乃先借錄這些文獻，並附校勘。第一次完成的，就是《欽定平定臺灣紀略》（臺北圖書館藏）及小樓的此書。此書的校勘者，記得是楊乃藩先生。後來“編譯館”改組為“臺灣省編審委員會”，這些傳抄本，移交該會。又數年，有人卽據此傳抄本印行，但未及參照原刊本。

原刊本，刊於乾隆年間（有乾隆十二年序）；每面九行，行二十二子；四卷分訂四冊。現在根據原刊本的《使署閒情》快要重印出來了。我感覺高興，亦有點感慨，乃匆匆寫了這幾句話，用作後記。

楊雲萍記。五十年九月二十日

第四編

詩文雜記

本編資料來源比較廣泛，或可說較爲零散。既有各類方志之“藝文志”、巡臺御史之個人文集，還有相關著述中的序、跋、記，以及已發現並整理的碑刻文獻等。我們將之分爲詩文、雜記兩卷。

第一卷

詩文

詩歌歷來就是反映歷史的重要載體，尤其是現實主義詩歌。因而，杜甫的詩被稱為“詩史”，史學研究就有“詩文證史”的研究方法。

清代是我國傳統詩歌的總結時期，古典詩歌得到再度振興。湧現了眾多詩人及詩派，作品數量極大，僅據徐世昌 1929 年編的一部大型的清詩選集《晚晴簃詩匯》所收，就有 6168 家詩人，27669 首詩，清代詩人之多、創作之富，是歷朝所無法比擬的。

清代的巡臺御史及理臺官員都具有相當的詩歌素養。宦臺期間留下了不少詩歌，形象地反映了當時臺灣社會的方方面面，成為認識歷史的重要依據。

臺陽紀遊百韻 海東使者珠湖夏之芳筠莊

《臺陽紀遊百韻》，夏之芳撰。之芳字筠莊，號荔園，高郵人，清雍正元年進士，官浙江道御史，掌河南道事。有《東寧雜詠》、《臺陽紀遊百韻》、《西遊小稿》等。《臺陽紀遊百韻》又稱《紀巡百韻》，為夏之芳于雍正六年巡臺視學時與他人唱和之作。

東寧故郡舊屬遐荒，赤嵌孤城昔淪絕徼，自賀蘭蚤遁閩，克塽來歸，鹿耳鯤身既驚波之永息，鷄籠鳳彈亦陰霧之全消。乃因海國屏藩，輶軒繼軌，更為天朝保障，驄馬聯銜資，坐鎮于方隅。例巡於匝歲，時當月復節，並星馳搴起襜帷捫遍蕉村，竹屋負先弩矢拂開瘴，兩蠻煙歷九折之懸崖，屢叱王尊之馭溯，千盤之湧浪，擬乘博望之槎，員嶠方壺探靈奇於嶺海，洞天福地同悅豫于番黎，柳營與花縣雲連黔首，竝文身繡錯朓袤延千里，絶島風清，看煙火萬家，遙天日麗，詢俗則典徵白貼，窮披九域之圖省，方則怪志齊諧漏載十洲之記，聊沿綺陌用佩，奚□敢雲花管輕調，庶幾竹枝低唱雲爾。

海天諳度報皇華，蚤卜昇平遍水崖；
載得行旌纔出郭，暖煙晴竹已家家。

鎧甲森森列羽林，旌旗遙護出城陰；
儒生假節霜威肅，萬裏雄風豁我襟。

節旄高插引晴嵐，人擁花驄弛轡銜；
拜罷耆童廻道左，紛來朱履又青衫。

古剎棲禪佛火青，當年粧閣倚雲屏；
只今祖道闐車馬，更作勞勞送客亭。
（城東孔道有海會寺，乃偽鄭别宫也，時官寮餞别於此）

紅毛百雉半頹垣，雙榜迷離海氣昏；
共指荷蘭遺舊跡，戍樓空有夜啼猿。
（郡治紅毛樓與安平鎮、紅毛城對峙海上，乃賀（荷）蘭所築）

一泓止水碧波涵，龍窟深通鯽仔潭；
潭上頻占雲起處，雨東風景覺全非。

玉勒金銜不可求，蒲韉安穩競騎牛；
應無掛角書堪讀，只合郵童笛唱酬。
（臺少馬匹，多乘牛者）

緩響繁音逐吹來，沿村報賽有歌臺；
青紅幾隊蠻兒女，笑語諠譁送晚杯。

群峰積翠障孤城，帶海襟山舊有名；
鎖鑰北門憑重鎮，戎裝主將請行營。
（諸羅山即縣治，亦北路營盤駐處，是日□戎列陣請操）

熙熙民物樂春臺，案列香花比戶開；
結得綵樓當孔道，勾師從此駕朝驂。
（城東有池名鯽仔潭，又名東湖，或歲時忌雨，郡人悉汲水於此，以驗雨候）

野田清曉碧天空，地指扶桑東複東；
赤嵌城邊雲散彩，拓開海日一輪紅。

連村高樹植梹榔，滿口紅鮮喚客嘗；
自道蠻天鄉味好，風流誰識洗花粧。

負暄童叟愛冬暖，紅稻成堆擁華門；
桐竹迴遭雞犬靜，教人歷歷認花村。

深冬犯曉只春衣，芋蔗村村露未稀；
到處青林間綠野，海留星使重遲回。

襜帷駐處靜無譁，省放朝參拜晚衙；
側席命來村父老，五風十雨話農家。

弔古攀今孰請纓，功成襄壯令嚴明；
笑他偽鎮稱仁武，竊向潢池學弄兵。
（施公琅以開臺有功謚襄壯侯，偽鎮劉國軒屯兵於城北，名曰仁武鎮）

流移到處愁人滿，蜂擁蟻行簇馬蹄；
雜遝連炊渾不詑，由來十室九無妻。
（臺地丁男不下百萬，有眷口者十之一二，故單丁類聚甚夥）

仄經紆通門六門，山牛遙觸壓荒村；
晝開地險須重障，竹腳寮邊戍卒屯。
（門六門去竹腳寮二十餘裏，為生番隘口，其地有牛相觸山）

騶前赤紼揭雙竿，遠迓輶車夾道看；
跳舞番童怪粧飾，銅鈴響處羽為冠。

（小番於髻上插雉毛、銅鈴以飾觀，每過一村必用竹竿結綵鳴金以迎）

湽青雕飾競文身，胸背斕斑巧鬪新；
不用畫工臨舊稿，任成牛鬼共蛇神。

牢拴竹篾怕身肥，帶孔頻頻減舊圍；
愛把細腰偕鳳卜，楚王宮裡夢雙飛。
（番男至十四五歲卽以竹箍其腰，束令極細，以便捷走，方能得婦，既牽手乃除去）

短刀時插愛鋒銛，磨礪何難物盡殲；
了卻今生無限事，百為憑此一身兼。
（初生卽各以鐵為賀，長則鍊刀佩之，朝夕不解，凡製器作事悉取諸此）

臂插文書任所之，飛行麻達好男兒；
雙懸薩鼓聲聲應，贏得蠻娘競說奇。
（番未娶者曰麻達，專遞公文腕上多累銅釧，複製二鐵卷，如小荷葉狀，名曰薩鼓。宜疾走時，反繫腕背與銅釧，擊撞聲遠，番女聞而悅之）

小番鬪捷走如風，拓得圍場萬竹中；
響急銅鈴疑陣馬，當先爭奪錦標紅。
（小番以善走為雄，因繫紅布於竿上，令數十人於七八裡外，競走奪之，名曰奪標）

牛車無日不當官，沒字郵符顛倒看；
踏水沖泥何限苦，忍教橫撻更無端。
（番苦車徭，聞兵胥尤多肆虐者，近乃飭令嚴禁）

誰言番俗盡鴻濛，樸陋能將禮數通；

少稚相逢多背立，讓途讓畔有遺風。

（小番見尊輩必背立於道，以致敬禮）

狡童教冊獨空群，鵝管橫描蝸篆文；

豔說紅毛舊時字，好將番籍紀紛紜。

（番童有習紅毛字者，以鵝管蘸墨橫書，自左而右，謂之教冊仔，一社出入薄籍皆經其手）

楚楚番童笑寧馨，衣冠結束獨娉婷；

向前長跪乂雙手，也識咿唔讀聖經。

（番童有能誦四書者，每至社必執各所讀書，求背誦以邀賞）

老番拜舞復迴旋，細叩生平劇可憐；

嘆息窮荒生事苦，丁徭田賦說當年。

（老番年可七八十能言偽鄭時事）

丫髻番童笑拍張，當筵叩請奏伊涼；

月琴斜抱絲弦動，學得清歌願佐觴。

（小番通漢語，能彈月琴作梆子腔）

亟其乘屋畚于茅，剉竹編藤縛作茭；

群力相扶成頃刻，架空結蓋覆堂坳。

（作室必先結頂成，而後架以為屋，一家作室，眾番助之，不日可就）

圻堠連村置若□，社中守望更憑樓；

共持標箭爭鳴柝，麻達更番夜未休。

（社各有望樓，以防寇警，每夜番壯輪流廵守）

禾間新結貯新禾，廩上□□櫛比多；

憐取窮年辛苦意，一莖一穗手□抄。

（禾熟不用刀刈，皆番婦以手摘取，作茅屋一間連莖懸之，屋內謂之禾間）

鋤田捕鹿洽婚姻，樂事相尋滿社春；
嚼得甕頭姑待酒，木瓢椰椀競奇麟。

（番酒皆婦女嚼米為麯以釀之，越三五日即熟，曰姑待酒。每逢宴會必羣坐地上，用木瓢椰椀酬飲為樂，名曰奇麟）

耳畔琱瑫項下珠，手環纍晶鬪魁殊；
問渠何計多華飾，只把螺錢論有無。

（番男喜著手釧，不問銅鐵，以多為勝。其俗自製螺錢，與外人交易）

衣裁烏布正齊腰，偏愛喬粧飾翠翹；
爭看盈頭賓也產，貝珠瓔絡艶春嬌。

（番婦以珠貝飾首，名曰賓也產）

金梭輕擲夜深聞，獨木虛中杼柚分；
織就天衣無殺縫，庬毛五色達戈紋。

（番婦織布以獨木，廣五六尺者，虛其中為機，織毛為五色，曰達戈紋）

手制雲蕭別有腔，吹來鼻息愛成雙；
月明引得風前鳳，未許當門夜吠尨。

（麻達自製竹簫，每五更用兩鼻吹之遊行，社中番女聞而悅之，引與同寢，訂夫婦焉）

不須挑逗費閒心，竹片鉛絲巧作琴；
遠韻低微傳齒頰，依稀私語夜來深。

（削竹片四五寸，以鐵系環，其端用口彈之，名曰口琴，韻極纖靜，番女感其曲而悅之，亦與定配）

琴簫閒鬪草寮隅，納幣先將搭搭於；
牽手十年稱好合，彩旂高坐耀通衢。

（番俗聘女以花草作籃相遺，名曰搭搭於；其婚姻曰牽手，夫婦果多歷年月不離異者，即作高筏結彩，坐婦於上，迎賀社中）

男兒入贅俗相仍，女大隨他繫赤繩；
宅舍田園都付與，相傳幾輩失孫曾。

（生女聽自擇配，擇定然後告于父母，使男入贅女家之，息產悉歸焉，故番人數傳即不識其世系）

男拔髭鬚女纁頤，乍逢鑑貌儘多疑；
雕題鑿齒徒矜尚，未解雙娥夜畫眉。

（番俗男女皆必去毛，北路番女更有刺嘴如鬚髯者）

澡浴無分女與男，初生便教洗寒潭；
傳言三保曾發此，神水於今遍海南。

（番俗喜浴無間，男女日必數次。嬰兒初生即浴於河，傳雲明時內監三保曾投藥於溪，浴之可已（以）疾病，因相傳為神水競浴焉）

杵臼輕敲似遠砧，小鬟三五夜深深；
可憐時辦晨炊米，雲磬霜鐘咽竹林。

（米無隔宿，臨炊時令番婦三五各執木杵，以手舂之，聲韻清遠）

終年伏臘少人知，未解煙花十二時；
刈得新禾成釀後，醉來歌舞歲華移。

（番不知年月，遇收成後即釀酒會飲，鳴金歌舞，歡幸數日，以為過年）

桄榔椰子出高簷，跳越飛騰直到尖；
猱採元來輕捷甚，笑人長柄事鉤鐮。

（番善緣木，其採桹榔、椰子等物不用梯杙，不用刀鐮，其捷如猱，謂之猱採）

鹿脯魚酢久封緘，腐敗難堪一解饞；
味嗜易牙翻惹笑，枉拋心力辨酸鹹。

（番食不愛鮮潔，魚肉必淹漬，至味變色臭，始取食之，啖以熟食之，精者多不喜焉）

番酋申約共燎原，出草紛紛逐鹿奔；
射得鹿來先辦餉，頭腸以外絕無存。

（秋收以後，番官約社中男婦長幼皆出捕鹿，謂之出草。先焚草以使鹿逸出，然後捕之，得鹿皆歸通事完餉，鹿頭鹿腸番飽餘瀝焉）

秋盡官催任餉忙，一絲一粟儘輸將；
最憐番俗須重譯，谿壑終疑飽社商。

（社皆有餉，每秋末則縣尹召令認餉，示以時應完納也，番音苦不可曉，必賴通事代辦，故社商雖革而通事情偽，實難盡除）

餐風宿露為當官，宿食經旬一飯丸；
多少豪民安飽甚，動雲番性耐饑寒。

（番出應差止，以雙手團熟飯，一塊繫於腰間，鎮日療饑止此，其實番亦嘆疾苦，有可憫者，非盡其性然也）

虛灘水落漲沙泥，南北中分虎尾溪；
一帶草荒村舍少，年來新集有蒸黎。

（諸羅、彰化以虎尾溪為界，過溪以北人煙稀少矣）

西螺十裏接東螺，盤屈深溪間小坡；
社社層臺高架屋，覆茅穿穴似蜂窠。

（西螺以上諸社皆築臺架屋，各留矮戶以便出入，儼然如鵲巢雲）

南山中斷北山連，逗漏雲間半線天；
道是孤城還少郭，竹環廛市起炊煙。

（彰化縣治即半線社也，邑因初闢尚未築城）

番壯齊聲唱好仇，雉毛麋角飾兜鍪；
當年司馬行軍日，列陣森森識虎彪。

（各社皆有番兵，而沙轆粧束獨異聞，昔為郡司馬訓練以征水沙莲者）

獻芹再拜語呢喃，欸步茅堦舞繡衫；
具道慇懃貓女意，粉養親製手摻摻。

（舊俗長官至各社，社中女婦必手製餻餌以獻，跪拜求納受乃已）

花冠銀釧錦為衣，妙舞清歌笑合圍；
低唱一聲金一扣，獨留太上古音希。

（番女圍簇豔粧為戲，鳴金以節進止，歌聲微遠，韻調頗為近古）

髮留當頂作高鬟，耳大尤□肩臂間；
一世魁奇誇出眾，撐開月鏡當金環。

（沙轆以上番多剪髮，止留當頂，以覆額尤好，穿大耳以竹為圈塞之，大或如盤，望之儼如月鏡，僉雲一世雄奇，皆視乎此）

愁困何知世有無，恬然鼓腹樂歌呼；
分甘細嚼波羅蜜，轟醉群傾打刺酥。

（波蘿蜜番果名打刺酥，其酒名也）

諸峰攢集黛螺青，玉嶺如銀色獨熒；
展拓晴雲千萬裏，插天一幅水晶屏。

（山後有高山，色白如銀，問之土人曰，此玉山也。常為雲霧封閉，今天氣晴朗乃見之，亦不可多得者）

旌旂遥指向雞籠，風伯掀塵徑欲封；
勒馬教廻貓裏社，當軒問俗更春容。

（時欲窮極北路山川之勝，海風驟作騶□，皆不得行，因駐馬貓裏，諮訪北路之大略而回）

北番風俗半傳聞，竹塹遥通八裏坌；
幹豆門邊湖水闊，沃饒千里隔煙雲。

（竹塹、八裏坌皆社名也，幹豆門乃入雞籠、淡水之總路，並近內山生番地界，傳其內有大湖，多膏腴之產）

內社諸番氣未馴，如魔如鬼獨稱神；
楂□雞距工飛走，跳躍猿猱是比隣。

（北番種類各别，有雞距番兩足多一指，向後如雞距，然走穿樹木如飛履平地，則遠不及人）

莽葛輕便破碧沙，弄潮如戲語諠譁；
依稀佛子乘杯渡，彷佛仙翁泛海槎。

（獨木船名曰莽葛，土番乘之往來水上，甚捷）

蛤仔爛邊紫氣凝，沙灘寶藏結成冰；
外人不識淘金井，寒綆深□百尺藤。

（蛤仔爛社有金井出金，番人入井淘之，寒氣徹骨，出必以酒勝之，外灘亦有金沙，禁外人淘取）

倦來高枕樹為巢，藤蔓連牽枝格交；
栩栩夢回非是蝶，一身幻化類蠨蛸。

（北番多於樹上結網而眠）

射鹿歸來又射魚，衝波命中矢無虛；

笑他駕筏施□者，澤畔翻愁結網疎。

（取魚亦以弓矢，每發必中）

纔罷耕犁又服輈，欄邊犍犢力難周；
忽飛一騎無羈勒，萬仞山頭捉野牛。

（深山有野牛，番每騎生馬取之）

臨溪問渡少艓艭，石澗奔流遠擊撞；
腰下葫蘆頭上羽，隻身飛過水淙淙。

（番性狎水，雖遇極深止以葫蘆繫腰銜水而渡）

抄陰尺布不堪縫，無褐無衣可耐風；
北地乍寒偷射獵，人人盡是鹿皮翁。

（番無男女不著衣袴，皆以青布數尺橫披下體，曰抄陰。北番則又多披鹿皮者）

荒壠攢來耦十千，紛紛竄籍占閒田；
可知地利不須盡，生聚應思及北年。

（半線□上土番荒捕甚多，時議欲招人墾種，細察情形宜聽土著之民漸次開闢，不宜一時召墾，致地利盡而流民集也）

金湯永固籍雄兵，極北分屯談水營；
磺氣漸消田漸闢，料應添築海邊城。

（淡水南北地極曠遠，尚可增置郡邑）

北轍初廻又指南，迢迢原隰未停驂；
看山幾遍還遵海，閱盡邊方煙與嵐。

南北行人樂自如，裹糧無事問儲胥；

逢村供食羞論值，誇道醇風似古初。

（臺俗少行店，客至不問生熟皆供黍、止宿，以為大方）

閩人射利每多貪，物產群將蔗境探；

若解如飴同嚼臘，應思橄欖善回甘。

（南北多蔗廍，閩人重利，所寄趨之者如鶩焉）

成堆成𡼏逐飛塵，紈絝多纏與隸身；

慣習淫奢無善俗，少年鬼怕老來貧。

（臺俗奢侈，販夫與隸皆衣絲紬，有寧為少年死不作老來貧之謠）

閩人輕惰粵人勤，墾置田園內外分；

占籍莫嫌多客仔，曾殲朱祖作前軍。

（臺皆閩粵人錯處，凡粵人莊田，指曰客仔莊，又曰內莊，與閩人氣味各別，辛醜之變兩不相容，朱一貴原名朱祖，其前輩為粵人所覆）

二林迤邐接三林，淡水瀠洄鹹水深；

極目滄波浮海市，一拳真欲笑碲涔。

（自北面南沿諸港而行，海天空闊，視一溪壑直滄溟中之點塵也）

晚霞散彩覆陰崖，海曲人家逐岸排；

煙水幾灣帆幾幅，頓教風景憶江淮。

袤延南北野田寬，臺邑中區止彈丸；

料量縱橫五十裏，一時經界太無端。

（臺郡轄四縣，凡千餘裏，而臺之首邑周廻不及五十裏，廣狹不均，時正議更定）

木岡東峙曉雲凝，咫尺陂陀未即登；

指點萬裏分脈處，一峰獨秀鎮平陵。

（木岡山，臺郡之主山也）

蔓草離離遠□村，月眉池畔正黃昏；
行人空指鴛鴦塚，一片花飛失舊痕。

（鳳山竹滬有月眉池）

觀音山徑幾灣環，羅漢門邊虎豹關；
笑指當年空守戍，但知深谷有烏蠻。

（羅漢門為臺鳳諸三邑總路，與生番地址相近，昔年朱賊嘯聚於此，而邑人不誡也）

陂臥晴沙號七鯤，如環如抱復如蹲；
驚濤夜拍殷雷起，遠勢平吞鹿耳門。

（七鯤身乃臺郡之外障，每陰晦，鯤身晝夜鳴不已，與鹿耳門連勢焉）

龜蛇對峙鎖孤城，形勢空傳統領營；
不築埤頭築海口，為憐安土重紛更。

（統領營為偽鄭舊址，鳳山縣治沿其舊而築城，城外有龜蛇二山濱於海邊，殊非中道，去城十五裏，有埤頭地方，實為扼要，以既成邑而重遷焉）

打鼓山頭石罅開，懸堐倒拍海潮廻；
雷聲鼎沸浮空翠，草裏風檣認影來。

（打鼓山勢極高，望之如人擊鼓狀，孤峙海邊，每洋船來臺先見此山）

矯首南荒欲盡頭，影浮拳石小硫球；
天廻地轉渺無際，萬水朝東亙古流。

（小硫球，臺之東南島也，其下名萬水朝東，洋船過此甚為驚險）

仙山縹緲闇斜曛，石上棋枰舊印紋；
沙馬磯頭人罕到，爛柯樵子話煙雲。

（極南有仙人山，在沙馬磯頭，舊傳有縞衣絳服乘雲來此對奕者，至今有天生石棋盤在焉）

赤山葱翠漾春煙，沙暖雲晴別有天；
日午堐邊人語沸，村童隊隊浴湯泉。

（赤山下有湯池，水無定處，不時泉出，甚溫）

崚嶒險勢矗雲間，亙絕南天傀儡山；
山後休嫌多梗化，隱然屏障倚重關。

（傀儡為東南之大山，其內生番據之，漢之奸宄亦因此不得深匿）

生成野性氣如梟，出沒無端血染刀；
剝得頭顱當戶掛，歸來轟飲共稱豪。

（生番以殺人為喜，每出以鏢箭殺人，財物一無所攫，但割其頭，以歸示眾，番眾競推為好僕）

手刃番黎血尚腥，忙鐫肌骨作人形；
遍身競賭人多少，方信當場孰慣經。

（番每殺人必於己身刺一人形，殺番則刺腰以下及兩足，殺漢人則刺腰以上及兩□，以人形多者為雄，同社人俱不敢與抗）

每逢戈獵出山凹，鼠首多端百慮交；
占得聲聲禽鳥語，絕勝日者列三爻。

（生番出入必占鳥語，以卜吉凶）

托高競勝土番攢，空際藤毬戲弄丸；
忽地齊聲推健者，竹竿擎得萬人看。

（傀儡舊俗有托高會，三年一舉，土官作藤毬拋擊入雲，社中老幼以竹竿爭接之，得者為勝）

為憐淳悶尚艱鮮，食貨交通列市□；
最是居奇無賴子，動將寬政作奸緣。

（生番社無益布，每與熟番、漢民互市，相沿既久，有土豪巧取重利以剝番，名曰番割，因之勾引作奸，生番屢為民害）

內山遙夾外山高，複嶺重岡疊翠濤；
一帶阿猴林下路，須防藪澤有捕逃。

（南路阿猴林夾內外山之間，中多匪人藏匿，近亦有擒獲者）

八社丁徭力漸紓，番娘餉稅蚤捐除；
只令宵晝辛勤處，謹護官家十萬儲。

（八社番婦餉銀已奉詔寬免，止倉儲半貯，番社番人樂守護焉）

生熟番情百種餘，半生不熟亦山居；
當年戶口可知數，盡向魚鱗冊上書。

（半生不熟之番，乃三年前臺吏招撫歸化者）

問俗殊方竟未厭，忽教放綍轉丹襜；
天南水起山窮處，瑯嶠雲從馬背瞻。

（南海之區北則復大海廻瀾矣，時牽于吏事不得一至其地乃從放廻回郡）

星軺廻處轉旌霓，人海無聲馬不嘶；
敢道霜威堪鎮俗，長思濤靜木城西。

（臺郡無城，以木為之）

三旬南北已週遭，有事王程豈憚勞；

珥筆續成風土記，車麹曾是漫遊遨。

歲戊申，余從巡使赫都諫永庵渡海至臺，時都諫同事為珠湖夏侍御筠莊，侍御以清要重臣出，兼巡方視學之任，文章經濟丕式海疆，與都諫稱一臺二妙焉，臺郡袤延千餘裏，地分南北兩路，秋冬之際，例應出巡。時值子月，侍禦偕都諫往巡，而余適從周覽經旬，凡過一邑、經一社，必留意山海形勢、險隘之處，其番民錯雜，風土俗尚有可紀者，亦必博為採聽。諮訪之下，侍禦隨意緝小詩，囑余□和。余或僭為之倡，侍禦亦依韻屬之，迨返轍計得□句百首，皆煙村霧洞，朝霞晚霽，鹿鹿輪蹄間作也。始侍禦以途次口占語，多不文置之，余謂公以皇華使節不可無紀，抑他日片帆西歸，好事者問訊海天風景，以此示之，既省口說，亦令閱者當臥遊也，乃出其稿付之梓人，蓉湖後學王聯曾懷庭跋。

臺灣紀巡詩 *夏之芳*

海天諮度報皇華，蚤卜升平遍水涯；
載德行旌才出郭，暖煙晴竹已家家。

節旄高插引晴嵐，人擁花驄弛轡銜；
拜罷耆童回道左，紛來朱履又青衫。

野田晴曉碧天空，地指扶桑東複東；
赤嵌城邊雲散彩，拓開海日一輪紅。

負暄童叟愛冬溫，紅稻成堆擁蓽門；
桐竹周遭雞犬靜，教人歷歷認花村。

牢拴竹蔑怕身肥，帶孔頻頻減舊圍；
愛把細腰諧鳳卜，楚王宮裏夢雙飛。

牛車無日不當官，沒字郵符顛倒看；

踏水沖泥何限苦，忍教橫撻更無端。

鋤田捕鹿洽婚姻，樂事相尋滿社春；
嚼得甕頭姑待酒，木瓢椰椀競奇麟。

手制雲簫別有腔，吹來鼻息愛成雙；
月明引得風前鳳，未許當門夜吠尨。

不須挑逗費閒心，竹片沿絲巧作琴；
遠韻低微傳齒頰，依稀私語夜來深。

男拔髭須女繡頤，乍逢鑒貌盡多疑；
雕題鑿齒徒矜尚，未解雙蛾夜畫眉。

杵臼輕敲似遠砧，小鬟三五夜深深；
可憐時辦晨炊米，雲磬霜鍾咽竹林。

秋盡官催認餉忙，一絲一粟盡輸將；
最憐番俗須重譯，溪壑終疑飽社商。

虛灘水落漲沙泥，南北中分虎尾溪；
一帶草荒村舍少，年來新集有蒸黎。

南山中斷北山連，逗漏雲間半線天；
道是孤城還少郭，竹環廛市起炊煙。

獻芹再拜語呢喃，款步芳堦舞繡衫；
具道殷勤貓女意，粉餈親制手摻摻。

花冠銀釧錦爲衣，妙舞清歌笑合圍；
低唱一聲金一扣，獨留太上古音希。

諸峰攢集黛螺青，玉嶺如銀色獨瑩；
展拓晴雲千萬裏，插天一幅水晶屏。

莽葛輕便破碧沙，弄潮如戲語喧嘩；
依稀佛子乘杯渡，彷佛仙翁泛海槎。

倦來高枕樹爲巢，藤蔓連牽枝格交；
栩栩夢回非是蝶，一身幻化類蠨蛸。

臨溪問渡少觵艭，石澗分流遠擊撞；
腰上葫蘆頭上羽，隻身飛過水淙淙。

抄陰尺布不堪縫，無褐無衣可耐風；
北地乍寒偷射獵，人人儘是鹿皮翁。

北轍初回又指南，迢迢原隰未停驂；
看山幾遍還遵海，閱盡邊方煙與嵐。

成帷成幙逐飛塵，紈絝多纏輿隸身；
慣習淫奢無善俗，少年思怕老來貧。

二林迤邐接三林，淡水潆洄鹹水深；
極目滄波浮海市，一拳真欲笑蹄涔。

曉霞散彩覆陰厓，海曲人家逐岸排；
煙水幾灣帆幾幅，頓教風景憶江淮。

木岡東峙曉雲凝，咫尺阪陀未即登；
指點萬山分脈處，一峰獨秀鎮平陵。

觀音山徑幾灣環，羅漢門邊虎豹關；
笑指當年空守戍，但知深谷有烏蠻。

陂臥晴沙號七鯤，如環如抱複如蹲；
驚濤夜拍殷雷起，遠勢平吞鹿耳門。

龜蛇對峙鎖孤城，形勢空傳統領營；
不築埤頭築海口，爲憐安土重紛更。

打鼓山頭石罅開，懸崖倒拍海潮回；
雷聲鼎沸浮空翠，萬里風檣認影來。

矯首南荒欲盡頭，影浮拳石小琉球；
天回地轉渺無際，萬水朝宗亙古流。

仙山縹渺闇斜曛，石上棋枰舊印紋；
沙馬磯頭人罕到，爛柯樵子話煙雲。

赤山蔥翠漾春煙，沙暖雲晴別有天；
日午崖邊人語沸，村童隊隊浴湯泉。

生成野性氣如梟，出沒無端血染刀；
剝得頭顱當戶挂，歸來轟飲共稱豪。

內山遙來外山高，複嶺重岡疊翠濤；
一帶阿猴林下路，須防藪澤有逋逃。

八社丁徭力漸紓，番娘餉稅蚤捐除；
只今宵晝辛勤處，謹護官家十萬儲。

生熟番情百種餘，半生半熟亦山居；
當年戶口可知數，盡向魚鱗冊上書。

問俗殊方竟未厭，忽教放綍轉丹襜；
天南水起山窮處，琅嶠雲從馬首瞻。

星軺回處轉旌霓，人海無聲馬不嘶；
敢道霜威堪鎮俗，長思濤靜木城西。

過澎湖嶼 景考祥

渺矣澎湖嶼，海中天一涯；島開環四面，民居約千家。
風剝山無樹，潮侵石有花；捕魚生計足，不解植桑麻。

甲子冬，奉命赴臺清查官莊 高　山

海嶠長懸聖主心，溝塗經畫戒相侵；
含哺民近無懷氏，敷澤仁同解慍琴。
履畝新賸勤勸相，支機舊石費追尋；
重來不爲開印笮，要使飛鴞集好音。

東郊勸農 楊二酉

時雨既已足，命駕東郊行；豈不嗜遊覽？所重在民生。
涼影走虹練，深竹鳴催耕；秧馬踏畦碧，麥浪揚疇平。
村煙閑籬落，耆老歡相迎；烽消省煩役，賦薄無苛征。
複此兆有年，談笑嘗君羹；殘陽搖旆色，雞犬含餘情。

新園道中 楊二酉

路轉埤頭近，平山一線連。野橋低澗水，深竹暗村煙。
犬吠花間逕，人鋤屋後田；不知身異域，疑對武陵仙。

淡水（舟）**望傀儡山**　楊二酉

扁舟溪水上，遙見此山痕；一脈仍通海，千巒何處根。

雲封傀儡社，竹護夕陽村；山嶽東南盡，群靈拱至尊。

阿猴、武洛諸社　楊二酉

問俗來番社，青蔥曲逕長；家家茅蓋屋，處處竹編牆。

牽手葭笙細，嚼花春酒香。知能但耕鑿，真可擬羲皇。

過羅漢門山　楊二酉

羅漢雲中塞，天關第一重。林幽深居虎，潭靜隱蟠龍。

馬辟蘆道間，塘虛竹外烽。鳥鳴訝行色，同出翠微峰。

（注：《新園道中》、《淡水望傀儡山》、《阿猴、武洛諸社》、《過羅漢門山》，通稱南巡紀事）

耕耤　楊二酉

連疇宿雨潤如膏，太守親推濕錦袍；

犁破碧雲開萬頃，自今歲有屬賢勞。

布穀生齊遍海東，夜來時雨兆年豐；

遙知捧日雲多處，天子躬耕千畝中。

登赤嵌城　楊二酉

極目天涯是水涯，荷蘭城上記程賒。

潮光沸沸鳴奔馬，帆影星星點暮鴉。

日麗九重天子闕，雲飛萬里使臣家。

何時蔚我桐化節，好向龍津一泛槎？

四合仙梁　楊二酉

誰將玉斧斬仙榕，露葉雲根影萬重。

疑是銀橋天上落，不因風雨作神龍。

（郡署四合亭側，有老榕一株，扶疏繁陰。根出地數尺，蟠屈虯直如梁）

南巡紀事　楊二酉

路轉埤頭近，平山一線連。野橋低澗水，深竹暗村煙。

犬吠花間徑，人鋤屋後田。不知身異域，疑對武陵仙

（新園道中）。

扁舟溪水上，遙見此山痕；一脈仍通海，千巒何處根？

雲封傀儡社，竹護夕陽村；川岳東南盡，群靈拱至尊

（淡水舟望傀儡山）。

問俗來番社，青蔥曲徑長；家家茅蓋屋，處處竹編牆。

牽手葭笙細，嚼花春酒香。知能但耕鑿，真可擬羲皇

（至阿猴、武洛諸社）。

羅漢雲中塞，天關第一重。林幽深踞虎，潭靜隱蟠龍。

馬辟蘆間道，塘虛竹外烽。鳥鳴訝行色，同出翠微峰

（過羅漢門山）。

九日澄臺即事　舒　輅

北去雲千疊，東來水幾盤。燕臺才共署，瀣轂又同官。

波冷浮雞嶼，煙凝隱豹巒。文光臨睥睨，鬥柄近闌幹。

菊澹詩情淨，萸馨酒量寬。登臺懷桂棹，煮茗羨江湍。

風翥毛搏彩，龍驤血灑汗。彎弓不上革，走筆月費翰。

飭己一誠格，齊民衆志安。焚香讀《周易》，鴻漸喜於磐。

喜雨紀事複張道長　舒　輅

夏木森森鳴播谷，村農擁耜待耕作；

膏田圍澤莫乘時，舉手雲霓心如灼。

躅擊飛草方入告，難堪旱魃重爲虐。

重膺寵命在封疆，感召未能責其薄！

行禱省躬虔對神，龍潭祝水步初卻。

油然倏爾慢長空，殷殷雷聲飛電爍；

甘霖日夜續頃盤，四野田疇蒼漠漠。

處處簑鋤忙隴畝，新苗秀髮歡奚若！

親叨天鑒絳鴻庥，協氣和聲通廖郭。

海甸清平民業安，與君正好懽栝酌。

凜然感應勉忠誠，報國唯期切民瘼；
從此及時雨澤綿，一封《大有》奏天閣。

泊澎湖　張　湄

大登門外渡橫洋，群山滅影流湯湯；
天水相交上下碧，中間一葉淩波揚。
少焉紅溝映霞艷，倏忽黑跤黐怒墨；
陸離斑駁異彩騰，繪畫乾坤須五色。
針盤爰指天南交，蒼茫四屬心卷勞；
直上桅尖索西嶼，亞斑趫捷如飛猱。
澎湖環島三十六，歷歷人煙出人屋；
未須滄海成桑田，結網臨淵食粗足。
我來收泊媽宮灣，舳艫屹立凝邱山；
三夜驚濤春客枕，夢魂跌宕雷霆間。
是時望雨猶如渴，極目遠疇斷余薛；
北風可但濟行船，喚起癡龍驅旱魃。

東郊勸農　張　湄

出郭天四垂，墨雲挾狂雨；勢如萬鏃飛，作氣不待鼓。
彌望青蔥蘢，物我同栩栩；平疇蕩縠紋，犁種應時舉。
誰能甘惰農，自貽樂歲苦？爲語蚩蚩氓，海濱履王土。
黃發與垂髫，願勿入府城；熙恬若桃源，往來但漁父。
三時胼胝煩，勤焉豈無所？況當膏雨餘，篝車滿可許。
煙林布穀鳴，陌上策水牯；米家圖畫間，坐覽簑笠侶。

勸農，次書給諫韻　張　湄

沖泥輿騎海城東，漠漠吹煙竹樹中；
一桁遙青山寫影，千畦淨綠雨爲功。
耰鋤父老分醇酒，比屋雞豚見古風；
好待如雲秋稼熟，來看高廩再歌豐。

勸農歸，路經海會寺次韻　張　湄

山郭雨初霽，招提忽人來。寒流雲梵韻，濕萃上連臺。
鉢爲投詩滿，扉緣憩客開。催耕餘好鳥，人靜語林隈。
野趣自青曠，豐年情不同。泉香茶椀碧，火宿石鑪紅。
眺海三層閣，栽花半畝宮。舊時歌舞處，夕磬散煙空。

澄臺小集次韻　張　湄

澄臺嘉越密戎戎，醉後憑高四望通；
島市別開帆影外，天垠純浸水光中。
迢遙親舍孤雲擁，浩渺予懷碧海同；
日午南熏方薦爽，當風不復辨雌雄。

五妃墓　張　湄

瘞玉埋香骨未塵，五妃青塚草長春；
雲凝孤島魂相伴，直抵田橫五百人。

夏日得雨　張　湄

輸粟重陽役汎舟，濟時方略愧前籌；
萬家聚島如孤旅，三日爲霖解百憂。
聲振地雷橫出海，勢分天漢倒懸流；
會須鬥酒從田父，吒犢村中看綠疇。

大登門　張　湄

門經大登渡橫洋，五色波中漾日光；
起椗聲高驚曉夢，吟魂傾仄寄懸床。
（宿海船中用繩床四角懸空而臥，以防顛簸，俗稱吊牀）

鹿爾門　張　湄

鐵板交橫鹿爾排，路穿沙線幾迂回；
浪花堆裏雙纓在，更遣漁舟響導來。

望向　張　湄

浩瀚乾坤不見山，水晶圓域覽回環；

憑誰探取貓花嶼，桅末飛騰兩亞班。

氣候 張 湄

少寒多燠不霜天，木葉長青花久妍；
真個四時皆似夏，荷花度臘菊迎年。

七夕 張 湄

露重風輕七夕涼，魁星高讌共稱觴；
幽窗還聽喁喁語，花果香燈祝七娘。

（七夕，家家設牲、果品、花粉等，夜向□前祭獻，祝七娘壽。或曰魁星於是日生，士子為魁星會，竟夕歡飲，村塾尤盛）

中秋 張 湄

碧天雲淨水煙微，砧杵無聲一鏡飛；
晝餅香中人盡醉，嫦娥親見奪元歸。

（中秋夜，士子飲博達旦；制大餅以象月，朱書“元”字，擲四紅者得之，取秋闈佳兆也）

牛車 張 湄

短軔高箱服兩牛，柴車挽運健於舟；
五更殘月夢初醒，角韻嗚嗚生客愁。

北香湖 張 湄

七頃紅雲貼水鋪，藕花深處亂鷗鳧；
北風涼動香逾好，得似西湖六月無。

蓮池潭 張 湄

蓮瓣芹絲一氣香，天然畔水繞宮牆；
林端不許飛鴞集，山勢高騫拱鳳凰。

登臺 張 湄

澄臺上下樹婆娑，滿目殘陽動遠波；
天水無痕同一碧，風帆如葉島如螺。

斐亭 張　湄

留得清風動去思，千竿瀟碧影猗猗；
何人呼起文同筆，有斐亭前畫衛詩。

彌陀寺 張　湄

宦迹重溟外，遊情半日閑。妙香禪室淨，灌木鳥音蠻。
種葉常書偈，留雲早掩關。稍聞烹水法，容我坐苔斑。
何必遠城郭，已空車馬塵。因心川共逝，觸指月如輪。
客愧乘槎使，僧兼賣卜人。他時期再訪，幽夢或通津。

番俗 張　湄

包練衣衫最麗都，換年風景野花敷；
金藤耀首新裝裹，答答偏直賓也珠。
競誇“麻達”好腰圍，健足淩空捷似飛；
薩鼓鏘鏘聲近遠，輕塵一道走差歸。
爭迎使節共歡呼，驄馬前頭衆婦趨；
首頂糍盤陳野食，大官曾未識“都都”。
鵝筒慣寫紅夷字，鴃舌能通先聖書；
何物兒童真拔俗，琅琅音韻誦“關雎”。
藤球擲罷舞秋千，世外嬉怡別有天；
月幾回圓禾幾熟，歲時頻換不知年。
傀儡山深惡木稠，穿林如虎攫人頭；
群蠻社裏誰雄長，茅宇新添金髑髏。

雜感 張　湄

高浹天墟括九州，茫茫一水認琉球。
風生鼊背重溟黑，雷奮鯤身巨島浮。
針路向空難問渡，鐵礁拔地不容舟。
林顏幾輩蟲沙沒，落日蒼涼赤嵌樓。

惠獻貝子功德詩八章 張　湄

宗臣廟算定嚴疆，奕世盟勳帶礪長。

黃石書精餘枕秘，青油幕遠卽戎行。
天家枝幹標英早，閫外韜鈐決策良。
受命專征誰得似，東山零雨古錡斨。
橫海將軍下瀨船，輕飛迅度訝從天。
鯨鯢既掃波方靜，蔓草難圖勢更延。
直許奮身先士卒，可堪帶甲滿山川？
聞聲便慰雲霓望，況複王師出萬全。
惠澤仁風卻戰氛，恩懷挾纊徧三軍。
梯雲冷辟荆榛路，渡水宵乘鸛鵞群。
疾苦再三親慰問，簞醪取次愛平分。
丈人正協師中吉，馬首謳歌到處聞。
勞瘁年年短後衣，營門柳色幾依征。
嬰城屹立邛山重，傳箭齊驚霹靂飛。
七省藩籬爭海口，三家苞蘖損霜威。
南天夜報平安火，大將功成鬢欲稀。
計日班師頌止戈，乘箕忽地白雲窩。
大星落處光芒在，群馬悲餘涕泗多。
但有圖書遺敗橐，空煩士女致虞歌。
江山不改民完聚，忍見蕭然丹旐過。
飧風沐雨竭綢繆，掩骼埋胔德意周。
半壁已成磐石固，一言不及子孫謀。
帝深震悼思元佐，禮備榮哀答壯猷。
曾爲羊公同罷市，豐碑積淚峴山頭。
巍峨廟貌聳高旻，鳥革翬飛藻采陳。
漠漠雲煙凝肸蠁，丸丸松柏曆冬春。
維新競鑄黃金像，感舊猶存白髮民。
往日指麾旌鉞處，山巔水溪肅迎神。
紫泥書剳鳳鸞馳，詔予賢良再立祠。
海國瞻依同怙冒，玉林鬱積發新枝。

香升俎豆烝嘗遠，節制東南棨戟移。
我亦神州叨廈庇，詠恩聊繼匏蒲詩。

喜雨　書　山

天作及時雨，民番樂有年。景風初布種，解澤已盈田。
海壤珍唯穀，神庥瑞應虔。歡情看長養，南北共熙然。

衛齋秋興　書　山

秋半猶火熱，中庭草木香。片雲天淺碧，疏葉橘輕黃。
不厭蟲鳴急，還貪竹影涼。人閑公事少，無睡夜初長。

雨後，和張侍御韻　書　山

霡霂郊原四月中，脈黃禾碧兆年豐。
衙齋拈韻閑星使，蔀屋騰歡頌雨工。
周澤已聞沾處處，重雲猶爲護芃芃。
長吟麗潤飛甘句，樂意相關爾我同。

勸農歸路經海會寺，與諸同人分賦　書　山

省稼親民事，歸途逸興同。地高濃翠合，林淨妙香通。
喜得千村雨，閑來一畝宮。寸心持半偈，頓覺海天空。
雨後勸農畢，還尋古刹來。鐘聲飄鮮徑，衲子出香臺。
刺竹排簷種，優曇滿院開。分題禪榻畔，小憩水雲隈。
問訊詞壇客，山僧逸興同；地高晴翠合，林靜妙香通。
登眺消塵慮，安閒步梵宮；寸心持半偈，頓覺海天空。

暮春郊行　書　山

循行豈是補春遊，攬轡輕馳謝朓洲。
岸接小橋村路曲，煙凝蕭寺梵鍾幽。
塵懷頓向閑中滌，野況都從望裏收。
風日蹉跎秋過半，家家場圃築西疇。

放洋　熊學鵬

趁曉乘潮海舶寒，清風相送出臺端；

片帆飄渺煙中過，一碧澄泓浪裏看。
舉目惟瞻天日近，回頭但覺水雲寬。
要知舟楫由來好，不畏重洋濟涉難。

五妃墓　六十七

東風駘蕩天氣清，載馳驄馬春巡行。
刺桐花底□茶畔，森然古墓何崢嶸！
路旁老人爲余泣，當年一綫存前明。
天兵既克澎湖島，維時臺海皆捐生。
至今抔土都無恙，誰爲守護勞山精。
雲封馬鬣連衰草，四圍怪石爭縱横。
時聞鬼母悲啼苦，想見仙娥笑語聲。
歲歲裏民寒食節，掀漿頻奠陳香羹。
滿目荒涼已感歎，更聽此語尤傷情。
有朋歲晚皆節義，樵夫漁父甘遭烹。
島嶼最後昭英烈，彎廉懦立蠻婦貞。
田横從死五百皆戰亡，籲嗟乎！五妃巾幗真堪旌！

登澄臺觀海　六十七

層臺爽氣豁雙眸，遠望滄溟萬頃收。
赤霧銜將紅日暮，銀濤拍破碧雲秋。
鯤鵬飛擊三千水，島嶼平堆十二樓。
極目神州渺無際，東南形勝此間浮。

七裏香（限“芳”字）　六十七

雪魄冰姿淡淡妝，送春時節弄芬芳。
著花何止三回笑，惹袖猶有半日香。（每歲開花，率有三、五度）
竟使青蠅垂翅避，不教昏瘴逐風狂。（能祛蠅蚋，並辟煙瘴）
靈均莫漫悲蘭茝，正色宜令幽谷藏。

赬桐花（限“龍”字）　六十七

枝柔葉厚碧痕濃，色豔還看花發重；

朱萼臨風迷紫蝶，丹須和露抱黃蜂。
剪殘紅錦枝頭見，敲碎珊瑚月下逢；
好是年年誇競渡，鮮妍如火映魚龍。

即事偶成二律　六十七

微茫島嶼片雲孤，物産民風事事殊。
絕好饔餐紅腳早，天然籬落綠珊瑚。
花無寒燠隨時發，酒長瓊漿不用沽。
最是良疇耕鑿易，欣然醉飽樂唐虞。
飽啖檳榔未是貧，無分妍醜盡朱唇。
頗嫌水族名新婦，卻愛山蕉號美人。
劇演南腔聲調澀，星移北斗女牛真。
生憎負販猶羅綺，何術民風得大淳？

長尾三娘（即練雀）　六十七

翠衣光華綬帶長，如雲委地美人粧。
命名當日非無意，謂勝黃家第四娘。

蜥蜴（俗呼四腳蛇）　六十七

兩頭埋後終無恙，四腳何妨暴日頻。
盛世已除殘酷吏，不須惆悵捕蛇人！

九日　六十七

朝來門巷集儒巾，屠狗吹簫共賽神。
（臺俗：七夕、中秋、重陽，俱祀魁星。是日，儒生有殺犬，取其首以祀者）
蝴蝶花殘清入夢，鯉魚風老健於春。
酒澆幽菊舒黃蕊，琴鼓飛鳶颺□旻。
（重陽前後競放紙鳶，如內地春月）
並著單衫揮羽扇，炎方空說授衣辰。

初抵臺灣，柬書都諫　六十七

茫無涯涘海天春，篷轉雲飛辨不真。

彩鷁乘風穿雁嶼，繡衣銜命跨鯤身。
番黎樂享承平久，士女歡迎氣象新。
萬里故人初把臂，相看先問近詩頻？

露香亭即事 范 咸

夜涼樹垂露，晨清花放香；坐覺幽意適，不知白日長。
守宮鳴前楹，互答怪蟬螿。機事久已息，掉臂驚螳螂。
感此發深喟，世態何張皇？營營名利窟，私欲羞難量。
曷弗順大化，鼓腹遊虞唐？青青木蘭樹，金粟同芬芳。
離離頳桐枝，火焰燒扶桑。但逞顏色好，終非金玉章。
吾生更何求，返璞是所望。亢龍應有悔，大道歸斂藏。
君子日乾乾，慎守千金方。

五妃暮 范 咸

天荒地勞已無親，肯爲容顏自愛身；
遙望中原腸斷絕，傷心不獨未亡人。
壘壘荒墳在海濱，魂消骨冷爲傷神；
須知不是經溝瀆，絕勝要離塚畔人。
又逢上巳北邙來，宿草新澆酒一杯；
自古宮人斜畔土，清明可有紙錢灰？
田妃金鴛留遺穴，何似貞魂聚更奇；
三百年中數忠節，五人個個是男兒。
可憐椎髻文身地，小字人傳記載新；
卻恨燕宮翻泯滅，英風獨顯費宮人。

木蘭花歌 范 咸

詩人賦物善言理，不似庭前格竹子。
當知多識即是學，廢目任耳非得美。
我來蓬瀛大海東，探奇直欲窮蒼穹；
周諏詢度百不厭，肯教過眼煙雲空？
采輯郡志二十卷，遺書掇拾行將偏；

猶慚臆斷恐失真，訂誤考疑敢雲倦？
貝多羅花詩已訛，琵琶形似終如何？
就中無實難爲托，佛經欲寫空搓那！
因閱《長慶》忽頓悟，辛夷恍與木蘭遇；
內白外紫壯如蓮，點點青楊蟲食蠹。
昔人幾度上芳舟，不識征帆逐遠遊；
今日模糊才認得，新翻樂府卻風流。

登大嶝山 范 咸

瞥見山坳翠欲流，蔥蘢密樹景清幽。
風光迥與群峰別，海色遙看四面收。
日暮碧雲驚異彩，雨過寒氣逼深秋。
天南鎖鑰橫江外，不放鯨魚夜出遊。

三月二十五日渡海，紀所見 范 咸

海門峽如束，放舟還趁潮。島嶼漸以遠，仰視惟雲霄；
天與水爲一，遠颿同秋毫。極目杳無際，意氣慘不驕。
問程藉指南，“出海”稱人豪。“亞班”攬篷索，上下等懸猱。
巨浪拍天起，比似桅檣高。龙骨從上過，一落輕于毛。
遠望峻嶺矗，水沸山嶽搖。柁師噤不語，謂是鯤魚尻；
噴沫散作雨，十裏聞腥臊。轉瞬無所睹，但覺心旌慅。
晚霞日初落，星斗何迢迢？夜黑青燐生，非鬼亦非妖；
焰焰千萬點，誰將十斛抛？此景洵奇絕，坐看過中宵。
雞鳴天欲曙，華彩掀波濤。天吳與紫鳳，野火春風燒；
萬頃蕩金碧，蛟鼉爭潛逃。動心複駴目，快事傾醇醪。
幸逢聖禦宇，海宴無飄飖。生平見未見，恣意誇同曹。
得藉滄溟力，永靜番俗囂。歸將畫蓬壺，遊仙足解嘲。
笑語金華人，局蹐虛鳴鑣。

二十六日晚，泊澎湖 范 咸

計程問澎湖，取道疑已遠；沿洄逾七更，花嶼杳難辨。

金烏已西落，風微柁欲轉；黑溝驚狂瀾，橫洋畏屯蹇。
傳聞弱水近，東去不復返。豈必飽魚腹，竊自輕軒冕。
藤緬數百尺，用試水深淺。俄見白鳥飛，色喜定殘喘。
澳島三十六，卷石非絕巘。潮勢覺已平，欠伸求息偃。
收篷且寄泊，努力進餐飯。

二十八日，入鹿耳門，過七鯤身 范　咸

遙見青山似畫屏，鐵嶕捩柁費丁寧；
蕩纓有路分沙線，浮海何人續《水經》。
烏鬼渡寒透鹿耳，荷蘭城拆掃王庭；
鯤身久絕鯨鯢迹，風起不聞戰血腥。

茄藤社觀番戲二絕句（唱曲者皆番婦）　范　咸

連臂相看笑踏歌，陳詞道是感恩多；
劇憐不似弓鞖影，一曲春風奈若何！
妙相天魔學舞成，垂肩瓔珞太憨生；
分明即是西番曲，齊唱多羅作梵聲。

莊副使惠女貞酒，走筆賦謝 范　咸

裸人種稻手自舂，咀嚼作曲塵埋封；
椰瓢婦子共酣飲，醉奉客嘗情何濃！
吾曹小戶偏愛潔，對此慘澹愁眉烽。
梨花竹葉在何許，當筵生怕惡客逢。
一朝賈舶千里至，鄉味百斛來吳淞。
南華仙人號酒聖，特遣從事陳詞恭。
江村蠟樹是貞木，花開細白淩寒冬；
其實補精益神氣，能祛百病扶龍鍾。
以之爲釀功力倍，丹成不啻陪赤松。
我聞掀髯一長嘯，年雖未老多衰容。
炎方陽氣舒不斂，眼花作字常駁踳；
精力駑緩生恂愗，深懼株橛心憧憧。

舉杯芳馥饜饞口，如鎡引鐵魚唼喁。
枯腸一潤融血脈，赤頳兩顴豊姿豐；
升床酣臥夢恬適，遊仙直上蓬萊峰。
感君此惠日洗晕，蕩滌膠固從來胸。
急撐春日看花眼，君豈巨蹷吾蛩蛩！

元旦後四日，莊副使齋頭見菊花 范　咸

迎年何事更爭新，怪底真成海外春！
花曆三時如熱客，蓂開五葉儼浮塵。
幽姿豈必誇顏色，豔景難教信隱淪。
輸與寒梅仍應候，孤芳不肯早呈身。

赤瓦歌（有序） 范　咸

臺屋瓦，皆赤；下至牆垣皆砌，無不紅者，此赤嵌城所由名也。余乃爲作“赤瓦歌”。

絳雲火傘張海國，燒空滅盡青銅色。
信知天運應炎方，摶土何緣變髹漆。
萬室於今陶者誰？煬竈渾疑欺白日。
連掾櫛比紛參差，畫棟朱甍幾回惑。
漢家黃屋禁例嚴，風剝雨淋遮不得。
臨漳銅雀更何似，香姜舊款無人識。
況兼四壁光炯炯，環堵恍與宮牆逼。
簾前磚影更輝煌，彤墀彩繪盈階墄。
華棼儼上祝融峰，珠煤貫屋祥光直。
千門萬戶火西馳，照耀燭龍鳥戢翼。
我思天臺有赤城，朱霞天半稱奇特；
又聞南方裔外山，赤石爲牆標異域。
此間合是虹霓居，羲轂軒軒火鞭抶。
六丁叱馭驅蛟螭，故發狂幾飆銷鬼蜮。
君不見火焰山頭半焦土，爚爚如焚少荆棘（彰化有火焰山）；

又不見焮翻地底硫磺山（磺山在淡水），草枯海破飛煙黑。
麒麟之颶炊繁星，流金爍石鯨鯢息。
溫泉轉作瘴母胎，裂竅烘池土花艴。
刺桐萬朵吐紅絲，蓦地燒天怪繁殖。
扶桑照殿逞鮮妍，豔豔絪緼錦交織。
海若自來足光怪，丹邱浴日鎔金霱。
蒸郁恒暘陽用九，司天南正神明力。
十八重溪水湖騰，九十九峰山崱屴。
魯陽揮弋勢當逐，巫尫自焚尤應殛。
炬牛燧象爛功勳，庶幾赫怒彰天德。
祇今海宴無烽塵，不煩煆煉洪爐側。
承平但願風雨調，永息炎威靜八極！

七月一日，宴七裏香花下作（有考）　範　咸

《廣群芳譜》：“山礬一名玚花，一名春桂，一名七裏香”。按《高齋詩話》云：“唐人題唐昌《觀玉蕊花》詩云：‘一樹瓏鬆玉刻成，飄廊點地色輕輕’。今玚花，卽玉蕊花也”。《春明退朝録》云：“瓊花一名玉蕊”。蔡寬夫《詩話》云：“玉蕊，卽揚州后土祠瓊花”。由三家之言推之，似山礬卽瓊花矣。考鄭興裔有《瓊花辨》、周必大有《玉蕊辨证》，幾若聚訟。卽七裏香之果爲山礬，亦微與《本草》异。要之，皆不必有意牽合也。因宴花下，爲賦六絶句。

唐昌玉蕊無踪迹，后土瓊花再見難；
官閣獨餘春桂影，婆娑長得月中看。
小葉荼蘼一丈餘，花開五出襲瓊琚；
生憐青瑣無消息，
（“不緣啼鳥春饒舌，青瑣仙郎那得知”：香山《玉蕊花》詩也）
難覓吹簫紫鳳車。
（張文昌《玉蕊花》詩：“五色雲中紫鳳車，尋仙來到洞仙家”）
瓊臺原不在人間，素艶何來緑玉鬟？
長見蕊珠宮裏雪，只緣地近補陀山。

（補陀山猶言小白花山，疑即玉蕊花。見黄山谷所作詩序）

聚仙也合依稀似，（《齊東野語》："瓊花絶類聚八仙"）

玉質秾香總不同；

欲向通明上封事，彈丸先斥妒花風。

幸留七裹香名在，認取山礬爲寫真；

寄語世人休聚訟，冰姿原不借前塵。

瀛壖合是洞仙家，宴賞貪看玉樹花；

賦罷新詩消受得，春風何處七香車？

（劉賓客《玉蕊詩》："玉女來看玉樹花，异香先引七香車"）

䱵魚，次六給諫原韻 范 咸

《臺海采風圖考》云："䱵魚黑色如鰍，長不盈尺；二目突出於額，身多綠斑。《志》稱多在海邊泥塗中，善跳躍，土人以爲美味；置地上能跳，亦能行數步"。

怒目棱棱遍體斑，蛇行也解曲回環。

如何生在滄溟裏，偏喜身居清濁間？

虎穴掉頭終不顧，龍門燒尾可知艱！

烹鮮更怪成何味，叢笑令人鄙百蠻。

臺俗除夕，門設紙虎，祭以鴨，焚之，謂可厭煞；余名之曰焚虎。元夕，女子偷折人家花枝，謂異日可得佳婿，余名之曰竊花。往時在京師，作《夢樹堂花》二詩，謂事極韻，且可舉以爲偶也。今茲將毋同，因賦四絕句。

焚虎二首 范 咸

階前金薄印於菟，燃火焚香達九衢；

好趁春前辟虚耗，新年事事要歡娛。

死虎猶能激毒龍，精誠大府慰三農。

海隅莫怪頻驅鬼，厭煞迎神重季冬。

（省中祈雨，周撫軍學健命以虎骨投龍潭中，果得雨）

竊花二首 范 咸

女郎元夜踏蒼苔，攀折青枝笑落梅；

底事含羞佯不采？月明犬吠有人來。
夢樹堂花憶昔時，又因韻事賦新詩；
憐他自愛傾城色，暗祝燈前幾度思。

題褚太守祿觀稼圖　范　咸

北港地肥沃，種植恒不時。四月刈新穀，六月開新菑；
十月收大冬，洵有不斂穧。罔知三年畜，轉販成漏卮。
番兒學唐人，亦解把鋤犁。時清風日好，雞犬皆嬉嬉；
檳榔簇鳳尾，猱采同兒戲。彎弓射生手，徒充他人饑。
褚侯河南後，跨海效一麾；動念仁民術，寫出《豳風》詩。
美哉二千石，願更進微規：武侯治蜀嚴，寬猛常相持；
既庶何以教，阿誰是良師？逋逃何以絕，窮黎何以肥？
至治順大化，貴與羲皇期。何時道德同，四海仰風儀。

范侍御招飲七裏香花下　莊　年

鈴閣清嚴碧檻涼，一叢玉蕊正芬芳；
瓊姿乍怯秋初雨，花氣渾同夜合香。
繡斧筵前歌“白雪”，銀鬟窗外舞“霓裳”。
擎杯細把山礬嗅，沁我詩腸潤酒腸。
密葉繁葩綠玉叢，朝霞掩映雪玲瓏；
唐昌觀裏依稀似，後土祠邊想象同。
滿砌花飛驚積霰，隔鄰香透趁微風。
三年海外埋芳信，此日開筵興不窮。

送范九池侍御巡視臺灣　德　齡

白頭握別意何如？回溯南宮得雋初。
文字忝居一日長，交情曆試廿年余。
連城玉質原殊衆，三歎琴音獨起餘。
利涉詩成須早寄，要看海上掣鯨魚。

送范浣浦巡視臺灣　孙　灝

東瀛別島入雕題，豸史威棱使節持；

荒服盡聯身臂指，重陽遙界國藩籬。
六臺寵命雲邊下，一范先聲海外知。
浩淼洪濤看此去，扶桑晴旭麗旌麾。
澎嶼煙排點點清，鯤身、鹿耳柁樓停。
俗乃漢語兼番語，官是文星又福星。
地絡三山歸保障，風乘萬里駕滄溟。
輶軒坐鎮安清宴，但載皇仁播遠聽！
十一更長按海圖，三千路近接明湖。
未論丹荔黃柑美，先愛清廉畫舫無？
鳳闕銜恩心北上，蘭臺惜別客南趨。
繡衣舊使聲華在，歸望仙槎試問塗。

泛海 錢　琦

媧皇斷鼇足，元氣泄混茫；散作長波渻沱杳，不知其幾千萬裏，蕩搖大地天爲盲。有時颶母胎長長鯨怒，星眸、電齒、雲車、雷鼓、風輪森開張。塵沙飛揚人鬼哭，往往白晝慘冽如幽荒。往時讀《海賦》，猶疑近荒唐；朅來鷺門一悵望，大叫絕奇狂夫狂。柁樓打鼓長魚立，船頭挂席西風涼。是時鬱儀忽走匿，但見天光水色一氣摩硠硠。大嶝路最近，小憩古禪房；彼岸倏不見，一葉隨波揚。南人自誇乘船慣，不比生馬顛踣難收繮；豈知波恬風靜浪息時，起勢一落猶有千丈強。長吉心肝盡嘔出，但無好句歸錦囊。忽然桃浪暖，紅影落星光；須臾墨雲卷，四顧失青蒼。“出海”與“亞班”，神色俱倉皇；飛身上桅杪，指南憑針芒。謂言渡海此最險，呵□下有蛟鼉藏。去年太守誤落漈，鷁如飛鳧失侶天外周翱翔；今年將軍複遭毒，有如曹兵百萬赤壁遇周郎。羅經巽已偶錯位，北去弱水東扶桑。我聞此語了無怖，俗子所見皆粃糠。男兒桑弧懸矢志四方，徑須腰懸鬥印提幹將，出入玉門赴沙場，直探虎穴掃欃槍；名勒鍾鼎勳旗常，回手抉漢分天章。不然翻身跳出塵坱外，跨鼇騎鶴驂鸞凰；朝遊碧落暮滄溟，須彌大界隨相羊。誰能瑟瑟縮縮如寒螿，坐令顏鬢凋秋霜！況聞蓬萊方丈咫尺塵隔斷，世乏仙骨誰梯航？因風誤到更可喜，底用禍福先周詳？臺陽一番島，宛在水中央；古稱毘舍耶，或雲婆娑洋。自從歸入版圖後，穿胸儋耳鹹循良。我來銜命持羽節，要將帝德勤宣揚；兼恐奇材遺海外，一一搜采貢明堂。水程志更更十一，蠡窺管測畢竟繩尺難參量。何奇不有怪不儲，且複耳目恣探詳。茲遊之奇平生冠，東坡快事吾能償。舟師喘定笑絕倒，喜色轉露眉間黃。天雞一聲曉色白，百怪照影爭逃亡；不見澎湖見飛鳥，鳥飛多處山雲長。三十六島鬱相望，漁莊蟹舍紛低昂。收篷暫寄泊，呼童滿引觴。爾雅頹然不知身與世，恍惚栩栩瞬息曆九州島、遍八極，徜徉於無何有之鄉。

抵任 錢 琦

四溟中斷早潮回，鐵板沙礁面面開。
天設鹿亹嚴鎖鑰，地凝蜃氣幻樓臺。
使槎遠載春光到，官府喧傳上界來。
合是前身香案吏，江山管領到蓬萊。

晚從安平渡海歸署 錢 琦

平堤含夕景，煙樹半模糊。乘興晚喚渡，一葉如飛凫。
正値風光好，渡海如渡湖；千丈澄素練，十幅挂輕蒲。
沙鯤明漁火，紅影透菰蘆；上亂星斗宿，紛射黿鼉居。
水氣摩蕩之，散作千驪珠。橫空一鉤月，墮入昆侖觚；
似欲釣六鼇，驚走小□鯛。須臾近彼岸，潮退泥沙汙。
滄海幻桑田，轣轆駕牛車。爾時夜氣靜，萬籟歸虛無；
栩栩不自覺，恍惚淩仙壺。歸來猶認夢，好手誰繪圖？
我夙抱遊癖，而爲緇塵汙；翻身六合外，乃得縱所如。
因悟天地大，到處皆蘧廬。心清境自適，底用戀鄉閭？
嗤彼井中蛙，局局徒拘墟。

赤嵌樓 錢 琦

舊是紅彝地，今成勾曲天。螺旋盤曲磴，樹古抱寒煙。
日腳浮雲外，潮頭落檻前。牛皮一席地，芳草自年年。

赤嵌城 錢 琦

幾曆滄桑劫，孤留赤嵌城。有人談往事，到此悟浮生。

地迴雲山闊，時平烽火清。不妨高堞上，欹枕聽潮聲。

海會寺 錢 琦

草莽英雄地，樓臺歌舞春。荒煙迷斷礎，淨業懺前因。
潮長龍歸鉢，亭空鳥喚人。自今依慧日，無複海揚塵。

澎湖 錢 琦

六六沙灣小似舟，須彌上界一萍浮。
收羅日月狂瀾裏，錯落雲山古渡頭。
春水漲時村散網，曉星明處客停舟。
蓬瀛不信人間路，猶認仙源是夢遊。

有溪 錢 琦

有溪不知名，水深與胯接。波平鷗不驚，風勻浪微折。
隔岸孤煙炊，環堤萬山疊。愧無舟楫材，聽君歌匏葉。

臺陽八景詩 錢 琦

鹿耳連帆
沙礁屈曲海門通，十幅蒲帆挂遠空。
擘絮亂雲天上下，斷行飛鷺浪西東。
風摶喜近鯤鵬路，星落剛臨牛女宫。
（臺灣星分牛、女。孟浩然詩："暝帆何處宿，回指落星灣"）。
畫意詩情何處最？桃花春漲夕陽紅。
鯤身集網
歷歷沙鯤跨海隅，我知魚樂網平鋪。
宏開三面恩波闊，細織千絲夕照孤。
春水當門浮角抵，秋風滿地小江湖。
殷勤爲向漁師問，中有珊瑚采得無？
赤嵌夕照
孤城百尺壓層波，一抹斜陽傍晚過。
急浪聲中翻石壁，寒煙影裏照銅駝。
珊瑚籬落迷紅霧，珠門欄杆出絳河。

指點荷蘭遺迹在，月明芳草思誰多！

金雞曉霞

石立金雞唱曉聲，曙光紅泛早潮平。
暖蒸春髓浮元氣，小結仙壺幻赤城。
捧日天真瞻咫尺，應時海亦象文明。
晴霞五色濤千丈，穩載長更十二程。

鯽潭霽月

宿雨初收夜氣妍，空靈色相妙難詮。
澄來止水壺中月，洗淨浮雲水底天。
鮫女靜開霜匣照，驪龍冷抱寶珠眠。
冰心徹底誰憐取？留得清光在海邊。

雁門煙雨

誰移古塞落蠻村，煙雨蕭蕭舊壘存。
畫裏江山天潑墨，馬頭雲樹客銷魂。
三峰積靄開仙掌，百尺疎簾卷梵門。
（東坡詩："試觀煙雨三峰外，都在仙靈一掌間"）
惹得詩懷觸撥處，最無聊賴是黃昏。
（韋莊詩："何處最添詩客興，黃昏煙雨亂蛙聲"）

香洋春耨

何處聲聲布穀啼？岡山山北柳林西。
（香洋山在縣治南，與鳳山接界；旁有柳林山）
杏花春雨紅千畝，蔗葉寒煙綠一犁。
水引石頭開短甽，笛橫牛背過前溪。
（石頭，溝名；衆流彙處。臺人蓄水養田處為甽）
屢豐不待秋來蔔，多稼如雲望早迷。

旗尾秋搜

秋登社社報年豐，閑向平原纘武功。
兔窟草枯飛踏箐，虎場風勁硬開弓。
煙清紫塞關臨北，旗卷青山尾轉東。

獵罷歸來回首望，蒼茫一片暮雲空。

臺陽八景　立　柱

鹿耳連帆蕩碧空，鯤身集網水瀜瀜。
鄭潭霽月風清麗，雁塞煙霏氣鬱蔥。
赤嵌高淩夕照紫，金雞遙映曉霞紅。
香洋春耨觀成後，旗尾秋搜入望雄。

巡臺紀事五十韻　湯世昌

臣聞太史乘輶軒以采風，職方物土宜以立紀。九州島百郡，皆歷代經理之區；獨臺灣一域，實舊史所不載。自前代爲荷蘭竊據，鄭逆逐之，草創郡邑。我朝天威遐揚，始入版圖，垂八十餘年；四民之蕃衍、官方之修飭，無異內地。且番民皆薙發奉公，化頑爲馴；獨其土風淳悶、服飾詭異，尚仍舊習。臣奉命巡察此土，周視四邑，宣佈聖天子容保無疆之至意，諮詢歷年治迹之踵增。適當年豐人樂，萑苻不興，文武僚寀咸謂壽考作人，用能協休氣於上下。伊昔越裳氏之言曰：“中國有聖人，則天無烈風淫雨，海不揚波”。今臺海遠在重洋，漸仁摩義，德澤有加焉；於以見我皇上如天之福，誠度越亙古。臣使事既竣，雖循例左遷，惟以恩命未複，夙夜悚疚。謹就見聞，恭紀五百字，用備方言，伏祈睿覽！其詞曰：

臺郡歸疆域，於今近百年；禹功疑不到，昭代回無前。
祖德天同覆，滄州地豈偏？雲臺憑虎將，水戰厲戈船；
蕩蕩烽煙靖，林林閩廣遷。但教勤土物，何恤授民廛。
治具提綱領，瑕疵盡棄捐；時清消故壘，土沃辟良田。
貔虎軍容整，番黎性命全。門楣惟貴女，嗣續竟迷先。
指稔忘年老，文身倚態妍。束腰藤帶闊，剺耳竹輪圓；
短織庬毛罽，斜簪雉尾顛。鹿弓柔遜弩，螺殼小於錢。
踏臂歌嗚豫，聞簫手可牽。翠看花插鬢，黃結果爲鈿。
力健飛猱走，風淳鼓腹眠。帆檣頻輻輳，市井競喧闐。
飽暖生宜厚，矜奢性所便。輿臺曳紈綺，歌管費栢卷。

牡礪裝垣細，檳榔刺齒鮮。訟從需尾碼，升與因爲緣。
搜粟官符急，徵兵尺籍懸。帨巾呼賤隸，挈屬走班聯。
神助濤波漲，威從制府宣。七旬苗舞羽，百日景投淵。
自此星軺出，能令雨化延；苞桑將冊載，芽蘖慮三愆。
田鼠形疑虎，蚍蜉志慕膻。諮諏誠切矣，章奏必行焉。
聖主勤民隱，遐方仰道平；蓁艿除積弊，寮寀共陶甄。
拔韭須連本，扶犁莫越阡。星星鹹薙發，狉狉悉隨肩。
堆案無留牘，調琴有改弦。白衣休伏櫓，紅粟盡登舷。
寬猛原相濟，剛柔慎與權。終期無曠土，所賴熟籌邊。
昨歲銜天語，揚帆溢海壖；雖餘攬轡志，不待憫農篇。
陌灑如膏雨，畦縈灌稻泉。民番巡兩路，旗鼓閱雙旃。
角射雲生的，鳴呵柳拂韉。壯觀真泛海，歸棹去朝天。
島嶼辭鵷鷺，蓬萊會偓佺。渡洋更十二，到浙路三千。
戶戶康衢祝，山山禦氣連。扶桑看出日，叢桂忽霏煙。
葵向何知暑，梟飛更著鞭。遙瞻五雲裏，南極紫宸躔。

北巡旋署留別諸羅衛令　李宜青

熏風吹雨長嘉禾，新港橋流愷澤多。
墾土汗沾芳草濕，讀書聲遏彩雲過。
玉峰天半晴微吐。鐵線沙明月一渦。
去後重思情較切，逢人勤說衛諸羅。

海吼賦　張　湄

環臺，皆海也。自夏徂秋，颶風屢作，驚濤溢湧，雷響電焯；擊於鯤身，厥聲回薄。遠近相聞，莫不錯愕。主人索居海濱，形只影寡。潦積庭間，雨昏燭灺；起坐聽之，晝夜不舍。惝然惘然，若置身壙垠之野，有難乎爲懷者，乃作海吼之賦。其辭曰：

緊天風之欲怒，作地氣以先聲；通呼吸而互應，混上下而相成。斜景黯其晝伏，斷虹絶以宵橫。帆檣集島，沙磧淩城。鯨甲振厲，鵬翼長征；風搏九萬兮扶搖直上，水激三千兮不平則鳴。爾乃炎蒸絺葛，潤逼柱礎；海若頻驚，石尤頓阻。獰飈颯颯以回涼，怪雨淫淫而去暑。蕭梢林木，聳萬壑之秋聲；破碎虛空，競千村之社鼓。

其爲壯也，輘輷四起，蕩譎八垠；水崖崩裂，鐵騎群奔；摐金鏞於山谷，擺雷硠於乾坤。其爲駭也，黿鼉駁遝，贔屭連屯；天吳奮以叫號，罔象詭以遊廵；鬥饞蛟而水立，哮虓虎而林昏。於是經旬陰曀，徹夜喧豗。淵宮久閟，貝闕沈埋；飛澇霧積，峻湍山頹。嗟樓船之屑沒，絕商旅之往來。淼淼龍津，浮萍蹤其何托？啾啾鬼哭，出魚腹而興哀。則有域外孤臣、天涯羈客，長簞淒其，短檠蕭索；枕繞瀑雷，窗縈濤雪；悵落葉於始波，感吟蟲於將夕；愁泛宅之杳茫，憶弄潮之夙昔；徒撫影而徘徊，或隨聲而嚄唶。爲之歌曰：“風淅瀝兮動羅幃，雨淋浪兮暑氣微；長鯨吼兮四水圍，夢魂驚兮不可歸。望無極兮音塵稀，指故園兮孤雲飛”。

第二卷

雜記

番社雜詠（二十四首）　黄叔璥

絕島中華古未通，生來惟鬥此身雄；
獨餘一面猙獰外，人鳥樓臺刺自工（文身）。

剉竹爲椽扇縛茭，空擎梁上始編茅；
落成合社欣相賀，席地壺漿笑語高（作室）。

荒地欲松園更腴，誅茅覆草令秋枯；
種時禾稻驚風雨，雜植還教薏苡扶（種園）。

小樓貯粟號禾間，剉竹編茅蓋自閑；
應識名禾知本計，可專飲血事搜山（禾間）？

蠻娘織作亦殊勤，圓木中空槽口分；
尺布可堪持北去，但令知有達戈紋（畫織）。

霜鍾雲磬韻雙清，何處村莊旋旋鳴？
北客初來聽不厭，那知此是夜舂聲（夜舂）。

未負耕犁未服輈，誰教馴狎入欄收；
番兒自慣無鞍馬，大武山頭捉野牛（捉牛）。

仰沫巨魚才躍波，矢無虛發巧如何！
於今苦學漢人法，駕筏施罛事轉多（射魚）。

地辟年來少鹿場，焚林設阱兩堪傷；
擒生剪耳如黄犢，相逐平原互鬥張（捕鹿）。

盛植檳榔覆四簷，濃陰夏月失曦炎；

猱升取子飛騰過，不用如鈎長柄鐮（猱采）。

出草秋深盡夏初，刖蹄剖腹外無餘；
當官已報社商革，五穀雞豚一一書（社餉）。

獸皮時出內山深，互市傳來直至今；
莫道漢人曾未到，熱番有路敢探尋（互市）。

不爲穴處不巢巔，布毯牢將兩樹纏；
此味睡鄉人不識，不須化蝶自翩翩（樹宿）。

社中各自置樓高，貓踏更番未覺勞；
擊柝宵嚴鏢箭利，盡教鼠竊遠潛逃（哨望）。

未經牽手尚腰圍，習慣身輕走若飛；
涼夜月明齊展足，羨他貓女願同歸（鬥捷）。

制琴四寸截琅玕，薄片青銅竅可彈；
一種幽音承齒隙，如聞私語到更闌（嘴琴）。

配他弦索亦相宜，小孔横將按鼻吹；
引得鳳來交唱後，何殊秦女欲仙時（鼻簫）。

贅婿爲兒婦是家，還憐鑿齒擦蕉花；
何如高架迎歸去，偕老相期禮自嘉（迎婦）。

生兒出浴向河濱，仙氣長留冷逼人；
三保當年曾到處，南洋諸國盡稱神（浴兒）。

殊風雖陋尚堪論，恤老收窮古意存；
長者途逢皆卻步，朋儕相見亦寒溫（讓路）。

外沿大海內瀰溪，浮水葫蘆每自攜；
惟有土官乘筏過，衆擎如蟻兩行齊（渡溪）。

曆書不識歲時增，月歲回圓稻一登；
鄰社招邀同報賽，竹杯席地俗相仍（食飲）。

男冠毛羽女□鬖，衣極鮮華酒極酣；
一度齊咻金一扣，不知歌曲但喃喃（賽戲）。

紅毛舊習篆成蝸，漢塾今聞近社皆；
漫說飛鴞難可化，泮林已見好音懷（漢塾）。

臺灣近詠十首，呈巡使黃玉圃先生　藍鼎元

東甯大海荒，從故無人至。明末群盜巢，島彝互竊踞。
鄭氏奄而有，蔓延爲邊忌。我皇撻伐張，天威及魑魅；
遂使瘴癘鄉，文物漸昌熾。川原靈秀開，鬱勃不可閉；
式郭惟日增，蹙縮非長計（即有議棄近山田廬及禁入番界樵采之說）。
所當順自然，疆理以時議；勿因去歲亂，畏噎卻飯糦！

去歲群醜張，揭竿三十萬；我旅一東征，倒戈雲見晛。
七日複全臺，壺簞匝地獻。可知帝德深，望雲爭革面。
餘孽雖時有，死灰謀欲煽；旋起即撲除，夫誰與爲叛？
當茲振遒鐸，教化不容緩。民心原猶水，東西流乍變；
棄之鋌而走，理之忠以勸。

臺俗弊豪奢，亂後風猶昨。宴會中人產，衣裘貴戚愕；
農惰士弗勤，逐末趨驕惡。囂陵多健訟，空際見樓閣；

無賤複無貴，相將事樗博。所當禁制嚴，威信同鐸鍔。
勿謂我言迂，中心自忖度！爲火莫爲水，救時之良藥。

閩學追魯、鄒，東寧昧如障；當爲延明儒，來兹開絳帳。
俾知道在邇，尊君與親上；子孝及父慈，友恭更廉讓。
從此果力行，誘掖端趨向。其次論文章，經史爲醞釀；
古作秦、漢前，八家當醯醬。制義本儒先，理明氣欲王；
洗伐去皮毛，大雅是宗匠。此地文風靡，起衰亦所望。

臺地一年耕，可餘七年食。寇亂繼風災，民間更蕭索。
今歲大有秋，倉儲補雲亟；谷貴慮民饑，谷賤農亦惻。
曆禁久不弛，乃利於奸墨；徒有遏糴名，其實竟何益？
估客既空歸，裹足此寥寂。何如撙節之，一艘一百石；
窮年移不盡，農商惠我德。幸與諸當途，從長一籌畫。

壘壘何爲者，西來偷渡人？銀鐺雜貫索，一對一酸辛！
嗟汝爲饑驅，謂兹原隰畇。舟子任無咎，拮据買要津；
寧知是偷渡，登岸禍及身。可恨在舟子，殛死不足雲。
汝道經鷺島，稽查司馬門；司馬有印照，一紙爲良民。
汝愚乃至斯，我欲淚沾巾。哀哉此厲禁，犯者仍頻頻。
奸徒畏盤詰，持照竟莫嗔。慈法果息奸，雖冤亦宜勤。
如其或未必，甯施法外仁。

臺邑最偏小，征糧視鳳、諸。土狹賦獨重，民困曷以紓。
臺灣田一甲，內地十畝餘。甲租八、九石，畝銀一錢輸。
將銀來比粟，相去竟何如？納粟弊多端，鬥斛交相瘉。
折色比時價，加倍複何居？鳳、諸雖後斂，什百臺版圖。
墾多或報少，以羡補不敷。臺土瘠無曠，衝壓且偏枯。
安得相均勻，丈輕三邑俱？徵收同內地，含哺樂只宜。

郡東萬山裏，形勝羅漢門。其內開平曠，可容數十村。
雄踞通南北，奸宄往來頻。近以捕逃藪，議棄爲荆蓁。
此地田土饒，山木利斧斤；移民遷産宅，兵之亦□□。
何如設屯戍，守備爲遊巡？左拊岡山背，右塞大武臀。
既清逸賊窟，亦靖野番氛。府治得屏障，相需若齒唇。

諸羅千里縣，內地一省同。萬山倚天險，諸港大海通。
廣野渾無際，民番各喁喁。上呼下則應，往返彌月終。
不爲分縣裏，其患將無窮！南劃虎尾溪，北踞大雞籠。
設令居半線，更添遊、守戎。健卒足一千，分汛扼要沖。
臺北不空虛，全郡勢自雄。晏海此上策，猶豫誤乃公！

臺灣雖絕島，半壁爲藩籬；沿海六、七省，口岸密相依。
臺安一方樂，臺動天下疑；未雨不綢繆，侮予適噬臍。
或雲海外地，無令人民滋；有土此有人，氣運不可羈。
民弱盜將據，盜起番亦悲；荷蘭與日本，眈眈共朵頤。
王者大無外，何畏此番蚩？政教消頗僻，千年拱京師。

題黃玉圃巡使《臺陽花果圖》 吳王坦

《爾雅》自姬公，蒐討窮大塊；後有《山海經》，所言同志怪。
荒略何從稽，於說亦荑稗。乃知天地間，賦形各萬派。
若非域外遊，直猶等聾聵。巡方繡衣行，幾及扶桑界；
東溟淩滄波，驚濤曆澎湃。既至振綱紀，問民診病瘵；
聞見往往殊，耳目爲一快。其中植物繁，羅列登市賣；
五色燦然陳，厥狀難盡話。細文如錦章，粗文如方罫；
枝葉非尋常，異味皆可嘬。召工寫此圖，摹仿在公廨。
碧綠與丹朱，肖真事揮灑；稱名複辨種，按之悉能解。
我生裏閈間，未得廣行邁；多識□古人，拘虛徒自絓！
晴窗試展看，意曠若脫械。虛名玷使星，願無遠弗屆。

重修臺灣縣學碑記　黄叔璥

歲壬寅，璥奉命巡視臺灣。于時寇亂方息，繼以大饑，學宫飄搖颶風淫雨間，頹然欲盡。官斯土著，雖目擊心傷，不遑及矣。與璥偕來者，貴陽周君鍾瑄，前以諸羅縣令報最，爲高唐牧，内遷員外郎；至是，以賢能特簡令臺灣，慎其選也。周君既至，設平糶法以蘇民困，躬運米以賑澎湖，境以内欣然慶更生焉。乃亟鳩工庀材，仍厥舊制。凡殿廡門垣生舍，修者修之、築者築之。時詔崇先聖五世王爵，爲改建五王祠；不費帑、不衣民，皆周君節嗇俸錢而獨任之。始事於癸卯秋季，落成于甲辰仲秋，糜白金三百五十有寄。

不數時而廟貌聿新，因請璥記其年月。璥維學校之設，所以長育人才，一道德、同風俗，教孝教忠也。學者于此，不能窮其指歸而得其要領，身體而力行之，沈溺于辭章龐雜于功利權謀術數，所謂人才不可問矣。道德奚自而一，風俗奚自而同？今臺當更化之後，學者蒸蒸然思複于古，知聖賢之所以教人者，其指歸要領，不過於人盡力於君臣、父子、夫婦、昆弟、朋友之間。父教其子，師勉其弟，日引日上；庶幾篤學力行之君子，無徒以辭章爲梯弋科名之具，無或以功利權謀術數以流入於不肖之歸；則道德一、風俗同，庶不負國家養士之隆，與賢司牧師旅饑饉之餘拮据經營之意，實有厚望焉。

是役也，董其事者，本學教諭葛炆，例得書于石。

重修府學文廟碑記　楊開鼎

我國家重熙累洽，教化覃敷，薄海内外，風同道一。臺故海東奥區也；自入版圖，經陶冶數十年，棫樸菁莪，蒸然蔚起。乾隆己巳夏，予銜命巡方，兼視學茲土。至，則恭謁文廟。環視殿廡，漸就傾圮；祭器樂器，因陋就簡；惻然憂之。檢郡乘，知學宫曩爲海康陳公所修建，距今三十餘年。其修學記中，惓惓謂非作新於始之爲難，而能繼繼承承永護於後之爲難。蓋深望夫有基勿壞，後起者踵而修之也。顧其間雖經監司刺史輩捐金補繕，不數歲而朽蛀剝蝕，複不可支；非徹底建造，難雲固也。

余正為經營商榷間，而臺之矜士踴躍急公，倡議捐修；有侯生世輝、蔡生壯器、李生朝璽、黃生兆茂、蔡生培、張生方升、方生達聖、洪生世基等數十人，多者千幾百緡，次者千緡，又次者數百緡及百緡。又有家本寒素，奔走區畫，共襄是舉者。於是列名僉請。予因馳劄制府喀公、撫軍潘公會商入奏，獲邀恩旨：俟工竣獲捐輸之數，報部議敘。爰與滿廵臺書公、監司金公鼓舞而作興之，以臺令魯君鼎梅專稽核之任。維時侯生世輝力肩厥事，不辭勞瘁，偕蔡源起鳩工庀材，相度經營；庳者崇旨、隘者擴之、朽者易之、缺者增之、障者辟之，而廟貌煥然改觀，殿廡軒敞倍於前。崇聖祠舊造處殿后，拓丈有六尺。文昌閣柱易以石，增高。文昌祠前增卷廊。教授之學舍，附明倫堂後者，退丈有奇。訓導之寄居于文公祠者，更建室于文昌閣後。官廳前增露亭。自大成坊以內，悉甃石版，以壯觀瞻。他若堂宇、路們、池沼，仍舊基而增損之。廟前平原一片，居民擅私種植，芟刈之而曠如也。簠簋尊彝，鑄以銅而備其數；柷敔笙鏞幹羽之屬，仿成式更新之。計糜白金萬緡。肇工於乾隆己巳十月二十五日，告竣于辛未三月十五日。

是役也，實多士所共襄，予何力之有？多士請記于餘，並求所以教之。予謂黌宮乃教化所自出，茲既大啓爾宇，將以育人才、厚風俗也，豈惟是文詞雲爾哉！體明而用達，乃足尚耳。宋胡安定教授蘇、湖，設經義、治事二齋。承其教者，咸感心於三、五、六經，以求合古聖賢人之志；而舉禮樂、兵刑、農田水利諸務，用以廣其器識。仁宗詔頒其法於太學，天下宗之。我朝造士之法，古莫倫比。養之渥、教之詳，而選之精且慎。都人士誠能以經術抒經濟，勉爲國家有用之材；司土著者複加意培植，而於興教之地，時勤修葺，亦如海康陳公之以有基勿壞望後人者，相乘於勿替；則所造就於海隅，豈細尠哉？

附捐資姓氏：廩生侯世輝，捐銀三千七百兩。貢生蔡壯器，捐銀一千二百兩。候選州同李朝璽，捐銀一千一百兩。監生黃兆茂，捐銀一千兩。生員周大鵬，捐銀四百兩。拔貢生蔡培、監生周俊德，各捐銀三百兩。內閣中書陳奇烈、拔貢生施士膺、生員黃德福、陳日茂、王湜，各捐銀二百兩。貢生王克褒、生員陳廷藩，各捐銀一百五十兩。舉人陳連榜、拔貢生張方升、貢生黃可垂、陳國瑤、翁錫福、薛登選、蘇孟德、監生高肇輝、潘奇選、劉振揩、方策、吳植恩、廩生郭世標、吳啓沃、李廷珍、洪國昌、莊天焊、張元龍、呂昆玉、許殿輔、生員楊作舟、蔣士賢、黃睿璣、吳莊敬、鄭光樂、洪廷梯，各捐銀一百兩。

重修縣學文廟碑記 楊開鼎

臺邑學與郡學並建，而制較狹小。顧文教攸關，不可任茂草之鞠者，與郡學埒。余己巳夏，奉使巡臺，諸生陳請修學，由郡及邑，既嘉其意，頗慮其願大難酬；乃侯生世輝等鼓厥義勇，捐修郡學畢，更捐兩千七百緡修邑學。肇工於庚午六月八日，鼎新大成殿，而培其基高八寸許，制極軒昂。

獻歲之春，工將竣，諸生複請於予曰：前修郡學已勒文記其事，茲修邑學，願再有言也。予因敘其大略，用是慨然曰：世之擁厚資以遺子孫者，比比矣；即或解慳破吝，大都布舍于梵宮野廟，作無益以害有益，語以重道尊師之義舉，瞠然莫之或應焉。感臺士急公趨事之風，其庶有興乎！

新建鳳山縣學明倫堂碑記 范 咸

《禮》稱“大學始教，皮辨祭菜”，所以致敬于先師以尊道德也。蓋古人因學而有廟，自天子之元子、衆子以至公卿、大夫、元士之適子，與凡民之俊秀，莫不造於學。虞庠上下，夏序東西，殷膠左右，無非學舍也。後世重廟而輕學，戟門頖宮，專崇廟貌，而春秋禮樂，冬夏詩書，無複教之之地。蓋古意之存焉者寡矣！我國家令興，自大成殿外，必有明倫堂以爲敷教之地。通郡邑皆舉爲法。所以養士之制甚備。獨臺灣一隅，僻在海外，前此郡學明倫堂未建。陳清端公瓊至，始奮起而經營之。迄今兩廡有六藝齋，爲諸生肄業之所。廟與學乃以無缺。蓋興學立教，非俗吏之所能爲也。

鳳邑在郡治之南，學宮獨據形勢之地。廟前泮池，方廣裏許，多植芰荷，即志所稱蓮池潭也。余以乙丑（乾隆十年）冬巡行至鳳山，謁先師廟，召諸生講學所謂明倫堂者，湫隘僅數椽，其旁即教諭寢息地，訓導且僦居他室。問所爲蓮池潭者，莠民侵牟爲利藪，日張網其中，芙渠蕩然無複存者。知邑事呂令作而言曰：鍾琇涖此二年，念明倫堂之未稱，已度地鳩工，謀於大成殿之右建堂三楹，爲講學之所；又修其舊有之堂，以祝于朱子，而並建名宦、鄉賢二祠，以補舊日之缺焉。余許其請。更令清厘頖池，以還舊觀。越明年，呂令告蕆事，蓋經始於乾隆十年十二月，至十一年六月工始竣，凡費番鏹一千有奇。因求余文記之石。

余嘗以知縣者，知一縣之事也。一縣之事，孰有大於養與教者乎？不知所以教，至并教之地而廢之，其所養者可知已。今呂令之用心甚勤，既力擴明倫之堂，俾爲師者有成材之區，爲弟子者有受教之所，而又以其餘力建祠，以興賢而勸善，而泮池之水以浚，大小幹邁者鹹悅。余故樂得而志之。

董其事者，本學教諭莊元博、弟子童作楫、卓夢釆、餘有成、陳正春，例得書于石。

欽命廵按福建臺灣等處地方、都察院兼提督學政、雲南道監察御史、加一級、記錄三次范咸敬撰。乾隆十二年孟夏月穀旦勒石。

海東書院記　楊二酉

聖天子臨雍講學，文教遐敷，歲撥帑金數千於直省，各立書院，以造天下士，彬彬乎霞蔚雲蒸，稱極盛焉。

臺陽海嶠，隸閩之東南郡，相去榕城約千餘裏。諸生一仰止鼇峰，且不免望洋而難也。郡學西側，舊有海東書院，爲校士之所。前給諫漁莊單公，請別置考棚，遂成閑廨。歲己未，予銜命廵方，視學來茲，凡一至再至焉。中多軒楹，可讀可棲：明堂列前，可以講；矮屋通後，可以炊。意選內郡通經宿儒，充教授、爲良師，允堪作育多士，與鼇峰並峙。謀之觀察劉公，亦然予言。第役薪水諸費無出奈何！邑明經施子士安，慨然身任之，先請輸稻千斛，仍置水田千畝，爲久遠計。予曰：是可以入告矣。逾數月議行，劉公捐俸倡修，一時軒窗爽潔，什器周備，煥如也。郡守錢公亦能加意振作，選諸生中文藝有可觀者，得數十人，以實其中。延教授薛仲寅爲師，致敬盡禮。觀二公所編規約數條，詳慎之議，歷歷可見。

夫興文勸士，采風者之責也；敬事圖成，良有司之誼也。抒一家之力，供多士之需，義不泯於鄉也；取一人之善，成天下之材，恩必出自上也。爾師生各宜鋭志精心，無怠學、無倦教。言語文字之中，申以修己治人之道；漸摩既久，當必有明體致用者出，以膺公輔而揚休明，上慰聖天子棫朴人之至意，寧雲島嶼聲色、鄉里增榮已哉！予於爾師生有厚期焉。

秀峰塔記　楊二酉

辛酉春，予以及瓜，館於郡學齋署西臨泮宮。再西爲海東書院，左山右海，據郡勝概。面迎魁閣，平岡數疊，遠近環映。臺紳士且以巽位未甚秀拔，議請建浮屠爲筆峰。予曰“然”。謀之同事諸公，咸曰“可”。遂各捐俸，卜吉以興。甫閲月而訖功，深基固壘，六出五重；下廣丈有九尺，遞削至端；高七尋有寄。通中引節，上開洞窗有四，乾面顔石額曰“秀峰”。縻金錢八百餘兩。職其事，邑生龔帝臣等凡六十有六人，輸力任勞，俱能踴躍從事。

恭紀惠獻貝子王平定浙閩功績頌言　楊二酉

簡任龍專面，皇家有召方。虎符來鳳闕，玉斧出荆陽。
越北烽初動，閩南魂欲狂。惻然慰睿慮，移節奠金湯。
八閩開層障，三山列秀雯。王師忻大捷，宗子有奇勳。
竹帛昭天日，輪禾燦海雲。隣霄遺澤畔，人識舊將軍。
積善長餘慶，天家億萬年。維城開舊府，閟殿仰遺懸。
龍幕浮香霧，螭環引翠煙。蒸蒸興孝思，俎豆永龝顛。
況有旌賢昭，祠崇閩越中。勳高天柱北，名溢大瀛東。
嗣烈教敷蓋，承謨慰紫楓。謳歌於海上，先後仰崇功。

重修崇聖祠記　熊學鵬

欽惟世宗憲皇帝溯道脈之淵源、極典章之名備，追封孔子五代王爵，巍巍乎禮制攸隆，超越前古矣。臺灣海外荒服，自入版圖，仰沐熙朝教化，迄今已六十餘年。癸亥夏，余奉使茲土，臺令楊子爲予言，崇聖祠乃前觀察陳公所建，今且傾圮，宜圖修葺。遂有諸生張元華等，各願捐囊以助。不數月而工竣，請予一言勒石。余思化民成俗，教學爲先。前人倡造學宮，規模既已肇啓，則後人紹述前哲，修葺應有成功。茲元華等以邊末之寒儒，爲捐修之義舉，俾舊宇煥然一新，用光夫尊師重道之盛典，于以覘諸生向學情殷。從此爭自濯磨，日新月盛，臺雖僻遠，行見人文蔚起，比隆於中州矣。是爲記。

恭紀惠獻貝子王平定浙閩功績頌言 舒 輅

簡膺虎竹出天潢，重倚長城奠楚疆。
越海移幢遊釜縱，閩封提旅魂鑾張。
胄功已奏題銅柱，聖慮無煩龍鳳章。
南國祇今遺泰澤，金環千載映輝煌。
功仁積累後昌宜，蓮幕重開制兩師。
浙水閩山隆舊祀，彝樽龍勺仰新祠。
香飄漢末浮龍黼，壁耀牛虛引鳳旗。
槎使同疆逢盛典，未興趨事共謳詩。

《海天玉尺編初集》序 夏之芳

臺灣僻處海隅，自入版圖曆今，垂五十載。舊制：郡邑守令外，以觀察使領之。康熙六十年，始以臺臣出司巡視，滿、漢各一員，歲一更替；蓋重海疆也。我皇上御極以來，文德覃敷、聲教暨訖，休風雅化，已遍遐陬；猶於臨軒遣策，加意遴選，再三訓誡，俾奉命諸臣得所遵循，以爲觀風訓俗之軌，則聖明洵周且至矣。至臺郡學政，舊屬之觀察使，不關巡視之責。丁未冬，始奉命令漢御史兼攝；睿旨初下，余適恭膺簡命，出巡茲土，緣奏請學篆兼使節以行。于戊申之二月，得抵臺署焉。

夫臺灣，山海秀結之區也。萬派汪洋，一島孤峙，磅礴鬱積之氣亙絕千里，靈異所萃，人士必有鍾其秀者。況數年來沐國家休養教育之澤，涵濡日深，久道化成；固已家絃戶誦，蒸蒸然共躋於聲名文物矣。第四民之衆，士爲之倡；士習之邪正，風俗因之。臺郡人文蔚起，寧患無才？有才不醇，則龐雜與卑污同病。昔人謂：“士先器識，而後文藝”。士習不端，衹以文藻誇世，匪唯無益，抑且爲民害焉。稽臺郡初辟時，歲、科掄才，多借資於漳、泉内郡。近已昭下厘剔，非生長臺地者不得隸於臺學。此又盛朝作養邊陲之至意。都人士既得靈秀于山海鍾毓，尤當厚自鼓舞，以上副聖恩，毋自域于棫樸菁莪外也。柳州雲：“報國恩，唯文章”；士生此昌明之地，誠讀書續學、修身立品，使文章積爲有用；而又以其詩書絃誦馴其子弟、化導鄉人，俾淳龐和氣，遍於蠻天菁領間。則上以鼓吹休明、下以轉移風俗，是固宜鐸者所厚望；而觀風訓俗之責，亦可稽此以仰報天子矣。

茲因歲試告竣，擇其文尤雅馴者付之梓，而因以發之，益使臺之人知錄其文者之非徒以文示也。是爲序。

《海天玉尺编二集》序　*夏之芳*

歲試既竣，擇其文之拔前茅者錄付剞劂，亦爲海隅人士作其氣而導之先路也。嗣以出巡南北，鹿鹿驅馳，且複瓜期將屆；科試，擬將待之來哲矣。迨己酉正月，複奉恩綸留任，乃得於三月舉行科試事。時臺郡生童慫恿雀躍，應試者幾倍歲試之半。爰秉公涖事，愼終如始；不一月而告竣焉。臺地越在海表，才雋之士時時間出；所慮無老師宿學，窮經嗜古而陶冶之。其抱守槧鉛者，甚以僻陋寡聞，消磨其志於蚓竅哇鳴之内。才以地限，殊可惜也。

然余屢試校閲，皆隨才甄别，曲示鼓勵，故其文亦頗漸次有可觀者。大約文人之心，類從其地之風氣。臺士之文多曠放，各寫胸臆，不能悉就準繩。其間雲垂海立、鼇掣鯨吞者，應得山水奇氣；又或幽岩峭壁、翠竹蒼藤，雅有塵外高致。其一瓣、一香、一波、一皺，清音古響以發自然，則又得曲島孤嶼之零煙滴萃也。海天景氣絕殊，故發之于文頗能各逞瑰異。至垂紳搢笏、廟堂黼黻之器，則往往群焉。故其士之少所涵育，亦其地之風氣僻遠而然也。故歲試所錄，強半靈秀之篇；科試則多取醇正倡博者，爲臺人更進一格。亦俾知盛朝文教之隆、設科取士之法，以明正大爲宗，而不得囿于方隅見聞間也。乃更合歲、科試得八十首付之梓，以爲多士式。

《珊枝集》序　張　湄

《珊枝集》者何？集海東校士之文而名之也。珊枝者何？珊瑚之枝也。海之大無所不有，稀世之寶皆於是興焉，曷取乎珊瑚也？曰：杜甫不云乎？"飄飄青瑣郎，文采珊瑚鉤"。文若珊瑚，誠貴之也，亦難之也。何難乎爾？難乎其枝也。其枝奈何？曰：枝生海底，一歲黃、三歲赤，漁人以鐵網取之，未及時不得取；失時不取，則腐也。故曰難也。

臺灣者，萬川環流、一島中屹，與世殊絕；六十年來，沐浴聖教，暗汮躍乎光明。海邦人士，璘璘然、紛紛然質有其文矣。前乎此者未可取，珊瑚未有枝也；今不取，吾懼其失時也。然則及今無取者乎？曰：有；雍正戊申，高郵夏筠莊侍御嘗取之矣，顏其文曰《海天玉尺》。玉尺云者，蓋言善量才也。余踵其後，無能爲役，願以奮力取之。隨不敢稱量才之尺，而竊自許爲羅才之網。願獻其琛，以與海內共寶之。則斯集之成也，夫亦猶行筠莊之志也。於是乎書。

《瀛壖百詠》序　張　湄

臺灣，古昆舍耶國也；始見於馬貴與《文獻通考》。至明季，莆田周嬰《遠游編》載《東番記》一篇，稱其地為臺員，蓋閩音之譌也；臺灣之名入中土，實自茲始。萬曆間，海寇顏思齊踞有其地，俘掠海濱；臺灣之有中土民，自茲始。思齊死，紅夷乘其敝取之。我朝順治辛丑，鄭成功攻降荷蘭，據其土城，改名東都；尋改為東寧。康熙癸亥，大兵蕩平島寇，鄭逆歸誠；臺灣之入版圖，自茲始。五紀以來，地辟民聚，居然一大都會。昔之鮫窟鹿場，今皆廬宇矣；昔之荒榛埜莽，今皆黍稌矣；昔之亡命遺俘，今皆長子而稱地著矣；昔之雕題鑿齒、劗髮文身，今皆躬禮樂而口詩書矣。

余奉使持節是邦，自厦抵臺，自郡治訖南、北二路，卽志乘所載、合之巡歷所經，凡歲時、習俗、山川、草木、禽魚之類，苟有可紀，輒賦四句，投之奚囊。經歲累百篇，同人慫恿付梓。顧惟舷次社寮率意漫與，既無故實可徵，亦不得以文言竄易；徒拾蠻語，曷足稱詩？迺復屑屑加之詁釋，豈好為無鹽增陋哉！誠欲使覽者一手卷而如身履其地，庶幾後之于役君子，或等余為識塗之馬未可知也。

若夫祇承聖謨，寓化導於拊循，俾中外同風，和氣洋溢；使臣之職，固有其大者，甚無取乎此也。

《婆娑洋集》序 六十七

乾隆甲子，余奉使巡視臺疆。越次年乙丑，武林九池范公以名進士為宮庶，復改柏府；奉天子命，衣繡仗斧而至，協同蒞事。甫下車通謁，開誠披愫，一襟瑩白，朗如映玉；余退而欽之。自此，晨夕過從。東西兩廳事僅隔垣，林木覆簷，青翠交映；每當蟾明燭灺，相與商榷時事，如權度數計，而鑑照了了，豁心目間。或汲古論文，貫弗融浹，超超朗詣，無少格磔鉤拒態。迄今一載矣，傾囷倒廩，余深受規益焉。

今夫天下有真德性，始有真經濟；有真經濟，自有真文章。惟公器養沖容、德局宏粹，故布之於政，釐然具舉；無矯無隨、無激無弛，優柔平中，如豪雨之滋黍苗，灌澤涵潤，驛驛其達，無不敷析而充腴，洵稱大雅三十一人之材乎！及讀其近搆《婆娑洋集》自出都抵臺共若干首，名言絡繹。舉島海之蠙珠、�株玉，爞集賅存於行間；覺蠻天笴嶺，光熊熊然晃淵耀谷，磅礴鬱勃而莫之或掩。昔韓昌黎送殷員外使回鶻，曰："士不通經，果不足用"。今集中所詠，語語悉該體要；則勿謂其風雅也，而實政事也。讀大嶝、澎湖、鹿耳諸什，則大易設險守國之義也；讀草木、蟲魚等什，則包匭青茅、納錫大龜之意也；讀吊輓五妃諸什，則柏舟髧髦之志也；讀臺江雜詠諸什，則修教不易俗、齊政不易宜之務也。本實心以為惠政，卽風雅而為治術；原原本本，掤中彪外。吾見化理昭融，裸人協順。肆好其風，吉甫因之作頌；柔嘉維則，山甫於以永懷。豈徒矜風雲月露，以潤詞壇之景色已耶！

公居衷虛谷，不樂襮揚，欲棄為筐篋中物。夫玉之在山、金之在礦，終不可以藏也。余故特表而出之，弁以鄙言，付諸剞劂。其曰《婆娑洋》者，蓋取《名山藏》所云"乾坤東港華嚴婆娑洋世界"也。

祭惠獻貝子文 舒 輅 楊二酉

漪歟皇清，膺圖受命；文教覃敷，武略彌竟。惟一二臣，實爲股肱；以左以右，繼繼繩繩。緬維貝子，托身肺腑；幼識金環，早分銅虎。方城漢水，列戟建牙；山絕封豕，澤斷長蛇。屬有閩孽，罔知大義；偃然稱兵，如犬似猘。胥被其毒，奄及蠹衢；聖祖念之，宵旰猶籲。顧曰汝諧，往整其旅。赤城既標，江郎惟序；陵轢仙霞，遂及武夷。海甸郭清，兆民賴之。勒勳酬庸，譋鍾镈聲。燕翼子孫，實多餘慶。詎以東維，久懸列星；乃謂司令，雲旗下迎。功在閩越，皎同日月；民斯之思，無時可輟。迄星五終，未遂報功；嗣公之來，僉喜議同。爰定日吉；道山之陽，寢廟奕奕。輅等處海，莫親幾筵；遙企龍光，臨風憫然。躬憑屬吏，摒擋俎豆；頻繁溫藻，望拜稽首。儀塹旅百，所貢惟誠；靈昭在上，來格來歆。

附錄：清代巡臺御史表

姓名	籍貫	出身（或前曆）	任　期	備　註
吳達禮	正黄旗漢軍人	以監察御史差	康熙六十一年任，留任一年，雍正二年閏四月卸。	雍正二年彈劾安平遊擊游全興，令休致，世宗未准。
黄叔璥	順天大興人	己丑進士，以監察御史差	康熙六十一年任，留任一年。雍正二年四月卸任。	著有《臺海使槎錄》、《國朝御史題名錄》、《南臺舊聞》、《中州金石考》、《近思錄集注》等。
禪濟布	滿洲鑲藍旗人	以監察御史差	雍正二年任，留任一年，四年四月離任。	雍正二年彈劾臺灣知縣周鐘瑄，貪婪不法，會審後擬定絞監候。雍正三年彈劾臺灣知府范廷謀，徇庇、姑容屬員。因與景考祥互揭，雍正四年四月赴閩接受質審。
丁士一	山東日照人	丙戌進士，以監察御史差	雍正二年任，三年二月任滿離臺。	轉升福建按察使，再授江西布政使，五年，因江西考試受賄革職。
景考祥	河南汲縣人	癸巳進士，以監察御史差	雍正三年四月抵任，在差改補吏科給事中，九月轉本省鹽運使，因與禪濟布互揭，十一月離臺。	著有《恬村吟》、《燕臺小草》、《視臺集》、《雙椿草堂集》等。
汪繼景	浙江秀水人	戊子舉人，以監察御史差	雍正四年任，在臺改補吏科，未滿先行離臺。	
索　琳	滿洲鑲紅旗人	以監察御史差	雍正四年任，留任一年，六年二月卸任。	
尹　秦	雲南蒙自人	庚午解元以監察御史差	雍正五年正月抵任，十月兼理學政，五年二月卸任。	雍正五年，與索琳彈劾臺灣縣典史、署新港巡檢事徐履謙，虚冒兵糧，監役滋擾。

续表

姓名	籍貫	出身（或前曆）	任　期	備　註
赫碩色	滿洲正紅旗	舉人，以吏科掌印給事中差	雍正六年二月任，留任一年，八年正月卸。	
夏之芳	江南高郵人	癸卯進士，以監察御史差	雍正六年二月任，留任一年，八年卸。	雍正七年，與赫碩色彈劾鳳山知縣彭之曇，怠玩推諉，殊為溺職。
奚德慎	滿洲正紅旗	以工科掌印給事中差	雍正八年正月任，留任一年，十年卸任。	
李元直	山東高密人	癸巳進士，以監察御史差	雍正八年正月任，六月高其倬參其任性滋事，下部議察，去職。	
高　山	山東曆城人	癸卯進士，以兵科掌印給事中差	雍正八年十一月任，留任一年，十一年未滿解任。	雍正九年，彈劾臺灣道員劉藩長，違例縱容工役私入番界采船木料，致遭生番殺害。九年彈劾安平水協右營將弁，所屬兵丁違例在臺藏眷。同年彈劾淡水同知張宏章，激變熟番，貽誤地方。
覺羅栢修	滿洲鑲紅旗人	以陝西道監察御史差	雍正十年任，留任一年，十二年卸任返京，升內閣學士兼禮部侍郎。	雍正十年，彈劾臺灣道員倪象愷，邀功飾過，屢致民怨。是年八月，倪象愷解任。雍正十年，彈劾鳳山知縣熊琴，推諉捏飾，養奸貽害。雍正十年，彈劾臺灣、彰化二縣各文武員弁，看守不力，重犯脫逃。
林天木	廣東朝陽人	癸卯進士，以兵科掌印給事中差	雍正十一年任，十三年卸任，尋丁祖母難，未幾病卒於家。	雍正十年，彈劾臺灣知縣路以周，草率塞責，因循怠忽。翌年，路以周調任福安知縣。雍正十年，與圖爾泰彈劾城守營守備劉灝。

续表

姓名	籍貫	出身（或前曆）	任　　期	備　　註
圖爾泰	滿洲正黃旗人	以禮科掌印給事中差	雍正十二年任，至乾隆元年卸任。	雍正十二年，彈劾城守營守備劉灝，齋戒之日酗酒不法，無故鞭民。
嚴瑞龍	四川閬中人	戊戌進士，以吏科掌印給事中差	雍正十三年任，乾隆二年卸任返京，擢湖南按察使。	任內躬往軍前，剿撫“加志閱”凶番。
白起圖	滿洲正藍旗人	以陝西道監察御史差	乾隆元年任，三年三月卸任。	乾隆元年，彈劾後壠通事張方楷，作威苛索，激番焚掠，彰化知縣秦士望、廵檢王心棠、把總周詩、千總王登、守備袁鈛，玩愒疏誤，淡水同知趙齊芳、北路協副將靳光翰、臺灣知府徐治民，督察不周。
單德謨	山東高密人	丁未進士，以工科給事中差	乾隆二年任，四年四月卸任，轉江南鹽運使。	
諾穆布	滿洲正藍旗人	丁酉舉人，以江南道監察御史差	乾隆三年任，五年三月差滿。	在歸途病故。
楊二酉	山西太原人	癸丑進士，以貴州道監察御史差	乾隆四年任，六年三月差滿。	
舒　輅	滿洲正白旗人	乾隆二年，以山西道監察御史差	乾隆五年任，七年差滿補授陝西督糧道，十一年遷河南按察使。十二年，因廵視臺灣需索供應、濫准詞訟，部議革職。	
張　湄	浙江錢塘人	癸丑進士，以監察御史差	乾隆六年四月任，八年差滿。	著有《柳漁詩抄》等。

续表

姓名	籍貫	出身（或前曆）	任期	備註
書山	滿洲鑲黃旗人	以刑科給事中差	乾隆七年四月任，八年轉吏部掌印給事中，十一年轉工科給事中，為福建巡撫陳大受劾，詔革職留任。	
熊學鵬	江西南昌人	庚戌進士，以山西道監察御史差	乾隆八年任，十年差滿，升通政司右通政使。	
六十七	滿洲鑲紅旗人	以戶部給事中差	乾隆九年三月任，十一年差滿，留任兩年十二年遭革職。	著有《臺海采風圖考》，《番社采風圖考》、《遊外詩草》、《臺陽雜詠》、《西域見聞錄》等。
范咸	浙江仁和人	癸卯進士，以監察御史差	乾隆十年任，十二年差滿。	任內與六十七和修《臺灣府志》；著有《海外奏議》、《拄下奏議》、《碧山樓古今文稿》、《周易原始》等。
伊靈阿	滿洲鑲藍旗人	以陝西道監察御史差	乾隆十二年任，留任一年，十五年卸任。	
白瀛	山西興縣人	丁巳進士，以陝西道監察御史差	乾隆十一年十一月抵臺，留任二年，十三年奉命再留任二年。	
書昌	滿洲正黃旗人	甲辰舉人，以江南道監察御史差	乾隆十五年任，十六年卸任，升少詹。	
楊開鼎	江南甘泉人	己未進士，以河南道監察御史差	乾隆十四年任，十五年丁憂去職。	

续表

姓名	籍貫	出身（或前曆）	任　期	備　註
立　柱	滿洲鑲紅旗人	以戶科掌印給事中差	乾隆十六年任，十七年疏職交部察議。	是年，巡臺御史“三年一巡，事竣卽回，毋庸留駐候代”。
錢　琦	浙江錢塘人	丁巳進士，以河南道監察御史差	乾隆十六年任，十七年疏職交部察議。	是年，提督學政關防交臺灣道兼理。
官　保	滿洲人	以刑科給事中差	乾隆二十一年四月抵臺，九月差畢離臺。	
李友棠	江西臨川人	進士，以福建道監察御史差	乾隆二十一年四月抵臺，七月升福建學政，九月差竣離臺赴任。	
湯世昌	浙江仁和人	辛未進士，以工科給事中差	乾隆二十五年二月抵臺，五月差竣離臺。	
宗室寶麟	滿洲正白旗人	以兵科給事中差	乾隆二十五年二月抵臺，五月差竣離臺。	
永　慶	滿洲人	以給事中差	乾隆二十八年十一月抵臺，二十九年五月差竣離臺。	
李宜青	江西寧都人	丙辰進士，以江南道監察御史差	乾隆二十八年十一月抵臺，二十九年五月差竣離臺。	三十年，巡臺御史“因時酌量派遣”。
覺羅明善	滿洲鑲藍旗人	以給事中差	乾隆三十二年八月抵任，三十三年春，事竣離臺。	
朱丕烈	浙江海鹽人	戊辰進士，以給事中差	乾隆三十二年八月抵任，三十三年春，事竣離臺。	

续表

姓名	籍貫	出身（或前曆）	任　期	備　註
客爾崇義	滿洲人	以刑科掌印給事中差	乾隆三十六年六月抵任，三十七年四月，差竣離臺。	
王顯曾	江南華亭人	庚辰進士，以禮科掌印科給事中差	乾隆三十六年六月抵任，三十七年四月差竣離臺。	
覺羅圖思義	滿洲人	以福建道監察御史差	乾隆四十二年八月抵任，四十三年二月（或三月）差竣離臺。	
孟　邵	四川中江縣	庚辰進士，以貴州道監察御史差	乾隆四十二年八月抵任，四十三年二月（或三月）差竣離臺	
塞　岱	滿洲人	以戶科給事中差	乾隆四十六年八月抵任，十二月交部察議，四十七年春離臺。	
雷　輪	四川井研人	乾隆己醜進士，以戶科給事中差	乾隆四十六年八月抵任，十二月交部察議，四十七年春離臺。	

（資料來源：《清史稿》、《清史列傳》、《清耆獻類征初編》、《清朝御史題名錄》、《清實錄》、《明清史料》，以及各種臺灣府志，並參考何孟興碩士論文《清初巡臺御史制度之研究》）

後　記

《清代巡臺御史巡臺文獻》作爲中央政府管理臺灣歷史文獻叢編之一種，係尹全海主持的全國高等院校古籍整理研究工作委員會直接資助項目“清代巡臺御史之巡臺文獻整理與研究”（0747）之終期成果，也是尹全海主持的教育部人文社會科學研究項目“歷史上中央政府對臺灣管轄方式研究”（08JA770031）之中期研究成果之一。

項目獲批後，在尹全海主持下，依據申報時的整理內容和時間要求，隨即展開工作。其間由於課題組成員出現工作變動，經請示科研主管部門，對“清代巡臺御史之巡臺文獻整理研究”原課題組成員進行了調整。業經調整後的課題組成員為：尹全海、李志堅、孫 煒、張元勛、黄治國、李軍輝。

具體分工和實際完成情況為：尹全海除全面統籌項目進程外，還負責第三編“文獻輯錄”與第四編“詩文雜記”之部分工作，以及序言、後記之撰寫，附表之編制工作。孫煒完成第一編“奏事摺”之第一至一〇〇摺；李志堅完成第一編“奏事摺”之第一〇一至二〇〇摺；張元勛完成第二編；黄治國完成第三編；李軍輝完成第四編及第一編之“請安摺”、“謝恩摺”和“奏事摺”之第二〇〇摺以後的內容。

除以上需作解釋和說明外，還要感謝臺灣天主教輔仁大學許毓良博士、福建師範大學李敬民博士，在資料搜集過程中慷慨相助，提供寶貴文獻；感謝全國高校古籍整理研究工作委員會提供的支援和九州出版社王傑教授為成果之最終出版所做的努力。

由於“巡臺文獻”分藏在北京、福建、臺北兩岸三地之檔案館、博物館、圖書館，搜集不易，儘管我們已付出極大努力，但仍不能萬全，遺漏和謬誤之處或有不少，將在條件具備時一一補齊糾正，若因此為研究者帶來不便，還請諒解。

編　者

2009 年 9 月

圖書在版編目（CIP）數據

清代巡臺御史巡臺文獻/尹全海等整理. —北京：
九州出版社，2009.12
（中央政府管理臺灣歷史文獻叢編）
ISBN 978－7－5108－0256－0

Ⅰ.①清…　Ⅱ.①尹…　Ⅲ.①地方政府－政治制度－史料－臺灣省－清代　Ⅳ.①D691.2

中國版本圖書館 CIP 數據核字（2009）第 223853 號

清代巡臺御史巡臺文獻

作　　者	尹全海　張元勛　李志堅　孫　煒　黄治國　李軍輝　整理
出版發行	九州出版社
出 版 人	徐尚定
地　　址	北京市西城區阜外大街甲 35 號（100037）
發行電話	（010）68992190/2/3/5/6
網　　址	www.jiuzhoupress.com
電子信箱	jiuzhou@jiuzhoupress.com
印　　刷	三河市東方印刷廠
開　　本	850 毫米×1168 毫米　16 開
印　　張	33.75
字　　數	480 千字
版　　次	2009 年 12 月第 1 版
印　　次	2009 年 12 月第 1 次印刷
書　　號	ISBN 978－7－5108－0256－0
定　　價	290.00 圓